PROYECTOS ESTRATÉGICOS CONSULTORÍA, SOCIEDAD CIVIL

DIRECTORIO

Irvin Waller

Mayolo Medina

Consejeros técnicos consultivos

Carlos Mendoza Mora

Director general

Óscar Aguilar Sánchez

Socio director

Héctor Zayas Gutiérrez

Coordinador de proyectos del nuevo Sistema de Justicia Penal Adversarial

Juan Carlos Téllez Guerrero

Coordinador de proyectos de Seguridad Pública

Laura Villarreal Granados

Jazmín Mejía Meza

Ana Laura Reyes Millán

Luis Galindo Granados

Evelyn Mejía López

Coordinación de proyectos de Seguridad Ciudadana y de Prevención Social

http://www.pec-mexico.com/

VULNERABILIDAD Y VIOLENCIA EN AMÉRICA LATINA Y EL CARIBE

coordinadores

MARKUS GOTTSBACHER
JOHN DE BOER

textos de

EMILIANO ROJIDO * IGNACIO CANO
HEIDY CRISTINA GÓMEZ RAMÍREZ * LINA MARÍA ZULUAGA GARCÍA
ISABEL AGUILAR UMAÑA * JOSÉ ALFREDO ZAVALETA BETANCOURT
VERÓNICA MARTÍNEZ SOLARES * ÓSCAR AGUILAR SÁNCHEZ
CÉSAR ALARCÓN GIL * FERNANDO CARRIÓN MENA
VÍCTOR LLUGSHA GUIJARRO * ANA MARÍA JARAMILLO
MAX YURI GIL * ROBERTO BRICEÑO-LEÓN
ALICE TAYLOR * TATIANA MOURA
WALTER ALEJANDRO GONZÁLEZ GRAMAJO
LUZ MÉNDEZ GUTIÉRREZ * JULY SAMIRA FAJARDO
DONNY MEERTENS * ELIANA PINTO VELÁSQUEZ
CARLOS J. VILALTA PERDOMO * ARTURO ALVARADO MENDOZA
TARIK WEEKES * ELIZABETH WARD * PARRIS LYEW-AYEE JR.
ANA GLENDA TAGER ROSADO

siglo xxi editores, méxico
CERRO DEL AGUA 248, ROMERO DE TERREROS, 04310 MÉXICO, DF
www.sigloxxieditores.com.mx

siglo xxi editores, argentina
GUATEMALA 4824, C1425BUP, BUENOS AIRES, ARGENTINA
www.sigloxxieditores.com.ar

anthropos editorial
LEPANT 241-243, 08013 BARCELONA, ESPAÑA
www.anthropos-editorial.com

HN110.5
V85

2016   *Vulnerabilidad y violencia en América Latina y el Caribe* / coordinadores, Markus Gottsbacher, John de Boer ; texto de Emiliano Rojido [y otros veintiséis]. — México Cd. Mx. : Siglo XXI Editores : Proyectos Estratégicos, Consultoría, 2016.
         432 páginas. – (Sociología y política)

         ISBN-13: 978-607-03-0744-7

1. Violencia – América Latina – Aspectos sociales. 2. Violencia – Caribe – Aspectos sociales. 3. América Latina – Condiciones rurales – Siglo XX. 4. Caribe – Condiciones sociales – Siglo XX. 5. Política urbana – América Latina. 6. Política urbana – Caribe. 7. Violencia familiar – América Latina. 8. Violencia familiar – Caribe. I. Gottsbacher, Markus, editor. II. Boer, John de, editor. III. Rojido, Emiliano, colaborador. IV. ser

Este trabajo se llevó a cabo con la ayuda de fondos asignados por el Centro Internacional de Investigaciones para el Desarrollo, Ottawa, Canadá.

Las opiniones expresadas en este libro son responsabilidad de los autores y no corresponden necesariamente a las de las instituciones financiadoras del libro.

primera edición, 2016

© proyectos estratégicos, consultoría, s.c.
© siglo xxi editores, s.a. de c.v.
isbn 978-607-03-0744-7

derechos reservados conforme a la ley
impreso en litográfica ingramex, s.a. de c.v.
centeno 162-1
col. granjas esmeralda, del. iztapalapa
09810 méxico, d.f.

AGRADECIMIENTOS

Este libro no hubiera sido posible sin el enorme compromiso de las y los investigadores que han contribuido con sus conocimientos, reflexiones y recomendaciones en los temas de estudio que han abordado. Cada una y uno de ellos son grandes profesionales en términos académicos, pero también se trata de mujeres y de hombres comprometidos en ayudar a las personas y a las comunidades con las cuales han trabajado.

Así, la presente obra reúne textos escritos no sólo sobre la gente, sino también para la gente y, en algunos casos, con la gente. Por ende, nuestro agradecimiento es también para las personas y las comunidades que participaron como sujetos de estudio en las investigaciones aplicadas, que sirvieron de base para los proyectos que sustentan este documento.

En especial, expresamos nuestro reconocimiento al Centro Internacional de Investigaciones para el Desarrollo (IDRC, por sus siglas en inglés) de Canadá, por su apoyo técnico y financiero tanto para la realización de los múltiples proyectos de investigación social promovidos en la región, como para la edición del volumen que tenemos en nuestras manos.

Igualmente, nuestra gratitud a Proyectos Estratégicos Consultoría, Sociedad Civil, por su liderazgo y compromiso en el esfuerzo que hoy se materializa: a Mayolo Medina Linares por sus diligentes gestiones para que el libro aparezca en tan prestigiosa casa editorial; a Carlos Mendoza Mora por la organización del taller previo efectuado con los autores de los artículos en Cocoyoc, Morelos, en octubre de 2014 y el trabajo de ordenación para consumar esta obra, lo mismo que para Óscar Aguilar Sánchez, Ana Laura Reyes Millán y Luis Alberto Galindo Granados, quienes en todo momento asistieron en estas actividades. Asimismo, el apoyo de Verónica Martínez Solares ha sido clave para hacer realidad el libro. A la Fundación Cristosal y a Nola Haddadian cuyo apoyo resultó fundamental para traducir la obra al inglés. Muchas gracias por su responsabilidad y entrega.

A Siglo XXI, y su director general, don Jaime Labastida, nuestro reconocimiento por la significativa labor editorial que han desplegado durante varios lustros para difundir conocimientos y saberes que contribuyen a clarificar y proponer soluciones a los problemas sociales del mundo hispanoparlante, así como por su confianza y respaldo para publicar los escritos contenidos en este volumen.

Finalmente, nuestro profundo agradecimiento va para nuestros amigos y familiares, quienes nos han apoyado y asesorado en la construcción de este proyecto personal y editorial: a Jahel Itamar Garfias Jaramillo, a Ginette Degrott y a Beatriz González Manchon.

MARKUS GOTTSBACHER
JOHN DE BOER
Septiembre de 2015

PREFACIO

REBECA GRYNSPAN*

Numerosos estudios e indicadores señalan a América Latina como la región más violenta del mundo. Varios países latinoamericanos registran tasas de homicidio que exceden los niveles de una epidemia como la del ébola, al tiempo que una inmensa proporción de sus habitantes lidian sistemáticamente con la inseguridad ciudadana, la violencia de género y otros delitos que involucran fuerza física o emocional.

Como tantos otros aspectos de la realidad latinoamericana, el fenómeno ha sido tradicionalmente estudiado desde cierta distancia, desde el universo de las estadísticas: atendiendo a las cifras generales y con poca comprensión de lo que sucede en el terreno y en la propia vida de las personas y su comunidad. Aunque debe valorarse el acervo de estudios e investigaciones realizados hasta el momento, también debe señalarse el riesgo de perder, en los promedios, los efectos diferenciados de este fenómeno social. La violencia no afecta de la misma manera a todas las colectividades ni a los individuos de una misma colectividad, así como no los afecta de forma idéntica la discriminación, la pobreza, la falta de oportunidades o la degradación ambiental. Lo que es más, ciertos grupos tradicionalmente marginados experimentan, simultáneamente, vulnerabilidad en distintos frentes: no es lo mismo ser pobre, a secas, que ser pobre, mujer, migrante, indígena o afrodescendiente (y no es lo mismo ser todas esas cosas en un país que en otro, o incluso en un barrio que en otro). No es lo mismo ser víctima de la violencia una vez que de manera continuada, y no es lo mismo experimentarla junto con la falta de acceso a la justicia, a agua potable, a servicios de salud, a educación de calidad, a transporte público, a empleo digno, a participación política plena, a esparcimiento y recreación.

Este libro recoge esa preocupación, la noción de que la violencia debe ser entendida no sólo desde sus peores expresiones —desde las tasas de homicidio o el crimen organizado— sino desde la complejidad de sus causas y efectos, desde las situaciones de vulnerabilidad que experimentan grandes grupos de la sociedad. Esto es, la violencia debe ser vista como una parte entrelazada de las difíciles condiciones de vida en que subsisten millones de latinoamericanos.

Pero el libro va incluso más allá: no trata a las personas como actores pasivos, como simples receptores de los entornos de inseguridad en los que se encuentran. Por el contrario, consciente de que los seres humanos son proactivos aun en las circunstancias más adversas, el libro presta atención al aspecto vivencial de quienes

---

* Secretaria general de la Secretaría General Iberoamericana.

día a día lidian con la violencia. ¿Qué medidas implementan? ¿Qué adaptaciones realizan? ¿Qué capacidades exhiben para modificar su entorno?

Esto es esencial para entender la realidad a la que nos enfrentamos, pero también para proponer soluciones aterrizadas, que sean asimilables por los individuos de carne y hueso. Se requieren intervenciones que respondan integralmente a los fenómenos sociales, que se inserten coherentemente en el marco general de una política de desarrollo humano. Como bien se indica en la introducción de esta publicación: "Las políticas de prevención de violencia deben ser focalizadas, temporales y con objetivos específicos, adicionales pero articuladas a una política social".

Ese mismo espíritu transpira en los Objetivos Mundiales de Desarrollo Sostenible que en septiembre de 2015 aprobarán los países miembros del Sistema de Naciones Unidas, para continuar la labor iniciada con los Objetivos de Desarrollo del Milenio. Esta nueva agenda de desarrollo, que comparte una perspectiva compleja de lo que es la vida en sociedad, incluye objetivos como la erradicación de la pobreza, al lado de la reducción de las desigualdades; la eliminación del hambre, al lado de la promoción de la paz y la justicia; la búsqueda de la equidad de género, al lado del impulso a las ciudades y comunidades sustentables. Es decir, que el mundo avanza en la misma dirección en la que apunta este libro: hacia una visión menos fragmentada de la vivencia cotidiana; una visión más dinámica, que además reconozca, en el papel, algo que siempre se ha hecho evidente en la práctica: que los seres humanos tienen agencia, que no son simples tomadores de circunstancias, sino que buscan —y logran— modificar esas circunstancias.

Existe una necesidad creciente de involucrar a más actores en el diseño e implementación de las políticas públicas. Urge un nuevo tipo de interacción, más fluida, de múltiples vías, en donde la participación de todos —líderes políticos, ciudadanos, académicos, estudiantes, empresarios, funcionarios públicos— arroje recomendaciones que puedan ser compartidas e interiorizadas por todos.

Espero que este volumen ayude a avanzar en esa tarea y que contribuya a crear, como indican los autores, "una conciencia y cultura cívica del cuidado del otro".

PREFACIO

CAROLINE MOSER*

Hoy en día tanto en las zonas urbanas como en las rurales de los países de América Latina se reconoce cada vez más que la violencia no está desapareciendo, al contrario, la violencia es una parte integral de su actual modelo de desarrollo.

Si bien puede profundizar, transformar y mutar en formas imprevisibles, la violencia está aquí para quedarse. Éste es el punto de partida de este importante libro, *Vulnerabilidad y violencia en América Latina y el Caribe*, en el que los colaboradores aprecian y comprenden la importancia de un enfoque más multidimensional a la representación de la violencia, y uno que, particularmente en América Latina y el Caribe, se mueva más allá de la preocupación aparentemente dominante en la región referida a las tasas de homicidios relacionados con el tráfico de drogas. Con este propósito, se reúnen en un solo volumen percepciones agudas de las muchas caras de la vulnerabilidad y la violencia que van desde problemas ampliamente conocidos como los relativos a los jóvenes y la violencia relacionada con pandillas, la violencia perpetrada por el Estado, hasta problemas menos reconocidos como la violencia que sufren las mujeres campesinas indígenas y la violencia oculta que experimentan las personas con discapacidad en las comunidades marginadas.

Además, el libro ofrece una contribución única a la literatura sobre la violencia y el desarrollo y los debates políticos de muchas maneras significativas. Un primer elemento clave se refiere al conocimiento y a los enfoques teóricos alternativos que se originan en América Latina y el Caribe. Todos los capítulos están escritos por autores de la región, basados en la investigación primaria realizada en sus propias ciudades y zonas rurales, en la enseñanza a estudiantes locales y en un estrecho vínculo e involucramiento en los continuos debates diarios sobre el tema. Esto trae una perspectiva latinoamericana distintiva, esencial y multidimensional a un problema global.

Un segundo factor importante es que los autores no se enfocan únicamente en las vulnerabilidades relacionadas con la violencia de los individuos, las familias, las comunidades y las instituciones sino que además su análisis se basa en la comprensión profunda personal y profesional de las realidades del país. El resultado no es sólo un compromiso a largo plazo para documentar la realidad, sino también el reconocimiento de que, debido a que la violencia es un fenómeno sistémico y endémico, no hay soluciones "modelo". Como consecuencia, el enfoque está orientado a identificar medidas realistas a problemas locales desde la base, adoptadas por aquellos afectados por la violencia. Éstas se refieren más que a "resolver" el problema de

* Profesora emérita de la Universidad de Manchester.

la violencia, a identificar formas en que las familias y las comunidades gestionan y controlan las manifestaciones diarias de la violencia que experimentan, así como también las estrategias que adoptan con el fin de empoderarlos a efecto de oponerse y enfrentar las causas estructurales que conducen a la violencia.

En tercer lugar, el libro contiene una reflexión y un análisis sistemático del papel que juegan los propios investigadores, tanto en la mejora como en la reducción de la vulnerabilidad en el proceso de investigación; dicho componente, con autores que cuestionan lo que significa participar en este tipo de investigación, rara vez forma parte de los estudios sobre la vulnerabilidad y la violencia. Los asuntos planteados abarcan desde los dilemas éticos que enfrentan los investigadores hasta las implicaciones de seguridad por realizar el trabajo de campo en áreas altamente peligrosas de las ciudades y zonas rurales.

Por la combinación de estos tres elementos juntos en un solo volumen, los editores, Markus Gottsbacher y John de Boer, son dignos de aplauso por ser pioneros en tener una perspectiva alterna sobre la violencia y la vulnerabilidad en la región de Latinoamérica y el Caribe. En esencia, esto enfatiza la voluntad por salir adelante no sólo de los individuos y las comunidades en contextos de vulnerabilidad, sino también la voluntad de investigadores que se han comprometido y que son parte de este esfuerzo. Indudablemente, esto asegura que esta obra es una lectura esencial para académicos y profesionales por igual.

PRESENTACIÓN

IRVIN WALLER*

Vulnerabilidad y violencia en América Latina y el Caribe trae esperanza para revertir los niveles epidémicos de violencia en América Latina y el Caribe. Este trabajo documenta los esfuerzos pioneros en la región para entender y frenar la violencia, así como para apoyar a las víctimas. También comparte acciones que los gobiernos y los organismos intergubernamentales podrían apoyar en mayor medida para comprender y revertir la violencia en las calles y de pandillas como también la violencia que padecen las mujeres y los niños.

Los coordinadores comenzaron el libro sabiendo de antemano que la violencia interpersonal está desacelerando el crecimiento del producto interno bruto (PIB). El Banco Mundial es sólo un organismo de prestigio que proporciona información que confirma este vínculo. Las estimaciones exactas varían, pero algunas evidencian pérdidas superiores al 5% del PIB e incluso mucho más.

Los costos humanos de la violencia interpersonal para sus víctimas son trágicos y con frecuencia de por vida. Incluyen trastorno de estrés postraumático, pérdida de calidad de vida, destrucción de la comunidad y más violencia posterior. Estos niveles de violencia y las tajantes medidas de *mano dura* empleadas usualmente son una constante amenaza para la democracia y los derechos humanos.

En 1985, la Asamblea General de la Organización de las Naciones Unidas (ONU) instó a realizar formas efectivas de prevenir la violencia y acciones concretas para apoyar y respetar los derechos de las víctimas. El libro se suma al nuevo impulso de lo que la Organización Mundial de la Salud (OMS) denomina "prevención de la violencia" y la Oficina de las Naciones Unidas contra la Droga y el Delito (ONUDD) llama "principios de justicia para las víctimas de delitos y de abuso del poder". Pero no sólo es la ONU, líderes políticos nacionales cada vez más se dan cuenta de que no se puede detener o castigar con violencia y que el enfoque de *mano dura* ha dado lugar a abusos por la severa aplicación de la ley, a cárceles superpobladas —con demasiados acusados en prisión y pésimas condiciones— y a la pérdida de una generación de jóvenes pobres que si no mueren en la calle, se reciclan en prisión.

En 2012, México adoptó las primeras disposiciones jurídicas "inteligentes" para establecer un centro nacional de prevención del delito y servicios a las víctimas. En el mismo año, la frustración pública por el fracaso de políticas enfocadas sólo a la aplicación severa de la ley, condujo a un cambio en las prioridades nacionales orientado a adoptar la prevención de la violencia con el financiamiento de apoyo a la acción. En 2015, México incluso publicó la primera encuesta nacional en el mun-

---

* Profesor titular de la Universidad de Ottawa.

do de los factores de riesgo de la violencia, concebida para ayudar a los gobiernos a abordar las raíces de la violencia de una manera científica.

El cambio hacia un equilibrio más inteligente entre la aplicación de la ley y la prevención viene de muchas direcciones. Una de las más importantes es la acumulación de evidencia de las ciencias sociales y la salud pública sobre los factores de riesgo o causas de la violencia, así como la evidencia científica de que la lucha contra estos factores de riesgo en efecto contribuye a prevenir la violencia. En 2011, el Departamento de Justicia de Estados Unidos lanzó una página web —acertadamente llamada *crimesolutions.gov*— que comparte información de los casos de éxito en los que se ha frenado la violencia. Por sí solo destaca más de 70 programas exitosos, abordando problemas como la crianza de los hijos, la tutoría de jóvenes y los programas escolares.

En 2014, mi libro, *Control inteligente del delito,* utiliza ésta y otras ciencias para proporcionar una guía a los legisladores sobre cómo invertir en lo que frena la violencia en la calle, de pareja y de tráfico. En el mismo año, México publicó este libro en español. La conclusión apunta claramente a que la inversión en programas que han demostrado funcionar podría reducir a la mitad las muertes por violencia y disminuir considerablemente la violencia de pareja y sexual contra mujeres y niños.

En 2014, la Asamblea Mundial de la Salud adoptó la resolución histórica sobre "Fortalecimiento del papel del sistema de salud para enfrentar la violencia, en particular contra mujeres y niñas, y contra los niños". También por primera vez, el Programa de las Naciones Unidas para el Desarrollo (PNUD), la ONUDD y la Organización Mundial de la Salud (OMS) colaboraron en la primera encuesta mundial sobre la situación de la prevención de la violencia. Su análisis se centró en una lista corta de siete estrategias eficaces enfocadas en la primera infancia, la juventud, las armas, el alcohol, la violencia contra las mujeres, la cultura y los derechos de las víctimas. También evaluó los esfuerzos del buen gobierno para la prevención de la violencia, incluyendo los intentos para poner en práctica las estrategias eficaces y medir los resultados como la reducción de las muertes (aunque no las detenciones o presos).

Los directores de estos tres organismos de la ONU fueron más lejos en el prólogo de su publicación, y encomiaron los esfuerzos para comprometer al sistema de Naciones Unidas a "reducir a la mitad las muertes relacionadas con violencia en todas partes, poner fin a la violencia contra los niños y eliminar todo tipo de violencia contra las mujeres y los niños para 2030". Ciudades tan distintas como Recife, en Brasil; Bogotá en Colombia, Glasgow en Escocia y Minneapolis en Estados Unidos, han reducido el número de muertes por violencia de este tipo en las calles.

Los capítulos de *Vulnerabilidad y violencia en América Latina y el Caribe*, mostrando lo que el IDRC ha sido capaz de lograr, se unen a los éxitos notables de varias ciudades, las medidas nacionales en México y el fuerte consenso intergubernamental, para confirmar que la epidemia de violencia se puede detener. Llevar a cabo innovaciones alentadoras es mejor que padecer las pérdidas económicas, humanas y democráticas de continuar con más de lo mismo. Sí, aún queda mucho trabajo por hacer para desarrollar y consolidar un mayor conocimiento de la prevención efectiva de la violencia y de cómo aplicarlo en el contexto de América Latina y el Caribe.

Pero la búsqueda de *lo mejor* no debe detener la aplicación de *mejor*, la investigación y el desarrollo deben ir en paralelo con los gobiernos y los donantes para que inviertan de manera significativa y urgente en las prácticas alentadoras. Aprovechemos este libro para inspirar a los gobiernos y a los donantes a invertir considerablemente en lo que ahora se conoce para detener la epidemia de violencia. Reduzcamos a la mitad la violencia interpersonal en América Latina y el Caribe para 2030.

INTRODUCCIÓN
LAS MÚLTIPLES CARAS DE *VULNERABILIDAD Y VIOLENCIA EN AMÉRICA LATINA Y EL CARIBE*

MARKUS GOTTSBACHER y JOHN DE BOER[1]

LA RAZÓN DE SER DE ESTE LIBRO

Este libro pretende vincular dos fenómenos que actualmente laceran la vida de millones de personas en esta parte del hemisferio: la vulnerabilidad y la violencia. No se trata de una empresa simple, aunque el planteamiento parece sencillo. Pensemos: si consideramos la violencia como una consecuencia, resultaría entonces que la vulnerabilidad y sus componentes de riesgo asociados son los determinantes causales y, tratándose de intervenciones, son las áreas idóneas de investigación, prevención y atención. Sin embargo, si, por el contrario, la vulnerabilidad fuera resultado de las diversas formas de violencia, desde la estructural hasta la interpersonal, entonces tenemos una tarea invertida. Quizá, incluso, dichos planeamientos podrían no ser relevantes y entonces debe asumirse que se trata de dos fenómenos que coexisten y se comunican constantemente. Entonces, ¿por qué preocuparnos por los vínculos entre vulnerabilidad y violencia, y escribir un libro?

Nuestro objetivo es mucho más modesto que el tamaño que tienen ambos fenómenos y que deberían merecer mayor importancia en las agendas políticas de los países. Este libro propone documentar y analizar, a partir del concepto de *vulnerabilidad*, las experiencias vividas por los individuos y las comunidades que enfrentan altos niveles de violencia en América Latina y el Caribe. Se examinan las estrategias que las personas y las comunidades utilizan para tratar y prevenir las múltiples formas de violencia que enfrentan en su vida cotidiana en la región. También aborda el papel del investigador para contribuir a un mejor entendimiento sobre la naturaleza y las causas de ambas problemáticas sociales, a fin de mejorar nuestra capacidad para reducirla.

En América Latina y el Caribe, los individuos y las poblaciones están expuestos, cada vez con mayor frecuencia, a diferentes formas de inseguridad y violencia. Las tendencias son preocupantes. En varios países el tema de la seguridad toma un lugar preponderante —si no el más importante— dentro de las preocupaciones de las personas.[2] Es una región particularmente afectada por violencia derivada no sólo a causa de conflictos armados y sus legados —como en Colombia y algunos países

---

[1] Los autores agradecen a Jahel Itamar Garfias Jaramillo, Verónica Martínez Solares y Donny Meertens por sus observaciones.

[2] Esto quedó claro, por ejemplo, en los últimos resultados de *Latin American Public Opinion Project* así

centroamericanos—, sino también por violencia criminal, sea por "delito común" o por "crimen organizado". Por otro lado, son igualmente emblemáticos los casos de violencia contra niñas y mujeres —como es el de Ciudad Juárez o Ecatepec, en el Estado de México— sin dejar de lado los alarmantes niveles de violencia de género en todo el continente (Laurent, Platzer e Idomir, 2013). Esto es, como veremos más adelante en este libro, las diferentes formas de vulnerabilidad y de violencia —históricas y "nuevas"— que aquejan a esta parte del continente, con frecuencia se conectan, comunican y refuerzan mutuamente.

Hoy en día la mayoría de los países de América Latina y el Caribe están experimentando una era de violencia alarmante nunca antes registrada en su historia reciente. De los 32 países de la región, 22 tienen tasas de homicidios más alta de diez por cada 100 000 habitantes, número considerado por la Organización Mundial de la Salud (OMS) como epidémico. Si bien las tasas de homicidio en la mayoría de las regiones del mundo se han reducido hasta en un 50% en la última década, durante el mismo periodo se han incrementado en más del 10% en América Latina y el Caribe (United Nations Development Programme, 2013).

Durante la última década, de la misma forma, son cada vez más las ciudades que concentran problemáticas asociadas a la violencia. Varias ciudades importantes de El Salvador, Guatemala, Honduras, México y Brasil se han convertido en los lugares más peligrosos del mundo. Diversas estadísticas señalan que, en 2012, casi medio millón de personas (437 000) perdieron la vida a causa de homicidios dolosos en todo el mundo. Más de una tercera parte de éstos (36%) tuvieron lugar en el continente americano (incluidos Estados Unidos y Canadá). De hecho, aproximadamente una de cada cinco personas víctimas de muertes violentas en todo el mundo, en el año 2012, fue de nacionalidad brasileña, colombiana o venezolana. Catorce de los veinte países más mortíferos en el mundo se encuentran en América Latina y el Caribe. Según la Oficina de Naciones Unidas Contra la Droga y el Delito (ONUDD) y el Monitor de Homicidios, aproximadamente el 33% de los homicidios del mundo se producen en América Latina y el Caribe, que sólo concentra el 8% de la población mundial (UNODC, 2014; Igarape, 2015).

El impacto de la violencia en la sociedad y en la región es de gran alcance. Los estudios realizados hasta la fecha han documentado cómo la violencia erosiona el capital social y humano, al limitar el acceso a puestos de trabajo, la salud, la educación y la reducción de la confianza y la cooperación entre los miembros y organizaciones de la comunidad (Heinemann y Verner, 2006; Dammert y Malone, 2013). De hecho, algunos expertos han estimado que la acumulación neta de capital humano en América Latina y el Caribe se ha reducido a la mitad debido al aumento de la delincuencia y la violencia desde los años ochenta (Di Tella, Edwards y Schargrodsky, 2012).

Esta onda espiral de violencia en aumento está teniendo un impacto en la nueva prosperidad económica encontrada de la región. Según el Banco Mundial, el dolor y el trauma infligidos a las víctimas, como resultado de la violencia, cuesta a América

---

como de las encuestas periódicas desarrolladas por el Latinobarómetro. Para mayores referencias véase <www.vanderbilt.edu/lapop/>.

Central hasta el 8% de su producto interno bruto (PIB) (The World Bank, 2011). El Banco Interamericano de Desarrollo (BID) indica que la mayor inseguridad ha llevado a una disminución en el valor de las propiedades en México y Brasil (Agüero, 2013).

Si bien las cifras precisas pueden ser debatidas, es indiscutible el hecho de que la gente de la región considera la falta de seguridad como su preocupación número uno. De la misma forma, con mayor frecuencia los gobernantes, políticos y empresarios de la región están reconociendo la necesidad de luchar a brazo partido contra esta realidad y desarrollar medidas, acciones y respuestas eficaces.

En este sentido, ¿cómo detener este derramamiento de sangre en la región y poner fin al brote desmedido de violencia? Para ello, es esencial conocer lo que está causando el fenómeno y luego considerar las mejores opciones para su reducción, control y formas de mitigación de impactos.

Las explicaciones de por qué la violencia ha proliferado en la región varían. Algunos sostienen que se trata de una falla en el monopolio del Estado sobre el uso legítimo de la fuerza (Koonings y Kruijt, 2014). Otros hacen hincapié en los factores relacionados con el fracaso del estado de derecho, la exclusión social y la desigualdad (Leeds, 2007; Mendez, Pinheiro y O'Donnell, 1999). Unos más culpan al tráfico de narcóticos, los flujos ilícitos, la tentación del dinero fácil y la influencia negativa del crimen organizado y de las pandillas. El legado de una historia violenta también ocupa un lugar preponderante en la literatura, donde los patrones de represión y control de la población utilizados por diferentes actores en tiempos de conflicto armado continúan y se transforman en otras formas de violencia, incluyendo la de género y la criminalidad en tiempos de paz (Bourgois, 2001; Rodgers, 2009; Wilding, 2010).

Ya sea como resultado del colonialismo, las dictaduras militares, la guerra de guerrillas, la contrainsurgencia, purgas sociales, las drogas, el terrorismo, escuadrones de la muerte, el crimen organizado, la violencia doméstica, la violencia política o la violencia urbana, la historia de América Latina y el Caribe ha sido una de la violencia. De hecho, algunos expertos han ido tan lejos como para indicar que la violencia en América Latina y el Caribe se ha vuelto tan arraigada que se ha podido desarrollar, en cierto sentido, una "cultura de la violencia" (Boderner, Kurtenbach y Meschkat, 2001; Buvinic, Morrison y Orlando, 2005); Moser y McIlwaine, 2006). La diversidad en la naturaleza y la ubicación de la misma ha dado lugar a una vibrante comunidad académica e intelectual sobre estos temas en la región.

REDIMENSIONAR EL DEBATE SOBRE VIOLENCIA Y VULNERABILIDAD

En la actualidad, como concepto, la vulnerabilidad tiene connotaciones muy marcadas, aunque diferenciadas por los sujetos que la sufren y los riesgos específicos involucrados. A pesar de que no es un concepto tan común, su uso ha ganado importancia, sobre todo en el mundo académico de las ciencias y estudios sociales y de humanidades.³ Una definición estándar de la vulnerabilidad suele referirse a la disminución de la capacidad de un individuo o grupo para anticipar, sobrellevar, resistir y recuperarse del impacto de un peligro o condición natural o humana, así como para lograr el acceso a la justicia y el ejercicio de derechos sociales, económicos y culturales. El concepto es relativo, dinámico y se asocia con múltiples factores de riesgo tales como la pobreza, la inseguridad, el género, el origen étnico y la edad, entre otros factores.⁴ Abordar la vulnerabilidad significa, igualmente, pensar en un proceso dialéctico de comunicación de riesgos entre grupos de personas y situaciones (Malik, 2012).

El imaginario social vincula el concepto de vulnerabilidad con ausencias o insuficiencia de protección y hasta cierto punto también debilidad e inferioridad. Sin embargo, según la comprensión de los autores de este texto es un concepto que describe ciertas circunstancias de ciertas poblaciones en ciertos contextos (Hale, 1996; Malik, 2012), con una serie de condicionantes compartidos entre los cuales se encuentra la escasa disponibilidad de redes, recursos y capitales sociales —tanto propios como institucionales— en el acceso a derechos, independientemente de la fuente de riesgo o "vulnerabilidad" (Hale, 1996).

Las respuestas de las personas dependen también de la percepción que tengan de su situación de vulnerabilidad y la capacidad para lidiar con los riesgos que la acompañan. La conjugación de ambas dimensiones permitiría entender y anticipar tanto las situaciones como los comportamientos y, dar pistas para políticas públicas específicas mejor fundamentadas. Se permitiría, en resumen, conocer las variables objetivas y subjetivas de las formas de vulnerabilidad, los grupos particulares y los contextos. Ello no queda exento de controversias: pues en esta aproximación se parte de un supuesto negativo definido a través del riesgo y la exclusión y no a partir de la potencialidad de las capacidades o de la resiliencia de las comunidades y sociedades. Por lo anterior valdría la pena volver a preguntarse en cada situación concreta, ¿cómo se define aquí la vulnerabilidad y para qué fin se usa?

Un proceso de reflexión similar sucede con la violencia, concepto de uso común y recurrente en diversas esferas de la vida cotidiana y en los análisis sociales, incluidos los políticos y económicos. La proliferación de la literatura sobre la misma es relativamente reciente y más abundante que la de vulnerabilidad. A raíz de la Resolución WHA49.25 de 1996, de la Asamblea Mundial de Salud (1996), la violencia adquirió el carácter de categoría general circunscrita en mucho a la interpersonal, sin excluir otras manifestaciones, para hablar de una serie de consecuencias principalmente

---

³ Tal vez el uso más común del término vulnerabilidad está en el área de las ciencias climáticas y de salud, por ejemplo, véase el último informe de evaluación del Grupo Intergubernamental de Expertos sobre el Cambio Climático en <www.ipcc.ch/report/ar5/>. Véanse también los estudios realizados por la Oficina de Referencia de Población en Riesgo de Desastres y Vulnerabilidad disponibles en <www.prb.org/Publications/Articles/2011/disaster-risk.aspx>. Para ciencias de la salud véase, por ejemplo, Garmezy (1991), o el trabajo de Marmot (2005), donde habla de cómo los factores sociales están en la raíz de muchas desigualdades en salud.

⁴ En este sentido es importante la definición que de vulnerabilidad hace la International Federation of the Red Cross, visible en <www.ifrc.org/en/what-we-do/disaster-management/about-disasters/what-is-a-disaster/what-is-vulnerability/>.

en las personas y comunidades. No obstante, estudios previos sobre los impactos de la guerra o la violencia en el hogar[5] sirvieron de base para determinar una serie de similitudes entre dichos fenómenos sociales y diversas manifestaciones de violencia que después serían agrupadas en el concepto de la Organización Mundial de la Salud (OMS) (Krueg, Dahlberg y Mercy, 2003). Ya con un referente internacionalmente aceptado, las nuevas situaciones de emergencia (y urgencia) mundiales empujan a desafiar las concepciones generales para replantear sus alcances y limitaciones sobre su naturaleza, sus componentes, dimensiones o manifestaciones, y los impactos a través de los cuales puede ser entendida y atendida, pero también mitigada y prevenida.

El Informe Mundial sobre la Violencia y la Salud (Krueg *et al.*, 2003) ha sido el documento hito para establecer las relaciones entre vulnerabilidad y violencia, al sentar las bases de los análisis epidemiológicos y desagregar sus orígenes a través de factores de riesgo. Con posterioridad y mucho más elaborado, el informe del Banco Mundial de 2011, el "World Development Report on Conflict, Security, and Development", se enfocó en establecer las relaciones causales específicamente desde un punto de vista de desarrollo social.

Uno de los mensajes centrales de este informe señala que hay factores múltiples (tensiones) que aumentan el riesgo de la violencia, retomando así el marco desarrollado por la OMS. Estos factores incluyen las dimensiones económicas, políticas, de la salud y de seguridad. Algunos son nacionales, tales como los bajos ingresos, el alto desempleo y las desigualdades. Otros externos, como las crisis económicas, el comercio internacional de drogas o los conflictos transfronterizos. Por último, el informe dejó en claro que también importan la fuerza y la integridad de las instituciones, tanto formales como informales, estatales y no estatales (World Bank, 2011b, pp. 73-95).

No obstante, la forma en que la violencia y la vulnerabilidad se comunican, entrelazan y refuerzan pareciera estar relacionada directamente con los adjetivos a través de las cuales se definan. Es decir, en términos generales sería difícil atribuir una relación causal, lineal y directamente proporcional entre ambos fenómenos, en primera instancia por el amplio espectro de circunstancias que pueden llegar a considerarse parte de las definiciones, pero también por la escasa evidencia al respecto. No obstante, existen las suficientes pistas para afirmar que determinadas formas de vulnerabilidad dinamizan —sean por las características de riesgo atribuidas a determinados grupos,[6] territorios[7] o modalidades[8]— manifestaciones

---

[5] En este sentido resultaron pioneros los trabajos con supervivientes a hechos de violencia, como lo señala Herman (1997). En el mismo sentido, la Conferencia Internacional sobre la Población y el Desarrollo (El Cairo, 1994) y la Cuarta Conferencia Mundial sobre la Mujer (Beijing, 1995), ambas fundamento de la resolución WHA4925.

[6] Tales son los casos de la violencia familiar, de género o contra la infancia como las más conocidas, o tratándose de poblaciones afrodescendientes en Estados Unidos y Brasil (Waller y Martinez-Solares, 2015).

[7] La forma más representativa es la violencia urbana y la alta correlación entre violencia juvenil y las áreas más pobres y marginales en el interior de las ciudades (Muggah, 2012).

[8] Un ejemplo al respecto es el homicidio en América Latina que, por sus particularidades, conecta la violencia interpersonal con la social de dimensiones transnacionales (delincuencia organizada), a través

específicas de violencia, a la vez que agravan, en cierto sentido, formas estructurales de vulnerabilidad.

Lo que se pretende tematizar en este libro no es solamente la vinculación entre vulnerabilidad y violencia, sino más específicamente la vulnerabilidad ante la violencia, es decir, en contextos violentos. Esto tampoco es suficiente para acercarse a la complejidad de las interacciones entre ambas.

El espectro de la vulnerabilidad puede abarcar diversas situaciones que van de la discriminación —sea por diferentes razones de entre las que se encuentran las generacionales, de género, clase social, etnicidad, racial, orientación sexual, capacidades diferentes, entre otras— a la exclusión. Se relaciona con inequidad y desigualdad social, económica, cultural, jurídica y política.[9] Está vinculada con acceso limitado o no equitativo a recursos de diferente índole, incluidos los institucionales —más allá del sentido estricto de la institucionalidad pública, como la justicia— sean formales e informales, que incluyen la participación política, la educación, la salud y otras tantas dimensiones. Todo ello íntimamente ligado a derechos fundamentales y el acceso a los mismos, más allá de su mera existencia en las leyes y normas, lo que centra la atención en su materialización en la vida cotidiana de las personas.

Las poblaciones consideradas como vulnerables, por lo general, están expuestas no solamente a una de sus formas, sino a una multiplicidad de sus manifestaciones. En este sentido, la vulnerabilidad es una condición cuyos efectos pueden ser transgeneracionales y persistentes en sus múltiples dimensiones, como sugieren los análisis sobre pobreza, desigualdad y exclusión (OECD, 2008). Las diversas formas de discriminación, exclusión y violación a derechos se refuerzan mutuamente. Las diferentes y múltiples condiciones de vulnerabilidad y violencia están interconectadas (Organización de las Naciones Unidas para la Alimentación y la Agricultura, 2013). Si tomamos como referencia la inseguridad, violencia letal y la vinculada a delitos, se podría decir que la vulnerabilidad ante la violencia ha aumentado en varios de los países de América Latina y el Caribe, si bien en algunas regiones más que en otras, aunque no se trata de fenómenos homogéneos. Hay múltiples formas de vulnerabilidad, así como de violencia, que afectan a poblaciones diversas con impactos diferentes.

Sin embargo, a pesar de la vulnerabilidad por la que atraviesan diversas poblaciones ante las diferentes formas de violencia, no es posible afirmar que son actores pasivos sin visión e iniciativa política. Todo lo contrario, las personas y las comunidades son actores que buscan cambiar las condiciones de vulnerabilidad que viven. En esta línea, en vez de hablar de "población vulnerable" es preciso cambiar hacia "poblaciones en situación de vulnerabilidades". No se trata de un cambio meramen-

---

de pandillas, grupos tradicionalmente excluidos cuyo elemento por excelencia es la identidad. Véase UNODC, 2014, acerca del homicidio.

[9] Este vínculo también se ha puesto de manifiesto en el último acuerdo sobre los objetivos de las Naciones Unidas para el Desarrollo Sostenible, que reconoce los vínculos entre la vulnerabilidad y las diferentes formas de desigualdad y discriminación. El último documento al respecto puede ser consultado en: <www.un.org/pga/wp-content/uploads/sites/3/2015/08/120815_outcome-document-of-Summit-for-adoption-of-the-post-2015-development-agenda.pdf>.

te gramatical sino de visibilización de la compleja realidad por la que poblaciones enteras atraviesan. Es en este sentido eje central del libro: las "poblaciones en situación de vulnerabilidad".

La "situación de vulnerabilidad" es un fenómeno complejo para desentrañar la violencia y sus consecuencias. La relativamente sencilla clasificación dicotómica que nace del campo jurídico para indicar quiénes son víctimas y quiénes victimarios, es en la realidad una compleja gama de matices que en sí invita a descubrir factores que faciliten la generación de víctimas, pero también de victimarios, y donde ambas condiciones no necesariamente se excluyen mutuamente y, al contrario, llegan a conjugarse.

Es decir, en algunos casos aplican ambas categorías, cuando las personas son víctimas y victimarios a la vez; o cuando evolucionan de una categoría a otra, de víctima a victimario, o en sentido inverso.[10] Sin embargo, no se trata de una relación causal, ni lineal, sino de una compleja interacción de factores. Un ejemplo para ilustrar lo anterior sería el caso de Centroamérica donde los jóvenes están sujetos a fuertes dinámicas de socialización, seducción e inducción a la violencia, sobre todo en el marco de las "maras". En esos casos las dimensiones identitarias y psicosociales así como las construcciones de feminidad y masculinidad son elementos fundamentales, para comprender no sólo la violencia basada en género sino también las otras acciones de violencia en que se involucren.

Por otro lado, no sólo es fascinante observar que individuos que han sido expuestos a ciclos de violencia *no* los replican —como suele suceder en la mayoría de los casos—, sino también entender que son capaces de romper dichos ciclos de forma consciente (o inconsciente) e, incluso, convertirse en agentes pacificadores. Poco sabemos sobre estos "casos contra-fácticos", sean masculinos o femeninos, aunque son mucho más comunes los de mujeres pacificadoras y sus estrategias de intervenir en conflictividad y violencia cuando afecta sobre todo a sus hijos, sus familias y su comunidad. Tampoco sabemos suficiente sobre el papel de mujeres como victimarios, o aliadas de victimarios.

No todos los individuos o comunidades son vulnerables, en la misma medida, a determinados tipos de violencia, ni siquiera si las circunstancias son parecidas, como en el caso de los niveles de pobreza. Esto quiere decir que las situaciones de vulnerabilidad social, no necesariamente se traducen en violencia o delito.

Lamentablemente, predomina una simplificación de las conexiones y complejidades en la opinión pública y en la política, que es particularmente grave si tales simplificaciones influyen en el diseño de políticas públicas. Tomemos un ejemplo. La economía política de la violencia en zonas transfronterizas es muy diferente de aquélla en ciudades capital, aunque las vulnerabilidades socioeconómicas de las poblaciones en ambos espacios geográficos presentan características muy semejantes. De la misma forma existe una tendencia hacia respuestas tecnócratas, en aras

---

[10] Dichos patrones tienen su mejor ejemplo en la violencia familiar y la transformación de mujeres víctimas a agresoras, lo mismo que la trayectoria de abuso de varios hombres (Block, Blockland, Van de Weff, Van Oss y Niewbeerta, 2010).

de poder demostrar resultados rápidos a problemáticas profundas, muchas de ellas copiando modelos de intervención que (supuestamente) han funcionado en otros contextos. Estas estrategias no solamente no producen ningún cambio, sino que en ocasiones son contraproducentes y causan más daños a la gente que beneficios.[11] Un componente aún ausente en estas estrategias es el conocimiento profundo de los contextos específicos y, sobre todo, de la dimensión humana. El ser humano con su agencia es reducido a categorías como "víctimas", "victimario", "pobre", "joven", "mujer", "habitante de X barrio marginado", y así sucesivamente. No se reconocen aún, salvo honrosas excepciones, las limitaciones de intervenciones superficiales que no captan las complejidades y que operan en función de imaginarios sociales ajenos a las especificidades locales.

Las políticas públicas, de manera muy recurrente, utilizan estrategias que van por diferentes caminos, unas para reducir las vulnerabilidades, por ejemplo en forma de reducción de la pobreza o promoción del desarrollo en algunos de sus matices, y otras para enfrentar "la violencia". La necesidad de reducir también la vulnerabilidad a la violencia no ha sido suficientemente reconocida y en general ha existido poca capacidad o voluntad política para lograr un cambio real. Las políticas de prevención de violencia deben ser focalizadas, temporales y con objetivos específicos, adicionales pero articuladas a una política social. Es más, sin duda las políticas públicas respectivas deben inscribirse en una lógica de acceso igualitario a los derechos humanos.

Las políticas públicas, tradicionalmente sectoriales, son típicamente fragmentadas, tratando los problemas de forma aislada y no integral, lo que con frecuencia crea duplicidad de esfuerzos y desperdicio de recursos (CAF, s/a). Pero las personas no tienen una visión "compartimentada" de la seguridad como parece tenerla el Estado, sobre todo en contextos donde el debilitamiento y la erosión de la institucionalidad se profundizan a costa de los más excluidos. En muchos de esos contextos, las estrategias de intervención gubernamental ante problemas de violencia llegan a ser profundamente antidemocráticas (Buchanan, DeAngelo, Ma y Taylor, 2012). Los procesos democráticos profundos y sustentables no pueden dejar de lado a las poblaciones en situación de vulnerabilidad ante, y por, la violencia.

Para la gente, la concepción de seguridad forma parte de su cotidianidad y se vuelve mucho más amplia e integral, vinculada al ejercicio de sus derechos y las expectativas sobre sus necesidades básicas como son salud, educación, vivienda, empleo, justicia, medio ambiente, y demás, acercándose más al concepto de seguridad humana. La vulnerabilidad ante la violencia, inseguridad y criminalidad no es un tema aislado, ni atomizado. Típicamente forma parte de un conjunto de vulnerabilidades con intersecciones entre sí que contribuyen a su mutua profundización. Estas conexiones a veces son obvias y otras tantas son más opacas. Por ejemplo, ¿es una comunidad más vulnerable a la inseguridad pública si hay niveles de educación

---

[11] Un artículo excelente que provee de un muy buen resumen sobre cómo ciertas estrategias de reducción de violencia y delito, particularmente las de mano dura, en Centroamérica han contribuido a la radicalización de las maras y pandillas, orillándolas a la comisión de mayor violencia y hacia la criminalidad de delincuencia organizada es el desarrollado por Jütersonke, Muggah y Rodgers (2009).

más baja en ella? ¿Qué relación existe con la calidad de infraestructura, el nivel de la humanización del urbanismo (urbanismo social), la conflictividad general de un país o de cierta región? ¿Cuál es el impacto de estas variables? ¿Por qué en algunos contextos donde tenemos condiciones de exclusión social semejantes hay diferentes niveles de violencia? ¿Cuál es el factor de capital social —"positivo" o "negativo"— con todos sus matices entre estos dos polos? Este libro tiene como objetivo indagar por varias de estas preguntas.

A pesar de estas complejidades, como se ha mencionado, se puede observar que en la región las respuestas predominantes para disminuir la violencia y la inseguridad pública básicamente son represivas mucho más que preventivas. Son "securitizantes", en el sentido de que la seguridad se vuelve casi un fin en sí mismo aun en contra de las expresiones más obvias y visibles de la violencia, sin contemplar sus causas profundas y sin dar importancia a políticas más integrales y de largo plazo para superarlas. Las respuestas parecieran enfocadas en las prioridades del Estado o la nación (seguridad estatal, seguridad nacional), pasando por encima de las necesidades del ser humano o del individuo ciudadano —siguiendo el pensamiento de la seguridad humana o seguridad ciudadana— y aún con menos consideración si este individuo es miembro de una población en situación de vulnerabilidad por su clase social, raza, etnicidad, género o edad.

Es preciso evidenciar intervenciones que con frecuencia son superficiales, paternalistas y, hasta cierto punto, condescendientes. Se precisa contrarrestar las frivolidades de los populismos políticos que persiguen estrategias de asignación de culpas, estigmatización y exclusión, que refuerzan etiquetas socialmente construidas, en términos de Becker (1971). Un ejemplo emblemático sería el encarcelamiento masivo de aquellos que son considerados victimarios por delitos en muchas ocasiones injustificadamente imputados, es decir, sin pruebas concretas o sustentables (un referente está en las cifras elevadas de presos preventivos) (OEA, 2013), con el resultado muy probable de su "profesionalización criminal" durante su reclusión que tendría consecuencias nefastas para la sociedad una vez que sean liberados.

La seguridad es una función central del Estado, pero existe una corresponsabilidad por parte de la sociedad, que no significa una obligación sino que está inscrita en el conjunto de derechos y deberes ciudadanos. Crear una conciencia y cultura cívica del cuidado del otro, incluyendo por supuesto a las poblaciones en situación de vulnerabilidad, no es tarea solamente de los "encargados públicos" y "expertos para estas poblaciones" (trabajadores sociales, de salud, policías, maestros, personal del sistema penitenciario, etcétera). Actores como el sector privado ganan importancia para contribuir al bienestar societal. Sin embargo, sin generalizar, en muchas ocasiones sus intervenciones se caracterizan por lógicas paternalistas, asistencialistas y aisladas, si no forman parte de una política global.

Es necesario iniciar un proceso de reflexión para que cada miembro de la sociedad comprenda que la vulnerabilidad de algunos muy probablemente contribuya a la vulnerabilidad de todos. Menores espacios de vulnerabilidad deberían contribuir a mayor cohesión social, a la vez que se traduce en mayor resiliencia frente a la violencia. Lo mismo aplicaría en sentido contrario: el bienestar de la mayoría debería significar un bienestar social en su totalidad. Sin embargo, no es un simple ejercicio de sumar y restar. La disminución de las vulnerabilidades puede llevar a menos violencia en algunos sectores de la población, y al aumento de la violencia en otros. Asimismo, la mejora de la seguridad de algunos —a costa de otros— puede disminuir las vulnerabilidades de pocos y aumentar las vulnerabilidades de muchos. Las élites de una ciudad pueden optar por construir muros y colocar mayas, e invertir más y más en la seguridad privada, aunque también pueden optar por dirigir sus proyectos políticos y recursos para disminuir las razones profundas de la criminalidad. A los límites y barreras físicas y visibles se suman las inmateriales y simbólicas. El término invisible no sería adecuado, dado que en sus expresiones y consecuencias se vuelven muy visibles y reales. Ejemplos serían la misoginia, el racismo, el clasismo, el patriarcado, la homofobia, la discriminación e irrespeto hacia el otro en todas sus formas.

Sería importante desasociar la seguridad de limitantes geográficos. Podemos construir espacios seguros en el micro y descuidar las dimensiones en los niveles medio y macro. Pero también es importante tomar en consideración su dimensión temporal. La seguridad mal construida, con una visión cortoplacista, no es sostenible. Pensemos en los corredores o "islas de seguridad" para unos cuantos (Lewis, 1980). ¿Qué pasa con la seguridad de aquellos que más sufren con mayor recurrencia ciertas formas de violencia, los que viven en los barrios marginados? (Muggah, 2012). Si logramos mayor seguridad para el mayor número de personas, ¿acaso no serían mejores las condiciones de vida para la comunidad en su integralidad? ¿No se lograría mayor seguridad, si se atendieran las interconexiones entre vulnerabilidades, conflictividades y criminalidades, desde sus especificidades en el nivel local, hasta sus patrones a nivel nacional, regional y global? Es el caso de la vulnerabilidad a inseguridad y violencia vinculada a algunos de los procesos depredadores de la globalización (sin negar sus dimensiones positivas). Muchos de los efectos negativos de la interdependencia global están concentrados en algunas poblaciones a nivel local. Por ejemplo, los que sufren mayormente las consecuencias de la destrucción de recursos naturales son las poblaciones locales donde se encuentran los mismos. No en pocas ocasiones sus territorios y vidas están bajo amenaza y despojo. En muchos casos, que lamentablemente no son la excepción, se emplean estrategias extremas como es el desplazamiento forzado o también la violencia sexual contra mujeres. Ello aun sin considerar que las diversas vulnerabilidades se profundizan en contextos de violencia armada.

En el mismo sentido, no es posible ignorar los antecedentes históricos de las vulnerabilidades, para poder construir mejores escenarios de cambio real. Para lograr cambios sostenibles, se necesita un profundo conocimiento de las razones y dinámicas históricas de construcción de poder y relacionamiento de actores clave, de los pactos sociales, el nivel de legitimidad y la confianza que tiene la gente con respecto del Estado, explicando la existencia de vulnerabilidades en el presente y las estrategias de superarlas. Debe existir un sentido de autocrítica sobre qué hace una sociedad "vulnerable para ser vulnerable", para poder entender y construir intervenciones funcionales. En este sentido, no se pueden ignorar intereses muy fuertes para el mantenimiento del estatus de la vulnerabilidad como ejercicio de control de poder económico y político.

A pesar de que cada vez existen mucho más estudios al respecto, todavía está ausente una mirada profunda a las poblaciones que son mayormente afectadas por las vulnerabilidades derivadas de las violencias, como víctimas y(o) victimarios.

El objetivo de este libro es justamente esto: contribuir al debate actual sobre cómo mejorar la seguridad pública, en aras de construir una seguridad ciudadana o incluyente para todas las personas y poblaciones y reducir las violencias, privilegiando una perspectiva desde las propias poblaciones afectadas por la violencia y la criminalidad que, en su gran mayoría, son aquéllas en situación de vulnerabilidad.

LA CONTRIBUCIÓN AL DEBATE

Los textos de este libro analizan la situación de vulnerabilidad y violencia de las personas de varios países de América Latina y del Caribe, indagando sus bases y sus estrategias para superar dichas situaciones. Se ha construido conocimiento sobre las poblaciones en cuestión y, en algunos casos, conjuntamente con las comunidades y sus integrantes, abandonando la mirada tradicionalmente estadocéntrica que, al respecto, existe sobre el tema. No se niega la importancia del papel del Estado, que lo tiene y debe tener en estos temas.

No es un texto, igualmente, que idealiza las respuestas comunitarias y la capacidad de resiliencia de las personas frente a las violencias, casi como único camino que se debería tomar después de un sinnúmero de fracasos que se acumulan en varias de las políticas públicas de seguridad y justicia en la región. Al contrario, se reconoce la importancia de muchas iniciativas nuevas y sobresalientes del Estado, como algunas innovaciones en el marco del urbanismo social en diversas ciudades del continente. Sin embargo, lo que sí se hace es poner un especial énfasis en los impactos y estrategias de las poblaciones afectadas por las violencias. Se busca construir un marco de referencia que facilite la complementariedad entre ambos sectores, el Estado y la sociedad, sin caer —nuevamente— en un romanticismo. Es una mirada fresca y crítica, que no niega la cooptación, corrupción y criminalización de partes de Estado, y de la sociedad, por fuerzas y poderes muy concretos, provenientes de actores que promueven la ilegalidad y lo ilícito, y cuyas fronteras con frecuencia se diluyen, en ocasiones por el uso estatal de diferentes formas de violencia, que incluso van en contra de sus propias iniciativas de seguridad.

Se necesitan poner en vigor mecanismos concretos que posibiliten la participación y gestión real de las poblaciones en situación de vulnerabilidad en la política pública. Hay que reconocerlos como sujetos plenos de derechos y fortalecer sus capacidades de incidir en políticas públicas para promover sus agendas políticas en la construcción no sólo de comunidades más seguras sino también más democráticas.

El lector interesado encontrará aquí muchas pistas sobre cómo hacerlo, teniendo a su disposición investigaciones empíricas preocupadas por generar conocimiento útil desde varias, y variadas, realidades latinoamericanas y caribeñas.

Pero este libro va todavía más allá: aborda, igualmente, el papel de la investigación social *per se*: ¿cómo investigar? ¿Qué impactos —no siempre positivos— puede tener una iniciativa de investigación sobre la población que se está estudiando y que vive en contextos de violencias e inseguridad? ¿Cuál es el potencial transformador de una investigación para lograr incrementar la seguridad y la paz, en una sociedad, y principalmente para quienes padecen mayor violencia? ¿Puede la investigación apoyar, más allá del análisis profundo, las estrategias y la agencia política de la gente para enfrentar violencia y criminalidad?

Se han juntado diecisiete experiencias de investigación muy concretas, en su mayoría financiadas por el Centro Internacional de Investigaciones para el Desarrollo de Canadá (IDRC, por sus siglas en inglés), que abarcan los siguientes países: Argentina, Brasil, Colombia, Ecuador, El Salvador, Guatemala, Honduras, Jamaica, México y Venezuela. Éstas son miradas y contribuciones teóricas y metodológicas desde el "Sur global", importantes en el debate académico y de políticas públicas relevantes, dominado por enfoques y experiencias del "Norte global".

Los temas son diversos e indagan más allá de actores y acciones violentas: se adentran en los espacios y territorios afectados, como las rutas del narcotráfico, migración, desaparición forzada, tráfico de armas, trata de personas; lo mismo que tocan las urbanizaciones excluyentes, las zonas transfronterizas, las regiones y localidades de conflictos socioambientales y los que cuentan con presencia de actores armados de diversa índole estatal y no-estatal.

Se destaca la importancia de las instituciones (en particular las informales), en la reducción de la violencia y en el desarrollo de estrategias de afrontamiento a nivel comunitario, como lo muestra el capítulo de Jaramillo y Gil en Medellín, que señalan cómo la Iglesia católica y los grupos comunitarios locales desarrollaron estrategias para reducir las múltiples formas de violencia. En su artículo sobre el caso de Venezuela, Briceño León también destaca el papel que desempeñan las instituciones informales como intermediarios, incluyendo las familias, la Iglesia y las escuelas y sus propias formas de resolución de conflictos en un contexto donde el Estado era un autor de la violencia. Asimismo, Aguilar y Martínez Solares, como también Gómez Ramírez y Zuluaga García, y el trabajo de Zavaleta Betancourt, en sus respectivos capítulos, disertan sobre las iniciativas comunitarias y las estrategias y demandas de diversas poblaciones en situación de vulnerabilidad, entre otras, desplazados y víctimas de la delincuencia, las afectaciones e impactos, como también exploran respuestas y la importancia del acceso a derechos.

En cuanto al papel que la geografía juega en esta problemática, Carrión y Llugsha miran las ciudades fronterizas, donde examinan las distintas asimetrías que caracterizan estos territorios y la extrema violencia que caracteriza a algunas de las zonas fronterizas en América del Sur y Central. Ellos atribuyen esta violencia no sólo a la delincuencia organizada transnacional, sino a las políticas públicas contradictorias en cada lado de la frontera que facilita la violencia local que a su vez tiene repercusiones globales. Alarcón Gil en su investigación toma nota de una semejante realidad en el caso de Ciudad Juárez.

La dimensión de género e identidad, como componente indispensable en el debate latinoamericano, muestra la gran deuda histórica y social que aún se tiene en varios sectores y cómo se van imbricando nuevas dimensiones a las no atendidas. La realidad de las mujeres campesinas e indígenas en Guatemala y Colombia, como la describe Méndez, es dura y conmovedora, pero también una lección sobre la solidaridad y la fuerza que surge entre ellas a través de compartir sus experiencias y objetivos comunes. Por su parte, Meertens, Pinto y Samira Fajardo, como lo hace Walter González, nos muestran los complejos desafíos pero también prácticas y estrategias de acceso a justicia formal e informal que son alentadoras, que miran a las mujeres como actoras y constructoras de nuevas historias de cambio. En Brasil, Taylor y Moura observan formas dominantes de socialización masculina y su vinculación a diferentes tipos de inseguridad pública y privada y la violencia. Nos empujan a repensar las dimensiones de género de la violencia y promover masculinidades no violentas.

También se destaca el papel de la política pública a lo largo de las intervenciones, pero particularmente en los capítulos que se ocupan de la prevención de la violencia juvenil. Weekes, Ward y Lyew-Ayee presentan una excelente síntesis de cómo el énfasis de alternativas comunitarias impulsadas contra el delito han hecho hincapié en los factores de protección entre los jóvenes en situación de riesgo, lo que podría desempeñar un papel importante en la reducción de la vulnerabilidad, de las poblaciones marginadas, a la violencia. Del mismo modo, Aguilar Umaña nos obliga a pensar de forma diferente sobre las pandillas juveniles en el Triángulo Norte de América Central y reconocer que son una parte integral no sólo del problema sino también de la solución. Alvarado presenta un estudio sobre violencia juvenil y un análisis de las principales tendencias de muertes violentas de jóvenes en cinco países de la región, la aproximación más detallada al respecto en la región. Tager, por su parte, analiza con profundo conocimiento los enfoques políticos innovadores de reducción de la violencia, tomando en cuenta actores ilegales con el ejemplo de El Salvador.

Por último, Vilalta da luz sobre una de las muchas formas invisibles de victimización en nuestras sociedades. Su aproximación y perspectivas sobre las personas con capacidades diferentes, representa una contribución importante.

A través de todos estos textos, el lector se dará cuenta de la gran cantidad de barreras, de diferente índole, que las personas enfrentan cuando padecen violencia y de las cargas psicológicas que a menudo cargan solos, pero también encontrará lecciones alentadoras que nos indican que no todo está perdido y que, en su mayoría, el capital transformación está precisamente en dichas personas y sus comunidades.

Las investigaciones que aquí se presentan, por otro lado, contribuyen para superar varias de las lagunas de conocimiento sobre estas problemáticas y, en algunos casos, han coadyuvado en la mitigación de los impactos de la violencia a través de la memoria histórica; han promovido la agencia de las poblaciones afectadas y han empoderado sus estrategias.

Los diversos capítulos contienen contribuciones de investigadoras e investigadores ya muy reconocidos, así como de una nueva generación de científicas y científicos sociales de trabajo prometedor y comprometidos con la región. Son miradas muy innovadoras, con aportes importantes en los debates actuales sobre estos temas, de índole teórico y metodológico. Hay estudios de casos muy locales, pero también hay miradas a nivel nacional y regional. Su rigurosidad en términos teóricos y metodológicos, sus enfoques multidisciplinarios y el uso de casos empíricos de investigación, tienen su fundamento en estándares elevados de ética y seguridad para las y los investigadores y, sobre todo, para la de las personas participantes: Rojido y Cano, dan muestra de la instalación del debate en la región y la importancia del mismo para cualquier investigación. Los trabajos aquí presentados crean un cúmulo de conocimiento muy valioso y profundo para diversos mundos: el académico, el político, el de los cuadros técnicos que hacen intervenciones en y con las comunidades y, sobre todo, las poblaciones en situación de vulnerabilidades sin cuya participación la mayoría de ellos no hubiera sido posible realizarlos.

Cualquier persona que tenga este libro en sus manos encontrará textos muy estimulantes para la innovación de políticas públicas y ojalá también para las vidas de las personas y comunidades que han padecido de violencia. Y también encontrará, en unas cuantas líneas, la pasión, el compromiso y la entrega de todas y todos quienes han participado en su elaboración, comprometidos siempre con mejorar una región propia, cuyo dolor está presente en cada línea, donde la lista de retos es, lamentablemente, muy larga. Sin embargo, este libro también ilustra las estrategias de la gente para cambiar sus vidas de forma positiva.

REFERENCIAS

Agüero, J. M. (2013), Causal Estimates of the Intangible Costs of Violence Against Women in Latin America and the Caribbean, visible en <https://publications.iadb.org/bitstream/handle/11319/4609/Causal%20Estimates%20of%20the%20Intangible%20Costs%20of%20Violence%20against%20Women%20in%20Latin%20America%20and%20the%20Caribbean.pdf%253bjsessionid=6FBD5D4879DB4F2906C238C8307934D5?sequence=1>.

Asamblea Mundial de Salud (1996), *Resolución WHA49.25. Prevención de la violencia: una prioridad de salud pública*, visible en <www.who.int/violence_injury_prevention/resources/publications/en/WHA4925_spa.pdf>.

Becker, H. (1971), *Los extraños. Sociología de la desviación*, Buenos Aires, Editorial Tiempo Contemporáneo.

Block, C.R., A.A.J. Blokland, C. van der Werff, D. van Os y P. Nieuwbeerta (2010), Long-Term Patterns of Offending in Women, Feminist Criminology, 5(1): 73-107, DOI: 10.1177/1557085109356520.

Boderner, K., S. Kurtenbach y K. Meschkat (2001), *Violencia y regulación de conflictos en América Latina*, Venezuela, Editorial Nueva Sociedad.

Bourgois, P. (2001), "The power of violence in war and peace: Post-Cold War lessons from El Salvador", *Ethnography*, vol. 2(1): 5-34.

Buchanan, C., L. deAngelo, R. Ma y C. Taylor (2012), *Mano dura en las Américas: ¿quién apoya a las políticas de mano dura?*, Vanderbilt University, visible en: <www.vanderbilt.edu/lapop/insights/IO880es.pdf>.

Buvinic, M., A. Morrison y M. B. Orlando (2005), *Violencia, crimen y desarrollo social en América Latina y el Caribe*, papeles de población, vol. 11(43): 167-214.

CAF (s/a), *Integralidad y eficiencia para una mejor política social*, visible en <www.caf.com/media/3094/Cap2.Integralidadyeficienciaparaunamejorpoliticasocial.pdf>.

Dammert, L. y M. F. Malone (2013), *Fear of Crime or Fear of Life? Public Insecurities in Chile*, Bulletin of Latin American Research, vol. 22, Issue 1: 79-101, DOI: 10.1111/1470-9856.0006.

Di Tella, R., S. Edwards y E. Schargrodsky (2012), *The Economics of Crime: Lessons for y from Latin America*, National Bureau of Economic Research, University of Chicago Press.

Garmezy, N. (1991), "Resiliencia y vulnerabilidad a adversos resultados del desarrollo asociados con la pobreza", *American Behavioral Scientist*, marzo de 1991, vol. 43: 370-391.

Hale, C (1996), *Fear of Crime: A Review of the Literature*, International Review of Victimology, 4: 79, DOI: 10.1177/026975809600400201.

Heinemann, A. y D. Verner (octubre de 2006), *Crime and Violence in Development: A Literature Review of Latin America and the Caribbean*, World Bank Policy Research Working Paper No. 4041, disponible en <http://papers.ssrn.com/sol3/papers.cfm?abstract_id=938907>.

Herman, J. (1997), *Trauma and recovery. The aftermath of violence –from domestic abuse to political terror*, Nueva York, Basic books.

Igarape (2015), Homicide Monitor Project, visible en <http://homicide.igarape.org.br/>.

Jütersonke, O., R. Muggah y D. Rodgers (2009), *Gangs and Violence Reduction in Central America*, Washington, D.C., Organization of American States, disponible en: <www.oas.org/dsp/documentos/pandillas/2sesion_especial/SMALL%20ARMS%20SURVEY/gangs%20and%20urban%20violence.pdf>.

Koonings, K. y D. Kruijt (2014), *Armed Actors: Organized Violence and State Failure in Latin America*, Zed Books.

Krueg, E., L. Dahlberg, J.A. Mercy (2003), *Informe mundial sobre la violencia y la salud*, Washington, D.C., OMS, disponible en <www.who.int/violence_injury_prevention/violence/world_report/es/summary_es.pdf>.

Laurent, C., M. Platzer y M. Idomir (2013), *Femicide. A global issue that demands action. Vienna: Academic Council on the United Nations System*, visible en <www.genevadeclaration.org/fileadmin/docs/Co-publications/Femicide_A%20Gobal%20Issue%20that%20demands%20Action.pdf>.

Leeds, E. (2007), "Rio de Janeiro", en K. Koonings y D. Kruijt (eds.), *Fractured Cities: Social exclusion, urban violence and contested spaces in Latin America*, Londres, Zed Books, 2007: 23-35.

Lewis, D. A. (1980), Sociological Theory and the Production of a Social Problem: The Case of Fear of Crime, véase <http://skogan.org/files/Lewis.Sociological_Theory_and_the_Production_of_a_Social_Problem_The_Case_of_Fear_of_Crime.1980.pdf>.

Malik, K. (2012), *Informe de desarrollo humano 2014. Sostener el progreso humano: Reducir vulnerabilidades y construir resiliencia*, Nueva York, Programa de Naciones Unidas para el Desarrollo.

Marmot, M. (2005), *Determinantes sociales de las desigualdades en salud*, The Lancet, vol. 365, edición 9464, marzo de 2005, pp. 1099-1104.

Mendez, J. E., S. Pinheiro y G. O'Donnell (eds.) (1999), *(Un)Rule of Law and the Underprivildged in Latin America*, University of Notre Dame Press.

Moser, K. y C. McIlwaine (2006), *Latin American urban violence as a development concern: towards a framework for violence reduction*, World Development, vol. 34(1): 89-112.

Muggah, R. (2012), *Researching the Urban Dilemma: Urbanization, Poverty and Violence*, Canadá, IDRC.

OEA (2013), *Informe sobre el uso de la prisión preventiva en las Américas*, visible en <www.oas.org/es/cidh/ppl/informes/pdfs/informe-pp-2013-es.pdf>.

OECD (2008), Growing Unequal? Income Distribution and Poverty in OECD Countries, <www.keepeek.com/Digital-Asset-Management/oecd/social-issues-migration-health/growing-unequal_9789264044197-en#page1>.

Organización de las Naciones Unidas para la Alimentación y la Agricultura (2013), *Pobreza rural y políticas públicas en América Latina y el Caribe*, Santiago de Chile, FAO.

Pyrooz, D.P., R.K. Moule Jr. y S.H. Decker (2013), *The Contribution of Gang Membership to the Victim-Offender Overlap*, Journal of Research in Crime and Delinquency 2014, vol. 51(3): 315-348, DOI: 10.1177/0022427813516128.

Rodgers, D. (2009), *Slum wars of the 21st Century: Gangs, Mano Dura, and the new urban geography of conflict in Central America*, Development and Change, 40(5): 949-976.

United Nations Development Programme (2013), *Human Development Report for Latin America 2013-2014. Citizen Security with a Human Face: Evidence and proposals for Latin America*, visible en: <www.undp.org/content/undp/en/home/librarypage/hdr/human-development-report-for-latin-america-2013-2014/>.

UNODC (2014), *Global study on homicide 2013*, visible en <www.unodc.org/documents/gsh/pdfs/2014_GLOBAL_HOMICIDE_BOOK_web.pdf>.

Waller, I. y V. Martinez-Solares (2015), *Derechos de las víctimas a treinta años de la Carta Magna de las Naciones Unidas: acciones concretas en momentos críticos*, Documento inédito. Se cita con autorización de los autores.

Wilding: (2010), "New Violence: Silencing Women's Experiences in the *Favelas* of Brazil, *Journal of Latin American Studies*, vol. 42: 719-747.

World Bank (2011a), *Crime and Violence in Central America. A development challenge*, visible en <http://issuu.com/world.bank.publications/docs/crime_and_violence_in_central_america_en

——— (2011b), *World Development Report on Conflict, Security, and Development*, visible en < http://siteresources.worldbank.org/INTWDRS/Resources/WDR2011_Full_Text.pdf>.

EN EL PUNTO DE MIRA: DESAFÍOS ÉTICOS Y METODOLÓGICOS DE LA INVESTIGACIÓN DE CAMPO EN CONTEXTOS DE VIOLENCIA

EMILIANO ROJIDO *e* IGNACIO CANO

RESUMEN: La seguridad de las personas y la consistencia ética y metodológica de la investigación son elementos comúnmente amenazados en contextos de violencia. De hecho, todavía no existe entre los sociólogos una respuesta consolidada a esas cuestiones en ese tipo de contextos. El propósito de este texto es reflexionar sobre el impacto de la violencia en la metodología y los principios éticos aplicables a diversos escenarios de la "investigación en contextos peligrosos" (guerras, conflictos intergrupales, grupos criminales, violencia interpersonal, etc.), como una herramienta de referencia para los investigadores que realizan investigaciones de campo en ambientes violentos y amenazantes. Específicamente, se discuten elementos tales como la elección de las técnicas de investigación, las estrategias para entrar en el campo, la presentación del investigador y sus objetivos, la recogida de datos, la gestión práctica de riesgos, el establecimiento de límites morales, el análisis de datos y las eventuales consecuencias de la publicación. El trabajo se basa en la revisión de la literatura especializada y en la propia experiencia de los autores.

Palabras clave: Metodología, técnicas de investigación, desafíos éticos, investigación de campo, riesgos, violencia.

1. INTRODUCCIÓN

El objetivo de la metodología es proporcionar pautas para que las investigaciones produzcan resultados científicamente válidos y confiables. En las ciencias sociales, la metodología alcanza un consenso menor que en las ciencias naturales y tal vez por esa misma razón, tiene mayor relevancia en el debate y la formación académica. En general, las investigaciones cuantitativas son más estandarizadas y están sujetas a reglas más claras, mientras que las cualitativas cuentan con mayor grado de flexibilidad e incertidumbre, pero ambas se enfrentan a los mismos problemas básicos. Evitar la interferencia de sesgos de diverso tipo, por ejemplo, es un denominador común a toda investigación social, con especial atención a aquellos sesgos derivados de la presencia o actuación del investigador.

Por otro lado, mientras intentan producir información válida, los científicos deben respetar un código de ética en su conducta profesional. De hecho, la preocupación por la ética de las investigaciones se ha incrementado en las últimas décadas. Entre los principios éticos consagrados más comunes podemos citar los siguientes: *a*] no causar daño a las personas o poblaciones estudiadas, esto es, evitar efectos iatrogénicos de la investigación; *b*] relacionado con el punto anterior, preservar la identidad de las personas y grupos estudiados, en la medida en que su identificación pueda comprometer su bienestar o su imagen; *c*] informar a las personas de la intención de realizar una investigación sobre ellas y de las consecuencias que podrían derivarse de su participación; *d*] respetar la decisión de los individuos (debidamente informados) sobre si desean participar o no en la investigación, evitando coacciones o imposiciones y posibilitando que interrumpan en cualquier momento su colaboración. De esta manera, en muchos casos se exige el consentimiento individual de cada persona por escrito; *e*] proporcionar información satisfactoria a los sujetos sobre los resultados de los estudios en los cuales participaron, especialmente cuando haya una demanda en ese sentido. En las posiciones más exigentes, el investigador debería también mostrar los resultados preliminares a las personas involucradas y registrar su perspectiva, incorporándola, de alguna manera, en el informe final; *f*] tratar de beneficiar a las personas o grupos involucrados en el estudio, para que también ellos obtengan efectos positivos de la investigación. En este sentido, es común oír de poblaciones marginadas objeto de estudio que los investigadores las "utilizan" para sus propósitos, toman su tiempo y muchas veces no dejan nada a cambio.

El propósito de este trabajo es reflexionar sobre el impacto de la violencia en la metodología y en los principios éticos aplicables a varios escenarios de "investigación en el peligro" (guerras, conflictos intergrupales, grupos criminales, violencia interpersonal, etc.), como instrumento de apoyo para los investigadores. Con frecuencia la violencia es el propio tema de investigación, pero también se consideran ocasiones en que el estudio tiene como objetivo otros asuntos relacionados con grupos sometidos a condiciones de violencia. Obsérvese, sin embargo, que no toda la producción científica sobre violencia está contemplada aquí. El investigador que trabaja con datos secundarios sobre homicidio, por ejemplo, no necesita adentrarse en este tipo de reflexiones. De ahí la referencia genérica de "investigaciones de campo en contextos de violencia".

De cualquier manera, debe quedar claro que no existe una única realidad sobre la violencia, sino una amplia gama de situaciones en las cuales la violencia se presenta en diversas formas, intensidades, modalidades y consecuencias. Los contextos violentos son heterogéneos e involucran múltiples ofensores y víctimas, frecuentemente entrelazados, así como diversos impactos y riesgos. Por lo tanto, este trabajo no podría tener como objetivo proporcionar una "receta" para los investigadores en contextos violentos, sino apenas una serie de reflexiones y pautas que deben ser aplicadas y adaptadas a cada caso.

La violencia constituye una clara fuente de vulnerabilidad social y, al mismo tiempo, tiende a ocurrir contra los sectores socialmente más vulnerables. Por otro lado, el trabajo de investigación puede agravar situaciones de violencia acentuando la situación de vulnerabilidad de las personas involucradas. En consecuencia, la preocupación inicial del investigador deberá ser el preservar la integridad de investigadores e investigados, procurando al mismo tiempo resguardar la consistencia ética y metodológica de la investigación.

En este sentido, la primera observación, aunque casi obvia, es que la violencia no es irrelevante ni para la metodología ni para la ética, de manera que ninguna de las dos puede pretender ser inalterada por su presencia.

La segunda observación es que varios de los principios o criterios éticos anteriormente mencionados deberán ser adaptados, y en ocasiones incluso dejados de lado, en los estudios en contextos de violencia. De hecho, la gran mayoría de los referentes éticos formalizados para la investigación con sujetos humanos están inspirados en la investigación biomédica y pueden llegar a ser inadecuados o contraproducentes para estudios sociales en ámbitos violentos. Así, muchos comités de ética insisten en la obtención de términos individuales de consentimiento por parte de los entrevistados, rubricando con su firma la aceptación para participar en la investigación. Sin embargo, cuando se entrevista, por ejemplo, a residentes en áreas dominadas por grupos criminales, portar documentos firmados por los entrevistados puede ponerlos en peligro si esos términos de consentimiento caen en manos equivocadas. De hecho, es necesario tomar todas las precauciones para que la identidad de los encuestados sea preservada con relación al propio contexto en el que viven. Paralelamente, la idea del consentimiento informado por parte de los sujetos estudiados no tiene sentido en situaciones donde el investigador, en función del riesgo que recae sobre él o sobre terceros, opta por una observación oculta.

Por otro lado, el compromiso de no causar daño a la imagen de los individuos o grupos de estudio es imposible cuando investigamos el crimen organizado, por ejemplo, aunque aun sea posible resguardar la identidad individual o la ubicación de las personas que fueron objeto de la investigación. De hecho, el resultado de nuestra investigación podría ser usado, por ejemplo, por los agentes de la ley para combatir estos grupos. Otro ejemplo es el referido a la devolución de los resultados para los grupos investigados, lo que puede no ser aconsejable si supone un peligro para ellos o para los investigadores. En nuestra experiencia en trabajo de campo, nos hemos enfrentado a situaciones donde las personas entrevistadas confidencialmente prefieren no ser recontactadas para ser informadas de los resultados con el fin de evitar incrementar su vulnerabilidad.

Por lo general, tanto las observaciones metodológicas y éticas ofrecidas en este texto como el tratamiento de estos temas en la escasa literatura existente proceden preferencialmente de estudios cualitativos, aunque sin restringirse a ellos. Así, la entrada de entrevistadores para la realización de una encuesta en lugares violentos quedará sujeta a condiciones similares, aunque no equivalentes, a las enfrentadas por los etnógrafos. La investigación cuantitativa suele ser más predefinida y controlada por el investigador: las preguntas y respuestas se establecen con anticipación, el tiempo de permanencia en el campo tiende a ser más breve y en el marco de un operativo planificado; y el tipo de relación social establecida con los informantes es más superficial. Estas características apuntan a una mayor dificultad para la investigación cualitativa en entornos violentos, pero otros elementos podrían apuntar hacia lo contrario. Por ejemplo, el hecho de que el investigador cargue los cuestionarios puede implicar riesgos adicionales, en la medida en que revelan el contenido exacto de la entrevista a un potencial agresor de forma mucho más evidente que un guión de entrevista.

Dentro de los enfoques cualitativos, la etnografía promueve el involucramiento del investigador con su "objeto" y la construcción reflexiva de "artesanías intelectuales" (Mills, 1982). No obstante, existen circunstancias que pueden entrar en conflicto con este carácter flexible, requiriendo un esfuerzo especial de anticipación de riesgos y de planificación. Tal es el caso de los estudios en contextos de violencia. El concepto de "riesgo" puede entenderse de manera general como la probabilidad percibida o evaluada de la ocurrencia de un daño futuro (Giddens, 1993). Según las antropólogas Fleischer y Bonetti, la idea de riesgo asume dos acepciones en el trabajo de la investigación social:

[Existem] dois modos meio caricaturais do fazer etnográfico, o "quem sai na chuva é pra se molhar" e "o seguro morreu de velho". Embora lidem com a polissemia da categoria "risco", ambos enfatizam sentidos latos mais ou menos estáveis para ela. Se o modo "quem sai na chuva..." lida com certo sentido de risco como desafio, fortemente positivado, o modo "o seguro morreu..." enfatiza o risco como ameaça e, portanto, necessário de ser controlado (2010: 15).

Asumir riesgos es inevitable, especialmente considerando que los investigadores sociales son *outsiders* curiosos y expuestos a interpretaciones fuera de su control. Uno de los riesgos más claros es comprometer la calidad de la información y de la propia investigación, ya que la preocupación por la seguridad y la vulnerabilidad de investigador e investigados nos puede llevar a aceptar información que no es la ideal o a renunciar a parte de los objetivos de la investigación.

Por otra parte, los escenarios gobernados por la amenaza o el uso deliberado de la fuerza física pueden llegar a exacerbar los riesgos contra las personas. La investigación en contextos de violencia presenta diversas interrogantes tales como: ¿Qué estrategia utilizar para acceder a zonas en conflicto armado? ¿Cómo presentar los objetivos de la investigación en situaciones sensibles e inestables? ¿Cómo conseguir informantes? ¿Cómo presentarse para no ser considerado integrante o simpatizante de una de las partes en conflicto? ¿De qué manera preservar la seguridad de los investigadores y participantes? ¿Cómo obtener *rapport* en un ambiente de miedo, confusión y opresión?

Adicionalmente, varios dilemas éticos están implicados: ¿Hasta qué punto es defendible involucrarse en el estudio de grupos violentos? ¿Es posible y deseable la "neutralidad" al estudiar una relación de dominación? ¿Cómo reaccionar al conocer que un crimen ha sido cometido o será cometido por nuestros informantes? ¿En qué tipo de situaciones el investigador deberá dar paso al ciudadano para notificar a las autoridades públicas? (Goldstein, 2014; Rodgers, 2004; Sandberg y Copes, 2012; Zaluar, 2009).

Es curioso que, a pesar de que ser parte constitutiva del trabajo de campo, los riesgos raramente sean sistematizados y analizados en los informes académicos. Los investigadores tienden a omitir o minimizar los factores de vulnerabilidad de su actividad profesional, dificultando la reflexión y la planificación. Los problemas e incidentes angustiantes suelen ser compartidos apenas como anécdotas en las reuniones informales entre colegas.[1] Una parte fundamental de lo que sucede en el campo continúa siendo una verdadera "etnografía oculta", ya sea porque los investigadores no tomaron en serio las vicisitudes de la investigación, o porque las consideran una fuente potencial de crítica sobre las cualidades: *a*] personales (falta de "coraje", etc.); *b*] profesionales (falta de competencia técnica) o, *c*] de la propia investigación social (deslegitimada al abrir su "caja negra") (Ferrell y Hamm, 1998; Fleischer y Bonneti, 2010; Robben y Sluka, 2007; Sandberg y Copes, 2012; Sluka, 1990, 1995; Tewksbury, 2009).

La discusión metodológica sobre las estrategias para llevar a cabo investigaciones en contextos de violencia es un asunto relativamente nuevo y poco profundizado en la literatura. A pesar del creciente número de artículos sobre temas de violencia durante los últimos años,[2] son escasos los trabajos que abordan el desarrollo de la investigación en estas condiciones (Avruch, 2001; Gasser, 2006; Goldstein, 2014; Kovats Bernat, 2002). La obra de Nancy Howell (1990) *Surviving Fieldwork* puede ser considerada pionera en la materia, aunque no sea específicamente sobre el tema, pues contiene un amplio conjunto de temas prácticos del trabajo de campo (salud, violencia interpersonal, alimentación, transporte, etc.). En definitiva, no existe todavía una acumulación sistemática de reflexión sobre los problemas metodológicos y éticos de la investigación en contextos de violencia.

Sin lugar a dudas, esta negligencia de la literatura especializada dificulta el surgimiento de criterios orientadores de la producción del conocimiento social en entornos violentos. La discusión de estas cuestiones es fundamental tanto para dotar de realismo a los proyectos de investigación como para preparar a los investigadores.

A continuación se abordan algunos de los principales dilemas prácticos, metodológicos y éticos de la investigación social en contextos de violencia. Para ello, se analizaron artículos e informes elaborados a partir del estudio de temas como guerras, organizaciones guerrilleras, pandillas, tráfico de drogas, redes de prostitución, etc. Además de esta introducción, el artículo se estructura en cuatro secciones: *a*] en primer lugar se abordan aspectos relacionados con el *diseño de la investigación*; *b*] posteriormente se examinan elementos vinculados al *trabajo de campo*; *c*] en tercer lugar se realizan consideraciones sobre el *análisis de datos y la elaboración de informes y publicaciones*; *d*] finalmente, se presentan algunas ideas *a modo de conclusión*.

---

[1] En este sentido, es común la "competencia" de historias dramáticas (sobre aislamientos prolongados, enfermedades, deficiencias de alimentación, enfrentamientos con la muerte, etc.) y aventuras entre los investigadores (Gasser, 2006; Sluka, 1990).

[2] Por ejemplo, según Rodgers, el número de artículos cualitativos sobre temas de violencia publicados en el periodo 1991-2000 fue cinco veces superior al de los cuarenta años anteriores (2004: 2).

2. DISEÑO DE LA INVESTIGACIÓN

Según Nordstrom y Robben (1995) la violencia está ligada al caos, a la confusión e incluso a la pérdida de las coordenadas espacio-temporales que organizan la vida cotidiana. Puede cambiar las relaciones de confianza y previsibilidad por la sospecha, el miedo y el dolor. Tiene, además, la capacidad de alterar los mecanismos de cohesión, las interacciones sociales, la delimitación de los espacios públicos y privados, las creencias (el sentido común, por ejemplo), los comportamientos y las emociones de las personas. Al poner en cuestión las bases mismas de la vida social, los contextos de violencia también interpelan al proceso de investigación y al papel del investigador.

A continuación se detallan algunos elementos a ser ponderados en el diseño de la investigación en escenarios de violencia.

2.1. *Técnicas de investigación*

Existen diversas opciones metodológicas para abordar situaciones de violencia. Dos de las más comunes son la observación y la entrevista. En la categoría de "observación", existen variantes participativas y no participativas. De la misma forma, dentro de las entrevistas se incluyen variantes abiertas, semiestructuradas y estructuradas (cuestionarios). Las entrevistas también pueden ser colectivas, como los grupos focales.

La observación participativa es, para algunos autores, la técnica paradigmática de la investigación cualitativa (Robeen y Sluka, 2007; Rodgers, 2004), al permitir la familiarización integral con los "nativos" en sus entornos naturales y por un periodo prolongado de tiempo. Por otra parte, las investigaciones basadas en entrevistas tienden a centrarse en los discursos de una selección de informantes (Sandberg y Copes, 2012).

Sea cual sea la estrategia, toda investigación es un acto de participación humana y requiere la capacidad de "envolverse" como parte fundamental del proceso (Liebling, 2001). No obstante, la elección de una técnica de investigación concreta implica riesgos diferenciales desde un punto de vista práctico, metodológico y ético. En este sentido, la vulnerabilidad del investigador que trabaja en contextos de violencia será probablemente mayor si opta por el método etnográfico que si utiliza entrevistas.

> *For this reason ethnographic studies have been described as involving a larger element of risk and uncertainty than other methods* (Punch, 1994; Maguire, 2000), *a dangerous mix of legality and illegality* (Inciardi, 1993), *deceit* (Humphreys, 1970), *professional danger* (Ferrell, 1998b), *pleasure* (Kraska, 1998), *excitement* (Fleisher, 1995) *and fear* (Patrick, 1973). *Ethnographic studies have also been identified as having the potential to cause harm to respondents* (Bakan, 1996) *and as presenting physical danger to researchers* (Patrick, 1973; Sanchez-Jankowski, 1990; Jacobs 1998). (Yates, 2004: 3).

Algunos investigadores prefieren la proximidad de la etnografía al comprender que la ontología de la violencia y su epistemología no constituyen elementos separables (Nordstrom y Robben, 1995). Rodgers (2004) argumenta, por ejemplo, que sólo mediante la inmersión "activa" del investigador es posible comprender plenamente el punto de vista del "nativo". Para estudiar la violencia, por lo tanto, se deberá ir a donde la misma ocurre y entender cómo está ocurriendo.[3] El autor sostiene que existen justificaciones éticas tanto para aceptar como para rechazar el estudio etnográfico de grupos violentos. Después de su experiencia de iniciación en una *pandilla* de Nicaragua, Rodgers concluyó que la decisión de hasta dónde llegar en la observación participante debe ser tomada en función de características de la persona y de la situación.

Otros autores optan por ser más precavidos, evitando tratar de manera directa con la violencia durante sus actividades de observación. No obstante, esta estrategia sólo resulta funcional cuando la postura adoptada por el investigador de campo es marginal, como en el caso de Nordstrom (1995), quien visitaba el frente de batalla de la guerra de Mozambique después de los enfrentamientos y a cierta distancia (Rodgers, 2004). También hay autores que sostienen que las reglas clásicas del trabajo etnográfico no son aplicables en situaciones de extremo peligro y vulnerabilidad. Se argumenta de manera pragmática que la "observación sólo podrá llevarse a cabo si el investigador de campo es capaz de sobrevivir a la violencia" (Kovats Bernat, 2002: 213).

Robben (2010, citado en Kucera, 2012) propone la idea de una "antropología a distancia" como alternativa para fenómenos que no pueden abordarse a través de un trabajo de campo etnográfico. El propósito fundamental de la antropología a distancia es comprender la historia del conflicto en cuestión y dar cuenta de sus partes y del sistema de relaciones entre los actores. En este enfoque, las fuentes de información pueden ser múltiples: artículos periodísticos, informes de organismos gubernamentales y no gubernamentales, entrevistas con soldados, víctimas y refugiados, programas de radio y televisión, blogs y otros recursos de Internet, etc. (Kucera, 2012; Nordstrom y Robben, 1995).

Del mismo modo, Zaluar (2009a, 2009b) cuestiona la idoneidad de la observación participante en el estudio de grupos de narcotraficantes armados. La autora recomienda un enfoque cauteloso al definir el papel del investigador en el campo: el ser considerado "infiltrado" o "nuevo integrante" de las organizaciones criminales puede provocar consecuencias extremas. Teniendo en cuenta los desafíos de "investigar en el peligro", Zaluar optó por otras técnicas como la observación no participante, las entrevistas y los grupos de discusión.

Aceitei que a observação participante é impossível para estudar grupos mais ou menos organizados de criminosos de carreira, e fiquei com a observação, abandonando a participação, pelo menos nas ações violentas e criminosas que os sujeitos da pesquisa praticavam como meio de vida. No entanto, a abordagem qualitativa continuou sendo privilegiada, visto que, por meio de entrevistas aprofundadas e outras

---

[3] Rodgers (2004) critica que los escasos estudios antropológicos existentes sobre el tema estén basados en técnicas no participativas, generalmente utilizadas de manera retrospectiva y lejos de las circunstancias reales de violencia.

técnicas, é possível compreender as disposições, os valores e os motivos que os levam a praticar crimes, ou seja, é possível considerar a dimensão da subjetividade dos pesquisados (Zaluar, 2009a: 567).

Una cuestión central que se plantea al observador es hasta qué punto dará a conocer su condición en el ambiente de investigación. Una posibilidad es no contar a nadie el propósito de la observación; es decir, recurrir a la llamada "observación oculta", dentro de la cual el observador o no es siquiera percibido o es considerado un miembro o participante común de aquella situación. Ésta parecería una opción plausible en contextos de conductas ilegales o fuertemente estigmatizadas, donde el secreto es fundamental y los testigos externos son indeseables y pueden ser atacados. Guaraci Mingardi, por ejemplo, para averiguar el funcionamiento interno de la Policía Civil de São Paulo, aprobó una oposición pública para convertirse en policía y trabajó como investigador policial por más de un año. Con base en estas observaciones, que le permitieron constatar hechos como la violencia y la corrupción policial de una forma a la cual ningún extraño tendría acceso, elaboró posteriormente su tesis de maestría (Mingardi, 1992).

De forma más amplia, la posibilidad de observación oculta ha sido examinada por la literatura clásica (Junker, 1960; Schatzman y Strauss, 1973), en general, de forma negativa. Así, desde el punto de vista metodológico, la observación oculta impide recolectar diversos tipos de información que un "investigador confeso" podría solicitar, pero que un miembro del grupo levantaría sospechas al demandar. Adicionalmente, está vedado al observador oculto cambiar de papel a lo largo del proceso de investigación, como suele ser el caso de los investigadores que comienzan en un papel más externo y van aumentando progresivamente su grado de participación (Junker, 1960). Desde un punto de vista ético, el dilema es claro, ya que esta técnica implica observar personas sin su conocimiento y, consecuentemente, sin su consentimiento.

Aunque no existe consenso sobre cuándo utilizar la observación oculta, es posible ofrecer sugerencias sobre las circunstancias en que la misma podría ser aceptada: *a*] el comportamiento observado es ilegal, pero de interés público; *b*] revelar la ocultación puede comprometer la seguridad del investigador; *c*] no hay alternativas razonables para obtener la misma información si el investigador revela su identidad. La justificación de la observación oculta sería aún más sólida en los casos en los que el comportamiento observado corresponde a funcionarios públicos y cuando el observador desempeña un papel que está abierto a cualquier ciudadano, como en el caso de Mingardi (1992), mencionado anteriormente.

A su vez, la aplicación de entrevistas y otras técnicas "no participantes" también tiene especificidades en entornos traumatizados por la violencia. Según algunos autores, las entrevistas en estos contextos requieren de habilidad, empatía, paciencia y sutileza. Interpretar el silencio y no hacer preguntas es en ocasiones una exigencia velada al interactuar con los informantes (Dulce Gaspar, 1988; Quinceno, 2008). El uso de guiones de entrevista directos y estructurados puede resultar sumamente inapropiado en un clima cargado de vulnerabilidad, miedo y dolor. Una pregunta inapropiada puede dirigir la conversación hacia un punto muerto (Buckley, 2007; Goldstein, 2014). Autores como Hoffman (2003) consideran poco acertada la distinción analítica entre abordajes participantes y no participantes. Para él, toda participación requiere observación y viceversa y ambas dimensiones son actividades inherentemente políticas. En este sentido, en zonas de conflicto ningún punto de vista puede aspirar a ser neutral; cualquier presencia puede representar, de alguna u otra forma, una participación.

Cuando el clima de intimidación es intenso hasta el punto de comprometer la posibilidad de una respuesta honesta por parte de los entrevistados, una estrategia cada vez más utilizada es recurrir a técnicas experimentales en los propios cuestionarios para evitar que las respuestas individuales puedan ser identificadas (Blair e Imai, 2012).

Así, por ejemplo, para averiguar si las personas son víctimas de extorsión en un área dominada por el crimen organizado, se elaboran dos versiones del cuestionario aplicadas de forma aleatoria para ser respondidas por poblaciones equivalentes. Una de las versiones del cuestionario (versión "a") contiene una batería de preguntas, entre ellas una con el siguiente texto "¿El Sr.(a) es forzado a pagar dinero a algún grupo armado?", entre otras preguntas triviales, tales como "¿El Sr.(a) tuvo que recibir atención médica en el hospital el año pasado?" La persona debe responder sólo *cuál es el número de respuestas positivas* dentro del conjunto de todas las preguntas, sin responder a cada pregunta individualmente. La segunda versión del cuestionario (versión "b") contiene las mismas preguntas triviales, pero no incluye la pregunta sobre extorsión. A partir de esto, es posible calcular la proporción de personas que sufren extorsión sustrayendo el promedio de respuestas positivas de los cuestionarios sin la pregunta sobre extorsión (versión "b") del promedio de respuestas positivas de los cuestionarios con la pregunta sobre extorsión (versión "a"). Cabe destacar que, incluso si el cuestionario cae en manos de grupos criminales, éstos no podrán saber qué personas respondieron que estaban siendo extorsionadas. A pesar de ello, el conjunto de respuestas permite estimar la incidencia de la extorsión en la población.

2.2. *Estrategias para entrar al campo*

Investigar grupos involucrados en actividades criminales y violentas puede ser particularmente arriesgado. El abordaje puede volverse más difícil cuanto más arriba en la jerarquía de la organización criminal se pretenda acceder. En cualquier caso, los investigadores no tienen razones para esperar ser bien recibidos en contextos de enfrentamiento violento en los que tienen mucho que pedir y poco que ofrecer a cambio. En general, los investigadores necesitan anticipar riesgos y planear respuestas antes de su entrada al campo (Goldstein, 2014; Sandberg y Copes, 2012; Sluka, 1990).

El conocimiento previo del campo es crucial para viabilizar la investigación y minimizar las sorpresas. Se deberán analizar al menos tres elementos: el tipo de información que se busca, las maneras en que pudiera ser adquirida y los riesgos inherentes (Kovats Bernat, 2002). Varios autores sugieren evaluar las fuentes del peligro y las acciones que podrían evitarlo o mitigarlo. Se recomienda realizar visitas exploratorias, conversar con personas conocedoras del lugar que se pretende investigar y definir códigos con el fin de alertar vía telefónica a colegas sobre situaciones ocurridas durante el trabajo de campo. Podrá resultar útil elaborar un plan de entrada y fuga, identificando de antemano la disponibilidad del alumbrado público, la presencia de estacionamientos y "lugares seguros" próximos a la zona donde se realizará el trabajo de campo (Goldstein, 2014; Sluka, 1990, 1995).

El acceso inicial a áreas peligrosas puede ser viabilizado mediante instituciones locales de distinta naturaleza (organizaciones no gubernamentales, iglesias, escuelas, asociaciones, etc.) o a través de la estrategia de muestreo conocida como "bola de nieve".[4] Éste es un abordaje habitual en la investigación social de grupos cerrados o de difícil acceso. No obstante, su uso tiene consecuencias sobre la información recolectada y puede producir sesgo. Al ingresar al campo "de la mano" de una institución o persona concreta, es inevitable que el investigador quede asociado simbólicamente a ella, como relata Zuber en su estudio de los barrios periféricos de Caracas:

Na verdade, Victoria acabou rapidamente por ser a minha informante-chave, pois foi ela que me apresentou às pessoas que queria entrevistar [...] foi ela que garantiu que eu não caminhava sozinha na zona, dizendo-me que tinha o dever de garantir a minha segurança. Por tudo isto, é impossível que a relação que estabeleci com a minha informante-chave não marque profundamente o conhecimento que adquiri; e também sei que o fato de ela desempenhar um papel de preponderância na comunidade pode ter aberto portas e fechado outras (Zuber, 2010: 8).

Otra forma de planificar la entrada al campo es a través de la contratación de asistentes locales. Los asistentes "nativos" pueden asumir la función de abrir caminos y garantizar la seguridad del investigador durante las primeras fases del estudio, o de asumir un papel activo durante todo el trabajo de campo. En su obra clásica sobre grupos juveniles envueltos en actividades ilegales en un barrio de Boston, William Foote Whyte entró al campo a través de un líder juvenil de estos grupos, que él llamaba "Doc" y que lo acompañó durante toda su investigación (Whyte, 1943). No obstante, las pandillas de jóvenes italianos, incluso cometiendo pequeños actos delictivos, no pueden compararse al riesgo planteado por otros grupos armados. Zaluar, en un estudio sobre grupos de narcotraficantes en Río de Janeiro, también utilizó asistentes para reclutar informantes y realizar entrevistas.

O primeiro estratagema que empreguei para superar o entrave da desconfiança e da mentira foi a contratação desses assistentes, que acabaram por fazer a maior parte das entrevistas, segundo o plano traçado por mim. Assim, a relação dual face a face, olho no olho entre entrevistador/ entrevistado foi vivida por terceiros que recolhiam as entrevistas para posterior análise da antropóloga. [...] Era isto que garantia mais rapport à interação, mais confiança entre entrevistador e entrevistado, maior confiabilidade nas respostas obtidas e mais distância da pesquisadora principal que era eu (Zaluar, 2009a: 572).

---

[4] El procedimiento bola de nieve consiste en establecer contactos sucesivos con nuevos informantes a partir de informantes anteriores. Así, por ejemplo, el entrevistado A conecta al investigador con una persona B que, después de ser entrevistada, sugerirá a la persona C.

Cabe destacar que la contratación de asistentes comparte el riesgo de sesgo registrado en el caso de la estrategia de "bola de nieve". Adicionalmente, aunque el "sentido de la calle" y las redes sociales de los asistentes pueden constituir un activo para la investigación, delegar responsabilidades sobre el trabajo de campo presenta costos metodológicos innegables. Más allá de las consideraciones sobre la competencia técnica de los asistentes locales, puede resultar difícil encontrar a alguien que reúna las condiciones de la "confiabilidad" y la "astucia callejera" al mismo tiempo (Sandberg y Copes, 2012).

Finalmente, existe la posibilidad de contratar informantes al llevar a cabo estudios basados en entrevistas. Por una parte, algunos investigadores defienden la opción de pagar a informantes con la razón práctica de que "de acuerdo con las reglas de la calle nada es gratis". Otro argumento señala que el dinero puede ser visto como un indicador de la importancia de la investigación y del respeto otorgado al tiempo y conocimiento de los participantes[5] (Goldstein, 2014; Sandberg y Copes, 2012). A su vez, otros investigadores consideran que pagar puede resultar una fuente de problemas y destruir los canales de confianza con los informantes. La oferta de dinero puede terminar forzando el surgimiento de información inexistente o haciendo que los informantes sobrepasen los límites éticos en la solicitud a terceros. Por otro lado, cuando existe cierto vínculo previo, una oferta económica podrá resultar extraña y ofensiva, y podrá transformar una conversación en una transacción. Más allá de eso, la oferta de dinero en contextos violentos puede resultar peligrosa al ser asociada con pagos por delatar a individuos involucrados en actividades ilícitas (Sandberg y Copes, 2012). Por otra parte, Buckley (2007) llama la atención sobre la amenaza de generar una "industria de investigación" que transforme las experiencias relacionadas con la violencia en un negocio lucrativo.

En contextos de alto riesgo de violencia, se recomienda la elaboración, previamente al inicio del trabajo de campo, de un *protocolo de seguridad* que contenga procedimientos, precauciones y normas a seguir para maximizar la seguridad de todos los involucrados. De esta manera, por ejemplo, Cano y Duarte desarrollaron un protocolo de seguridad a partir de su experiencia de investigación sobre "milicias" en Río de Janeiro, grupos de agentes de la ley que extorsionan y amenazan a las comunidades pobres, generando un clima de temor (Cano y Duarte, 2012). Este protocolo contenía procedimientos tales como los siguientes:

a] Adquisición de teléfonos celulares a ser utilizados por los investigadores sólo para y durante el trabajo de campo y a ser descartados después, de manera que nadie tuviese acceso a los números personales;
b] Registro de la identidad de las personas a contactar en documentos bajo custodia especial, que jamás iban al campo. Registro codificado de la identidad de las personas en los documentos de campo;

---

[5] Lo más común entre los investigadores son los pequeños regalos o halagos (destacando la inteligencia e importancia del punto de vista expuesto) con el fin de entusiasmar a los informantes (Sandberg y Copes, 2012).

c] Entrevista sólo a los individuos sobre los cuales se tenía una referencia de personas de confianza, declinando las "ofertas" de desconocidos para ser entrevistados;
d] Oferta al entrevistado para entrevistarlo en un local fuera de su comunidad de residencia, pagando el costo del transporte;
e] Equipo de entrevista de al menos dos personas, que hacían contacto con el equipo central antes y después de cada visita de campo.

Por supuesto, el protocolo de seguridad deberá construirse en función de las características locales y revisado en la medida en que progresa el trabajo.

3. TRABAJO DE CAMPO

Esta sección cuenta con dos partes: la primera está dedicada a examinar los desafíos metodológicos y prácticos del trabajo de campo en contextos de violencia, mientras que la segunda se enfoca en los desafíos éticos. Esta distinción es meramente analítica, pues ambas dimensiones están estrechamente relacionadas. No se pretende realizar una sistematización exhaustiva de las cuestiones relevantes ni ofrecer prescripciones definitivas sobre cómo enfrentar los problemas identificados. Evidentemente, muchas de las cuestiones pertinentes dependen de manera decisiva de factores situacionales, como la naturaleza del tema de investigación o las características de participantes e investigadores.

3.1. *Desafíos metodológicos y prácticos*

3.1.1. Presentación del investigador y de los objetivos de la investigación

La entrada en el campo supone un primer posicionamiento del investigador y, en general, está acompañada de la presentación de los objetivos de la investigación. Es fundamental construir una relación de confianza sustentada en el consentimiento de los informantes para participar en la investigación. Especialmente en contextos ilegales y violentos, la claridad en la definición del papel del investigador es crucial. Si de modo general las personas desconocidas son observadas con cierta desconfianza, en situaciones de conflicto ellas pueden ser percibidas como una verdadera amenaza, inviabilizando el proceso de generación de *rapport*. Particularmente, sujetos extraños realizando preguntas sobre asuntos delicados son fácilmente asociados con policías, espías y periodistas (Dulce Gaspar, 1988; Goldstein, 2014; Robben y Sluka, 2007; Silva y Milito, 1994; Sluka, 1990, 1995; Zaluar, 1999a, 2009a, 2009b).

Los malentendidos pueden dar lugar al rechazo del investigador o a la generación de falsas expectativas sobre su desempeño. El investigador deberá tener cuidado no sólo de evitar esto, sino también de promover un entorno que mejore su seguridad y el curso de la investigación. Como afirma Sluka (1995), no es suficiente no ser una amenaza para no ser percibido como una amenaza. En este sentido, el cuidado de las impresiones generadas resulta esencial.

Usually, at least at first, they will define the anthropologist with reference to pre-existing categories derived from experience with other strangers who have appeared in the community. Spy, journalist, policeman, tax collector, and missionary are common categories often mistakenly applied to anthropologists in the field. It is essential that researchers in the field make a substantial effort to counter these public definitions of themselves, a process entailing a conscious effort at impression management (Berreman 1962, Goffman 1959). It can be done by recognizing how people are likely to define you, avoiding acting in ways that might reinforce these suspicions, and being as honest and straightforward as far as possible about who you really are and what you are really doing (Sluka, 1990: 121).

Otro aspecto que merece consideración al iniciar el trabajo de campo está relacionado con la explicación de los objetivos de la investigación. En primer lugar, dado que la confianza no se adquiere de inmediato, recordar a los individuos desde un comienzo que están bajo nuestra observación no siempre es la opción más adecuada. En entornos desconocidos donde ocurren conductas ilegales, a veces es recomendable extremar precauciones, escuchar a las personas y comprobar su relevancia como informantes para el estudio. En otras palabras, sin sacrificar la honestidad, no siempre es necesario, práctico o prudente comunicar los objetivos de la investigación sin antes saber exactamente con quién se está hablando (Kovats Bernat, 2002; Zaluar, 2009b).

En segundo lugar, es importante ponderar el tipo de explicación que se ofrecerá sobre la investigación. Explicaciones muy detalladas pueden generar desconfianza o inducir a las personas a percibir los problemas de la misma manera que el investigador, generando sesgo en las respuestas (Zaluar, 2009b). Explicaciones complejas y poco contextualizadas pueden dar lugar a reducciones e interpretaciones imprecisas (Goldstein, 2014; Kovats Bernart, 2002; Sandberg y Copes, 2012; Sluka, 1990, 1995; Zaluar, 2009b). Por el contrario, explicaciones excesivamente simples ("estoy escribiendo un libro") también pueden generar sospechas y la percepción de engaño después de que informaciones más específicas sobre la investigación sean reveladas (Sluka, 1990, 1995). Considerando estas posibilidades, la única sugerencia es reflexionar sobre lo que las personas podrían interpretar en relación con lo que se informa, definiendo situacionalmente el tipo de explicación a ofrecer en cada caso.

3.1.2. Recopilación y gestión de información

La investigación en contextos de violencia requiere máxima flexibilidad, paciencia y sutileza. La necesidad de adaptarse a posibles contingencias del trabajo de campo puede demandar modificaciones en las estrategias, los objetivos y el calendario (Goldstein, 2014; Kovats Bernat, 2002; Quinceno, 2008; Sluka, 1990, 1995).

If we are to work in dangerous fields, we must begin with a fundamental shift in how methodology is defined— not as a rigid or fixed framework for the research but, rather, as an elastic, incorporative, integrative, and malleable practice. It should be informed by the shifting social complexities unique to unstable field sites and should depend on a level of investigative flexibility on the part of the ethnographer, who cannot always be expected to work in safety and security (Kovats Bernat, 2002: 210).

Uno de los desafíos típicos en las investigaciones en contextos peligrosos es generar confianza y superar el silencio. El silencio puede tener diferentes causas: una táctica de las personas para evitar amenazas y agresiones; un recurso de los agresores para evitar ser castigados o recordar atrocidades pasadas; o simplemente una respuesta emocional de los individuos frente a la vulnerabilidad y el dolor (Green, 1995; Jiménez Ocampo, 2008; Quinceno, 2008; Nordstrom y Robben, 1995; Zuber, 2010). En este sentido, explorar lo no dicho puede resultar complejo e interesante. Dado que el espacio público es el principal afectado por el silencio que la violencia genera (Green, 1995), puede ser recomendable realizar entrevistas en los hogares de las personas para lograr acceder a temas delicados (Quinceno, 2008). Por otro lado, si el peligro y la intimidación persisten, es probable que sea mejor encontrar a los entrevistados en lugares seguros, con frecuencia lejos de sus propios hogares, como centros académicos, sitios de trabajo o lugares públicos.

El investigador también debe valorar su silencio al desarrollar trabajo de campo en zonas de conflicto. Tanto por razones metodológicas como de protección personal "no se puede llegar al campo preguntando" (Theidon, 2001).

Polsky (1967: 126-127) *suggests that a good rule of fieldwork in sensitive contexts is to "initially, keep your eyes and ears open but keep your mouth shut. At first try to ask no questions whatsoever. Before you can ask a question... you should get the 'feel' of their world by extensive and attentive listening"* (Sluka, 1990: 121).

Otro desafío metodológico es lidiar con la mentira. Dado que la información es poder, la mentira y los rumores son comunes en situaciones de violencia o clandestinidad. Un investigador nunca debe confrontar de manera abierta a personas que piensa que están mintiendo, mucho menos en contextos violentos. Cabe recordar que las mentiras pueden tomar la forma de omisiones o negaciones, pero también de exageraciones, como llega a ocurrir en entrevistas con delincuentes, quienes magnifican sus crímenes con el fin de impresionar o intimidar a su audiencia. Lo mejor que se puede hacer con una mentira manifiesta es tratar de explorar los posibles motivos que llevan a la misma, sondeando al entrevistado sobre otros aspectos relacionados.

De cualquier forma, los rumores y mitos no deberán descartarse como fuente potencial de información, significativa por ejemplo del punto de vista de la memoria colectiva (Nordstrom y Robben, 1995; Sluka, 1995). Para lograr filtrar las mentiras, Zaluar sugiere que "es necesario diversificar a los informantes, en distintas posiciones del drama o de las redes del crimen y ampliar las fuentes de datos" (2009a: 571). Como ya fue mencionado, la contratación de un asistente "nativo" puede jugar un papel importante para mediar su relación con los informantes.

O informante-chave fazia a mediação para esclarecer os pontos obscuros, as possíveis deturpações ou os malentendidos devidos ao linguajar carregado de gírias etc. Conhecedor dos truques e das ciladas do seu meio, não deixava passar mentiras nem bazófias comuns entre os que vivem situações de perigo e de ilegalidade. [...] A dupla inserção deste informante chave, baseada na confiança nele depositada pelos dois lados da situação de pesquisa, foi fundamental para que o rapport estabelecido criasse entendimento entre os interlocutores e distendesse os receios de denúncia, traição ou "escama", usuais entre os que penetram no mundo da ilegalidade, vigiada e punida por agentes da lei nem sempre agindo de forma legal (Zaluar, 2009a: 578).

El modo de recolectar los datos también resulta clave para investigar en el peligro. En primer lugar, cabe destacar la dificultad de mantener una observación disciplinada en contextos regidos por la violencia. El clima de tensión y los estímulos circundantes (disparos de arma de fuego, gritos, etc.) pueden alterar los órganos de percepción, confundir o incluso llegar a paralizar al investigador (Kovats Bernat, 2002). Reconocer las posibilidades de desatención y registrar eventos traumáticos en las notas de campo puede ofrecer información útil para descubrir omisiones y analizar las reacciones del propio investigador en campo.

Aunque desde un punto de vista metodológico la recomendación más común sea registrar los hechos en el cuaderno de campo mientras ocurren o inmediatamente después, para no perder los detalles y la reacción inmediata del investigador, los riesgos para la seguridad pueden llevar a esperar y registrar hechos sensibles sólo al final del día o cuando el investigador retorna a su entorno familiar y seguro. Incluso a veces puede resultar prudente contar con dos "cuadernos de campo", uno que quede en casa y contenga los puntos más delicados de la observación y otro que va para el campo de manera habitual, pero que no registra los aspectos más sensibles (crímenes, etc.) para no comprometer al investigador en el caso de que algún potencial agresor tuviera acceso a él.

De una forma u otra, el registro de datos en estos ambientes debe tener como prioridad la preservación de la integridad de los participantes y del investigador (Kovats Bernat, 2002; Quinceno, 2008; Sandberg y Copes, 2012; Sluka, 1990, 1995). La confidencialidad de los informantes puede ser, literalmente, un elemento de vida o muerte en un ambiente peligroso. Es por ello que es importante anticipar los problemas estimando el costo de la pérdida o robo de datos. La exposición de las notas de campo también puede reducirse transportando sólo lo correspondiente a cada día, así como escondiendo y codificando el resto de la información acumulada (Kovats Bernat, 2002; Sluka, 1990).

La codificación de la identidad de las personas entrevistadas u observadas es altamente recomendable, utilizando sólo un número o un código para cada individuo y manteniendo en un lugar totalmente seguro la correspondencia entre los códigos y la identidad de las personas. Ese archivo que contenga la identidad real de los informantes deberá existir sólo en papel. De existir una versión electrónica, es prudente no enviarla nunca por *e-mail* y mantenerla en computadoras que no puedan sufrir el ataque de *hackers* informáticos.

En escenarios peligrosos, es común que los entrevistados no deseen ser grabados y mucho menos filmados. A pesar de las limitaciones que eso supone para el registro y análisis de datos, es imprescindible respetar la voluntad del entrevistado y evitar riesgos de seguridad. En caso de que la grabación sea realizada, se debe considerar la posibilidad de destruir las grabaciones al término de la investigación, manteniendo sólo las transcripciones, ya que la voz es mucho más fácil de ser identificada por un experto o por un individuo que conozca a nuestro informante.

Más allá de los aspectos de seguridad, las grabaciones tienen implicaciones metodológicas. Algunos investigadores creen que la grabación entorpece la relación con los participantes al generar un tipo de interacción formal. También se alega que el uso de grabadoras en zonas de violencia es impracticable, tanto por el miedo que induce en los informantes como por el ruido habitual de esos entornos. Por otra parte, no existe duda alguna sobre el valor documental y analítico de la grabación. El uso exclusivo de anotaciones presupone que los elementos más interesantes se registran a partir de la primera impresión del entrevistador, lo que no siempre es correcto. Adicionalmente, el uso de una grabadora permite que el entrevistador pueda enfocarse en la generación de *rapport* y en mantener una comunicación fluida, más allá de dar la posibilidad de percibir aspectos no verbales que podrían pasar inadvertidos, como gestos o tonos de énfasis, entre otros. Por lo general, el beneficio de grabar es mayor en estudios basados en entrevistas, ya que las etnografías dedican más tiempo al campo y generan un mayor volumen de información (Sandberg y Copes, 2012).

3.1.3. Fuentes y gestión de riesgos

La seguridad es un tema importante para quien realiza investigaciones en contextos violentos, donde debe lidiar con incertidumbres y dificultades que pueden llegar a acabar con el estudio y con la vida de las personas que en él participan (Ferrándiz, 2008, Howell, 2007; Robben y Sluka, 2007; Tewksbury, 2009). Los ambientes peligrosos no afectan exclusivamente al investigador; no obstante, éste corre riesgos específicos producto de su incompetencia sociocultural.[6] En este sentido, Goldstein (2014) sugiere un proceso de "contextualización" del investigador en el campo a través de la imitación de las respuestas y estrategias utilizadas de manera habitual por los "nativos" para promover su seguridad.

Por otra parte, distintos autores han hecho hincapié en que las fuentes de riesgo para la integridad física y jurídica de los investigadores no sólo se refieren a los grupos de estudio (pandillas, traficantes, etc.), sino también a las agencias de aplicación de la ley (Ferrell y Hamm, 1998; Goldstein, 2014; Yates, 2004; Sluka, 1990, 1995).

The dangers emanating from the authorities include the risks of intimidation, physical assaults, arrest, interrogation, torture, prosecution, imprisonment, and even execution or assassination (e.g., Arnold

---

[6] Un estudio estadístico de la violencia sufrida por antropólogos en el campo se puede encontrar en Howell, 2007. El trabajo analiza la ocurrencia entre los investigadores de crímenes como robos, peleas, lesiones, violaciones y asesinatos, así como también "problemas políticos" (generalmente vinculados a la participación del Estado) tales como arrestos y ataques militares.

Ap). *Other dangers include being defined as a guerrilla "sympathizer" or accused of "giving aid and comfort to the enemy", as a result of which the authorities may revoke their permission for you to conduct research* (Sluka, 1990: 123).

Hasta cierto punto, los riesgos pueden ser identificados, ponderados y objetos de gestión y planificación. La primera sugerencia al experimentar circunstancias peligrosas es mantener la calma. La manifestación de miedo puede interpretarse como una ofensa a la autoimagen de ciertas personas y grupos sociales (Sandberg y Copes 2012; Zaluar, 2009a y 2009b). Así, mantener el estado de alerta y estar preparado para enfrentar situaciones críticas es crucial en contextos violentos. Las actitudes excesivamente familiares, el contacto físico inapropiado (abrazos, manoseos, etc.) un tono de voz agitado y el uso de palabras agresivas pueden ser signos de una situación inestable por parte de los informantes (Goldstein, 2014).

Otras medidas de protección para el investigador de campo que son mencionadas en la literatura incluyen: pedir a algún colega comunicarse vía telefónica y enviar ayuda en caso de no recibir respuesta; realizar entrevistas solamente en lugares públicos y durante las horas del día, definir itinerarios de trabajo identificando los lugares y personas a evitar; y combinar equipos con hombres y mujeres, especialmente cuando se requiera ingresar al hogar de los informantes (Sandberg y Copes, 2012; Sluka 1990, 1995).

Al igual que con la victimización delictiva en general, la vulnerabilidad del investigador está influida por variables tales como edad, género o raza. A menudo los investigadores masculinos tienden a sufrir un mayor riesgo de agresiones físicas, mientras que las investigadoras tienden a quedar más expuestas a insinuaciones y ataques sexuales (Goldstein, 2014). En este sentido, cuando se pueda elegir, el equipo de investigación debería evaluar el perfil de los entrevistadores y elegir aquellos que, dentro de aquel contexto, representen un menor riesgo. En áreas dominadas por narcotraficantes armados en Río de Janeiro, por ejemplo, mujeres de mediana edad constituyen un perfil de entrevistador favorable, ya que reciben mayor respeto y un trato más amable que los hombres y no suelen ser sospechosas de pertenecer a agencias de seguridad. Por otra parte, el riesgo de agresión sexual es menor en comparación con mujeres más jóvenes.

Por otra parte, el uso de equipo tecnológico (GPS, cámaras fotográficas, etc.) puede implicar ventajas y desventajas. Por ejemplo, equipos de valor pueden llamar la atención y transformar al investigador en un objetivo atractivo para delitos contra la propiedad. Por otro lado, el uso de tecnologías como el GPS puede ayudar a controlar los movimientos de los investigadores y de esta manera aumentar la seguridad. No obstante, puede también resultar en acusaciones de espionaje y otros riesgos.

Al estudiar grupos violentos y jerarquizados, puede resultar necesario negociar con los líderes y notificarles cada desplazamiento a lo largo del campo (Zaluar, 2009a). Otra forma de evitar situaciones tensas es informar a los entrevistados de que existen datos (crímenes cometidos, nombres de jefes, refugios, etc.) que preferimos no conocer porque no resultan de interés para la investigación (Sandberg y Copes, 2012). De esa manera, el investigador se aleja de la figura policial, evade sospechas de los informantes y futuros dilemas éticos. Una recomendación adicional para minimizar riesgos en escenarios de confrontación es buscar lugares simbólicamente "neutrales" para las entrevistas, evitando ser identificado como simpatizante de las partes en disputa (Kovats Bernat, 2002).

Finalmente, es importante tener conciencia de que el investigador puede representar una fuente de riesgo para otros. Una "investigación del peligro" no opera en el vacío, sino en un ambiente social sensible y generalmente compuesto por sujetos en condiciones de miedo, sufrimiento y vulnerabilidad. En ese sentido, el trabajo de investigación puede levantar sospechas sobre las personas o contribuir a los procesos de estigmatización de grupos y comunidades (Buckley, 2007; Goldstein, 2014; Kucera, 2012; Quinceno, 2008; Nordstrom y Robben, 1995; Theidon, 2001).

3.2. *Desafíos éticos*

3.2.1. Revictimización

En situaciones en que los individuos investigados experimentaron trauma o dolor intenso derivado de la violencia sufrida, ya sea por sí mismos o por personas próximas a ellos, es imperativo que el investigador intente minimizar el riesgo de revictimización; es decir, de provocar que la víctima vuelva a sentir el dolor y el trauma mientras responde a las preguntas y relata lo sucedido. En ese sentido, las entrevistas a familiares de víctimas fatales de la violencia o a víctimas de violencia sexual necesitan ser abordadas con sumo cuidado por investigadores capacitados y experimentados, considerando también la posibilidad de interrumpirlas en el caso de advertir signos de sufrimiento intenso. Asimismo, en la medida de lo posible, el investigador podría buscar asistencia psicológica para las víctimas y sus familias.

Considerando que los informantes pueden encontrarse en una situación de gran fragilidad, la diferencia de capacidades (habilidades sociales, cognitivas, emocionales, etc.) entre el entrevistador y el entrevistado podría aumentar la vulnerabilidad de este último, obligándolo a aceptar las situaciones traumáticas o indeseables sin siquiera protestar. Es por ello por lo que el investigador deberá extremar precauciones a este respecto. En verdad, este tipo de estudios debe considerar, antes de comenzar, una estimación de costo-beneficio de la propia investigación con el fin de decidir si los beneficios potenciales derivados de ella (no sólo para los investigadores, sino para la sociedad en general y para los propios sujetos de estudio) son mayores que los posibles costos que puede generar en los participantes.

Por otra parte, para muchas víctimas el hecho de hablar de lo sucedido posee un efecto catártico y beneficioso, ya que genera una sensación de reconocimiento, de desahogo o de deber cumplido en la preservación de la memoria de los fallecidos. Sólo un entrevistador experimentado y sensible es capaz de distinguir los momentos y las personas para las cuales la entrevista hará bien, incluso provocando llanto, por ejemplo, y las víctimas para las cuales la investigación implicará un dolor innecesario e improductivo. En situaciones en las que los autores de la violencia continúan conviviendo en el mismo escenario con las víctimas, la situación es todavía más compleja y delicada, pues la participación en la entrevista puede, por un lado, generar nuevos riesgos de seguridad para las víctimas; mientras que, por otra parte, puede impulsar algún tipo de reconocimiento social de lo sucedido.

3.2.2. Proximidad entre el investigador y el investigado

Una investigación social es un proceso humano cargado de consideraciones tanto éticas como políticas. El trabajo de campo en contextos violentos es particularmente desafiador desde un punto de vista personal, pudiendo afectar nuestra identidad y la relación que mantenemos con los otros (Buckley, 2007; Ferrell y Hamm, 1998; Foote-Whyte, 1955; Nordstrom y Robben, 1995; Rodgers, 2004). Convivir con experiencias de agresión y abuso implica necesariamente dilemas éticos, entendidos como "una situación que cuestiona nuestro universo moral de forma tal que exige de nosotros una respuesta (incluso cuando dicha respuesta sea la inacción)" (Noel, 2011: 128).

Un elemento importante es el nivel de proximidad establecido por los investigadores con respecto a la conducta legal o inmoral de los grupos que estudia. Las posturas posibles en este tema son diversas. Por un lado, la proximidad puede ser no sólo la mejor, sino la única manera de estudiar ciertos fenómenos sociales (Tewksbury, 2009). También en este sentido, autores como Rodgers (2004) indican que no es sencillo desaprobar y disociarse de individuos agresores cuando se pretende realizar una verdadera etnografía de la violencia. En su caso, el involucramiento en una pandilla centroamericana incluso lo llevó a aceptar cometer actos de violencia.

Otros autores se niegan a participar de ese tipo de conductas, y consideran que ser tan empático no es siempre posible, personalmente deseable y éticamente justificable (Sandberg y Copes, 2012). En condiciones de conflicto y fuego cruzado, rodeado de victimarios crueles y víctimas injustas, es impracticable tener "cara de póker". Algunas circunstancias exigen abandonar la pretensión de neutralidad (Liebling, 2001; Quinceno, 2008; Sandberg y Copes, 2012; Sluka, 1990, 1995; Theidon, 2001). El rechazo de ciertos comportamientos inmorales puede incluso resultar positivo para el desarrollo de la investigación. No mostrar aprobación ni desaprobación por lo que los otros hacen puede interpretarse como una falta de interés y obstaculizar el trabajo de campo (Liebling, 2001; Sandberg y Copes, 2012; Zaluar, 2009a), pues en los encuentros con sus informantes el investigador necesita mostrar mínimamente quién es él, ser honesto lo suficiente para construir un vínculo de confianza.

Ainda no registro utilitário, manter a assimetria entre o sujeito observador e o sujeito observado, entrevistador e entrevistado, pesquisador e pesquisado, especialmente quando os últimos destes pares de interação estão ou estiveram no mundo criminal, portanto cercados de segredos e silêncios quanto ao que se passa no mundo de ilegalidades, pode produzir o efeito de tornar mais prováveis revelações e confissões. Ao contrário do que dizem os que advogam a identificação e a assimilação entre entrevistador e entrevistado, é a própria distância que facilita a interlocução e as confissões sinceras de ambas as partes (Zaluar, 2009a: 575).

En su obra clásica sobre la "Sociedad de esquina", Whyte (1943) ya había notado que el intento del investigador de asimilarse de manera plena al grupo investigado, incluso en sus conductas transgresoras, no sólo no es necesario metodológicamente, sino que puede también resultar inconveniente, en la medida en que es percibido como una actitud no genuina que no refleja la verdadera identidad del investigador.

Sin duda, esta discusión sobre el nivel adecuado de proximidad a establecer entre el investigador y los grupos de estudio está estrechamente relacionada también con la elección de las técnicas de investigación.

Una consideración importante se refiere al impacto emocional que la exposición a la violencia sufrida por otras personas puede tener sobre el investigador. De ese modo, es de esperar que los investigadores se conviertan también en víctimas vicarias al entrar en contacto con las experiencias dramáticas de sufrimiento de terceros. En casos extremos, puede resultar importante interrumpir periódicamente el trabajo de campo, ofrecer un tiempo de adaptación al investigador, así como prestar asistencia psicológica a los investigadores para que puedan lidiar de la mejor forma con la situación.

3.2.3. Responsabilidades y límites morales

¿Cómo impactan las leyes, los códigos de ética[7] y la conciencia moral del investigador en la investigación social? Esta cuestión aumenta en complejidad cuando consideramos que los límites morales y los límites legales no son sinónimos. No todas las leyes son moralmente aceptables o están basadas en procedimientos justos, como en el caso de una dictadura, por ejemplo. Por el contrario, no todo lo que es moralmente inaceptable se contempla dentro de las leyes. Tanto la transgresión como la adhesión estricta a la ley puede provocar problemas éticos, como sucede cuando el investigador se pregunta si su actuación puede reforzar relaciones de dominación contra ciertas poblaciones específicas. (Ferrell y Hamm, 1998; Sluka, 2007).

To put it bluntly: For the dedicated field researcher who seeks to explore criminal subcultures and criminal dynamics, obeying the law may present much or a problem as breaking it. [...] What sort of field research, for example, would be appropriate if abortion were again made illegal? If gay and lesbian life were in effect outlawed, what would be the role of the field researcher immersed in the experiences and emotions of that life? If homeless and other inner-city populations continue to be marginalized and criminalized, where will we as criminologists draw the line between ethnography and activism, legality and illegality? (Ferrell y Hamm, 1998: 26-36).

---

[7] Los códigos de ética proporcionan directrices para la conducción de las investigaciones, regulando las responsabilidades del investigador con respecto a los grupos estudiados, al público en general, a la disciplina, a las agencias de financiamiento, al gobierno, etc. Una discusión sobre la evolución de los códigos de ética profesional puede ser consultada en Sluka (2007).

Ferrell y Hamm subrayan la dimensión inherentemente política de ese tipo de definiciones metodológicas. En resumen, tanto al investigar dentro de los límites de la ley como al ir más allá de sus fronteras, los investigadores ponen en juego posiciones éticas y políticas más allá de aspectos puramente técnicos.

Por ejemplo, ¿cómo actuar al ser testigo de un robo durante un trabajo de campo? O ¿qué hacer al conocer cómo opera una red internacional de tráfico de drogas? ¿Y si el comercio fuese de órganos humanos o tráfico infantil? ¿Sería correcto intervenir al conocer un plan para masacrar un grupo de personas? ¿En qué tipo de situaciones deberá el investigador abrirse paso y dar lugar al ciudadano para notificar a las autoridades? A menudo recibimos datos que podrían incriminar penalmente a nuestros informantes; no obstante, establecemos con ellos un acuerdo de confidencialidad que es fundamental para la investigación y la disciplina en su conjunto. El problema ético se refiere precisamente a esta tensión.

Algunos autores tienden a priorizar el derecho de confidencialidad, indicando que no le corresponde al investigador facilitar datos que perjudiquen a los informantes, incluso cuando los mismos sean solicitados por las autoridades públicas (Zaluar, 2009b). Llevado al extremo, el argumento es simple: la responsabilidad del investigador es científica, mientras que capturar delincuentes es tarea de la policía. Otro argumento utilizado en este sentido es que, así como los investigadores no interfieren en las ilegalidades cometidas por los grupos estudiados, lo mismo deben hacer con relación a los casos de abuso y transgresión policial (Yates, 2004).

Un aspecto relevante es que en la mayoría de los países los investigadores sociales, a diferencia de los periodistas, por ejemplo, no cuentan con un reconocimiento legal explícito del derecho a preservar la confidencialidad de sus fuentes. Consecuentemente, existe la posibilidad de que los investigadores sean legalmente acusados si omiten información sobre delitos o grupos criminales cuando ésta sea oficialmente solicitada.

Algunos investigadores de países donde la confidencialidad no está legalmente protegida son favorables a informar a las autoridades sobre crímenes graves contra la persona (violación o asesinato); pero no en casos de robo, contrabando o tráfico de personas (Sandberg y Copes, 2012). La literatura también reporta casos de investigadores que buscan intervenir disuadiendo, a menudo sin éxito, a los protagonistas de ciertas conductas ilegales. Esta opción, al tiempo de ser metodológicamente cuestionable y probablemente ineficaz, puede resultar peligrosa al exponer al "entrometido" a la "justicia callejera" (Yates, 2004).

Una recomendación sensata que ofrece Yates (2004) es reflexionar antes de iniciar la investigación sobre los límites morales que no se quieran transgredir y las maneras de actuar ante determinadas circunstancias. El entrevistador puede, por ejemplo, avisar de manera honesta a los entrevistados que, en caso de conocer información sobre ciertos delitos, notificará a las autoridades. Naturalmente, ésta no siempre es una opción realista, ya que puede llegar a comprometer la seguridad del investigador. No obstante, el punto más importante de la propuesta de Yates es la posibilidad de establecer una postura previamente a comenzar el trabajo de campo.

Del mismo modo, otros autores sugieren la necesidad de una reconfiguración de la relación entre investigador e investigado con base en la negociación. Así, la mejor manera de anticiparse a los problemas éticos y establecer términos justos de consentimiento sería discutir y acordar las responsabilidades de cada parte en la investigación, en medida de lo posible (Kovats Bernat, 2002; Sluka, 2007).

This relationship should be one of mutual responsibility— and not just for the validity of the data reported; all participants in the research must also willingly accept the possibility that any involvement in the study could result in intimidation, arrest, torture, disappearance, assassination, or a range of other, utterly unforeseeable dangers. The idea that the anthropologist is capable of anticipating the full array of possible repercussions of participation in the research, as suggested by the "Principles of Professional Responsibility", is not only a colonial assumption but also revelatory of the lack of understanding of the circumstances involved in data collection in hostile environments (Kovats Bernat, 2002: 214).

La propuesta está orientada a la superación de la firma ritual de formularios de consentimiento,[8] valorando al "nativo" como interlocutor y reconociendo las grandes limitaciones e incertidumbres de la investigación en situaciones de violencia.

4. ANÁLISIS Y ESCRITURA

Los informes de investigación sobre violencia suelen oscilar entre la idealización y la demonización, tendiendo a representar a los grupos estudiados como emancipadores o como irracionales e inmorales. En cierta medida, esto puede llegar a explicar la resistencia tradicional de los investigadores a entrar en esta área de investigación (Avruch, 2001), así como el hecho de que la mayoría de los estudios se centre en las víctimas, y no en los perpetradores de la violencia (Rodgers, 2004).

En primer lugar, es importante *desmitificar la violencia*, reconocer sus eventuales efectos negativos y positivos[9] y su lugar como fenómeno social en la cultura (Kovats Bernat, 2002; Nordstrom y Robben, 1995; Rodgers, 2004). La violencia como categoría analítica es pertinente para comprender distintos asuntos y ámbitos de la vida social. Además, estudiar la violencia es una excelente manera de comprender su contrario: las conductas de la vida cotidiana y los conflictos resueltos de manera habitual sin su presencia. Como declara Velho, el conflicto puede ser un enfoque altamente productivo para sorprenderse con lo familiar y entender las culturas en su conjunto.

---

[8] Kovats Bernat (2002) indica que el lenguaje y el formato general de los formularios de consentimiento derivan de los utilizadon en la investigación médica, cubriendo generalmente todos los riesgos implícitos. En la investigación social desarrollada en el peligro, la situación es evidentemente otra y debe ser resuelta de manera diferente. Otras críticas al uso del consentimiento escrito pueden ser consultadas en Zaluar (2009b).

[9] En este sentido, la sociología tradicionalmente demuestra que el conflicto es un tipo de interacción social con capacidad de generar identidades, mecanismos de mediación, alianzas, innovación y reorganización social.

O processo de estranhar o familiar torna-se possível quando somos capazes de confrontar intelectualmente e mesmo emocionalmente diferentes versões e interpretações existentes a respeito de fatos, situações. O estudo de conflitos, disputas, acusações, momentos de descontinuidade em geral é particularmente útil, pois, ao se focalizarem situações de drama social, pode-se registrar os contornos de diferentes grupos, ideologias, interesses, subculturas, etc., permitindo remapeamentos da sociedade (Velho, 1978: 45).

En segundo lugar, escribir sobre temas de violencia requiere problematizar la cuestión del *uso de las formas narrativas*. El investigador debe conseguir lidiar con la tensión que existe entre la violencia y su representación. La narrativa de la violencia en cuanto estrategia o fenómeno de comunicación proporciona un sentido y un orden del que la experiencia de violencia (absurda, confusa, caótica) carece, lo cual puede aumentar la distorsión inevitable entre el texto y el evento[10] (Nordstrom, 1995). El esfuerzo por desarrollar una escritura excesivamente representacional (del tipo "y así fue como...") también puede inducir a errores, al presentar las cosas como "objetivamente" capturadas por el investigador (Rodgers, 2004; Clifford, 1986). Este tipo de narrativa corre el riesgo adicional de derivar en informes sensacionalistas sobre la muerte y el sufrimiento de las personas (Rodgers, 2004). Por lo tanto, la representación se convierte en un tema central en los estudios sobre violencia.

En tercer lugar, la *experiencia subjetiva del investigador* adquiere especial relevancia metodológica en los estudios en contextos de violencia. Al acceder a "campos peligrosos", el investigador enfrenta situaciones extremas que afectan sus creencias, normas, emociones y comportamientos. Sus reacciones y ansiedades experimentadas en el campo son de interés tanto por su valor intrínseco como por la capacidad de arrojar luz sobre las circunstancias en las que se recopiló información para la investigación (Kovats Bernat, 2002). Ferrel y Hamm (1998) incluso recomiendan elaborar "etnografías confesionales" o "etnografías de la etnografía" que se enfoquen en la experiencia de los investigadores y faciliten la compresión de la experiencia de los "otros". A su vez, Nordstrom y Robben (1995) proponen abordar tres temas de manera interrelacionada: *a*] las experiencias de las víctimas y autores de la violencia; *b*] la relación entre los investigadores y las situaciones de violencia, y *c*] los asuntos teóricos y metodológicos que surgen de investigar en un contexto de peligro personal.

En cuarto lugar, siguiendo a Nordstrom y Robben (1995) se debe tener en cuenta que "*escribir la violencia nunca será un asunto tan honesto*". Estos autores sostienen que la violencia, al igual que el poder, es esencialmente disputada. Teniendo en cuenta los múltiples actores, intereses, historias y perspectivas en juego, cualquier representación de la violencia sería "sesgada" (Nordstrom y Robben, 1995). En este sentido, es fundamental dar cuenta de la complejidad del fenómeno investigado, identificando y "dando voz" a las diferentes partes involucradas. En caso de que el investigador sienta afinidad por alguna de las partes en disputa (lo que es común en confrontaciones intensas), lo recomendable es declarar en los informes las convic-

---

[10] Se establece una diferencia significativa entre las narrativas situacionales o más "próximas al campo" y las explicaciones elaboradas posteriormente por los investigadores (Nordstrom y Robben, 1995).

ciones que podrían influir la recopilación y el análisis de los datos (Robben y Sluka, 2007; Sluka, 1995).

En quinto lugar, no se deben desatender las *posibles consecuencias de la publicación*. Naturalmente, es preciso ocultar la identidad individual de los participantes en la investigación mediante el uso de un código o número en el informe final. No obstante, el rigor metodológico requeriría información relativa a las características de cada entrevistado (género, edad, profesión, etc.), con un doble propósito. El primero sería permitir la replicación del estudio por otros científicos sociales. La segunda es satisfacer las demandas del análisis, en la medida en que el discurso o relato de un informante debe ser puesto en relación con su perfil. La divulgación, sin embargo, de los rasgos del informante podría tornarlo identificable, al menos en su propio entorno. No hay muchos "panaderos de 40 a 45 años" en una pequeña comunidad, por ejemplo. Por lo tanto, existe una tensión entre la demanda analítica y la del sigilo. En una investigación reciente sobre policías que investigan desapariciones (Freire, 2014), la interpretación del discurso de un agente policial en particular solamente tenía sentido en razón de su género y función. El problema surgió en virtud de que no existía otro empleado con su rango y género dentro del grupo estudiado, por lo que revelar estos datos equivalía a identificar al informante, mientras que mantenerlos en secreto significaba dejar al lector ligeramente perdido.

Y más allá de la cuestión de confidencialidad individual, los datos de la investigación pueden terminar estigmatizando grupos y comunidades completas. Por ejemplo, ¿qué hacer al descubrir una red delictiva que sustenta la vida económica de la localidad X? Si, por una parte, la comunidad académica requiere referencias empíricas para garantizar la confiabilidad del conocimiento científico, por otra parte, la publicación de ciertos datos puede llegar a perjudicar localidades y sus habitantes.

Algunos investigadores recomiendan el uso de seudónimos para proteger la identidad de los lugares de posibles consecuencias negativas resultantes de la publicación de los resultados (Goldstein, 2014). Por otra parte, en la investigación de una organización guerrillera, Sluka (1995) intentó evitar problemas de este tipo permitiendo que el informe fuera revisado por los informantes antes de su publicación. El autor nunca abandonó el control editorial de la investigación. No obstante, acordó modificar los datos que pudieran afectar de manera razonable la seguridad de los miembros de la organización. De la misma manera, Sluka otorgó derecho de réplica ante cualquier afirmación del informe con la que los miembros de la organización no estuvieran de acuerdo. Él nunca comprometió su ética profesional modificando sus conclusiones, no obstante ofreció un "trato justo" al incorporar los desacuerdos en la publicación.

El problema adquiere mayor complejidad al considerar que los usos de los productos académicos no pueden ser totalmente controlados por sus productores (Robben y Sluka, 2007). Sin embargo, esto no impide que la decisión sobre "cómo", "qué", "cuándo" y "dónde" publicar contemple el riesgo realista de que los resultados de la investigación sean utilizados como una herramienta de explotación. En este sentido, algunos autores advierten que el conocimiento social puede transformarse en una auténtica arma de guerra.

Even anthropologists who have done "innocent" research have had their studies used by counterinsurgency agencies to plan their operations. Anthropological studies of various southeast Asian peoples were analysed by the Pentagon during the Vietnam war, and used to plan operations by the Green Berets. [...] For example, Faligot (1983: 213) mentions the recent establishment within the Spanish army of an "antisubversive anthropological unit" to aid in their fight against the Basque ETA *[...] In recent years the* CIA *has also increased its recruitment of anthropologists. For example, former* CIA *Director Stansfield Turner notes that the analytic branch of the* CIA *"probably has more PhD's than any other area of government and more than many colleges* (Sluka, 1990: 115).

Escribir sobre situaciones de violencia es una tarea difícil y condicionada por múltiples restricciones. Debemos proteger a nuestros informantes y sus comunidades, mantenernos a salvo, ser rigurosos y representar de manera adecuada a la comunidad académica, cumplir con los compromisos asumidos ante las agencias de financiamiento, no causar problemas a las autoridades públicas, ser cautelosos ante las eventuales consecuencias prácticas de la investigación y, más allá de todo lo anterior, publicar una historia intelectualmente honesta para nuestros lectores (Nordstrom, 2004).

Además de estos desafíos, las ciencias sociales tienen el increíble privilegio de desconstruir estereotipos, traducir culturas y representar un puente de entendimiento entre distintos mundos. Esta función puede resultar esperanzadora en contextos de violencia, caracterizados por la descalificación y estigmatización del "otro".

5. A MODO DE CONCLUSIÓN

Este documento revisa y retoma discusiones sobre la investigación en contextos de violencia, analizando los principales desafíos prácticos, metodológicos y éticos que enfrentan los investigadores antes, durante y después del trabajo de campo. De manera específica, detalla aspectos como la elección de las técnicas de investigación, las estrategias para entrar en campo, la presentación del investigador y sus objetivos, la recolección de datos, la gestión práctica de ciertos riesgos, el establecimiento de límites morales, el análisis de los datos, y las eventuales consecuencias de la publicación.

Si bien cada uno de esos aspectos debe ser valorado en cada situación concreta, la seguridad de las personas y la consistencia ética y metodológica de la investigación son elementos que se ven comúnmente amenazados en situaciones de violencia. Por desgracia, en la actualidad todavía no existe entre los sociólogos una tradición consolidada de reflexión sobre estas cuestiones. La revisión de la literatura especializada evidencia que el análisis de riesgos es omitido o llevado a cabo de manera asistemática y en condiciones inadecuadas (soledad, urgencia, falta de experiencia, etc.). Aprender a investigar en el peligro puede resultar particularmente relevante en Latinoamérica, la región con el mayor nivel de violencia letal del mundo (UNODC, 2013).

6. REFERENCIAS

Avruch, K. (2001), "Notes Toward Ethnographies of Conflict and Violence", *Journal of Contemporary Ethnography*, 30(5): 637-648.
Atreyee S. (2004), "Mumbai slums and the search for 'a heart': Ethics, ethnography and dilemmas of studying urban violence", *Anthropology Matters Journal*, 6(1), recuperado de <www.anthropologymatters.com/index.php/anth_matters/article/viewFile/108/213>.
Blair, G. y K. Imai (2012), "Statistical analysis of list experiments", *Political Analysis*, núm. 20: 47-77. <http://pan.oxfordjournals.org/content/20/1/47>.
Buckley, S. (2007), "Ethnographic research after violent conflicts: personal reflections on dilemmas and challenges", *Journal of Peace Conflict y Development*, núm. 10, recuperado de <www.bradford.ac.uk/ssis/peace-conflict-and-development/issue-10/FIELD-WK-Ethnographic-research-after-violent-conflict-FINAL-EDIT.pdf>.
Cano, I. y T. Duarte (2012), *No Sapatinho. A evolução das milícias no Rio de Janeiro [2008-2011]*, Río de Janeiro, Fundação Heinrich Böll.
Clifford, J. (1986), *A experiência etnográfica*, Río de Janeiro, UFRJ.
Copes, H. (2010), "Guest Editor's Introduction: Advancing Qualitative Methods in Criminal Justice and Criminology", *Journal of Criminal Justice Education*, 21(4): 387-390.
Dulce Gaspar, M. (1988), *Garotas de programa. Prostituição em Copacabana e identidade social*, Río de Janeiro, Zahar.
Ferrándiz, F. (2008), "La etnografía como campo de minas: De las violencias cotidianas a los paisajes posbélicos", en C. Díaz Mintegi y M. Bullen (eds.), *Retos teóricos y nuevas prácticas*, Donosti, ANKULEGI.
Ferrell, J. y M. Hamm (1998), *Ethnography at the Edge. Crime, deviance and field research*, Michigan, Northeastern University Press.
Fleischer, S. y A. Bonetti (2010), *Etnografia Arriscada: dos limites entre vicissitudes e "riscos" no fazer etnográfico contemporâneo*, recuperado de <www.teoriaepesquisa.ufscar.br/index.php/tp/article/viewFile/205/165>.
Foote-Whyte, W. (1955), *Street Corner Society: the social structure of an Italian Slum*, Chicago, The University of Chicago Press.
Freire, C. (2013), *Sobre (viver) após o desaparecimento: as estratégias das mulheres familiares de desaparecidos*, tese de Doutoramento defendida no Programa de Ciências Sociais da UERJ.
Gasser, Nathalie (2006), *Conducting Field Research in Contexts of Violent Conflict. An Annotated Bibliography*, NCCR North-South Dialogue, WP 1 "Governance and Conflict", documento de trabajo, núm. 3, Bern, NCCR North-South.
Giddens, A. (1993), *Consecuencias de la modernidad*, Madrid, Alianza.
Goldstein, D. (2014), "Qualitative Research in Dangerous Places: Becoming an "Ethnographer" of Violence and Personal Safety", *Drugs, Security and Democracy Program*, Working papers on research security, núm. 1.
Gurney, K. (2013), *Ethnography of a flame. Critical Arts: South-North Cultural and Media Studies*, 27(4): 439-443.
Green, L. (1995), "Living in a State of Fear", en Nordstrom y Robben, *Fieldwork under Fire: Contemporary Studies of Violence and Survival*, Berkeley, University of California Press.
Hoffman, D. (2003), "Frontline Anthropology. Research in a time of war", *Anthropology Today*, 19(3): 9-12.
Howell, N. (1990), *Surviving Fieldwork: A Report of the Advisory Panel on Health and Safety in Fieldwork*, Special Publication of the American Anthropological Association, vol. 26, California, American Anthropological Association.
―――― (2007), "Human Hazards of Fieldwork", en Robben y Sluka, *Ethnographic Fieldwork. An Anthropological Reader*, Blackwell Publishing, Oxford.

Jiménez Ocampo (2008), "Etnografía y crisis: algunos debates y una práctica de investigación en contextos de violencia", *Red de Revistas Científicas de América Latina, El Caribe, España y Portugal*, núm. 29: 34-49.

Junker, B. H. (1960), *Fieldwork. An introduction to the social sciences*, The University of Chicago Press, Chicago.

Kovats Bernat (2002) "Negotiating Dangerous Fields: Pragmatic Strategies for Fieldwork amid Violence and Terror", *American Anthropologist*, 104(1): 208-222.

Kucera, I. (2012), "Follow the Afghan War. Methods, Interpretations, Imagination", *Anthropology of the Middle East*, 7(1): 38-50.

Leirner (2009), "A Etnografia como extensão da guerra por outros meios: notas sobre a pesquisa com militares", *Mana*, 15(1): 59-89.

Liebling, A. (2001), *Whose side are we on? Theory, Practice and Allegiances in Prisons Research*. Centre for Crime and Justice Studies, vol. 41: 472-484.

Malinowski, B. (1978), *Os Argonautas do Pacífico Ocidental*, São Paulo, Abril Cultural.

—— (1997), *Um diário no sentido estrito do termo*, Río de Janeiro, Record.

Meuser, M. y G. Löschper (2002), "Qualitative Research in Criminology", *Forum of Qualitative Social Research*, 3(1).

Mills, W. (1982), *A imaginação sociológica*, Río de Janeiro, Zahar.

Mingardi, Guaracy (1992), *Tiras, gansos e trutas*, São Paulo, Editora Scritta.

Noel, G. (2011), "Algunos dilemas éticos del trabajo antropológico con actores implicados en actividades delictivas", ANKULEGI, 15: 127-137.

Nordstrom, C. (1995), "War in the Frontline", en Nordstrom y Robben, *Fieldwork under Fire: Contemporary Studies of Violence and Survival*, Berkeley, University of California Press.

—— (2004), *Shadows of War. Violence, power and international profiteering in the twenty-first century*, Berkeley, University of California Press.

Nordstrom, C. y A. Robben (1995), "Introduction. The Anthropology and Ethnography of Violence and Sociopolitical Conflict", en Nordstrom y Robben, *Fieldwork under Fire: Contemporary Studies of Violence and Survival*, Berkeley, University of California Press.

Rafael, A. (1998), *Um abraço para todos os amigos*, Río de Janeiro, EDUFF.

Robben, A. y J. Sluka (2007), "Fieldwork in Cultural Anthropology: An Introduction", en Robben y Sluka, *Ethnographic Fieldwork. An Anthropological Reader*, Oxford, Blackwell Publishing.

Rodgers, D. (2004), "Haciendo del peligro una vocación: la antropología, la violencia, y los dilemas de la observación participante", *Revista Española de Investigación Criminológica*.

Sandberg, S. y H. Copes (2012), "Speaking With Ethnographers: The Challenges of Researching Drug Dealers and Offenders", *Journal of Drug Issues*.

Schatzman, L y A. Strauss (1973), *Field research. Strategies for a natural sociology. Englewood Cliffs*, New Jersey, Prentice-Hall.

Silva, H. y C. Milito (1994), *Vozes do meio-fio*, Río de Janeiro, Relume y Dumará.

Sluka, J. (1990), "Participant Observation in Violent Social Contexts", *Human Organization*, 49(2): 114-126.

Sluka, J. (1995), "Reflections on Managing Danger on Fieldwork: Dangerous Anthropology in Belfast", en Nordstrom y Robben, *Fieldwork under Fire: Contemporary Studies of Violence and Survival*, Berkeley, University of California Press.

Sluka, J. (2007), "Fieldwork Ethics", en Robben y Sluka, *Ethnographic Fieldwork. An Anthropological Reader*, Oxford, Blackwell Publishing.

Tewksbury, R. (2009), "Edge Ethnography", en J. M. Miller, *21st Century Criminology. A Reference Handbook*, California, Sage Publications.

Theidon, K. (2001), "Terror's Talk: Fieldwork and War", *Dialectical Anthropology*, vol. 26: 19-35.

UNODC (2013), *Global Study on Homicide*, Viena, recuperdo de <www.unodc.org/documents/gsh/pdfs/2014_GLOBAL_HOMICIDE_BOOK_web.pdf>.

Velho, G. (1978), "Observando o familiar", en Nunnes, Edson de Oliveira, *A aventura sociológica: objetividade, paixão, improviso e método na pesquisa social*, Río de Janeiro, Zahar Editores.

Whyte, W.F. (1943), *Street Corner Society. The social structure of an Italian slum*, Chicago, The University of Chicago Press.

Yates, J. (2004), "Criminological Ethnography: Risks, Dilemmas and their Negotiation", en G. Mesko, M. Pagon y B. Dobovsek, *Policing in Central and Eastern Europe: Dilemmas of Contemporary Criminal Justice*, Slovenia, University of Maribor, vol. 2

Zaluar, A. (1999), "O antropólogo e os pobres: uma introdução metodológica e afetiva", en Zaluar, *A máquina e a revolta*, Río de Janeiro, Editora brasiliense.

——— (2009a), "Pesquisando no perigo: Etnografias voluntárias e não acidentais", *Mana*, 15(2): 557-584.

——— (2009b), *Pesquisando no perigo com jovens vulneráveis: que ética?*, recuperado de <Users/Emiliano/Downloads/%C3%A9tica_na_pesquisa_pop_vulner.pdf>.

Zuber, I. (2010), *Trabalho etnográfico na cidade de Caracas: questões metodológicas*, documento de trabajo de CIES, núm. 89, recuperado de <www.cies.iscte.pt/destaques/documents/CIES-WP89Zuber.pdf">, <www.cies.iscte.pt/destaques/documents/CIES-WP89Zuber.pdf>.

LAS INICIATIVAS COMUNITARIAS COMO MARCOS DE REFERENCIA PARA LA COPRODUCCIÓN DE CONOCIMIENTO SOBRE LA VIOLENCIA Y LA INSEGURIDAD

HEIDY CRISTINA GÓMEZ RAMÍREZ
y LINA MARÍA ZULUAGA GARCÍA

> ...*todo método de intervención social con sentido humanista y participativo debe superar el predominio de la razón instrumental que caracteriza a las metodologías tecnocráticas.*
>
> ANDER EGG

RESUMEN: Este artículo propone una reflexión sobre las implicaciones epistemológicas, metodológicas y conceptuales en investigaciones del campo social que se desarrollan en contextos marcados por problemas de violencias y de inseguridad y que constituyen fenómenos complejos.

En este sentido se plantean asuntos epistemológicos desde el lugar que asume el investigador frente a su campo de estudio y los criterios que éste construye para la interpretación de la realidad, en los cuales de manera consciente e inconsciente interfiere la subjetividad del investigador quien desde su construcción política entiende los problemas de violencia e inseguridad ligados a un ejercicio de poder.

Ante la proliferación de conceptos y múltiples interpretaciones sobre la violencia y la inseguridad es importante reconocer la manera como éstos inciden en los diferentes grupos poblacionales y las estrategias reales y efectivas que éstos construyen para enfrentar sus problemas en los territorios y que contribuyen a mejorar su seguridad.

Palabras clave: Metodologías de investigación, inseguridad, violencia, seguridad humana, seguridad comunitaria, derechos humanos, violencia, iniciativas comunitarias.

1. INTRODUCCIÓN

Uno de los principales retos contemporáneos que enfrentan las ciencias sociales es cómo investigar en contextos tan adversos de violencias e inseguridad. Muchas discusiones y aportes se han ido dando en el tiempo en el campo epistemológico y en el metodológico pero no logran resolver estos desafíos.

Si bien en la construcción de los estados de la cuestión se encuentran consolidados importantes datos de investigaciones enfocadas a buscar interpretar la violencia de género, las afectaciones a niños, adolescentes y jóvenes, la inseguridad en las ciudades (de esta última hay una amplia lista de investigaciones comparativas, sustentadas en la tasa de homicidio) en el caso de Colombia específicamente temas como el desplazamiento forzado, la trata de personas y el conflicto urbano, son estudios que arrojan unos análisis interesantes que en algunos casos concretos aportan en la elaboración de políticas públicas.

Pese a esto, en el campo estrictamente académico no son lo suficientemente bondadosos para alimentar el campo de conocimiento de la investigación cualitativa, que es el enfoque desde el cual se abordó la investigación "Estrategias ciudadanas para mejorar la seguridad comunitaria: trabajando con poblaciones vulnerables para enfrentar la violencia urbana en Medellín", en la cual se sustenta este artículo y que fue apoyada por el IDRC.

En los contextos de ciudad las poblaciones más vulnerables consolidan procesos en sus territorios con los cuales generan formas de resistencia y estrategias para enfrentar las múltiples violencias asociadas a la desigualdad social, la estigmatización, la exclusión, las amenazas de los grupos al margen de la ley y en consecuencia la negación de sus derechos como ciudadanos. Estas situaciones han llegado a convertirse en campos de estudio importantes para las ciencias sociales, objetivando el lugar de las personas y brindándoles la posibilidad de interpretación de sus realidades porque los márgenes de reflexión y análisis no están únicamente asignados a la academia.

Este artículo busca dar unas aproximaciones a la coproducción de conocimiento en la articulación entre el saber popular y el saber académico considerando asuntos epistemológicos, metodológicos y teóricos que la investigación social implica, a partir de un estudio exploratorio pensado desde la dimensión de la seguridad comunitaria del enfoque de seguridad humana, que contempló dos variables. Una variable poblacional referida a los cinco grupos con los que se trabajó: 1] mujeres, 2] jóvenes, 3] niños(as) y adolescentes, 4] población víctima de desplazamiento[1] y 5] población LGBTI. La segunda variable de tipo territorial, en cuatro comunas de la ciudad de Medellín tradicionalmente reconocidas por los altos niveles de pobreza y la existencia de grupos armados ilegales que allí operan y delimitado en cinco grupos poblacionales donde se llevó a cabo la investigación, Comuna 1 (Popular), Comuna 6 (Doce de Octubre), Comuna 8 (Villa Hermosa) y Comuna 13 (San Javier).

Con este enfoque poblacional y territorial se logró avanzar en la coproducción

---

[1] En Colombia se denomina persona desplazada a "toda persona que se ha visto forzada a migrar dentro del territorio nacional abandonando su localidad de residencia o actividades económicas habituales, porque su vida, su integridad física, su seguridad o libertad personal han sido vulneradas o se encuentran directamente amenazadas, con ocasión de cualquiera de las siguientes situaciones: conflicto armado interno, disturbios y tensiones interiores, violencia generalizada, violaciones masivas de los derechos humanos, infracciones al derecho internacional humanitario u otra circunstancia emanadas de las situaciones anteriores que puedan alterar o alteren drásticamente al orden público" (Ley 387 de 1997, artículo 1).

de conocimiento pero también reconocer como agendas políticas sus acciones, es decir, las iniciativas comunitarias y las propuestas para la construcción social en los territorios, potenciando su capacidad de agencia, lo que fue sin duda alguna, uno de los desafíos más importantes de esta investigación.

2. LAS MÚLTIPLES VIOLENCIAS Y LA INSEGURIDAD

En el último año la ciudad de Medellín ha sido reconocida por la disminución de sus índices de homicidio, pasando de 52 hxcch (homicidios por cada cien mil habitantes) a una cifra actual de 28.5 hxcch[2], desde un enfoque tradicional de la seguridad esto indica que la seguridad ha tenido notables mejorías, aunque éste siga estando por encima de 50 por cien mil habitantes. Sin embargo, estas cifras no son suficientes para medir la seguridad en el contexto de una ciudad que se encuentra entre las ciudades más desiguales del país, alcanzando según el coeficiente GINI[3] en el 0.5[4] y que además ha estado atravesada por un conflicto urbano en el que proliferan grupos armados ilegales que se disputan el control del negocio del microtráfico, las armas y los territorios para obtener altas ganancias gracias al alto número de extorsiones que realizan especialmente a las empresas de transporte público y que utilizan estrategias como el desplazamiento forzado intraurbano, las desapariciones forzadas, el reclutamiento y la vinculación de niños, niñas y jóvenes al conflicto, violencias sexuales, tratos crueles y degradantes, entre otras cosas, para someter a la población.

Los informes recientes sobre la situación de derechos humanos dan cuenta de una disminución importante de delitos como el homicidio, el cual entre 2012 y 2013 tuvo una reducción de casi el 30% de los casos que se presentaron (Personería de Medellín, 2013) y pese a que hay activo un sistema de información para la seguridad y la convivencia no se han logrado disminuir los factores de inseguridad, conllevando incluso a que en ocasiones recientes, las personas asuman la justicia por propia mano asignándose el derecho de herir e incluso asesinar a quienes son capturados en flagrancia cometiendo algún tipo de delitos, esta situación ha generado una polarización importante en la sociedad en general, develando el alto

---

[2] Datos entregados por el ministro de Defensa en entrevista reciente al periódico *El Colombiano* el 13 de marzo de 2014.

[3] Este coeficiente se alcanza según "El ingreso total de un hogar menos los impuestos directos que paga (es decir, el consumo total del hogar) se divide por el número de integrantes de ese hogar, para luego establecer un orden de todas las personas de la encuesta, de la más pobre a la más rica, según el ingreso per cápita de su hogar" (Milanovic, 2011: 2).

[4] Esta cifra se toma de la Gran Encuesta Integrada de Hogares, en la cual se solicita información sobre las condiciones de empleo de las personas (si trabajan, en qué trabajan, cuánto ganan, si tienen seguridad social en salud o si están buscando empleo). Además de las características generales de la población, como sexo, edad, estado civil y nivel educativo, se pregunta sobre sus fuentes de ingreso y sus gastos (qué compran, cada cuánto lo compran y en dónde lo compran)" (DANE, 2013).

inconformismo con la fuerza pública, que ya en algunas comunas de la ciudad se venía haciendo manifiesto ante los casos de connivencia con los grupos armados ilegales que generan un mayor estado de zozobra e inseguridad.

El miedo, el temor y la desconfianza son sentimientos que predominan en los más de dos millones de habitantes que actualmente tiene la ciudad. La falta de credibilidad en la institucionalidad y el ineficaz acceso a la justicia, permiten identificar que las medidas hasta ahora implementadas de militarización de las comunas y el enfoque de seguridad existente, se quedan cortas o son insuficientes para atender las múltiples violencias que enfrentan.

En este sentido cobra relevancia reconocer desde un enfoque diferencial e integral como la seguridad humana, la forma en que las personas viven en sus territorios las violencias e inseguridad que les afectan, entendiendo que sólo desde una participación activa, directa y consciente se logra impactar positivamente las políticas públicas de seguridad con criterio incluyente que además le permita adquirir legitimidad al Estado y no a las justicias paralelas e ilegales que operan en los territorios.

Si bien los delitos que se consideran de mayor impacto y que son los que alimentan las estadísticas de seguridad como el hurto, los robos de vehículos automotores y las lesiones personales, afectan en general a toda la población, hay otro tipo de situaciones que se enmarcan en las múltiples violencias que de manera diferenciada impactan la seguridad de unos grupos poblacionales específicos y que trascienden las expresiones armadas, según las dimensiones de seguridad humana propuestas por Naciones Unidas,[5] pero interpretadas en el contexto de la ciudad de Medellín desde el cual se propone una dimensión adicional de seguridad para las mujeres.

Es así como el estudio realizado da cuenta de estas violencias que generan inseguridad y de otras que se arraigan de una manera tal en la población en general que parecen imperceptibles, inexistentes o triviales. Sin embargo, desde la seguridad comunitaria logran identificarse elementos específicos en consonancia con las demás dimensiones. En el caso particular de las mujeres, las violencias se piensan principalmente en relación con sus cuerpos, seguido de la violencia cotidiana. En el primer caso se convierte en el espacio de vulneración que pasa de un escenario privado desde la violencia doméstica a un escenario público, que ellas han denominado "la inseguridad en el afuera y en el adentro",[6] en donde el cuerpo de las mujeres ha constituido un botín de guerra para los adversarios en disputa, pero además de esto una fuente de ingresos para los grupos armados ilegales, lo cual ha generado gran preocupación ante el incremento del negocio de trata de personas en la ciudad según una investigación reciente de UNODC (2012).

En el segundo caso de la violencia en la vida cotidiana, los casos de feminicidio, violencia intrafamiliar y violencia sexual son una constante en la ciudad. Frente a la violencia intrafamiliar según el informe de derechos humanos (DDHH) pre-

---

[5] Seguridad personal, política, económica, en salud, ambiental, comunitaria y alimentaria.

[6] Interacción comunitaria. Indagación por los hechos y situaciones que afectan la seguridad. Mujeres, Comuna 1, julio de 2012.

sentado en 2013,[7] Antioquia ocupó en el primer semestre el penoso tercer lugar con 1 013 casos de víctimas de este hecho, el ámbito en el que se presenta mayor número de violencias es la pareja con 1 111 casos. En lo que concierne a la violencia sexual durante 2013 se presentaron 938 denuncias. Por otra parte, los niveles de pobreza de las mujeres jefes de hogar y la desigualdad social visibilizada entre otras cosas en el poder adquisitivo diferencial que tienen hombres y mujeres en el campo laboral y que impacta directamente su seguridad económica y alimentaria es otro asunto de inseguridad en este grupo poblacional.

Entre tanto, la población de lesbianas, gays, bisexuales y personas transgénero e intersexuales (LGBTI) comparte con las mujeres la condición de vulneración según el género, en la medida en que esta construcción es transgredida y negada así como su orientación sexual, lo que conlleva a que su seguridad personal y seguridad en salud, estén siempre al límite de ser vulneradas en la negación de sus derechos. En ese sentido, la Personería de Medellín en su informe de DDHH de 2013[8] da cuenta de denuncias en cuanto a desplazamiento forzado de 10 casos, 9 por discriminación, 2 relacionadas con irregularidades en la educación, 3 asociadas a problemas de atención en salud, 2 por empleo y 1 a causa de desaparición forzada y 12 casos de homicidio. Pese a la existencia de estos datos es importante tener en cuenta el alto subregistro que presenta este grupo poblacional.

De otra parte la población joven se enfrenta a situaciones de violencia armada en la amenaza constante de los grupos armados legales e ilegales de ser reclutados en sus filas, aun en contra de su voluntad, como también a una violencia estructural que le niega oportunidades por el alto nivel de estigmatización que ha alcanzado esta población, ser joven pero además habitar las comunas señaladas en el estudio, específicamente la comuna 13, se convierte en un equivalente de delincuencia.

Para los niños, niñas y adolescentes, la situación no varía en tanto que son conscientes de las dificultades, limitaciones y riesgos que enfrentan en sus territorios, éstos van desde el ámbito familiar donde alcanzan a reconocer la seguridad alimentaria como la más afectada, incluso más que la violencia intrafamiliar, hasta el espacio público donde el reclutamiento forzado merodea y los convierte en potenciales víctimas del conflicto armado, que llega además a resolver los problemas de convivencia en los ámbitos educativos.

Finalmente, para la población víctima de desplazamiento, el tránsito del campo a la ciudad representa un escenario de hostilidad e inseguridad, allí las necesidades básicas insatisfechas ante la falta de ingresos y vivienda que les permita llevar una vida digna, se convierte en su principal amenaza. Sin embargo, desde la lectura de las dimensiones que la seguridad humana plantea, la falta de alimentos para quienes de un momento a otro dejan de cosechar y acceder a sus alimentos por cuenta

---

[7] Corporación Vamos Mujer y Corporación Para la Vida Mujeres que Crean, 2013. Agresores: De la impotencia al odio. XII Informe sobre la situación de violación de los derechos humanos de las mujeres en Medellín 2013, Medellín.

[8] Personería de Medellín, 2013. Informe sobre la situación de los derechos humanos en la ciudad de Medellín.

propia, pasando a escenarios de escasez, no sólo afectan su seguridad alimentaria sino también la económica.

3. ALGUNAS BASES EPISTEMOLÓGICAS Y METODOLÓGICAS EN LA COPRODUCCIÓN DEL CONOCIMIENTO

La seguridad humana es un enfoque central que fundamenta el análisis que se presenta en este artículo, de allí tomamos la seguridad comunitaria como un campo de interpretación para entender la seguridad desde los grupos poblacionales con los cuales se realizó la investigación. Para Pérez de Armiño, la seguridad humana debe entenderse tanto desde el enfoque restringido de la "protección ante la violencia física en contextos de conflicto" como desde el enfoque amplio de "satisfacción del desarrollo humano y de un mínimo bienestar" (2006), desde el cual se garantice el acceso a todas las dimensiones que lo componen.

Si bien esta definición se acoge al propósito de la investigación, es importante, además, reconocer el concepto de violencia y de inseguridad que desde acá se plantea, en tanto se entiende la violencia no sólo ligada a las afectaciones físicas sino también a las múltiples violencias asociadas a lo psicológico, simbólico y moral siguiendo el planteamiento que promueve el enfoque de género. En consecuencia, la inseguridad también es la negación de un ejercicio de derechos que conlleva a la vulneración y a la falta de seguridad entendida ésta en sus múltiples dimensiones.

En los últimos años pareciera que la seguridad estuviera atravesando una coyuntura particular aunque cada vez proliferan más mecanismos restrictivos de las libertades ciudadanas, mediante acciones militares, hay también un llamado para enfrentar los nuevos desafíos de manera que logren garantizarse las necesidades básicas de la población (Barón, 2008), orientada a centrar la protección en las personas, pero además generando un mayor nivel de empoderamiento individual y colectivo (Rodríguez, 2005: 243).

El Programa de Naciones Unidas para el Desarrollo (PNUD), en su informe de Desarrollo Humano de 1994, aporta algunos elementos para la definición de la seguridad comunitaria, en tanto establece que "la mayor parte de la población deriva seguridad de su participación en un grupo, una familia, una comunidad, una organización, un grupo racial o étnico que pueda brindar una identidad cultural y un conjunto de valores que den seguridad a la persona" (PNUD, 1994). Sin embargo, en el contexto de la investigación, se realizó una redefinición de esta dimensión con base en la realidad de las comunidades en sus territorios, en este sentido entendemos la seguridad comunitaria como "las condiciones básicas de tranquilidad que el Estado debe garantizarle a los colectivos humanos, organizados o no según lazos de etnia, género e intereses económicos, sociales, etarios o culturales, para que logren potenciar sus capacidades organizativas y políticas con el fin de procurarse la realización de los derechos humanos y un buen vivir, en un horizonte de emancipación social".

Asimismo, dando lugar a la capacidad de agencia encontrada en las comunidades identificamos las estrategias reales y efectivas para enfrentar la violencia y la inseguridad, la cual denominamos como iniciativas comunitarias toda vez que constituyen formas de acción individual o colectiva que llevan a cabo los residentes de las comunidades frente a hechos y situaciones que afectan a la seguridad humana en sus múltiples dimensiones (alimentaria, política, económica, ambiental, personal, de salud y de las mujeres). Estas acciones responden a las características físicas, culturales y económicas de territorios urbanos específicos, los cuales abarcan una gran cantidad de formas de acción, que van desde respuestas espontáneas hasta formas de acción más sostenidas en el tiempo. Esto no excluye que en ocasiones algunas de las respuestas encontradas sea la utilización de mecanismos violentos, sin embargo, éstos no hacen parte del campo de análisis.

Reconociendo este contexto de redefiniciones, esta investigación no pretende apartarse de las corrientes teóricas y epistemológicas que plantea la investigación social, por el contrario, busca sentar unas bases de referencia que coloquen en otro espacio de diálogo el saber popular con el saber académico. En aras de la propuesta en práctica de postulados que plantean la articulación de la investigación con la acción política (Fals, 1990), como también la construcción de referentes conceptuales en una realidad concreta (Santos, 2006).

En palabras de Fals es una suma de saberes (Fals y Mora, 2004) o de un cruzamiento fertilizante (Ander, 2003: 7), que integra ambos lados del conocimiento, ya que históricamente la academia ha estado dimensionada de una forma tal que ha olvidado que las bases de su construcción se originan en el objeto social que se traduce en personas, comunidades, poblaciones que han sido negadas para aportarle mayores elementos a los campos de análisis, subordinadas a fuentes de información concretas pero invisibilizadas.

Los temores que subyacen en el mundo del conocimiento, se traducen en la falta de pureza de la cientificidad, desde los cánones que desde las ciencias puras se han impuesto, y que no permiten que el objeto de investigación asuma un papel diferente a la fuente de información, objetivizando no sólo los sujetos sino además la postura de los sujetos que investigan, pretendiendo una falsa objetividad, que niega la posibilidad de reconocer tanto al objeto investigado como al sujeto que investiga como *senti* pensantes. Así pues, en los términos de Santos es trascender el colonialismo en la concepción del otro como objeto a una forma de conocimiento de solidaridad donde se le da al objeto el estatus de sujeto (2006: 26).

Esta pequeña disertación epistemológica se alimenta no sólo de un conflicto real acontecido en el campo de una investigación concreta, sino también en el margen de las experiencias investigativas en el campo de la violencia y la inseguridad, que en nuestros contextos no es posible asumir como ajenas o extrañas pues de alguna manera hacen parte de la cotidianidad del investigador, lo cual, sin duda, difiere cuando el campo de indagación contiene unos elementos particulares que inhiben un principio de identidad con o hacia el objeto.

El reto específicamente lo planteó la vigilancia epistemológica, hasta dónde las posturas subjetivas del investigador sesgan la producción del conocimiento, pero en el caso concreto se vislumbró en términos aún mayores desde el lugar de interpretación del investigador comunitario, quien se constituyó como una figura central y relevante dentro del proceso, en la medida en que se hizo partícipe directo en el análisis y producción del conocimiento. El lugar que para la academia representa la trayectoria investigativa, representó en estos sujetos la trayectoria social y comunitaria articulada al campo de los derechos humanos y la seguridad. Se investiga o se interviene es la disyuntiva, hasta qué punto la investigación científica puede dar lugar a la intervención y en consecuencia logra ser funcional a la problemática social que se investiga, pareciera estar allí la paradoja.

En realidad, el asunto adquiere bastante relevancia, no se suscribe a un asunto específico, predomina en los criterios que determinan la cientificidad o no de la investigación sustentada en marcos de referencia como la IAP, hay una dicotomía que se plantea en términos de la teoría/práctica, cuáles son los límites entre una y otra o hasta dónde son pertinentes los esbozos teóricos o aplicables a la interpretación de un contexto caracterizado por realidades sustancialmente disímiles (Santos, 2006: 16).

De otra parte, como se interpreta la tríada sujeto/objeto/conocimiento, no es posible ubicarlos en un campo de jerarquía, en tanto que la construcción de paradigmas científicos se alimenta con base en estos tres elementos sin encontrar dentro de la ciencia hasta ahora la posibilidad de renunciar a alguno de ellos.

Es sólo a partir de esta ecología de saberes en términos de Santos (2006: 79), desde la postura del/la investigador(a) académico(a) y el/la investigador(a) comunitario(a) que la realidad que se construye, deconstruye y reconstruye adquiere significancia, pues la sociedad como espacio dinámico y complejo se reconfigura. Y es allí, en ese encuentro, desde la pluralidad de voces que se consolida la comprensión de los fenómenos que desde cada investigador(a) tiene una interpretación, pero que finalmente en el proceso de diálogo de saberes entran en tensión y se pone en juego la validez del conocimiento científico en los puntos de quiebre y negociación para acordar las bases conceptuales en un momento en que la producción de teoría no es un punto de llegada sino un punto de partida, en el que se potencian las nuevas formas de producir teoría desde una apropiación colectiva (Rappaport, 2007: 204).

Este proceso de investigación no se establece en el modelo tradicional de la investigación, donde unos académicos definen objetivos, teorías y metodologías para analizar un objeto, por el contrario, tiene su momento de gestación incluso antes de definir sus propósitos, de allí que la coproducción es una constante en la que se traducen los intereses de la comunidad en un planteamiento desde el lenguaje académico para ser avalado como tal.

La investigación cualitativa es una forma de aproximarse a la realidad social, alimentándose con elementos metodológicos y teóricos, desde los cuales permite situar la mirada en el sujeto, conociendo sus particularidades, diferencias y formas de ver y de apropiarse de los acontecimientos sustentados en su trayectoria personal o experiencia vivida (Uribe, 2004: 11).

A partir de allí se establecieron las rutas metodológicas para acceder a la información convalidando técnicas del campo académico con técnicas del campo comunitario, logrando articular estrategias metodológicas como grupos focales, observación participante, observación no participante e investigación documental, con los mapas sociales, las expresiones artísticas y culturales, las movilizaciones y los momentos de escucha propiciados desde el ámbito comunitario.

En este escenario entró en juego la metodología "desde abajo"[9] propuesta en la investigación, conjugando un enfoque diferencial en tanto entran acá consideraciones de tiempo, territorio y población. Esta metodología pone en un lugar especial de actuación el trabajo de líderes y lideresas comunitarios quienes asumen el papel de investigadores(as) comunitarios(as) dentro del proyecto, estableciendo una relación de horizontalidad para la producción de conocimiento que orienta el contenido político de la investigación para incidir en las políticas públicas con enfoque de seguridad humana. Sin embargo, en temas tan complejos como la violencia y la inseguridad, se convierte en una necesidad realizar lecturas de contexto que permitan prever situaciones de riesgo de los(as) investigadores(as) y redireccionar la marcha.

Finalizada la recolección de información se establecieron formas de interpretación soportadas desde el lugar de cada investigador(a) (trayectoria académica y comunitaria), para posteriormente ser analizada en un ejercicio de triangulación en el que entraban en juego los conceptos centrales de seguridad humana, el campo de indagación, en este caso los grupos poblacionales o la estrategia metodológica, y los datos estadísticos institucionales pasando incluso por momentos de tensión propios de la apuesta en tanto no predominaran determinismos académicos o comunitarios. En esta instancia los componentes subjetivos y objetivos tanto de la seguridad como de la investigación, se convierten en una paradoja sobre la cual es determinante el ejercicio de la argumentación que se construye desde el campo analítico.

Este ejercicio trasciende la coproducción del conocimiento para ponerlo en diálogo con las agendas de seguridad propuestas por las comunidades, las cuales se instalan en escenarios políticos y tienen como punto de partida la trayectoria de los grupos poblacionales en sus territorios para enfrentar las situaciones de violencia y de inseguridad desde sus perspectivas y diferencias, desde las cuales más que demandarle al Estado, exponen sus razones y acciones políticas que deben contemplarse en el diseño de una política pública eficaz en materia de seguridad, si bien éstas se sustentan en impactos desde lo micro pueden incidir positivamente en las comunidades en general.

4. EL ÁMBITO COMUNITARIO, UN ESCENARIO DE ACTUACIÓN PARA LA SEGURIDAD HUMANA

Una de las principales limitaciones que encontramos en el campo de la investigación social es que la producción de conocimiento puede llegar a un proceso de

---

[9] Esta definición metodológica "desde abajo" es la que orienta los procesos de investigación del Observatorio de Seguridad Humana de Medellín, del cual el proyecto de investigación formó parte.

estancamiento, no en tanto en la evolución de los conceptos como sí en la visibilización de los resultados que potencien las acciones de las comunidades estudiadas. En este sentido este apartado final desarrolla el impacto que las iniciativas comunitarias tienen para la seguridad humana en los contextos de violencias y de inseguridad de las ciudades.

Estas iniciativas comunitarias no sólo buscan resistirse al control impuesto por los grupos armados ilegales sino que además logran consolidar ese tejido social reduciendo el miedo y generando estrategias soportadas en los principios de solidaridad y cooperativismo que en muchos casos se convierten en acciones políticas, ésta es la premisa que de manera general existe para los diferentes grupos poblacionales; sin embargo, también existen algunas particularidades para cada uno de ellos. En general, se resaltan los aspectos en común que dan cuenta de la capacidad instalada en los espacios comunitarios y que sirven como inspiración para que se generen unas respuestas institucionales más pertinentes y contextualizadas, basadas en la experiencia de quienes más conocen los territorios afectados por la inseguridad y la violencia.

En este sentido y reconociendo el componente pedagógico que implica esta metodología de investigación, es posible identificar cómo las iniciativas comunitarias ayudan a reducir el miedo frente a la violencia y la inseguridad bajo acciones colectivas que se articulan y pasan de ser acciones coyunturales a procesos sociales desde los cuales se generan escenarios para el debate público sobre las problemáticas locales desde la visión de las comunidades, esto se refleja en el empoderamiento que paulatinamente se genera en la comunidad en general, desde la cual se fortalece el ejercicio de sujeto político y se deconstruye el de víctima. Consecuente con esto se legitima la capacidad de agencia de las organizaciones sociales y comunitarias.

De otra parte y teniendo en cuenta las dimensiones de la seguridad humana más importantes de acuerdo con el grupo poblacional, se determina que éstas poseen gran impacto frente a diferentes aspectos, lo que les concede el carácter político, no obstante en algunos casos este carácter no logra ser percibido por quienes los promueven. En relación con lo anterior se identifica el impacto de las iniciativas frente a tres aspectos:

4.1. *Los hechos y situaciones que generan inseguridad desde el enfoque de la seguridad humana*

Acá se ubican acciones que proponen los distintos grupos poblacionales, es así como la población LGBTI a través de reinados y marchas genera mecanismos de protección ante la discriminación y las agresiones físicas, que les permiten mayor apropiación de los espacios públicos, los jóvenes con acciones de formación en áreas de educación y las artes propician espacios más seguros que en alguna medida proporcionan un blindaje ante la vinculación o afectación directa por parte de los grupos armados. Éstas, más allá de la confrontación directa, se consolidan como propuestas concretas. Es importante resaltar que se reconoce una especial trayectoria de grupos de jóvenes y de mujeres quienes tienen mayor visibilidad de sus problemáticas pero también de expresiones políticas de convocatoria masiva, los cuales en la ciudad son marco de referencia para los demás grupos poblacionales.

4.2. *La capacidad de las iniciativas para reforzar o transformar las nociones de seguridad de los habitantes y de la institucionalidad*

Estas respuestas plantean escenarios diferentes a los tradicionalmente presentados por el Estado, desde una nueva comprensión de los problemas de seguridad y desde un enfoque más amplio como la seguridad humana, factores sociales, comunitarios, económicos, políticos y ambientales entran a ser considerados. Es así que propuestas como la *Huerta Escuela* que plantea la población víctima de desplazamiento en relación con el Cinturón Verde Metropolitano[10] y en procura de su seguridad alimentaria y de una vida digna en los nuevos territorios, constituye una estrategia, la cual además de representarlos culturalmente debido a su vocación campesina y agraria, permite la producción de alimentos para el consumo y algunos excedentes y el diálogo comunitario para la visibilización de propuestas que aporten a la planificación y construcción del territorio. Por su parte, los procesos formativos orientados a generar mayor conciencia sobre los derechos de niños, niñas y adolescentes, también comprenden parte importante de una mirada integral de seguridad basada en la prevención.

4.3. *La capacidad para transformar las condiciones que afectan las diferentes dimensiones de la seguridad humana*

Como se mencionó anteriormente, en ocasiones es difícil para los mismos actores comunitarios reconocer el carácter político y el impacto que sus acciones pueden producir en sus territorios para que sus vulneraciones no sean peores. Es así que reconociendo las formas de afectación que los grupos poblacionales encuentran con relación a las dimensiones de la seguridad humana, se evidencia que sus iniciativas también van direccionadas en este sentido, destacando además la más importante, como se expresa en la siguiente gráfica:

---

[10] El Cinturón Verde Metropolitano es un proyecto de planificación y de intervención integral de largo plazo, para consolidar un territorio equilibrado y equitativo en la zona de encuentro entre lo urbano y lo rural y su área de influencia mediante la sumatoria de programas y proyectos de la alcaldía de Medellín y de los municipios que conforman el Área Metropolitana del Valle de Aburra (Consejo de Medellín, 2013).

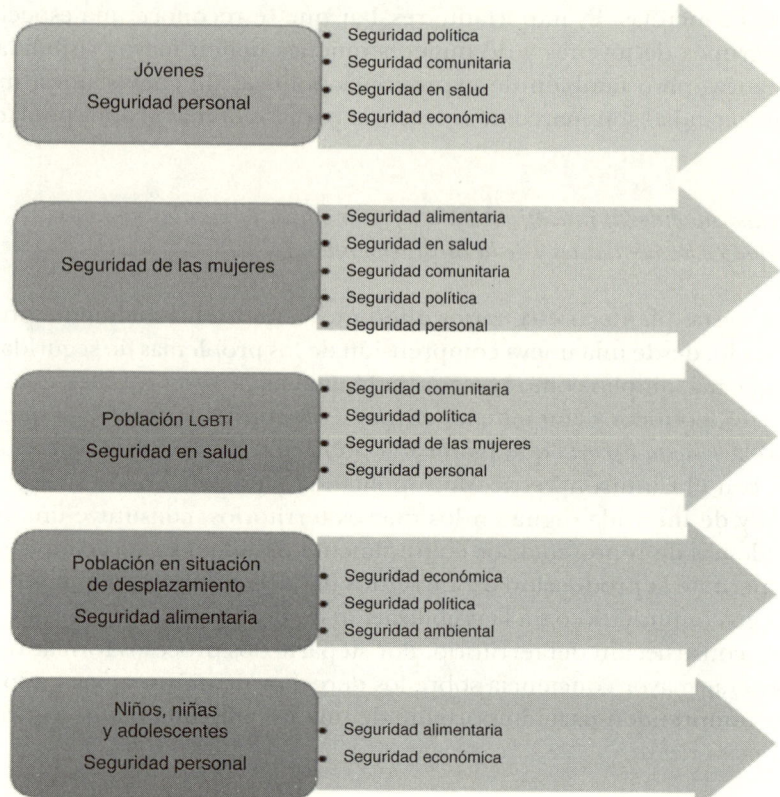

FUENTE: Elaboración propia.

5. CONCLUSIONES

Pensar la investigación social en los campos conceptuales de la violencia y la inseguridad, desde un enfoque amplio como es la seguridad humana, pero además complejizarla con una estrategia metodológica altamente participativa como es la metodología "desde abajo", sin duda supone grandes riesgos y desafíos, de una parte es difícil comprender las bondades de este enfoque ya que se puede caer en el absolutismo desde la óptica de la seguridad y en consecuencia asegurar todo, perdiendo con ello su especificidad.

La estrategia metodológica constituye un aporte importante aún con muchos aspectos epistemológicos por explorar, que demanda una especial atención en la construcción de los criterios de validez en el campo científico; sin embargo, el nivel de apropiación de los conceptos y de interacción de saberes constituyen elementos clave para la interpretación social.

La naturaleza multicausal y multidimensional de las violencias y la inseguridad en la ciudad de Medellín, demanda una lectura integral desde un enfoque como la seguridad humana, de lo contrario, como ya ha acontecido, puede reducirse sólo al conflicto urbano, dejando de lado otras problemáticas sociales para las cuales el incremento de la fuerza pública no constituye una solución efectiva y real.

Desde el análisis multicausal y multidimensional de las violencias y la inseguridad con una metodología participativa, se ponen en evidencia, además, las iniciativas comunitarias y estrategias que se instauran como acciones transformadoras de unas realidades que aún se perciben aisladas, sin reconocer que existen interdependencias.

6. REFERENCIAS

Ander Egg, E. (2003), *Repensando la investigación-acción participativa*, 4a. ed., Grupo Editorial Lumen Humanitas.
Barón, M. D. (2008), "Reconceptualizando la seguridad: Cambio de dilemas y amenazas", *Revista de Relaciones Internacionales, Estrategia y Seguridad*, 3(2): 113-134.
Congreso de la República (1997), Ley 38 de 1997.
Consejo de Medellín (2013), Sesión Ordinaria Acta 218, 20 de marzo de 2013.
Corporación Vamos Mujer y Corporación Para la Vida Mujeres que Crean 2013, *Agresores: De la impotencia al odio*, XII Informe sobre la situación de violación de los derechos humanos de las mujeres en Medellín 2013, Medellín.
Departamento Administrativo Nacional de Estadística (2013), *Gran encuesta integrada de hogares*, recuperado de <http://formularios.dane.gov.co/pad/index.php/catalog/201>.
Fals Borda, O. (1990), "El Tercer Mundo y la reorientación de las ciencias contemporáneas", *Nueva Sociedad*, núm. 107, mayo/junio.
Fals Borda, O.; L. E. Mora-Osejo (2004), "La superación del surocentrismo", *Polis*, recuperado de <http://polis.revues.org/6210, DOI: 10.4000/polis.6210>.
Milanovic, B. (2011), *Worlds apart: measuring international and global inequality*, Princeton, Princeton University Press.
Pérez de Armiño, K. (2006), "El concepto y el uso de la seguridad humana: análisis crítico de sus potencialidades y riesgos", *Cidob d'afers Internacionals*, Barcelona, núm. 76, Seguridad humana: conceptos, experiencias y propuestas, pp. 59-77.
Personería de Medellín (2013), *Informe sobre la situación de derechos humanos en la ciudad de Medellín*.
Posada, J. I. (2014), "Medellín tiene la tasa de homicidios más baja en 25 años", *El Colombiano*, 14 de marzo de 2014, recuperado de <www.elcolombiano.com/BancoConocimiento/M/medellin_tiene_hoy_la_tasa_de_homicidios_mas_baja_en_25_anos/medellin_tiene_hoy_la_tasa_de_homicidios_mas_baja_en_25_anos.asp>.
Rappaport, J. (2007), "Más allá de la escritura. La epistemología de la etnografía en colaboración", *Revista Colombiana de Antropología*, Georgetown University, enero-diciembre, núm. 43: 197-229.
—— (2005), "Seguridad humana: dadle una oportunidad al concepto", en *Acción política no-violenta, una opción para Colombia*, Facultad de Ciencia Política y Gobierno y de Relaciones Internacionales, Bogotá, Universidad del Rosario, pp. 237-260.
Santos, B. de S. (2006), *Conocer desde el Sur. Para una Cultura política emancipatoria*, Fondo Editorial de la Facultad de Ciencias Sociales/UNMSM.

UNODC (2012), *Estudio exploratorio descriptivo de la dinámica delictiva del tráfico de estupefacientes, la trata de personas y la explotación sexual comercial asociada a viajes y turismo en el municipio de Medellín*, Colombia, Alcaldía de Medellín.

Uribe de Hincapie, M. T. (2004), El giro en la mirada, en G. M. M. E., *Estrategias de investigación social cualitativa*, Medellín, La carreta editores.

VICTIMARIOS Y VÍCTIMAS DE LA VIOLENCIA: DE NEXOS INVISIBILIZADOS Y FALSAS DICOTOMÍAS EN EL TRIÁNGULO NORTE DE CENTROAMÉRICA

ISABEL AGUILAR UMAÑA

> *El discurso del sujeto y el objeto no va con nuestra historia, y no va con nosotros más allá de nuestra voluntad.*
>
> MARCELA LAGARDE (1993)

RESUMEN: El Triángulo Norte de Centroamérica (Guatemala, El Salvador y Honduras) condensa la mayoría de violencia delictiva que azota a la región. La población de estos países está conformada mayoritariamente por jóvenes que presentan distintos tipos y grados de vulnerabilidades múltiples (por razones etarias, pero también por razones de género y preferencia sexual, etnia, nivel de escolaridad, grado de pobreza y acceso a recursos, pertenencia geográfica, entre otras). Estos factores inciden en que los jóvenes sean tanto más propensos a ser víctimas de las diferentes formas de violencia, como a convertirse en perpetradores de ella. A partir de su condición de victimarios, sin embargo, se ha generalizado un estigma social contra los jóvenes, sobre todo contra los urbanos hombres. Sin embargo, dado que este segmento poblacional enfrenta numerosas exclusiones, tanto como hechos victimizadores concretos e individualizados, es preciso complejizar más la realidad, considerando que muchos victimarios han sido, a su vez, víctimas. La esencialización de la condición de víctima o victimario, sin embargo, no corresponde con la verdad y, sobre todo, corre el riesgo de determinar relaciones sociales en el futuro.

Palabras clave: Violencia asociada con jóvenes, victimización juvenil, Triángulo Norte de Centroamérica, estigmatización juvenil.

1. INTRODUCCIÓN

En el denominado Triángulo Norte de Centroamérica —conformado por Guatemala, El Salvador y Honduras— se condensa la mayoría de la violencia homicida que en la actualidad azota y desangra a la región, ocasionando un gran sentido de desesperanza, pues pareciera no haber salidas efectivas frente a la problemática. El tema de la inseguridad —que infortunadamente no es privativo del Triángulo

Norte, sino también se extiende, aunque en menor grado, al resto de países de la región— se ha convertido en la principal preocupación ciudadana en todo el istmo, incluso por encima de flagelos de suyo alarmantes, como el desempleo, la aguda inequidad económica, las debilidades del sistema democrático, o la fragilidad socioambiental. "De hecho, el 71% de la población adulta de los seis países centroamericanos indicó que considera la violencia como una amenaza importante para su bienestar futuro, y más del 50% considera que los altos índices de violencia justificarían un golpe de Estado militar" (Banco Mundial, 2011: 3).

Para describir el panorama, suele ser frecuente echar mano de datos estadísticos e información de carácter general como la que ofrece el más reciente informe sobre homicidios (2013) de la Oficina de las Naciones Unidas contra la Droga y el Delito (UNODC, por sus siglas en inglés), que ubica a Honduras con una tasa de 90.4 homicidios por cada cien mil habitantes,[1] mientras el mismo indicador arroja las cifras de 41.2 y 39.9 para los casos de El Salvador y Guatemala, respectivamente. Para tener una idea más o menos acabada acerca del significado de estos números, es preciso recordar que, según la misma fuente, la tasa mundial de homicidios es de 6.2 por cada cien mil habitantes. Esto quiere decir que la subregión rebasa en un poco más de nueve veces el nivel mundial de muertes violentas, pues tiene un promedio de 57.16 homicidios por cada cien mil habitantes.

Los números avasallan y despiertan una voz de alerta. Pero también pueden insensibilizar, pues de alguna manera velan los rostros individuales de los seres humanos a quienes la exasperante espiral de violencia está alcanzando, de determinadas maneras. La realidad prefigurada es, como se sabe, la punta de un *iceberg* ominoso que esconde un sinnúmero de conductas violentas que envuelven, en particular, a las poblaciones más excluidas y vulnerabilizadas que habitan estos países. Entre dichas poblaciones, sobresale por su energía y presencia muchas veces desestabilizadora una población que en casi un 50% está conformada por adolescentes y jóvenes.

2. JÓVENES VULNERABILIZADOS

Adolescentes y jóvenes centroamericanos comprendidos entre los 15 y los 34 años de edad destacan entre las poblaciones desatendidas históricamente como sujeto social diferenciado. Relativamente, es hasta hace pocos años que los estados han comenzado a diseñar e implementar —aún con graves falencias— políticas públicas dirigidas con especificidad a la población adolescente y joven, y todavía dista mucho de considerarse el enfoque intergeneracional en la gestión pública, en las distintas áreas vinculadas con el desarrollo o con el respeto a los derechos humanos (OIJ, 2011).

---

[1] Esto hace que, en la fecha de publicación del informe, este país ostentara la más alta tasa de homicidios en todo el mundo.

Como resultado de esa desatención estatal, aunada a la erosión del capital social y la emergencia de crisis en instituciones de suma importancia como la familia, las personas que se ubican en este rango etario presentan distintos tipos y grados de vulnerabilidad, los cuales están relacionados, en primer lugar, con su misma condición etaria, pero también se vinculan con otros elementos que en países discriminadores y excluyentes son generadores de vulnerabilidades múltiples: género y preferencia sexual, etnia, nivel de escolaridad, grado de pobreza y acceso a recursos, pertenencia geográfica (urbano/rural/zonas o comunidades específicas consideradas "rojas" y, por lo tanto, segregadas). Así, "Una primera aproximación a la realidad de este segmento poblacional en la región [centroamericana] evidencia la situación de exclusión social en la que viven las personas jóvenes, los altos índices de violencia relacionada con ellas y ellos, los niveles de desempleo y el poco acceso a la educación, así como los graves problemas de salud y acceso a la vivienda, entre otros flagelos" (Juventudes Moviendo Centroamérica, 2014: 13).

Desde esta perspectiva, es claro que al hablar de jóvenes debe considerarse un sujeto social múltiple, que en el Triángulo Norte de Centroamérica forma parte de un tejido social multilingüe, multiétnico y pluricultural, imbricado además en circunstancias sociales particulares. Así las cosas, una misma persona (por ejemplo, joven, mujer, indígena, analfabeta o con sobre-edad en relación con el nivel educativo que le corresponde, pobre y que vive en el área rural) puede ser portadora de factores mútliples de vulnerabilidad. Todos estos factores inciden en el hecho de que los jóvenes sean tanto más propensos a ser víctimas de las diferentes formas de violencia, como a convertirse en perpetradores de ella.

En este último sentido, cabe indicar que la imagen del joven como victimario se ha ido generalizando e intensificando en la medida en que los índices de criminalidad han aumentado en la región. De esa cuenta, se ha creado un estigma contra ellos, entendido como un atributo que los desacredita y esencializa. De esa cuenta, otra razón poderosa que vulnerabiliza a los jóvenes es que suele vérseles como los mayores responsables de la violencia y la delincuencia que se vive. Y es que, en efecto, diversos informes sobre violencia y criminalidad refieren que en la cauda de alarmante tendencia homicida, son los jóvenes —sobre todo los hombres urbanos pobres— quienes configuran el grueso de víctimas y quienes son, a la vez, la mayoría de los victimarios (Jütersonke, Muggah y Rodgers, 2009; Banco Mundial, 2011). En el imaginario social, esta atribución de responsabilidad —o, más propiamente, de culpabilidad *a priori*— recae de manera primordial en las pandillas, agrupaciones conformadas, también en su mayoría, por hombres jóvenes. Las estimaciones oficiales no se alejan de esta percepción, pues en los países, en promedio, se considera que aproximadamente un 40% de la violencia homicida es imputable a los grupos pandilleriles.

El escenario de horror que generan algunos de los crímenes cometidos por jóvenes, con episodios que incluyen decapitaciones, violaciones, tortura y desmembramientos, en el marco de historias de traición, abandono, abusos sexuales, avaricia, venganza, sadismo y desprecio casi absoluto por la vida, es insumo de primerísima importancia para los medios de información, mayoritariamente amarillistas y sensacionalistas, que hacen del morbo uno de los principales ingredientes de su lucrativa empresa. Y la ciudadanía, por lo general, muerde el anzuelo. De esa cuenta, un ciudadano o ciudadana "de buena conciencia" tiende a sentirse inseguro si vive en una urbe de cualquier país del Triángulo Norte y, por casualidad, se cruza en la esquina con un puñado de hombres jóvenes que quizás visten a su manera, con ropa floja, desgarbados, o con las gorras al revés, usan aretes, *piercings*, tatuajes, se ajustan a la moda, fuman y transitan por el lugar. En muchos casos, el ciudadano "de bien" se agarra de la mano de su propia conciencia, toma con más fuerza su cartera o sus posesiones y, si le es posible, se cambia de acera o, simplemente se da la vuelta y se aleja de semejante amenaza. Siente miedo, y el miedo lo puede hacer actuar prejuiciosamente. Más vale eso que perder sus bienes o, lo que es peor, sufrir algún ataque contra su integridad física.

Otra manera de decirlo: se ha instalado en los países del Triángulo Norte de Centroamérica una consideración social muy negativa acerca de los jóvenes en general, en especial acerca de los hombres jóvenes que viven en áreas urbanas marginadas y, por consiguiente, lo más probable es que sean pobres. A partir de nuestros prejuicios hegemónicos (es decir, con base en la visión que prima acerca de lo que es correcto y lo que no), hemos ido generando un sujeto social esencializado y basado en una identidad ontologizada que se convierte en un *otro*, en abierto contraste con *nosotros*, nuestra identidad, cualquiera que ésta sea (¿guatemaltecos, salvadoreños, hondureños de bien?, ¿ciudadanos probos?, ¿gente trabajadora y de buena conciencia?). La percepción se ensaña particularmente en contra de los pandilleros, aunque en las últimas décadas los narcotraficantes, o los miembros de barras deportivas —consideradas "bravas" en Honduras— también nutren ese imaginario ciudadano de rechazo y estigmatización contra miles de jóvenes que, por la asunción de una identidad juvenil diferenciada, se consideran "el otro vago-malo-delincuente", así, sin consideraciones que introduzcan algún matiz relacional.

Es necesario indicar enfáticamente que esta percepción negativa también tiene un fundamento en la valoración ciudadana con respecto a hechos delictivos concretos —algunos, de extrema crueldad— que constan en historias de vida y testimonios diversos que, incluso, han sido probados judicialmente. Tal fundamento no debe simplificarse, trivializarse o mucho menos obviarse, pues el cúmulo de delitos y violencia que se vive no sólo ha venido a enlutar a miles de familias centroamericanas, sino también ha ocasionado pérdidas materiales y, en general, ha ralentizado el desarrollo, desviando recursos que podrían invertirse en mejores sistemas educativos, de salud y de protección social y que, en la actualidad, engrosan los presupuestos públicos y privados destinados a la seguridad.

En esta dinámica viciosa y a menudo sobresimplificada, es importante, entonces, ubicar los hechos con claridad: ni se puede criminalizar a todos los jóvenes, etiquetándolos estigmatizadoramente, ni se puede obviar la relación de algunos jóvenes y los grupos a los que pertenecen con la violencia y el delito. El panorama se vuelve complejo de dilucidar porque en los países del Triángulo Norte de Centroamérica las instituciones encargadas de la investigación criminal suelen ser débiles, de manera que los índices de impunidad se calculan en un 95% en lo que respecta a los homicidios (*La Prensa Gráfica*, 30 de marzo de 2014).[2] Estas falencias impiden mayor objetividad en el análisis; además, contribuyen a fomentar el ciclo de la violencia y esconden la realidad profunda de muchos hechos delictivos, en donde seguramente yacen los nombres de autores intelectuales, perpetradores de cuello blanco, jueces, políticos y empresarios coludidos, y miembros de las fuerzas de seguridad del Estado, entre otros.

En todo caso, interesa destacar que el marco de la violencia social y criminal en que vivimos es sumamente anárquico y se produce en dinámicas que se imbrican e intersecan de maneras diversas. Por ejemplo, agentes de las fuerzas de seguridad del Estado pueden dedicarse al ejercicio de ejecuciones extrajudiciales de ciertos grupos de "indeseables" que para ellos lo son sólo en la medida en que constituyen competidores en el negocio de la droga u otras acciones ilícitas; jóvenes miembros de barras deportivas protagonizan episodios violentos en los estadios y, a la vez, ocupan su aguda enemistad para controlar territorios en los que venden drogas y prestan sus servicios como sicarios; o bien, pandilleros se encargan de proveer seguridad en colonias y barrios, con el beneplácito de los comunitarios, quienes a veces sienten por ellos mayor confianza que la que podrían sentir con respecto a la policía.

Entre todas estas dinámicas surge casi de manera inmediata la noción de quién ejecuta violencia y quién la recibe, es decir, emerge la dupla víctima-victimario. Lejos de constituir una relación fácil de establecer —no sólo por falencias relativas a la cuestión de investigación criminal—, esta dicotomía prefigura una relación compleja que ha sido simplificada y se decanta, mayoritariamente, en posiciones que terminan alimentando la búsqueda de culpables a menudo individualizados (del tipo "chivo expiatorio"), a quienes se desea imperiosamente aplicar soluciones de mano dura, al amparo de la cultura del castigo que también prima en la subregión.

Además de que estas percepciones influyen en la marcada tendencia centroamericana por seguir buscando estrategias para un abordaje represivo del fenómeno violento (que, dicho sea de paso, han probado históricamente su ineficacia), impiden analizar la complejidad de las dinámicas de violencia y, por consiguiente, minimizan nuestras opciones por encontrar soluciones esperanzadoras.

Por lo general, escasea el análisis causal, tanto a nivel social como individual. Se obvia el carácter estructural y cultural de la violencia y se reduce el fenómeno exclusivamente a la lucha por deducir culpas —que no necesariamente responsabilidades— individuales a partir del delito cometido; se invisibiliza a las víctimas y se desestima la posibilidad de enfrentar el fenómeno desde abordajes preventivos integrales y, sobre todo, de mayor cobertura y con carácter no discriminador, a partir de un más acertado quehacer público.

---

[2] Según esta fuente, entre 2011, 2012 y 2013 se cometieron en el Triángulo Norte de Centroamérica 48 947 homicidios, de los cuales solamente se juzgó y se arribó a condenas en el caso de 2 295.
También conviene referir que, de acuerdo con el *Estudio mundial sobre el homicidio* (UNODC, 2013), en América Latina sólo se condena a 24 personas por cada cien víctimas, mientras que en Asia el número de condenas asciende a 48 y, en Europa, a 81.

Para efectos del presente ensayo importa, en particular, que estas percepciones dicotómicas y esencialistas impiden ver la compleja relación que existe entre víctima y victimario, sobre todo en países que, debido a sus niveles históricos de desigualdad y sus exclusiones sistémicas, victimizan de diversas maneras a poblaciones específicas, entre ellas, las mujeres, los afrodescendientes, los pueblos indígenas, los habitantes de las áreas rurales, las personas de la tercera edad, los niños, adolescentes y jóvenes. La cotidiana exclusión de ciudadanos que comparten estas características es igualmente compleja, pues éstas, como se ha referido, se imbrican en casos concretos de personas que por sus condiciones identitarias y las circunstancias específicas en las que viven son portadoras de vulnerabilidades múltiples. De esa cuenta, cualquier reducción es apenas útil para efectos de análisis (o, en algunos casos, de denuncia). En todo caso, este impedimento ocasiona formas de invisibilizar que pueden llegar a ser un mecanismo perverso de mayor estigmatización contra los jóvenes, así como una manera de soslayar el abordaje de las verdaderas causas de la problemática. Constituye, igualmente, una forma de ver al otro desde una cómoda distancia, cómoda porque no nos interpela. Como bien señala un experto guatemalteco, con más de veinte años de trabajar con jóvenes violentos y violentados, "[…] conformar esta visión es psicológicamente más aconsejable para la protección de la personalidad: buscar culpables, responsabilizar a otros. Los jóvenes son un buen objeto para responsabilizar; por eso son satánicos, son esto y lo otro, porque en esa visión purista de que yo soy el que está casi listo para irse al cielo y aquellos otros son los demoniacos, nos preservamos. Esto representa una necesidad de preservación humana".[3]

Las miradas simplistas etiquetan a las personas, quienes llegan a ser catalogadas o agrupadas entre el conjunto de víctimas, o victimarios, según corresponda, lo cual las reduce a una visión bipolar que echa mano de una condición circunstancial (en el sentido de que, en determinado momento específico, y sólo en relación con esa particularísima situación real e histórica concreta, alguien fue víctima de algo o de alguien, y alguien fue victimario) para esencializarla, llevándola a una categoría casi identitaria que no sólo no corresponde con la verdad, sino que, sobre todo, corre el riesgo de determinar relaciones sociales en el futuro. También se corre el riesgo de considerar que cierta condición circunstancial no está vinculada con aspectos macrosociales de carácter histórico. Generalizar verdades irrefutables o poco cuestionables acerca de *circunstancias* específicas (el ser víctima o victimario en determinado momento) es trasladar un hecho y convertirlo, casi, en base o fundamento para la construcción de una identidad, lo cual es de suyo peligroso: "Así, cualquier interpretación que generalice como verdad innegable, como cosa de 'sentido común' (Bernett *et al.*, 1983), lo que necesariamente son lecturas hechas desde lugares e historias particulares apela a una transparencia que es ilusoria y que, por lo tanto, involucra una forma sutil de violencia. Por ser sutil, esta violencia simbólica

---

[3] Entrevista de la autora con Marco Antonio Garavito, director de la Liga Guatemalteca de Higiene Mental, ciudad de Guatemala, 6 de agosto de 2014. En adelante, al citar a Garavito se hace referencia a esta misma entrevista.

no es menos dañina" (Briones, 1995: 283). En este caso, a nuestro juicio, la violencia simbólica se manifiesta en una serie de prejuicios y supuestos sobre el otro que, concatenados y agrupados con los prejuicios de los demás, se convierten en esa estigmatización y discriminación social adultocéntrica de la que tanto se quejan los jóvenes. O se convierte en ocasión para la lástima, que luego nutre posiciones derrotistas y de asistencialismo. En ambos casos, se desperdicia acríticamente la posibilidad de comprender las diferencias intergeneracionales, lo cual es cada vez más relevante en sociedades interdependientes que demandan la construcción de una mejor convivencia social como base para el desarrollo integral y como ingrediente ineludible de cualquier idea de futuro.

Identificar a una persona como víctima o victimario suele ser un paso para ubicar en alguien más, en ese otro diferenciado, una condición esencializadora que reivindica, a la par, una posición propia de seguridad, inocencia e incluso hasta de indiferencia frente a las consecuencias más dramáticas que ha ido cobrando la violencia. Y es que el "[…] concepto de identidad es complejo. En parte, porque desde cierto punto de vista se lo entiende como un proceso íntimo y subjetivo mientras que, desde otro, rige las interrelaciones de la sociedad y de sus grupos diferenciados" (Femenías, 2008: 17). De esa cuenta, el etiquetamiento, la traslación identitaria con base en una condición circunstancial, también constituye una manifestación de aquello que Spivak (1988) denominó "esencialismo estratégico", como una manera de codificar a un grupo, establecerle límites, para defender —o atacar, como se ve en el caso de jóvenes centroamericanos excluidos— a grupos vulnerables o vulnerados (en Briones: 1995: 287).

Aparte, semejante posición nos impide ver el contexto en sus complejidades estructurales e históricas profundas, quizás porque esta realidad sí constituye una hidra cuya transformación ya no ubicamos en el horizonte utópico —si es que alguna vez lo hicimos—, o simplemente ya perdimos la esperanza de vencerla. Por eso, "[…] en este modelo de sociedad la víctima y el victimario resultan el gran tema, porque se confronta este sujeto o este grupo con este otro, pero no se confronta el contexto" (Garavito, entrevista citada). En sociedades en donde la violencia y la delincuencia se hallan tan generalizadas, la dupla entre víctimas y victimarios se vuelve una cuestión grupal, lo cual es, como señala Alberto Binder (1991), síntoma inequívoco de una sociedad fragmentada.

3. EL CICLO DE LA VICTIMIZACIÓN

> *Es difícil comprender a los seres humanos porque muchas veces dicen que lo que vos hacés está malo y que lo que ellos hacen está bueno. Pero al final no hay una disposición verdadera por ayudar o tener la sensibilidad que son derechos humanos y que no se le pueden negar a nadie.*
>
> DANNY, *ex pandillero salvadoreño.*

En sentido amplio y desde las sociedades fragmentadas (Binder, 1991), las mayorías poblacionales expulsadas del bienestar o, como se dice más frecuentemente, *excluidas de la sociedad*, son víctimas indirectas de un sistema político, social y económico que precisamente, al subalternizarlas, las vuelve parte de un ciclo perverso de violencia estructural que, si no condiciona acríticamente conductas individuales (en el sentido de que pobreza y desigualdad no necesariamente producen comportamientos agresivos en las personas que padecen estos flagelos), sí genera una base explicativa acerca de diversas problemáticas sociales. ¿Cómo entender, sino mediante argumentos que apelan a lo estructural, el origen de factores de riesgo de la violencia como el hacinamiento, el abandono escolar, el embarazo adolescente, y el fácil acceso a las armas, las drogas y el alcohol?

Países como los del Triángulo Norte de Centroamérica han sido escenario de situaciones de crisis que, debido a su carácter crónico, pierden su especificidad como momentos de quiebre transicional y, por consiguiente, casi diríase que dejan de ser crisis para constituir parte de la realidad normalizada. Cinismos aparte y de acuerdo con Garavito, las crisis recurrentes han obedecido a dos ámbitos: el económico (cuyo rostro más visible es una extendida y secular pobreza) y el político, que comparten "[...] la misma naturaleza: una institucionalidad del Estado débil, siempre orientada a los sectores mínimos que ostentan el poder, falta de liderazgos sanos y constructivos y partidos políticos que no representan a nadie".

Si estas situaciones han sido una constante, cabe comparar la pobreza y las crisis políticas de hace cincuenta o sesenta años con lo que se vive en la actualidad. El resultado es que en aquellas épocas, tanto como en la actual, la pobreza y los desequilibrios producto del caciquismo y el clientelismo político también estaban allí, hacían parte del panorama político y social. Entonces, ¿qué es lo que ha cambiado?, ¿cuál es el punto de inflexión que ha impactado en las personas y en segmentos poblacionales como la juventud, entre otros? Para intentar algunas respuestas a estas interrogantes, cabe considerar, de acuerdo con Garavito, "[...] una tercera gran crisis, una crisis relacional: lo que se fracturó en los últimos treinta años terriblemente fue un modelo de relación humana y social, pues hay una pérdida profunda de los valores de una relación sana, en la familia, en la escuela, en la calle, en el trabajo y en la sociedad en general. [...] Ha habido todo un proceso de deterioro de la subjetividad, de la salud mental, entre los jóvenes y entre la gente en general".

Estos ingredientes han estado en la base de numerosos episodios históricos cuyo denominador común es el ciclo de la violencia y la impunidad. En el pasado reciente, destacan los enfrentamientos armados que vivió la región, los cuales presentaron mayor intensidad y recrudecimiento de tensiones en la década de los ochenta del siglo XX, sobre todo en Guatemala, El Salvador y Nicaragua. Estos hechos históricos dejaron una cauda de muerte cuyas consecuencias apenas han comenzado a dimensionarse en la actualidad, en un proceso de conocimiento y reconocimiento de la verdad histórica que dista mucho de haber alcanzado una noción concluyente acerca de lo que realmente sucedió. Aún las sociedades no han cobrado conciencia del horror que todo aquello significó, y parecen ser sólo grupos aislados los que están dispuestos a abrevar de la historia con una intención de no repetición. En todo caso, esa etapa cruda de vejámenes, crímenes de lesa humanidad y violaciones a los derechos humanos se vincula con la violencia actual, de carácter criminal, al menos por dos razones: primero, por su relación con los niveles de impunidad que caracterizan a los países que fueron escenario de conflictos armados, que en general han fracasado en juzgar crímenes contra deberes de la humanidad y violaciones a los derechos humanos; segundo, por la perpetuación de una cultura de violencia enquistada en los distintos estamentos sociales.

Hurgar en el terreno de la historia para encontrar explicaciones frente al incremento exponencial de violencia que se vive en los países del Triángulo Norte de Centroamérica excede las intenciones de este ensayo. No obstante, nos interesa subrayar que las causales de índole política deben yuxtaponerse a causales de naturaleza cultural y socioeconómica, como elaborando un prisma múltiple para observar la realidad, cuyas temporalidades —pasado, presente y futuro— se desenvuelven sin linealidad alguna, sino más bien se desarrollan como en una especie de espiral profunda que se entrecruza en más de una ocasión.

En este panorama, las explicaciones estructurales de la violencia se relacionan de manera directa con el bajo nivel de desarrollo humano y los elevados índices de inequidad y desigualdad. Ocasionan una suerte de *subdesarrollo integral*[4] que va más allá de los límites de lo material, para inundar, incluso, hasta los afanes de trascendencia de los seres humanos.

En este sentido, conviene mencionar que de 2000 a 2011, en Centroamérica aumentó la cantidad de personas pobres en unos tres millones de habitantes. Como se sabe, América Latina es la región más desigual del mundo; si bien El Salvador, Honduras, Nicaragua y Panamá han logrado reducir algunas brechas de desigualdad, persiste una baja inversión del Estado en políticas sociales (con excepción de Costa Rica y, más recientemente, Panamá). Guatemala es el país más desigual del istmo, con un índice de Gini de 0.590 y con una inversión en educación y salud del 1.6 y el 1.1% del PIB, respectivamente (Programa Estado de la Nación, 2013). Esta situación de incapacidad de la mayoría de los gobiernos de los países para responder a la pobreza y la pobreza extrema y contribuir a la generación de oportunidades para la satisfacción de necesidades básicas de las grandes mayorías se traduce en vulnerabilidad de segmentos específicos de la población, entre los cuales, como se ha dicho, destacan los jóvenes, las mujeres y los pueblos indígenas y afrodescendientes.

Ante el fracaso histórico de la institucionalidad del Estado en proveer condicio-

---

[4] Hace ya algunos años, la autora escuchó esta expresión en una conversación con el escritor guatemalteco Mario Monteforte Toledo. Se emplea aquí para enfatizar que, si el desarrollo no está vinculado sólo con el ingreso económico —como parecen constatar los enfoques más aceptados en la actualidad (PNUD, 2010: 45 y ss.)—, el subdesarrollo tampoco se relaciona únicamente con la pobreza. Si se estima que el desarrollo humano o es integral o no lo es (en el sentido de que hace referencia a las capacidades de las personas para hacer y alcanzar aquello que por diversas razones *valoran*), por oposición también cabe considerar que el subdesarrollo es integral y tiene que ver con la falta *interconectada o sistémica* de capacidades educativas, físicas, materiales, emocionales e incluso espirituales (en el sentido de "trascendentes") para realizarse como persona en sociedad, lo cual quiere decir, en relación ineludible con los demás y con el mismo entorno.

nes de bienestar y seguridad para las grandes mayorías, la adscripción de la condición de *víctima del sistema* para miles y millones de seres humanos marginados (quizás así despojados de su condición de ciudadanía, si entendemos que ésta es el derecho a ser portador de derechos, tanto como de obligaciones) se convierte en algo recurrente. Estas mayorías, así excluidas, sin embargo, se convierten en minorías, en el sentido que Alberto Binder da a este concepto: "[…] grupo social, relativamente aislado de otros grupos sociales, con una imposibilidad absoluta de adquirir la hegemonía política en un contexto social determinado, con nula o muy escasa posibilidad de producir políticas sociales y que, por lo tanto, sufre, como sujeto pasivo, prácticas arbitrarias por parte de otros grupos sociales (de diferente o igual condición que ella) y es sometida a condiciones de vida por debajo del respeto a los derechos humanos fundamentales, sin posibilidades de obtener defensa o protección, por razón de su misma condición" (1991: 3).

Esta definición se acerca a la connotación más coloquial que se adscribe a la noción de víctima, en el sentido de "persona que padece daño por culpa ajena", según preconiza el *Diccionario de la lengua española*. Puede decirse, entonces, que en el marco de sociedades fragmentadas, quienes forman parte de esos grupos sociales desvinculados del acceso a la toma de decisiones sobre aquello que les interesa o les afecta en sus vidas personales —niños, jóvenes, mujeres, indígenas, afrodescendientes, personas de la diversidad sexual, entre ellos— son, en principio, víctimas, objetos más o menos pasivos de las acciones de otros, acciones que, por demás, les generan sufrimiento. Es decir, les violentan.

Hasta aquí, entonces, logramos identificar una primera complejidad en la relación entre víctima y victimario: el hecho de que, en principio, jóvenes excluidos son víctimas indirectas de condiciones sociales injustas, que no les garantizan sus derechos humanos y les niegan acceso a oportunidades para construir agencia, pero luego, inmersos en ese contexto, estos mismos jóvenes pueden llegar a ser victimarios. Ello se advierte en el testimonio de este joven hondureño que estuvo involucrado con grupos delincuenciales:

Todo joven busca cómo tener su participación. Marcar su espacio, su territorio, darse fama. Es normal. Y a veces lo hacés negativamente ya que el Estado no te proporciona la educación, o a veces no te proporciona un empleo, o a veces no te proporciona una salud y entonces como método arcaico lo que buscás es la violencia. ¿Y cómo marcás tu territorio o tu fama? Mediante las armas, mediante la adquisición de ellas y ponerte como que sos de los más malos. "Tené cuidado si te acercás por este camino, te tengo que ver yo, ésta es mi zona y aquí tengo un arma…" Y el fácil acceso a ello incrementa esos índices y esos niveles y esa perspectiva que tienen los jóvenes, equivocada muchas veces…[5]

Elementos estructurales de exclusión e inequidad están en la base de factores de riesgo de la violencia y minimizan la posibilidad de que operen los factores de pro-

---

[5] Entrevista de la autora con joven hondureño; por razones obvias, no se consigna su nombre. Tegucigalpa, Honduras, 13 de agosto de 2014.

tección frente a ella; de ahí que sea ése, entonces, el escenario desde el cual cabe comprender el surgimiento del niño, el adolescente o el joven que en determinada circunstancia se convierte en perpetrador de violencia y delitos:

Al final un joven de la calle, un joven de una mara, es una víctima terrible de un ambiente que lo ha empujado a esa situación, pero además es un victimario que en la medida en que es capaz de hacer cualquier cosa, en el marco de su naturaleza de victimario, obtiene fuerza, obtiene poder. [...] Si alguien viene, asalta y golpea a alguien por robarle un celular no es que necesariamente goce, tampoco sufre, pero no goza con golpear. Lo hace por lo que significa en términos de dinero... Porque la sociedad, en términos generales, también le ha generado la percepción al joven de que en esta sociedad triunfa el violento. Veamos todo el marco mercadológico en el que vivimos, nos está bombardeando todos los días con respecto a comprar cosas, tener cosas, incluso bajo la idea de que el que tiene vale y el tener es bueno, tener genera respeto. Pero la sociedad nuestra no genera vías lícitas para tener, entonces hay que tener por las vías ilícitas... ¡Eso es lo más lógico! En algún momento, el hacerse victimario es entrar en el juego social de la posesión de recursos y de poder [...] (Garavito, entrevista citada).

Descrita en términos analíticos generalizadores, la situación parece esconder circunstancias individuales que terminan completando el panorama, pues le agregan matices o le añaden profundidad, hasta dimensiones humanas que quizás no logramos advertir. La historia personal de un joven ejemplifica lo que queremos ilustrar: un adolescente de una ciudad del Triángulo Norte de Centroamérica vive en un área marginal junto a su madre y su padrastro, quien desde hace un par de años abusa de él; a veces, incluso, lo mantiene encerrado. La progenitora, sumida en un alcoholismo severo, apenas tiene fuerzas y voluntad para intervenir en la situación; además, su esposo es quien provee el dinero para mantener a la familia, vicio incluido. El adolescente, en cuanto puede, establece vínculos con la pandilla local y "se brinca"[6] como un mecanismo para salir de todo aquel infierno. La manera de hacerlo es asesinar a su padrastro y a su madre. Tras cometer el crimen huye, pero es sorprendido *in fraganti* y apresado. Como acaba de cumplir dieciocho años es juzgado como mayor de edad. En el país donde suceden los hechos, el parricidio es castigado con entre veinticinco y cincuenta años de prisión. El joven cumple ahora sentencia de cincuenta años.[7]

Circunstancias de esta naturaleza pueden llegar a ubicarnos en situaciones límite en las que, a menudo, apenas podemos reaccionar; casi siempre no admiten una sola y unívoca respuesta. En esta historia, resulta muy difícil responder de manera simplista si este joven es víctima o victimario; en todo caso, una categoría binaria claramente no opera. En la narrativa de vida de este joven puede verse, en una

---

[6] Término empleado en la jerga pandilleril para hacer referencia al mecanismo formal o ritual de ingreso a una pandilla.

[7] Testimonio escuchado en el marco de las acciones del proyecto "Abordando la violencia juvenil en Guatemala, Honduras y El Salvador", implementado por el Programa Juventud de Interpeace entre febrero de 2012 y julio de 2014, con apoyo de IDRC/Canadá.

misma persona, cómo se comparte la condición de víctima indirecta de un sistema excluyente, víctima directa de la violencia infligida por los propios tutores o encargados, y victimario, responsable de dos crímenes terribles que, a su vez, generaron dos nuevas víctimas, y seguramente ocasionaron sufrimiento a terceras personas. Luego, si diéramos seguimiento al caso, es casi seguro que podríamos decir que este joven siguió siendo víctima de un sistema penitenciario que no rehabilita a nadie y que más bien constituye un escenario de permanente violencia y violaciones a los derechos humanos de diferente índole.

Éste, como otros casos, ilustra un dispositivo de conversión: volverse victimario para dejar de ser víctima. El mecanismo opera de maneras diversas. Por ejemplo, en el caso de mujeres adolescentes entre trece y dieciocho años que se convierten en "enganchadoras" de amigas, conocidas o familiares para entregarlas a las redes de trata y explotación sexual comercial parece operar, además de una autoestima muy baja, una cierta búsqueda de placer. La necesidad de normalizar el mal recibido, el sufrimiento propio, haciéndolo una experiencia más colectiva. En efecto, en reciente artículo sobre el tema, se consigna lo siguiente:

Ninguna de estas jóvenes "enganchadoras" ha actuado bajo coacción, se trata de adolescentes fuertemente involucradas en estas redes o que han pertenecido a pandillas. Muestran síntomas de un profundo daño psicológico que las ha llevado a victimizar a otras menores. "La naturaleza humana muchas veces nos llama a repetir ciertos patrones de sufrimiento. Cuando somos sometidos a presiones muy fuertes en la vida, muchas veces la mente humana lo que hace es tratar de provocar el mismo sufrimiento a una tercera persona. Su autoestima está bastante deteriorada, pasan de ser víctimas a convertirse en victimarias, lo cual, desafortunadamente, les provoca cierto placer", dice [Leonel Dubón, director de la ONG Refugio, en Guatemala] (Mendoza, 2014).

El ingrediente de la manipulación de los adultos hacia los jóvenes también opera en el tránsito de una persona que, de ser víctima indirecta de un sistema excluyente, opta por el camino de la violencia y comienza a perpetrar hechos delictivos. Así puede leerse en este testimonio de un barrista hondureño, que en la actualidad tiene 24 años pero que comenzó una carrera de violencia y delincuencia siendo muy joven:

Hay varias situaciones de violencia. Una, matan porque tienen un mal sentimiento. ¿Quiénes matan? Los barristas. En segunda, optan por esa violencia porque no están ni estudiados, o sea, no saben cómo resolver un conflicto y muchas veces utilizan la fuerza bruta como para *zafiar* su venganza. Y realmente no es así... porque al generar más violencia lo único que causan es agrandar sus índices. También aparte de la violencia de los barristas y entre los barristas, también está las veces que la policía como que te pone, como que te crean el espacio o el terreno adecuado como para que vos le violentés los derechos a otra persona. Como barrista te ponen todos los "juguetes" a discreción, y tú los utilizas y a veces no son con buenos fines...[8]

---

[8] Entrevista de la autora con joven miembro de una barra "brava" hondureña; por razones obvias, no se consigna su nombre. Tegucigalpa, Honduras, 13 de agosto de 2014.

Una segunda complejidad en la dupla víctima/victimario es la adscripción externa de la categoría "víctima" a quienes no se sienten, ni se consideran como tal.[9] Esto puede operar tanto en quienes no reconocen su victimización indirecta por el solo hecho de pertenecer a grupos que la sociedad ha excluido históricamente, como en quienes viven en ambientes violentos y hostiles en donde son agredidos de manera sistemática —e incluso, profunda— pero esto se ha normalizado.

De acuerdo con nuestra experiencia en el Triángulo Norte de Centroamérica, estas condiciones —en ambos sentidos— son más frecuentes entre grupos de adolescentes y jóvenes mujeres. El machismo y el patriarcado se encuentran tan arraigados como sistema de dominación y, en ese marco, está tan normalizada la violencia contra las niñas, las adolescentes y las jóvenes, que muchas veces ellas mismas ni siquiera reconocen que están siendo violentadas. No advierten ningún componente negativo en la violencia que puede infligirles un novio, por ejemplo; tampoco consideran que un docente que les pide favores sexuales a cambio de darles "puntos" en determinada asignatura está cometiendo un delito y las está agrediendo. En el marco de una investigación sobre violencia contra las adolescentes y jóvenes en el Triángulo Norte de Centroamérica (Aguilar Umaña y Rikkers, 2014) fue realmente abrumador constatar estos extremos, pues a pesar de que en la actualidad circula información, gracias a las tecnologías de información y comunicación, en el interior de países como Guatemala, El Salvador y Honduras existen temas que permanecen silenciados, ignorados, invisibilizados y no se están abordando. Niñas, niños,[10] adolescentes y jóvenes son abusados por sus hermanos y sus papás y lo ven como normal. Supimos de casos que verdaderamente nos conmovieron y nos hicieron reflexionar acerca de cuáles son los mecanismos más idóneos para apoyar a estas adolescentes y jóvenes, y a sus familias, sin ocasionar más victimización.

Algo similar nos sucedió en el marco de una investigación sobre violencias escolares emprendida en la misma subregión de Centroamérica,[11] en la cual encontramos que apenas se reconoce el acoso escolar o *bullying* como un ejercicio de violencia, o prácticamente se ha normalizado el tratamiento agresivo de ciertos docentes para con sus alumnos. O bien, se resta importancia a prácticas que se reconocen violentas, pues se estima que constituyen "juegos inocentes de niños", sin asumir que la violencia no es positiva y sin reconocer que la comunidad educativa tiene un papel de primerísima importancia en el proceso de socialización de niños, niñas y adolescentes y, por consiguiente, debiera operar como un factor de protección de la violencia.

---

[9] No estamos hablando de la víctima fácilmente identificable o autoidentificable bajo determinadas circunstancias, pues es relativamente más sencillo y hasta conveniente, en ciertos casos, incluirse en el grupo de los no agresores.

[10] Nos indicaron, a manera de percepción, que hay aumentos en la cantidad de violaciones de niños. Es muy difícil probarlo pues los hechos por lo general ocurren en el seno familiar y el tema es prácticamente un tabú que se preserva con celo.

[11] Al momento de escribir este ensayo, esta investigación aún se encontraba en fase de elaboración de informe preliminar. El proceso de investigación formó parte del proyecto "Abordando la violencia juvenil en Guatemala, Honduras y El Salvador", implementado por el Programa Juventud de Interpeace entre febrero de 2012 y julio de 2014, con apoyo de IDRC/Canadá.

Tampoco en la opinión pública y ni siquiera en la opinión experta se admite una relación compleja entre las violencias escolares y la inseguridad ciudadana.

En estos escenarios también emerge la necesidad de superar la reducción que se hace de la dupla víctima/victimario, tanto para evitar un *esencialismo estratégico* bipolar y poco acorde con la realidad individual y a la vez social de las personas, sino también para impedir la diseminación de estigmatizaciones y etiquetamientos que pretenden operar en contra del perpetrador o ejecutor de la violencia, y que en el fondo pueden perpetuar su adscripción a este grupo, como en una especie de profecía autocumplida. Este tipo de categorización esencialista, por el lado de la víctima, también corre el riesgo de sobrevictimizar[12] a las personas, obstaculizando su resiliencia y reduciendo sus capacidades de liberación y aporte en la construcción de su propio entorno. Como señala Garavito, "[...] la condición de victimización al final es un modelo de poder porque en la medida en que alguien se siente víctima es incapaz de *poder* construir con su fuerza una comunidad o una sociedad diferentes". Es preciso, entonces, que reconozcamos que "La representación de las víctimas, armada sobre patrones homogéneos, nos impide interpretar la singularidad de las prácticas del otro y en consecuencia nos resta posibilidades de intervenir, de hacer algo inédito con lo que tenemos ante nosotros, algo que nos aleje de los lugares de pura impotencia o de la mera denuncia" (Duschatzky y Corea, 2002: 95).

4. HACIA UN CAMINO DE REDEFINICIONES

> *Una personalidad liberada, entonces, es la que habita una región media terapéutica, desde la que es capaz de discernir la humanidad de ambas personas concretas y colectivos abstractos.*
>
> MOHAMMED A. BAMYEH (2010)[13]

Aunque a menudo los espacios para la impotencia se nutren de la cólera y la desesperanza, también pueden tener un componente de indiferencia y, como señala Briones (1995), no hay nada más suicida que ella. Éstas son, en todo caso, emociones destructivas desde las que no se puede construir con solidez. Y en cuanto a la denuncia, si ésta se realiza sin indagación o evidencia previa, tiende a generar desgaste, cuando no a caer en el arriesgado universo del panfleto.

---

[12] En el sentido de volver a victimizar, sólo que a diferencia del concepto clásico de "victimización secundaria", este nuevo ciclo de victimización no necesariamente obedece a la manera como actúan las instituciones encargadas de proveer seguridad y justicia, sino que también puede provenir de la sociedad, de las comunidades o grupos que, al sentir lástima o esencializar a la víctima, hacen que ella misma acepte esta condición como una etiqueta personal, obstaculizándole, por consiguiente, un camino resiliente.

[13] "A liberated personality, then, is one that inhabits a therapeutic middle region, from which it is able to discern the humanity of both concrete persons and abstract collectives"; traducción libre de la autora.

Desde ópticas constructivas, es preciso dotar de mayor complejidad a nuestros análisis, e intentar mayor sentido de criticidad con respecto a los procesos de categorización y sus implicaciones, que también pueden conllevar tendencias hacia la inclusión o la exclusión.

Hemos dicho que una adscripción esencializadora de la categoría *victimario* para ciertas personas o grupos es un hecho simplificador que puede implicar el riesgo de mayores violencias (simbólicas, pero también institucionales y directas). Es claro que considerar a todos los barristas hondureños como delincuentes, o a todos los pandilleros del Triángulo Norte de Centroamérica como malos y satánicos, constituye una generalización sin fundamento que no sólo no ayuda a transformar la realidad de violencia en que viven estos jóvenes (realidad que, obviamente, los victimiza), sino también produce violaciones a los derechos humanos y hace que la estigmatización se traslade o adscriba *a priori* a otros jóvenes, aun cuando no formen parte de estos grupos.

Como señala Briones, si nos basamos "[...] irreflexivamente en una lógica binaria de oposición, el esencialismo estratégico nos puede llevar a desconocer las múltiples inter-referencias que intersectan límites sociales y crean identidades múltiples" (1995: 289). Desde la homogeneización de las diferencias no estamos en una posición adecuada para reconocer la verdad, en caso de juzgarla adecuada y justamente, pero tampoco estaremos en posición de abordarla desde enfoques anticipatorios, preventivos, que sean eficaces en reducir la violencia y, finalmente, nos ayuden a minimizar el sufrimiento.

Por el lado de quienes padecen un hecho violento concreto, una visión simplista corre el riesgo de alimentar mayores ciclos de victimización. Es bien sabido que a partir de determinadas circunstancias de apoyo y solidaridad, estas personas pueden comenzar a verse como *sobrevivientes* con capacidad de resiliencia y autodeterminación, con potencialidades de construir un mejor entorno. En todo caso, su experiencia de victimización puede ser, incluso, una motivación para la lucha liberadora de otros, para la solidaridad, para el aporte al cambio social. Algo de esto nos enseñaron, en el curso de la investigación citada sobre violencia contra las mujeres adolescentes y jóvenes, personas concretas que sufrieron dolorosos padecimientos pero que con toda valentía y con esperanza por el futuro se niegan a seguir siendo tratadas como víctimas. Por ello, decíamos en esa investigación que "Comenzar a generar explicaciones más integrales, que permitan intervenciones más eficaces, implica que las jóvenes que han sufrido violencia dejen de ser asumidas como víctimas y comiencen a ser tratadas como ciudadanas con derechos, que comiencen a ser escuchadas y asumidos sus puntos de vista en las acciones preventivas. Tratarlas como víctimas, como si ésa fuera una categoría permanente en sus vidas, no sólo les sigue negando posibilidades y oportunidades, sino que fundamentalmente niega su agencia" (Aguilar y Rikkers, 2014: 9).

Desde una comprensión más acabada del fenómeno violento deberemos ser capaces de generalizar y particularizar cuando sea conveniente, en un mecanismo dinámico y complejo de reflexión que nos permita "humanizar las abstracciones", como propone Bamyeh (2010). Partir de historias de vida para entender dinámicas y tendencias; contrastar las diferencias; hacer que se escuche la voz de quienes padecen las problemáticas y, por consiguiente, portan de mejor manera las soluciones. Estas esquinas de consideración son un mejor asidero para políticas públicas generales con carácter focalizado, e incluso referidas a grupos específicos, cuando corresponda. Es desde esa clase de construcción social desde la cual estaremos en mejor condición de evitar la fragmentación innecesaria de nuestras diferencias, o incluso, la mecanización de las respuestas, sin tomar en cuenta el lado subjetivo de las personas y los grupos humanos.

Las visiones esencializadoras, entonces, impiden la apertura hacia una visión más humana y humanizadora sobre aquellas personas que, por diversas circunstancias, cometieron gravísimos crímenes o los padecieron. ¿O deberíamos decir y(o) los padecieron? También genera mejores condiciones para el empoderamiento y la participación de quienes han padecido la violencia, en estos ciclos imbricados de relación, en donde no sólo están *ellos*, los *otros*. Cuestionarnos siempre de estas maneras es un mecanismo para no dar por sentado ningún *nosotros* inamovible y ahistórico, en referencia a posibles *otros* negativos, malos, excluidos y excluibles. Seres humanos que a veces estimamos prescindibles pero que quizás, sólo quizás, nos generan rechazo porque algo de ellos llevamos todos. La sociedad es, finalmente, un juego infinito de interdependencias.

5. REFERENCIAS

Aguilar Umaña, Isabel y Jeanne Rikkers (coords.) (2014), "Entre el silencio y la voz esclarecida. Violencia contra adolescentes y jóvenes mujeres en el Triángulo Norte de Centroamérica", Guatemala, Interpeace, mimeo, 86 pp.

Bamyeh, Mohammed A. (2010), "On Humanizing Abstractions: The Path beyond Fanon", en *Theory Culture Society*, 27:52. DOI: 10.1177/0263276410384280, SAGE, The TCS Centre, Nottingham Trent University.

Banco Mundial (2011), *Crimen y violencia en Centroamérica. Un desafío para el desarrollo*, disponible en <http://siteresources.worldbank.org/INTLAC/Resources/FINAL_VOLUME_I_SPANISH_CrimeAndViolence.pdf>.

Binder, Alberto (1991), "La sociedad fragmentada", Caracas, Venezuela, disponible en <www.google.com.mx/url?sa=t&rct=j&q=&esrc=s&source=web&cd=1&ved=0CB0QFjAA&url=http%3A%2F%2Fpracticasrodando.files.wordpress.com%2F2008%2F07%2Fla-sociedad-fragmentada-binder.doc&ei=AJgHVN_tL8nIgwS6o4DgBQ&usg=AFQjCNGrwwCYPkIG2OC4wNnNcfm1k47XAg&sig2=TPlIdb5OXug8jjT36lVttA&bvm=bv.74115972,d.eXY>.

Briones, Claudia (1995), "De víctimas y victimarios", *Relaciones de la Sociedad Argentina de Antropología* XX, Buenos Aires, Argentina.

Duschatzky, Silvia y Cristina Corea (2002), *Chicos en banda. Los caminos de la subjetividad en el declive de las instituciones*, Argentina, Paidós, 208 pp.

Femenías, María Luisa (2008), "Identidades esencializadas/violencias activadas", *Revista de Filosofía Moral y Política*, Argentina, Universidad Nacional de La Plata, Universidad de Buenos Aires, núm. 38, enero-junio, disponible en <http://isegoria.revistas.csic.es/index.php/isegoria/article/view/401/402>.

Instituto de Estudios Comparados en Ciencias Penales de Guatemala (s/f), *Historias y relatos de vida de pandilleros y ex pandilleros de Guatemala*, El Salvador y Honduras, Guatemala, Instituto de Estudios Comparados en ciencias Penales, 324 pp.

Jütersonke, Oliver, Robert Muggah y Dennis Rodgers (2009), "Gangs, urban violence, and security interventions in Central America", *Security Dialogue*, 40(4-5): 373-397.

Mendoza, Claudia (2014), "Un cuento sin princesas", *Guatemala*, 10 de agosto de 2014, pp. 16-17.

Oficina de las Naciones Unidas contra la Droga y el Delito (UNODC) (2013), *Estudio mundial sobre el homicidio*, disponible en <www.unodc.org/documents/gsh/pdfs/GLOBAL_HOMICIDE_Report_ExSum_spanish.pdf>.

Organización Iberoamericana de Juventud (OIJ) (2011), *Políticas de juventud en Centroamérica: Construyendo un paradigma para el desarrollo social*, España, Secretaría General de la Organización Iberoamericana de la Juventud, disponible en <www.oij.org/file_upload/publicationsItems/document/20111212144942_22.pdf>.

Programa de las Naciones Unidas para el Desarrollo (PNUD) (2010), *Guatemala: hacia un Estado para el desarrollo humano. Informe nacional de desarrollo humano 2009/2010*, Guatemala, Programa de las Naciones Unidas, Informe Nacional de Desarrollo Humano.

LA VULNERABILIDAD ANTE LA VIOLENCIA, EXCEPCIÓN Y VÍCTIMAS EN VERACRUZ

JOSÉ ALFREDO ZAVALETA BETANCOURT

RESUMEN: El estado de Veracruz en México es un caso típico de bajas capacidades institucionales para el control de la violencia y el delito, asimismo, un prototipo de la negación de la inseguridad por razones electorales.

Los casos de algunos municipios veracruzanos demuestran que el nuevo patrón delictivo en Veracruz, es similar en escala a lo que acontece en otras regiones del país. En éstos se observa el incremento de las situaciones de excepción producidas por las redes delictivas, la captura parcial de algunas de las policías locales y el incremento de las personas desaparecidas, el secuestro de migrantes y las agresiones a periodistas, la mayoría de ellos jóvenes y mujeres.

En estas circunstancias, los márgenes estatales[1] en Veracruz se han multiplicado porque la reforma de las instituciones de seguridad y justicia son procesos inacabados.

Las situaciones de excepción que estos márgenes suponen han sido visibles a partir de las acciones de una nueva generación de organizaciones civiles locales que denuncian los procesos de victimización directa y revictimización, a la que están sujetos los familiares de las víctimas.

Palabras clave: Inseguridad, excepción, márgenes estatales, victimización, revictimización.

1. LA EXCEPCIÓN[2] EN EL CAMPO DE LOS DELITOS

Veracruz es uno de los 32 estados de México y uno de los 9 del país que nunca han sido gobernados por un partido diferente al Partido Revolucionario Institucional (PRI).

---

[1] Los márgenes estatales son "lugares", "periferias" y prácticas mediante las cuales se rehace cotidianamente los límites de lo legal y lo ilegal. En sentido estricto no son sinónimos de fronteras terrestres pero frecuentemente estas zonas grises que se localizan también en las instituciones estatales se concentran y son más visibles en las fronteras (Das y Poole, 2008).

[2] Respecto de este punto: "el estado de excepción no es ni externo ni interno al ordenamiento jurídico, y el problema de su definición concierne precisamente a un umbral, o a una zona de indiferenciación… La suspensión de la norma no significa su abolición, y la zona de anomia que ella instaura no está (o al menos pretende no estar) totalmente escindida del orden jurídico… El estado de excepción no es una dictadura (constitucional o inconstitucional, comisarial o soberana), sino un espacio vacío de derecho, una zona de anomia en la cual todas las determinaciones jurídicas —y, sobre todo, la distinción misma entre público y privado— son desactivadas" (Agamben, 2007: 59, 99).

El estado de Veracruz se ubica en el Golfo de México y colinda al norte con Tamaulipas y al sur con Tabasco, al oeste con Hidalgo y Puebla. En estas coordenadas, Veracruz es un paso obligado de las rutas de migrantes centroamericanos hacia Estados Unidos a través de Matamoros y Reynosa; asimismo, tiene 7 zonas metropolitanas, una de ellas compartida con Tamaulipas, cuyos municipios urbanos concentran tasas de delitos preocupantes y son consideradas plazas en disputa por las organizaciones delictivas tales como El Golfo y Los Zetas.

Veracruz es un caso típico de régimen político tradicional que utiliza a las policías para garantizar la reproducción de capitales locales y globales y omite la defensa de los derechos civiles y humanos de la población victimizada por la violencia y el delito, asimismo, es un ejemplo de institucionalización de un régimen político que no regula ciertas zonas y omite intervenir, debido a sus bajas capacidades institucionales, en situaciones de vulnerabilidad de la población ante la violencia y el delito.

En este trabajo utilizamos el concepto de vulnerabilidad en el sentido de "la falta de poder… una condición impuesta a una persona por la estructura de poder de un país… una condición social de falta de poder" (Bustamante, 2001). En general, nuestro ensayo se orienta por el enfoque de la seguridad ciudadana que a diferencia de la seguridad pública enfatiza el tema de la convivencia social en un régimen de derechos, por lo cual, da prioridad a la prevención integral de la violencia y el delito y atiende al control de estos procesos anómicos (Vandersheuren, 2009; Rico, 2002; Carreón, 2011). Específicamente, utiliza la perspectiva de los márgenes estatales de la antropología política ajustada a la sociología del estado mediante la cual se describen las fronteras entre lo legal e ilegal sin perder de vista el proceso de monopolización de la violencia del Estado mexicano (Das/Poole, 2008; Das, 2005).

Para el registro de la vulnerabilidad de la población veracruzana ante la violencia y el delito, el presente trabajo recurre a la perspectiva antropológica de los márgenes estatales (Das/Poole, 2008; Das, 2005). En tales circunstancias, argumenta que esta perspectiva es muy útil a condición de no dejar de considerar en el análisis las escalas nacionales y globales de las prácticas gubernamentales y civiles en situaciones de victimización por delito y violencia.

En este trabajo definimos al campo del delito como el conjunto de relaciones entre diferentes agentes ilegales y criminales que se disputan el monopolio de la impunidad (Zavaleta y otros, 2012); el sentimiento de inseguridad como "un entramado de representaciones, emociones y conductas" (Kessler, 2009) a la violencia como "cualquier conducta intencional que causa un daño", "la violación de la integridad de la persona" (Sanmartín, 2010; García Mina Freire y otros, 2008), el delito como "actos violentos tipificados por la ley" (Carreón, 2011) los márgenes estatales como "lugares", "periferias" o "prácticas en los cuales se hace visible la arbitrariedad de la autoridad y las relaciones entre el cuerpo, la ley y la soberanía" (Asad, 2008; Das/Poole, 2008) la excepción como la extrajudicialidad que puede convertir la impunidad en una regla (Agamben, 2007; Fuentes y otros, 2012).

Este trabajo comparte la idea de la seguridad ciudadana como la "necesidad de potenciar las relaciones sociales en la ley y la cultura" como diferente de la seguridad pública (Carreón, 2011). Desde esta perspectiva, definimos a las víctimas y

CUADRO 1. LAS TASAS DE LOS DELITOS DE ALTO IMPACTO EN VERACRUZ, 1997-2013

	1997	1998	1999	2000	2001	2002	2003	2004	2005	2006	2007*	2008	2009	2010	2011	2012	2013
Homicidios	10.1	9.8	8.1	6.4	6.4	6.1	6.8	6.3	6.1	5.8	6.3*	6.3	4.5	7.5*	11.4	12.3	10.8
Secuestros	0.1	0.08	0.1	0.06	0.1	0.14	0.22	0.18	0.08	0.09	0.17*	0.13	0	0.22	0.77	1.16	1.38
Extorsiones	0.74	1.02	1.01	0.61	0.81	0.97	1.42	1.72	2.5	2.13	2.92*	5.11*	4.84	4.55	5.13	5.69	5.82
Robo de autos sin violencia	14.7	13.8	10.9	11.4	12.3	16.2	20.4	21.0	26.1	26.2	30.9*	32.5	28.9	58.2	62.6	64.8	43.8
Robo de autos con violencia	5.85	4.77	3.19	3.21	3.20	3.13	4.85	4.39	4.10	3.85	5.65	7.09	4.59	11.57	25.76	21.73	19.39

FUENTE: OCSJV, 2013, SESNSP.

CUADRO 2. LOS MUNICIPIOS DE VERACRUZ SEGÚN TASA DE INCIDENCIA DELICTIVA,* 2011-2013

Posición	2011		2012		2013	
1	Orizaba	15.1	Martínez*	16.8	Veracruz	12.5
2	Poza Rica	14.6	Xalapa	16.6	Martínez*	12.7
3	Cosamaloapan	13.8	Córdoba	16.5	Poza Rica	10.7
4	Tuxpan	13.5	Huatusco	16.3	Boca del Río	10.0
5	Veracruz	13.2	Orizaba	16.2	Orizaba	8.7
6	Martínez	12.6*	Poza Rica	15.9	Tuxpan	8.6
7	Xalapa	12.2	Veracruz	15.1	Perote	8.2
8	Córdoba	11.9	Cosamaloapan	14.5	Pánuco	7.1
9	Tierra Blanca	11.5	Tuxpan	12.5	Tierra Blanca	7.0
10	Pánuco	11.0	Tierra Blanca	11.5	Las Choapas	6.8

FUENTE: OCSJV, 2013.

victimarios como agentes activos y pasivos del proceso de la violencia y el delito y conceptuamos a las víctimas como sujetos afectados en su dignidad por la violencia (Arias Marín, 2012), asimismo, conceptuamos los daños colaterales como efectos negativos en las personas producto de actos no planificados o no intencionales en la implementación de estrategias de seguridad (Bauman, 2005; Alvarado, 2014).

Ahora bien, de acuerdo con las estadísticas gubernamentales Veracruz no es un estado inseguro, no obstante, el sentimiento de inseguridad de los veracruzanos se ha incrementado con los delitos de alto impacto durante el periodo 1997-2013 (véanse los cuadros 1 y 2). Los homicidios, extorsiones, secuestros, robo de autos y otros casos extremos de violencia vinculada con la delincuencia organizada han ido a la alza en este periodo (SNSP, 2014).

A pesar de lo anterior el discurso gubernamental describe, mediante boletines reproducidos en medios nacionales y locales, los logros de las instituciones policiacas y militares en el control del delito con base en la paradoja de la inseguridad: "a mayor sentimiento de inseguridad menores delitos"; sin embargo, la paradoja referida no aplica en Veracruz, tal como demostraremos más adelante en este trabajo.

Para tal efecto, la estrategia de comunicación del gobierno estatal utiliza la Encuesta Nacional de Victimización y Percepción (ENVIPE). De acuerdo con los últimos datos, Veracruz es el 9° estado menos inseguro, el 5° donde menos se experimenta miedo y el 3° con menor victimización (ENVIPE, 2013). En sus documentos el gobierno estatal sostiene que el sentimiento de inseguridad es alto aunque los delitos han disminuido en los años recientes.

En realidad, la gestión del sentimiento de inseguridad ha sido muy simple y el control de la violencia y el delito insuficiente. La violencia ha sido invisibilizada, mientras se realiza lo posible policialmente según las débiles capacidades institucionales de un sistema policiaco en "reestructuración orgánica".

En el periodo 2011-2013 los veracruzanos sintieron cada vez más inseguridad en su colonia o localidad, municipio y estado. En 2011 el 30.8% se sentía inseguro en su colonia contra el 41.9% en 2013; el 43.5% se sentía inseguro en su municipio contra el 62% en el 2013; mientras que el 69.5% se sentía inseguro en el estado contra el 75.4% en 2013 (OCSJV, 2013).

El análisis de las series estadísticas de los delitos de alto impacto durante 1997-2013,[3] un periodo más largo, los homicidios, el secuestro, la extorsión y el robo de vehículos se incrementaron de manera sostenida. De acuerdo con la serie estadística, los homicidios registran una tasa de 12.32, por encima de la tasa más alta de 10.3 registrada en los años previos del periodo en 1997; el secuestro alcanza tasas históricas no registradas en el periodo de 1.29, a partir de 2010; la extorsión crece a partir de 2007, pero alcanza su pico más alto en 2012, 5.69; asimismo, el robo de vehículos crece a partir del mismo año y alcanza su nivel más alto en 2012, 64.83 (OCSJV, 2013).

[3] De acuerdo con el Sistema Nacional de Seguridad Pública (SNSP) de las 72 164 denuncias registradas ante agencias del Ministerio Público en Veracruz en 2013, 27 497 son por robo, 7 938 por lesiones, 1 723 por homicidio, 595 por violación y 109 secuestros.

La dinámica anteriormente descrita coincide con tendencia a la diversificación de las actividades de la delincuencia organizada registrada a partir de 2007 como la respuesta delictiva a la estrategia del gobierno federal y la militarización de la frontera estadunidense (Valdés, 2013).

El crecimiento sostenido del sentimiento de inseguridad y de las tasas de delito de alto impacto mantienen tendencias en los tres últimos años, 2011-2013, pero la observación también aplica para un periodo más largo de 2007-2013. Las tendencias registradas indican un incremento de la complejidad del campo delictivo. Particularmente, el ciclo 2011-2013 se caracteriza por una alta tasa de delitos acompañados por otros tipos de victimización que han tenido influencia en la configuración del sentimiento de inseguridad tales como la mercantilización de la información policiaca de los medios de comunicación y la desconfianza en las policías. La dinámica del campo delictivo en Veracruz es un segmento del campo delictivo extenso de la región sudeste de México (CONAGO, 2011). Dice el Observatorio Ciudadano de Coatzacoalcos:

Al examinar con mayor detalle la concentración de las denuncias de cada delito en 2013 se denota que: la extorsión se concentró principalmente en Veracruz, Quintana Roo y Tabasco... El secuestro en Tabasco y Veracruz... El homicidio culposo se concentró en Chiapas y Veracruz... El homicidio doloso se agrupó en Veracruz, Oaxaca y Chiapas... El robo de vehículos se focalizó en Veracruz y Chiapas... el robo total con violencia se concentró en Tabasco y Veracruz. Bajo esta perspectiva, Veracruz muestra una alta concentración en todos los delitos de alto impacto... (OCC, 2014).

En efecto, los delitos en 2013 se incrementaron en Veracruz principalmente en Martínez, Poza Rica, Tuxpan, Pánuco, Veracruz, Perote, Orizaba, Xalapa, Córdoba, Cosamaloapan, Huatusco, Las Choapas, Boca del Río y Tierra Blanca[4] (OCSJV, 2014). La cartografía de rutas de migrantes, puertos, sierras, carreteras y procesos de urbanización permite observar que en estos municipios y sus cabeceras municipales el campo delictivo tiene una dinámica intensa determinada principalmente por situaciones de excepción en los márgenes estatales.

En general, la concentración de los delitos en polígonos de las cabeceras municipales denotan la urbanización de éstos, sin embargo, de acuerdo con nuestros datos, la logística de la delincuencia organizada puede ubicarse en ciertos polígonos rurales y en las fronteras municipales donde no hay presencia militar y policiaca ni agencias del ministerio público o si existen estas instituciones gubernamentales han sido distorsionadas por la delincuencia.

En estas circunstancias, el patrón de los delitos en los municipios veracruzanos confirma lo que acontece en otros municipios y estados del país (Zavaleta, 2014c). La violencia y el delito crecen en entornos socioeconómicos y culturales comple-

---

[4] El 15 de mayo de 2010 mediante operativo conjunto militares aprehendieron a 98 policías municipales de Tierra Blanca por presuntos vínculos con la delincuencia organizada, particularmente por extorsión de migrantes.

jos, tal como lo describiremos adelante, mientras algunas policías municipales son capturadas parcialmente por la delincuencia organizada y algunos elementos de las policías locales gestionan los ilegalismos e incivilidades que configuran la cultura de la ilegalidad.

La comparación de las dinámicas regionales del campo delictivo nacional según patrones es útil para la comprensión de la singularidad de lo acontecido en Veracruz. El contraste del patrón delictivo de las ciudades fronterizas del norte y sur del país con las ciudades medias de Veracruz permite observar que en sus fuertes diferencias estructurales existen similitudes, por ejemplo, las redes de contrabando anticipan históricamente la delincuencia organizada; la urbanización no controlada; las migraciones internas; la migración retorno y el crecimiento demográfico son factores detonantes de la violencia tanto como la desestructuración de la familia nuclear; la precarización laboral; el bajo capital social; el bajo acceso a la seguridad social; la cultura de la ilegalidad; la debilidad institucional de las policías, ministerios públicos y juzgados.

En efecto, el patrón delictivo nacional se manifiesta en diferentes escalas en Veracruz mediante una lógica específica. En algunos municipios como Xalapa, Acayucan, Veracruz Puerto, San Andrés y Martínez, los datos indican una complejidad socioeconómica y cultural que detona violencia en el campo delictivo; por ejemplo, la urbanización desregulada, la migración interna a las periferias urbanas, el incremento de hogares monoparentales, la baja confianza en vecinos y citadinos, la baja cobertura de la política social, la vieja cultura de la ilegalidad, la debilidad institucional de las instituciones de seguridad y justicia son múltiples factores de la violencia y el delito.

Por otra parte, la complejidad del campo delictivo ha sido determinada por la relocalización de los enfrentamientos de las organizaciones delictivas que controlan el mercado ilegal de drogas y migrantes en Tabasco, Tamaulipas y Veracruz.[5] El operativo conjunto del gobierno federal en Tamaulipas iniciado en 2014 ha intensificado las disputas por el control de las rutas de migrantes, los mercados ilegales de droga y otras modalidades de la delincuencia organizada en los municipios veracruzanos.

El incremento de los riesgos en torno a los hogares con jefatura femenina,[6] el abandono escolar en secundaria y bachillerato, la precarización laboral, la inseguridad social y el alto consumo de alcohol y drogas están asociados al delito amateur o primodelincuencia (Olvera, Zavaleta y Andrade, 2011). En estas circunstancias, los sujetos más vulnerables a la economía ilegal son los jóvenes y las mujeres. Los jóvenes con trayectorias sociales y escolares bloqueadas son uno de los grupos más vulnerables a la oferta delictiva de una movilidad social rápida que la escuela y el trabajo no garantizan.

---

[5] Veracruz es el tercer estado de mayor consumo de cocaína en México.

[6] No hay evidencia empírica de que los hogares con jefatura femenina determinen las elecciones delictivas pero la reestructuración familiar local favorece tensiones y conflictos que, junto con otros factores, influyen en esas decisiones.

La vida de los jóvenes en una familia desestructurada, en una colonia pobre y en una escuela de baja calidad de la enseñanza[7] "pueden convertirse en destino" (Rodríguez y Cházaro, 2011). Las familias monoparentales, el abandono escolar y el desempleo posibilitan que algunos de ellos sean reclutados, con la mediación de pandillas o sin ella,[8] por las redes de la delincuencia organizada. Los altos consumos de alcohol y drogas,[9] las interacciones entre consumidores del barrio y en la escuela con las redes de narcomenudistas[10] son factores detonantes de la delincuencia y la violencia.

son grupos de jóvenes que desde muy temprana edad se vinculan a la vida de la drogadicción, de la diversión en antros […] este tipo de jóvenes están entre los 18 y los 25 años cuando mucho, máximo tienen preparatoria y eso es máximo. ¿Cómo se vinculan? Desde muy chicos se empiezan a dedicar a ello, primero […] a consumir droga, coca, marihuana, aunque la marihuana ya ha sido desplazada, bueno, ya es más coca y pastilla, después… (C, 2012).

Desde que tengo uso de razón y […]empecé también mi vida de tomar con los amigos, te puedo decir que no ha cambiado mucho, claro, va creciendo y pues hay un, un bar nuevo, o un depósito nuevo, como los súpers que han entrado, los mini-súper. En ese aspecto no siento que haya mucho problema. El problema es cuando la gente se empieza a enviciar en una droga; porque el alcohol, como quiera, cualquiera te invita una cerveza, pero nadie te va a invitar un gramo o dos gramos de cocaína, o un carrufo o un churro de mota, como le llaman, eso ya es, y es más difícil de, de comprar, o más preocupante, porque no cualquiera te lo va a invitar, entonces, eh, se ha incrementado el consumo de las adicciones, pero de la droga, entonces eso, eso motiva a los muchachos que ya están en esos vicios, que les gusta enviciarse, pero no les gusta trabajar para poderse comprar (P, 2012).

---

[7] No hay evidencia empírica de que la violencia en las escuelas se correlacione con las redes delictivas, pero es frecuente según nuestros datos que algunos jóvenes que desertaron de la escuela sean reclutados o se integren a las redes delictivas (Zavaleta, Jiménez, Treviño, 2014).

[8] "Yo siento que los ocupa el crimen organizado, o sea los chavos no traen una identidad como grupo que te permita crear una pandilla, que pues tengo una afinidad con ellos y nos vamos a vestir así, no lo hay. Aquí lo preocupante es el narcotráfico, porque inmediatamente los chavos, yo los veo cada vez más jóvenes, salen de la secundaria inmediatamente… puede que haya un grupo de halcones pero pues trabajan y tienen, cada quien tiene su propia actividad o sea no es que vayas a una colonia y veas a 10 o a 15 en una esquina y que digan no puedes pasar porque ahí están los fulanos o los zutanos, yo siento que ahí es el crimen organizado, es el que inmediatamente los capta y hace que no haya esos grupos pandilleros, al menos te digo en lo que hemos estado aquí no hemos detectado" (S, 2012).

[9] "…lo que ha pasado en ese respecto es que el consumo de alcohol se ha venido a tomar como un desahogo, como algo de alegría, de convivio, ha pasado de ser la causa de problemas familiares a ser motivo de convivio social, o sea ahora ¿qué ha pasado respecto a la mujer? Yo sigo pensando que sigue habiendo violencia intrafamiliar, violencia hacia la mujer […] pero lo que sí puedo decir en ese sentido es que las jóvenes están, yo creo en un 30 o 40 por ciento de las jóvenes, están vinculadas a ese consumo de droga que hablábamos al inicio ¿cuál es el proceso? Diversión, antro, grupo de amigos y consumo de drogas, es ése el proceso hacia la mujer, hacia las jóvenes" (C, 2012).

[10] En el periodo 2012-2014 la Marina aprehendió en operativos con la delincuencia organizada a 35 menores de edad de entre 12 y 17 años. Imagen del Golfo, 22 de julio de 2014.

En Martínez, como en Veracruz Puerto y Acayucan, municipios donde hemos realizado diagnósticos sobre violencia y delito (Zavaleta y otros, 2012), algunos jóvenes de las nuevas generaciones de clase baja, beneficiarios previos de las remesas de generaciones pasadas de migrantes, abandonan la escuela para integrarse sin mediación a la delincuencia común para participar en robos, asaltos y a las redes de distribución de drogas. En Xalapa, por lo contrario, las pandillas filtran a quienes optan por la ilegalidad de tal forma que los pandilleros se diferencian de los grupos de consumidores de drogas tanto como de informantes y narcomenudistas (Zavaleta, 2014b, anexo III).

Es interesante cómo en Martínez, algunos jóvenes de clase media, de padres descapitalizados, gestionan las redes de distribución de droga y algunos de ellos se involucran en secuestros y extorsiones. Las redes de narcomenudistas tienen una organización clasista, los jóvenes de clase media se recapitalizan mediante la gestión de las redes delictivas que utilizan a los jóvenes de clase baja en la distribución de drogas.

varios jóvenes que se están dedicando al narcomenudeo y al secuestro son clase media, porque despectivamente se dice que los delincuentes son de clase baja [...] es decir, que la actividad ilegal no es una estrategia de sobrevivencia o de movilidad social, sino más bien de recapitalización de la clase media (C, 2012).

Por otra parte, otro grupo vulnerable son las mujeres, sobre todo las jóvenes, madres solteras trabajadoras en las empacadoras de cítricos o empleos domésticos que además son jefas de hogar. En Martínez, Xalapa y Acayucan, los hogares con jefatura femenina son en promedio el 30% de los hogares de cada municipio. Algunas mujeres jóvenes que también están determinadas por el abandono escolar, la precarización laboral y la inseguridad social, son contratadas en las empacadoras, comercios, casas y bares en condiciones de precarización laboral e inseguridad social.

Ha habido muchas mujeres que se van a trabajar a las empacadoras, casi por lo general vienen del estado de Puebla, se vienen de acá de la zona alta de Atzalan, de Tlapacoyan, Papantla, de la región, entonces aterrizan aquí en Martínez de la Torre de manera inmediata pues hay los ganchos porque sabes te invito ya a mi empacadora porque sabes que hay chamba ahorita y no hay problema para el acceso, entonces entran a trabajar pero casi en su mayoría todas las que trabajan en el turno de la noche vienen rebotando entre 6 y 7 de la mañana al otro día en estado alcoholizado [...] ahí se propicia la corrupción y la prostitución, en las empacadoras. Llegan toda clase de cortadores, toda clase de coyotes, toda clase de citricultores, ven a chamaquitas bonitas, jovencitas, qué es lo que hacen, tratan de engancharlas, enamorarlas, y como las chamacas a eso van, a hacerse de un ingreso, pues adelante, y ya cuando ellos se dan cuenta, son unas chiquitillas, chamaquitas de 12, 13, 14 años [...] hay turnos, lo que pasa es que se enganchan o las que trabajan en los comedores también, entran de domésticas, de cocineras, de meseras y terminan en los bares, por eso es la desintegración familiar tremenda, mientras los chiquillos abandonados, al azar, sin que haya un rector ahí que los conduzca y que los vaya moldeando, para presentar ante la sociedad hombres buenos, buenas costumbres y libres (E, 2012).

En este grupo social hay un subgrupo de mujeres que en condiciones de violencia doméstica optan por la separación y enfrentan la negación de pago de pensión alimenticia para los hijos de parte de sus parejas; asimismo, algunas eligen el amasiato o el acceso extenso por número de hijos a los programas sociales del gobierno federal.

El programa de oportunidades les da 1 000 pesos por hijo mensual, tú tienes 5 hijos, tienes 5 000 pesos mensuales, ojo, ya no tienes que migrar y si algo caracteriza a la clase baja, los pobres, entre comillas es el número de hijos de 3 a 6 hijos (C, 2012).

uno los *table dance*, dos ser meseras, ése es su espacio o tres, la joven madre soltera o la joven vinculada a este ámbito que estamos hablando simplemente es la pareja de, de los amantes (C, 2012).

De acuerdo con Córdova y Fontecilla (2013b) las principales formas de violencia y delito que experimentan las mujeres en Martínez son la agresión física y verbal, el incumplimiento de obligaciones o pensión alimenticia para los hijos en la separación, las amenazas, el abuso de menores, la desaparición, las lesiones y la violencia doméstica. Córdova (2013) que registra 728 feminicidios en Veracruz en el periodo 2000-2010 y 121 en el periodo 2004-2010 para Martínez, considera al municipio como marcado por la alta tasa de mujeres desaparecidas y feminicidios. Los homicidios de mujeres son otra modalidad extrema de las situaciones de excepción en el campo delictivo en Veracruz respecto de otras personas desaparecidas, los secuestros de migrantes, las agresiones a periodistas y las personas sepultadas en narcofosas.

En Veracruz, el número de personas desaparecidas ha tenido un incremento preocupante (Villarreal, 2014). De acuerdo con la Procuraduría General de Justicia del Estado (PGJE) había desde 2011 a la fecha 665 desaparecidos; los secuestros masivos y las extorsiones a migrantes son considerados por las organizaciones civiles y algunos periodistas como una situación de excepción debido a que Veracruz es el estado donde más se han registrado estos hechos: 2 944, en el periodo 2009-2011 (Martínez; 2010; Farah, 2012; MUCD, 2011; Zamudio, 2014), asimismo, debido a las desapariciones y algunos homicidios de periodistas se considera a Veracruz el estado más peligroso para ejercer el periodismo (Artículo 19, 2014)[11] y las narcofosas encontradas entre 2011 y 2014 en Tuxpan, Cosamaloapan, Acayucan y San Julián son evidencia de la impunidad con la que actúa la violencia organizada en los márgenes estatales en Veracruz.

---

[11] "Del 1 de abril al 30 de junio de 2014, Artículo 19 documentó 87 agresiones a medios y periodistas, de las cuales 39 fueron físicas; 14 intimidaciones; 13 detenciones arbitrarias; 9 amenazas, 4 actos de censura y acciones legales (4 denuncias por difamación y calumnia, y 4 citatorios judiciales o ministeriales). Las entidades más violentas para ejercer el periodismo en este trimestre fueron: Veracruz con 19 agresiones; Distrito Federal con 15 y Quintana Roo con 12" <www.articulo19.org/segundo-informe-trimestral…>.

2. LAS CAPACIDADES INSTITUCIONALES Y LOS MÁRGENES ESTATALES[12]

En Veracruz, las políticas de seguridad tienen una nueva morfología después de la alternancia registrada en el gobierno federal de 2012. La negociación basada en la captura de fondos de la implementación de las políticas de seguridad pública durante el gobierno panista (2006-2012) se sustituyó por una alineación discursiva e institucional al nuevo gobierno federal del Partido Revolucionario Institucional (PRI).

En México, el gobierno federal priista de la nueva alternancia (2012-2018) desapareció la Secretaría de Seguridad Pública Federal (SSPF) y la sustituyó por la Comisión Nacional (CNSP) adscrita a la Secretaría de Gobernación; por su parte, Veracruz mantuvo la Secretaría de Seguridad Pública Estatal (SSPE) pero aceptó sin las resistencias de los años pasados el modelo policial del mando único y la extensión del Programa Veracruz Seguro operado por el Ejército y la Marina.

Veracruz ha registrado un incremento considerable de la violencia y delitos como el secuestro, el robo, la extorsión y los homicidios, principalmente por la rivalidad entre grupos criminales que se disputan una de las rutas que por su ubicación geográfica e infraestructura portuaria es considerada como estratégica para la delincuencia organizada [...] en virtud de lo anterior el gobierno del estado solicitó a la SEGOB el apoyo temporal en materia de seguridad al gobierno federal, ello en virtud de la situación extraordinaria de violencia e inseguridad que se ha presentado en el estado de Veracruz, en donde se han recrudecido los embates de la delincuencia organizada [...] por lo anterior, la situación que guardan las fuerzas estatales requieren de un apoyo adicional en tanto refuerza sus cuerpos de policía civil para hacer frente a la inseguridad en el estado (Veracruz Seguro, 2011).

El convenio de coordinación obliga a Veracruz a pagar incentivos a los integrantes de la Marina, a proporcionar logística y medios de comunicación "idóneos" para la capacitación y coordinación operativa de las fuerzas en el territorio veracruzano a cambio de capacitación técnica y operativa para las policías preventivas. En tales circunstancias, la Marina sustituyó a la Policía Intermunicipal en algunos municipios y apoyó el proceso de sustitución de la Policía Intermunicipal por la Policía Conurbada en las zonas metropolitanas de Veracruz-Boca del Río y Xalapa-Banderilla.[13]

En general, el sistema policiaco de Veracruz tiende a la centralización, mediante un conjunto de ajustes legales e institucionales según los fondos federales y el campo delictivo local. El gobierno estatal describe estas innovaciones mediante la expresión "reingeniería" de la estructura, las políticas y la coordinación. En estas

---

[12] El sentido del concepto márgenes estatales refiere "aquellos sitios en los que el derecho estatal y el orden deben ser constantemente restablecidos [...] a fin de poder identificar los márgenes del estado debemos dirigir nuestra atención a la omnipresente incertidumbre de la ley y a la arbitrariedad de la autoridad que busca asegurar la ley" (Asad, 2008: 53, 61).

[13] Uno de los primeros resultados de la intervención de la Marina fue el desmantelamiento de una red de comunicaciones con múltiples antenas de la delincuencia organizada y patrulló durante situaciones de emergencia algunos municipios con problemas extremos de inseguridad como los casos de Martínez y Acayucan (Zavaleta y otros, 2012; Zavaleta y otros, 2013).

circunstancias, el gobierno estatal implementa un modelo de policía que prolonga la militarización de sus mandos, la capacitación y la gestión de los operativos conjuntos; asimismo, el uso político de la policía, la alta concentración en las ciudades y la multiplicación de las instituciones de bajo impacto en la prevención de la violencia y el delito a contrapelo de una reforma policial democrática (Saín, 2010).

La política de seguridad pública estatal se basa en la integración gradual del mando único y la evaluación y acreditación de los 21 000 policías preventivos estatales y municipales, policías ministeriales y custodios.

Desafortunadamente, los procesos de acreditación, mando único y capacitación han tenido dinámicas paralelas, puesto que no han estado vinculados estratégicamente entre sí; por lo contrario, el incremento de la violencia y el delito obligó al gobierno estatal a gestionar algunas policías municipales que de otra forma no habrían asumido como parte de sus funciones preventivas. El mando único se ha implementado en 23 de 212 municipios y ha implicado la desaparición de las policías locales respectivas. La política de integración del mando único, acordada en 2010 entre el gobierno federal y la Conferencia Nacional de Gobernadores (Conago) no se ha generalizado en Veracruz porque el gobierno estadual no tiene recursos financieros y argumenta que es muy complicado debido a la dispersión poblacional.

En diversas delegaciones del sistema policiaco, la policía preventiva ha asumido las funciones de control en los municipios que mediante decisión de cabildo han acordado delegarle al gobierno estatal la gestión policial de sus municipios, por ejemplo: La Antigua, Tantoyuca, Córdoba, Fortín, Acayucan, Coatzacoalcos, Minatitlán, Cosoleacaque (municipios de zonas metropolitanas en las cuales desaparece la policía intermunicipal, pero no se hizo por razones mediáticas mediante decreto como en el caso de Xalapa y Veracruz), a diferencia de la sustitución de las policías intermunicipales por la Marina en las zonas metropolitanas de Veracruz-Boca del Río, Xalapa-Banderilla y San Andrés Tlalnehuayocan[14] capturadas por la delincuencia organizada.

De acuerdo con el gobierno estatal los municipios que han delegado la gestión local de las policías al gobierno son: Acayucan,[15] Alvarado, Banderilla, Boca del Río, Coatzacoalcos, Coatzintla, Córdoba,[16] Cosoleacaque, Fortín,[17] La Antigua, Minatitlán, Nanchital, Pánuco, Poza Rica, Rafael Lucio, Tantoyuca, Tampico Alto, Tihuatlán, Tlalnehuayocan, Úrsulo Galván, Veracruz y Xalapa, es decir, los municipios más disputados por la delincuencia organizada en Veracruz (IG, 2011, 2012, 2013).

Durante los años 2011-2014 fueron despedidos 3 500 policías y se concentró en la SSPE las direcciones municipales de vialidad, el centro de menores infractores y los reclusorios en 2013 (Insight Crime, 2014). En estos años también se instalaron 267

---

[14] En Veracruz el control fue por decisión del gobernador según el I Informe de Gobierno de Javier Duarte. En el caso de Xalapa, San Andrés y Tlalnehuayocan se publicó en la *Gaceta del Estado*, núm. 158, 25 de mayo de 2011.
[15] *Gaceta del Estado de Veracruz*, núm. 174, 7 de mayo de 2013. La *Gaceta* refiere como incluidos en el proceso a los municipios de Acayucan, Coatzacoalcos, Cosoleacaque, Minatitlán.
[16] *Gaceta del Estado de Veracruz*, núm. 106, 20 de marzo de 2013.
[17] *Idem.*

videocámaras de vigilancia en 10 municipios: 11 en Acayucan, 5 en Cosoleacaque, 22 en Coatzacoalcos, 54 en Córdoba y Fortín, 15 en Minatitlán, 16 en Orizaba, 7 en Pánuco, 20 en Poza Rica, 74 en Veracruz y Boca del Río y 43 en Xalapa, todas ellas conectadas al C4, coordinado por la Marina. De acuerdo con el Secretariado Ejecutivo Nacional de Seguridad Pública (SESNSP) Veracruz lleva el 91% de sus policías evaluados de los cuales el 47% reprobaron el examen de confianza.[18]

La capacitación de los policías reclutados para el nuevo modelo organizacional a cargo de marinos y militares se ha realizado mediante una academia "itinerante" y la Academia Estatal de Policía. Los cursos han incluido la capacitación en gestión de extorsiones, investigación de homicidios y sobrevivencia policial, mediante cursos financiados con fondos de la Iniciativa Mérida, en coordinación con la Embajada de Estados Unidos. Particularmente, se instituyó en Xalapa la Academia Nacional de Capacitación Penitenciaria que ha formado 13 generaciones de custodios, parte del programa de correccionales que incluye la capacitación para la certificación de reclusorios estatales y federales (Embajada de Estados Unidos, 2012).

En mayo de 2009 se inaugura la Academia Nacional Penitenciaria (ANAP) en Xalapa, Veracruz. La Academia ha entrenado a 7519 nuevos oficiales reclutados (Embajada de Estados Unidos, 2014).

En esta lógica, la SSPE creó los programas Empresa Segura, Escuela Segura, Jornadas Comunitarias, Contraloría Social Interna, la sección de Policía de Proximidad Social, pero la innovación más singular ha sido la institucionalización del Observatorio Ciudadano de la Seguridad y la Justicia.[19] Este observatorio diseñado por la Universidad Veracruzana, contradice, mediante boletines y comunicados, los discursos del gobierno estatal en el campo de la seguridad pública respecto de las supuestas disminuciones del sentimiento de seguridad, las bajas tasas delictivas y los avances "sustantivos" en la implementación de las políticas nacionales.

Ahora bien, respecto del uso indebido de la fuerza, entre 2011-2013 las policías de Veracruz recibieron 60 recomendaciones de la Comisión Nacional de Derechos Humanos (CNDH) y la Comisión Estatal de Derechos Humanos (CEDH). De la CEDH recibieron 31 en 2011, 18 en 2012, 14 en 2013 y 10 hasta julio de 2014, la mayoría por detenciones arbitrarias. Las policías referidas en las recomendaciones eran la Policía Intermunicipal de Veracruz-Boca del Río durante 2011 antes de su desaparición, la policía conurbada de Xalapa desde 2012, la Policía Intermunicipal de Coatzacoalcos, Minatitlán y Cosoleacaque y en menor medida algunos municipios como Pánuco, Martínez, Río Blanco, Coyutla, Cosamaloapan, Xico y Cardel.

La estrategia del gobierno federal panista (2006-2012) de desaparecer las policías municipales bloqueada por los gobernadores priistas focalizó el mando único,

---

[18] Avance en el personal activo evaluado al 31 de mayo de 2014 (SESNSP, 2014).
[19] *Gaceta del Estado de Veracruz*, núm. 352, 12 de octubre de 2012. El observatorio fue diseñado por el Programa de Estudios en Seguridad Ciudadana de la Universidad Veracruzana y funciona con personal procedente de la Coordinación Universitaria de Observatorios de la misma universidad.

la reforma de la justicia penal no avanzó sustantivamente en la integración de unidades de investigación entre la Secretaría de Seguridad Pública Estatal (SSPE) y la PGJE y la reforma penitenciaria no ha logrado deshacerse de la figura del autogobierno que controla la delincuencia organizada en los reclusorios.

En esta lógica, el gobierno creó, bajo una fuerte presión de la sociedad civil nacional e internacional, la Fiscalía en Atención a Migrantes,[20] la Fiscalía Especializada en Atención a Denuncias por Personas no Localizadas[21] —después llamada Fiscalía Especializada en Atención a Denuncias por Personas Desaparecidas debido a la presión del Colectivo por la Paz Xalapa (CPX)— y, asimismo, una Comisión Especial para la Atención y la Protección de Periodistas[22] como respuesta a reporteros y fotoperiodistas locales y nacionales movilizados por los homicidios de algunos periodistas veracruzanos. En los hechos, estas "innovaciones" institucionales no han sido soluciones eficaces a los problemas de la violencia y delito ni han logrado intervenir las situaciones de excepción en los márgenes estatales.

Las reuniones del gobierno estatal y los familiares de los desaparecidos no han logrado avances sustantivos en la presentación de personas. Bajo presión, el gobierno estatal presentó 186 personas presuntas desaparecidas respecto de las cuales no dio mayores datos acerca de quiénes eran, cuándo desaparecieron, qué corporaciones gubernamentales participaron en su liberación (CPX, 2014); la atención a migrantes no ha logrado disminuir los secuestros y las extorsiones, particularmente en Coatzacolacos y Tierra Blanca identificados como enclaves de la delincuencia organizada y diferentes periodistas y fotoperiodistas son objeto de amenazas y otras agresiones en el estado.

3. LAS DEMANDAS CIVILES DE INSTITUCIONALIZACIÓN DE LA LEGALIDAD

El régimen tradicional en Veracruz se ha prolongado mediante una extensión autoritaria. Veracruz es uno de los 9 estados que no han tenido alternancia gubernamental en toda su historia posrevolucionaria. El gobierno estatal ha invisibilizado las situaciones de excepción en algunas regiones del estado, en sus márgenes territoriales e institucionales, mediante una estrategia que ha implicado en determinadas circunstancias aceptar la influencia de algunas organizaciones de la sociedad civil para no intervenir eficazmente en la solución de los problemas vinculados a la desaparición de personas, los secuestros de migrantes, las agresiones a periodistas y las fosas clandestinas en las cuales se sepulta a ejecutados.

La estrategia gubernamental para gestionar el caso de las personas desaparecidas es una externalización de costos a los familiares; la estrategia de omisión respecto

---

[20] *Gaceta del Estado de Veracruz*, núm. 113, 18 de abril de 2011.
[21] *Gaceta del Estado de Veracruz*, núm. 112, 12 de marzo de 2011.
[22] Ley del 3 de diciembre de 2012. Gobierno del Estado de Veracruz.

de los secuestros de migrantes, una delegación de responsabilidades a los gobiernos de los países de procedencia de los transmigrantes y en el caso de las desapariciones y asesinatos de periodistas, una revictimización de los gremios profesionales mediante un discurso que reduce lo público a los riesgos de la vida personal. Por lo contrario, el gobierno que sujeta al Congreso y la oposición electoral, aprobó una Ley Antidisturbios —posteriormente declarada no constitucional por la Suprema Corte de Justicia— antes de aceptar bajo fuerte presión local y nacional legislar en torno a las extorsiones y las desapariciones forzadas de personas.

La lucha por la tipificación de estos delitos en el Código Penal ha implicado disputas por el nombre de las leyes y las instituciones, por ejemplo; no se ha armonizado la legislación estatal a la Ley General de Víctimas; el gobierno se reúne con los familiares de las víctimas pero su responsable no firma los acuerdos, se acepta la propuesta del Colectivo por la Paz Xalapa de la tipificación de la desaparición de personas,[23] pero se exime a los agentes del estado como eventuales responsables de la comisión del delito;[24] asimismo, en el caso de la tipificación del delito de extorsión, uno de los delitos de alto impacto en Veracruz, se realizó mediante la reforma al Código Penal con el nombre de una de sus modalidades: "Engaño telefónico".

Es justamente muy complicado hacer una denuncia donde se señale específicamente la participación de ellos porque en todo momento el estado ha negado, no sólo no ha sido reconocido sino que ha sido negado por parte de las autoridades [...] hemos escuchado que son patrullas clonadas, si en verdad están siendo patrullas clonadas, entonces todas las fuerzas de seguridad del estado deberían estar tomando cartas en el asunto (Palacios, 2013).

En efecto, la desaparición de personas es un problema complejo que se hizo visible públicamente en Veracruz a partir del acto mediante el cual se tiran 35 cuerpos en Boca del Río, un día antes de la apertura de la Conferencia Nacional de Procuradores;[25] pero la desaparición de personas sólo tuvo atención pública a partir de la emergencia del Colectivo por la Paz Xalapa en 2011, vinculado al Movimiento por la Paz con Justicia y Dignidad que ha desplegado múltiples actividades para

---

[23] Una vez que este grupo de organizaciones civiles integradas en el CPX advirtieron en el debate público que el nombre de la Fiscalía Especial para la Atención de Personas Desaparecidas, tal como se llama ahora, aparecía en la *Gaceta del Estado* como Fiscalía para la Atención a las Denuncias de Personas no Localizadas solicitaron en reunión con el gobierno estadual el nombre que tiene en la actualidad.

[24] "En esta ley se está omitiendo a cualquier agente del estado que incurra en el delito de desaparición forzada, lo cual deja sin la posibilidad de investigar y sancionar a los responsables de las desapariciones de personas contribuyendo así a la impunidad [...] la tortura y ejecución extrajudicial... gravísimas violaciones a los derechos humanos" (CPX, 2014a). Asimismo: "sostuvo (la nota se refiere a la activista principal del CPX) que en por lo menos 20 casos de desapariciones, los familiares aseguran haber tenido contacto visual con vehículos de la Secretaría de Seguridad Pública y sus elementos, que en ocasiones ingresaron a los domicilios por sus víctimas; sin embargo, las patrullas tenían cubiertos los números de identificación, por lo que se exigió al gobernador la instalación de cámaras de videovigilancia en los interiores de todas las patrullas en la entidad" *Quadratín Veracruz*, 20 de marzo de 2014.

[25] Este acontecimiento contiene otros problemas paralelos que implican a otras víctimas de desaparición o probable ejecución extrajudicial.

visibilizar y acompañar a los familiares de las víctimas no atendidas por la Comisión Estatal de Derechos Humanos (CEDH) y la Procuraduría General de Justicia del estado (PGJE);[26] asimismo, por el papel que en condiciones de alto riesgo, periodistas locales realizan en el seguimiento de casos en diferentes municipios de Veracruz ante la omisión institucional (Villarreal, 2014).

Desde el acompañamiento de familiares de personas desaparecidas [...] ante la alarmante e indignante situación de inseguridad que prevalece en el estado donde se ha visto afectada la vida cotidiana con el aumento de asesinatos, robos, represión, secuestros, levantamientos y desapariciones forzadas [...] ante la falta de respuesta, de avances en las investigaciones, y ante la revictimización demandamos lo siguiente: 1. Presentación con vida de todas las personas desaparecidas, 2. Una audiencia donde concurran el gobernador del estado y todos los funcionarios encargados de la procuración de justicia donde se reciban a las y los familiares de los desparecidos, 3. Se realicen las iniciativas necesarias al Congreso Estatal para la promulgación de la Ley de Víctimas para el Estado de Veracruz, 4. El cese a la revictimización de familiares de personas desaparecidas y víctimas por parte de funcionarios públicos en su búsqueda de justicia [...] Debido a que en numerosos casos que han sido atendidos por autoridades no han proporcionado resultados satisfactorios [...] las investigaciones y avances siguen siendo lentos y burocráticos (CPX, 2013).

En contraparte, el secuestro de migrantes es más visible debido a las casas, albergues y redes civiles de apoyo. Este proceso ha sido documentado mejor, sin embargo, su visibilidad no ha significado que el gobierno estatal asuma su responsabilidad ante el problema a pesar de que algunos municipios veracruzanos tales como Coatzacoalcos y Tierra Blanca son referidos en testimonios de los informes nacionales e internacionales como dos puntos de intervención de la delincuencia organizada en las rutas de migrantes de tránsito en el estado.

La reacción gubernamental inmediata ante la demanda de organizaciones, periodistas y algunos académicos universitarios fue la respuesta típica registrada en otros estados del país, por ejemplo, como en el caso de los feminicidios en Ciudad Juárez, se convirtió el problema social en problemas personales, emocionales o de ilegalidad. Los funcionarios judiciales atribuyeron las desapariciones de personas a las fugas de noviazgo y a los ajustes de cuentas entre delincuentes. De acuerdo con el relato gubernamental: "gran parte de esas desapariciones tienen que ver con delincuentes ajustando a otros delincuentes".[27] La respuesta ha sido la misma para el

---

[26] En la atención y búsqueda de personas desaparecidas se ha incurrido en graves omisiones, intimidaciones, criminalización, violaciones a la privacidad, violaciones a los Derechos Humanos de las víctimas y de las víctimas indirectas, así como a la negación de información sobre el avance de las investigaciones y búsqueda (CPX, 2014).

[27] Ésta es la estrategia que se ha llevado a cabo durante estos años de guerra al narco: la criminalización de las víctimas. Recuerdo de nuevo las palabras del gobernador... después de que aparecieron 35 cuerpos tirados en media calle, en la Glorieta de los Voladores de Papantla, el 20 de septiembre de 2011: "Este hecho confirma esta triste realidad, los que eligen mal terminan mal, al final el crimen paga mal" (Mastrogiovanni, 2014: 141).

caso de los secuestros de migrantes. La solución adicional a la creación de la Fiscalía Especial para la Atención a los Migrantes fue la publicidad de una denuncia a los dueños de los trenes de carga que cruzan por Veracruz repletos de transmigrantes centroamericanos antes de que la Secretaría de Gobernación (SEGOB) se propusiera una nueva fase de la estrategia de control migratorio en 2014.

En estas circunstancias, la lucha del CPX, el grupo de mujeres solidarias denominado Las Patronas, las casas y albergues de migrantes, los periodistas de los medios locales, del observatorio de Coatzacoalcos, el Observatorio de la Seguridad, la Justicia y la Legalidad y el Observatorio de Seguridad Humana de Papantla son las bases de la resistencia de la sociedad civil a la excepcionalidad social y política que predomina en los márgenes estatales. La nueva agenda de la defensoría de los derechos humanos se gesta fuera de la CEDH, de la PGJE, de los consejos municipales de seguridad y de las fiscalías creadas sin recursos para el desarrollo de sus funciones mínimas.

4. CONCLUSIONES

En el final de régimen local la inseguridad produce un alto sentimiento de inseguridad sobredeterminado por la delincuencia organizada. El incremento del miedo producido por los homicidios, secuestros, extorsiones, violaciones y robos se multiplica con otras formas de violencia extrema como las desapariciones, secuestros de migrantes y agresiones a periodistas.

Los patrones de delito en el campo delictivo se reproducen con factores socioeconómicos que incentivan su crecimiento y que se agravan cuando las instituciones de seguridad y justicia locales no desarrollan las capacidades institucionales para el control y la prevención.

El uso de paradojas en los gobiernos estatales para gestionar el sentimiento de inseguridad es una práctica que contribuye al incremento de las situaciones de excepción en los márgenes estatales. En la dinámica del campo de los delitos la omisión o intervenciones de fachada del gobierno tiene efectos indeseables que después se enfrentan en condiciones más complicadas para la implementación de políticas de seguridad. Las resistencias estatales para el reconocimiento público de los problemas de la inseguridad, de amplias zonas territoriales entendidas como márgenes estatales, en las cuales no se interviene, evidencian la debilidad institucional y permiten observar las zonas de impunidad utilizados por actores ilegales para la acumulación de impunidad.

El papel de las nuevas organizaciones civiles en Veracruz ha sido clave para hacer visibles los casos límite de personas desaparecidas, el secuestro de migrantes en territorio veracruzano, las agresiones a periodistas y la debilidad institucional resultado de la gestión inadecuada de recursos públicos destinados a las reformas policial, de justicia penal y penitenciaria que no han logrado convertirse en procesos significativos para reducir la victimización de los ciudadanos o el desecho de la infraclase de los delincuentes organizados. Las nuevas organizaciones de la sociedad civil con sus propuestas e influencia en el debate público han logrado que el gobierno estadual tipifique, aunque sea sin los efectos positivos esperados, la desaparición forzada de personas y acepte la creación de algunas fiscalías para la atención a los problemas generados por la delincuencia organizada y según ellas por algunos agentes estatales.

5. REFERENCIAS

Agamben, Giorgio (2007), *Estado de excepción*, Adriana Hidalgo (ed.), Argentina.

Asad, Talal (2008), "¿Dónde están los márgenes del estado", *Cuadernos de Antropología Social*, núm. 27, Argentina, Facultad de Filosofía y Letras, Universidad de Buenos Aires.

Bustamante, Jorge (2001), "Un marco conceptual de referencia acerca de la vulnerabilidad de los migrantes como sujetos de derechos humanos", en Teresa Fernández de Juan, *Los rostros de la violencia*, México, COLEF.

Carbonell, Miguel (2012), *La violencia en los municipios de México, seguridad, justicia y paz*, México, Consejo Ciudadano para la Seguridad Pública y Justicia Penal, A.C.

Colectivo por la Paz Xalapa, Comunicados, 2013, 2014.

Conago (2012), *Diagnóstico Frontera Sur*.

Córdova, Rocío (2013), "Violencia de Género en Veracruz", en Alberto Olvera, Alfredo Zavaleta y Víctor Andrade (2013), *Diagnóstico de la inseguridad, la violencia y el delito en Veracruz*, México, Universidad Veracruzana.

Das, Veena y Deborah Poole (2008), "El estado y sus márgenes. Etnografías comparadas", *Cuadernos de Antropología Social*, núm. 27, Argentina, Facultad de Filosofía y Letras, Universidad de Buenos Aires.

Delitos de alto impacto en Veracruz, 1997-2013.

Embajada de Estados Unidos (2012), *Logros en Procuración de Justicia*, <http://photos.state.gov/libraries/mexico/310329/26Julio11/Law_Enforcement_July_2011__esp_.pdf>.

Encuesta Nacional de Victimización de personas, 2013.

Farah Guebara, Mauricio (2012), *Cuando la vida está en otra parte*, México, Porrúa-CNDH.

Gacetas del Estado de Veracruz, 2011-2014.

IFAI, 1121/2009.

Informes del gobierno de Veracruz, 2011-2013.

Insigth Crime, *Organized Crime in the Americas*, 9 de julio de 2014.

Jiménez y otros (2014), *La gestión de la violencia en las escuelas de educación básica de Veracruz*, México, Universidad Veracruzana/Conacyt.

Martínez, Óscar (2010), *Los migrantes que no importan*, México, Sur+.

Mastrogiovanni, Federico (2014), *Ni vivos ni muertos*, México, Grijalbo.

Migdal, Joel (2011), *Estados débiles, estados fuertes*, México, FCE.

Observatorio Ciudadano de Coatzacoalcos (2014), *Análisis intrarregional de los delitos de alto impacto de la zona sureste*, México, OCC.

Observatorio Ciudadano de la Seguridad y la Justicia de Veracruz (2013), *Tasa de incidencia delictiva en los municipios veracruzanos, 2011-2013*, México, OCSJV.

Olvera, Alberto, Alfredo Zavaleta y Víctor Andrade (2013), *Diagnóstico de la inseguridad, la violencia y el delito en Veracruz*, México, Universidad Veracruzana.

Palacios, Anais (2014), entrevista a *Quadratín Veracruz*, 20 de marzo de 2014.

Plan Veracruzano de Desarrollo 2011-2016, México, Estado de Veracruz.
Recurrencia Veracruz 2000-2010 (2013), México, Auditoría Superior de la Federación.
Rodríguez Hipólito y Gilberto Cházaro (2013), "Desigualdad e inseguridad en Veracruz", en Alberto Olvera, Alfredo Zavaleta y Víctor Andrade (2013), *Diagnóstico de la inseguridad, la violencia y el delito en Veracruz*, México, Universidad Veracruzana.
Saín, Marcelo F. (2008), *La reforma policial en América latina. Una mirada crítica desde el progresismo*, Argentina, Prometeo.
Sentimiento de inseguridad en Veracruz (2013), informe ejecutivo, México.
Valdés, Guillermo (2013), *Historia del narcotráfico en México*, México, Grijalbo.
Villarreal, María Teresa (2014), "La desaparición de personas en Veracruz", *Revista Clivajes*, núm. 1, México, Universidad Veracruzana.
―――― y Ana Fontecilla (2013a), "La violencia de género", en José Alfredo Zavaleta (2013). *El campo de los delitos. El caso de Martínez de la Torre*, México, Universidad Veracruzana.
Zamudio, Juana Luisa (2014), "La migración centroamericana en México", *Revista Clivajes*, núm. 1, México, Universidad Veracruzana.
Zavaleta Betancourt, José Alfredo y otros (2012), *El campo de los delitos. El caso de Acayucan*, México, Universidad Veracruzana.
Zavaleta Betancourt, José Alfredo (2013), *El campo de los delitos. El caso de Martínez de la Torre*, México, Universidad Veracruzana.
―――― (2014), "Las relaciones entre jóvenes y policías en la zona metropolitana de Xalapa", en *La delincuencia juvenil en América Latina*, México, El Colegio de México.
―――― (2014c), *Las fronteras terrestres mexicanas*, inédito.

Siglas

Conago: Conferencia Nacional de Gobernadores.
ENVIPE: Encuesta Nacional de Victimización y Percepción sobre Seguridad Pública.
MUCD: México Unido Contra la Delincuencia.
OCC: Observatorio Ciudadano de Coatzacoalcos.
OCSJV: Observatorio Ciudadano de la Seguridad y Justicia de Veracruz.

VIOLENCIA Y VICTIMIZACIÓN EN MÉXICO: INVESTIGAR EN TERRITORIO DE LA DELINCUENCIA ORGANIZADA

VERÓNICA MARTÍNEZ SOLARES
y ÓSCAR AGUILAR SÁNCHEZ

RESUMEN: El presente artículo aborda una dimensión específica del trabajo de investigación cualitativa denominado *Respuestas estatales y comunitarias a la violencia asociada al narcotráfico en México*, apoyado por el Centro Internacional de Investigaciones para el Desarrollo (IDRC, por sus siglas en inglés). Su objetivo es presentar un panorama sobre los efectos de la violencia atribuida al fenómeno de la delincuencia organizada, sus manifestaciones en la vida cotidiana y cómo aquélla ha modificado las condiciones de vulnerabilidad, exclusión y acceso a la justicia de las personas y sus comunidades. Al analizar los datos, se reflexiona sobre la importancia de construir conocimiento y los efectos que este tipo de investigaciones tienen tanto para los sujetos participantes —informantes clave— como para los propios investigadores.

Palabras clave: Víctimas, violencia, vulnerabilidad, delincuencia organizada, investigación cualitativa.

1. INTRODUCCIÓN. EL ESCENARIO DE LA VIOLENCIA

La violencia epidémica que padece México, agudizada desde 2007, ha llamado poderosamente la atención en el nivel nacional e internacional. En el mismo tiempo, la condición de víctima ha generado una especie de identidad y sentido de pertenencia a un colectivo que trasciende del espacio familiar y comunitario, hacia otro que ha desdibujado cualquier división social, política y territorial, no sin controversias. Entre la violencia epidémica y las víctimas que día a día se van acumulando en las estadísticas, las abrumadoras cifras poco han descrito las transformaciones agobiantes en vidas de las personas y las comunidades.

En contexto, parecería que la violencia no es algo nuevo. México ha sido descrito como "bárbaro" (Turner, 2011) o "bronco y violento"[1] (Aguayo, 2010; Knight, 1996), en razón de la naturaleza y el origen por los que ha transitado: de los movimientos insurgentes por una patria libre (1810), las revoluciones político-sociales (1857 y 1910) y los conflictos subsecuentes, hasta iniciar el siglo XXI que se ha escri-

---

[1] Frase atribuida a Porfirio Díaz (31 de mayo de 1910), retomada por Jesús Reyes Heroles el 1 de abril de 1997.

to cada día sobre la gramática del terror, consecuencia en parte de los efectos de la llamada "guerra contra las drogas".

Tras casi dos décadas de disminución constante de la tasa de homicidios, a partir de 2007, emergió un escenario complejo de violencia criminal vinculado a la creciente actividad del narcotráfico, a la estrategia estatal desplegada por la administración del entonces presidente Felipe Calderón y a factores internacionales. Hasta el momento, este fenómeno se ha caracterizado por el incremento de homicidios dolosos, una expansión de las áreas geográficas afectadas por la violencia vinculada a la delincuencia organizada, la fragmentación y diversificación de los grupos criminales y un aumento en la incidencia de delitos de alto impacto y connotación social.

En el marco del conflicto poselectoral que cuestionaba la transparencia de la elección presidencial de 2006, el gobierno entrante anunció una "guerra contra la delincuencia", la cual se transformó en una batalla contra el narcotráfico inspirada no sólo en el deber del Estado de perseguir al crimen sino también utilizada como fuente de legitimidad frente a los cuestionados resultados eleccionarios y los reclamos de organizaciones de izquierda. Así, una de las primeras acciones fue incorporar a las Fuerzas Armadas en el cumplimiento de funciones de seguridad pública y centrar la atención nacional en el discurso presidencial sobre la violencia e inseguridad, que se arraigaba en amplias regiones del país.

En retrospectiva, mientras en 2006, al comienzo de la administración de Calderón y de la "guerra contra las drogas", la tasa de homicidios en México era de alrededor de 10 homicidios por cada 100 000 habitantes, en 2008 ascendió a 13, en 2009 a 18, en 2010 a 23, alcanzando un pico de 24 en 2011.

Entre las estadísticas de homicidio, el aumento de aquéllos presuntamente relacionados con el narcotráfico fue particularmente dramático: se contabilizaron 63 ejecuciones en 2006; 2 595 en 2007; 6 183 en 2008; 8 906 en 2009 y 15 185 en 2010, para bajar levemente sus registros a 12 903 en 2011.[2]

El homicidio, con medios materiales y simbólicos de ejecución muy particulares, se instaló para definirse por una violencia predatoria e inédita cada vez más generalizada, a la que se sumarían delitos especialmente graves por sus consecuencias en las personas y comunidades. El secuestro, la extorsión, el robo agravado, las lesiones graves, la violación tumultuaria e, incluso, la violencia familiar, como ejemplos, han visto trastocadas tanto sus modalidades como los mecanismos de comisión utilizados por los delincuentes. Ya no sólo se trataba de causar un daño sino de hacerlo con la mayor brutalidad posible. Aparece, entonces, un simbolismo primario "para evitar que la población considere siquiera la posibilidad de manifestar algún tipo de resistencia, el terror se acompaña de terribles escenas de horror" (Pécaut, 2002: 174), en un despliegue masivo del miedo y el terror como instrumentos no sólo de intimidación y desaliento a la población sino también colonizadores de los territorios y las comunidades.

Por otro lado, el proceso de militarización de las funciones de policía preven-

---

[2] No se consideran años posteriores debido a cambios en la metodología de registro de los homicidios, en los que se eliminó dicha categoría.

tiva y de investigación, implicó que alrededor de 60 000 elementos de las Fuerzas Armadas se desplegaran cumpliendo tareas propias de las autoridades civiles: patrullajes, cateos, detenciones y retenes. Entre enero de 2007 y noviembre de 2012, la Comisión Nacional de los Derechos Humanos recibió 7 350 denuncias de abusos militares y emitió informes sobre 109 casos, en los cuales determinó que miembros del Ejército habían cometido graves violaciones de derechos humanos (Human Rights Watch, 2013).[3] La desaparición de personas, forzada o involuntaria, pronto ocupó titulares en medios masivos, hablándose de más de 26 000 víctimas,[4] con un importante impacto colateral en la vida de sus familias y comunidades, donde la sombra de la ejecución extrajudicial y los crímenes de Estado emergió como una realidad tangible.

Si bien los medios de comunicación mexicanos por años habían puesto especial énfasis en las características de la delincuencia organizada, principalmente el tráfico ilícito de drogas (Astorga, 1996), a partir de 2007 comenzaron a centrar su interés en los efectos de la violencia que se le ha atribuido. Como resultado, las primeras historias sobre las consecuencias de la "guerra contra el narcotráfico" surgieron desde la crónica periodística (Turati, 2011). Sin embargo, cualquier alusión a los "efectos colaterales de la guerra" y su influencia en la aceleración de una violencia letal cada vez más desbordada, tuvo como respuesta la constante negación, justificación y descalificación por parte del gobierno de la República (Astorga, 2015). Lo que en los inicios parecía más un rumor, diversos análisis estadísticos de publicación posterior dan cuenta de la fallida acción del gobierno (Escalante, 2011; Espinosa y Rubin, 2015), reafirmando el fracaso contundente de acciones de "mano dura" para controlar diversas formas de delincuencia (Silva, Pérez y Gutiérrez, 2011 y 2015), desplegadas por instituciones del aparato de gobierno en los tres órdenes —federal, estatal y municipal—, en especial las de seguridad y justicia penal, aún sin estructuras profesionalizadas, transparentes y consolidadas para afrontar los nuevos desafíos.

Frente a los desastres generados por los errores de la estrategia no se vislumbra un mejor escenario en el corto y mediano plazos, lo que se complica ante la falta de diagnósticos técnicos que permitan tomar las medidas correctivas pertinentes. Si bien la doctrina y el conocimiento generado en otros países reconocen los efectos de la violencia y las probabilidades de su transmisión transgeneracional cuando no es debidamente abordada por el Estado, hasta años recientes no existía suficiente evidencia empírica en México sobre la naturaleza y la forma en que las manifestaciones de la violencia y sus consecuencias e impactos interaccionan en los territo-

---

[3] Las denuncias por violaciones de derechos humanos cometidas por militares fueron investigadas por la Justicia Militar, que habiendo iniciado 5 000 investigaciones solamente condenó a 38 militares. En agosto de 2012, un fallo crucial de la Suprema Corte de Justicia determinó la inconstitucionalidad de la aplicación de la jurisdicción militar para juzgar violaciones de derechos humanos (Human Rights Watch, 2013).

[4] Hasta el primer trimestre de 2015, existían oficialmente 25 821 personas "no localizadas" en el Registro Nacional de Datos de Personas Extraviadas o Desaparecidas, del Sistema Nacional de Seguridad Pública. El Registro puede ser consultado en: <rnped.segob.gob.mx>.

rios con otros actores e intermediarios involucrados, cuya disponibilidad pudiera aportar conocimiento para mejorar las políticas públicas correspondientes.

Para Soares (2012: 11), cuanto menos han funcionado las prácticas y los métodos adoptados y con evidencia al respecto, pareciera que su aceptación y aplicación es mayormente privilegiada de forma acrítica por los políticos. Es decir, el conocimiento sólido y sistemático con frecuencia es desplazado, salvo honrosas excepciones, si no cumple con los imaginarios del pánico moral en turno o con las necesidades electorales, donde las acciones de seguridad no necesariamente atraviesan por los principios básicos de una gestión moderna. Definir el problema partiría, entonces, de un simple "solipsismo narcisista": la tautología de las propias convicciones del gobernante en turno (Soares, 2012: 11).

Nunca antes tal reflexión hubiera encontrado mejor referente documentado como en el caso de México. En 2008, tras declarar la "guerra contra el narcotráfico", para definir la "magnitud del problema", el entonces titular del Estado mexicano afirmó: "cuando llegué a la presidencia, su alcance [el del narcotráfico] era ya insostenible. Llegué al quirófano sabiendo que el paciente tenía una dolencia muy grave; pero al abrirlo nos dimos cuenta de que estaba invadido por muchas partes, y había que sanarlo a como diera lugar" (Moreno, 2008). Una dolencia sin definición, una cirugía sin información, una enfermedad cuyo tratamiento ha resultado en miles de muertes, porque "no importa el tiempo que […] tome, los recursos que […] [se necesiten], las vidas humanas que se pierdan por tristeza y desgracia" de las acciones del gobierno, había que ir "contra los enemigos de México" (Calderón, 2008).

Las constantes declaraciones del entonces titular del Poder Ejecutivo Federal permitían colegir que muchas acciones fueron improvisadas, hecho confirmado con datos del Instituto Federal de Acceso a la Información (ahora Instituto Nacional) que, a través de la solicitud de información 0000700117911, daba respuesta categórica: no existen datos diagnósticos ni análisis que dieran fundamento a la llamada "guerra contra las droga". Es decir, el gobierno de México inició una "estrategia" sin contar con conocimiento objetivo del tamaño del reto y los desafíos a afrontar, no sólo atribuibles a deficiencias estructurales en sus propios sistemas de inteligencia e información, sino en paralelo a la escasa investigación empírica desarrollada hasta ese momento.

Es así que, en la última década, el estudio de las nuevas manifestaciones de la violencia, la delincuencia y la inseguridad ha adquirido notoriedad y renovados ímpetus en el ámbito de la investigación social. La labor de periodistas, activistas, practicantes, interventores comunitarios e investigadores, entre otros, que trabajan directamente en los territorios afectados, ha cobrado relevancia y compartido el *riesgo* como definición principal de los trabajos y contribuciones para desentrañar el fenómeno. De esta manera, los acercamientos a la violencia como objeto de estudio transitan teniéndola como sustantivo común a calificativos específicos que dan pistas sobre el complejo entorno a ser abordado (crónica, no convencional, juvenil, familiar, comunitaria, social y muchos más), en ocasiones bastante lejos de cualquier primera impresión, muy en particular en sitios con alta presencia de violencia con armas de fuego.

Al tratarse de la generación de conocimiento y evidencia, la investigación teórica o empírica aspira a contribuir no sólo al entendimiento de problemáticas específicas, sino también a la búsqueda de las soluciones más adecuadas. Aún en los esfuerzos más modestos, los investigadores pretendemos aportar elementos relevantes para informar mejor las políticas públicas y la toma de decisiones que impactarán en el bienestar de las personas y las comunidades.

En muchas ocasiones, y aun cuando existe una abundante literatura acerca de la violencia y el delito, las referencias para hacerles frente no son suficientes debido a la generalidad de las mismas y las particularidades de los contextos, con lo cual la generación de evidencia adquiere relevancia sustantiva. Por ello, en entornos de violencia grave, crónica o no convencional, investigar se convierte en una acción de producción de conocimiento, premisa de la que partió el trabajo cualitativo del cual se desprende el presente artículo, *Respuestas estatales y comunitarias a la violencia asociada al narcotráfico en México*.[5]

En un primer momento, las entrevistas que se aplicaron tuvieron como objetivo obtener información de primera voz sobre las experiencias de victimización, enfocada principalmente en las respuestas institucionales y comunitarias, así como las consecuencias y necesidades que surgieron a partir del hecho victimizante, vinculadas a los derechos de las víctimas. No obstante, resultó importante formarse una idea general sobre el contexto local y(o) regional en el que se desenvolvían cotidianamente las personas entrevistadas, a través de sus propias descripciones y evaluaciones acerca de la realidad delictiva de su entorno. Ello permitió situar sus experiencias de victimización particulares en un marco general de las condiciones y formas que ha adquirido la violencia social, a lo largo de los últimos años, en los municipios elegidos para el estudio y, quizás de este modo, encontrar algunas pistas sobre las respuestas que las comunidades e instituciones, estarían desarrollando (o no) a nivel colectivo, para comprender, afrontar, adaptarse y resolver tal problemática. En el presente texto se abordan dichas percepciones.

Ello sirve, igualmente, de justificación para analizar las implicaciones de la investigación en el ámbito subjetivo de los individuos y la importancia de desarrollar mayores estudios cualitativos, para alertar sobre cómo las intervenciones podrían traducirse en el reforzamiento de las condiciones de vulnerabilidad producto de la victimización. En términos generales, los diálogos que se han establecido entre las diversas perspectivas sobre la violencia en el ámbito académico, no han logrado concurrir hacia la discusión sobre los problemas éticos, metodológicos y de seguridad que implica trabajar con personas en riesgo o victimadas directamente en los territorios, así como tampoco se han alcanzado acuerdos generales sobre una agenda nacional o común que no sólo responda a los ciclos tradicionales de crisis-respuesta social e institucional, sino que haga posible reflexionar sobre los diferentes hallazgos y consensuar posibles vías de solución.

---

[5] El desarrollo de la investigación presentada corresponde a los informes técnicos y descriptivos elaborados por Alejandra Armesto, Verónica Martínez Solares y Carlos Silva Forné, la cual se encuentra en proceso de edición y publicación.

Por la propia naturaleza cualitativa del trabajo de investigación, es importante destacar que los discursos de las personas que fueron entrevistadas se encuentran mediados por su condición de víctimas —directas o indirectas—, lo que constituye un factor que sensibiliza y podría llegar a agudizar sus percepciones respecto a la gravedad o intensificación de la situación de violencia e inseguridad en sus entornos más inmediatos. No se pretende señalar que se trate de algún tipo de sobreestimación, exageración o alarmismo sobre el fenómeno de estudio ni de citación selectiva, sino apuntar que se trata de fenómenos sociales que guardan —a partir de la victimización— una relación directa con los entrevistados. Esta situación suele expresarse en frases o reflexiones que reclaman mayor atención a la situación de inseguridad y de allí que comiencen a proponer diversos mecanismos de prevención y protección a nivel individual, familiar y(o) comunitario como consecuencia.

En este sentido, resulta complicado separar las aproximaciones puramente descriptivas sobre la situación social, de aquellas que implican una actitud explicativa de los fenómenos como causa de la victimización que la persona ha sufrido; es decir, como un intento de comprensión o autoexplicación que, a través de sus relatos, les permite dotar de sentido la propia experiencia, lo que no merma el valor de los testimonios y la riqueza de sus interpretaciones.

2. VULNERABILIDAD Y VIOLENCIA

La situación de conflicto entre las organizaciones criminales, aunada a la estrategia de combate contra el narcotráfico operada por la administración calderonista (2006-2012), que dejó como una de sus principales expresiones la presencia de fuerzas armadas en gran parte del territorio nacional, han tenido como corolario innumerables enfrentamientos armados que, al menos en los municipios considerados en este estudio, significó un problema ingente en términos de seguridad para la población. La gravedad de estos sucesos radica en los daños que se traducen en pérdidas materiales, afectaciones a las actividades económicas y sociales y, en el peor de los casos, a la pérdida de vidas humanas.

En la búsqueda de explicaciones, la literatura sobre violencia y seguridad ciudadana es cada vez más abundante (Carrión y Ron, 2012). Los análisis de la inseguridad y el miedo al delito de mayor tradición (Lee, 1999), han consolidado la relevancia de las encuestas de percepción y victimización para la compresión de dichos fenómenos. De igual forma, se han dinamizado las aproximaciones teóricas y metodológicas con un enfoque cuantitativo muy importante (Hale, 1996; Vilalta, 2010). El eje común de esos trabajos ha sido identificar las afectaciones en la vida y las actividades rutinarias de las personas y comunidades por la inseguridad, el miedo y la victimización. A través de las encuestas, también es posible determinar los costos al capital social y económico, así como proveer información sobre el desempeño y la confianza ciudadana hacia las instituciones operadoras del sistema de seguridad y justicia penal.

Sin embargo, poco o casi nada se sabe de los efectos más profundos de la violencia en un plano psicoemocional y en los cambios en las opiniones, percepciones, actitudes y los sentimientos de las personas en sus vidas cotidianas, lejos de las tendencias a desarrollar y trabajar con modelos binarios en la comprensión de la misma. Es decir, con relativa frecuencia la raíz del problema queda anclada a una serie de interpretaciones causales, que soslayan el proceso pedagógico y de reforzamiento de la violencia, sus contextos, los vasos comunicantes y dinamizantes entre sus diversas manifestaciones y los sujetos e intermediarios que participan en todo el proceso. Definir un problema con esquemas tradicionales, como aquellos que circunscriben la etiología del fenómeno totalmente al ámbito individual o al institucional, conlleva a proponer soluciones igualmente limitadas, que podrían dejar fuera nuevos esquemas de análisis e intervención.

Las relaciones entre violencia, inseguridad y vulnerabilidad no son de una sola vía o lineales, menos aún con la presencia de una estructura criminal de fuerte influencia en la modificación de patrones políticos, económicos, sociales y culturales, como es la delincuencia organizada.

Una forma de entender la vulnerabilidad, con relación a la inseguridad, es "concibiéndola como una etapa en una línea continua entre dos situaciones extremas de inclusión-exclusión social [...] que limitan el acceso, la acumulación y la utilización de recursos, sean materiales o no" (Padrón, 2014: 80), lo que genera alta incertidumbre en los sujetos. Por lo tanto, la condición de vulnerabilidad se encuentra estrechamente vinculada tanto a la presencia y disponibilidad de dichos recursos (capitales sociales) como a la forma en que se vinculen o articulen con relación al entorno (estructuras de oportunidad y de acceso a derechos). Por su parte, Chambers (2006: 30) identifica a la vulnerabilidad como lo contrario a seguridad, que se caracteriza por la indefensión, la inseguridad, la exposición al riesgo, el *shock* y el estrés, fundamentalmente derivada de la escasez de recursos y estructuras de oportunidad, idea retomada por Padrón (2014).

Como telón de fondo y sin ser referida, la idea de exclusión subyace a ambas definiciones, así como a toda significación vinculada a la vulnerabilidad y las situaciones que condensa. Como componente, la exclusión se mira ausente en la mayoría de los estudios cuantitativos que analizan a la vulnerabilidad como un sentimiento frente al peligro o amenaza de ser víctima de la violencia o un delito (Hale, 1996; San-Juan *et al.*, 2012), asociado a tres condiciones: *a*] la exposición a un riesgo significativo, *b*] la pérdida de control, que es la falta de una defensa efectiva, medidas y(o) posibilidades de escapar o de protección, y *c*] la anticipación de consecuencias graves (Hale, 1996: 96).

Tal aproximación pareciera explicar la vulnerabilidad como un componente individual y vinculado a los atributos físicos y sociales sin una articulación a las dimensiones exógenas de estructuras de oportunidad y acceso a derechos que, en última instancia, representan las instituciones del Estado que han de brindar atención, protección y justicia.

2.1. *Vida cotidiana y violencia*

A partir de la experiencia cotidiana, los sujetos en el territorio logran identificar y reconstruir las modificaciones a sus rutinas una vez que en su ambiente se ha instalado la violencia vinculada a la delincuencia organizada. Es sabido que la inseguridad y la percepción de la misma cristalizan una superposición de las diversas preocupaciones y dimensiones de lo social y lo institucional, de la misma forma que sus expresiones en los territorios representan escalas de interés para la comprensión de las transformaciones comunitarias y de capital social. Son la versión condensada de los grandes problemas sociales.

Por su parte, la violencia casi siempre se asocia a lo delictivo y es a partir de las expresiones de la delincuencia que los actores participantes en el estudio articulan diversas descripciones y evaluaciones sobre su realidad, de las cuales destacan los siguientes ejes temáticos que, sin ser excluyentes, atraviesan los discursos con énfasis distintos: los puntos de contacto entre los delitos comunes y los relacionados con la delincuencia organizada, su temporalidad, y las afectaciones que suponen a las actividades cotidianas y de tipo relacional a nivel individual y(o) comunitario.

2.2. *De los delitos comunes a la transformación de la violencia*

Una de las formas recurrentes que los entrevistados utilizaron para describir la realidad de su municipio fue enunciando los delitos que se presentaban con mayor frecuencia, o bien que planteaban un escenario apremiante en términos de seguridad. Las situaciones relatadas abarcan una amplia gama de delitos y de faltas administrativas, sin que ello constituya una clasificación jurídica en términos estrictos y que, en las distintas narraciones, aparecen de manera imbricada.

La dimensión menos amenazante o de riesgo grave para las personas y comunidades, estuvo asociada al desorden con tres fenómenos específicos identificados en cuatro de los municipios. A diferencia de describir conductas tradicionalmente vinculadas al desorden (Keizer *et al.*, 2008), de convivencia cotidiana y entorno urbano como grafiti, basura, transporte y falta de servicios, entre otros, los relatos espontáneamente se centraron en la presencia de trabajadoras sexuales en espacios públicos, las competencias nocturnas de automóviles a alta velocidad y las riñas callejeras entre pandillas, pero con características particulares.

Fíjese que hay también lo de prostitución. Se ponían afuera de mi casa, hasta que le hablé a la patrulla, porque ya era muy seguido y entonces hay niños y ya llegaban temprano, a las 5 o 6 de la tarde, cuando todavía apenas los niños de la escuela van saliendo. Y ellas ya ahí, entonces así como que sí es algo muy problemático [...] pero yo veía mucho, mucho, incluso había dos muchachitas que en pleno campo tenían relaciones por 20 o 30 pesos (MJVIC2110812).

No obstante la existencia de testimonios parecidos y el incremento aparente de la presencia de trabajadoras sexuales, en ninguno de los municipios fue mencionado espontáneamente el tráfico sexual de mujeres con fines de prostitución, salvo en casos de desaparición de mujeres jóvenes, en que los familiares supusieron el trabajo sexual como una de las posibilidades.

La alarma por "arrancones" de automóviles, en primera instancia fue vinculada a modelos negativos para la niñez y juventud, aunque con particularidades, lo mismo que las riñas entre pandillas. En este sentido, ya no se trata sólo de la presencia de vehículos ruidosos (desorden) o de evitar concurrir al espacio público sólo por sospecha; los entrevistados percibían ambas situaciones como un riesgo en su integridad personal, donde queda latente la amenaza de muerte o de desaparición (privación ilegal de la libertad), como desenlace probable y parte de un contexto social incrustado a la realidad delictiva de sus municipios.

Me dice mi cuñada, porque yo le digo, "¿qué pasó?" y me dice, es que "yo pensaba que eran pleitos de pandilleros, como siempre se escuchaban, nunca se nos pasó por la cabeza que se los podían llevar" (csvic1101212).

La referencia específica a las peleas entre pandillas es una marca temporal de las nuevas formas de la violencia. Las peleas con "palos y piedras" eran "nada más que eso", es decir, sin "levantones" o "ejecutados", y donde la policía local con su presencia podía tener aún efectos de disuasión.

De manera notable y recurrente, la presencia de delitos patrimoniales, específicamente el robo en sus diferentes modalidades, formó parte del discurso de los entrevistados, para quienes parece ser una realidad cotidiana que les permite incluso identificar a los delincuentes locales, algunas de sus formas de proceder y las zonas más inseguras o peligrosas de su municipio. De conformidad con su percepción, desde hace algunos años existe un incremento notable del ilícito que le constituye como "el pan nuestro de cada día" (mjvic2110812), cometido lo mismo por adolescentes y jóvenes que por taxistas o policías.

La modalidad particular y común a todos los municipios de estudio fue el hecho del excesivo uso de violencia, cuyo desenlace no sólo está en el daño patrimonial sino también en daños físicos e, incluso, la pérdida de la vida.

Pero desde el momento en que tres muchachos [...] vayan a hacerle la bronca a un grupo mayor, no solamente en número sino en fortaleza física, *es porque algo traen, es porque andan armados*, entonces yo le veo el arma al muchacho, la asoma, [...] *no nos arriesgamos porque nos dio miedo, curiosamente estamos tan acostumbrados en Torreón que nadie guarda el dinero en la cartera* [...] nosotros temerosos, temblando, porque por otro lado *a mí me daba miedo que en algún momento algún comentario o algo que dijéramos o hiciéramos los provocara*, nos tiraran, nos dispararan o simplemente nos aventaran la pedrada [...] los rateros que hay, pues híjole, *ahora te da miedo porque son los que te tiran el plomazo, los rateros de antes era de que "sí, ahí está el celular, ya, me saludas a tu mamá" y ya nos íbamos, como si nada*, pues ya hasta te daba lástima, "bueno, mira, no sabes si ahorita lo agarren los policías, igual y tiene hijos" *pero los de hoy ya no te dan lástima, te dan coraje, te dan coraje porque te asustan, realmente te asustan, realmente te están amenazando de muerte* y pues es algo exagerado [...] La tercera vez en una moto [...] se paran, se bajan en friega, sacan el arma […] me dijeron "¡no te levantes! Saca el celular rápido" ya se los entregamos y se fueron, eso fue en una colonia. Luego, la cuarta vez que me asaltaron […] Ése sí estuvo un poquito más feo, porque simple y sencillamente llegaron, *nos sacaron el arma, no nos dijeron nada, se quedó callado el chavo y de repente llegó alguien por atrás, nos jaló y nos metieron en un rincón,* entonces ahí nos asustamos, no pensamos que nos fueran a asaltar, nos bolsearon, nos quitaron todo, todo, todo […] cartera, zapatos, todo, hasta los zapatos se llevaron, ésa fue en [otra colonia, allí] están más drásticos porque allá te bolsean, allá no te quitan el celular, allá te quitan todo (CTVIC10080613).

Las experiencias cercanas tornan amenazante lo cotidiano: es la preocupación, el hartazgo, el miedo, la impotencia y la frustración por la exacerbación del uso de la violencia por parte de los delincuentes y la frecuencia con la que suceden los delitos.

Por otro lado, de manera excepcional, hubo quien miró la realidad como un todo complejo, desde el problema de sobrepoblación, la deficiente planeación urbana, la necesidad de elementos de seguridad pública, la falta de vigilancia y de alumbrado público, hasta la facilidad en cuanto rutas de escape por el entorno, todos ellos componentes de mayor vulnerabilidad y riesgo para los habitantes de ciertas zonas:

La carencia de servicios, a veces tienes carencias de agua, a veces de luz, algunos servicios de limpieza y obviamente, pues la inseguridad que no hay una […] por la población tan grande que es, creo que debería de haber algún sector cercano. Y te estoy hablando nada más de La Campestre, porque alrededor tenemos otro tanto igual de unidades más pequeñas, pero tenemos una gran población concentrada en un pequeño terreno […] ahora sí que el servicio de seguridad pública no es suficiente para una gran población. Entonces de ahí parten algunas cosas. El hecho también de que son juntas todas, hay entradas y salidas estratégicas para ellos mismos, sí, pues hay una puerta de servicio para que te vayas a la otra unidad, tal vez no pasarás con carro pero corriendo pasas. Entonces todo eso es lo que se crea, una entrada y salida de los mismos maleantes. Y obvio, pues hay zonas en donde está oscuro, en donde no hay lámparas, se han descuidado zonas, hay pequeños baldíos en donde empiezan a refugiarse los maleantes y algunos más descarados, pues en la mera esquina (MJVIC1110812).

No obstante las percepciones comunes, existen notorias diferencias en función de los municipios a los que pertenecen los entrevistados, con dos escenarios básicos: allí donde la delincuencia común de carácter patrimonial tiene una fuerte presencia en la vida cotidiana de sus habitantes, con altos niveles de incidencia delictiva desde un periodo previo a la expansión de actividades relacionadas con la delincuencia organizada y, por otro lado, donde la manifestación de ambas es relativamente reciente.

En la primera categoría la población vive y busca la manera de lidiar con un entorno riesgoso sin que los gobiernos locales hayan logrado bajar los niveles de incidencia. Sus habitantes, en este caso víctimas del delito, parecen disponer de conocimientos compartidos acerca de la inscripción social de la delincuencia común así como de sus características espacio-temporales, pero sin que ello les haya llevado hacia respuestas de mayor efectividad social.

En estos municipios las víctimas relatan cómo las modalidades actuales de la delincuencia común tienen mayores componentes de violencia. Este punto es el que conecta con los discursos correlativos de las víctimas de otros estados del país, que forman parte de la segunda categoría de municipios o aquéllos cuyo entorno se vio trastocado con mayor rapidez: la referencia no es ya sólo a una muy alta frecuencia de delitos comunes sino a la violencia existente y a uno de sus componentes clave que es una mayor presencia de armas de fuego de las denominadas "de alto calibre". Estos rasgos son los que inhiben aún más la capacidad, ya de por sí débil, que parecen tener las policías locales para enfrentar esos hechos criminales.

Si bien en los inicios de las entrevistas, tanto individuales como colectivas, existieron fuertes resistencias para hablar sobre la "nueva" delincuencia instalada, en el transcurso de la descripción de la realidad delictiva de los municipios fueron abundantes los relatos que permitieron apreciar situaciones graves en términos de inseguridad por la presencia de organizaciones criminales de diverso tipo, que se dedicaban no sólo a actividades delincuenciales vinculadas al narcotráfico, sino también a otra clase de delitos como secuestros, extorsiones, robo con violencia o piratería, entre otras.

En primera instancia es posible ubicar, de acuerdo con los testimonios, aquellos delitos que atentan contra la vida y la integridad física. La referencia es, principalmente, a los homicidios descritos como "ejecuciones", "colgados", "decapitados", "tirados" o "descuartizados", por mencionar algunos. También se incluyen en esta subcategoría relatos sobre enfrentamientos armados entre organizaciones criminales o de éstas con las corporaciones de seguridad, ya que llegan a generar un gran número de daños "colaterales", como lesiones, fallecimientos y daños físicos y emocionales a la población civil que, en muchas ocasiones y de manera circunstancial se ve directamente afectada por balaceras y asaltos armados a sitios públicos.

La información recabada a través de las entrevistas permitió apreciar la alta frecuencia con la que se perciben homicidios y enfrentamientos armados. Algunos relatos señalan que estos eventos se presentan diariamente, sobre todo en los municipios del norte del país. Este clima de extrema violencia e inseguridad se explica —según algunos de los entrevistados— en razón de la disputa entre organizaciones criminales por el control territorial, del comercio y otras actividades ilícitas —narcotráfico, narcomenudeo, secuestros, extorsiones, piratería— en las denominadas "plazas". En este sentido, muchos de los asesinatos o enfrentamientos armados responderían a la lógica de guerra que mantienen los cárteles entre sí, situación que se hace patente, por ejemplo, en la exposición de personas asesinadas —en muchas ocasiones con señales de tortura— en sitios públicos acompañadas de "narco mensajes", actos sumamente espectaculares que buscan amenazar y amedrentar a grupos rivales, pero que al mismo tiempo llegan a infundir miedo y terror (e incentivar el morbo) en la población.

Ahora son muertes, mutilaciones, secuestros, colgados, mantas, golpeados, ahora la violencia es [...] algo que nunca nos hubiéramos podido imaginar (csvic16131212).

He acompañado por ejemplo a mi tía, tuvo dos hijas, una se la mataron, trabajaba en un bar, le tocó balacera y se murió, la otra se la secuestraron y jamás ha sabido de ella; y a otro tío igual, un primo también lo mataron así en la calle (CTVIC01070613).

Actuar con tal violencia propicia una fuerte inhibición y retraimiento del espacio público y limita el ejercicio de otras libertades civiles y sociales como producto del miedo al delito o la victimización. La adscripción o alusión a determinados grupos y las consecuencias que generan su comportamiento es una realidad y una probabilidad cierta y latente, que se reproduce en los territorios donde operan conjuntos delictivos violentos, ello sin analizarse su impacto en la modificación de patrones de la violencia letal local.

Estuve trabajando una vez en una Soriana donde se supo ahí entre los empleados que los guardias agarraron a unos muchachos robando y los muchachos les dijeron "más vale que nos sueltes porque va tu vida de por medio" y como los empleados, esos muchachos de seguridad que están en las tienditas, cuando agarran —así te agarren robando un desodorante—, a ellos les dan digamos que 500 pesos de bonificación en su sueldo, entonces ellos gustosos porque agarraron a tres muchachos, los agarraron, los detuvieron, no sé qué llevaban, nada más ahí todos "ay que agarraron a unos así, que ellos los amenazaron que los dejaran ir porque eran Zetas y que esto y que lo otro", a éstos les valió y se los llevó la policía. A las tres semanas cuando entramos a trabajar ahí estaban las cabezas de los muchachos en los carritos, de los guardias que los detuvieron, o sea, cumplieron su amenaza (CTVIC05070613).

Las "balaceras" o enfrentamientos entre grupos criminales o entre éstos y las fuerzas de seguridad, son situaciones a las que la población se encuentra constantemente expuesta, hechos que están totalmente fuera de su control, además de que suelen presentarse de manera circunstancial ya que muchas veces significan encuentros casuales o azarosos entre los actores armados, legales o ilegales. Tales características generan alrededor de estos eventos un fuerte sentimiento de incertidumbre y de temor constante, en el que a veces ni siquiera el propio hogar figura como un sitio en el que se esté completamente a salvo, menos aún en espacios públicos o lugares de tránsito.

También están aquellos eventos que se realizan con un objetivo en particular, concretándose en asaltos armados a alguna persona o algún sitio, donde los móviles pueden ser muy diversos, ya que pueden ir desde la disputa por el control territorial de una zona de la ciudad por parte de algún cártel, el robo y la extorsión a personas no involucradas en actividades ilícitas, hasta el ataque a un individuo del grupo rival que se encuentra en algún sitio específico —público o privado—, provocando un sinnúmero de daños materiales, pérdidas humanas, heridos; y, por supuesto, trastornando la forma de utilizar o transitar en el espacio público.

Aunque la mayoría de los entrevistados no hizo referencias a sus fuentes de información, buena parte de los relatos parecen estar construidos desde un conocimiento directo del contexto delictivo, es decir, por haberlo visto ellos mismos, o saberlo a través de la experiencia de algún conocido o familiar. Son escasos los entrevistados que mencionaron los medios de comunicación —locales— como televisión o prensa escrita y, en algunos casos, los electrónicos (redes sociales), para conocer la situación delictiva de su localidad. En las narraciones suelen remarcarse los rasgos más impactantes de las muertes con los nuevos adjetivos del lenguaje cotidiano y de los medios de comunicación: "despellejados", "destazados" y "descabezados", palabras indicativas del temor pero también de la atracción o morbo que la violencia puede generar en la población.

Pero no es sólo el homicidio. Igualmente frecuentes son las menciones a delitos que atentan contra la libertad personal, definidos como secuestros, "desapariciones" y "levantones", estos dos últimos formas de privación ilegal de la libertad que a pesar de no estar tipificados propiamente como delitos (hasta el momento) aparecen como un problema grave en el contexto de inseguridad de los municipios de estudio, pues representan fenómenos que se instalaron de manera abrupta en esas localidades y, por ello, ni las instituciones ni la sociedad parecen preparados para afrontarlos.

Si bien la privación ilegal de la libertad o el secuestro extorsivo tiene larga presencia en México y las respuestas institucionales han perfeccionado tanto marcos jurídicos como instituciones y modelos de operación, por lo que toca a las desapariciones, a partir de los testimonios se puede inferir que se trata de un fenómeno relativamente nuevo, pero que se ha presentado de manera muy frecuente en los últimos seis años. Aun cuando no se mencionaron los elementos sobre los posibles móviles de estos delitos, queda la impresión de que se cometen de manera muy visible y gozan de un alto grado de impunidad.

De conformidad con la percepción de los entrevistados, este tipo de delitos parecerían asociarse a ajustes de cuentas entre personas que están involucradas en actividades ilícitas; sin embargo, también hay indicios que apuntan a que en algunos casos se trata de castigos o venganzas por haber resistido, increpado, denunciado, detenido, en suma, cuestionado la autoridad de algún miembro de la delincuencia o del entorno que favorece su impunidad por acción, omisión o aquiescencia de autoridades posiblemente coludidas.

Estoy hablando de una colonia de digamos que once cuadras así y cinco así, más o menos te das cuenta que no es una colonia muy grande, yo te puedo contar veinticinco, veintiocho personas desaparecidas, levantadas (CTVIC05070613).

Pues bueno, yo no escuchaba a veces las noticias que desaparecieron, antes de que desapareciera mi hija oíamos que había desaparecidos, por ejemplo mi yerno, ya no volvieron a saber de él y otro vecino que tenía en otra colonia donde yo vivía también nada más fueron a recogerlo (CSVIC19131212).

Las "desapariciones" y "levantones" han aumentado el grado de incertidumbre y temor general, por aparecer en la percepción de la población como un delito que puede ser producto de confusiones o del arbitrio de quienes lo realizan, así como independiente de los lugares, horarios y compañías o amistades en que se encuentren las víctimas.

No [...] porque ya te levantan también en cualquier hora. O sea, van y estés con equis persona y no les importa, o sea, no te andan siguiendo y esperando a que estés solo, ya no les importa con quién estés, llegan, te agarran y te suben y ya no apareces (CTVIC08080613).

El problema de las personas no localizadas y relacionadas con hechos donde puede presumirse alguna forma de desaparición por agentes estatales o no estatales, enfrenta serios retos adicionales. Para las víctimas secundarias no sólo es la incertidumbre de lo sucedido o una serie de consecuencias familiares y sociales, se trata de enfrentar una institucionalidad que, desde el punto de vista de los recursos jurídicos y técnicos, no ha logrado articular un andamiaje idóneo para brindar certidumbre a las familias. Por otro lado, queda aún el reto de la cultura institucional por medio de la cual los estereotipos y la estigmatización de las víctimas directas, las y los "desaparecidos", aparecen constantemente como responsables de lo sucedido. Es decir, el fenómeno de discriminación y falta de debida diligencia por el que en algún momento transitaron las familias de las mujeres desaparecidas y asesinadas en Ciudad Juárez, parece reproducirse en escala masiva con los "nuevos desaparecidos" tanto al interior de la propia comunidad como en las agencias de seguridad y justicia penal, lo cual fue igualmente referido por diversos testimonios en todos los municipios.

Aun tratándose de delitos de alta incidencia, como los que atentan contra el patrimonio, los principales hechos que fueron identificados por los entrevistados llevan el signo del terror, lo mismo tratándose de la extorsión telefónica y en su modalidad de cobro de piso o cuotas, donde las principales víctimas son negocios y centros nocturnos.

Tendrá a lo máximo dos meses y dice que también *llegaron sujetos armados y como saben pues que en esa cremería venden mucho, llegaron y vaciaron la caja, se llevaron mercancía pero se bajaron sujetos con armas largas,* entonces yo me pongo a pensar esto, *cada vez que matan a alguien y le ponen un letrero por así decirlo "esto le pasó por ratero",* ellos mismos son los rateros, porque ellos los que hacen eso, porque un ratero, *por así decirlo, un ratero normal, hay de rateros a rateros, hay un ratero que te puede robar un celular, pasar corriendo y arrebatarte una cadena, arrancarte un bolso* y estos rateros que llegaron a la cremería y que platica mi concuño, no eran rateros de ésos, *eran rateros que ya llevaban armas largas, llegaron en camionetas y todo bien dirigido, ésos no son rateros, ésos son de la mafia* y cada vez que ellos matan a uno, dicen "eso le pasó por eso", pero ellos mismos son los que ocasionan todo eso, por así decirlo, *es una delincuencia muy bien organizada, en eso también hay policías, ya ve que luego se ve que agarraron a policías que eran parte de la delincuencia,* eso viene de ahí, de los mismos policías *y hasta los del ejército, cuando se dan de baja o que* (MJVIC3110812).

Los robos, en el nuevo escenario, suelen cometerse —según lo relatado— con uso excesivo de violencia, armas de fuego de grueso calibre y cierto grado de planificación, elementos que suelen ser asociados con la forma de operar de la delincuencia organizada y marcan la diferencia respecto al robo común descrito anteriormente en este texto, que pareciera corresponder a otra época.

Resulta relevante subrayar la percepción de que la delincuencia común ha sido cooptada, desplazada o capitalizada, en mayor o menor grado, por organizaciones criminales de mayor alcance, no necesariamente vinculadas al narcotráfico. El uso —cada vez más generalizado— de armas de alto calibre para cometer los ilícitos, la evolución del robo común callejero —por llamarlo de alguna manera— a situaciones más sofisticadas de asalto a negocios y lugares concurridos como bares y fiestas, con amplio despliegue de recursos y uso excesivo de violencia, así como la presunta colusión de cuerpos policiacos en actividades delincuenciales, ponen en evidencia otra lógica en la actividad criminal que es percibida y manifestada explícitamente por los entrevistados.

Si bien es quizá el pretexto de la guerra declarada, los delitos contra la salud tienen un incremento notorio, principalmente el narcomenudeo donde el énfasis de las comunidades se encuentra en el "consumidor delincuente" y, aunque fue mencionada de manera marginal, existen referencias claras a la piratería como un negocio muy común y rentable para las organizaciones criminales.

En el entorno del miedo cotidiano, un factor adicional es la presencia material de los grupos del narcotráfico y la transformación de "chavos" de pandillas en parte de su estructura, lo cual ha modificado sustancialmente la situación de inseguridad en las colonias, a lo que se suma las respuestas de las fuerza de seguridad, en particular del Ejército, la Marina, la Policía Federal y grupos especiales cuyos operativos o lógica de enfrentamientos, a la vez que dan "más seguridad" también generan otros riesgos, temores y violencias asociados, aunados a la cada vez mayor desconfianza por colusión o connivencia que pudiera existir entre estos grupos y las organizaciones criminales.

En este sentido, los entrevistados suelen "externalizar" a las personas que se dedican a esas actividades, al hablar de los "narcos" sin referirlos a sus propias comunidades o redes de socialización, o a través de señalar cómo reclutan a "chavos", "jóvenes" o "pandilleros"; es decir, marcando a un grupo en general que los diferencia de "ellos" y fomentando su estigmatización, o cuando se refieren a "nuevos vecinos" o personas que llegan a vivir en viviendas desocupadas de sus colonias. Externalizar, en sus discursos significa que el problema no está en sus comunidades sino en sujetos ajenos a las mismas. Más allá de que estos procesos de gente que llega de otros lugares y el reclutamiento de jóvenes —y no tanto— sean ciertos o no, la inscripción o pertenencia social de personas que trabajan en estos grupos — según se muestra en ciertos momentos de las conversaciones grupales con la plática avanzada—, parece ser más cercana a las propias redes o espacios comunitarios de los participantes. Este aspecto ayuda a explicar la opinión fuertemente instalada de que se "van a enterar" si se realiza una denuncia, no sólo porque habiten en la comunidad sino porque mantienen vínculos y relaciones en su interior. Además, es un factor importante para entender las dificultades de las posibles respuestas de tipo comunitario a los problemas de inseguridad y la inefectividad recurrente de las instituciones del sistema de seguridad y justicia penal, las cuales desconocen o ignoran dichos vínculos que inhiben a la población y a las víctimas a acercarse a denunciar y demandar el apoyo de las autoridades.

3. CONSTRUIR UN CONOCIMIENTO HUMANO

A pesar de la violencia grave instalada en la cotidianidad de las comunidades y de las percepciones, significados y evaluaciones de las personas entrevistadas, los deseos y necesidades de las víctimas con frecuencia fueron descritos y valorados como diametralmente opuestos a los objetivos del sistema de seguridad y justicia penal, al que describieron en no pocas ocasiones como un "obstáculo" para sus casos (en el mismo sentido de los hallazgos de Herman 2005; O'Neil, 2010; Waller, 2013), En pocas palabras, no confían ni encuentran respuesta a sus demandas de protección, reparación de los daños y garantía de no repetición ni por parte de las instituciones de dicho sistema como tampoco de otras estatales.

Es pertinente recordar que la confianza, en términos generales, es una creencia respecto de las acciones positivas o de apoyo futuro que se recibirán de otros (expectativas), pero que a su vez surge siempre que la persona se encuentra en una situación de relativa vulnerabilidad caracterizada por incertidumbre y ausencia de información (Giddens, 1993). En este sentido, las fuentes de la confianza suelen ser complejas y, en el caso de las instituciones, derivan tanto de la legitimidad que les brinda su carácter formal establecido por el derecho, como por las características que hacen sentir que la institución pertenece al mismo mundo social y a la comunidad de quien confía en ella, por la forma en que se presenta al dar la apariencia de que todo está en el orden esperado (Luhmann, 2005), así como (y posiblemente en primer lugar) con base en los intercambios y experiencias pasadas, ya sean propias o vicarias. En las sociedades modernas es necesario que la confianza propia de los individuos hacia los círculos y relaciones más cercanas se modifique y alcance al nivel institucional. Sólo cuando se logran combinar ciertos niveles de predictibilidad y legitimidad de normas e instituciones es que se ha logrado ir más allá de la confianza interpersonal y familiar (Bergman, 2009), dimensión lejana a la realidad de las víctimas.

De acuerdo con Herman (2003), alrededor de las víctimas existen etiquetas y tabúes que se reproducen por un sistema de justicia penal, que a su vez se asume como neutral, desapasionado, justo y menos vengativo de lo que se cree son las expectativas de las víctimas. Agrega que existe una preconcepción arraigada tanto de las funciones como de los alcances del propio sistema y la participación de la víctima, donde pareciera que todo es un proceso lineal sin aristas de equilibrios dados; sin embargo, la realidad documenta que ni se trata de un espacio neutral ni la víctima es el actor central, lo que se traduce en que ni la víctima confía en el sistema como el sistema no confía en ella. Es decir, desde la perspectiva de las víctimas —y de la realidad— el sistema de justicia pocas veces ha tomado en consideración sus experiencias y necesidades (Herman, 2003: 574) en su conformación y funcionamiento. Concluye que si alguien diseñara un sistema para provocar intencionalmente síntomas de estrés postraumático, aquél sería muy parecido a un tribunal.

Así, la confianza entendida como recurso social y como uno de los lubricantes fundamentales de los engranajes de las estructuras de oportunidad para el acceso a derechos entre individuos y sus relaciones con las instituciones, se ha visto trastocada no sólo en el nivel vertical por lo que a la institucionalidad se refiere, sino también en su sentido horizontal fracturando aún más las diversas dimensiones del capital social (tejido o cohesión social), incluso en el nivel cotidiano y más básico de relacionamiento interpersonal.

Con lo que he pasado, *ni ir platicando con otra persona, porque tengo muchos conocidos que han sufrido por platicar eso... A una amiga incluso por decir "ay, no es que los narcos..." pero con una majadería, "¿cómo se atreven a... pues con los niños y...?", por estar platicando en una estética, uno de ellos era narco y le puso la pistola y le dijo "mira hija de tal por cual, yo soy y nos respetas"*. Entonces ya uno no puede saber *a quién confiarle o con quién platicar sin necesidad de que nos pase algo* [...] Sí, sí, sí, así como que *hablar muy abiertamente de eso, no, no,* porque sí han pasado muchas cosas de ésas [...] *ya uno no puede salir a la calle porque tienes miedo de que te pase algo, ya no puedes confiar en cualquier gente porque no sabes si al rato te secuestra, no puedes confiar,* la verdad ya no puedes confiar en nadie, o aceptas a las personas pero como que muy herméticamente.

[...] Ya *ahorita ya no puedes platicar, no puedes decir "me voy a comprar un carro" porque ya... o si no eres narco, robaste o tienes mucho dinero y te secuestran.* [...] incluso hasta los mismos taxistas te andan... o sea, *ven dónde vives, adónde llegas... entonces dices "¿en quién confío?", por decir, yo tomo un taxi y no lo tomo afuera de mi casa, me voy a la esquina, si me deja, no me deja enfrente de mi casa, me deja a dos, tres locales, si me deja enfrente de mi casa me hago como si me fuera a meter a la casa de al lado,* o sea *tratas de no ser tan obvio de dónde vives o cómo es tu familia* (MJVIC2110812).

El predominio de círculos viciosos en las acciones públicas, basados en situaciones de crisis-escándalo-respuesta-situaciones de crisis, por otro lado, alargan las curvas de aprendizaje de las respuestas institucionales, a la vez que generan mayores desgastes de confianza, lo que trasciende a la legitimidad y disminuye los espacios de buena gobernanza y gobernabilidad. Es decir, aumentan las tensiones, brechas y discrepancias en la relación entre los ciudadanos y su gobierno.

El espacio de oportunidad de las investigaciones efectuadas en entornos de alta violencia radica en que permite identificar las transformaciones de lo cotidiano; los capitales sociales positivos y negativos; los impactos de la inseguridad, la violencia y la delincuencia; la evaluación y la confianza hacia las instituciones, así como una serie de respuestas, individuales y comunitarias, de sobrevivencia, resiliencia y enfrentamiento a las violencias acumuladas. Podrían permitir, igualmente, construir instituciones y procedimientos de apoyo y atención con mayor legitimidad, tomando en cuenta la experiencia de los sujetos afectados y esas tensiones, brechas y discrepancias entre las políticas públicas, entendidas como cuerpos normativos, instrumentos programáticos y mecanismos de gestión, para otorgar a sus destinatarios, las víctimas de la violencia y el delito, oportunidades reales para recobrar en lo posible su bienestar integral y hacer realidad la garantía de no repetición.

Tan sólo tratándose de lo cotidiano, a pesar del horror, la pérdida y la presencia de traumas en sus vidas, las entrevistas con las víctimas derivaron en diversos aspectos íntimos y psicológicos adicionales a las percepciones sobre sus derechos y experiencia de victimización. Así, las conversaciones se convirtieron en una especie de pequeños catalizadores del dolor en sus vidas, con lo cual la experiencia del trabajo de campo permitió incluso momentos de desahogo y alivio, de alto contenido emotivo y humano, por parte de aquellas personas que aceptaron compartir sus vivencias.

Al contar sus historias, al ser escuchadas y tener la expectativa de que su dolor pudiera tener alguna "utilidad", hizo que los informantes exploraran sus emociones y racionalizaran su duelo y capacidad de agencia, organización y resistencia. Aunado a ello, sus propios discursos dieron cuenta del horror que circunda sus vidas y la valentía para expresarlo, aunque las víctimas mismas no lo percibieran.

En general, los testimonios recabados refirieron cómo se va generando un proceso de atomización social forzada de la vida comunitaria, donde se reducen al mínimo las interacciones, palabras y comunicación entre los individuos y la convivencia en el espacio local. Para algunas personas, en particular de colonias y sectores medios, este proceso podría afectarles en menor medida ya que el entorno físico es más el lugar en el que viven que aquel en el que construyen su identidad; es decir, sus redes sociales pueden ser externas a estos espacios específicos comunitarios. Sin embargo, para otras personas y estratos sociales su involucramiento en lo local y en su espacio comunitario toma mayor sentido de pertenencia, de identidad y de satisfacción. Para ellos es mayor el impacto, y su barrio o su colonia dejan de existir como espacio físico de vivencia y simbólico de identidad, con excepción de unos pocos familiares y amigos en los que confían y con quienes pueden encontrarse.

Es en el entorno mediato, como territorio o red social externa, que el "mandato social" de no hablar sobre la violencia asociada a los grupos del narcotráfico (que frecuentemente son nombrados indirectamente y en términos generales como "ellos", "los malos", "los violentos", "los malosos", "no hablar de eso", entre otros), termina condensado en el lenguaje popular y algunos relatos que suelen ser reconocidos por los participantes de los grupos. Estas narraciones posiblemente sean ficticias, pero ello no quita relevancia a que resuman de forma clara y esquemática amenazas y represalias reales que han vivido en sus comunidades. Se trata de "cuentos aleccionadores" que, por un lado, indican que en efecto circula la comunicación cotidiana sobre la violencia y sus consecuencias —en sus círculos de amigos y familiares en realidad las personas parecen hablar sobre estos tópicos con mucha frecuencia—, pero por otro, dan a entender que la regla de comunicación social a seguir es clara: nunca hablar de estos temas mucho menos ante desconocidos. Hablar puede causar problemas.

4. ROMPER EL SILENCIO

El silencio es la primera piedra del templo de la filosofía según Pitágoras; la virtud de los locos para Bacon; el único amigo que jamás traiciona a decir de Confucio. El silencio es la peor mentira según Unamuno y una rosa negra que sangra los labios y el pensamiento de acuerdo con José Gorostiza. El silencio es un remedio para todos los males que trabaja junto al tiempo, escribió Alejandro Dumas. Quizá, pero es un remedio caro que carcome, acaba, inhabilita, esconde, bloquea, aísla y tortura, porque para las víctimas el silencio representa la barrera más grande para su reconocimiento, atención y recuperación (Butler, 1996).

La verbalización de lo ocurrido para la víctima tiene varios significados: es volver a vivir el acto humillante, reconocer la pérdida de algo en su vida, lidiar con el riesgo de muerte, sufrir cierto sentimiento de culpa. Es hacer frente al rompimiento del orden del universo y de la vida, de la religiosidad y la fe; es vivir la inmensa presión sobre su duelo y la vulnerabilidad de su ser en el desequilibrio de poder al que se les ha —y está— constantemente sometida (Crisp, 2010; Herman, 2003; Wormer *et al.*, 2004),

Compartir la historia alrededor de la victimización conlleva la reconstrucción de los destrozos que ésta ha provocado en las personas: no sólo es el cuerpo el involucrado pues también lo es el proyecto de vida de una persona, de un familiar, de un amigo o ser querido, de la comunidad y, en muchos casos, de una sociedad entera en la que toda noción de seguridad les ha sido traicionada y arrancada. Porque también es una amenaza presente: el terror deja claros mensajes de las consecuencias por romper el silencio (Goodey, 2003).

De acuerdo con la literatura especializada (World Health Organization, 2007), en condiciones de inestabilidad política o social ciertas formas de violencia —como la sexual o, en el caso de este proyecto, la que podría ser cometida por personas relacionadas con la delincuencia organizada o instituciones del Estado— pueden ser difíciles de reportar por las víctimas, sean directas o indirectas.

Si es un hecho que la victimización violenta se asocia con una serie de secuelas psicológicas que dificultan hablar de la misma, el impacto se vuelve comprensiblemente más delicado por las posibles consecuencias dañinas —incluso para la libertad o la integridad física personal y de los seres queridos— que pueden ocurrir al develar la experiencia. En contextos de emergencia caracterizados por inseguridad, miedo, pérdida de autonomía, rompimiento de los mecanismos relacionados con la ley y el orden y la disrupción extendida de los sistemas de apoyo comunitario y social, las víctimas y los familiares, organizaciones, defensores y personas cercanas frecuentemente tienen férreas reticencias para revelar sus experiencias, pues sin duda alguna ciertos riesgos pueden persistir en el tiempo.

Por otro lado, la actuación —en las más de la veces ineficaz— de las instituciones públicas de contacto, refuerzan constantemente ante la población el conocimiento de quiénes son los actores que controlan los medios y recursos de apoyo, de asistencia, de acceso a la justicia y de la violencia, fomentando la lógica del silencio y el abandono o la búsqueda de soluciones personales o familiares ante los graves problemas que viven. El miedo a las represalias, la desconfianza en las autoridades, la percepción de colusión e ineficiencia, el desconocimiento de la adscripción criminal del agresor y el trauma sufrido, socavan, profundizan y distancian a las personas y sus comunidades, a sus redes y recursos. Allí donde los mismos se han encontrado vulnerados por aspectos estructurales, se han erosionado los procesos para ejercer y acceder a sus derechos fundamentales.

De esta manera, si en momentos previos a las crisis por violencia o delincuencia, tanto las redes como los recursos sociales (soporte) de las víctimas y las estructuras de acceso (ya ni siquiera a los derechos mismos) se encuentran en situación de fragilidad, su eficacia (colectiva e institucional, parafraseando a Sampson [Sampson *et al.*, 2002] para lidiar con un nuevo escenario es fácilmente vulnerada. Peor aún, toda vez que tanto el soporte como las redes sociales están mediados por la calidad de la frecuencia y consistencia en su uso (cumplimiento de expectativas), así como por el agente de origen (legal o ilegal), el apoyo de una autoridad legal del tipo consistente (cumplimiento de la ley) minimizaría el efecto de la violencia, caso contrario frente a un apoyo errático e ilegal (maltrato o impunidad), que corrompe tanto las redes y soportes como el capital social (cohesión o tejido). Es la desconfianza y el retraimiento de redes sociales positivas lo que da paso a la desconfianza, en particular con extraños o personas poco conocidas, y el concomitante debilitamiento de la comunicación y el relacionamiento social.

El contexto social vinculado a la delincuencia organizada —sin abordar la victimización misma y sus implicaciones como daños a la integridad física, emocional y psicológica de las personas que requieren de apoyo y atención—, da cuenta de las diferentes formas de violencia a las que las personas y comunidades son sometidas y cómo trastoca la vida cotidiana y el orden político, económico y social de municipios y regiones del país.

Las condiciones de vulnerabilidad expuestas por Hale (1996) se materializan en las opiniones, percepciones, actitudes y emociones de las víctimas, para dejar ver riesgos objetivos cercanos al terror, sin aparente defensa efectiva aunque sí con diversos mecanismos de sobrevivencia, neutralización o naturalización de la violencia vinculada al narcotráfico; y la clara anticipación de consecuencias graves si desafían el *statu quo*, desde el más básico (hablar) hasta el más lógico (pedir y acceder a la justicia). En este sentido, el cumplimiento de una expectativa de represalia por un actor ilegal, se confirma en la realidad.

Romper el silencio provocado por la violencia crónica, no convencional o grave, implica serios riesgos, principalmente para quienes viven, conviven y laboran en dichos territorios. Asimismo, las implicaciones éticas y de seguridad para los investigadores e informantes rebasan la línea misma del trabajo de campo y se constituye como un tema pendiente para los espacios políticos, académicos y de comunicación mediática. La intervención o la investigación social cualitativa crea expectativas, modifica la percepción del entorno, remueve heridas, reconstruye discursos y crea riesgos, que no es posible ignorar o pasar por alto. Pero ofrece una oportunidad única: pone a la persona víctima en el centro de la investigación.

Es la metodología feminista la que da cuenta de la importancia de que grupos tradicionalmente excluidos —como las mujeres— se conviertan en el "centro" de la investigación, de cómo la calidad de "excluido o excluida" se transfiere en el desarrollo de la vida misma de la personas y de cómo son vistos por los demás y por los "otros". De igual forma, cómo la investigación contribuye no sólo a alcanzar un objetivo, que es el conocimiento, sino también otro muy humano: devolver la dignidad allí donde el silencio y la ausencia de memoria la han arrebatado.

En efecto, las entrevistas y los grupos de enfoque pusieron en el centro a las víctimas y, quizá debido a ello, apareció espontáneamente une especie de sentimiento de gratitud hacia los equipos de investigación, por dar una oportunidad para "poder hablar" y "no sentirse solos". Muchas de las personas entrevistadas señalaron no haber hablado anteriormente sobre su experiencia de victimización o el proceso posterior, por lo que conversar sobre lo sucedido les brindó cierto alivio después de las entrevistas. Un elemento significativo adicional radica en sus afirmaciones acerca de que nunca antes se les había preguntado cómo se sentían.

De este modo, la reconstrucción y significación de la delincuencia en la vida cotidiana de las personas ha puesto especial énfasis en la voz de las víctimas que, pese al miedo y a la desconfianza, su propio proceso de recuperación las ha llevado a hablar, a organizare y a apoyarse. Con frecuencia las políticas de gobierno que intentan hacer frente a la violencia no cuentan con diagnósticos, estudios o investigaciones que permitan conocer la imbricación y correlaciones de la violencia, la inseguridad, la delincuencia y el capital social existentes y cómo se fracturan los capitales sociales, lo que les lleva a definir la problemática y sus soluciones a través de los supuestos binarios, de "buenos y malos", y en la creación de "enemigos". De esta forma, las entrevistas han dado cuenta de las complejas manifestaciones de la violencia y su inscripción social. Por ejemplo, allí donde la violencia irrumpe "súbitamente", la desorganización y el sentimiento de indefensión es mayor y más dramático, que en aquellos espacios donde se ha transformado paulatina y gradualmente.

En el contexto de un país que acumula violencia y víctimas, además de representar un catalizador en lo individual y promover la memoria local, la voz de aquéllas ha de ser el insumo primario para definir estrategias y acciones que aporten a la reconstrucción del orden social pero también del institucional, a fin de que la vigencia de los derechos humanos y la legitimidad de los gobiernos verdaderamente sea el binomio que haga factible recobrar la confianza en la eficacia del Estado, como garante de la seguridad, la justicia y el bienestar de la población.

5. COROLARIO

Este trabajo permite concluir que, en el marco de la sociedad del conocimiento que caracteriza el mundo contemporáneo, es a todas luces injustificable y hasta ha de ser causa de responsabilidad política —sino que también jurídica—, el hecho de que los gobernantes emprendan programas que no estén sustentados en sólidos diagnósticos y evidencia empírica, los cuales no deben ser sinónimos de meros números y estadísticas.

Asimismo, que los datos cuantitativos o estadísticos para revisar un fenómeno, como en este artículo se ha apuntado el relativo a la tasa de homicidios, si bien permite medir y configurar la dimensión —numérica— de un ingente problema social, lejos están de aportar información que haga posible comprender las características y perfiles de la vulnerabilidad de amplios colectivos y los efectos e impactos de la violencia, el miedo, el terror y la victimización generada en ámbitos individuales, familiares y comunitarios específicos, con lo cual se reafirma la importancia de realizar investigaciones aplicadas desde una perspectiva metodológica cualitativa, analítica y deductiva.

De esta forma, la "guerra contra las drogas" o el enfoque exclusivamente punitivo, de uso de la fuerza y de fuego, que privilegió el gobierno de México en los últimos años, además de no controlar ni mitigar las actividades desplegadas por la delincuencia organizada ni la común, generó un incremento de la violencia y victimización que ha trastocado el orden político, económico, social y cultural en varias regiones del país.

Las respuestas estatales principalmente han sido desde la vertiente del sistema de seguridad y justicia penal con una amplia participación de las Fuerzas Armadas, lo que en gran medida ha provocado una revictimización o victimización secundaria de amplios colectivos, de quienes poco se conoce acerca de las características específicas de sus dolores físicos, emocionales, sentimentales, afectivos, materiales, espirituales y culturales, con lo cual los programas de ayuda y asistencia, cuando han existido, han tenido un carácter meramente formalista o genérico y lejos han estado de alcanzar la reparación integral de la vida de mujeres y hombres niños, jóvenes y adultos, ni asegurar la no repetición de dichos hechos.

Es por ello que se vuelve imprescindible buscar acercamientos con las víctimas para asistirlas y apoyarlas y sobre todo para reconocer y escuchar sus experiencias, las cuales pueden aportar valiosos elementos enfocados a perfilar estrategias y acciones de intervención más pertinentes por parte de las instituciones públicas, así como promover las propias iniciativas comunitarias dirigidas a fortalecer sus capacidades de resiliencia y focalizar estrategias de integrales de prevención secundaria y terciaria.

Sin duda, el estudio que nutre este artículo permite afirmar que mientras no se rompa el silencio que caracteriza el dolor y la vida de las víctimas, el Estado estará lejos de cumplir sus deberes sustantivos de proveer seguridad, justicia y protección a los derechos fundamentales.

Por consiguiente, la realización de trabajos de investigación semejantes se pueden convertir no sólo en fuente valiosa de conocimiento de problemas sociales tan delicados que están impactando en la vida de la nación, sino también en puente o medio de comunicación entre aquellas victimas que han perdido confianza en sus autoridades y las instituciones que carecen de metodologías, iniciativas o posibilidades de acercarse a las comunidades para desentrañar las causas últimas y los múltiples efectos de las vulnerabilidades, la violencia y el crimen, en territorios donde la delincuencia organizada disputa o ha arrebatado el poder de imperio o el gobierno al propio Estado mexicano.

Finalmente, no se soslaya exponer que para el equipo de investigación este tipo de trabajo de campo no sólo entrañó riesgos a su integridad física sino también psicoemocional, pues representó una oportunidad muy valiosa y humana para servir como catalizadores del dolor y la desesperación de aquellas personas que han sufrido procesos de victimización que, lejos de exagerar, llegan a rayar en el horror y la ficción.

6. BIBLIOGRAFÍA

Aguayo, S. (2010), *La transición en México. Historia documental 1910-2010*, México, Fondo de Cultura Económica/El Colegio de México.

Artorga, L. (1996), *El siglo de las drogas. Usos, percepciones y personajes*, México, Espasa/Hoy.

Astorga, L. (2015), *¿Qué querían que hiciera? Inseguridad y delincuencia organizada en el gobierno de Felipe Calderón*, México, Grijalbo.

Bergman, M. y H. Flom (2012), "Determinantes de la confianza en la policía: una comparación entre Argentina y México", *Perfiles Latinoamericanos*, 40(1): 97-122.

Buttler, S. (1996), *Conspiracy of silence: the trauma of incest*, Estados Unidos, Volcano Press.

Calderon, F. (2008), "El presidente Felipe Calderón en la toma de protesta del Consejo Directivo de la asociación de Productores y Empacadores Exportadores de Aguacate de Michoacán, Asociación Civil", discurso, 18 de noviembre, recuperado en <http://calderon.presidencia.gob.mx/2008/11/el-presidente-felipe-calderon-en-la-toma-de-protesta-del-consejo-directivo-de-la-asociacion-de-productores-y-empacadores-exportadores-de-aguacate-de-michoacan-asociacion-civil/>.

Carrión, F. e I. Ron Bazurto (2012), *Violencia y seguridad ciudadana: referencias bibliográficas*, Ecuador, FLACSO/IDRC, recuperado en <www.flacsoandes.edu.ec/biblio/shared/biblio_view.php?bibid=127154&tab=opac>.

Chambers, R. (2006), "Vulnerability, Coping and Policy" (editorial introduction), Anthology, Institute of Development Studies, *IDS Bulletin*, 37(4), septiembre, DOI: 10.1111/j.1759-5436.1989.mp20002001.x.

Crisp, B. R. (2010), "Silence and Silenced: implications for the spirituality of survivors of sexual abuse", SAGE, *Feminist Theology*, núm. 18: 277-293, DOI: 10.1177/0966735009360386.

Escalante, F. (2011), "Homicidios 2008-2009: La muerte tiene permiso", *Nexos*, recuperado en <www.nexos.com.mx/?p=14089>.

Espinosa, V. y D. B. Rubin (2015), "Did the Military Interventions in the Mexican Drug War Increase Violence?", *The American Statistician*, 69(1):17-27, febrero, DOI: 10.1080/00031305.2014.965796

Giddens, A. (1993), *Consecuencias de la modernidad*, Madrid, Alianza.

Goodey, J. (2003), "Migration, Crime and Victimhood: Responses to Sex Trafficking in the EU", *Punishment Society*, SAGE, núm. 5:415-431, DOI: 10.1177/14624745030054003.

Hale, C. (1996), "Fear of Crime: A Review of the Literature", *International Review of Victimology*, núm. 4: 79, DOI: 10.1177/026975809600400201.

Herman, J. L. (2005), "Justice From the Victim's Perspective", *Violence Against Women 2005*, núm. 11: 571, DOI: 10.1177/1077801205274450.

Human Rights Watch (2013), *Los desaparecidos de México. El persistente costo de una crisis ignorada*, México: Human Rights Watch, recuperado en <www.hrw.org/es/report/2013/02/20/los-desaparecidos-de-mexico/el-persistente-costo-de-una-crisis-ignorada>.

Keizer, K., S. Lindernberg y L. Steg (2008), "The Spreading of Disorder", *Science*, núm. 322, 1681, DOI: 10.1126/science.1161405.

Knight, A. (1996), *México bronco, México manso: una reflexión sobre la cultura cívica mexicana. Política y gobierno*, vol. III, núm. 1, primer semestre.

Lee, M. (1999), "The Fear of Crime and Self-governance: Towards A Genealogy. Australian y New Zealand", *Journal of Criminology*, núm. 32: 227, DOI: 10.1177/000486589903200303.

Luhmann, N. (2005), *Confianza*, Barcelona, Editorial Anthropos.

Moreno, J. (2008), "Yo me considero de derechas", entrevista a Felipe Calderón, presidente de México, 15 de junio, *El País*, recuperado de <http://elpais.com/diario/2008/06/15/internacional/1213480808_850215.html>.

O'Neill, A. M. G. (2010), *A retrospective exploration of formal and social support received- Experiences of secondary victims of homicide in England and Australia*, Curtin University of Technology, School of International Health, Faculty of Health Sciences, tesis inédita provista y de uso autorizado directamente por la autora.

Padrón, M.I. (2014), "Acceso a la justicia, vulnerabilidad y exclusión: aproximaciones a las dimensiones relacionales subyacentes", en M. Anglés, M. Burgos y otros, *Sin derechos. Exclusión y discriminación en el México actual*, México, Instituto de Investigaciones Jurídicas, UNAM, recuperado de <http://biblio.juridicas.unam.mx/libros/8/3541/6.pdf>.

Pécaut, D. (2002), "De la banalidad de la violencia al terror real: el caso de Colombia", en K. Koonings y D. Kruijt (eds.), *La sociedad del miedo. El legado de la guerra civil, la violencia y el terror en América Latina*, Salamanca, Ediciones Universidad.

Rolim, M. (2012), *A Síndrome da rainha vermelha. Policiamento e seguraça pública no século XXI*, Río de Janeiro, Zahar, University of Oxford.

Sampson, R. J., T. Morenoff y Gannon-Rowley (2002), "Assessing 'neighborhood effects': Social processes and new directions in research", *Annual Review of Sociology*, núm. 28:443-478, recuperado de <http://scholar.harvard.edu/sampson/publications/assessing-Neighborhood-Effects-Social-Processes-And-New-Directions-Research-0>.

San-Juan, C., L. Vozmediano y A. Vergara (2012), "Self-protective behaviours against crime in urban settings: An empirical approach to vulnerability and victimization models", *European Journal of Criminology*, 9(6): 652-667, DOI: 10.1177/1477370812454369.

Silva, C., C. Pérez y R. Gutiérrez (2011), "Índice letal: los operativos y los muertos", *Nexos*, recuperado en <www.nexos.com.mx/?p=14555>.

────── (2015), "Índice de letalidad. Menos enfrentamientos, más opacidad", *Nexos*, recuperado en <www.nexos.com.mx/?p=25468>.

Turati, M. (2011), *Fuego cruzado. Las víctimas atrapadas en la guerra del narco*, México, Grijalbo.

Turner, J. K. (2011), *México bárbaro*, México, Porrúa.

Vilalta, C. (2010), "El miedo al crimen en México. Estructura lógica, bases empíricas y recomendaciones iniciales de política pública", *Gestión y Política Pública*, XIX(1): 3-36, México, Centro de Investigación y Docencia Económicas, A.C, recuperado de <www.redalyc.org/articulo.oa?id=13315771001>.

Von Wormer, K. y L. Berns (2004), "The impact of priest sexual abuse: female survivors' narratives", *Affilia*, primavera, núm. 19: 53-67, DOI: 10.1177/0886109903260667.

Waller, I. (2013), *Derechos para las víctimas. Equilibrar la justicia*, México, Instituto Nacional de Ciencias Penales, Proyectos Estratégicos Consultoría.

World Health Organization (2007), *WHO ethical and safety recommendations for researching, documenting and monitoring sexual violence in emergencies*, Ginebra, WHO, recuperado de <www.who.int/gender/documents/OMS_Ethics&Safety10Aug07.pdf>.

LOS MÚLTIPLES ROSTROS DE LA VIOLENCIA
Y LA VICTIMIZACIÓN EN CIUDAD JUÁREZ:
NUEVOS PERFILES, VIEJAS TENDENCIAS*

CÉSAR ALARCÓN GIL

RESUMEN: El presente artículo documenta el entrecruzamiento de cuatro trayectorias: 1] la cotidianidad rota de una ciudad fronteriza en la que por su historia, geografía y condiciones sociopolíticas se han anudado prácticas —legales e ilegales— de primer y de tercer mundo; 2] la evolución del tráfico (como actividad) y los traficantes de drogas (como protagonistas de una serie de prácticas declaradas ilícitas), sus patrones organizacionales y las dinámicas de interacción que, habiendo pasado por distintas etapas a lo largo del tiempo, entraron en una sangrienta fase en la parte final de la primera década del siglo XXI; 3] el papel del Estado mexicano que mediante sus diversos niveles de gobierno —donde privilegiamos el análisis de sus instituciones burocráticas de seguridad— luce errático, descoordinado y ambiguo en el manejo de la crisis de seguridad que caracterizó al periodo 2008-2011, y 4] las distintas formas de violencia y victimización que han vivenciado de distintas maneras los habitantes de esta ciudad.

Palabras clave: Violencia, narcotráfico, crimen organizado, seguridad pública, mercados de drogas, victimización.

1. INTRODUCCIÓN

Del 2008 al 2010, Ciudad Juárez, ubicada en la frontera entre México y Estados Unidos se clasificó como "la ciudad más violenta del mundo". Esto se sostiene parcialmente si partimos de la idea de que la tasa de homicidios por cada cien mil habitantes es uno de los indicadores que más aceptación tiene para medir la violencia en las ciudades.[1] En el punto más alto de este dígito en la metrópoli fronteriza

---

* El presente artículo forma parte de una investigación más amplia financiada por el International Development Research Centre (IDRC), que tomó forma en el libro *Ciudades en la encrucijada: violencia y poder criminal en Río de Janeiro, Medellín, Bogotá y Ciudad Juárez* (2014).

[1] Es controvertido, por lo demás, definir el grado de violencia en una zona o región en particular sólo a partir de la medición del número de homicidios. Experiencias en diversas partes del mundo muestran cómo hay lugares con altísimos niveles de violencia que no necesariamente tienen un correlato en las cifras de asesinatos. Aunque en términos de políticas públicas "la reducción de homicidios manda" se debe llamar la atención aquí que no es necesariamente el único indicador a considerar.

(2010), la cifra contabilizada alcanzó los 229 homicidios en una localidad de poco más de millón y medio de habitantes. Los muertos se acumulaban por miles. La espectacularidad de muchos de los episodios homicidas alarmó a las autoridades de ambos lados de la frontera; aterró a los habitantes de una ciudad que no estaba acostumbrada a ver niveles tan elevados de violencia.

El incremento de los homicidios no llegó solo: se dispararon las cifras de delitos como robo en sus distintas modalidades y lesiones (Fiscalía de Chihuahua, 2013), Aparecieron delitos prácticamente inexistentes en la ciudad, como la extorsión. Múltiples trayectorias de violencia y criminalidad de larga data habían generado un caldo de cultivo que se desbordó en un periodo de tiempo relativamente corto. En este artículo buscaremos dar cuenta de una parte de este proceso que tuvo como una de sus consecuencias la transformación de la escala y los perfiles de las víctimas.

2. UNA APROXIMACIÓN AL TERRENO

Cuando menos desde la última década del siglo XX Ciudad Juárez, localizada en el estado de Chihuahua, en el norte de México, comenzó a llamar la atención de propios y extraños por niveles de violencia homicida en ascenso. Este tipo de violencia, tradicionalmente estaba relacionada con el tráfico de drogas. Si se comparaba con la tendencia general del resto del país, Juárez sobrepasaba los indicadores del promedio nacional.

Pero este fenómeno no fue lo que interesó a periodistas, académicos nacionales, internacionales y observadores en general: fue un tipo particular de víctimas el que le dio peso específico al caso juarense. El asesinato de mujeres por razones de género, frecuentemente torturadas y abandonadas en terrenos baldíos o cementerios clandestinos, se convirtió en la triste carta de presentación de esta metrópoli fronteriza. Familiares de las mujeres asesinadas movilizaron todos los recursos a su alcance para visibilizar este tipo de fenómeno que fue denominado como *feminicidio*.

En materia de asesinatos, los primeros siete años del siglo XXI transcurrieron entre la persistencia de estos fenómenos. Pero el año de 2008 fue diferente. Aunque existen numerosas inconsistencias en la construcción estadística que da cuenta de las fluctuaciones de los homicidios,[2] hay un consenso explícito sobre el hecho de que hasta finales del año 2007 las cifras totales eran *comparativamente bajas si el punto de referencia es el año siguiente.* 2007 osciló entre 176 y 306 muertes violentas anuales. *2008 terminó con 1 623 asesinatos. En 2009 y 2010 las cifras llegaron a 2 371 y 3 042 ho-*

---

[2] En diversos momentos de las entrevistas realizadas a miembros en activo y en retiro tanto de la Fiscalía del Estado como de la Secretaría de Seguridad Pública Municipal, se aceptó que el levantamiento de datos respecto a los homicidios violentos en la ciudad ha pasado por innumerables dificultades históricas que van desde la falta de metodologías claras y homologables entre las instituciones locales y estatales, hasta las necesidades derivadas de las aspiraciones políticas de los diversos responsables de estas mismas instancias.

micidios. En el 2010, considerado el año más violento de la historia de Juárez, esta ciudad de poco menos de un millón y medio de habitantes alcanzó una escandalosa tasa de 229 homicidios por cada cien mil habitantes.[3]

Los reflectores que en su momento se focalizaron en el asesinato de mujeres, ampliaron su cobertura en la medida en que se sobrepasaron los límites informales que en algún momento contuvieron la proliferación del crimen.

Primera paradoja. El incremento de los años previos (2008-2010) fue tan vertiginoso como su descenso. Para 2011 el número total comenzó a decrecer y los asesinatos sumaron 2086; fuentes periodísticas indican que en 2012 se registraron 750 casos; para 2013 la cuenta acabó en 485 asesinatos y en 2014 la cifra reportada fue de 429 (*Diario* 2014, 1 de enero, *Diario* 2015, 1 de enero), Si por un momento nos tratamos de abstraer de la lógica de estas variaciones, al realizar la sumatoria de asesinatos que va de 2008 a 2013 tenemos una cifra cercana a los 11 000 homicidios.

FIGURA 1. HOMICIDIOS INTENCIONALES EN CIUDAD JUÁREZ 1985-2014

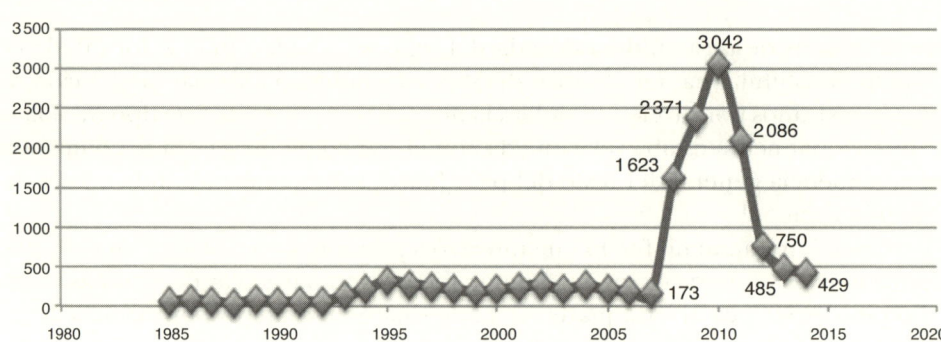

FUENTE: Alarcón, 2014.

Frente a los números, sus realidades sociales. En un lapso extraordinariamente corto, los habitantes de Ciudad Juárez sufrieron los efectos de distintos acumulados sociales de violencia que, articulando diversas trayectorias de conflicto y obedeciendo a la lógica de distintos tipos de agentes sociales, confluyeron en una realidad caótica en la que prácticamente no hubo un solo espacio social inmune. Si se acepta lo anterior, no es difícil postular la hipótesis *que con el incremento de los indicadores de la violencia homicida, surgieron también nuevos tipos de víctimas y victimarios.*

Se debe imponer el esfuerzo de realizar un abordaje más adecuado sobre lo que ha ocurrido en Juárez. Son muchas las preguntas que se desprenden de la suma de los elementos enunciados en nuestras primeras líneas. ¿Cuál era la configuración

---

[3] Datos proporcionados por la Fiscalía General del Estado de Chihuahua; *El Diario*, 2012, 26 de noviembre.

básica de la ciudad en términos de su proceso histórico, sus patrones de generación de empleo, su experiencia de ordenamiento territorial? ¿A qué se debe este notorio incremento y disminución del comportamiento violento en general y los homicidios en particular? ¿Cuál fue el papel de las organizaciones de traficantes que actuaban en la localidad? ¿Cuál fue la respuesta estatal ante estos acontecimientos? ¿Cómo se vivió esto en el seno de la sociedad y las víctimas de estas dinámicas de violencia?

Para contestar las preguntas anteriores he dividido el texto en tres subapartados. En una primera parte ilustraré brevemente la forma como se fue constituyendo la ciudad, llamando la atención sobre su condición de frontera, los altos niveles de migración que la caracterizaron, las deficientes capacidades de absorción y ordenamiento urbano por parte de las autoridades gubernamentales y la precariedad laboral derivada del asentamiento de industrias de capital extranjero —conocidas como "maquiladoras"—. Los anteriores son factores de relevancia que nos permitirán entender algunas de las condiciones sociales en las que ha transcurrido la experiencia vital de muchos de los habitantes de esta ciudad.

En una segunda parte realizaré un corte transversal de la relación traficantes-sociedad bajo el entendido de que en un periodo de tiempo tan largo no se puede realizar un detalle pormenorizado de sus evidentes transformaciones. Sólo podremos esbozar algunas líneas generales. No podemos olvidar que la historia del tráfico de drogas en México es también la historia de las prohibiciones estadunidenses frente al tema. Examinaré esta relación en tres ejes. En el primero, siguiendo los postulados de la teoría organizacional, analizaré lo que he denominado como *enclaves de función* en el que los grupos de traficantes, con niveles rudimentarios de desarrollo en un primer periodo, no contaban con la capacidad de dominar ni territorios, ni condicionar relaciones sociales fuera de las transacciones ilegales. Su función primaria era la de distribuir drogas en distintos puntos específicos de la ciudad y colocar algunas de estas mercancías del otro lado de la frontera.

En un segundo eje, llamaré la atención sobre el desarrollo gradual de *enclaves territoriales* en los que, sin dejar de lado las actividades derivadas de los enclaves de función, los diversos grupos que hicieron presencia en la ciudad tendieron a la centralización, alcanzando un tipo de relación diferente no sólo con los territorios sino también con sus moradores. Esto trajo como resultado el impulso de nuevos mecanismos de intermediación y tramitación de relaciones sociales, esto es, una compleja evolución en los niveles de eficiencia organizacional que se tradujo en un esfuerzo sostenido por la invisibilización de la violencia homicida, una mejor articulación con el poder político local, con las autoridades aduanales y policiales de El Paso, así como una ampliación de la red de protección y distribución de drogas al menudeo a lo largo y ancho de la urbe fronteriza.

En el tercer eje, hablaré de la inserción social de los distintos grupos involucrados en el negocio del tráfico ilegal de droga que eventualmente entraron en conflicto. Además de las dos grandes organizaciones a las que se les atribuye el incremento de los homicidios violentos (Sinaloa *vs.* Juárez) identificaré algunas de las tendencias y direccionalidades de la violencia, así como del peligroso caldo de cultivo que prevalecía en la localidad con el involucramiento de distintos tipos de pandillas —o barrios, como se les conoce localmente— con territorialidades socioespaciales diversas.

Un análisis breve de las respuestas gubernamentales frente a los acontecimientos será objeto de la tercera parte de este texto. Se observará cómo coexistieron distintos tipos de reacción estatal que mezclaron la presencia de contingentes militares, policías federales, policías estatales, policías municipales y distintas agencias de inteligencia. Cada uno de ellos con una cultura organizacional distinta. Así, a la violencia derivada de los distintos grupos en conflicto deben adicionarse los esfuerzos de contención oficial. El examen de tales conjuntos no estaría completo si se omiten los excesos y las francas actividades delincuenciales en las que incurrieron muchos de los agentes estatales provenientes de las distintas agencias desplegadas sobre el terreno.

La poderosa narrativa de algunos entre quienes lo vivenciaron nos permitirá esbozar un retrato más preciso de la densidad y la velocidad de los cambios. Partes de estos relatos serán intercalados a lo largo del presente texto. Desde estas primeras líneas, es imperativo indicar la existencia de formas de victimización múltiple: algunos por la acción de las diferentes organizaciones de traficantes y sus brazos armados; otros por la acción u omisión de los cuerpos federales de seguridad (Ejército y Policía Federal); otros más por la acción u omisión tanto de los cuerpos estatales de seguridad como los sistemas de procuración de justicia del Estado y municipio (policías estatales y municipales, jueces y agentes de ministerio público) y, finalmente, hubo quieres fueron violentados por parte de grupos no necesariamente relacionados con las organizaciones de traficantes en pugna, pero que muchas veces se hacían pasar como miembros de estos grupos.

En las conclusiones haré un balance general de todo este juego de lógicas, prácticas y desplazamientos enfocándome en la situación de vulnerabilidad en un contexto de violencia como el que se presentó en Ciudad Juárez.

3. NOSOTROS, LOS FRONTERIZOS

—"Yo no podría vivir en otro lugar que no sea frontera" asegura Susana[4] —mientras recorremos las polvorientas calles del sur de la ciudad en su viejo Ford—, "nosotros los fronterizos vemos la vida más sencilla, somos más libres y más trabajadores. Aunque tenemos mucho de lo peor de los dos países, también tenemos lo mejor. Juárez da trabajo y con trabajo podemos llegar a tener casa y carro. Eso no lo consigue en muchos de los lugares de los que provenimos". El comentario de Susana, cuya familia proveniente de una comunidad rural del estado de Veracruz (Golfo de México), ejemplifica uno de los imaginarios más comunes sobre esta ciudad antes de

---

[4] La mayor parte de los nombres que aparecen en el presente trabajo, han sido cambiados a petición de los propios involucrados. El grueso de las entrevistas aquí citadas se realizó entre los años 2011 y 2013 en distintos lugares de la zona Juárez/El Paso.

la proliferación de las muertes violentas. Juárez era, ante todo, un lugar de trabajo. Un lugar para comenzar de nuevo.

Lo que actualmente es Juárez y su contraparte El Paso, ni siempre fueron frontera, ni tuvieron los mismos desarrollos a partir de la instauración de ésta. La evolución socioeconómica de ambos países acentuó las diferencias regionales. Pero lo que política y administrativamente fue separado, socialmente permaneció unido. No se trató de procesos paralelos, sino más bien del anudamiento de realidades complementarias, interdependientes. Van Schendell (2005) denomina a este tipo de regiones de frontera internacional como *espacios de participación* y a través de esta construcción conceptual el autor busca resaltar que, más allá del Estado-nación como categoría de percepción dominante, hay otras formas de organización socioespacial.

En estos espacios de participación se desdoblan formas alternativas de territorialidad y regulación social que frecuentemente sobrepasan los límites formales emanados de las prácticas estatales. Existe así una compleja fusión de elementos que van desde los límites formales a los informales, de los aspectos simbólicos a los prácticos del ejercicio del poder, sin olvidar las implicaciones transversales que esto tiene en los distintos tipos de organización social del territorio. Aplicado a la frontera entre México y Estados Unidos, Andreas (2001), sintetiza lo anterior en una expresión simple: *juegos fronterizos*.

Por debajo de estos juegos fronterizos, en medio de estos espacios de participación, transnacionales por excelencia, surge una infinidad de superficies de contacto que le dan fluidez a las interacciones de los habitantes de ambos lados de la frontera. En una perspectiva más antropológica, Bustamante (1992) destaca que los movimientos de personas entre México y Estados Unidos permiten diversos tipos de encuentros, se nutre de distintos tipos de imaginarios y se compone de habitantes de diversas partes del interior de ambos países. De esta forma las sociedades de frontera aparecen como "nuevas y abiertas"; se organizan con "altos niveles de movilidad y pensamiento pragmático"; se adaptan a las condiciones del entorno pues están "menos sujetas a los prejuicios que perviven en las partes más viejas de ambos países". Consecuentemente los habitantes de la frontera pueden "confortablemente acomodar su actuación a múltiples mapas cognitivos" (Van Schendell, 2005).

De la mano de la llegada del ferrocarril en la parte final del siglo XIX, de la prohibición del alcohol en las primeras décadas del siglo XX, de la segunda guerra mundial y la implementación del programa bracero —que permitía la migración de campesinos a los campos estadunidenses— y de la implementación, al terminar éste, del programa de industrialización fronterizo, la ciudad atravesaría distintos periodos de crecimiento que se acelerarían vertiginosamente entrada la década de 1970.

Poco a poco, muchos de los que se dirigían a Estados Unidos, y que por diversas razones fueron detenidos o deportados hacia el lado mexicano, encontraron trabajo en Juárez. De esta forma se fue adelgazando la percepción de la ciudad como un lugar de paso y se robusteció la imagen de una metrópoli que ofrecía la forma de sostenerse. Y aunque con el paso de los años Juárez llegó a ser el paradigma de una ciudad maquiladora que ofrecía pleno empleo, había muchos vacíos estructurales que limitaban esta percepción de éxito. La ciudad de la diversión y el entretenimiento nocturno para unos, del consumo de "drogas baratas" y libertad personal para otros, tuvo en la industria maquiladora y sus múltiples caras otro más de los referentes identitarios.

Llamados directamente por las empresas maquiladoras en sus lugares de origen en el sur del país o producto de las corrientes migratorias tradicionales, miles de personas llegaron a la ciudad que creció a tasas que por momento duplicaron la media nacional (Martínez Toyes, 2009; Santiago Quijada, 2011),

Si bien las maquiladoras en la ciudad lograron garantizar cierto tipo de empleos, éstos difícilmente fueron bien pagados. Tampoco eran estables, si el punto de referencia es un horario fijo o la permanencia a mediano plazo en una misma empresa. Un estudio realizado por académicos de la Universidad Autónoma de Ciudad Juárez da cuenta de que las condiciones de trabajo eran "sumamente precarias". Lo que se privilegiaba era "la productividad y los bajos costos", no el desarrollo humano de los trabajadores (Jusidman, 2007), Algunos académicos entrevistados sugieren que en algunas maquiladoras en particular, el índice de rotación laboral bimestral alcanzaba el 82% (Calderón Rodríguez, 2013).[5]

De la misma forma, por lo menos desde 1970 hasta 1984 la oferta laboral estuvo dirigida preponderantemente a mujeres, que al asumir el papel de proveedoras, se alejaron de casa y los hijos. Con ello, se transformaban los patrones tradicionales de convivencia familiar. En el seno de muchos hogares los referentes de autoridad formal eran masculinos, pero en la práctica, femeninos. Este proceso no fue acompañado por políticas de Estado para contrarrestar los serios desequilibrios que lo anterior representaba. Aunque gradualmente después de 1984 se comenzó a emplear personal masculino, muchas empresas exigían que fueran jóvenes. Hombres de cierta edad, padres de familia disminuidos y resentidos, quedaron sin poder insertarse en este tipo de mercado laboral.

La sumatoria de factores era poco prometedora, pero funcional: una ciudad con altos niveles de migración, deficientes capacidades gubernamentales de absorción y ordenamiento urbano, empleos precarios; oferta de trabajo excluyente por género y edad así como la ruptura de esquemas de autoridad familiares; altibajos económicos y crisis cíclicas. El caldo de cultivo estaba ahí. En pocos lugares como Juárez era tan perceptible la materialización de aquella violencia estructural sobre la que teorizaron Galtung y Höivik (1971), Una violencia que estaba descompuesta en miles de partes. Aunque era perceptible, también era cómodamente omitida. Lo que hacía falta era una chispa que transformaría todo.

4. "ANTES ELLOS NO SE METÍAN CON NOSOTROS": APUNTES SOBRE LA EVOLUCIÓN DEL TRÁFICO Y LOS TRAFICANTES DE DROGAS EN JUÁREZ

Los primeros reportes de la vigilancia estadunidense en la frontera de Juárez-El Paso en materia de drogas data de 1911. Dos años antes, en 1909, se había cele-

---

[5] Entrevista con Miguel Ángel Calderón Rodríguez, profesor de la Universidad Autónoma de Ciudad Juárez. Ciudad Juárez, Chihuahua, 27 de agosto de2013.

brado una Conferencia en Shanghái, tratando de entablar el primer diálogo internacional sobre la restricción en el consumo y la comercialización de los productos derivados de la amapola, con opiáceos incluidos. La idea general del reporte de 1911 era documentar la existencia de fumaderos de opio en Juárez. Éste fue uno de los múltiples textos que se adelantaron a la prohibición oficial de sustancias narcóticas en Estados Unidos, decretada desde la aprobación de la *Harrison Narcotics Act* de 1914. La prohibición del alcohol, data de 1919 y duró hasta 1933. La de la marihuana, nació en 1937. La cobertura jurídica de las prohibiciones estadunidenses estaba así erigida y a lo largo del siglo XX no haría más que fortalecerse.

Bien se sostiene aquí que, a pesar de la percepción generalizada internacionalmente de que los problemas derivados del tráfico de drogas comenzaron a principios de la década de 1970, en la frontera norte de México, los efectos de las políticas de drogas son centenarios ya.[6] Juárez puede ser leído de muchas formas dependiendo del contexto histórico analizado. Las investigaciones de Astorga (1995, 2003, 2005), Mottier (2009), García Pereyra (2010), Campbell (2011) y Alarcón (2014) muestran distintos matices del fenómeno en la ciudad, señalándonos además la heterogeneidad de esquemas organizacionales que fueron evolucionando de distintas formas a lo largo del tiempo.

Las primeras redes de traficantes eran sumamente rudimentarias y sus primeros protagonistas introducían drogas junto con muchas otras mercancías, alcohol incluido. Parte de la explicación concuerda con la hipótesis de que la cotidianidad fronteriza se presta a distintos tipos de flujos comerciales, ya sean legales o no. Por ello se entiende que, durante muchos años, el patrón dominante fue que las drogas fueron ubicadas en Juárez en vez de en El Paso. La infraestructura de la ciudad y el ambiente de convivencia menos restrictivo representaban importantes activos si empleamos la teoría de las ventajas competitivas.

Si le damos continuidad a esta línea argumentativa y partimos de la multiplicidad de restricciones estadunidenses, era cuestión de tiempo que se organizaran formas de satisfacer los distintos mercados y generar ingresos, así fuera evadiendo la ley. La creación y asentamiento de numerosos lugares de consumo y esparcimiento en el Juárez de inicios del siglo XX, sumada a poca profesionalización de las redes de distribución de drogas en la Unión Americana y los relativamente bajos niveles de consumo interno (con el alcohol como excepción), explica la preeminencia de esta tendencia.[7]

Descendiendo un poco sobre lo anterior, es notable cómo en el interior de Juárez, el crecimiento y contención de las redes de comercialización fue de la mano de dos factores: por un lado, una animada vida nocturna (esto es, una poderosa vitrina de mercado) y, por el otro, la convivencia de las autoridades locales con los traficantes

---

[6] Un buen esfuerzo de teorización respecto a las particularidades de las ciudades fronterizas puede ser encontrado en Carrión y Llugsa (2013); la literatura respecto a la frontera México-Estados Unidos es amplia y sólo por mencionar algunos de los más destacados tenemos a Andreas (2001) y Campbell (2011); desde una perspectiva más global, puede consultarse Van Schendell y Abraham (2005).

[7] Un ejemplo bien trabajado para el caso del contrabando de alcohol en la frontera, puede encontrarse en Díaz (2011).

(traducido esto en cobertura informal del negocio).[8] Ambos factores marcaron el rumbo y la estabilidad relativa del tráfico de drogas en la metrópoli fronteriza.

Más allá de la retórica prohibicionista esbozada por los mandos federales de ambos países, las prácticas sociales sobrepasaron las reglas formales. Para que las drogas pudieran ser ubicadas en la ciudad era necesaria la existencia de redes de aprovisionamiento, cada una con distintas historias sociales: la marihuana y la heroína eran producidas en distintas partes de México, no así la cocaína. Esta última incrementaría su presencia regional sólo hasta principios de la década de 1980. Ello sólo sería posible una vez que se presentaran importantes innovaciones en los esquemas del tráfico internacional de drogas.[9]

4.1. *Ciudad de paso/ciudad de consumo*

Desde inicios del siglo XX entonces, en la ciudad comenzaron a presentarse dos conjuntos de fenómenos, anudados fuertemente pero separados con fines de precisión analítica. Hablaré aquí de una *ciudad de consumo* y *una ciudad de paso*. En cuanto a la primera, con las primeras prohibiciones estadunidenses nacieron tipos de organizaciones y grupos de aventureros dedicados a la distribución al menudeo. Al menos durante algunos años, aunque la comercialización y el consumo de ciertos tipos de sustancias fuera ilegal en Estados Unidos, en México no fue así. Éste fue el contexto originario en el que nacieron las redes del tráfico de drogas más viejas de la región.

Estas organizaciones y grupos, un tanto fragmentados y dispersos, tenían rangos limitados de incidencia en los espacios sociales donde se desenvolvían. Su actividad se circunscribía casi exclusivamente a la transacción comercial de drogas. Ésta se desarrollaba ya sea directamente en los distintos centros de entretenimiento o bien en algunos lugares privados, explícitamente tolerados como bodegas o casas habitación cercanos al puente internacional. Incluso después de la homologación de las leyes de drogas de carácter punitivo en la década de 1930, las organizaciones y grupos de traficantes que operaron en Juárez durante la primera mitad del siglo desarrollaron lo que siguiendo a Cooley (2005) he denominado como "enclaves funcionales": no necesitaban dominar poblaciones, ni entrar en sangrientas guerras una vez que elementos del gobierno mexicano podían arbitrar informalmente sus disputas. Aunque sí se llegaron a presentar hechos de violencia, prevaleció la racionalidad comercial frente al *ethos* guerrero de muchos de sus participantes.

El segundo conjunto de fenómenos obedece a un proceso simultáneo. Se trata de la *ciudad de paso*. Por distintas razones y bajo distintas correlaciones de fuerza, algunas de estas organizaciones desarrollaron mayores niveles de eficiencia. Even-

---

[8] Investigaciones como las de Martínez (1982) y García Pereyra (2010) logran documentar el papel tanto de las élites políticas como de las élites delincuenciales durante la primera mitad del siglo XX.

[9] Entre ellas se pueden mencionar las transformaciones en los patrones de consumo en Estados Unidos, la clausura de la ruta del Caribe que conectaba la cocaína proveniente de Sudamérica con Miami, la redefinición de la alianza entre traficantes colombianos y mexicanos, etcétera.

tualmente esto incidió en la formulación de diversas alianzas para situar masivamente muchas de las sustancias ilegales en el lado norte de la frontera. Los recursos obtenidos de este tipo de tráfico también fueron incrementales y su operatividad requería de una elaboración más compleja pues involucraba a agentes sociales de ambos países. Así, en la medida que fueron cambiando los patrones de consumo estadunidense y se incrementaron los montos en circulación, la ciudad de paso se hizo aún más apetecible. Fue un proceso evolutivo que requirió de años, de la adquisición de mayores destrezas, del nacimiento de alianzas más sólidas entre proveedores nacionales e internacionales, intermediarios y autoridades en los distintos niveles de gobierno. Ello hizo imperativa la ejecución de nuevos mecanismos de gestión. Una reconfiguración profunda de los esquemas organizacionales comenzaría a tomar forma.

Cronológicamente, este deslizamiento se produjo en los primeros años de la década de 1980. Pueden verse entonces los indicios de un movimiento hacia la centralización de funciones respecto al tráfico internacional. En ello se vieron involucrados exagentes policiales, empresarios y miembros tradicionales de la clase política (Campbell, 2012). Juárez, como ciudad de paso, comenzó a vivir los efectos de la cocaína que, a cuenta gotas primero, copiosamente después, empezó a llegar a la región. Sumando a las redes de producción tradicionales de marihuana y heroína (exclusivamente nacionales), con la cocaína se ampliaban no sólo la capacidad de generación de rentas, sino también el circuito del tráfico en su conjunto: nuevos productores, transportistas, intermediadores, autoridades aduanales, policías y políticos en diferentes latitudes se vieron involucrados. La aduana internacional de Juárez brilló como nunca antes, siendo un punto de paso estratégico para las distintas drogas ilegales. El usufructo de este enclave estratégico, territorial por antonomasia, comenzó a sujetarse a las negociaciones y redefinición de pactos entre traficantes (alias Raúl, 2013).

Pero no hubo un desborde automático de violencia ni una masificación inmediata de puntos de venta. Los controles informales que prevalecieron en la época, con la intermediación de un poderoso poder político y la facilidad relativa de pasar la mercancía a Texas pudieron contener muchas de estas tendencias. Paradójicamente, en contraflujo de lo que ocurrió en la ciudad de paso, la ciudad de consumo no atravesó ese proceso centralizador. En el nuevo modelo internacional que caracterizaría la década de 1980 y hasta los primeros años del 2000 se permitía la existencia de vendedores independientes, siempre y cuando respetaran las reglas del juego tradicionales: no vender fuera de los espacios admitidos, no vender a niños, limitar al máximo el ejercicio y la visibilidad de la violencia y no meterse con las autoridades (alias Durango, 2012).

Organizacionalmente hablando, no hubo una convergencia mecánica en la forma como se gestionaba el negocio del tráfico de drogas *en* y *desde* Juárez. Se trató de dos proyecciones diferentes. La mayor cantidad de novedades de la década de 1980 tuvo que ver con el negocio internacional, no con el mercado interno. Aquí, el involucramiento de la población en general era bastante limitado. Si bien al final de la década comenzaron a presentarse algunos síntomas de violencia relacionados con el tráfico de drogas, éstos fueron contenidos. No obstante, para mediados de la década de 1990, el cambio en la gestión gubernamental de la frontera tendría implicaciones colosales en la reconfiguración del mercado interno.[10]

Uno de los puntos de inflexión fue la entrada en vigor del Tratado de Libre Comercio de América del Norte (TLCAN) en 1994. En teoría, este acuerdo tendría como principal efecto liberar de barreras proteccionistas los intercambios entre los países del norte del continente, agilizando los flujos comerciales. El reto era mayúsculo, pues al flexibilizar los requisitos formales para los negocios binacionales, era altamente probable que a la par del incremento de flujos lícitos, se escondieran mercancías ilícitas, concretamente drogas. Así, el gobierno de Estados Unidos construyó cuidadosamente la imagen de una mayor seguridad fronteriza y esto tuvo como principal objetivo el fortalecimiento de la campaña antidrogas. En palabras de Andreas (2001) esto tuvo "muchos efectos colaterales: más corrupción, más reforzamiento de la ley encabezado por militares, más conexiones entre el tráfico de drogas y los negocios lícitos y una relación más 'narcotizada' entre México y Estados Unidos".

En efecto, la entrada en vigor del TLCAN no implicó un punto de ruptura en cuanto al tráfico internacional de drogas: simplemente lo hizo más difícil. La organización local de traficantes no tardaría mucho tiempo en reacomodar su funcionamiento con éxito. Fue en la curva de aprendizaje donde esta mutación tuvo mayores repercusiones. En ello concuerdan distintos entrevistados, entre quienes aparecen prestadores de servicios de salud, extraficantes y policías. Ese lapso "fue el momento en el que llegó la droga a los barrios" —declara uno de los entrevistados, con ello "se multiplicaron las tienditas y aparecieron nuevos picaderos: al menos uno por barrio", perdiéndose así "los tradicionales límites y, sobre todo, el respeto" (alias Edgardo, 2012).[11]

La estructura de la organización de traficantes de Juárez requirió de más integrantes. A los cuadros de mando encabezados por Amado Carrillo Fuentes (alias el Señor de los Cielos, que fue el líder hasta 1997), debían sumarse los grupos que se encargaban de la producción nacional, de los nodos para importación de cocaína, de la importación de armas y de los encargados de la logística del trasiego. Como nuevos miembros, habrían de añadirse a los responsables de la logística y resguardo del tráfico al menudeo (Reyna, 2011). Esto se tradujo en el crecimiento del contingente de seguridad de la organización, con más funciones y responsabilidades, frecuentemente reclutado dentro de las policías municipales (Molloy y Bowden, 2011). Aunque existen testimonios que señalan la presencia de este tipo de subgrupos desde mediados de la década de 1990, para la década del 2000 esta subdivisión

---

[10] La documentación del papel de las élites locales en este periodo puede ser encontrado en Bowden (2004).

[11] Se debe distinguir claramente entre lo que se conoce como *tiendita* y *picadero*. Los lugares conocidos como *tienditas* son aquellos donde se venden diversos tipos de drogas ilegales. Por otro lado, el lugar donde se inyecta la droga conocido como *picadero* es un espacio que puede ser incluso una casa de familia donde se cobra cierta cantidad para que ahí se consuma. Entrevista con María Elena Ramos, directora de la asociación civil Programa Compañeros.

adquirirá identidad propia y peso específico. Será conocido como *La Línea*. Con estos desdoblamientos nacería una nueva forma de gestionar el tráfico al menudeo en Juárez.

4.2. *Enclaves territoriales*

Estos movimientos tienen varias consecuencias. Si por un lado, la organización de traficantes local tuvo un periodo de incertidumbre por el fortalecimiento de los controles fronterizos derivados del TLCAN, sus mecanismos de adaptación le permitieron sobrepasar esta breve fase sin pérdidas considerables. Después de un periodo de ajuste, los flujos de drogas se estabilizaron una vez los traficantes aprendieron a camuflarlas con mercancías lícitas o mejoraron su capacidad de establecer alianzas con funcionarios deshonestos del lado estadunidense. El control de la aduana se convirtió en un derecho informal por el cual se podría cobrar un impuesto en las sombras. De ahí en adelante, se intensificó la lucha de estrategias: de un lado para evadir la ley, de otro para reforzarla. En el punto medio, el negocio restituyó su fuerza en medio de las complejas innovaciones empresariales del grupo de Juárez y la lenta respuesta de las burocracias gubernamentales de ambos lados de la frontera.[12]

A pesar de este reconocimiento, la realidad es que dice poco de lo que ocurrió del otro lado, en la cara interna del negocio en la ciudad. Y ahí se encuentra uno de los puntos más interesantes dividido en dos momentos. En el primero, puede observarse cómo el fortalecimiento de los controles de frontera, de diversas formas incentivó la expansión de la red al menudeo. Con ello, organizacionalmente no sólo se aceleró el desarrollo de un subgrupo de contención, resguardo y choque más amplio (La Línea), sino que también se implantaron las semillas que germinaron en el cambio de relación entre los traficantes y la sociedad. El territorio y sus habitantes comenzaron a ser cada vez más importantes en la medida en que se multiplicaron los puntos de venta y se precisaba de su tranquilidad relativa para seguir operando. Partes de la jerarquía del subgrupo de contención, resguardo y choque fueron vistos mayormente sobre el terreno sin llegar a controlar territorios, sino haciendo presencia para la salvaguarda de cierto conjunto de actividades. De esta forma integró a la periferia de la ciudad en un mecanismo de acumulación económica sin la regulación moral que acompaña a este proceso en otras latitudes.[13]

Fue así como en los primeros años de la década del 2000, con el liderazgo de Vicente Carrillo ya consolidado (1999), se trató de centralizar, ahora sí, el tráfico al menudeo en la ciudad por parte la organización de Juárez. Diversos entrevistados

---

[12] De León Beltrán (2014) asegura que la racionalidad criminal evoluciona a través de un continuo proceso de aprendizaje. Las organizaciones infractoras de la ley penal se mantienen inmersas en una campaña permanente de innovación para maximizar ganancias y sobre todo, no ser detenidas. En virtud de ello, a pesar de que las innovaciones en las que estos grupos invierten se encuentren fuera de la ley, no pierden su condición "desequilibrante" si se emplea la jerga empresarial.

[13] Con evidentes diferencias, estamos pensando en los casos de Medellín y Río de Janeiro.

indican que, en un proceso gradual pero constante, se avisó a muchos vendedores independientes que debían pagar al grupo de Juárez. En caso de no hacerlo eran asesinados. Pero había restricciones de peso. Los homicidios deberían ser ordenados por alguien de nivel jerárquico superior dentro del grupo local de traficantes. Debían cometerse preferentemente en privado pues mucha violencia pública incitaría la atención y el probable despliegue de agentes del estado. Los asesinatos públicos sólo se permitían si el grupo quería mandar un mensaje ya sea a rivales o algunas autoridades deshonestas que no cumplían su parte del trato (alias Edgardo, 2012).

Es así como por lo menos hasta 2004, las actividades de tráfico de drogas al menudeo fueron desempeñadas por adultos, que de alguna forma u otra comenzaron a pagar impuestos a la organización dominante. Era preferible que las pandillas —o barrios como se les conoce localmente— no se inmiscuyeran directamente en la venta al menudeo. La vinculación de las pandillas frente al tema de las drogas era en el sentido del consumo, no del tráfico.

Diversos entrevistados son enfáticos en señalar que, a finales de 2004, esta disposición comenzó a cambiar. Poco a poco una de las pandillas más poderosas de que hacía presencia en la ciudad, conocida como Barrio Azteca, estableció una alianza con la organización de Juárez.[14] Gradualmente, integrantes de este grupo comenzaron a vender droga en sus respectivas zonas de influencia. Fue un proceso lento pero constante.

He aquí el segundo momento. Aunque la presencia de los Aztecas no era homogénea en toda la ciudad,[15] su inserción social era muy diferente a la de La Línea. Los segundos eran básicamente policías, expolicías y personal entrenado en el uso de la violencia. Su relación con el territorio era básicamente el mantenimiento del orden en espacios estratégicos para la venta de drogas. Su presencia en estos enclaves territoriales era esporádica y por arriba, si el punto de referencia es la relación con la población. En contraparte, los Aztecas tenían tanto una composición social como una relación territorial distinta. Muchos de sus integrantes eran de origen México-estadunidense. Otros fueron reclutados en los mismos barrios de Juárez. Ellos *vivían* en estos enclaves territoriales. Su presencia era permanente y su capacidad de tramitar distintos tipos de relaciones sociales tenía un anclaje social distinto. La direccionalidad era de abajo hacia arriba, si el punto de referencia era la relación sociedad/ traficantes. A través de la alianza de la organización de Juárez y los Aztecas, se potenció tanto su capacidad de generación de rentas como su presencia

---

[14] Surgida en el seno del sistema penitenciario texano en 1986, Los Aztecas, como también se les conoce, son un producto de la hibridación cultural de la vida en frontera, de la exacerbación de las tensiones raciales imperante en las prisiones estadunidenses y de la necesidad de generar un frente común de autoprotección y pertenencia frente a otros grupos similares.

[15] No se puede olvidar que según datos proporcionados por autoridades locales en Ciudad Juárez existían alrededor de 460 pandillas o barrios en 2006 (*El Universal*, 2006, 27 de enero), En los siguientes años crecería hasta acumular un número aproximado de 1000 agrupaciones de este tipo en la ciudad. Cada uno era una red social distinta. No todos estaban involucrados de la misma forma en el tráfico de drogas ni tuvieron el mismo tipo de relación con los Aztecas Entrevista con Teresa Almada, Ciudad Juárez, 12 de diciembre de 2012.

o, en ciertos casos y después de diversos momentos evolutivos, distintas capacidades de control territorial en algunos espacios de la ciudad.

Difícilmente podría sostenerse que desde la cúpula de la organización de Juárez se decidían los pormenores de la tramitación de lo cotidiano en los lugares donde los Aztecas comenzaron a tener presencia. Ni siquiera el brazo armado del grupo, La Línea había alcanzado este poder. Organizacionalmente eran distintos. Se trataba más bien de una coalición en la que confluyeron intereses y capacidades: unos ofrecían la forma de generar recursos, otros proporcionaban una parte de la logística de resguardo —seguridad y otros más se ocuparon de su administración—. El valor agregado de la alianza con los Aztecas se encontraba justamente en su comprensión del estilo de vida en los entramados sociales periféricos donde se insertaba. Este grupo, de manera paulatina e incipiente comenzó a realizar distintos tipos de intermediación social en algunas de las áreas más deprimidas de la ciudad. Pero este proceso se vio detenido con la intervención federal una vez que comenzaron a incrementarse los homicidios violentos.

4.3. *Fuego cruzado, inseguridad y terror: Juárez en llamas*

"Antes ellos no se metían con nosotros" —asegura Juan (nombre cambiado), habitante de uno de los sectores más deprimidos del norponiente de la ciudad— "era un asunto de cada quien en su jale [trabajo]. Uno sabía que los mañosos [nombre local dado a los traficantes] estaban ahí. Pero nunca trataron de imponerse a la fuerza o nos obligaron a pagar cuotas [extorsionar] o nada por el estilo. Todo eso valió madres [no importó] cuando empezaron los trancazos, cuando llegaron los militares, cuando llegaron los federales...".

La potencia del relato de Juan es un buen punto de inicio para ensamblar nuestra siguiente parte del texto. Marca un "antes" en el que, a pesar de las múltiples carencias de la ciudad, se podía vivir relativamente tranquilo; un periodo donde los traficantes, a pesar de su presencia histórica en la localidad, no incidían mayormente en el desarrollo de los espacios sociales. Simultáneamente le da origen a un "después" brumoso en el que fue difícil identificar la fuente de violencia.

La gráfica expuesta en las primeras partes del presente ensayo, nos da un aproximado estadístico de algunas de las diferentes escalas de estos cambios. Pero poco nos dice de la idea general que se refleja en ellas: hubo un orden social que se rompió. Una de las primeras explicaciones ha sido que, otra asociación de traficantes, ésta proveniente del estado de Sinaloa, entró a disputar violentamente diversos aspectos de la vida social de la ciudad. La dificultad de esta conjetura, así como está enunciada, es que no deja claro *qué* de la ciudad entró en disputa. Tampoco dice mucho del *cómo* esto se produjo. La información disponible señala una sangrienta confrontación armada por el control de conjuntos de actividades, la ciudad de paso primero —que era la más redituable—, y la ciudad de consumo después, que se desarrollaba en medio de un *statu quo ante*. De la misma forma es posible asumir que con la llegada de la coalición sinaloense se presentó otra configuración organizacional, otro sistema de alianzas y otro *modus operandi* en virtud de que su inserción social en la ciudad era distinto. Esto sin considerar que la escala de operación de los sinaloenses tenía ya alcances globales (Valdez Castellanos, 2013).

Si descendemos sobre lo anterior adquiere nuevas dimensiones el largo trabajo de contextualización. Podemos considerar aquí el papel de la aduana fronteriza local bajo el signo del TLCAN, los enormes flujos de mercancías de distintos tipos que atravesaban la zona y la capacidad de adaptación de las redes de traficantes. La deducción es casi transparente: el derecho de tasación informal conquistado por la organización de traficantes de Juárez, permitía que células de otras organizaciones de traficantes pasaran drogas por la región mediante el pago de distintas cantidades. Algunos entrevistados indican que, además de la organización local, otros grupos de traficantes como la propia coalición sinaloense, los hermanos Beltrán Leyva, los Zetas y la Familia Michoacana/Caballeros Templarios mantenían enclaves funcionales para el trasiego de drogas a través de Juárez (Washington Valdez, 2012).

Las organizaciones de traficantes, como cualquier asociación humana, pasan por periodos de ajuste, acumulación y desgaste. Por diferentes razones el derecho informal de usufructo de aduana fue impugnado por el liderazgo de la coalición sinaloense (en ese momento encabezado por Joaquín Guzmán alias "El chapo").[16] Para hacerle frente al conflicto que se venía, la organización de Sinaloa envió una primera línea de elementos de un contingente armado que se llamaría "Gente Nueva". Éstos provenían principalmente de otros estados de la república. En un proceso similar al de la organización de Juárez, los sinaloenses establecieron alianzas con dos pandillas que hacían presencia en distintas partes de la ciudad: una de origen México-estadunidense, conocida como "los Mexicles" y otra con integrantes predominantemente juarenses, conocida como "Artistas Asesinos". Algunas fuentes indican que su involucramiento en el tráfico de drogas en la ciudad fue mucho más limitado al compararlo con los Aztecas. Así, con distintos tipos de capacidades organizacionales, ambas organizaciones y sus distintas subdivisiones armadas pelearían la guerra que se presentó prácticamente calle por calle.

Uno de los primeros episodios de esta confrontación fue el asesinato de policías presumiblemente asociados con organización local. Esto implicó un ataque frontal a los modos de operación estratégica de la organización juarense. Pero fue sólo cuestión de algunos meses de diferencia para que la violencia llegara a las geografías barriales de la ciudad. Esto afectaría también a las distintas pandillas locales, que si bien no todas estaban involucradas con el tráfico de drogas, la mayoría sí vivió los efectos del conflicto.

Los siguientes en caer fueron numerosos responsables de la comercialización de drogas en distintos puntos de venta; siguieron numerosos elementos de los brazos armados de ambos polos en conflicto. En lo posterior todos los límites se desbordaron, ya que prácticamente cualquiera podía atestiguar un homicidio, quedarse en medio del fuego cruzado o asesinado por error. En pocas palabras, convertirse en

---

[16] Al respecto, véanse Mauleón (2010) y Rodríguez (2012).

víctima. Un clima de terror generalizado se fue instalando entre los habitantes de la ciudad una vez que el creciente número de homicidios adquirió características grotescas: cuerpos colgados en puentes, cabezas dejadas con mensajes a los grupos rivales, restos humanos desperdigados en toda la ciudad, masacres, asesinatos en cualquier lugar, espacio y momento.

En los extremos, hubo dos tipos de respuesta: la adaptación o el exilio. En el punto medio existieron manifestaciones de las organizaciones de la sociedad civil que exigían un alto a la violencia. Si se trataba de adaptarse había muchos mecanismos. Como cuenta una periodista enviada entonces a Juárez: "Surgieron nuevos hábitos para sobrellevar la muerte. Los niños fotografían cadáveres con sus celulares, los jóvenes ya no salen en las noches, algunos periodistas llevan chalecos antibalas, algunos empresarios trabajan a cortina cerrada para simular la quiebra, algunos maestros enseñan en las clases cómo tirarse pecho a tierra, algunos vecinos cerraron sus calles..." (Turati, 2010: 163).

En la medida que el conflicto subía de intensidad, que los asesinatos comenzaron a hacerse más visibles, que la intervención federal no representaba mejoras sustanciales, que la extorsión apareció en la ciudad, que se ampliaron los patrones de victimización, se fue haciendo más relevante el papel de los distintos grupos civiles organizados. Gremios como el médico, el sector estudiantil y asociaciones que defendían intereses de trabajadores y obreros, así como las madres de las mujeres asesinadas comenzaron a manifestarse por las calles de Juárez. Se trataba de protestas masivas contra el ambiente general de violencia y la falta de capacidad gubernamental para proteger. Eventualmente este tipo de protestas, sumada a otros factores de contexto, obligarían al gobierno federal a reconfigurar su estrategia de seguridad.

En el otro extremo, puede observarse cómo miles de habitantes de la ciudad, ante el terror de que la violencia los alcanzara, o una vez victimizados, se fueron. Datos del Instituto Nacional de Estadística y Geografía señalan que poco más del 24% de la población, esto es, 60 000 familias huyeron por la violencia. Autoridades locales hablaban de alrededor de 115 000 casas abandonadas. Cifras dadas a conocer por la Cámara de la Industria Restaurantera indicaban el cierre del 40% de los restaurantes y el 18% de los bares que operaban en la ciudad desde 2009 hasta 2011. Alrededor de cinco mil negocios cerraron. Las pérdidas fueron incuantificables (*El Economista*, 9 de febrero de 2011; *El Universal*, 10 de febrero de 2011).

Aparecieron nuevos delitos. La extorsión, prácticamente inexistente en Juárez hasta 2008, se generalizó por toda la ciudad concentrándose en la pequeña y mediana empresa (Castillo y Barraza, 2009; Cervantes, 2010; Alarcón, 2014), La vida en numerosos barrios se transformó de tal manera que muchos de ellos se convirtieron en vecindarios fantasma con apenas algunos habitantes. Aunque muchos de sus moradores no sufrieron directamente los embates de la violencia, el temor a las extorsiones y los asesinatos les hizo abandonar sus hogares.

Algunos entrevistados coincidieron en que la magnitud de lo que estaba ocurriendo en Juárez trascendía por mucho la guerra entre organizaciones de traficantes: se trataba del punto de llegada de distintos procesos sociales extraordinariamente complejos. Esto requirió de años de acumulación de distintos tipos de violencia. "El número de extorsiones, *carjacking* (robo armado de autos), *house jacking* (robo armado a casas) se elevaron por las nubes" —asegura un funcionario del estado de Chihuahua— "pero este incremento se escapaba por mucho a la lógica de los narcos: simplemente ni las cifras ni el *modus operandi* cuadraban" (entrevista a funcionario de la Fiscalía del Estado que solicitó el anonimato, Chihuahua, 26 de julio de 2012).

Declaraciones emitidas por autoridades del estado confirmaron la existencia de cuando menos 200 grupos de distinto tamaño dedicados a la extorsión. Estos grupos, sin estar vinculados a las organizaciones en conflicto, operaban en ambos lados de la frontera. Hombres o mujeres, menores o mayores de edad, obreros o mecánicos, e incluso amas de casa, cambiaron el perfil tradicional tanto de víctimas como de victimarios. En el mismo proceso, se redujo el promedio de edad de los victimarios, además, también se amplió el número de personas victimizadas. "lo que pasó en Juárez" —asegura un académico consultado— "fue trasclasista, multidireccionado e incremental. Simplemente no hubo nadie que no padeciera o supiera que algún familiar o amigo suyo hubiera sido golpeado por la violencia"[17] (Balderas, 2012). Llegados a este punto, una pregunta flota en el aire. ¿Cuál fue la respuesta de las autoridades?

5. LAS DISTINTAS CARAS DEL ESTADO MEXICANO EN JUÁREZ

Lejos de realizar prácticas de contención y disuasión homogéneas, la respuesta del Estado mexicano fue oscilante, fraccionada y reactiva. Fenómeno lógico si examinamos dos condiciones básicas: una orgánica y otra de capacidades reales. Cuando el punto de referencia son las condiciones orgánicas, se debe hacer una serie de precisiones teóricas que no pueden omitirse. El proceso de dominación estatal requiere de una subdivisión del trabajo mediante la idea de *gobierno*. El gobierno, como práctica, se administra a través de campos burocráticos con diversos espacios de incidencia que pueden ser federal, estatal y municipal. Estos campos burocráticos, a su vez, gestionan distintos tipos de instituciones con misiones y formas organizacionales específicas. Así, tanto la vida interna como la interacción externa de cada uno de estos campos burocráticos e instituciones está sujeta también a constantes roces y tensiones que gravitan en torno a distintas orientaciones políticas, compromisos, tradiciones, intereses burocráticos o personales (Bourdieu, 2005).

De lo anterior, sus consecuencias prácticas. Si nos desplazamos, como punto de referencia a las capacidades reales del Estado mexicano en la región, el diagnóstico depende del tipo de corte que se realice. Las autoridades municipales se vieron inmersas en medio de una guerra que no hizo más que crecer. La gestión de los servicios, el ordenamiento territorial o la prevención del delito habían sido pobres

---

[17] *El Universal*, 18 de agosto de 2010; *Milenio*, 2 de noviembre de 2010; *Milenio*, 16 de noviembre de 2010; *El Economista*, 16 de septiembre de 2011; *El Paso Times*, 19 de diciembre de 2011.

o prácticamente ausentes. Muchos de los integrantes de la policía local y del estado trabajaban directamente bajo las órdenes de los traficantes.[18] Con pocas capacidades reales para contener los embates de los grupos en pugna, se buscó el apoyo del gobierno federal.

Este movimiento disgustó al entonces gobernador del estado.[19] A pesar de que los gobiernos del estado y del municipio provenían de la misma agrupación política (Partido Revolucionario Institucional, PRI) las orientaciones intrapartidistas de cada uno eran distintas. La solicitud de ayuda desde el municipio hasta la Federación (proveniente del Partido Acción Nacional, PAN) trajo como resultado un distanciamiento entre las burocracias del municipio y el estado de Chihuahua. La consecuencia de ello fue la descoordinación evidente de las respuestas gubernamentales.

En sus primeros momentos se privilegió el uso de la fuerza. Siguiendo el modelo de intervención que se había puesto en marcha en otras entidades del país, el gobierno federal anunció la implementación del Operativo Conjunto Chihuahua en marzo de 2008. Este tipo de respuesta consistió en el envío de contingentes del ejército y de policías federales a patrullar la ciudad. En número, la presencia de los militares fue mayor. Los policías federales brindaban labores de apoyo. En un gesto simultáneo, prácticamente se desmovilizó a la policía municipal a la que se ubicaba como ojos, oídos y mano de obra de los traficantes.

Con el despliegue de los militares, se trataba de enviar la señal del restablecimiento del orden. Pero ninguna institución tiene poderes mágicos. Tampoco se caracterizan por tener comportamientos homogéneos. Mientras por un lado algunos de sus integrantes se esforzaron en desempeñar correctamente su labor, otros incurrieron en graves excesos: se multiplicaron las denuncias sobre el abuso de los derechos humanos de la población. De la misma forma, se presentaron registros a casas habitación sin orden legal y se reportó un sinnúmero de detenciones arbitrarias. Incluso se llegaron a documentar casos de tortura y desapariciones forzadas (*La Jornada*, 28 de marzo de 2010; Amnistía Internacional, 2009). Así, la relación entre moradores y autoridades militares se caracterizó por la tensión recíproca, la sospecha permanente y las constantes quejas por el trato despótico de muchos de los elementos de la institución castrense.

Mientras tanto, como resultado de la evolución del conflicto, las cifras de homicidio se incrementaron. Nuevos tipos de delitos aparecieron. Se multiplicaron las masacres. No puede sostenerse que la intervención de los militares explique en automático todas estas dinámicas. Pero sí provocó la apertura de nuevos frentes de batalla en medio del clima de violencia generalizada que se vivía en la ciudad. A las expresiones de la guerra entre organizaciones del tráfico de drogas, se sumaron los síntomas de la reacción del gobierno federal vía los militares. En medio de los

---

[18] En México no existe una policía nacional. Coexisten entonces distintos cuerpos policiacos que se ordenan por nivel de gobierno (federal, estatal y municipal, siendo éstas las más numerosas y susceptibles de corrupción) o función (por ejemplo policías bancarias). En 2010 el estado de Chihuahua aprobó la creación de una policía estatal única, tratando con ello de disminuir la desorganización previa.

[19] José Reyes Baeza, en el cargo desde 2004 hasta mediados de 2010.

embates de unos y la respuesta de otros, el grueso de la población padeció las consecuencias de todas estas trayectorias sociales en conflicto.

Sobre este fondo, era evidente que la presencia militar en las calles de Juárez tendría costos simbólicos importantes. A la acumulación de agravios, le siguió un creciente número de protestas públicas que demandaban el retiro de los militares. En suma, la situación era insostenible. Por distintas razones y ante distintos tipos de presiones tanto internas como externas —no se puede olvidar aquí el peso de una frontera compartida—, las autoridades federales tomaron la decisión de invertir la fórmula: se mantendría el despliegue de un importante pie de fuerza pero ahora el componente principal sería la Policía Federal. Este cambio organizacional ocurrió en la primera mitad de 2010 y recibió el nombre de Operación Coordinada Chihuahua. Con ella inició una segunda fase de la estrategia diseñada desde la capital de la república (*El Universal*, 1 de abril de 2010; *El Universal*, 8 de abril de 2010).

Varios efectos se proyectaron a través de este nuevo desdoblamiento. Se enviaba la señal de una estrategia menos rígida para el restablecimiento del orden. Teóricamente, la policía federal tenía una formación más adecuada en cuanto a su trato con la población civil. Se buscaba una mejor coordinación con las agencias de espionaje para neutralizar a los integrantes más peligrosos de las organizaciones en disputa. Se quería trabajar, en pocas palabras, en alcanzar una solución que combinara fuerza e inteligencia.

Mandos federales tomaron el control de las policías municipales que, mientras tanto, continuaban un sinuoso proceso de reorganización y profesionalización. La idea era hacer más eficiente la gestión de la seguridad en la ciudad. Algunos segmentos de la Policía Federal trabajaban fuertemente para ello. Pero otros no: pronto se evidenciaron diversas modalidades de viejos abusos y el nacimiento de nuevos excesos. Mientras por un lado se repitieron algunos de los señalamientos que en su momento se le hicieron al ejército como el abuso de los derechos humanos, la persistencia de torturas y detenciones ilegales, por el otro se apuntaba a que, con los policías federales, se generalizó la extorsión por toda la ciudad.

Se llegaron a documentar casos en los que los extorsionadores eran directamente policías federales. La sociedad local, indignada ante lo que consideraba un "atropellamiento sistemático por parte de las autoridades", salió nuevamente a las calles a exigir ahora el retiro de los policías federales. "Si con los militares nos fue mal y con los policías federales habían llegado las extorsiones"—comenta un periodista local entrevistado— "la idea general era de que estábamos indefensos". "¡Que se vayan todos entonces!" —decía la gente—. "En ese caso era mejor esperar que alguno de los malosos ganara para que la cosa se tranquilizase" (*El Universal*, 15 de abril de 2010; *La Jornada*, 18 de octubre de 2010; *Somos Frontera*, 20 de septiembre de 2011; Torres, 2012).

Ante las debilidades estructurales que se evidenciaron en la implementación de ambos enfoques (Fuerza-Fuerza/Inteligencia), el gobierno federal ensayó un tercer conjunto de medidas que buscaban "brindarle piso social" a la dramática situación de la urbe fronteriza. Es así como se lanzó el programa "Todos somos Juárez: reconstruyamos la ciudad". Mediante la inversión de miles de millones de pesos se buscaba revertir el caos reinante. El programa tenía distintos ejes estratégicos entre los que destacaban dos: el fortalecimiento institucional y el fomento a la participación ciudadana.

En cuanto al primero, además de continuar con la estrategia de contención y desmantelamiento de las organizaciones de traficantes, se requería un mejoramiento en la coordinación entre las distintas instituciones de gobierno que hacían presencia en Juárez. Una parte de ello fue posible gracias a la feliz coincidencia del relevo de autoridades de elección popular: cambiaron tanto al gobernador del estado como al alcalde de la ciudad. Con objetivos, mecanismos de comunicación y capacidades organizacionales diferentes, su desempeño permitió otro tipo de gestión en la seguridad del municipio: fueron capturados líderes de primer y segundo orden de Barrio Azteca, La Línea y la organización de Juárez. La información disponible sugiere que aunque se trató de golpear sistemáticamente a los líderes de la organización de Sinaloa y sus respectivos grupos de choque (Gente Nueva, Artistas Asesinos y Mexicles), el número de capturas fue comparativamente menor.[20]

Tratándose del segundo, el tema era mucho más complejo. Se trabajó para generar una línea directa entre la sociedad y sus autoridades. Ello requería de un complejo proceso de construcción de confianza en un periodo de tiempo breve y en medio de altísimos niveles de violencia. Así, el diálogo entre ciudadanos y autoridades fue por momentos ríspido. Eventualmente el peso de algunas víctimas y sus familiares jaloneó distintos aspectos del funcionamiento del programa. Pero al originarse en un universo social tan amplio, con realidades y necesidades tan distintas, no tuvo que pasar mucho tiempo para que se notaran distintos grados de desconexión entre lo que teóricamente se defendía y la realidad que imperaba en muchos lugares.

De un lado se decía que no se podía tener contentos a todos; del otro, que las autoridades federales difícilmente escuchaban. A pesar de ello y a través de muchos esfuerzos, algunas de las iniciativas que se desprendieron del programa Todos Somos Juárez lograron movilizar a distintos contingentes poblacionales. Algunas de las "mesas temáticas", como la de seguridad lograron mejores niveles de operatividad. Otros proyectos, simplemente se desvanecieron. Muchas otras propuestas, como la construcción de escuelas en algunas zonas deprimidas de la ciudad literalmente quedaron a medias (*La Jornada*, 16 de febrero de 2010; *Diario*, 23 de marzo de 2012 *Diario*, 7 de agosto de 2012), En resumen, no se puede hacer un diagnóstico categórico sobre el éxito o el fracaso de Todos Somos Juárez: todo depende del indicador observado.

Así, al ensayar distintas aproximaciones, el Estado mostró muchas de sus caras.

---

[20] Esto puede obedecer a varios factores. Algunas hipótesis señalan que elementos dentro de los cuerpos de seguridad del Estado mexicano, favorecieron a la coalición sinaloense. Otras hipótesis señalan que el número de integrantes de Gente Nueva, Artistas Asesinos y Mexicles era menor; algunas otras suposiciones señalan que el anclaje territorial de estos grupos no tenía la misma extensión si se contrasta con la constelación de actores delincuenciales asociados al grupo de Juárez.

6. CONCLUSIONES

Algo en lo que coincidieron tanto víctimas como victimarios, líderes de la sociedad civil y representantes de las autoridades entrevistados fue que la permanencia de niveles tan altos de violencia era insostenible, onerosa e impráctica. Para las organizaciones de traficantes en pugna, la guerra implicó múltiples costos pues el mantenimiento de un conflicto de tales dimensiones implicaba el desembolso constante de enormes cantidades de dinero. Pero incluso más allá de eso, mantener tales niveles de violencia durante más tiempo entrañaba limitar considerablemente el flujo de drogas ilegales que se movilizaban desde la zona. También había un costo político: mucha violencia se traducía en una mayor visibilidad del negocio en la ciudad. Ello acarrearía también una mayor presencia de autoridades estadunidenses, lo que multiplicaría el costo de sus actividades.

Para las autoridades de los distintos niveles e instituciones de gobierno, la persistencia de semejantes niveles de violencia invocarían el fantasma de un brumoso "estado fallido". Además del costo económico que implicaba desplegar y mantener el pie de fuerza del Estado en la zona, había toda una miríada de costos políticos que habrían de ser pagados a diferentes plazos por las distintas instituciones involucradas. Independientemente del tipo de entidad observada, las consecuencias de una violencia tan alta fortalecían las hipótesis recurrentes de "insuficiencia gubernamental", "poca efectividad operativa" y el más temible de todos, el de "un estado colapsado". Desde ahí se cimbraba de fondo el principio de legitimidad que hipotéticamente sustentaba el ejercicio de la acción gubernamental.

No se sabe a ciencia cierta las causas reales de la disminución de los indicadores de violencia que comenzó a ser perceptible en 2011. Son demasiadas las correlaciones de fuerza que entraron en juego. Las hipótesis varían dependiendo de quién las enarbole. Para las autoridades nacionales la disminución se explica por los esfuerzos coordinados entre instituciones y el tratamiento "holístico" que se le dio al tema. Algunas autoridades internacionales refieren que fue el involucramiento de sus agencias lo que provocó la detención de muchos de los más violentos, de ahí, al perder capacidad de combate, llegó la paz. Para algunos académicos, se trató de un proceso natural de desgaste que hizo injustificable para todos la prolongación de la guerra; algunos operadores de violencia hablan de un pacto entre líderes de organizaciones mediante el cual se repartió la ciudad. Una hipótesis más sugiere que uno de los dos grupos ganó la guerra por la aduana internacional y de ahí disminuyeron los niveles de violencia. Quizá todas las anteriores tienen algún elemento de veracidad. Pero no es posible definir con exactitud el peso específico de cada una.

7. REFERENCIAS

Alias Durango (9 de agosto de 2012), (C. Alarcón, entrevistador), Ciudad Juárez.
Alias Edgardo (12 de diciembre de 2012), (C. Alarcón, entrevistador), El Paso, Texas.

Alias Raúl (23 de enero de 2013), (C. Alarcón, entrevistador), ciudad de México.
Almada Mireles, H. (1995), "La industria maquiladora y su impacto en la migración y el empleo", *Noesis*, VI(15).
Andreas, P. (2001), *Border Games. Policing the US - Mexico divide*, Estados Unidos, Cornell University Press.
Astorga Almanza, L. (1995), *Mitología del narcotraficante en México*, México, Plaza y Valdez.
——— (2003), *Drogas sin fronteras*, México, Grijalbo.
Balderas, J. (11 de diciembre de 2012), (C. Alarcón, entrevistador), Ciudad Juárez.
Bourdieu, P. (2005), "De la casa del rey a la razón de Estado. Un modelo de la génesis del campo burocrático", en L. Wacquant, *El misterio del ministerio*, Barcelona, Gedisa.
Bowden, C. (2004), *Down by the river Drugs Money and Family*, Nueva York, Simon y Schuster.
Bustamante, J. (1992), "Demystifying the United States - México border", *The Journal of American History*, septiembre, 79(2): 485-490.
Calderón Rodríguez, M. Á. (27 de agosto de 2013), (C. Alarcón, entrevistador), Ciudad Juárez.
Campbell, H. (2011), *Drug war zone. Frontline dispatches from the streets of El Paso and Juarez*, Austin, University of Texas Press.
——— (14 de diciembre de 2012), (C. Alarcón, entrevistador), El Paso, Texas.
Carrillo, J. y A. Hernández (1985), *Mujeres fronterizas en la industria maquiladora*, México, SEP-Frontera.
Carrión, F. y V. Llugsa (2013), *Fronteras: rupturas y convergencias*, Ecuador, FLACSO/IDRC.
Castillo, C. y L. Barraza (2009), "Las políticas sociales en Ciudad Juárez", en L. Barraza, *Diagnóstico sobre la realidad social, económica y cultural de los entornos locales para el diseño de intervenciones en materia de prevención y erradicación de la violencia en la región norte: el caso de Ciudad Juárez, Chihuahua*, México, SEGOB/Comisión Nacional para Prevenir y erradicar la violencia contra las mujeres, pp. 194-225.
Cervantes Trejo, A. (2010), *Epidemiología del homicidio y prevención de la violencia en Ciudad Juárez, Chihuahua*, México, Centro Nacional de Prevención de lesiones/Gobierno Federal.
Cooley, A. (2005), *Logics of hierarchy. The organization of empires, states and military occupations*, Estados Unidos, Cornell University Press.
De León Beltrán, I. (2014), *Aprendizaje criminal en Colombia. Un análisis de las organizaciones de narcotraficantes*, Bogotá, Ediciones de la U.
Díaz, G. (2011), "Twilight of tequileros: prohibition –era smuggling in the south Texas borderlands", en E. Carey y M. Andrae, *Smuggler brothels and twine. Historical perspectives on contraband and vice in north america's borderlands*, Estados Unidos, Arizona University Press.
Fuentes Flores, C. (2009), "La estructura espacial urbana y la accesibilidad diferenciada a centros de empleo en Ciudad Juárez, Chihuahua", *Región y sociedad*, XXI(44).
Galtung, J. y T. Höivik (1971), *Journal of Peace Research*, 8(1): 73-76.
García Amaral, M. L. y G. Santiago Quijada (2007), "Ciudades fronterizas en el norte de México", en V. Orozco, *Chihuahua hoy 2007. Visiones de su historia, economía política y cultura*, México, UACJ/Instituto Chihuahuense de Cultura/UACH Doble Hélice ediciones.
García Pereyra, R. (2010), *Ciudad Juárez la fea. Tradición de una imagen estigmatizada*, México, Universidad Autónoma de Ciudad Juárez.
Garza Almanza, V. (2011), *Breve historia ambiental de la frontera México-Estados Unidos 1889-2010*, México, Colegio de Chihuahua.
González Herrera, C. (2008), *La frontera que vino del norte*, México, Santillana/El Colegio de Chihuahua.
Gutiérrez de Alba, E. (2012), *La fiesta. Recuerdos de una alegre y luminosa Ciudad Juárez del siglo XX*, México, Universidad Autónoma de Ciudad Juárez.
Jaramillo, A., C. Perea, M. Misse y C. Alarcón (2014), *Ciudades en la encrucijada: violencia y poder criminal en Río de Janeiro, Medellín, Bogotá y Ciudad Juárez*, Medellín, IEPRI/Región, IDRC.

Jusidman, C. (2011), *La realidad social de Juárez. Análisis social*, t. 2. México, Universidad Autónoma de Ciudad Juárez.
Martínez Toyes, W. (2009), "Situación y evolución demográfica en Ciudad Juárez", en L. Barraza, *Diagnóstico sobre la realidad social, económica y cultural de los entornos locales para el diseño de intervenciones en materia de prevención y erradicación de la violencia en la región norte: el caso de Ciudad Juárez, Chihuahua*, México, SEGOB/Comisión Nacional para Prevenir y erradicar la violencia contra las mujeres, pp. 57-84.
Martínez, O. (1982), *Ciudad Juárez: el auge de una ciudad fronteriza a partir de 1848*, México, Fondo de Cultura Económica.
Mauleón, H. (2010), *Marca de sangre. Los años de la delincuencia organizada*, México, Planeta.
Molloy, M. y C. Bowden (2011), *Sicario. Autobiografía de un asesino a sueldo*. México, Grijalbo.
Mottier, N. (2009), "Drug gangs and politics in Ciudad Juarez 1928-1936", *Mexican studies*, 25(1).
Ramos, M. E. (17 de agosto de 2012), (C. Alarcón, entrevistador), Ciudad Juárez.
Reyna, J. C. (2011), *Confesión de un sicario*, México, Grijalbo.
Rodríguez Nieto, S. (2012), *La fábrica del crimen*, México, Planeta.
Santiago Quijada, G. (2011), *Políticas federales e intervención empresarial en la configuración urbana de Ciudad Juárez, 1940-1992*, tesis para obtener el grado de doctora en historia, México, Colegio de Michoacán.
Secretaría de Gobernación (2004), *Informe de gestión, noviembre de 2003-abril de 2004*, Comisión para prevenir y erradicar la violencia contra las mujeres en Ciudad Juárez, México.
Stern, A. (2007), "Industria maquiladora de exportación", en C. Jusidman y H. Almada Mireles, *La realidad social de Ciudad Juárez. Análisis social*, t. 1, México, Universidad Autónoma de Ciudad Juárez, pp. 99-138.
Susana (2012), (C. Alarcón, entrevistador).
Torres (8 de agosto de 2012), (C. Alarcón, entrevistador), Ciudad Juárez.
Turatti, M. (2010), *Fuego cruzado. Las víctimas atrapadas en la guerra del narco*, México, Grijalbo.
Valdez Castellanos, G. (2013), *Historia del narcotráfico en México*, México, Aguilar.
Van Schendell, W. (2005), "Spaces of engagement", en W. Van Schendell e I. Abraham, *Illicit Flows and criminal things. States, borders and the other side of globalization*, Estados Unidos, Indiana University Press.
Washington Valdez, D. (8 de agosto de 2012), (C. Alarcón, entrevistador), El Paso, Texas.

SISTEMA FRONTERIZO, ECONOMÍA POLÍTICA DE LA VIOLENCIA

FERNANDO CARRIÓN MENA
y VÍCTOR LLUGSHA GUIJARRO

RESUMEN: Las ciudades de frontera articulan ejes de integración transnacional, generando un sistema fronterizo que, según las características morfológicas y poblacionales, constituyen una tipología particular de ciudades de frontera. El documento hace un recorrido por factores estructurales que construyen un tipo específico de violencia (fronteriza), que se mantiene en políticas homogéneas, rígidas y distantes, provocando condiciones de vulnerabilidad en la población de frontera.

Si bien estos factores se reproducen en varias de las fronteras de América Latina, donde los indicadores señalan mayor conflictividad en estos espacios, por sobre las cifras nacionales, no se procura caracterizar a las fronteras como espacios de peligro. Para analizar sus particularidades y diferencias se toma como estudio de caso la frontera norte del Ecuador, haciendo un recorrido por acciones, políticas, actores y realidades que enfrentan los pobladores de estas zonas.

Palabras clave: Frontera, sistema fronterizo, violencia, vulnerabilidad, ciudades fronterizas.

1. INTRODUCCIÓN

Entre 2008 y 2011 el Programa de Estudios de la Ciudad de la Facultad Latinoamericana de Ciencias Sociales (FLACSO)-Ecuador y el Centro Internacional de Investigaciones para el Desarrollo (IDRC) realizaron una investigación sobre la frontera Ecuador-Colombia, cuyos importantes resultados académicos han permitido sustentar propuestas y políticas públicas para la contención del delito y la violencia, más allá de la región fronteriza.

Durante la investigación se mantuvo reuniones y entrevistas con actores de la sociedad civil, gobierno, organismos internacionales, organizaciones no gubernamentales, Iglesia, que desarrollan sus actividades en la frontera norte del Ecuador. La investigación permitió caracterizar las condiciones de seguridad de las poblaciones urbanas de esta zona, pero sobre todo, de los riesgos a los que se enfrentan sus pobladores y las formas en que los enfrentan.

Del estudio se derivó que las violencias y las fronteras son históricas, plurales y relacionales; así como que los sistemas urbanos se convierten en la base para la construcción de la lógica de las regiones transfronterizas.

El promedio general de los homicidios en América Latina creció el doble en los últimos 20 años, siendo las ciudades y las fronteras los lugares donde se despliegan los mayores porcentajes. Sin embargo, en las fronteras están concentrados los dos espacios: el urbano y la misma frontera, actuando en simultáneo. Esto ha traído que en la mayoría de las fronteras, las tasas de homicidios sean más altas que los promedios nacionales.

Esta nueva realidad se configura gracias al salto histórico que viven las fronteras en América Latina, en tanto: pasan del espacio *de los lugares,* propio del *contrabando binacional,* al *territorio de los flujos,* inducido por el *tráfico internacional organizado* (Castells, 1997), que se constituye en la expresión del crimen global que opera a través de redes, organizaciones y *holdings.* Si bien, la violencia fronteriza está localizada, su impacto tiene repercusiones globales y sus grados de ejecución tienden a ser más violentos y generalizados.

No obstante, las políticas se mantienen: por un lado, son homogéneas en tanto no discriminan la realidad de cada lado de la frontera y sus partes y, por otro, son distantes porque se diseñan desde los centros del poder nacionales, con componentes de seguridad nacional, control migratorio, esquemas aduaneros, donde los pobladores de frontera poco pueden aportar, más allá de las víctimas.

La violencia fronteriza es una violencia particular que se la entiende a partir de la desigualdad en una triple condición: *a*] asimetría complementaria entre los estados colindantes; *b*] inequidades territoriales dentro de cada uno de ellos, y *c*] su conversión en sitio estratégico de los mercados ilegales internacionales, como una plataforma o *hub* de integración supranacional.

2. LÍMITE, FRONTERA Y SISTEMA FRONTERIZO

"El concepto de frontera tiene dos acepciones: como el límite territorial de los estados y como la zona adyacente al límite territorial donde ocurre una interacción sociocultural intensa" (Arriaga, 2010: 43). A lo largo de este documento, el concepto de frontera será entendido como el espacio continuo de alteridad o de encuentro de diferentes universos simbólicos y comunidades políticas; mientras el límite será utilizado como la demarcación de un territorio que contiene una soberanía diferente a la del otro, bajo el principio de la separación. Por eso, el límite es el fin y el inicio de un Estado, que debe ser acordado entre los estados partes, en estricta sujeción a la soberanía territorial que les asiste. Esta distinción conceptual es fundamental para no confundir el objeto, por un lado, de la seguridad nacional vinculada a la soberanía contenida dentro de los límites de una línea que fragmenta; mientras, por otro, la seguridad ciudadana está relacionada con la convivencia segura contenida en la frontera.

Las fronteras son fenómenos históricos que "nunca llegan a borrarse, sino que vuelven a trazarse" (Augé, 2007: 22). En la época del modelo de sustitución de importaciones, las fronteras eran las regiones donde la economía cerrada de un

Estado se encontraba con la del otro. Así, las ilegalidades estaban vinculadas al comercio exterior y en ese contexto, el contrabando y el contrabandista tenían una función de integración ilegal de los mercados de los países colindantes. En muchos casos, las asimetrías[1] se generaban por las carencias de productos, la desigualdad de la calidad o las diferencias de los precios, por productividad, por situación monetaria o por aranceles.

Esta realidad de las fronteras, se modifica sustancialmente desde fines del siglo pasado y principios de éste, cuando los procesos de reforma del Estado —(apertura, privatización) en el marco de globalización (tecnología de la comunicación, nuevos actores mundiales)— convierten a las fronteras en verdaderas plataformas internacionales de conexión de los territorios distantes. Esta relación se produce bajo la figura de un campo de fuerzas —tipo imán— donde los polos desiguales se integran, porque se atraen, mientras que los desiguales se repelen; construidos por disímiles políticas sociales, económicas, de seguridad y culturales.

También se debe tener en cuenta que hoy las regiones transfronterizas no tienen a la ruralidad como eje de integración —como antes— sino a las ciudades, las que se convierten en los puntos focales del proceso de constitución de la articulación inter y transfronteriza. El sistema de ciudades y las nuevas relaciones interestatales generan un cambio sustancial de los sujetos fronterizos: se pasa del contrabandista binacional, al traficante internacional. Actor que produce el vínculo de la "economía de frontera" con los mercados ilegales de escala mundial, que se constituye en la base de la nueva lógica delictiva en la región.

3. LA VIOLENCIA FRONTERIZA

Las violencias no pueden ser entendidas por fuera de las condiciones históricas de su nacimiento y desarrollo; tanto que las actuales no son iguales a las de hace una década o de un siglo atrás. Por su parte, las políticas para reducirlas también cambian con el paso del tiempo, ya que hablamos de fenómenos históricos.

La velocidad del cambio de las violencias y las políticas no siempre coinciden, el tiempo de cada una de ellas es distinto, tanto que —en la actualidad— se observa un desfase entre las dinámicas de las violencias con las políticas de gobierno ejecutadas. Por ejemplo, la flexibilidad de la delincuencia no corresponde a la rigidez de las instituciones del sistema penal, por cuanto la violencia es flexible y muta, mientras las políticas son rígidas y relativamente estables.

Uno de los cambios históricos más evidentes de la violencia tiene que ver con la *geografía delictiva*, que nace de las condiciones especiales de la producción social del espacio de la violencia y de las políticas de seguridad. De ahí que en la actualidad, existan dos lugares donde se despliegan de manera privilegiada:[2]

---

[1] Las asimetrías crean condiciones de vulnerabilidad para la población y el Estado.
[2] Un caso muy interesante de la movilidad delictual tiene que ver con el narcotráfico: en algunos mo-

- Las ciudades: gracias a la urbanización de las violencias y la aparición de una típicamente citadina.
- Las fronteras: debido a su conversión en un espacio privilegiado para el delito transnacional, sustentado en el peso que han adquirido las economías ilegales.

Las ciudades de frontera guardan esta doble condición territorial, porque combinan los dos espacios señalados y porque el sistema urbano, que ahí encontramos, estructura a la región transfronteriza, a manera de un campo de fuerzas de atracción variable (Carrión, 2013: 23).

Uno de los grandes vacíos existentes en la comprensión de las violencias, tiene que ver con su expresión en las fronteras. Este tipo de violencia prácticamente pasa inadvertida, tanto por su localización periférica frente a las capitales y a los centros de poder nacionales, como por la ausencia de reconocimiento de esta violencia con sus lógicas específicas (violencia fronteriza), que afecta —incluso— a la totalidad de una nación y tiene consecuencias mundiales.

Sin embargo, el tema empieza a visibilizarse por la cantidad de hechos de violencia, por el grado de saña que adquieren, por la importante cobertura que les dan los medios de comunicación, por las demandas crecientes de los habitantes de frontera por seguridad ciudadana, por los problemas que genera entre los países colindantes, por los impactos en las economías nacionales. Acontecimientos que en su conjunto, llaman la atención de los gobiernos centrales y de la cooperación internacional, tanto que empiezan a cambiar las políticas tradicionales.

Las violencias son plurales, porque cada una de ellas tiene lógicas, dinámicas, actores y procesos específicos. Por ejemplo, la violencia de género se desarrolla por las asimetrías de poder en la relación a los géneros. La violencia vinculada al fútbol, está relacionada con los universos simbólicos que disputan los equipos. La violencia urbana, nace de la densa concentración espacial de la heterogeneidad y de la satisfacción desigual de las necesidades básicas en el *espacio público* (Carrión, 2014).

La *violencia fronteriza* —en cambio— tiene como principal motor a la economía de frontera, caracterizada por su condición de enclave (no en el ámbito de la producción, sino en el de la circulación) y por las ventajas comparativas existentes entre los estados (asimetría complementaria), elementos que producen un conflicto entre lo legal y lo ilegal. La economía ilegal genera un sistema delictual, por un lado, distinto según el lado de la frontera y por otro, integrado por varios delitos y violencias conexas, derivadas en buena parte de la lógica de los mercados ilegales,

---

mentos fue la producción la fase dominante, en otras las rutas y su movilidad y ahora, en cambio, sea el lugar de consumo, porque es allí donde adquiere un precio inconmensurable la droga. Si en Colombia un kilo de cocaína vale alrededor de 2 000 dólares, en las calles de Nueva York está sobre los 100 000; lo cual hace que el centro de comando del narcotráfico se desplace hacia los países de alto consumo. En otras palabras, hoy el área andina es la proveedora de las materias primas (*commodities*) y Estados Unidos y Europa los espacios de la acumulación. Todo este cambio en menos de 25 años.

que van más allá de las zonas de fronteras formando espacios de influencia cada vez más distantes, discontinuos y distintos.

Las violencias son relativas y el lugar donde se expresan con mayor nitidez son las fronteras: lo que en un lado de la frontera puede ser un delito en el otro puede que no lo sea. Pero también, las tasas de homicidios y asesinatos en las fronteras tienden a ser más altas que los promedios nacionales, como también tener grados distintos en un lado de la frontera con relación al otro.

En México, dos de las tres fronteras tienen más homicidios que el país y sólo una de ellas, México-Estados Unidos, supera en cerca del triple a la nacional, mientras el lado de Estados Unidos tiene menos de 10 veces la que existe al lado de México. La frontera del Ecuador con Colombia, tiene el doble de la tasa nacional de homicidios y es bastante menor a la tasa de la frontera de Colombia frente a Ecuador. Todas las fronteras argentinas tienen tasas de homicidios más altas al promedio nacional. Y estas afirmaciones se verifican en los casos analizados en el cuadro 1 que se encuentra en la siguiente página.

Una situación como la señalada tiene su explicación en los siguientes elementos: 1. La tipificación de los delitos se realiza en los parlamentos de cada país, mediante pactos sociales entre fuerzas políticas nacionales, distintas a las de otros países. 2. Los marcos institucionales son muy diferentes según se pase la línea demarcatoria de un Estado con respecto al otro. 3. Las políticas de procesamiento de los conflictos y de seguridad ciudadana difieren entre países. 4. La existencia de sociedades civiles con grados de fuerza y organización disímiles. De esta manera, las desigualdades interestatales producen una clara manifestación de la teoría de los "vasos comunicantes", que no es otra cosa que el traslado de ciertos hechos delictuales de un país hacia el otro, en atención a las ventajas comparativas que existen, como modalidades estructurales de los fenómenos denominados efecto "globo" o "cucaracha".[3]

En otras palabras, la desigualdad —como productora de la violencia— no viene sólo de las condiciones socioeconómicas de la población de una ciudad o un país, sino también a partir de las relaciones interestatales. La violencia fronteriza se caracteriza —como ninguna otra— por el carácter relacional, lo cual implica un cambio sustancial en los enfoques de la seguridad sustentados en atributos y no en relaciones. En este caso, el tipo de violencia al que nos referimos es relacional por su carácter internacional, ya que obedece a esta lógica general: existencia de una organización global del delito, que se expresa con acciones locales, donde los delincuentes sacan beneficios de la desigualdad entre estados y de la asimetría complementaria.

Por eso, la región transfronteriza es un espacio que tiene autonomía relativa frente al propio Estado y frente al otro Estado, por eso la lógica de las políticas de

---

[3] Las políticas focalizadas de seguridad sea en los territorios, en el tiempo o en ciertos delitos, como también diferenciadas entre estados producen, por un lado, el efecto globo que no es otra cosa que la ampliación del radio de influencia hacia otros ámbitos sin que se produzca una ruptura del vínculo; en otras palabras, es una ampliación del radio de influencia delictual; y por otro lado, el efecto cucaracha o pulga, que se traslada hacia otros niveles generando autonomía entre el lugar donde se aplica respecto del lugar a donde se desplaza.

CUADRO 1. TASAS DE HOMICIDIOS EN LAS FRONTERAS LATINOAMERICANAS

País	Tasa de homicidios a nivel nacional		Fronteras	Promedio tasas de homicidios en fronteras
	Año	Tasa		
México (1)	2008	26	México-Estados Unidos	74
			México-Guatemala	23
			México-Belice	48
Honduras (2)	2008	58	Honduras-Nicaragua	25
			Honduras-Guatemala	65
			Honduras-El Salvador	30
Venezuela (3)	2008	52	Venezuela-Colombia	34
			Venezuela-Brasil	40
			Venezuela-Guyana	24
Colombia (4)	2008	34	Colombia-Venezuela	68
			Colombia-Panamá	32
			Colombia-Ecuador	25
			Colombia-Brasil	51
			Colombia-Perú	22
Ecuador (5)	2008	19	Ecuador-Colombia	35
			Ecuador-Perú	9
Argentina (6)	2007	15	Argentina-Chile	15
			Argentina-Bolivia	15
			Argentina-Paraguay	18
			Argentina-Brasil	18
			Argentina-Uruguay	19
Chile (7)	2007	8	Chile-Perú	6
			Chile-Argentina	8
			Chile-Bolivia	7

FUENTES: 1] Sistema Nacional de Seguridad Pública y CONAPO, <www.consejociudadanodf.org.mx/documentos.php> y Consejo Ciudadano para la Seguridad, <www.icesi.org.mx/estadisticas/estadisticas.aspPúblicaCCSP México>. 2] Policía Preventiva/Observatorio de la Violencia, <www.unah.edu.hn/uploaded/content/category/926831121.pdf>. 3] Centro para la Paz UCV, Centro de Estudios Sociales Derechos Humanos, Democracia e Inclusión (CES), Cifras de criminalidad y violencia en Venezuela, 2008, parcial 2009. 4] Instituto Nacional de Medicina Legal y Ciencias Forenses, <www.medicinalegal.gov.co/index.php?option=com_wrapper&view=wrapper&Itemid=60>, 5] Johanna Espín, investigadora Programa Estudios de la Ciudad, FLACSO-Ecuador, datos obtenidos de la Policía Judicial. 6] Dirección Nacional de Política Criminal-Ministerio de Justicia, Seguridad y DD.HH, <www2.jus.gov.ar/politicacriminal/Formosa2007_homi.pdf>. 7] Fundación Paz Ciudadana, datos obtenidos del Ministerio Público, Anuario de Estadísticas Criminales, 2008, <www.pazciudadana.cl/publs.php?show=CAT&idCat=12>.

ELABORACIÓN: Diana Mejía M., Programa Estudios de la Ciudad, FLACSO-Ecuador.

seguridad deben ir de la mano de la *integración* entre los distintos países y de *descentralización* al interior de cada uno.[4] Sin duda, estos dos componentes de política pública en materia de seguridad ciudadana, son los más eficaces a la hora de pensar en prevención del delito.

4. COMPLEJOS URBANOS TRANSFRONTERIZOS

Latinoamérica tiene 43 países que albergan una población de 599 millones de habitantes, de los cuales 491 millones están localizados en 16 500 ciudades. La región en 1950 contaba con el 41% de la población concentrada en ciudades, cuando en la actualidad llega al doble: 82%. Este alto porcentaje confirma que se ha convertido en una región fundamentalmente urbana, por convertirse en la región con más rápida urbanización y, a la vez, en la más urbanizada del mundo.

Pero la distribución de la población no ha sido equilibrada en el territorio, ya que es una urbanización concentrada, desigual y excluyente, que conduce a una significativa polarización: mientras 63 ciudades con más de un millón de habitantes concentran el 41% de la población, las urbes consideradas pequeñas —entre 2 500 y 500 000 habitantes— contienen el 49% (Arriagada, 2000). En otras palabras, la urbanización latinoamericana no se ha desplegado homogéneamente en el territorio.

Sin embargo, desde fines del siglo pasado se observa un cambio importante en el patrón de urbanización en América Latina, consistente en: *a]* el significativo crecimiento del número de ciudades (más de 16 500 en la región), *b]* el aumento de la población en las urbes[5] y, *c]* el redireccionamiento territorial de la población hacia el exterior como migración internacional y hacia las fronteras (Lates, 2002). Sin duda, estos componentes ayudaron a que las ciudades de frontera empiecen a crecer comparativamente a un ritmo superior a lo que ocurría antes y a otras ciudades de sus respectivos países.

Con el crecimiento de la población urbana y el cambio de los destinos tradicionales de la migración rural-urbana,[6] la urbanización tiende a generalizarse por todo el territorio continental. Esto se refleja en que las ciudades, inicialmente ubicadas en las costas del Pacífico o del Atlántico, tienden a esparcirse más uniformemente por el espacio interior de los países y en muchos casos hacia las zonas limítrofes. En la figura 1 se puede percibir justamente este fenómeno, acaecido en los últimos 50 años del siglo pasado.

---

[4] La sola consideración de la formulación de la seguridad ciudadana por encima de la seguridad pública y de la seguridad nacional ya encarna estos dos principios: la integración y la descentralización.

[5] En 1950 el 41% de la población latinoamericana estaba concentrada en ciudades, cuando en la actualidad es superior al 80%; esto es, en 70 años se ha duplicado la población urbana concentrada en ciudades.

[6] Se cierra el ciclo de la migración del campo a la ciudad y se abren dos simultáneos: migración urbana-urbana y migración internacional, en un contexto de reducción significativo del crecimiento vegetativo de la población; que conduce a la reducción de las tasas de urbanización.

FIGURA 1. AMÉRICA DEL SUR: LOCALIDADES DE 20 MIL Y MÁS HABITANTES, SEGÚN RANGOS DE TAMAÑO DEMOGRÁFICO, 1950 Y 2000

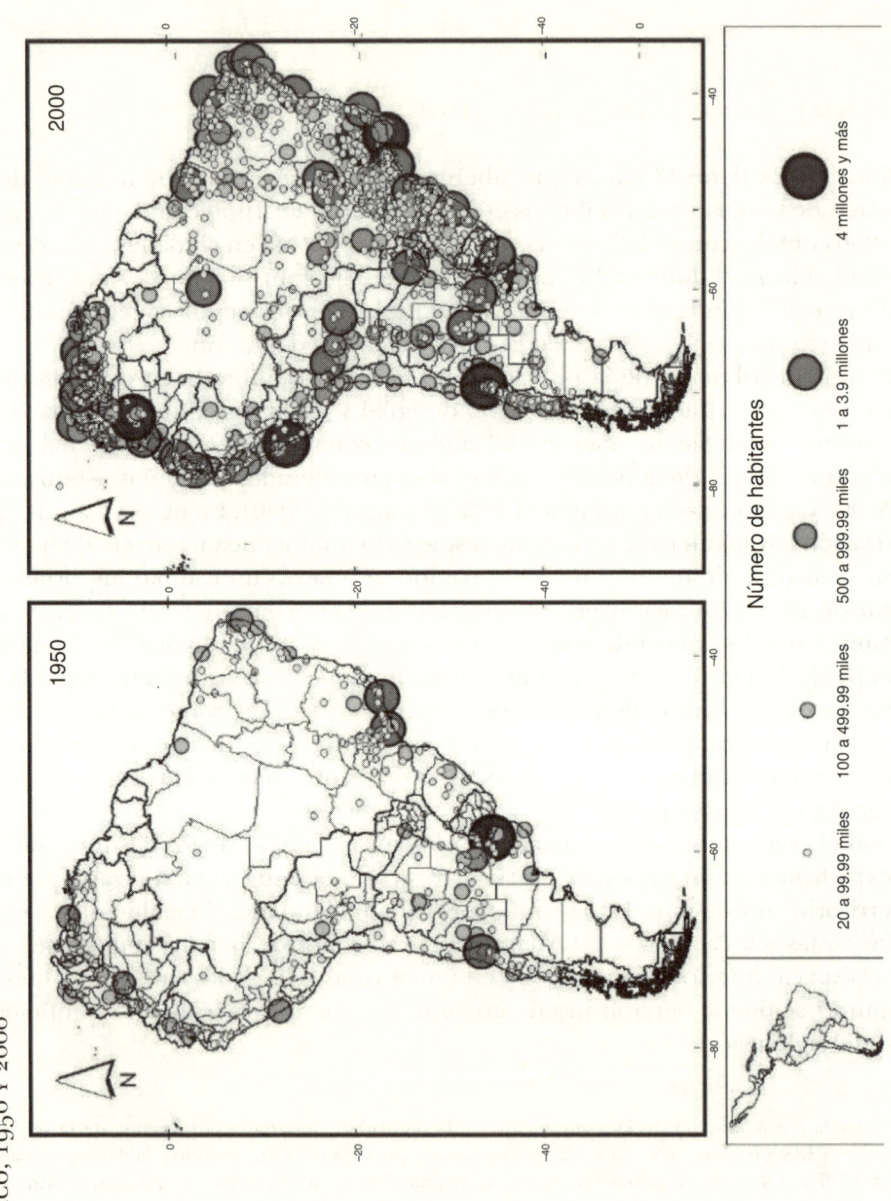

FUENTE: Base de datos DEPUALC, 2009; CELADE/División de Población de la CEPAL.

Las ciudades no pueden existir aisladamente, tanto que en sus orígenes las relaciones con el campo fueron su razón de ser. En la actualidad las ciudades sólo pueden ser comprendidas en su esencia interurbana, esto se evidencia en el caso de las regiones transfronterizas, porque su razón de existencia es el vínculo con la ciudad del otro lado (interurbano), formando un sistema urbano que opera bajo la lógica de *cremallera*. Esta lógica se sustenta en la dinámica de *ciudades espejo*: nace una urbe en un lado y simultáneamente nace otra al otro lado de la frontera. De esta manera, se conforman sistemas de ciudades pequeñas pero globales, altamente conflictivas que, en muchos casos, devienen en hechos delictivos y de violencia.

Un ejemplo muy claro es el caso de la frontera México-Estados Unidos, como se puede observar en la figura 2 —que no es la excepción sino la regla de la lógica fronteriza— donde las ciudades actúan relacionadas bajo la lógica del espejo:[7] si a un lado hay una ciudad al otro también existe otra. Pero esta relación —gracias a la transformación de la figura de contrabandista a traficante— pasa históricamente de ser exclusivamente binacional a ser global (Sassen, 1990) y en ese contexto, la lógica del imán es la que prefigura la integración interurbana.

FIGURA 2. SISTEMA DE CIUDADES EN LA FRONTERA MÉXICO-ESTADOS UNIDOS

FUENTE: C. Reyes *et al.*, 2001, *Explorando la geografía de México*, vol. 2, mapa 1.7: 17.

Los sistemas urbanos se apoyan en las economías de frontera y en los poderes locales, que les otorgan protagonismo internacional, en un contexto en que los estados nacionales pierden peso ante las ciudades, tanto en el plano internacional como transnacional. El sistema de ciudades dentro de las regiones emergen-

---

[7] El caso más llamativo es el de Ciudad Juárez y El Paso, que conforman un área metropolitana transnacional: mientras la primera tiene una tasa superior a los 100 homicidios por cien mil, la segunda no llega a uno.

tes, como son las fronteras, consiguen jalonar, articular y proyectar un subsistema urbano-regional con inserción internacional. La organización de este subsistema se produce primero, gracias a la lógica de las asimetrías complementarias en las fronteras y segundo a su conversión en plataformas globales que generan espacios interesantes de integración multinacional, donde las ciudades y sus gobiernos adquieren una mayor significación internacional.

La lógica de las *asimetrías complementarias,* existente en *las fronteras* nacionales se potencia debido a tres condiciones: al auge económico, a la atracción poblacional y a la condición de plataformas internacionales, que hoy tienen estas regiones. Sin embargo, hay una contraparte negativa en las fronteras: las altas tasas de homicidios vinculadas a los mercados ilegales. A pesar de esta ambivalencia, se han generado espacios interesantes de integración multinacional, donde las ciudades y sus gobiernos adquieren una función significativa.

En este contexto, las ciudades de frontera cobran singular importancia, gracias a las políticas de los estados nacionales, sustentadas en la necesidad de copar los territorios y de controlar las fronteras. Estas ciudades se despliegan en el territorio adoptando una morfología explícita, que puede ser observada en la figura 3.

Los complejos urbanos fronterizos más significativos y característicos de América Latina, pueden identificarse a través de la siguiente tipología:

Las *Ciudades limítrofes (nucleares)* son aquellas que se estructuran a partir de la línea divisoria entre los países y son localidades urbanas que tienen una mancha urbana integrada (contigua). Estas ciudades conforman una unidad urbana, aunque separadas por la línea de demarcación político administrativa de diferentes estados nacionales, que imprimen una suerte de fragmentación o segregación urbana supra nacional.

Se trata de una ciudad que se extiende por varios territorios nacionales, que pueden tener las siguientes formas: las *Ciudades bi-nucleares o binarias,* estructuradas entre dos países (Tulcán-Ipiales, Tacna-Arica), las *Ciudades tri-nucleares o trinarias,* nacidas de las relaciones entre tres países (Ciudad del Este/Foz de Iguazú/ Puerto de Iguazú) y las *Ciudades metropolitanas,* conformadas por una ciudad central que articula espacios urbanos periféricos (Ciudad Juárez-El Paso).

Las *Ciudades fronterizas (nucleares)* son aquellas que se ubican en espacios de cada país pero que colindan con las localidades urbanas en zonas de frontera del otro lado, que tienen vínculos reflejos (espejo) a pesar de no tener continuidad territorial entre ellas. En otras palabras, son ciudades que carecen de espacios adyacentes pero que están integradas por la lógica común del funcionamiento de las regiones fronterizas (Puerto Asís en Colombia y Sucumbíos en Ecuador).

Ciudades transfronterizas, son las que se estructuran en una misma región multinacional contenida por la integración de las distintas fronteras de los países colindantes. En este caso se conforman sistemas urbanos binacionales o multinacionales, donde resalta el sistema compuesto por Manaos en Brasil, Leticia en Colombia, Iquitos en Perú y Sucumbíos en Ecuador, donde Ecuador y Brasil no son países limítrofes pero si fronterizos.

En este tipo de ciudades se pueden encontrar varias formas de gobierno que se

SISTEMA FRONTERIZO

FIGURA 3. LOCALIZACIÓN DE LOS COMPLEJOS URBANOS TRANSFRONTERIZOS EN AMÉRICA LATINA

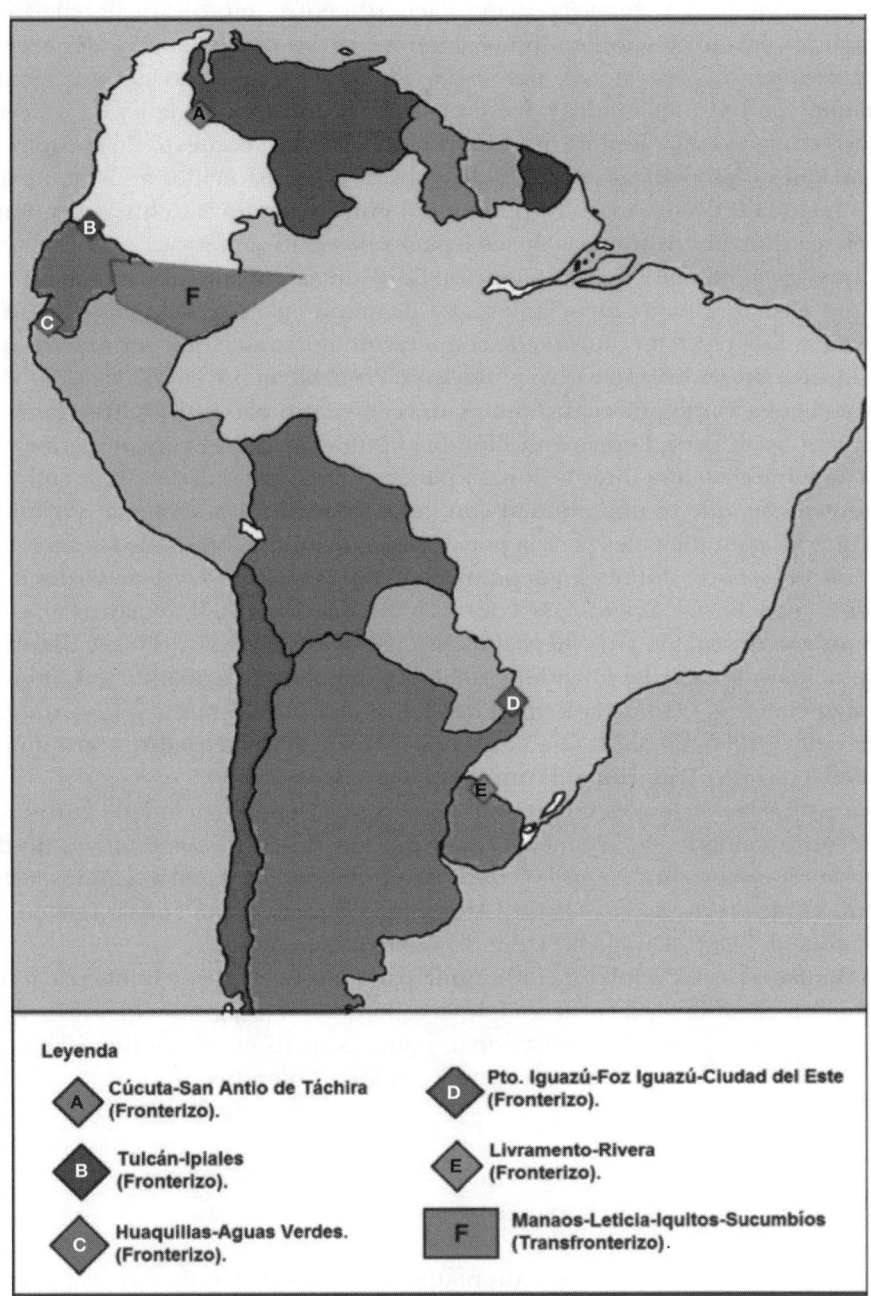

van conformando con el paso del tiempo y de acuerdo con las condiciones particulares de cada una de las regiones. Entre ellas se encuentran las siguientes:

La *mancomunidad de municipios*, como acuerdo entre uno o varios gobiernos locales para la administración conjunta de una o varias competencias (servicios, infraestructuras), sin crear una nueva institucionalidad. Éste es el caso, por ejemplo, del manejo de residuos sólidos y medio ambiente entre las ciudades de Tulcán en Ecuador e Ipiales en Colombia, nacido justamente en un contexto de la ruptura de las relaciones diplomáticas entre los dos países. Casos parecidos a los que existen entre las ciudades ecuatorianas y peruanas o entre argentinas y chilenas; y, mucho más, en las ciudades fronterizas de los 6 países de Centroamérica.

El *hermanamiento*, nace de la integración de distintas ciudades que tienen intereses comunes y lo hacen para potenciar los lazos de unión y para la promoción de proyectos mutuos. Éste es un mecanismo de cooperación horizontal que permite transferir las políticas exitosas de uno a otro municipio. Probablemente el caso más emblemático sea el constituido por cuatro municipios de cuatro países distintos: Manaos en Brasil, Iquitos en Perú, Leticia en Colombia y Nueva Loja en Ecuador, para el desarrollo de infraestructura internacional y para enfrentar el tema de los narcóticos.

La *asociación*, que es una entidad con personería jurídica formada por un conjunto de socios municipales para la persecución de un fin común de forma estable. En la *asociación* entre municipios, como la que opera a partir de los acuerdos de Paz firmados entre Perú y Ecuador, se consagró una rotación de los cuadros directivos máximos y se busca una personería jurídica para la llamada Asociación Binacional de Municipios del Sur del Ecuador y del Norte del Perú (ABIMSENOP). También se debe mencionar el caso de la Región del Trifinio donde 45 municipios fronterizos que tienen 670 000 habitantes de Guatemala, El Salvador y Honduras proponen el Plan de Desarrollo Trinacional Fronterizo.

Área metropolitana, que es una región urbana que tiene una ciudad central sobre la cual otras ciudades se articulan. La formación de *áreas metropolitanas* desde la lógica de espejo (gráfica 1) en la frontera entre México y Estados Unidos, o en la llamada Triple Frontera entre Brasil, Argentina y Paraguay con Foz do Iguaçu (Brasil), Ciudad del Este (Paraguay) y Puerto Iguazú (Argentina).

Estos cuatro casos de integración municipal, muestran que el ámbito de lo local es altamente flexible para encarar el desarrollo urbano integrado, incluso en situaciones conflictivas a nivel internacional, como ocurrió en el conflicto Ecuador/Perú o en la ruptura de relaciones entre Ecuador y Colombia.

5. VULNERABILIDAD EN LAS CIUDADES DE FRONTERA

Históricamente las ciudades han enfrentado diferentes formas de afectación a su seguridad, pasando desde elementos vinculados a su abastecimiento (alimentos, agua, etc.), hasta amenazas externas (conquistas); situaciones en las que las ciudades han debido irse modificando y reinventándose. Actualmente las amenazas a la seguridad urbana se relacionan a: sobrepoblación, desastres naturales, violencia y criminalidad (Morales, Rodríguez y Sánchez, 2013: 30). Cuando la capacidad de la ciudad se ve disminuida para enfrentar, resistir y recuperarse de los efectos provocados por estas amenazas, la ciudad y su población se encuentran en condición de vulnerabilidad.

La probabilidad de que a nivel individual o colectivo, no se encuentren dentro de un estado de bienestar, debido a condiciones de: aislamiento, inseguridad o, indefensión, se define como vulnerabilidad. Condición que se construye bajo factores como: *a*] la existencia de un evento adverso (riesgo,[8] violencias); *b*] ante el que no existe capacidad de respuesta;[9] y la, *c*] inhabilidad para adaptarse al nuevo escenario[10] generado por la materialización del riesgo.

Estos elementos se evidencian en las poblaciones de frontera, bajo las siguientes características:

- Los elementos adversos (riesgo): referidos como la condición de la existencia de la "violencia fronteriza".
- La capacidad de respuesta: la presencia del Estado en espacios liminares como las fronteras, históricamente ha estado relacionada principalmente a las necesidades de la seguridad nacional, fortaleciendo la presencia militar, por sobre las particularidades o necesidades de la población local.
- La inhabilidad de adaptación: la centralización de acciones económico-políticas, generan políticas e instrumentos que distan de la realidad fronteriza. En ese sentido, la centralización aumenta el riesgo y vulnerabilidad, disminuyendo la capacidad de respuesta.

Las condiciones de vulnerabilidad de la población, varía en cada caso, dependiendo de las condiciones mismas de la ciudad. Al igual que diversas son las ciudades, las que se encuentran en zona de frontera presentan condiciones de riesgo y vulnerabilidad en diferente grado, dependiendo de la posible exposición de sus pobladores a elementos adversos.

Los habitantes de las zonas de frontera, enfrentan condiciones particulares de seguridad; al momento de caracterizar al "sujeto fronterizo", entendido como la condición de ser un ciudadano que habita la frontera. En el caso de la frontera norte del Ecuador, existen tres concentraciones urbanas importantes (Tulcán, Lago Agrio y San Lorenzo-Esmeraldas) que sirven como principales puntos de unión y encuentro con Colombia. La realidad de cada uno de estos espacios es heterogénea; los factores que la población identifica como riesgos, son diversos.

---

[8] El riesgo entendido como la magnitud de las amenazas, frente a la vulnerabilidad existente.

[9] En el caso de las poblaciones de frontera, la débil presencia institucional del Estado, la falta de atención a servicios que permitan un nivel mínimo de bienestar, son elementos que aumentan la condición de vulnerabilidad de la población.

[10] La delincuencia tiene la capacidad de ser flexible y adaptarse rápidamente a condiciones adversas; esto frente a las políticas locales y estatales, que responden a procesos internos de una nación, que se muestran rígidas y de lenta adaptabilidad a las nuevas condiciones que se le presentan.

5.1. *Frontera Norte del Ecuador: Tulcán, Ciudad Limítrofe (nuclear)*

Un caso particular es el de Tulcán, puesto que en el mismo se puede evidenciar la construcción de una fuerte percepción de inseguridad, en general se siente en la población un estado de desasosiego frente a la situación de seguridad de la ciudad. Esta situación es un determinante importante al momento de construcción de una ciudad, como el espacio del encuentro de los otros. Puesto que define el espacio y el tiempo de su uso, las rutas de la ciudadanía y el enfrentamiento a sus temores, la ciudad se vacía de sociedad y se llena de extranjeros, pierde ciudadanía (Carrión, 2010).

Si bien el tratamiento del tema seguridad ha venido captando el interés de las agendas políticas desde hace más de una década, no es menos cierto que la situación se ha visto desbordada en los últimos años, tanto en el aspecto del cometimiento de los delitos, como el miedo y temor que provoca en la población. La construcción misma del imaginario de inseguridad en sí, no es un elemento irreal o fantasioso, sino que al ser originado en una realidad específica, potencia los elementos de esa realidad convirtiéndose en una nueva realidad. Si bien las cifras registradas en Tulcán acerca del cometimiento de delitos son bajas, la percepción de inseguridad de su población es igual de real que las cifras oficiales.

Tulcán cuenta con instituciones consolidadas, que han logrado generar procesos sostenidos en la ejecución de algunos proyectos, encaminados a mejorar las condiciones de seguridad de la población. Sin embargo, aún mantienen dependencia administrativa de instituciones que funcionan en la ciudad de Ibarra,[11] situación que genera no solamente malestar entre la población, sino que se manifiesta como un factor de vulnerabilidad al momento de consolidar un gobierno local en Tulcán.

La Federación de Barrios de Tulcán, se muestra como un estamento de la sociedad civil, que procura ser participativa, generadora de ideas y soluciones ante los problemas de seguridad ciudadana, convivencia, etc. Los miembros de la federación han identificado la importancia de realizar acciones coordinadas con instituciones del Estado, para el mejoramiento de las condiciones de seguridad en la ciudad; ejemplo de esto es el control de patrullajes policiales, que la población realiza en los barrios. Por otra parte, la condición de ciudad fronteriza, enfrenta a su población a los efectos no deseados de políticas nacionales de control y venta de combustibles, gas de uso doméstico y comercio. Las acciones que se toman para esta zona de frontera, son vistas como una fluida comunicación entre Quito y Bogotá, que deja de lado la realidad cotidiana de su población. Varios actores en Tulcán manifiestan este malestar, en el sentido de que no existe una correcta y adecuada socialización con las instituciones que trabajan en la frontera.

Como una acción encaminada a mejorar las condiciones de vida de la población colombiana que ingresó al Ecuador en busca de refugio; se desarrolló un proceso

---

[11] En el sector campesino, por ejemplo, la oficina del INDA la desaparecieron y todo está concentrado en Ibarra, titulaciones, escrituras públicas, trámites de tierras, deben realizarse en la Agencia de Aguas de Ibarra.

de censo y registro masivo, denominado el Registro Ampliado. Sin embargo, a pesar de ser una acción necesaria, para mejorar las condiciones de vida, de la población en situación de vulnerabilidad, varios actores consultados en Tulcán, manifestaron su inconformidad con la acción,[12] puesto que se dejó de lado la experiencia de varias instituciones locales que han trabajado de una u otra forma en el tema. Expresiones como: "se está dando refugio al que es y al que no es", o también, "hay ecuatorianos con carnet de refugiado", son elementos que dejan la impresión de ser una acción que no contó con la planificación adecuada, respecto a la realidad de la población de frontera.

El gobierno provincial del Carchi,[13] es una institución que ha sido capaz de generar un importante poder de convocatoria, no sólo en el área de Tulcán sino a nivel provincial. Son destacables sus esfuerzos en relación con el tema de seguridad ciudadana, con la implementación del observatorio de seguridad ciudadana; sin embargo, con el propósito de homologar información, el Estado ecuatoriano absorbió las funciones del observatorio, delegando a la gobernación de la provincia este accionar; de esta forma, se restó fortaleza a los procesos locales, que se han desarrollado en busca de generar acciones desde la frontera, para resolver los problemas de la frontera.

5.2. *Frontera Norte del Ecuador: Lago Agrio y Esmeraldas; Ciudades fronterizas (nucleares)*

En la ciudad de Lago Agrio, al igual que en las otras ciudades consideradas dentro de la investigación, se evidencia la debilidad de las instituciones locales. La visión que se tiene alrededor del tema de seguridad ciudadana está vinculada de manera fuerte a un esquema de tipo policial. Sin embargo, la fuerte presencia de la Iglesia y organizaciones civiles consolidadas han permitido contar con cierto equilibrio.

Se puede hablar de dos periodos en la realidad de Sucumbíos, por un lado fruto del abandono histórico gubernamental de la zona, grupos armados irregulares de Colombia ejercían cierto control sobre las actividades de la población. Posteriormente el Estado empieza a fortalecer su presencia en Sucumbíos, desplazando en gran medida a estos grupos y sus actividades; sin embargo, el efecto no deseado de

---

[12] En medio de una entrevista con un actor local en Tulcán, contó a manera de anécdota que durante el proceso del registro ampliado en Tulcán, un ciudadano colombiano que vive en Ipiales, comerciante que cuenta con un local propio, les solicitó ayuda para tener condición de refugiado en Ecuador. Para esto se le manifestó que se le ayudará, que se seguirá el procedimiento de caso para determinar si requiere o no ser considerado como refugiado, ante esto el ciudadano en cuestión abandonó las dependencias de la institución. Después de un par de días regresó, tan sólo para decir, con su carnet de refugiado en mano, que los del registro ampliado sí le ayudaron. Actualmente, este comerciante mantiene sus actividades con normalidad en Ipiales y cuando corresponde cruza a Tulcán para recibir los beneficios de su condición de refugiado.

[13] Para que el Observatorio de Seguridad Ciudadana del Carchi, pueda funcionar, se necesitó, a más de la voluntad política, la legitimidad de la prefectura como referente importante al momento de buscar cooperación con otras instituciones locales, para consolidar la información necesaria.

esto se da, en el sentido del control de la delincuencia, en razón de que los grupos armados irregulares de Colombia, lograban con su presencia mantener un adecuado control sobre la delincuencia; con su salida, la problemática ganó terreno rápidamente. Sin embargo, en los últimos años, según evidencian las cifras de la policía judicial, en relación con el número de muertes violentas en la provincia, éstas han disminuido de manera sostenida.

Las acciones gubernamentales que fueron tomadas para el mejoramiento de la seguridad, al ser enfocadas desde una visión nacional que busca la protección de la soberanía nacional afectan la normal convivencia de los recintos de la frontera, y la relación de convivencia solidaria con la población colombiana.

Esta conflictividad no afectaba de manera más inmediata a la población civil ni a las áreas urbanas consolidadas, donde incluso los registros de denuncias por delitos contra la propiedad son bajos. Sin embargo, estas cifras fueron sobredimensionadas sobre la realidad de Lago Agrio, de manera particular los medios de comunicación contribuyeron a construir la idea de una ciudad peligrosa, se ha generado la idea de una insostenible inseguridad más allá de la realidad que la habita (Rincón: 2009). Este elemento es rechazado en varios niveles de la población, puesto que desmotiva la inversión privada y resta impulso a las diferentes iniciativas alrededor del turismo que se están implementando.

La Iglesia ha logrado construir espacios fuertemente consolidados de acción social, trabajo con la niñez y la adolescencia de la provincia, grupos de mujeres, derechos humanos y comunicación a través de Radio Sucumbíos. Esta situación ha permitido que grupos sociales como la Federación y el Frente de Mujeres encuentren espacios en los cuales respaldar su trabajo. Esta fuerte vinculación con la población en trabajos de tipo social, es un elemento que determinó la resistencia y los fuertes enfrentamientos que se dieron en Lago Agrio a propósito de la orden eclesiástica de la salida de monseñor López y la orden de los Carmelitas Descalzos de Sucumbíos.

Por otra parte, el caso de Esmeraldas, que históricamente ha sufrido la desatención de los gobiernos de turno; situación que ha generado que gran parte de su población se encuentre en situación de vulnerabilidad, por no poder acceder de manera oportuna, al uso de servicios básicos. En varios de los espacios que fueron consultados durante la investigación se encontró un malestar general respecto a alto desempleo de la población, a la vez, señalan éste como uno de los principales motivos del aumento de la delincuencia.

A nivel local, existen instituciones débiles, que a pesar de contar con planes de trabajo, no han logrado consolidar espacios de consensos entre los diferentes actores de la provincia y el cantón. Por un lado la gobernación no cuenta con una planificación que desde lo local busque las soluciones a las necesidades propias de Esmeraldas, frente a los conflictos de (in)seguridad. Situación que se repite en instituciones como la municipalidad y la prefectura, que si bien no tienen como competencia directa o principal, el tratamiento del tema de seguridad, tampoco se han interesado en gerenciar los recursos locales de manera adecuada para coordinar las acciones de seguridad en sus jurisdicciones.

El tratamiento del tema de seguridad está manejado de manera casi exclusiva por la policía nacional y las fuerzas armadas; situación que se refleja en el discurso general de las autoridades, al mantener un enfoque positivo sobre el aumento de personal policial, operativos y el involucramiento de las fuerzas armadas en los patrullajes dentro del área urbana.

Esta situación al parecer ha generado una migración de la delincuencia, puesto que si bien las cifras oficiales hablan de una ligera disminución del cometimiento de delitos, esto no ocurre porque se ha solucionado el problema como tal, sino que los grupos delincuenciales al ver mayores trabas para sus actividades, han migrado progresivamente al sur; posiblemente esto puede explicar el inusitado crecimiento de la inseguridad en poblaciones como la Concordia y Santo Domingo.

En contraposición a este enfoque, en varios de los espacios no gubenamentales consultados, se dio mayor relevancia al ámbito de lo social. Conflictos generados por la gran presencia de ciudadanos colombianos, algunos de los cuales forman parte de bandas criminales, nacientes de la desmovilización de paramilitares en el conflicto colombiano. La presencia de grandes empresas dedicadas a la producción de palma africana ha modificado drásticamente las rutinas y formas de relacionarse de la población, provocando conflictos sociales y ambientales que no han sido atendidos por el Estado.

Los grupos que han encontrado un mejor trabajo coordinado, son aquellos que están vinculados al trabajo con grupos vulnerables, como es el caso de la niñez, adolescencia y mujeres. Sin embargo, la organización civil, alrededor de la búsqueda de soluciones, se manifiesta como una estructura débil, la Federación de Barrios de Esmeraldas, vincula su trabajo a la búsqueda de reivindicaciones sociales, como la dotación de agua potable, alcantarillado, etc., viendo al tema de seguridad como algo meramente policial.

6. POLÍTICAS FRONTERIZAS

Las políticas fronterizas que aplican los estados nacionales en estas regiones se las puede caracterizar a partir de tres líneas generales: *a*] son unilaterales, es decir, sin considerar que se trata de una realidad transfronteriza; *b*] son homogéneas, porque no hacen distinción de las diferencias existentes a lo largo de las fronteras, y *c*] son concebidas y ejecutadas desde los centros de poder distantes a la realidad de las fronteras.

La *unilateralidad* tiende a fortalecer la *asimetría complementaria,* porque las políticas nacionales diseñadas por cada país terminan por acrecentar las diferencias entre ellos, por ejemplo y principalmente, las políticas económicas en los campos monetarios (paridad, cambiaria), tributarios (aranceles), comercio internacional (balanza comercial), financiera (créditos) ignorando la dinámica de las regiones transfronterizas. Por eso, la política económica debería realizarse con ciertos consensos mínimos entre los países o, al menos, en las regiones o fajas transfronterizas en ciertos ítems sensibles como por ejemplo, los derivados del petróleo (manejo de subsidios a escala regional) o los aranceles, que no sólo deberían ser una base tributaria concurrente entre lo local y lo nacional, sino también un elemento reductor de las desigualdades en el interior de los estados. Pero también, es importante estimular la inversión pública en estos territorios, con fines de fortalecimiento institucional local, de promoción de un desarrollo regional alternativo al de los mercados ilegales y de reducción del peso de las políticas de seguridad nacional y pública, en beneficio de la seguridad ciudadana.

El caso extremo de la unilateralidad tiene que ver con la construcción de barreras o muros físicos que separan aún más a los países y acrecientan la ilegalidad y los problemas de interacción necesarios. La región fronteriza no debe entenderse sólo desde uno de los lados (unilateralidad), sino bajo la dinámica transfronteriza que integra.

La *homogeneidad* de las políticas en las fronteras es un segundo componente a ser debatido. Nunca el diseño de políticas homogéneas ha traído efectos positivos en realidades heterogéneas, más aún el caso de las fronteras que no sólo son intrínsecamente diferentes en cada uno de los lados sino también dentro de cada país.

La lógica *centralista* de las políticas también es altamente perniciosa, porque no sólo no reconocen a los gobiernos locales como interlocutores clave, sino que tampoco están pensadas en las sociedades de frontera. Las políticas se inscriben en la defensa de la soberanía con la presencia militar (seguridad nacional), del orden público interno con el control policial (seguridad pública), del control migratorio (visas) y del peso aduanero (aranceles, cupos), que no son funcionales al nuevo papel de las fronteras en este momento histórico. Generalmente, las políticas nacionales tienden a producir barreras físicas, virtuales, arancelarias o salvaguardias, con la presencia militar-policial y con la construcción de muros que crean mayores oportunidades para la integración ilegal, al tiempo que producen escudos para las actividades legales, es decir, acciones que tienden a potenciar la delincuencia transnacional.

En definitiva, las visiones dominantes están ancladas en lo militar, aduanero y migratorio, sin que se asigne ninguna función a la escena local ni a sus gobiernos. En este sentido, la demanda de seguridad ciudadana implica no sólo fortalecer la institucionalidad local sino también generar una nueva estructura productiva que sustituya a la dominante de los mercados ilegales. Esto supone, elevar la jerarquía de las políticas públicas en el campo de la prevención a través de la *descentralización*, que transfiere recursos y competencias a los municipios y la *integración* que impulsa el desarrollo del conjunto de la región transfronteriza.[14]

Las localidades de frontera son las que sufren cotidianamente los problemas de la violencia, mientras las economías ilegales y legales que se desarrollan en estas zonas tienden a beneficiar al país: lavado, precios bajos, buenos productos.[15] Mucho más ahora, en que los efectos de las violencias globales son locales y porque las po-

---

[14] Quizás el ejemplo de la política económica sea un punto central, lo cual no debe eliminar la posibilidad de impulsar un proceso de armonización legal en el campo penal.

[15] En Bogotá los San Andrecitos movieron en el 2002 más de 2 500 millones de dólares y las Bahías en Guayaquil más que el presupuesto del municipio de la ciudad.

líticas de seguridad se diseñan exógenamente a la región, sin contar con las voces de los actores principales: productores, comerciantes, mujeres y jóvenes residentes en las fronteras.

7. CONCLUSIONES

La lógica transfronteriza nacida de la concurrencia local/nacional debe imponerse por encima de la limítrofe, para que la integración y la descentralización actúen como políticas de prevención.

Con fronteras aisladas territorialmente y en los márgenes de los espacios de decisión, las políticas de seguridad excluirán al Estado contraparte y a los habitantes de la propia región, de ahí que diseñar estrategias sin incorporar al otro (excluir es causal de violencia) implica desconocer la realidad y aportar mayores violencias. Mientras se sigan aplicando políticas de seguridad que construyan mayores distancias y diferencias entre los estados colindantes, los actores de las violencias desarrollarán territorios transfronterizos unificados para el crimen. Adicionalmente, tratar de manera similar a los desiguales, profundiza las diferencias y, por lo tanto, incrementa las condiciones estructurales de la violencia.

En las ciudades de frontera, dos de los impulsores de la violencia urbana fronteriza tienen que ver con las desigualdades: *a*] estados colindantes a través de las asimetrías complementarias. Por eso, la política de seguridad debe ser de integración y no de separación. *b*] Los territorios de frontera están determinados por las distancias-cercanías con respecto al centro del poder político y económico nacionales. Por eso, la política de seguridad debe ser de descentralización y no de centralización; de integración y no de separación.

Este tipo de desigualdades construyen ilegalidades que dan paso a la "violencia fronteriza" —concentrada en las ciudades de frontera—, pero no en términos de los tradicionales desequilibrios sociales y económicos dentro de una ciudad o sociedad, sino en la relación de dos o más países que se encuentran-separan en las fronteras.[16] Lo paradójico de esta situación está en que las zonas de frontera —al menos las más dinámicas— tienen balances migratorios positivos, porque las economías de frontera empiezan a operar como masa gravitatoria de atracción poblacional, pero en algunos casos las violencias llegan a un umbral que opera como externalidad negativa.

Las estrategias de seguridad ciudadana implican poner su acento en la población, en las relaciones interpersonales, siendo el Estado el garante de la convivencia.

En otras palabras, su sola consideración implica un proceso de descentralización, porque los habitantes de la frontera se convierten en los sujetos principales de las políticas. Una propuesta de este tipo, va contra corriente de las políticas hegemónicas

---

[16] Como se mencionó anteriormente la violencia no se explica por atributos, sino por las relaciones.

que se despliegan en las zonas de frontera, donde la seguridad nacional (soberanía del territorio) es el principal interés. Dado que estas estrategias no han estado dirigidas al fortalecimiento de la institucionalidad pública y privada (capital social), éstas han sido presa del crimen organizado para someterlo a sus intereses.[17]

La posibilidad de que los actores locales desarrollen políticas, instrumentos y acciones, que respondan a las necesidades de su realidad, permitirá armonizar la convivencia de los habitantes de la frontera a tres niveles: *a*] entre vecinos; *b*] entre ciudades fronterizas; pero sobre todo, *c*] entre los habitantes de la frontera y el resto del país.

En las zonas de frontera se requieren dos políticas de promoción de la seguridad: *a*] La integración entre los países colindantes para una política de seguridad.[18] En esta perspectiva, la integración no sólo debe plantearse entre los países colindantes sino a nivel regional, porque el crimen internacional así lo demanda. Por ejemplo: proponer el impulso de la armonización legal en el campo penal a nivel de Sudamérica. *b*] La descentralización dentro de los estados es una consideración ineludible: fortalecer los gobiernos locales y regionales de las zonas de frontera, establecer una política arancelaria que beneficie al desarrollo de la sociedad local, realización de inversión pública y de una base material (infraestructura) que potencie la región transfronteriza.

8. REFERENCIAS

Augé, Marc (2007), *Por una antropología de la movilidad*, Barcelona, Gedisa.
Arriagada, Camilo (2000), *Pobreza en América Latina, nuevos escenarios y desafíos de política para el hábitat urbano*, Santiago de Chile, CIESPAL.
Arriaga, (2010), "La cooperación transfronteriza: significado y método para su análisis", en *La agenda de cooperación internacional en la frontera sur de México*, México, Bonilla Artigas.
Carrión, Fernando (2013), "La violencia fronteriza", en Fernando Carrión (comp.), *Seguridad, planificación y desarrollo en las regiones fronterizas*, Quito, FLACSO/IDRC-CRDI, pp. 23-44.
―――― (2014), "El espacio público no es un espacio, es una relación", ponencia presentada en el Seminario Espacio Público en Bogotá, en prensa.
Castells, Manuel (1999), *La era de la información, economía, sociedad y cultura*, vol. III, México, Siglo XXI Editores.
Lates, Alfredo (2002), "El Comportamiento demográfico en América Latina", en Fernando Carrión (comp.), *El regreso a la ciudad construida*, Quito, FLACSO.
Morales S., M. Rodriguez y E. Sánchez (2013), "Seguridad urbana y vulnerabilidad social en Ciudad Juárez. Un modelo desde la perspectiva de análisis espacial", *Frontera Norte*, junio, 25(49): 29-56, COLEF, Tijuana.
Sassen, Saskia (1991), *The global city*, New Jersey, Princeton University Press.

---

[17] Las políticas de frontera deben construirse desde una óptica complementaria, un encuentro fronterizo entre ministros de Economía, probablemente sería mejor que solamente un encuentro de ministros de Defensa.

[18] Las asimetrías crean distancias para los legales y proximidades para los ilegales.

VULNERABILIDADES EN CONTEXTOS DE VIOLENCIA Y CONFLICTO ARMADO: LA EXPERIENCIA DE MEDELLÍN (1990-2014)*

ANA MARÍA JARAMILLO
y MAX YURI GIL

RESUMEN: Medellín ha sido la ciudad colombiana más afectada por múltiples formas de violencia y de victimización asociadas no sólo al narcotráfico, sino al accionar de diversos actores del conflicto armado y de la criminalidad. ¿Cuál es la incidencia que ello ha tenido en la situación de vulnerabilidad de quienes residen en lugares que se han convertido en sus áreas de influencia o en zonas en disputa? En respuesta a ello y tomando en consideración las tres últimas décadas se hará referencia a las estrategias de dominio ejercidas por milicias, paramilitares y algunos actores de la criminalidad: bandas y combos, sus impactos en mujeres, líderes sociales, niños y jóvenes. A la par con ello se ilustra sobre la activación de diversas formas, lo que permite apreciar los dilemas a los cuales se ha visto enfrentada la población en ciudades con importante presencia de actores armados ilegales.

Palabras clave: Violencia, vulnerabilidad, victimización, respuestas.

1. INTRODUCCIÓN

Cerca de un 80% de los habitantes de América Latina viven en concentraciones urbanas,[1] lo cual significa un cambio trascendental en cuanto a la distribución de la población, denotando la constitución de una forma de habitar principalmente urbana, lo cual representa un enorme cambio cualitativo, al dejar atrás las sociedades predominantemente rurales. Al mismo tiempo, para una parte considerable de los casi 600 millones de personas que tiene América Latina, la vida cotidiana transcurre en medio del miedo y el control que provoca la presencia de grupos armados ilegales que actúan en sus territorios, los cuales desarrollan prácticas criminales que muchas veces afectan a los mismos pobladores de los barrios donde habitan o que

---

* Este artículo se basa en resultados obtenidos de la investigación comparativa sobre criminalidad y violencias en Río de Janeiro, Medellín, Bogotá y Ciudad Juárez auspiciada por el IDRC.
[1] "Grandes ciudades latinoamericanas y cambio climático: una combinación peligrosa", *La Nación*. 29 de abril de 2013, consultado el 16 de febrero de 2015, <www.lanacion.com.ar/1577359-grandes-ciudades-latinoamericanas-y-cambio-climatico-una-combinacion-peligrosa>.

al enfrentarse con grupos violentos adversarios o con cuerpos policiales, provocan amenazas y riesgos a los pobladores.

Sin embargo, el nivel de afectación es muy distinto si se consideran los recursos que diferentes grupos poblacionales pueden tener a disposición para sobrevivir en estos contextos. Por lo general, son los habitantes de los barrios más marginales los que se encuentran en una situación de mayor vulnerabilidad al estar expuestos de manera más directa a ciertas organizaciones criminales, a sus acciones de violencia y en no pocas ocasiones, también por la fuerza pública, quienes en teoría están constituidas para proteger a todos los habitantes.

Partimos de la definición que hace Peñaranda (2011: 28) de vulnerabilidad, la que se entiende como "un factor de riesgo que da cuenta de los aspectos que limitan la capacidad de la población civil para afrontar y superar las amenazas". No obstante, en este artículo se harán algunas consideraciones respecto a la vulnerabilidad que se genera en una ciudad que presenta territorios caracterizados por la presencia de grupos armados ilegales, por la constitución de órdenes controlados y regulados por estas organizaciones ilegales y por su articulación en determinados momentos, con las dinámicas del conflicto político armado que ha vivido Colombia en las últimas cinco décadas.

Ésta es una particularidad que presenta Colombia con respecto a la gran mayoría de los países latinoamericanos, vivir un conflicto armado interno[2] que tiene como punto de inicio el año 1958, según la periodización establecida por el Grupo de Memoria Histórica (GMH) en el informe *¡Basta Ya! Colombia: Memorias de guerra y dignidad* (2013: 20) y que ha ocasionado la muerte de al menos 220 000 personas. En el marco de este conflicto armado, "la población civil se ha convertido en el blanco de actores armados que en razón de su interés por debilitar al adversario, acumular fuerzas, obtener respaldo político, económico moral o logístico han usado y conjugado todas las modalidades de violencia". Las diferencias estriban en el nivel de intensidad con el cual se ha apelado a ellas:

Mientras que los paramilitares ejecutaron en mayor medida masacres, asesinatos selectivos y desapariciones forzadas e hicieron de la sevicia una práctica recurrente, las guerrillas han recurrido primordialmente a los secuestros, los asesinatos selectivos y los atentados terroristas, además del reclutamiento forzado y los ataques a bienes civiles. Con respecto a la fuerza pública el empleo de las detenciones arbitrarias, torturas, asesinatos selectivos y desapariciones forzadas han sido las modalidades predominantes (Grupo de Memoria Histórica [GMH], 2013: 20).

Otro de los rasgos característicos de este conflicto armado y con impacto en la población civil ha sido la lucha por el control de territorios ya sea por su ubicación,

---

[2] Aunque el conflicto colombiano presenta similitudes con las guerras civiles ha habido reserva para utilizar este concepto dado que no existen dos bandos irreconciliables con los cuales se alinderen los civiles ni tampoco un colapso total del Estado. Sin embargo, ciertos momentos de agudización de la confrontación, como en el año 1998, dieron lugar a debates sobre un salto en la guerra colombiana de una guerra de guerrillas a una guerra de posiciones. Véase al respecto Pécaut (2001).

al formar parte de corredores estratégicos de guerrillas o paramilitares; su biodiversidad y riquezas naturales (oro, petróleo, minerales varios), o por la posibilidad de obtener jugosas rentas fruto de la extorsión a empresas multinacionales, comerciantes o propietarios de tierras. El ejercicio de la violencia cumple un papel fundamental pero con diferencias de acuerdo con el tipo de control que se logre ejercer sobre el territorio. Por ejemplo, en las llamadas "zonas en disputa" la confrontación se tornó virulenta entre guerrillas, paramilitares y la fuerza pública. Ciertamente las zonas rurales han sido las más afectadas, aunque no han estado exentas las ciudades, como es el caso de Barrancabermeja (capital petrolera ubicada en la región del Magdalena Medio colombiano) y Medellín, la segunda ciudad del país.

Kalyvas (2001: 11) al hacer un esbozo de teoría de la violencia en la guerra civil, ha puesto énfasis en el análisis de la relación existente entre el control de territorios en países afectados por guerras civiles y el ejercicio de la violencia, poniendo de presente la necesidad de distinguir diversas situaciones. En "ausencia de soberanía" o de "dominio absoluto" los actores armados pueden tener mayores posibilidades de cumplir con una función de protección con respecto a la población de las zonas bajo su control, en cambio en una situación de competencia o de "soberanías fragmentadas" se tiende a ejercer una violencia más indiscriminada, lo cual puede aumentar la deserción de la población hacia territorios controlados por otros actores. En este caso, "la población de estas zonas tiene la oportunidad (y siente la presión) de colaborar con (o de desertar hacia) cualquiera de los actores políticos" (Kalyvas, 2001: 12).

En el mismo sentido, la socióloga María Teresa Uribe se refiere a las "soberanías en vilo" como aquellos estados "donde no existe soberanía en sentido absoluto y el ciudadano corriente sabe que no puede esperar que la autoridad actúe de manera eficiente y de acuerdo con las leyes". "Librado a sus propias fuerzas el ciudadano tomará decisiones pragmáticas buscando la justicia con mano propia o la protección de algún poder armado que le ofrezca una seguridad precaria y transitoria pero que se valora como más eficiente y expedita. En suma actuando con órdenes alternativos de hecho y no con referencia a la ley o al orden institucional" (Uribe, 1998: 256).

Éste sería el caso de algunas zonas rurales en Colombia y de ciudades en las que, según Uribe, "la soberanía del Estado nación también ha sido puesta en vilo por los poderes armados y la delincuencia común organizada" y "por ciudadanos que con su forma de proceder en busca de seguridad han contribuido a prolongar estados de guerra" (Uribe, 1998: 256). Medellín es un buen ejemplo de ello, dada la configuración durante décadas de situaciones de dominio y de disputa entre una amplia gama de grupos armados, lo cual ha tenido un impacto significativo en la vida cotidiana de sus habitantes.

Un denominador común a los actores armados ilegales protagónicos en Medellín es el interés en ejercer control sobre ciertos territorios, por la importancia que les asignan para la extracción de rentas de todo tipo de actividades económicas, legales e ilegales, para la implementación de sus estrategias militares, y el reclutamiento de jóvenes para engrosar sus filas. A diferencia de otras ciudades, en Medellín el control de territorios ha sido un fenómeno expandido, es decir, no ha estado circunscrito a una zona ni tampoco corresponde en todos los casos a los lugares más apartados, sino que esto ocurre también en barrios tradicionales de la ciudad, así como en el centro histórico e incluso en sectores habitados por clases medias y altas.

Si bien es cierto, la gestión desarrollada por los alcaldes Sergio Fajardo (2004-2007) y Alonso Salazar (2008-2011) se tradujo en logros en un incremento de la inversión social en las comunas[3] con la construcción de obras de infraestructura, mejoramiento de la atención en salud y educación y una reducción de los índices de pobreza,[4] es claro que no ha sido condición suficiente para cerrar la brecha de la desigualdad en la ciudad, la más alta de acuerdo con los resultados del informe de la Organización de las Naciones Unidas (ONU) sobre inequidad urbana en América Latina (2013), seguido por la ciudad de Cali, entre las ciudades colombianas.

No obstante el creciente interés del Estado por ejercer un pleno control del territorio, las estrategias que se han puesto en práctica para dar por terminada la existencia de las "fronteras invisibles"[5] establecidas por los actores armados en diversos lugares de la ciudad, han fracasado. La realización de operativos militares con participación de ejército y policía han generado el rechazo de organizaciones de derechos humanos ante los evidentes abusos y violaciones masivas de derechos humanos cometidos por integrantes de la fuerza pública, y también por parte de la población ante el temor de ser objeto de represalias por parte de bandas y "combos",[6] a lo cual se suma la inquietud por los recurrentes vínculos que existen entre integrantes de la fuerza pública y de otras entidades estatales con los propios delincuentes.

Medellín se ha distinguido por el protagonismo de diverso tipo de actores armados ilegales asociados a la criminalidad, a la insurgencia y al paramilitarismo. ¿Cuál es la incidencia que ello ha tenido en la situación de vulnerabilidad de los pobladores que residen en lugares que se han convertido en sus áreas de influencia o en

---

[3] De acuerdo con la división administrativa de la ciudad, Medellín está dividida en 16 comunas, que agrupan los barrios de la ciudad y cinco corregimientos, que son las zonas rurales de la periferia. Sin embargo, en la década de 1980 y con el auge del narcotráfico y el auge de las bandas y los grupos de sicarios al servicio del Cartel de Medellín, en su mayoría provenientes de sectores marginados de la ciudad, la *comuna* se convirtió en un lugar estigmatizado y asociado con la violencia.

[4] Según el informe de Medellín cómo Vamos (2012), entidad privada que realiza labores de seguimiento a las políticas públicas en la ciudad, el coeficiente de Gini de Medellín se redujo en un 7.8%, al pasar de 0.542 a 0.500. Además, se produjo una disminución de la brecha entre las comunas de mayor calidad de vida (El Poblado, Laureles y La América) con respecto a las que presentan los más bajos índices (Popular, Villa Hermosa, Manrique, Santa Cruz y San Javier).

[5] Con este nombre se designan las líneas territoriales establecidas por los grupos armados como límites de su control y comienzo del territorio de los grupos adversarios.

[6] En Medellín se entiende por banda una agrupación con trayectoria y reconocimiento en el mundo delincuencial, con un amplio radio de acción, articulación a redes dedicadas ya sea al tráfico de drogas, la extorsión, el microtráfico u otro tipo de actividades delictivas como hurto de vehículos. Los *combos* presentan similitud con la pandilla juvenil, en tanto espacio de socialización y construcción de identidades, pero se diferencian en su articulación a estructuras criminales complejas y por el acceso a medios de violencia que esto les significa. Son los encargados de mantener el control cotidiano del territorio. Su nivel de profesionalización es menor que el de los integrantes de una banda, pero tienen un carácter más societal.

MAPA 1. LAS COMUNAS DE MEDELLÍN

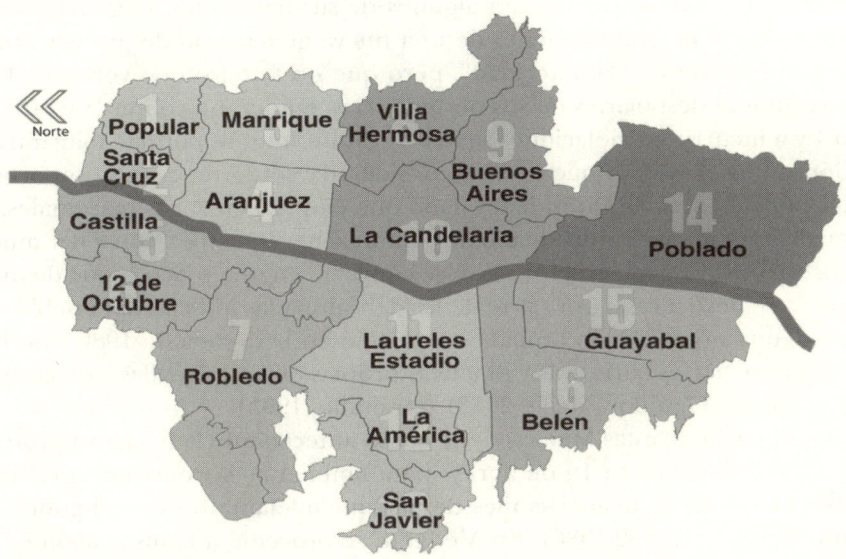

FUENTE: Alcaldía de Medellín.

zonas en disputa? A ello intentaremos dar respuesta tomando en cuenta algunos elementos relacionados con las estrategias de dominio ejercidas por las Milicias, paramilitares y algunos actores de la criminalidad: bandas y combos.

El mapa 1 corresponde a la división establecida por comunas. En él se ubican las zonas de actuación de los grupos armados que se van a analizar, en el primer caso las áreas de mayor influencia de las Milicias del Pueblo y para el Pueblo son las comunas 1 y 2, y el escenario de urbanización de la guerra es la comuna 13, San Javier. En el caso de las bandas se trata de una presencia extendida en toda la ciudad, sus áreas de influencia se han hecho visibles en los momentos de disputa.

2. BAJO LA ÉGIDA MILICIANA. LOS RIESGOS DE LA "PROTECCIÓN"

El auge del narcotráfico a comienzos de la década de los ochenta, impactó en la transformación de la imagen de Medellín como ciudad cívica e industrial a emporio del narcotráfico y a convertirse en la ciudad más violenta del mundo, debido a sus altos índices de homicidios.[7] ¿Qué pasó en los barrios donde el capo Pablo Escobar reclutó a jóvenes para hacer parte de sus ejércitos de asesinos a sueldo, y

---

[7] En el año 1991, se registró el mayor número de homicidios en la historia de la ciudad: 6 349 homicidios, equivalentes a una tasa de 381 homicidios por cada cien mil habitantes.

donde a la par construyó canchas deportivas y viviendas para acuñar una imagen de benefactor? Como lo recuerdan algunos de sus habitantes, se generó un gran desorden ante el empoderamiento de una nueva generación de jóvenes armados que se convirtieron en "la autoridad", pero que no tardaron en volverse el azote de sus vecinos al despojarlos de sus pertenencias, empezar a cobrar "vacunas" (extorsión) y a incurrir en violaciones sexuales. En un intento por dar solución a esta situación de inseguridad, que no fue considerada como un asunto importante a atender por parte de las autoridades dado que empezó en zonas marginales, algunas personas de manera individual o de común acuerdo empezaron a dar muerte a los "chichipatos".[8] Luego esta iniciativa se convirtió en una práctica que de manera sistemática se llevó a cabo por parte de las denominadas Milicias del Pueblo y para el Pueblo, una organización armada que surgió en la década de 1980 y en la que se conjugaron ciertas narrativas y prácticas propias de las guerrillas y de las bandas delincuenciales (Giraldo y Mejía, 2013) (Jaramillo, 1993).

La emergencia de estas Milicias tiene como antecedente la iniciativa promovida por el M-19 (Movimiento 19 de abril)[9] para ambientar la convivencia en las ciudades en el marco de negociaciones de paz que adelantaron con el gobierno de Belisario Betancur (1982-1986). En Medellín se procedió a la instalación en algunos barrios de las zonas nororiental y centroriental. En dichos campamentos fue impartida una formación político militar principalmente a jóvenes, de la cual se nutrieron quienes harían parte del núcleo fundador de las milicias que asumieron como misión "restaurar el orden" apelando al exterminio de viciosos, ladrones y violadores. "Acá las bandas eran las que mandaban, el poder era absoluto", decía el comandante Pablo Correa, jefe de estas milicias. "Ellas decidían a quién mataban, quién vivía, a quién le cobraban impuesto, echaron a mucha gente, familias honorables y ellos se quedaban las casas para poner expendios de droga y ¿dónde estaba el papel del Estado para cuidar la vida, honra y bienes de los ciudadanos honestos?" (Jaramillo, 1993: 28).

Aunque en sus comienzos la labor de "limpieza" contó con el apoyo de comerciantes y sectores de la población, las Milicias terminaron por generar miedo y rechazo debido a sus excesos, en especial por su práctica de asesinar de manera indiscriminada, pero también por los nexos con bandas delincuenciales, que se supone eran sus enemigos y el fundamento de su labor de protección.[10] Sin embargo, el

---

[8] Delincuentes comunes que delinquen en el propio barrio, que no poseen mayor poder pero que son muy lesivos para los pobladores en su vida cotidiana pues se convierten en un riesgo permanente y un factor de gran inseguridad.

[9] Esta organización insurgente se denomina así en remembranza de la fecha en la cual se llevaron a cabo en 1970 unas elecciones presidenciales que fueron consideradas fraudulentas y en las que resultó ganador el candidato conservador Misael Pastrana por encima del ex general Rojas Pinilla de la Anapo (Alianza Nacional Popular).

[10] Un estudio sobre los homicidios realizado para el periodo 1990-2002 mostró que las comunas que más muertes aportaron en el periodo corresponden al área de influencia de las Milicias: Popular (9.2%), Manrique (9%), Aranjuez y Doce de Octubre (8.9%). El barrio con el porcentaje más alto de residentes asesinados fue el Popular (3.5%) (Cardona *et al.*, 2005: 115-116). Citado en Giraldo y Mejía,

proyecto de las Milicias se replicó rápidamente en otras zonas de la ciudad, lo que dio a lugar a la conformación de otras milicias, algunas de ellas cercanas a la guerrilla del Ejército de Liberación Nacional (ELN), pero apelando también a la "limpieza" y al control de la población mediante acciones como la imposición de horarios para estar en la calle, sancionando ciertas conductas consideradas impropias o restringiendo la libre movilidad de los pobladores de los territorios bajo su control.

La decisión del gobierno del presidente César Gaviria (1990-1994) de dar curso a un proceso de negociación con miras a la desmovilización de las Milicias, marcó el declive de este proyecto. Las negociaciones que se adelantaron con la dirigencia de las Milicias más representativas, las del Pueblo y para el Pueblo dio lugar a su desmovilización. El 26 de mayo de 1994 se llevó a cabo un importante evento que marcó la historia de la comuna 1, Popular: en la cancha de fútbol se desmovilizaron 650 integrantes. Pero ello no implicó la desaparición de otros grupos de Milicias que continuaron operando en otras zonas de la ciudad.

La desmovilización de estas Milicias tuvo como consecuencia un nuevo ciclo de violencia, entre otras razones, por el fracaso de la experiencia de la Cooperativa de Servicios Comunitarios de Seguridad, Coosercom, creada en el marco del proceso de desmovilización, la cual agrupaba a los desmovilizados y que se esperaba cumpliera una labor de vigilancia y protección de los habitantes de las comunas que habían sido su fortín. No obstante, se produjeron un sinnúmero de acciones de retaliación entre los propios desmovilizados, las cuales incluso llegaron a cobrar unos pocos días después, el 8 de julio de 1994, la vida del fundador de estas Milicias, el comandante Pablo Correa, a manos de uno de sus más cercanos colaboradores, en el marco de denuncias sobre vínculos con bandas delincuenciales. Todo ello marcó un retorno a la situación anterior de inseguridad que algunos sectores de la población consideraron que podía ser superada con la intervención de un actor armado al margen del Estado, en este caso representado por las Milicias.

Para los habitantes de otras zonas de la ciudad y con presencia de Milicias las cosas se fueron complicando más allá de lo previsto. En la comuna 13, las Milicias América Libre y los Comandos Armados del Pueblo (CAP) llegaron a ejercer un control sobre ciertos lugares y la población. Como lo estableció el informe del Grupo de Memoria Histórica sobre el desplazamiento forzado en la comuna 13 (2011), estas agrupaciones investigaban quién salía y quién llegaba, los comportamientos de la gente para proceder al castigo de quienes ellos consideraban como malos padres, hijos, vecinos o para identificar cuáles eran los líderes u organizaciones que sostenían relación con instituciones del Estado. Si bien este tipo de prácticas no suscitó un rechazo abierto fue alimentando un clima de miedo y de incertidumbre sobre todo entre madres de familia, ante el riesgo de que sus hijos fueran asesinados por el hecho de estar en una esquina, fumarse un cigarrillo de marihuana, o la posibilidad de ser reclutados para los grupos armados.

Un habitante de la comuna 13 recuerda cómo se creó un semillero de milicianos:

2013. También esta situación se refleja en el libro de crónicas: *La resignada paz de las astromelias*, de Rubén Darío Zapata Yepes (2012).

"les ponían camisa roja y pantalón negro y los ponían a marchar con ellos". Además "hacían reuniones a las que debían asistir líderes y organizaciones sociales y realizaban fiestas con las que compraban el respaldo de la gente":

atracaban los carros y con las mismas cosas que se robaban hacían la fiesta de la madre, el padre, invitaban a todas las mamás del barrio a la fiesta [...] robaban en las carnicerías carne y todo para hacer sancochos en la comunidad, que para que los apoyara y que el día que el gobierno se metiera nadie los fuera sacar [...] y entonces muchos cayeron así.[11]

3. ENTRE VARIOS FUEGOS. "LA URBANIZACIÓN DE LA GUERRA"

El dominio ejercido por las Milicias y los CAP en la comuna 13 se empezó a resquebrajar al finalizar la década de 1990, con el arribo de un competidor, las Fuerzas Armadas Revolucionarias de Colombia (FARC) interesadas en ejercer un control territorial para adelantar sus planes de urbanización de la guerra, para lo cual se identifican sectores periféricos de las ciudades donde afianzar su presencia y poder. En respuesta a ello las Milicias América Libre y los CAP, autónomos frente a las FARC, reforzaron los controles sobre la población para impedir que construyeran relaciones de colaboración con los insurgentes recién llegados y les facilitaran sus casas para guardar armamento o servirles de escondite. Ya para este momento entre la gente se acrecentaron los temores de "que algo malo iba a pasar y nosotros éramos los que íbamos a cargar con todo".[12]

Con la llegada de los paramilitares poco tiempo después de haberlo hecho las FARC, claramente empeoró la situación. La presencia de las Autodefensas Unidas de Colombia (AUC) en Medellín es la expresión de transformación de los grupos del narcotráfico de la ciudad, en especial de la denominada Oficina de Envigado,[13] por articularse a un proyecto nacional contrainsurgente, que en la ciudad responde al interés por parte de sectores institucionales, de parte de las élites e incluso de sectores ciudadanos, sobre la necesidad de liquidar las milicias consideradas como expresión urbana de la guerrilla y que se percibía habían logrado obtener ventaja militar con el control que ejercían en territorios de importancia estratégica, lo cual podía poner en riesgo una ciudad que como Medellín era vital para las AUC por su historia, sus recursos y su importancia.

En 1998 y después de haber fracasado un primer intento de las AUC a través del Bloque Metro para derrotar a las Milicias 6 y 7 de Noviembre que ejercían un control

---

[11] Entrevista habitante comuna 13, 2012.
[12] *Idem*.
[13] La Oficina de Envigado es el nombre que identifica a la compleja estructura criminal que tuvo sus inicios en la década de 1980 con Escobar y que funciona como oficina de cobro, agencia de protección de narcos y de coordinación de múltiples actividades criminales a cargo de bandas y combos. Véase al respecto Restrepo y Franco (2012).

sobre territorios en la comuna 8, entró en escena alias Don Berna,[14] el máximo jefe de la Oficina de Envigado y a la vez integrante de la cúpula de las AUC que ante el revés sufrido por el comandante Doble Cero, asumió la misión de derrotar a la guerrilla en la ciudad. Así fue como alias Don Berna procedió a la creación del Bloque Cacique Nutibara[15] conformado por integrantes de bandas y combos que operaban en la ciudad, en su gran mayoría al servicio de las oficinas del narcotráfico, a lo cual se sumaron milicianos que desertaron y algunos paramilitares profesionales, provenientes sobre todo de las Autodefensas Campesinas de Córdoba y Urabá (ACCU).

Para el año 2002, la Comuna 13 se transformó en el epicentro de una dura guerra que se libró entre las FARC en alianza con los CAP y las milicias del ELN y el Bloque Cacique Nutibara en alianza con la Fuerza Pública. Al finalizar el año se llevó a cabo una operación militar de gran envergadura e impacto entre la población, la Operación Orión[16] en la que participaron fuerzas conjuntas del Ejército, el Departamento Administrativo de Seguridad, Policía, Cuerpo Técnico de Investigaciones, Fiscalía y Fuerzas Especiales Antiterroristas, con el apoyo de tanquetas de la Policía y helicópteros artillados. En ella participaron alrededor de 1500 efectivos y estuvo acompañada por hombres y mujeres informantes encapuchados, quienes luego de haber sido capturados en el marco de las anteriores operaciones militares habían brindado información a las autoridades, así como integrantes de los grupos paramilitares que hacían presencia en el territorio de la comuna 13 (GMH, 2011).

El incremento del reclutamiento forzado por parte de guerrillas y paramilitares, los desplazamientos forzados, asesinatos selectivos, las desapariciones forzadas, allanamientos, las redadas y los enfrentamientos que sucedían a cualquier hora; generaron un clima de terror especialmente en familias residentes en los lugares señalados como bases de apoyo de la guerrilla, en quienes tenían algún tipo de relación afectiva o familiar con integrantes de las milicias, así como entre líderes sociales y organizaciones, señalados de ser colaboradores de la guerrilla por parte de exmilicianos, ahora al servicio de los paramilitares y de la fuerza pública.

Es en estas circunstancias que la comuna 13 se convierte en escenario de expresión de diversas iniciativas contrarias a la guerra. Personas que quedaron atrapadas entre varios fuegos se decidieron a salir de sus casas, su único refugio, para prestar

---

[14] La trayectoria de Diego Fernando Murillo alias Don Berna es un buen ejemplo de la hibridación entre delincuencia política y delincuencia común. Integró el Ejército Popular de Liberación (EPL), la guerrilla maoísta que, en su gran mayoría, se desmovilizó entre 1990 y 1991. Murillo había huido desde comienzos de los años 80 a Itagüí para trabajar al servicio de una organización del narcotráfico liderada por los hermanos Galeano y Moncada, socios de Pablo Escobar y quienes fueron asesinados por éste en la cárcel de La Catedral, lugar de reclusión luego de su entrega a las autoridades colombianas en 1991. Esta traición fue decisiva para que en 1992 Murillo se aliara con los hermanos Fidel y Vicente Castaño y con Carlos Mauricio García alias 'Rodrigo Doblecero' (excapitán del ejército colombiano) en la creación del grupo Perseguidos por Pablo Escobar (Pepes), cuyo objetivo primordial era asesinar al capo, <http://lasillavacia.com/perfilquien/31056/diego-fernando-murillo-alias-don-berna>.

[15] Esta denominación tiene un valor simbólico. El Cacique Nutibara es una figura legendaria en la historia de la región antioqueña por su resistencia a la conquista española y su capacidad militar.

[16] La Operación Orión estuvo antecedida por diez operaciones que se llevaron a cabo entre los meses de febrero y octubre de 2002. Véase al respecto Grupo de Memoria Histórica (2011: 76).

ayuda a los heridos ondeando banderas blancas, hicieron llamadas de auxilio a la Cruz Roja, demandaron la presencia de la Personería de Medellín[17] y se arriesgaron a rendir declaraciones ante entidades de justicia encargadas de la investigación por violaciones de derechos humanos que comprometen la responsabilidad de la Fuerza Pública y del Bloque Cacique Nutibara. Asimismo líderes y organizaciones sociales se las ingeniaron para poner al tanto de la situación a organismos de derechos humanos y para promover, en alianza con la Iglesia católica y con ONG y algunas autoridades, movilizaciones en pro de la defensa de la vida. Sin embargo, la consolidación del poder paramilitar hizo más difícil y arriesgada su labor. Aunque la imagen que se proyectó ante el resto de la ciudad y el país fue la de una comuna pacificada, el Bloque Cacique Nutibara le dio continuidad al empleo de métodos de coacción y violencia pero de modo más encubierto, aunque igualmente lesivo de los derechos humanos. Sólo por desaparición forzada se documentaron cerca de 100 casos en los meses posteriores a la Operación Orión.

Al respecto, una de las personas entrevistadas manifestó "están callando a la gente a punta de machete, a punta de silenciador, para que no se haga mucho ruido, los desaparecen, entonces la Comuna 13 está muy bien, si se nota que está bien, porque vea los vecinos se desaparecen de las viviendas, las vecinas se van y no vuelven y la comuna está bien".[18]

Actualmente, doce años después de realizada la operación Orión que sentó un precedente en la implementación de la estrategia de seguridad democrática del presidente Álvaro Uribe, al momento de iniciar su primer mandato en el año 2002, las personas que residen en los lugares que fueron epicentro de la confrontación aún viven en un estado de zozobra, ante el riesgo de ser amenazados, asesinados, desplazados por alguno de los combos de los que hacen parte menores de edad que disponen de armas potentes y se trenzan en disputas cuadra a cuadra, por el control de expendios de vicio cuya existencia se incrementó en los años del dominio paramilitar, al igual que el cobro de "vacuna" (extorsión) a comerciantes y transportadores. A ello se suma la confusión en la que se vive por no saber de qué grupo armado se trata y la situación de desprotección ante su accionar. Como lo describe una persona residente en el sector del Salado, un barrio de la comuna 13:

Es que ahora los combos de los jóvenes están en proceso, eso se van unos, los mandan para otro barrio, mandan de otro barrio para el de acá y el de aquí va para allá, los están rotando, cuando no es que matan unos a los otros, porque ellos hay veces se matan entre sí, porque uno se le tuerce, al otro lo pillaron *sapiándolo* entonces lo van quebrando dicen ellos y prácticamente en este momento los que mandan en el barrio son ellos, allá no se ve un policía, ni se ve un soldado.[19]

---

[17] Organismo municipal que cumple la función de ministerio público y de protección de los derechos humanos.
[18] Entrevista líder social, comuna 13 (2012).
[19] Entrevista habitante, comuna 13 (2012).

4. ANTE EL PODER CRIMINAL. EL MIEDO Y LA INCERTIDUMBRE
PERMANENTE

La existencia de la criminalidad organizada se hizo notoria en Medellín desde los años sesenta por la preocupación que generó el aumento de robos, atracos a bancos y establecimientos comerciales y secuestros por parte de bandas de delincuencia común. También fueron los comienzos de las pandillas conformadas por jóvenes de barrio que se dedicaban al consumo de marihuana, robos y atracos. Pero las autoridades de policía priorizaban la vigilancia de los establecimientos comerciales y bancarios.

El narcotráfico en la década de los ochenta transformó de una manera rotunda este panorama al hacer del homicidio la principal causa de muerte violenta desplazando a los delitos contra la propiedad, consolidó la emergencia de un nuevo tipo de organización criminal dedicada al narcotráfico, y produjo una proliferación de bandas que a diferencia de las pandillas, disponían de moderno armamento y trascendían el barrio como espacio para su accionar.[20]

Otro cambio no menos significativo se encuentra en relación con la ampliación y generalización de los territorios que podían entrañar un mayor riesgo para la seguridad. Hasta los años setenta se consideró a Guayaquil, enclavado en el centro histórico y otros sectores de la periferia, como los focos del desorden. Las riñas eran el hecho de más frecuente ocurrencia. El *boom* del narcotráfico atrajo la mirada sobre barrios pertenecientes a las zonas nororiental y noroccidental (Populares, Manrique, Aranjuez, Castilla), ahora catalogados como violentos.

En este punto es necesario hacer notar las diferencias que existen en cuanto al control del territorio. No es lo mismo habitar una zona bajo el dominio de "bandas históricas" que tienen varias décadas de existencia y que se han logrado adaptar a importantes cambios en las estructuras de la criminalidad y con una amplia zona de influencia, que vivir en otros lugares que se caracterizan por un predominio inestable de combos. Un ejemplo de la primera modalidad es la denominada banda de los Triana, con una gran área de influencia en la zona nororiental, abarcando territorios de los municipios de Medellín y Bello. Al hacer referencia a las formas de control que ejercen sobre la población, un entrevistado llama la atención no tanto sobre el ejercicio de la violencia como de su capacidad de intimidación, lo cual tiene efecto en la creencia de que son un poder omnipresente, debido a los medios de los que disponen para vigilar y obtener información sobre la vida cotidiana de la gente y por su relación de colaboración abierta con la fuerza pública:

Se queda uno sorprendido de personas que cuando ahí al lado son interpelados por la policía para requisarlos, a pesar de que son personas que ejecutaron delitos en cantidad pues

---

[20] Ya para los años comprendidos entre 1985 y 1990 operaban unas 153 bandas en el Valle de Aburrá, 122 en Medellín (87 de ellas en la zona nororiental), ocho en Envigado, diecinueve en Bello y once en La Estrella (Salazar y Jaramillo, 1992).

muestran un papelito, lo que sea, un carné o un papel, es una especie de salvoconducto y la policía se queda como si nada a pesar de ser delincuentes.[21]

Por el contrario en la Comuna 13, la proliferación de combos ha tenido como consecuencia la emergencia de microterritorios en donde se ejerce un control transitorio, inestable y muy violento sobre los pobladores, dados los cambios permanentes, cuestión que limita su posibilidad de ganar aceptación social entre la población que no percibe en ellos un factor de protección, sino una amenaza para sus vidas.

En el trabajo de campo realizado en el marco de proyecto de investigación comparativa auspiciado por el IDRC, fue importante el haber podido constatar la diferencia que la gente establece entre la "delincuencia seria" al estilo de la banda de los Triana y los "asados" que matan sin decir alto, quien va y que apenas se inician en la carrera criminal. Son los que generan las mayores situaciones de vulnerabilidad.

Al vaivén de los reacomodos en las estructuras criminales

En Medellín después de haber sido dado de baja Pablo Escobar el 2 de diciembre de 1993 en un barrio localizado en un exclusivo sector de la ciudad, se asiste a un rápido y eficaz proceso de reorganización de las estructuras criminales. Con el concurso de los Pepes se reorganiza la Oficina de Envigado en su nueva etapa, bajo la dirección de alias Don Berna produciendo una reestructuración del mundo criminal. Por ejemplo, se mantiene una línea de mando y jerarquías (cúpula, bandas profesionales y combos), pero se adopta la modalidad de subcontratación que facilita una forma de operación en red.

Pero el ingreso de alias Don Berna, el jefe de la Oficina a las AUC, organización resultante de la integración de grupos paramilitares de varias regiones del país, dará lugar a nuevas modificaciones. De acuerdo con el testimonio de un desmovilizado, alias Don Berna, realizó una reunión a la cual asistieron alrededor de 300 líderes o representantes de bandas y combos de Medellín, a quienes se les informó que ahora debían alinearse con el Bloque Cacique Nutibara.

El conocimiento de la ciudad, los aprendizajes adquiridos en el ejercicio de la violencia, el actuar bajo las ordenes de una figura de autoridad como fue alias Don Berna y sus vínculos con miembros de la fuerza pública, facilitaron la tarea contrainsurgente y la consolidación del bloque Cacique Nutibara como el principal poder armado en la ciudad hasta el momento de su desmovilización parcial, fruto de los acuerdos logrados con el gobierno de Uribe.[22]

---

[21] Entrevista líder social, comuna 1.

[22] El 15 julio de 2003 se firma el "Acuerdo de Santa Fe de Ralito para contribuir a la paz de Colombia", mediante el cual las AUC se comprometen a desmovilizar a la totalidad de sus miembros, en un proceso gradual que debería culminar a más tardar el 31 de diciembre de 2005. El gobierno se comprometió a adelantar las acciones necesarias para reincorporarlos a la vida civil véase <http://estaticos.elmundo.es/documentos/2003/04/guerras_olvidadas/santafederalito.pdf>.

El incumplimiento de los acuerdos por parte de los desmovilizados de los grupos paramilitares, entre ellos los del Bloque Cacique Nutibara, al valerse de esta condición para continuar con actividades ilegales como la extorsión y el microtráfico,[23] así como el temor a las revelaciones de los jefes paramilitares sobre sus vínculos institucionales y sociales, entre otros factores, dio lugar a una crisis que fue resuelta por el presidente Uribe con la extradición de alias Don Berna y otros jefes de las AUC, el 13 de mayo de 2008. Un año después un juez de Nueva York lo condenó a 31 años de prisión por narcotráfico.

La ausencia de alias Don Berna agudizó las pugnas que se venían presentando entre mandos medios con la pretensión de asumir el control de la Oficina de Envigado. Entre el año 2008 y 2012, se libra una guerra entre las facciones lideradas por alias Valenciano y alias Sebastián, figuras con una trayectoria delincuencial y cercanas a Don Berna. Cada uno de ellos reorganizó sus fuerzas mediante la cooptación de bandas y combos con presencia en varios sectores de la ciudad. La intensidad de los enfrentamientos trastorna la vida cotidiana al producir constantes parálisis del transporte público, el cierre continuo de establecimientos educativos, el abandono de las canchas deportivas y de sitios de recreación ante el riesgo de ser alcanzado por alguna bala perdida, ser asesinado por negarse a colaborar o ser identificado como familiar de un integrante del bando contrario.

Por ejemplo, ésta es una historia que se repite para los habitantes del sector de La Sierra en la comuna 8, quienes ya habían sufrido los rigores de la guerra entre las Milicias 6 y 7 de noviembre y el Bloque Metro.[24] Ahora la disputa tiene como protagonistas a los combos de La Sierra aliados con alias Valenciano y la banda histórica de la Cañada, socia de alias Sebastián. De este modo se afianza la existencia de una frontera invisible que divide a "los de arriba" residentes en los sitios de difícil acceso y "los de abajo" correspondiente a barrios más integrados a la trama urbana.[25]

El aumento de familias desplazadas y de los homicidios se convierte en un factor de presión para las autoridades ante la demanda de acciones eficaces para poner fin a los enfrentamientos. La opinión pública se polariza entre los partidarios de la realización de operativos militares o como lo reclaman las organizaciones defensoras de derechos humanos y de las Naciones Unidas, el reconocimiento de la existencia de una crisis humanitaria y la necesidad de atención a las víctimas de una violencia urbana cuyos impactos podrían llegar a superar los del conflicto armado en la ciudad (*El Mundo*, 2013).

---

[23] El término microtráfico o narcomenudeo remite a un conjunto de acciones contrarias a la ley penal que buscan satisfacer la demanda local de consumo de drogas ilícitas. Implica la coordinación de personas y la administración de recursos en el nivel territorial local, es decir, barrios y comunas. Beltrán (2014: 218).

[24] Sobre la historia del barrio La Sierra y la confrontación entre las milicias y el Bloque Metro la periodista Margarita Martínez, periodista de Associated Press en Bogotá y el estadunidense Scott Dalton, periodista y camarógrafo independiente, realizaron en 2004 el documental *La Sierra*.

[25] Sobre la evolución de esta confrontación en las últimas décadas se puede consultar la tesis de maestría: *Paramilitarismo y conflicto urbano. Relaciones entre el conflicto político armado nacional y las violencias preexistentes en la ciudad de Medellín: 1997-2005,* Max Gil (2010).

El nivel de intensidad de estos enfrentamientos es variable. En medio de las manifestaciones de rechazo a la violencia por parte de organizaciones sociales y de sectores de opinión, una comisión de personalidades de la ciudad intentan mediar en el conflicto y logran una tregua que en parte reduce el riesgo de morir en medio de un enfrentamiento, pero sin que ello hubiera significado el cese de las amenazas y desplazamientos, ni mucho menos de las actividades ilegales. Algún tiempo después esta tregua fracasa y se reinician las disputas en algunas zonas cuyo control se vuelve relevante para aquellas agrupaciones cuyos ingresos dependen cada vez más de la extorsión, del microtráfico y del control de ciertas vías que circundan la ciudad, claves para el transporte de la droga, armas y contrabando.

Posteriormente, los grupos afines a la Oficina de Envigado y las Autodefensas Gaitanistas, más conocidos como Urabeños[26] sorprenden con el anuncio de un pacto denominado en la ciudad el "pacto de fusiles", resultado de una cumbre realizada los días 22 y 23 de julio de 2013 en un municipio cercano a Medellín. Mediante éste se estableció un cese de los enfrentamientos y una distribución de zonas de influencia, el monto de las tarifas de extorsión a los negocios comerciales, rutas de transporte, etc., así como el control de los expendios de sustancias ilícitas. Mientras que Los Urabeños se comprometen a detener su ofensiva y a facilitar las operaciones externas de narcotráfico de la Oficina de Envigado, haciendo uso de su control sobre las zonas rurales, los miembros de la Oficina se comprometen a dejar de pelear entre ellos e imponer disciplina a las pandillas callejeras en sus territorios (*El Espectador*, 2013).

Estos procesos de treguas entre los grupos armados, en los cuales se establecen pactos temporales se pueden rastrear en la ciudad en varios momentos, desde los llamados pactos de paz y convivencia impulsados por la Alcaldía de Medellín en la década de los noventa a través de la Asesoría de Paz y Convivencia (Sepúlveda, 2008). Sin embargo, en la mayoría de los procesos la suspensión de las acciones militares beneficia ante todo a los integrantes de los grupos armados por el cese de las confrontaciones armadas, y también, a la población de los territorios en disputa en general, pero es evidente que las actividades delictivas continúan, en especial la extorsión y la venta de drogas en los expendios locales, junto con la presión bajo amenaza hacia la población con diferentes fines.

Adicionalmente, hay inquietud entre algunos líderes sociales e incluso entre funcionarios públicos por el efecto nocivo de empoderamiento y liderazgo de los principales cabecillas de estas organizaciones delictivas, quienes en muchos casos obtienen reconocimiento y legitimidad por su labor de interlocución con las autoridades y de alguna manera, por ser objeto de un trato privilegiado por parte de la institucionalidad, en detrimento de los líderes sociales que no son parte de las organizaciones violentas.

---

[26] Esta organización armada es producto del poder ilegal que construyó el Bloque Elmer Cárdenas y el Bloque Bananero en el Urabá y el Norte del Chocó, pero recoge a su vez a cientos de combatientes de las ACCU en Córdoba y de las estructuras armadas del Bloque Mineros y el Bloque Central Bolívar en el Bajo Cauca y el Nordeste antioqueños, que tras la desmovilización, no encontraron alternativas en la vida civil o simplemente nunca participaron de la desmovilización (Verdad Abierta, 2011).

Tomando en consideración lo ocurrido en las últimas tres décadas en la ciudad, se puede afirmar que la pervivencia de estos actores no sólo se explica por la enorme capacidad que tienen para ejercer la violencia sino por los vínculos que les unen con la población. Es de resaltar que para las personas entrevistadas es evidente que estos grupos poseen una cierta legitimidad entre los pobladores, la cual se origina por su labor de protección violenta, la cual es a veces eficaz frente a la posible acción de otros grupos armados externos al territorio; pero también por su origen y composición, y por su labor de regulación de la vida cotidiana.

Como señala un líder comunitario de la zona nororiental de la ciudad, las personas que integran organizaciones sociales y comunitarias en el territorio, saben que su acción es seguida y controlada por los grupos armados, pero al tiempo, el hecho de ser todos vecinos y familiares, establecidos allí desde hace varias décadas, garantiza cierta protección frente a ataques inesperados de los grupos, dado que como dice este líder "*todos somos de aquí y nos conocemos de toda la vida*".[27]

Fue el mismo Pablo Escobar quien sentó un precedente con la construcción de una imagen de benefactor de las comunas al apoyar la construcción y dotación de canchas deportivas en los barrios y la construcción de un barrio, "Medellín sin tugurios". Menos llamativa pero con impacto en el entorno barrial ha sido la labor de algunos jefes de bandas reconocidos por su contribución a la realización de festividades comunitarias en épocas de Navidad o el día de la madre, su intervención en la resolución de conflictos de índole familiar y vecinal. Son prácticas que generan simpatías pero también el rechazo de quienes aprecian en ello un recurso para utilizar a la gente y frente a lo cual se opta por tomar la mayor distancia "para no tener que deberles nada".

La importancia que ha cobrado el barrio como fuente de recursos derivada de la extorsión y para ampliar la oferta de marihuana, cocaína y bazuco, el reclutamiento de jóvenes para el comercio sexual y como nicho de mercado para la venta de productos alimenticios, ha favorecido la construcción de redes de colaboradores que pueden hacerse de unos ingresos, sin que ello implique el riesgo extremo, a lo sumo un allanamiento o una detención.

Con el apoyo de familiares y vecinos se avanza en la constitución de redes cuya eficacia se ha puesto de manifiesto con algunas asonadas[28] mediante las cuales, grupos de pobladores se enfrentan con la policía para impedir la detención de delincuentes. Otra modalidad mediante la cual los grupos armados ilegales se protegen es a través del incremento de la vigilancia sobre la población, y el "ajusticiamiento" de los "sapos". Una joven residente en la Comuna 13 no olvida la forma de proceder contra una vecina:

ahí mismo pillaron a la señora y ahí mismo le dieron tres tiros en la cabeza que por sapa y ella tenía tres hijos más o sea dos varones y una muchacha y a ellos les dijeron ¡ustedes se nos

---

[27] Entrevista a líder social, diciembre de 2014.
[28] Así se designa en el Código penal colombiano a la obstrucción violenta de una acción legal, judicial o policial.

largan de este barrio si no quieren terminar como su mamá!, se tuvieron que ir con la mamá para la morgue y desaparecerse, la casa que ellos tenían la saquearon y ya, hoy en día, el lote vacío, ya no hay nada, ni casa ni nada.[29]

Al analizar los avances de la criminalidad organizada en la construcción de capital social perverso, Beltrán (2014: 89) pone de presente las ventajas que les ha brindado para proveer servicios no sólo ilegales sino también legales e incluso en una escala más amplia para la compra de parlamentarios e influencia en la justicia. Es una estrategia que reporta un alto beneficio para los empresarios criminales pero que va en detrimento de iniciativas de resistencia al poder criminal. A modo de respuesta algunas personas han optado por actuar "a la defensiva", es decir, evitando el contacto y hacer presencia en ciertos lugares y actividades comunitarias. En últimas de lo que se trata, como lo resume un entrevistado, es de "aprender a convivir con el peligro".

5. EFECTOS DIFERENCIADOS EN LA POBLACIÓN: LAS VULNERABILIDADES NO SON LAS MISMAS

La presencia de estas agrupaciones ilegales en una porción considerable de la ciudad durante varias décadas ha sufrido un conjunto de transformaciones. A veces lo predominante son sus prácticas de regulación y protección violenta de los habitantes de los territorios donde actúan (como en el caso de las Milicias); en otras, su articulación con actores y dinámicas del conflicto político armado (como en el lapso de 1997 a 2003) y también hay otros momentos donde lo característico son sus luchas por la extracción de recursos de los territorios, sus enfrentamientos y alianzas con otros grupos armados ilegales e incluso con sectores institucionales (como ha ocurrido en los procesos de reorganización de los grupos armados en la época posterior a 2008). Pero la vulnerabilidad general que la presencia de estas organizaciones representa, afecta de manera diferente a los grupos poblacionales. Para ejemplificar esta situación presentamos tres casos, los cuales se documentaron tanto en el trabajo de campo realizado para la investigación ya aludida financiada por el IDRC, así como en entrevistas específicas realizadas para la elaboración de este artículo.

5.1. *Mujeres y líderes comunitarias*

Es sabido que en contextos de violencia y conflicto armado, las mujeres corren un riesgo adicional de sufrir victimizaciones específicas por su condición de ser mujeres. Para los grupos armados, las mujeres son parte del botín de los territorios

---

[29] Entrevista líder juvenil, comuna 13 (2012).

controlados y si bien es cierto, ésta no es la situación fundamental de Medellín, si se presentan prácticas de acoso, violencia sexual y diversas formas de explotación que tiene como objetivo a las mujeres.

En entrevista con una investigadora de una organización social de mujeres sobre las principales conductas que afectan a las mujeres en los barrios donde hay presencia de grupos armados, se identifica que en general, hay una cultura patriarcal que reduce a las mujeres, desde su infancia, a ser un recurso que está destinado a satisfacer los deseos de los integrantes de los grupos armados. Esto genera que desde edades muy tempranas, los integrantes de los grupos armados se conviertan en una sombra de amenaza permanente y esto se concreta en prácticas como la seducción, la violación sexual, embarazos no deseados en niñas y jóvenes adolescentes, la vinculación a actividades criminales, e incluso, un fenómeno creciente en los últimos años, prácticas de explotación sexual y prostitución forzada.

Obviamente las jóvenes y mujeres que se resisten a los propósitos de los integrantes de estas agrupaciones armadas, son víctimas potenciales de sus acciones de castigo, las cuales incluyen tanto el riesgo de diversas formas de violencia sexual, la necesidad de desplazarse o en algunos casos si no logran escapar a tiempo, pueden ser asesinadas como un medio de intimidar a quienes persisten en resistirse a los dictámenes de los armados.

Otra forma de victimización que se ha identificado es el asesinato y acciones de violencia contra las mujeres que se originan en contextos de disputa entre grupos armados. Estas acciones están dirigidas en ocasiones contra familiares, novias, hermanas, etc., de líderes e integrantes de grupos armados, pero también a veces es una acción indiscriminada que se origina en una representación cultural que considera que una forma especial de agravio es atacar a las mujeres del territorio del grupo enemigo, para lanzar el mensaje de que son tan débiles que ni siquiera son capaces de proteger a sus mujeres.[30]

Finalmente, aunque hay una cierta red de organizaciones de mujeres de carácter territorial, para las líderes y sus integrantes está claro que hay algunas acciones que no se pueden promover de manera abierta, por ejemplo, acciones abiertamente contrarias a la guerra y la violencia, o de enfrentamiento a la dominación de estas agrupaciones. Al igual que lo plantean los hombres y mujeres líderes de organizaciones sociales, su actividad, vida e integridad se puede mantener siempre y cuando no signifique un desafío abierto a la presencia y accionar de estos grupos, es una suerte de estado de convivencia vigilada y controlada.

5.2. *La situación de niños, niñas, jóvenes y adolescentes*

A la vulnerabilidad que es consustancial a las personas de esta franja etaria, la situación de estar en contextos de presencia de grupos armados ilegales añade un

---

[30] Entrevista activista del movimiento social de mujeres, enero de 2015.

riesgo adicional, representado principalmente por la posibilidad de ser vinculados a actividades criminales y ser utilizados para diferentes acciones ilegales.

Según un experto en el tema de niños, niñas y adolescentes que se entrevistó para la investigación IDRC en 2013, en la ciudad las organizaciones ilegales han venido incrementando sus acciones de vinculación de niños y niñas a las actividades ilegales por varios motivos: primero, porque consideran que ésta es una mano de obra muy barata, en segundo lugar porque entienden que son recursos de muy fácil remplazo por su bajo nivel de cualificación y experiencia, y en tercer lugar, porque pueden ser utilizados en acciones de alto riesgo o de extrema crueldad ya que no hay grandes resistencias en niños, niñas y jóvenes interesados en probar su valentía para ser admitidos de manera permanente en el grupo.

Se reconoce que hay una creciente vinculación a las organizaciones criminales, y que a veces esto se da incluso en niños y niñas desde los diez años o incluso un poco menos. Pero según el investigador consultado, es preocupante que en ocasiones son los mismos niños y niñas quienes insisten en ser utilizados en acciones delictivas, y se esfuerzan por parecer los más atrevidos e incluso, los más violentos, como ha quedado claro en casos recientes en que menores de edad han sido responsables de desmembramientos de víctimas de grupos armados.[31]

Finalmente, al igual que pasa con las organizaciones de mujeres, y con los hombres y mujeres líderes de organizaciones sociales y comunitarias, las organizaciones que trabajan en la protección y promoción de los derechos de los niños, niñas, jóvenes y adolescentes han aprendido que para poder mantener su actividad deben evitar la confrontación a las prácticas de victimización de estos grupos armados. Para poder realizar su labor han desarrollado estrategias centradas en la lúdica, el deporte, el arte; las cuales se convierten en alternativas para atraer a esta población y disputarle sutilmente espacios a los grupos violentos.

5.3. *Hombres y mujeres líderes de organizaciones sociales y comunitarias*

Medellín posee una copiosa red de organizaciones sociales y comunitarias que por décadas han trabajado en diferentes labores buscando el mejoramiento de sus territorios y de sus habitantes. Esta labor en algunos momentos les lleva a situaciones de confrontación con las órdenes que imparten los grupos armados y desafortunadamente hay una larga historia de acciones de violencia, intimidaciones, amenazas y asesinatos de líderes, originadas por su labor social.

Es característico que en los momentos de disputas y confrontaciones territoriales se presenten mayores situaciones de vulnerabilidad para las personas que ejercen el liderazgo, ya que son asimilados por los grupos en contienda, como parte de las organizaciones armadas, o porque se considera que no es posible que estos liderazgos actúen de manera autónoma sin estar respaldados por los grupos armados.

---

[31] <www.eltiempo.com/archivo/documento/CMS-12675352>.

Otra modalidad de vulnerabilidad se presentó en el momento en que se encontraron los grupos e intereses de la ciudad con el conflicto armado. En este periodo, el ataque de las organizaciones paramilitares a los territorios controlados por grupos milicianos se concentró en estos liderazgos, los cuales se consideraban funcionales al control miliciano e insurgente, casos como los homicidios del sacerdote José Luis Arroyave, líder de la comuna 13, ocurrido el 21 de septiembre de 2002, o el del líder comunitario Hayder Ramírez de la misma comuna, el 23 de abril de 2007, y unos pocos días después, de Judith Vergara, la líder social e integrante del Polo Democrático (partido de izquierda democrática), el 27 de abril de 2007, son una muestra del impacto de los conflictos armados sobre la vida de los hombres y mujeres líderes.

En los últimos años se ha denunciado una creciente labor de incidencia sobre los mecanismos de participación ciudadana por parte de los grupos armados ilegales. Esto se expresa en la conexión entre estos grupos y partidos políticos legales, su articulación y activación en redes clientelares para incidir en elecciones locales, el impulso a candidatos y candidatas a organismos de participación política y comunitaria, y una fuente alta de vulnerabilidad, las acciones de disputa por la apropiación de recursos públicos que se ejecutan a través de procesos como el presupuesto participativo.

Como lo expresan algunos de los líderes entrevistados, la forma como han aprendido a sobrevivir es mediante estrategias de evasión de la confrontación y buscando mantener su actividad sin entrar en choques directos con los intereses y determinaciones de estas agrupaciones, pues saben de sobra que una actitud de desafío será contestada con la mayor violencia posible por parte de estos grupos. En el caso de las organizaciones más de carácter territorial, como ya se anotó, un factor de protección es la pertenencia a un territorio común, a familias y habitantes que se conocen desde siempre, o que participaron conjuntamente en el poblamiento y construcción de sus barrios.

6. PARA CONCLUIR

Las situaciones de riesgo a las cuales se ha visto enfrentada la población de la ciudad de Medellín desde hace varias décadas es una clara muestra de las circunstancias en las cuales se desenvuelve la vida cotidiana de miles de personas que residen en territorios en los cuales confluyen y conviven transformaciones físicas, espaciales y sociales impulsadas por el Estado local, procesos de organización y movilización de sus habitantes, al tiempo que hay una presencia y regulación cotidiana por parte de organizaciones criminales.

Aunque los actores armados ilegales a los cuales hemos hecho referencia han logrado ejercer controles sobre territorios y población, esto no puede entenderse como un ejercicio de soberanía absoluta o de control pleno, en contraste con lo ocurrido en zonas rurales con una tradición guerrillera en el país o con las zonas bajo dominio paramilitar. Lo característico han sido los dominios fragmentarios, inestables, cambiantes y volátiles condicionados por frecuentes transformaciones en la correlación de fuerzas y por la eficacia en la combinación de violencia —coerción— y construcción de redes de apoyo —consenso— que terminan por reproducir las lógicas de exclusión, la construcción de órdenes autoritarios apuntalados en el miedo, y la obediencia basada principalmente en la aplicación de modalidades de violencia, tal como ha sido la constante en Colombia desde hace medio siglo.

Con todo y las dificultades que se derivan de la convivencia en territorios controlados por Milicias, bandas, combos, guerrillas y paramilitares; la experiencia de la población es reveladora sobre la capacidad de sobrevivencia y adaptación a diversas situaciones de riesgo y para ingeniarse formas de respuesta que no encajan en una clasificación dual, o resistencia o sujeción, sino de un campo intermedio en el cual de acuerdo con circunstancias del momento se combinan diversas modalidades ya sea de distanciamiento, ciertas formas de colaboración mediadas por la obtención de algún beneficio o de abierto rechazo.

7. REFERENCIAS

Beltrán de Léon, I. (2014), *Aprendizaje criminal en Colombia. Un análisis de las organizaciones de narcotraficantes*, Bogotá, Ediciones de la U.

El Mundo (2013), *Violencia en Medellín tiene el impacto de un conflicto armado*, recuperado en <www.elmundo.com/portal/noticias/derechos_humanos/violencia_en_medellin_tiene_el_impacto_de_un_conflicto_armado.php#.U9e75UBwxsU>.

El Tiempo (2014), *América Latina la región más inequitativa*, recuperado en <www.eltiempo.com/Multimedia/infografia/forourbanomundial/articulo-web-nota_interior_multimedia-13805277.html>.

Gil, Max Yuri (2010), *Paramilitarismo y conflicto urbano. Relaciones entre el conflicto político-armado nacional y las violencias preexistentes en la ciudad de Medellín*, inédito.

Giraldo, J. y J. Mesa (2013), "Reintegración sin desmovilización: el caso de las milicias populares de Medellín", *Colombia Internacional*, enero-abril, núm. 77: 217-239.

Grupo de Memoria Histórica, Centro Nacional de Memoria Histórica (2013), *Informe ¡Basta ya! Colombia: Memorias de guerra y dignidad*, Bogotá, Imprenta Nacional.

Grupo de Memoria Histórica, Comisión Nacional de Reparación y Reconciliación (2011), *La huella invisible de la guerra. Desplazamiento forzado en la Comuna 13*, Bogotá, Colombia, Imprenta Nacional.

Jaramillo, A. (1994), *Milicias populares en Medellín: entre la guerra y la paz*, Medellín, Colombia, Corporación Región.

Kalyvas, S. (2001), "Esbozo de una teoría de la violencia en medio de la guerra civil", *Análisis Político*, enero-abril, núm. 42: 1-25.

Pecaut, D. (2001), *Guerra contra la sociedad*, Bogotá, Planeta.

Peñaranda, D. (2011), *Contra viento y marea: Acciones colectivas de alto riesgo en las zonas rurales colombianas 1985-2005*, Medellín, La Carreta Editores.

Restrepo y Franco (2012), *"Oficina de Envigado": génesis, disputas y ciclos de reorganización de una empresa criminal*, documento inédito.

Salazar, A. y A.M. Jaramillo (1992), *Las subculturas del narcotráfico*, Bogotá, Cinep.

Sepúlveda, Juan Guillermo (2008), *Vivencias urbanas de paz. Medellín, década de los 90*, Barcelona, Fundación CIDOB y Fundación Casa América Catalunya.
Uribe, María T. (2001), "La soberanía en vilo en un contexto de guerra y paz", *Nación, ciudadano y soberano*, Medellín, Corporación Región.
Verdad Abierta (2011), *El ocaso de la Corporación Democracia*, 11 de marzo, recuperado de: <www.verdadabierta.com/component/content/article/50-rearmados/3107-el-ocaso-de-la-corporacion-democracia>.

QUIEBRE DEL PACTO SOCIAL Y VULNERABILIDAD EN VENEZUELA*

ROBERTO BRICEÑO-LEÓN

RESUMEN: Las ciudades han sido el espacio privilegiado de la seguridad y la vida social regida por normas y derechos. Sin embargo, a fines del siglo XX, las ciudades de América Latina se convirtieron en el territorio de la violencia. Los homicidios, los robos, los secuestros, dejaron de ser un fenómeno rural, para transformarse en una realidad urbana. Este capítulo procura explicar las nuevas condiciones de vulnerabilidad desde la teoría sociológica de la institucionalidad y su relevancia en el mantenimiento del pacto social. El capítulo toma como referencia las ciudades de Venezuela, y en especial la de Caracas, una de las más peligrosas del mundo. Se analiza el papel que en el proceso de quiebre del pacto social e incremento de la vulnerabilidad ha jugado el Estado venezolano, el cual durante el periodo analizado, limitó sus acciones, estuvo ausente o se convirtió en cómplice y promotor de la violencia. En contrapartida, se destaca en este contexto el papel positivo que han tenido instituciones como la familia, la religión y la escuela, quienes, con las mujeres como protagonistas, han empezado a tomar acciones en la contención de la violencia.

Palabras clave: Institucionalidad, violencia urbana, ciudades, instituciones, familia, religión, escuela, contención de la violencia.

Las ciudades han sido el espacio privilegiado de la seguridad y la vida social regida por normas y derechos. En las zonas rurales las personas se sentían vulnerables, sin protección de un Estado que no lograba hacer respetar la ley, ni ejercer el monopolio de la violencia, en esos amplios territorios. Las familias se sentían vulnerables a la arbitrariedad de poderosos, quienes imponían su voluntad y sus designios, fueran éstos las bandas criminales, los dueños de las tierras o los amos del poder político local.

Las ciudades fueron entonces el lugar donde se podía escapar de la arbitrariedad y la inseguridad y encontrar en la urbe protección y libertad. Era el espacio donde se podía, con todas sus limitaciones, reclamar el ejercicio de los derechos. En la ciudad era posible esperar seguridad, pues se habían formalizado los códigos que

* Las investigaciones en las cuales se funda el presente escrito fueron realizadas con el apoyo financiero del Departamento del Gobierno del Reino Unido para el Desarrollo Internacional y el Centro de Investigaciones para el Desarrollo Internacional, Canadá. Las opiniones expresadas en esta publicación no reflejan necesariamente las de DFID o IDRC.

regían las acciones permitidas o prohibidas, existía protección a las personas y podía esperarse un castigo para los infractores.

Sin embargo, a fines del siglo XX, las ciudades de América Latina se convirtieron en el territorio de la violencia. Los homicidios, los robos, los secuestros, dejaron de ser un fenómeno rural, para transformarse en una realidad urbana. La violencia urbana sustituyó a la violencia rural. Y, paradójicamente, a pesar de los grandes logros de la vida urbana, muchas familias quieren abandonar las ciudades por el incremento de los riesgos y las amenazas; huyen del territorio donde la generación anterior había llegado buscando progreso, bienestar y seguridad.

¿Por qué ha ocurrido esto?

Ciudad y ciudadanía van juntas en la historia de la civilización. La ciudad ha sido el lugar del encuentro entre los diferentes y desiguales, el espacio privilegiado de una relación social regulada por normas que, luego, se formalizaron en leyes, y que permitían establecer lo que cada uno podía hacer y podía esperar de los otros. La vida social de la ciudad hacía predecible el comportamiento propio y ajeno, y de ese modo lograba reducir los conflictos, la violencia y la vulnerabilidad de las personas. Ese proceso social lo llamamos institucionalidad, pues muestra la dimensión normativa, no material, que regula las relaciones entre las personas.

El presente capítulo pretende explicar las razones por las cuales unas ciudades fuertes y seguras, como eran las venezolanas hasta los años ochenta del siglo XX, súbitamente se convirtieron en unos espacios vulnerables, donde se perdió el espacio público, se incrementó la conflictividad social y se dejó indefensa a su población ante el delito y el crimen. En este capítulo se argumenta que esto es el resultado de la destrucción institucional que ha ocurrido en el país y que ha llevado al quiebre del pacto social; al debilitamiento, moral y práctico, de la norma informal y la ley formal como reguladoras de las relaciones sociales. Se sostiene, además, que son las instituciones tradicionales de control social, como la familia, la escuela y la religión, quienes están buscando superar la vulnerabilidad de las personas y ofreciendo respuestas alternativas al crimen como modo de vida.

1. LAS INSTITUCIONES Y LA VIOLENCIA

La institucionalidad está aquí planteada en el sentido como lo utiliza la sociología y la economía: como las normas que regulan las relaciones sociales, las reglas del juego que ordenan la vida en sociedad y la hacen previsible. Expresado en las palabras de Durkheim "toutes les croyances et tous les modes des conduites institués par la collectivité" (Durkheim, 2007: 15).

La institucionalidad expresa una dimensión de la vida social que permite construir un orden social (North, Wallis y Weingast, 2009; North, 1991) regulado por normas y acuerdos (Coleman, 1990). Esta dimensión se trata de un orden simbólico (Bourdieu, 1977) que persiste en todas las sociedades y que permite controlar y regular el uso de la fuerza al sustituirla por mecanismos alternos de resolución de conflictos. La institucionalidad implica un contexto normativo donde se prescriben los comportamientos deseados y se proscriben los indeseados (Merton, 1965), se construye una legitimidad de los mecanismos de control social formal e informal para forzar su cumplimiento o sancionar a los infractores (La Free, 1998). Esta dimensión ha sido considerada tanto en teoría, como en su traducción práctica y en el estudio de las actitudes políticas como una cultura cívica, en el sentido utilizado por Almond y Verba (1989) y en América Latina se le ha llamado cultura ciudadana (Mockus, Murraín y Villa, 2012; Cala Buendía, 2010) y que significa la existencia de un conjunto de valores y de orden normativo amplio, que no sólo existe en el andamiaje legal de la sociedad, sino que está internalizado y aprendido por las personas, de modo tal que es incorporado a la vida cotidiana de los ciudadanos y funciona sin la necesidad de la presencia de la fuerza de la ley (Habermas, 1996), pues permite la estabilización de las expectativas de todos sus miembros (Luhmann, 2005).

La institucionalidad no es entonces un hecho jurídico, sino normativo de la sociedad, que puede o no expresarse en leyes, pero que debe expresarse siempre en la regulación de las relaciones sociales y, por lo tanto, ser conocido y respetado en su cumplimiento por los actores involucrados. Este comportamiento que A. Sen (2009) llama, siguiendo a Rawls (2006), el *post contract behavior*, se supone debe ocurrir una vez establecido el pacto social, donde los individuos deben dirigir su comportamiento acorde con las metas del bienestar general. Cuando no ocurre así, se produce una fractura importante en la sociedad que provoca conflictos y el retorno al uso de la fuerza como herramienta para alcanzar las metas y resolver los conflictos personales o grupales. Lo que encontró Durkheim (1978) en sus estudios sobre la división del trabajo y sobre el suicidio es que en algunos momentos en las sociedades, estas disposiciones normativas, que le permitían a los individuos orientarse en su actuación, no son adecuadamente transmitidas, o no son correctamente aprendidas o pierden su fuerza, y se pasa entonces a un modo de vida sin normas, de anomia, pues las reglas sociales dejan de orientar el comportamiento.

Es allí donde aparece la respuesta de la sociedad ante el comportamiento que asume los medios proscritos para alcanzar los fines. Si la sociedad no manifiesta una respuesta ante quien quebranta la norma, ésta pierde valor y sentido. Para dar respuesta la sociedad produce entonces el castigo que, como reciprocidad negativa, pretende restablecer el equilibrio social. El castigo es la expresión negativa de la norma social, y ha existido en las sociedades como un medio particular y recíproco de infligir dolor a una persona, en respuesta al dolor que ese individuo ha infligido a otros previamente, y, al hacerlo, devolverle su valor universal a la norma social que ha sido quebrantada (Meares, Katyal y Kahan, 2004; Hart, 2008). Esta perspectiva institucional sostiene entonces que lo más importante para comprender y controlar la violencia y el delito no son las condiciones materiales, sino la vigencia de las reglas del juego que tiene una sociedad. La institucionalidad le permite a los individuos orientar su comportamiento, dirimir conflictos sin usar la fuerza y hacer predecible la vida en sociedad (North, Wallis y Weingast, 2009). La explicación, desde la perspectiva criminológica, se encuentra entonces en que la legitimidad de esas instituciones reduce la motivación de las personas a cometer crímenes, pues por un lado exalta los caminos prescritos, y, por el otro, ofrece mecanismos formales e informales de control social, condenando y castigando los medios proscritos (La Free, 1998).

Las instituciones no son las organizaciones como el gobierno, partidos políticos, los tribunales, las cárceles, la iglesia, la policía, que es el uso más contemporáneo del término. Son las normas sociales, con sus valores y creencias, que le dan sustento a esas organizaciones. Es el tipo de relación social que fundado en un prestigio, unos privilegios y obligaciones, un reconocimiento de un poder y su consiguiente aceptación y sumisión, unos derechos y unos deberes, que están implícitos y permiten que las personas acepten la policía, los tribunales, las cárceles, el gobierno. Es la guía que orienta el comportamiento de unos, y permite la respuesta de otros, y por lo tanto son la base del funcionamiento de esas organizaciones.

Desde el punto de vista de la sociología del crimen, es necesario considerar entonces tres dimensiones en esas instituciones. En primer lugar, su contenido, se trata de qué nos dicen las normas: no matar, no robar, no mentir, por ejemplo. Es decir, respetar la vida, la propiedad, la verdad. Pero esto no se entiende igual en todos los grupos sociales ni en todos los momentos o circunstancias. Cómo eso se cambia en cada sociedad nos indica una manera de funcionamiento de la institución. En segundo lugar está la legitimidad de la norma, si hay consenso en la sociedad sobre la validez moral de esa norma y, por lo tanto, su cumplimiento está dado por convicción y no por una imposición externa a los individuos. Si la norma es considerada legítima se acata por una obediencia voluntaria. Pero puede serlo para algunos y no para otros. Si una parte de la sociedad considera que la ley no tiene carácter universal, no aplica a todos, y por lo tanto una parte decide no cumplirla ni hacerla cumplir, los resultados que provoca son completamente distintos a si hay consenso amplio. Y, éste es el tercer aspecto, el tipo de resultados sociales que la norma produce en la sociedad, estos pactos sociales tienen como propósito facilitar la vida social, mejorar las condiciones de vida, reducir la vulnerabilidad de las personas e incrementar la seguridad y, por lo tanto, la calidad de vida de las sociedades. Las instituciones se evalúan por su contenido, por la legitimidad moral de sus postulados, pero también, y de manera muy importante, por los resultados benéficos que otorga a la sociedad (Messner, Rosenfeld y Karsted, 2013; Wikström, 2013).

2. LAS CIUDADES Y LA SEGURIDAD CIUDADANA

Las ciudades venezolanas tuvieron un lento y tardío crecimiento, a comienzos del siglo XX eran apenas unos pueblos grandes dispersos y mal conectados en el territorio nacional. La escasa producción minera nunca había permitido grandes riquezas a la élite y la producción de cacao y ganado no fomentaba el surgimiento de redes de ciudades, por lo disgregado de la producción y la poca acumulación de capital que permitía. Cuando en el siglo XIX irrumpe la producción de café en la zona montañosa de los Andes, se fortalecen los pueblos y el intercambio comercial, beneficiándose la producción de la pequeña y mediana propiedad del café y de la paz que les proporcionaba estar alejados de los escenarios de la guerra, tanto de la de independencia, primero, como de las guerras internas, después.

El país no existía como unidad nacional, pues no existían vínculos entre las distintas regiones que operaban de manera aislada, conectando las zonas de producción rural con una ciudad y un puerto del cual salían los barcos con productos agrícolas hacia las islas del Caribe o Europa e ingresaban las mercaderías industriales importadas.

Las transformaciones que ocurren en la economía mundial, le otorgaron una relevancia notable al petróleo y, con ello, se inicia un gran cambio en la sociedad venezolana. Al tener el país grandes reservas de petróleo liviano, se inician fuertes actividades de exploración que requerirían abundante mano de obra y el fisco nacional comenzó a obtener grandes recursos financieros, por los impuestos cobrados, lo cual permitió fortalecer el Estado y la élite militar en el poder. La exploración petrolera alentó las corrientes migratorias que abandonaron las zonas rurales en la búsqueda de empleo y progreso en las zonas petroleras o en la construcción y servicios públicos que rápidamente empiezan a instalarse en las ciudades.

En 1926, por primera vez en la historia, los ingresos obtenidos por los ingresos petroleros superaron a los ingresos obtenidos por la exportación de café. A partir de allí, se produce el dominio absoluto del petróleo en la economía, la sociedad y la política en Venezuela. Los ingresos petroleros en manos del gobierno central significaban una mayor autonomía para el Estado respecto a la empresa privada nacional y una oportunidad de realizar grandes inversiones en las ciudades, las cuales empiezan a crecer de una manera rápida e inesperada (Briceño-León, 1986).

El lento patrón de crecimiento que habían tenido las ciudades venezolanas se había fundado en la anexión de calles en las orillas de los poblados que seguían la normativa urbana del trazado en cuadrícula y la agregación de nuevas parcelas para viviendas, que seguían la volumetría compacta tradicional, sin retiros y con los patios internos y traseros. En estos bordes urbanos se ubicaban las personas de menos ingresos y de menor estatus social, por eso la existencia del adjetivo "orilleros" para designar a las personas pobres o con menos educación de la ciudad. Estas orillas, con el tiempo y el esfuerzo de las familias y las municipalidades, se consolidaban, recibían los servicios y se integraban a la ciudad. Sin embargo, la llegada masiva de migrantes a la ciudad desbordó el mecanismo de crecimiento urbano y su capacidad de integrarse ella, y adquieren una dinámica singular de expansión urbana que conocemos como urbanización informal y asentamientos precarios y que en Venezuela se llaman "barrios de ranchos" (Briceño-León y Acosta, 1987).

Durante los años cuarenta y cincuenta, Venezuela vivió un proceso de expansión urbana que no afectó la seguridad. A pesar de haber tenido un periodo de inestabilidad política, con golpes de Estado y magnicidio, y de haber recibido nuevos contingentes poblacionales, resultado de las migraciones, tanto internas como externas, la cohesión social tradicional de la ciudad se mantuvo, al igual que un bajo nivel de criminalidad y violencia.

A mediados de los años cuarenta, se produjo un golpe de Estado de civiles y militares que derrocó al presidente Medina Angarita, un militar, que al igual de sus dos antecesores, provenía de la zona andina del país. El nuevo gobierno cambió la constitución, abrió las puertas a la votación universal y la democracia y, eligió a un escritor y civil, Rómulo Gallegos como nuevo presidente, el cual, a su vez, fue derrocado a los tres años de gestión por otros militares, quienes crearon una Junta Militar y gobernaron en un triunvirato. Al poco tiempo, fue asesinado el presidente de la Junta, el general R. Delgado Chalbaud, para colocarse en el poder otro de los militares del trío gobernante, M. Pérez Jiménez, el cual falsificó elecciones, ilegalizó partidos políticos y gobernó al país de manera dictatorial hasta 1958.

Sin embargo, en este periodo la criminalidad era muy baja, el país vivía un momento de gran expansión económica, pues Venezuela había pasado a ser el primer exportador mundial de petróleo y el gobierno contaba con bastantes recursos para iniciar programas de infraestructura urbana, eliminación de zonas de vivienda precaria e informal y su sustitución por edificios de gran altura y densidad. El crecimiento de los barrios informales fue controlado y reprimido en todo el país, pero en particular en Caracas. Durante los años cincuenta, el ingreso per cápita de Venezuela era superior al de cualquier país de Europa y el empleo era abundante y se requería de mano de obra para trabajar en las ciudades, sin embargo, no existían previsiones sobre el territorio urbano donde podría y debería construir sus viviendas esa parte de la población. A pesar de los éxitos económicos, la situación política se había vuelto inaceptable para una parte importante de la población, y a pesar de la violencia selectiva del Estado, el movimiento político opositor logró una alianza de diversos sectores sociales que facilitó el derrocamiento de la dictadura militar.

La transición de la dictadura militar a la democracia permitió el relajamiento de los controles urbanos y ocurrió un crecimiento importante de la población de la ciudad y de las ocupaciones de tierra urbana y el crecimiento de los barrios informales. La llegada de la democracia a Venezuela estuvo signada por inestabilidad, tanto por las dificultades financieras derivadas de la caída del ingreso petrolero (por la incorporación de los países del Medio Oriente como exportadores de petróleo) como por las acciones de dos grupos, disímiles ideológicamente, pero igualmente violentos: los militares de derecha y los guerrilleros de izquierda.

A principios de los años sesenta la insurgencia militar, descontenta por la llegada de la democracia, realizó varias sublevaciones militares que la llevó a la toma de ciudades, como San Cristóbal, Carúpano y Puerto Cabello, y a los enfrentamientos armados y cruentos con los sectores del ejército afines al gobierno. Por el otro lado, inspirados por el triunfo de la lucha armada en Cuba, unos sectores de la juventud política organizaron un movimiento guerrillero que fue entrenado y apoyado desde Cuba para invadir Venezuela, tal y como efectivamente ocurrió con políticos venezolanos y militares cubanos, los cuales lograron establecer varios frentes guerrilleros. La violencia guerrillera estuvo concentrada en zonas rurales, pues, aunque en la zona urbana se dieron acciones de terrorismo, secuestro, robos y sabotaje armado de elecciones, su acción fue poca y restringida, con más efecto simbólico y propagandístico que real amenaza.

La insurgencia militar fue derrotada por el ejército leal al gobierno y el movimiento guerrillero fue derrotado por la política social del Estado a través de dos programas de atención a la población rural: por un lado, la reforma agraria, la cual permitió una redistribución de la tierra y un apoyo a la organización campesina; y, por el otro, los programas de salud y educación rural, con el establecimiento de dispensarios médicos y escuelas rurales en zonas aisladas del país. Las medidas de atención del campo fueron muy importantes para detener la guerra en las zonas rurales y alcanzar la pacificación del país, pero no así para detener la emigración rural, cuya población continuó moviéndose hacia las ciudades y, en especial, hacia Caracas.

La pacificación del país había sido un éxito pues los grupos armados que estuvieron en la guerrilla pudieron, mayoritariamente, incorporarse a la lucha política democrática, legalizar sus partidos y participar en las elecciones. La violencia política había prácticamente desaparecido del país. Los gobiernos resultaron electos en un juego democrático de partidos y el salario real del país continuaba en ascenso sostenido desde los años cincuenta. Los planes de diversificación de la industria y de sustitución de importaciones, se mantenían bajo el manto tutelar del ingreso petrolero. En un acuerdo social que no fue fácil de obtener, la renta petrolera permitía que los trabajadores aumentaran su ingreso real y los empresarios incrementaran su tasa de ganancia.

En 1973, el precio del barril de petróleo, que se había mantenido estable por décadas, sufrió un brusco incremento como resultado de la guerra del Yom Kippur y el embargo petrolero de los países árabes quienes redujeron sus exportaciones. El precio promedio de venta del barril del petrolero de Venezuela, que en 1972 estaba en cerca de tres dólares, pasó dos años más tarde, en 1974, a cotizarse cercano a los doce dólares. Esto significó que el ingreso petrolero se cuadruplicó en un muy corto periodo de tiempo, generando una realidad y sensación de riqueza en toda la población (el sueldo de una empleada doméstica en Caracas era superior al de un ingeniero en Lima) y un conjunto de avances y desajustes en la economía, una expansión industrial y la compra de industrias llave-en-mano, así como un masivo incremento de las importaciones. La sobrevaluación de la moneda convirtió al país nuevamente en un polo de atracción para inmigrantes honestos y, también, delincuentes aprovechadores. Durante este periodo se dio un incremento de la inseguridad personal, sobre todo de los delitos contra la propiedad, no así de los homicidios, los cuales se mantuvieron en las tasas históricas de siete u ocho víctimas por cada 100 000 habitantes. La policía en ese momento atribuyó el incremento de los robos que se infligían a personas, empresas y bancos, a las bandas internacionales, a las cuales les resultaba mucho más rentable —por el valor de la moneda venezolana— cometer los delitos en Venezuela que en su país de origen.

Esta bonanza petrolera llegó a su punto más alto en 1981. Como resultado de la caída del Sha de Irán y de la guerra de ese país con Iraq, se produce una inestabilidad política en el Medio Oriente que llevó a la reducción de sus exportaciones petroleras al mercado mundial, por lo cual el precio del barril del petróleo venezolano alcanzó el valor de 35 dólares, doce veces más que una década antes.

A partir de allí, la historia económica cambió para Venezuela, los países industriales comenzaron a reducir su consumo petrolero y a buscar fuentes alternativas de suministro, el precio del barril petrolero se redujo y el salario real del trabajador en Venezuela inició un periodo de declive sostenido. En esos años se impusieron fuertes restricciones al gasto público, a las políticas sociales y el control de cambio,

CUADRO 1. VENEZUELA. NÚMERO DE CASOS Y TASA DE HOMICIDIOS, 1985-2014

Año	Casos	Tasa*
1985	1 675	9
1986	1 501	8
1987	1 485	8
1988	1 709	9
1989	2 513	13
1990	2 474	13
1991	2 502	13
1992	3 366	16
1993	4 292	21
1994	4 733	22
1995	4 481	21
1996	4 961	22
1997	4 225	19
1998	4 550	20
1999	5 968	25
2000	8 022	33
2001	7 960	32
2002	9 617	38
2003	11 342	44
2004	9 719	37
2005	9 964	37
2006	12 257	45
2007	13 156	48
2008	14 589	52
2009	16 047	54
2010	17 600	57
2011	19 459	67
2012	21 692	73
2013	24 763	79
2014	24 980	82

* Tasa por cada 100 000 habitantes.

FUENTE: Observatorio Venezolano de Violencia 2014, sobre datos del CICPC y el INE.

con una devaluación continua de la moneda nacional (Márquez, 1995). La imagen del futuro siempre mejor que tenían los venezolanos, de todos los sectores sociales, de un mañana mejor, con mayores ingresos, más consumo y mejores servicios de educación y salud, se derrumbaron. Una imagen sombría y pesimista apareció en la sociedad. El modelo de crecimiento petrolero parecía haber llegado a su fin (véase el cuadro 1).

Sin embargo, la situación de violencia del país no se modificó sustancialmente, y para mediados de la década, en 1985, la tasa de homicidios de Venezuela era la misma que una década antes: 8 asesinatos por cada 100 000 habitantes. Esa tasa era casi igual a la que para ese momento tenía Estados Unidos de América, pero muy inferior a la que mostraban otros países como Colombia, Brasil o México (Briceño-León, Villaveces y Concha-Eastman, 2008).

3. Venezuela dejó de ser fuerte y se volvió vulnerable

La situación cambió en 1989 como consecuencia de una revuelta popular y de la fuerte represión militar que se lanzó para contenerla. Ése fue el primer momento de vulnerabilidad.

En febrero de 1989, poco después de la toma de posesión del gobierno de Carlos Andrés Pérez, se produjo un incremento en el precio de la gasolina y un consecuente incremento en el costo del transporte público, esto provocó un conjunto de protestas en las ciudades satélites de Caracas que, luego, degeneraron en saqueos provocados por grupos políticos o delincuenciales. La reacción fue el resultado de meses de escasez de productos básicos, cuyos precios estaban controlados y de una frustrada expectativa de mejoría que debía ofrecer el nuevo gobierno. Los enfrentamientos entre los propietarios de los comercios, grandes o pequeños, con los saqueadores, o entre ellos por la disputa del botín; el oportunismo de actuación de las bandas criminales para efectuar robos o ejecutar sus venganzas y la acción militar con alta capacidad de fuego y poca preparación para utilizarla adecuadamente en desórdenes públicos, produjo que en una semana en Caracas hubiese 534 muertes violentas. Una cifra inmensa para una sociedad que el año anterior había sufrido 1 709 homicidios en todo el país y en todo el año. La tasa de homicidios subió a 13 por cada 100 000 habitantes (Pérez Perdomo, 2002).

Las razones de la revuelta han sido muy discutidas, un asunto fueron los detonantes y otro, todo el proceso de quiebre del modelo de paz social que allí ocurrió. Lo cierto es que significó el primer quiebre institucional en la sociedad venezolana: las normas de respeto a la propiedad e intercambio comercial se quebrantaron; la contención social que hacía respetar los bienes ajenos se perdió y, en su lugar, se legitimó el uso de la fuerza como medio para alcanzar los fines (Ugalde, 1990; Pérez Perdomo y Navarro, 1991). El segundo momento de vulnerabilidad ocurre en 1992, cuando se produjeron dos intentos de golpe de Estado, uno en febrero y otro en noviembre del mismo año. Ambos fracasaron en su objetivo militar y político de derrocar al gobierno y tomar el poder, pero dejaron una impronta de violencia en la sociedad, pues legitimaron el uso de las armas y la fuerza como medio para llegar al gobierno. Los golpes de Estado fueron eventos violentos donde ocurrieron batallas urbanas, con tanques de guerra y aviones que bombardearon parte de la capital, con menos víctimas de las que podía esperarse, con una cifra no muy precisa de cincuenta muertos en febrero de 1992 y ciento setenta fallecidos en noviembre de 1992, entre soldados de ambos bandos y civiles, que eran actores o espectadores de los enfrentamientos.

Los golpes de Estado representaron un quiebre fundamental en la institucionalidad política, las reglas del juego que regían los mecanismos pacíficos de acceso al poder fueron quebrantados por los militares y sustituidos por las armas y la fuerza. Una parte importante de la población mostró simpatía por la acción militar e incluso dieron apoyo a los golpistas, y quizá sin quererlo, la violencia se convirtió en un medio legitimado para alcanzar las metas. Lo que es singular es que en los dos años siguientes a la revuelta popular de 1989, la tasa de homicidios en el país se mantuvo estable: en 13; en cambio, en los dos años siguientes a los golpes de Estado de 1992, la tasa de homicidios aumentó de 16 en 1992 a 21 en 1993 y 22 en 1994.

En 1994, cambió el gobierno por vía electoral, y la violencia se estabilizó. Entre 1995 y 1998 la violencia en Venezuela se redujo a pesar de que la situación social y económica se empeoró. Durante esos años, los ingresos nacionales disminuyeron por la caída en el precio del barril de petróleo reduciéndose hasta los ocho dólares, y los salarios reales se deterioraron por una elevada inflación que llegó a superar el 100% en 1997. Aunque el descontento social se incrementó, la tasa de homicidios se mantuvo estable y disminuyó levemente, para ubicarse en 19 por cada 100 000 habitantes y un total de 4 550 víctimas en 1998.

El tercer momento de vulnerabilidad se inició a partir de 1999 y, a diferencia de los dos procesos anteriores, no ocurre como el resultado de fuerzas externas y de un enfrentamiento con actores opuestos al gobierno, sino, al contrario, como el resultado de una acción u omisión del propio gobierno nacional (Briceño-León, 2006). De una manera sorprendente, en los dos años que transcurren desde el inicio del gobierno de Hugo Chávez, se duplica el número de homicidios, para ubicarse en cerca de los seis mil asesinados en 1999 y superando los ocho mil muertos en el año 2000. En esos dos años se alcanzó una tasa de 33 muertes por cada 100 000 habitantes. Y en los años siguientes, la mortalidad violenta no se detiene, y continúa incrementándose, para alcanzar una tasa de 42 en el año 2003 y de 52 en el 2008.

3.1. *Las razones de la vulnerabilidad*

¿Cómo fue posible ese incremento tan rápido desde los primeros días de gobierno de Hugo Chávez? Hay varios factores que pueden ayudar e entender esta singular situación.

En primer lugar, hay un incremento en la percepción de impunidad en el país. En julio de 1999 entró en vigencia el nuevo Código Orgánico Procesal Penal

(COPP), que establecía que sólo podían ser detenidos quienes eran apresados en flagrancia de comisión de un delito. La consecuencia inmediata fue una parálisis de la actuación policial quienes, por temor o deseo de sabotaje, decidieron no detener sospechosos (Del Olmo, 2000). Por otro lado, la misma ley establecía que una persona no podía permanecer más de dos años detenida sin que existiera una condena. Ahora bien, como el 63% de los reclusos no tenía una sentencia firme, al aplicarse la nueva ley debieron ser puestos en libertad, sin importar si en realidad eran inocentes o culpables, y la población carcelaria se redujo de 23 889 internos en enero de 1999 a 15 529 reclusos a fin de año, la mayor excarcelación de la historia de Venezuela (Rosales, 2002). Las razones teóricas y de respeto a los derechos humanos eran válidas, pero las consecuencias prácticas de ambos procesos significó un quiebre de la función social de protección y castigo de la policía y las cárceles. Si a estos dos factores sumamos los elogios de la violencia y la justificación de los robos por necesidad que hizo el propio presidente de la República, podemos entender las razones para el incremento de la percepción de impunidad en el país.

En segundo lugar, está la fragmentación de la sociedad en dos grupos, cuyas ideas de las normas, la ley, lo correcto e incorrecto se separan y se distancian (Márquez, 2003). Como producto de estrategias electorales y políticas, se produjo en el país un proceso de polarización de la sociedad en dos bandos extremos e irreconciliables, donde unos eran los "buenos y santos" y los otros "malos y diablos". Esto adquiere una mayor fuerza como producto del intento de golpe de Estado en 2002 y de la huelga petrolera de fines de ese año e inicios de 2003. La consecuencia de esto fue una pérdida de legitimidad del sistema normativo, pues la ley que se aplicaba a unos, no era válida para los otros. Al no existir un sentido de la ley universal, su fuerza de contención del delito se mermó y la discrecionalidad en su aplicación, desde el gobierno o desde los individuos, aumentó y con ello la violencia.

En tercer lugar, y como consecuencia de lo anterior, se dio una politización de las políticas de seguridad. El gobierno sostuvo la idea de que debía hacer una política de "izquierda", con énfasis en el gasto y la inversión social, y que, en su opinión, era distinta a las políticas de "derecha" fundadas en la acción de la policía. La policía y sus jefes pasaron a ser una figura negativa. Se planteó entonces la necesidad de reformular el modelo policial, se creó una comisión de alto nivel para este propósito, se contrataron estudios y expertos que publicaron varios libros y ofrecieron recomendaciones, que no fueron en lo inmediato aceptadas. La consecuencia de este proceso y de los desarmes de los cuerpos policiales de varios estados del país controlados por la oposición, por razones estrictamente políticas, fue una pérdida de legitimidad de la policía y una limitación en su capacidad de acción por razones materiales y culturales.

Finalmente, en cuarto lugar, hay una falta de transparencia en la gestión, una censura a la información oficial y una continua negación del problema por parte de las autoridades, que hizo más frágil la capacidad de la sociedad para enfrentar el crimen y el delito. A partir del año 2004, el gobierno nacional prohibió la difusión de las estadísticas sobre inseguridad y retiró los datos que existían en las páginas de Internet de los organismos oficiales. De igual modo, y de manera repetida, se ignoró el problema. El presidente de la República, quien ocupaba muchas horas de todas las estaciones de radio y televisión en sus discursos, casi nunca se refirió al problema de la inseguridad.

La consecuencia de esto fue el incremento generalizado del delito y, en particular, del delito violento. Aunque de manera oficial se prohibió la difusión de información sobre inseguridad, de manera extraoficial ha sido posible conocer las informaciones que se encuentran censuradas, tanto por filtraciones de los archivos oficiales, como por los resultados de los estudios de victimización que el propio gobierno nacional ha llevado a cabo y que la censura no ha logrado silenciar.

4. LA SITUACIÓN DE VIOLENCIA

En el año 2008, luego de cuatro años de censura oficial de la información, la tasa de homicidios había aumentado de 37 en el año 2004 a 52 muertes por 100 000 habitantes en el año 2008, con más de 14 589 víctimas. Una fuente importante para conocer lo que ha sucedido en el país en esos años de censura, son las encuestas de victimización que han realizado, tanto el gobierno como los centros académicos de las universidades. Las dos encuestas oficiales de victimización de 2006 y 2009 confirmaron las alarmantes tasas de homicidios del país. La Encuesta del año 2006 ofreció una tasa de 49 homicidios por 100 000 habitantes, que los propios funcionarios del Instituto Nacional de Estadística consideraron como "una tasa de ocurrencia media, no muy distante, aunque superior, a la registrada por la estadística oficial", y en la Encuesta del 2009 la cifra fue aún mayor de 75 homicidios por 100 000 habitantes (Instituto Nacional de Estadística, 2010: 15).

La "Encuesta Nacional de Victimización y Percepción de la Seguridad Ciudadana" de 2009 cubrió tres dominios muestrales: a] nivel nacional; b] zonas de frontera y zonas no-fronterizas con otros países; c] ciudades por tamaño: Área Metropolitana de Caracas, Ciudades Grandes y Medianas y Ciudades Pequeñas; y tuvo un importante tamaño muestral, pues se aplicó a los mayores de 16 años en 16 419 hogares.

La Encuesta de 2009 mostró, además, que la tasa del Área Metropolitana de Caracas (AMC) con 233 homicidios por 100 000 habitantes, era muy superior a las ya altas estimaciones que aparecen en los organismos internacionales (UNODC, 2013) y que colocan a Caracas como la capital más violenta de América Latina, muy por encima de Bogotá o la ciudad de México. La encuesta también mostró que Caracas tenía cuatro veces más asesinatos que el resto de ciudades del país, fueran estas ciudades grandes, como Maracaibo, Valencia o Barquisimeto, las cuales tenían una tasa de 50 por 100 000 habitantes; o medianas, como Ciudad Bolívar o Barinas, con una tasa de 66 por 100 000 habitantes; o incluso las pequeñas, como Sanare o Río Caribe, ciudades que habían sido tradicionalmente pacíficas, pero que arrojaron una tasa de 49 víctimas por 100 000 habitantes.

Otro dato relevante es que, a diferencia de lo que sucede en otros países, como México y parcialmente en Colombia, la mayor violencia en Venezuela no estaba

CUADRO 2. CIUDADES DE AMÉRICA LATINA, TASA DE HOMICIDIOS POR CADA 100 000 HABITANTES

País	Ciudad	2007	2008	2009
Argentina	Buenos Aires	3.9	4.6	4.9
Brasil	São Paulo	15.0	11.9	11.6
Chile	Santiago	4.8	3.8	4.2
Colombia	Bogotá	19.3	19.9	22.1
Ecuador	Quito	n/i	11.9	11.1
Paraguay	Asunción	13.3	20.2	11.0
Perú	Lima	8.4	6.5	5.7
Uruguay	Montevideo	6.5	8.0	8.4
Venezuela	Caracas	130.5	127.0	122.0
México	Ciudad de México	8.0	8.4	9.2

FUENTE: Elaboración propia sobre "Global Study on Homicide", por UNODC, 2013.

concentrada en las zonas de frontera, sino en las centrales. Aunque las zonas fronterizas tenían una tasa alta de 40 homicidios por 100 000 habitantes, eran muy inferiores a la victimización por homicidios de las zonas centrales del país, donde la tasa se duplicaba hasta superar las 80 muertes por 100 000 habitantes.

Lo que es realmente significativo es que cualquiera de las tasas de las ciudades venezolanas a las cuales nos hemos referido, es superior a las tasas que muestran otras ciudades de América, como puede observarse en el cuadro 2, donde se exponen los datos de Caracas, pero que igual aplicaría para Maracaibo, Valencia, Maracay, Barquisimeto, Ciudad Guayana, Cumaná o Puerto La Cruz.

Esta situación de inseguridad afecta de manera principal a los sectores pobres de la sociedad, los cuales son vulnerables por su condición económica o ambiental, y son más victimizados por el delito y la violencia, por la falta de protección de las autoridades y por la ausencia de castigo a los infractores.

Como puede observarse en el cuadro 3, la mayoría de las víctimas de los delitos están en los estratos de menores ingresos de la sociedad. Sumados los estratos IV (pobres) y V (pobres extremos), los habitantes de estos sectores sociales padecieron el 83% de los homicidios, el 74% de los lesionados, el 60% de los robos y el 50% de los secuestros. Si uno compara lo que sucede con la clase media alta y con los pobres extremos, podrá observar un gradiente que se modifica en dirección contraria al nivel de ingresos y que nos muestra cómo varía la tasa de victimización dependiendo de la intensidad de la violencia y del sector social. Es decir, en el sector de ingresos medios altos, hay menos homicidios que lesionados, y menos que robos o secuestrados; al contrario sucede con los pobres extremos, sufren más homicidios que lesionados y menos robos y fue el único estrato social donde no fueron reportados secuestros.

En los años siguientes a la Encuesta de Victimización, la violencia se ha mantenido y, para el año 2014, las cifras oficiales permanecen censuradas. En el año 2012, el ministro del Interior, Justicia y Paz reconoció en una intervención ante la Asamblea

CUADRO 3. VENEZUELA. DELITOS VIOLENTOS POR ESTRATO SOCIAL, 2009

Delitos	Estrato social				
	I Clase alta	II Clase media alta	III Clase media	IV Pobres	V Pobres extremos
Homicidios	2.0	1.9	12.4	55.5	27.1
Lesiones personales	0.8	9.25	16.3	52.1	21.3
Robo con violencia	1.9	13.7	22.8	50.3	10.1
Secuestros	2.0	27.8	19.9	50.1	–

FUENTE: Elaboración propia sobre "Encuesta Nacional de Victimización y Percepción de Seguridad Ciudadana", por INE, 2009: 70.

Nacional una tasa de homicidios de 48 para el año 2011, y a comienzos del siguiente año, el nuevo ministro reportó datos aislados que representaban una tasa de 52 homicidios para 2012; sin embargo, los cálculos de las universidades nacionales, agrupadas en el Observatorio Venezolano de Violencia, reportan tasas superiores: de 69 para 2011, de 72 para 2012 y de 82 para 2014 (Observatorio Venezolano de la Violencia, 2014).

5. VULNERABILIDAD Y POBREZA

La pregunta que surge al detallar la gravedad de la situación que acabamos de describir y el rápido deterioro que ocurrió en las condiciones de seguridad de Venezuela es: ¿por qué ha ocurrido tal situación en un país que no tenía tradición de violencia, que no vivía en una guerra civil y que, adicionalmente, contaba con grandes recursos financieros producto del incremento de los ingresos petroleros?

La respuesta que proponemos es que la explicación debemos buscarla no en la riqueza o pobreza del país, sino en la destrucción de la institucionalidad que en esos años ha ocurrido en Venezuela. La sustitución de la ley como mecanismo de regulación de la vida social por las armas y la fuerza; la extrema fragmentación del país producto de la polarización política; el elogio de los violentos como modelos sociales y de la violencia como un medio legítimo para alcanzar los fines políticos o sociales; el deterioro, en fin, del marco normativo de la sociedad.

Sin embargo, la explicación dominante en América Latina y en Venezuela ha sido de otra naturaleza y ha estado fundada en la pobreza. Sostiene esta tesis que el individuo comete delitos y se hace delincuente por las carencias que tiene en la vida y por la desigualdad que observa en la sociedad, donde otros sí tienen lo que a ellos les falta (Blau y Blau, 1982; Cano y Santos, 2001, Concha-Eastman, 2000; Fajnzylber, Lederman y Norman, 2002; Pinheiro, 1998; World Bank, 2001; Buvinic, Morrison y Shifter, 2000; Neumayer, 2005; Kruijt, 2008; Pedrazzini y Sánchez, 2001; Londoño y Guerrero, 1999).

Según esta perspectiva, como los pobres no tienen acceso a bienes que requieren para satisfacer sus necesidades básicas o las expectativas que le ha creado la misma sociedad, y no encuentran cómo alcanzar esos bienes por el camino legal y prescrito, deciden, racionalmente, usar el camino proscrito y tomarlos por la fuerza. Como no los pueden obtener legalmente, lo arrebatan ilegalmente. En el argumento se pasa de una circunstancia individual a una explicación grupal, pues no se trata de la situación de una persona, sino de una colectividad que se denomina "pobres" y que comparten esa condición, y posteriormente se pasa la explicación de tipo macrosocial y se acusa al orden social en su conjunto: la industrialización, el capitalismo, el neoliberalismo, el subdesarrollo.

Lo que sucede es que las evidencias no cuadran con los argumentos. El gobierno de Venezuela, en su informe sobre el *Cumplimiento de las Metas del Milenio* del año 2010 indica que la Meta 1, de reducir los hogares en pobreza extrema fue alcanzada en el año 2006, bajando de 20.7% en 1998 a 7.2% en 2009; que la desigualdad disminuyó pasando el coeficiente de Gini de 0.4885 en 1998 a 0.3928 en 2008. El déficit nutricional en niños y niñas menores de 5 años descendió del 5.3% en 1998 al 3.7% en 2009. En relación con la Meta 2, la tasa neta de escolaridad en educación primaria ascendió de 86.2 en el año escolar 1998-1999 al 92.3 en el año escolar 2008-2009; y con relación a la Meta 4, la tasa de mortalidad infantil en menores de 5 años se redujo de 23.4 en 1998 a 16.4 en el año 2007 (República Bolivariana de Venezuela, 2010). Es decir, que según las cifras oficiales, ninguna de las características referidas como variables acompañantes de las situaciones de altas tasas de homicidio ocurre en Venezuela, por lo tanto, la tesis de la causalidad o asociación entre pobreza, desigualdad y violencia urbana no se sostiene.

Además, si la pobreza es la que causa el delito, la mayoría de los pobres debieran ser delincuentes y no es así, sino todo lo contrario. La gran mayoría, pudiéramos sostener que más del 90% de los pobres de Venezuela y de América Latina, son personas honestas, trabajadoras y pacíficas, que no roban ni asesinan. ¿Cómo explicar entonces esa situación? ¿Significa esto entonces que no hay relación entre la pobreza, la desigualdad y la violencia urbana?

La hipótesis que sostenemos es que la relación entre pobreza y violencia urbana está mediada por una variable latente que ha hecho falta en el análisis social y político, una variable que ha sido obviada o considerada apenas parcialmente en los estudios previos: la institucionalidad.

Este marco institucional es lo que ha sufrido un quiebre importante y ha provocado la violencia en Venezuela. Esto es particularmente importante para los más pobres y vulnerables, pues éstos sufren más del quiebre de la institucionalidad, ya que no tienen recursos para compensar la ausencia de confianza, de las normas, ni para hacer valer sus derechos. Los privilegiados tienen dinero para garantizarse una seguridad privada o poder e influencias para obtenerla de los recursos públicos, en ambos son privatizaciones de la seguridad. Los pobres no tienen dinero ni poder, por lo tanto, son más víctimas y están más indefensos, lo cual lleva a la desesperanza o a la respuesta violenta para defenderse o hacer justicia, impulsando la espiral de la violencia.

Es ésta la gran enseñanza que puede ofrecer la tragedia de la experiencia de violencia y vulnerabilidad social de Venezuela a los otros países. La clave de protección contra la violencia y la superación de la vulnerabilidad social, no radica en poder disponer de mucho dinero, ni tampoco de hacer una mejor distribución de esa riqueza, sino en reforzar el tejido normativo de la sociedad.

5.1. *Las respuestas de la sociedad para enfrentar la vulnerabilidad*

En esta perspectiva teórica, lo que permite superar la vulnerabilidad y frenar el delito, lo que hace fuerte a una sociedad, es la legitimidad y fuerza del pacto social que regula las relaciones e intercambios sociales. Lo que incrementa la seguridad es la eficacia que para regular los comportamientos tengan los valores morales que se expresan en normas, formales o informales, y que son aceptadas y compartidas por la población, lo que Habermas llama *the socializing force of life under just institutions* (Habermas, 1996: 59). Es esto lo que puede disminuir la conflictividad y no el uso coercitivo de la fuerza; es la cohesión social expresada en la vigencia universal de las leyes, en la confianza en el otro y en las reglas que van a orientar su comportamiento, haciéndolo previsible en su actuación.

Al contrario, lo que hace vulnerable a la sociedad es la división y la fragmentación de sus miembros, la desconfianza en el otro por no creer que las reglas van a ser respetadas por los individuos, ni que existirán mecanismos para impedir que se infrinjan o, en la eventualidad, que se castigue a los infractores.

Lo que ha ocurrido en Venezuela en los inicios del siglo XXI es que el Estado, como la instancia que la sociedad ha establecido a lo largo de la historia para cumplir el papel de monopolizador de la violencia, para decirlo con la expresión de Weber (1977), y pacificador de la sociedad o regulador de la violencia (North, Wallis, y Weingast, 2009), dejó de cumplir esa función y, paradójicamente, se convirtió en un destructor de la institucionalidad.

El gobierno de Venezuela buscó destruir las organizaciones y poder del pasado por ser la representación del *Ancien régime*, para poder así establecer su hegemonía política. En ese proceso "revolucionario" socavó el Estado de derecho y dividió al país. Las intenciones que subyacían eran políticas, buscaban consolidar y ampliar el poder del caudillo gobernante, pero las consecuencias fueron para toda la institucionalidad. La decisión era política, las consecuencias fueron en la convivencia social en general y en el incremento de la criminalidad en particular.

El papel del Estado es fundamental para promover o menoscabar la legitimidad de las políticas de seguridad y, por lo tanto, es fundamental para el control del crimen y la contención de la violencia, tal y como ha sido encontrado en estudios comparativos (Nivette, 2014). En Venezuela, por un criterio político-electoral se decidió restringir la aplicación de la ley o darle un carácter partidista que permitía su aplicación discrecional por parte de las autoridades; esto quebrantó el sentido general de la ley, tanto en la obligatoriedad de su aplicación, como en el castigo por su incumplimiento.

Una evidencia contundente de este proceso es el incremento de la impunidad que ocurrió en los diez años transcurridos entre 1998 y 2008. En el año 1998, hubo 4550 homicidios y, en ese mismo año, hubo en el país 5017 detenciones por homicidio, es decir, una razón de 118 arrestos por cada cien asesinatos cometidos. Una década después, el número de arrestos por homicidio descendió drásticamente. En el año 2008, se cometieron en el país 14589 homicidios y hubo 1356 detenciones por esa causa, es decir, que la proporción que era de 118 arrestos en 1998, descendió a apenas 8 arrestos por cada 100 asesinatos. Y los arrestos judiciales no significan acusación, ni juicio ni mucho menos condena y cumplimiento del castigo (Briceño-León, Ávila y Camardiel, 2012).

Ante esa situación, la sociedad civil ha quedado indefensa. La percepción es que el Estado no puede y no quiere controlar la situación de violencia e inseguridad y, por lo tanto, es cómplice, sea en los niveles altos del gobierno por los mensajes y actuaciones contradictorias, o en los niveles medios o bajos por su participación en el negocio (Antillano, 2009; Ungar, 2003). La percepción es que el castigo existe solamente para quien no tiene dinero. Y tener dinero no es en este caso una caracterización de clase social, sino del flujo de caja disponible; por lo tanto, en esa categoría se incluyen tanto a las personas ricas, como a los delincuentes y traficantes pobres, pues los delincuentes que asesinan, roban o venden droga, consiguen también dinero para pagarle a los policías o jueces, para que no se realice la investigación judicial o los declaren inocentes. En nuestras entrevistas nos han contado cómo, los delincuentes previsivos, guardan parte del botín obtenido en sus faenas como un ahorro para el momento que deba pagarle a la policía o a los tribunales.

En un estudio que hicimos entre 2013 y 2014 en cuatro zonas de Caracas (LACSO, 2013), quisimos conocer cómo era la respuesta de los sectores de urbanización informal ante la inseguridad y la violencia. Para ese propósito se trabajó aplicando las técnicas cualitativas de investigación de los grupos focales y las entrevistas a profundidad, además de la observación de los espacios y el uso de planos y fotografías. Los estudios se llevaron a cabo en tres de los cinco municipios que conforman el Área Metropolitana de Caracas y tenían una conformación física e integración a la ciudad diferente. Dos estudios se llevaron a cabo en barrios elevados, que están ubicados en las montañas del valle de Caracas, uno se enfocaba en la relación entre la trama urbana de la urbanización espontánea que allí se había dado y la violencia (Rosas, Machado, Valencia y Bolívar, 2014) y otro, sobre la percepción de los niños, niñas y adolescentes de la ley que los protege y la situación de la violencia en la escuela (Perdomo, Ruiz y Farías, 2014). Un tercer estudio tuvo lugar en un barrio construido por debajo de la ciudad formal, hundido en la vera de un riachuelo de agua que desciende de la montaña que separa a la ciudad del mar Caribe y que exploró los acuerdos de convivencia y pactos de cese al fuego que se había dado en la zona (Llorens, Souto, y Zubillaga, 2014), y el cuarto caso de estudio, que se realizó en dos barrios ubicados en la zona plana de la ciudad, vecinos de zonas de altos ingresos y que están bastante integrados a la vida urbana de la zona, donde se exploró una experiencia de acuerdos sociales auspiciados por la alcaldía local y que buscaron establecer un conjunto de reglas de convivencia, no impuestas externamente, sino decididas y aprobadas por los propios habitantes de la zona (Hernández y Chacón, 2014).

Los resultados de los estudios muestran cómo, ante la ausencia del Estado y el incremento de la vulnerabilidad de las personas por el delito, las comunidades han reaccionado para intentar detener la violencia, los muertos y lesionados, con la construcción de acuerdos y fijación de normas que les permitan tener unas orientaciones de comportamiento que los ayuden en la supervivencia. Es un proceso muy singular donde las comunidades intentan un proceso de refundación social, de manera paralela al Estado, sin contar con el Estado, o incluso, en momentos, enfrentados al Estado ausente o cómplice.

En ese proceso de refundación social pudimos observar que hay tres instituciones que funcionan de manera positiva para fomentar la paz y que representan la cara de defensa frente a la violencia, éstas son: la familia, la escuela y la religión. Estas instituciones han sido consideradas como básicas en la creación de subsistemas de normas que permiten el funcionamiento de la sociedad (Messner, Rosenfeld, y Karsted, 2013). En nuestros estudios previos habíamos anotado cómo el debilitamiento de estas instituciones sociales por los cambios propios de la sociedad contemporánea, podían ser considerados unos de los factores de relajamiento del control social informal y, por lo tanto, originadores de violencia (Briceño-León, 2005). Si embargo, en este estudio los resultados fueron en una dirección diferente y positiva, y mostraba cómo a pesar de las dificultades que atravesaban, se habían constituido en la única respuesta posible de la sociedad. Y en esas tres instituciones destacan tres actores centrales que impulsan el proceso: las madres, las maestras y las religiosas. Todas mujeres, marcando un importante aspecto de género en la contención de la violencia.

En las ciencias sociales se ha destacado con mucha fuerza el valor fundamental de la familia en la constitución de la sociedad (Tournier, 2003). En Venezuela, ha existido un cambio en la composición de la familia, reduciéndose la importancia de la llamada familia extendida (padres e hijos, más abuelos o tíos) e incrementándose el número de las familias nucleares (padres e hijos). Este cambio ha estado, además, signado por una presencia muy poderosa en Venezuela de las madres como jefes del hogar, debido tanto a la ausencia real como simbólica de los padres. Esto ha llevado a estudios que han procurado definir la estructura familiar venezolana como "atípica" (Vethencourt, 2009) o como familias "matricentradas" (Hurtado, 1998), sobre todo en la familia popular de bajos ingresos donde hay una ausencia del padre (Moreno, 1996). Lo que es singular de esta familia es que la madre representa el todo del hogar, no hay el padre simbólico, expresión de la autoridad o del sustento, no hay equilibrio de las dos figuras paternales, no hay pareja, sino una poderosa presencia de la madre que protege a los hijos y los amarra para conservarlos bajo su tutela y su control.

Es esta inmensa fuerza simbólica femenina la que aparece en el control de la violencia, pues, al ser la mayoría de las víctimas de homicidios y lesiones hombres-jóvenes, las grandes víctimas-vicarias son las madres, quienes han visto caer asesinados uno, dos, tres o hasta más hijos. Así lo cuentan, y así ha surgido la respuesta de las familias, como en una de las zonas de estudio, donde, luego del asesinato del segundo hijo, una madre decidió actuar renunciando voluntariamente a la búsqueda de venganza o de justicia penal, y buscó asociarse con otras madres para dialogar con las bandas en pugna, con el propósito explícito de conseguir una tregua en la violencia y evitar así la potencial pérdida de su tercer hijo.

Las escuelas son el mecanismo de modelaje social más poderoso después de la familia. El papel social de la escuela lo ha descrito muy bien la sociología funcionalista o marxista. Aunque con intenciones diferentes, de elogio o crítica, todos reconocen el papel que cumple la escuela en la integración de los individuos a la sociedad, a la cultura o al mercado de trabajo. En Venezuela, las escuelas pueden ser públicas, dependientes del gobierno central o local; o privadas, dependientes de organizaciones religiosas o de empresas, por lo regular, familiares. Aunque existen importantes diferencias en su ejecución educativa y en la relevancia que le otorgan a la educación integral, ambas escuelas se ven confrontadas con el incremento de la violencia del entorno donde se ubican. Por un tiempo, las escuelas y liceos fueron un refugio de los jóvenes a los conflictos violentos, pues los delincuentes no llegaban o eran expulsados del sistema educativo por su comportamiento agresivo o delictivo. Sin embargo, en la medida que la violencia aumentó, el conflicto entre los jóvenes se trasladó a la escuela. Las bandas perseguían o esperaban a los jóvenes a las puertas de los recintos escolares, por lo tanto, los jóvenes amenazados, comenzaron a llevar armas a las clases para defenderse de sus potenciales agresores al regreso a sus casas y, así, se estableció una espiral de violencia. Las autoridades educativas empezaron a enfrentar una situación novedosa: la violencia de la calle se había mudado al salón de clase. Los maestros se enfrentaron a dos situaciones nuevas, por un lado, ante los jóvenes violentos, su autoridad y capacidad de evaluar o castigar quedó limitada, no por la ley, sino por las armas y las amenazas. Por otro lado, ante los jóvenes no violentos, los mensajes educativos apegados a la ley, la moral y la resolución pacífica de los conflictos han quedado devaluados, pues dejaron de ser funcionales: "eso no sirve en el barrio", le responden a las maestras.

A pesar de todas esas limitaciones, las maestras están construyendo un mensaje educativo que busca enfrentar la violencia. En su esfuerzo por hacer cumplir la ley, y de manera valiente, muchas maestras denuncian ante las instancias judiciales a los agresores, o piden apoyo de las autoridades para desarmar a los jóvenes que ingresan sus pistolas al salón de clase, y la respuesta que encuentran de la policía o fiscalía es el consejo de "no se meta en eso maestra, eso es peligroso". La escuela y las maestras están procurando construir un modelo alternativo al "malandro" como carrera social, sin embargo, se enfrentan por un lado con las limitaciones que representa la riqueza fácil derivada del delito contra la propiedad o el tráfico de droga y por el otro lado, con la limitaciones de la actuación policial perversa.

El delincuente goza de prestigio entre sus pares y su comunidad, pues en una noche pueden ganar mucho más que el salario mensual de un obrero o del sueldo de una maestra. En un grupo focal que realizamos con jóvenes delincuentes, se encontró que la profesión u oficio más aspirado y deseado por ellos fue ser "funcionario" de una de las policías de investigación del país. A primera vista esto puede resultar contradictorio, pero no es así, pues ellos decían que ser policía era lo "máximo", pues podían hacer los mismo que ellos hacían, es decir, robar, pero hacerlo con un arma legal y una credencial de policía (Ávila, 2014).

Finalmente, se encuentra el papel de la religión, como gran reguladora moral de la sociedad. En Venezuela, la mayoría de la población se declara católica: cerca de un 75%; el resto son básicamente evangélicos o protestantes en sus diferentes denominaciones (13%), hay un grupo pequeño de otras religiones y sólo un 8% se declara agnóstico o ateo (Briceño-León, 2011).

Luego de un largo proceso de secularización de la vida social y política de Venezuela, la religión sigue manteniendo una fuerza muy grande en la vida de los individuos y constituye la institución de mayor prestigio en el país según todas las encuestas de opinión. A pesar de ese prestigio, la religión ha decaído como mecanismo de control social relevante en la sociedad. Las orientaciones religiosas del comportamiento tienen poca fuerza en la vida cotidiana de los individuos, sobre todo en la mayoría católica, pues, en los grupos evangélicos y protestantes, con sus muy diversas denominaciones, la regulación de la vida cotidiana por criterios religiosos es mucho mayor. El proceso social ha sido muy complejo, pues se supone que en la secularización, las normas religiosas son sustituidas por las leyes civiles. En la República ya no es el quinto mandamiento quien postula como norma social el "no matarás", sino la Constitución nacional; y para quien cometa la falta, no se trata del castigo del pecado con el infierno o la ira de Dios, sino con lo estipulado en el código penal para ese delito: ese otro infierno llamado cárcel. Lo que ha sucedido en el proceso de secularización en América Latina es que la religión perdió su fuerza normativa y la ley civil no logró llenar completamente ese vacío.

Sin embargo, lo que hemos logrado encontrar en nuestros estudios recientes es que en Venezuela, ante el incremento de la vulnerabilidad de las personas, su temor a ser víctima y el deterioro tan notable de la ley civil, la religión se ha convertido en la respuesta o asidero de las personas, tanto para contener el delito como para buscar la rehabilitación de los delincuentes. En los casos de estudio se ha encontrado, además, un vínculo importante de la religión con las madres, por un lado, y con la escuela, por el otro. Las madres han apelado al sentimiento religioso y a la fuerza simbólica de su papel, para tocar y mover los cimientos morales de los individuos. Las escuelas buscan unir el modelo prescrito como de buen comportamiento ciudadano, con el buen comportamiento ante los ojos de Dios, para darle fuerza y trascendencia, y quitarle el relativismo cultural que neutraliza la fuerza de las normas. Lo interesante es que esto ocurre tanto en las escuelas religiosas, como en las públicas, que se suponen son a-religiosas, por su carácter republicano, pero cuyos docentes, sean creyentes o agnósticos, sienten que deben acudir más al recurso de Dios que de la ley, para moldear conductas y contener la violencia.

En estas respuestas informales es donde la sociedad venezolana ha encontrado caminos de salida para la situación de violencia y vulnerabilidad en el país. Reforzar la institucionalidad desde las bases de la sociedad: la familia, la escuela, la religión es un mecanismo poderoso de fortalecer el tejido de la sociedad, los vínculos y la confianza entre las personas, en fin, incrementar el capital social que diversos estudios han demostrado que es una barrera para contener los homicidios (Rosenfeld, Messner, y Baumer, 2001).

6. LA RECONSTRUCCIÓN DE LA INSTITUCIONALIDAD

Se pudiera argumentar que convertir a la escuela y, sobre todo, a la familia y a la religión en una respuesta a la situación de violencia y criminalidad significa un retroceso en el proceso civilizatorio. Esto es parcialmente cierto. La construcción institucional de la sociedad moderna se ha basado prioritariamente en el Estado y en la idea de república, como instancia universal de cobijo de todas las personas. Los procesos de secularización y de formalización del derecho en las modernas democracias, han creado unas normas válidas para todos, con independencia del tipo de familia, educación o religión de las personas. Las sociedades prohíben y ofrecen castigo por cometer asesinato, no fundados en la ley de Dios ni en el quinto mandamiento, ni en las pautas de conducta de la Biblia o el Corán, sino en un determinado artículo de la Constitución y de ley penal. Desde esta perspectiva, debemos admitir que la respuesta que hemos encontrado entre la población venezolana es subóptima; pero consideramos que tiene un valor nada despreciable.

Por un lado, la respuesta a la violencia fundada en la comunidad y en sus instituciones informales es subóptima, porque en la sociedad contemporánea debiera ser el Estado quien ofreciera respuesta de promoción de valores de respeto a la vida, protección de las personas y castigo de los transgresores. Pero no ha sido así, como hemos señalado en las páginas anteriores, el Estado y el gobierno, por acción y omisión, no sólo no han cumplido su función de defensa y refuerzo, sino que además han contribuido al colapso institucional por razones político-partidistas. Entonces, la respuesta de la familia, la escuela y la religión, no sólo resulta comprensible, sino que es de mejor calidad y contribuye más a la pacificación de la sociedad, que las otras acciones como armarse y tomar venganza, como justicia directa con los linchamientos o la contratación de sicarios por parte de los ciudadanos o las ejecuciones extrajudiciales por la policía.

Por otro lado, sostengo que no es despreciable, pues este tipo de respuestas son el sustento de la ley formal. Los valores y las normas informales e internalizadas de la sociedad, constituyen los fundamentos sobre los cuales se puede edificar la noción de Estado de derecho. La institucionalidad formal, aunque en algunos momentos o espacios pueden diferir de la informal, se apoya en ésta para su vigencia y formalización. Lo importante a destacar es que los valores que permiten la protección de la vida, y que pueden permitir una recuperación de la institucionalidad, están presentes en la sociedad civil. Es el poder y el gobierno quienes los han menospreciado y corrompido con sus acciones, falencias y silencios. Y ése es el sustento de la recuperación institucional, pues, de no existir, sería muy complicado lograrla. Imaginemos lo difícil que es poder establecer las leyes en una sociedad si los patrones de conducta allí normados como deseables o reprochables no son los aceptados por los individuos.

Esos valores que representan la fortaleza moral, están presentes en la sociedad venezolana. Las personas de manera mayoritaria no avalan los comportamientos delictivos ni tampoco quieren que se negocie con las bandas criminales.

En una encuesta que hicimos en el año 2013, le planteamos a los entrevistados un dilema moral: se trata de un joven pobre, quien tuvo oportunidad de ir a la escuela y luego de culminar sus estudios, sale a buscar trabajo y no lo consigue, queda entonces desempleado. En esa situación, una banda delictiva lo invita a integrarse al grupo. El joven acepta convertirse en ladrón como un medio para salir de la pobreza. Quisimos conocer la reacción de las personas y su postura moral, y le ofrecimos al entrevistado tres opciones de respuestas. En la primera, la persona podía aprobar y justificar el comportamiento, y 5% de los entrevistados así lo hizo. En la segunda, la persona rechazaba la conducta, pero la justificaba por sus condiciones adversas, un 16% escogió esta modalidad. Y, finalmente, la tercera, donde ni se aprobaba ni justificaba su decisión y actuación, y ésta fue la respuesta que escogieron el 75% de los entrevistados (véase el cuadro 4).

CUADRO 4. VENEZUELA. EVALUACIÓN MORAL DE LA CONDUCTA DEL JOVEN ESTUDIADO QUE POR DESEMPLEO Y PARA SALIR DE LA POBREZA SE INTEGRA A UNA BANDA DELICTIVA, 2013

Categorías de respuestas	*Porcentaje**
Lo aprobaría y lo justificaría	5
No lo aprobaría, pero lo justificaría	16
No lo aprobaría ni lo justificaría	75
No sabe, no responde	4

* El porcentaje (%) faltante corresponde a las no respuestas (NR).
FUENTE: LACSO, Encuesta de Violencia e Inseguridad, 2013.

En otra encuesta, en el año 2014, le preguntamos a los entrevistados sobre el apoyo que le daban a algunas medidas destinadas a disminuir la violencia y aumentar la seguridad de las personas. Las medidas, resultado de unos grupos focales que habíamos realizado, apuntaban al incremento de las fuerzas de seguridad en las calles de las ciudades, a depurar y mejorar la calidad de las policías, a promover la cooperación entre las comunidades y los cuerpos de policía y, finalmente, a negociar con las bandas delictivas. Las recientes experiencias de los acuerdos de paz del gobierno de El Salvador con las "maras" de ese país han creado una expectativa entre la población de América Latina. Todas estas modalidades habían aparecido en los grupos focales, por lo tanto, quisimos saber cuál era la magnitud de apoyo que cada una de esas políticas tenía entre la población. Los resultados están en el cuadro 5, y el aspecto que quisiera destacar es que sólo un 2% de la población apoyó

CUADRO 5. VENEZUELA. APOYO A MEDIDAS PARA DISMINUIR LA VIOLENCIA
E INCREMENTAR LA SEGURIDAD PERSONAL, 2014

Medidas	Porcentaje*
Aumentar el número de policías y guardias nacionales en las ciudades	41.60
Depurar, mejorar la dotación y la protección de los cuerpos policiales y de seguridad	34.14
Promover estrategias de cooperación entre las comunidades y los cuerpos policiales	14.10
Negociar o hacer pactos con las bandas delictivas	2.20

* El porcentaje (%) faltante corresponde a las no respuestas (NR).
FUENTE: R. Briceño-León, Encuesta Condiciones de Vida Venezuela, sección Seguridad Personal, 2014.

la idea de pactar con los grupos delictivos. Las personas no quieren acuerdos con los delincuentes, sino protección y honestidad por parte de las policías.

La explicación posible para estos resultados creemos que se encuentra en la fuerza moral que todavía existe en la sociedad y que se defiende frente a la tentación del delito y que no apoya las teorías que sostienen que por la pobreza se justifica el delito y el comportamiento delictivo. Los resultados de los estudios muestran una sociedad que está buscando usar esas fuerzas morales (Boudon, 1997) y es el liderazgo de las madres, las maestras y las religiosas quienes están impulsando un cambio social que restituya la norma y el diálogo como mecanismos de prevención y resolución de conflictos.

7. CONCLUSIÓN

Por varias décadas, Venezuela fue considerado un país modelo de paz social, seguridad y democracia. Sus ciudades eran un destino atractivo para inmigrantes que llegaban de América Latina, Europa y Asia buscando tranquilidad y prosperidad. Sin embargo, a comienzos del siglo se convirtió en una sociedad vulnerable y violenta.

Venezuela se volvió vulnerable en los tres niveles en los cuales puede ser descrito y comprendido este concepto: como probabilidad diferencial de sufrir un daño, como reducida capacidad de resistir a una amenaza y como reducida capacidad de recuperarse del daño infligido.

Venezuela se volvió vulnerable pues dejó de ser unos de los países más seguros de América Latina para convertirse en el segundo país con la tasa de homicidios más alta del mundo, sólo superado por Honduras. Caracas, la ciudad principal, pasó a ser la ciudad capital más violenta del mundo, sólo superada por otras ciudades que no son capitales de sus países. Por lo tanto, la sociedad venezolana es más vulnerable, ya que la probabilidad diferencial de ser víctima es muy superior en Venezuela que en otros países en iguales o peores condiciones de desarrollo económico y social.

Venezuela es vulnerable porque la capacidad que tiene como sociedad para resistir las amenazas del crimen común o del crimen organizado ha mostrado ser muy escasa o casi inexistente. Venezuela se convirtió en el lugar desde donde se exporta, por vía marítima, más de la mitad de la droga que llega a Europa (UNODC, 2010). Los organismos encargados de la protección de las personas, como la policía, o de la justicia penal, como tribunales o cárceles, fueron disminuidos en su capacidad de actuación o convertidos en herramientas de la acción política.

Y, finalmente, existe vulnerabilidad por las dificultades en la recuperación de las víctimas ante el daño sufrido. La mayoría de las víctimas de homicidios y la mitad de las víctimas de secuestros son familias pobres, y la violencia los deja sin fuentes de trabajo o de ingreso y los hace más pobres. Hay restricciones en la capacidad de recuperación del daño físico (la viudez, la orfandad, la vida urbana de los lisiados), al daño económico (carencia de pensiones, indemnización, costos médicos) y el daño moral por la impunidad.

La explicación a la vulnerabilidad de las poblaciones ante el delito y la violencia ha sido atribuida de manera preponderante a su dimensión material, como fragilidad por las precarias condiciones ambientales o socioeconómicas en la cual viven las personas, debido a su situación de pobreza, exclusión material o desigualdad. Ésta es una parte importante de la explicación, sin embargo, lo que muestra el desmedido incremento de la violencia en Venezuela en la década previa y posterior al cambio de siglo, es que hay otro componente de la explicación de igual o mayor relevancia que es dimensión moral y normativa que constituye la institucionalidad.

La ciencia social contemporánea destaca la importancia de esa dimensión normativa pues cumple la función de estabilizar las expectativas de comportamiento, tanto del sujeto como de los otros actores. Esta función la cumple de manera formal el sistema jurídico de la sociedad, formalizado en códigos establecidos en el orden legal (Luhmann, 2005). Cuando esta dimensión se resquebraja la sociedad se hace más vulnerable.

La vulnerabilidad puede ser entonces el resultado de una sociedad donde el pacto social se ha debilitado tanto o quebrado, que los comportamientos se hacen impredecibles, pues las normas y las leyes, formales o informales, fueron sustituidas por el capricho individual, la arbitrariedad e incluso la fuerza física y las armas.

La fortaleza de las sociedades y el rescate de los grupos vulnerables surge entonces, no sólo de su inclusión material, en mejores condiciones de vida, trabajo e ingreso, sino también en su inclusión en un mundo social regido por normas y leyes, claras y universales, válidas para todos, que puedan constituirse en un código de conducta propia y en la confianza que los demás también las van a seguir y, por lo tanto, la vida social se vuelve predecible.

¿Qué hacer ante este drama? Tres aspectos nos parecen clave para superar la vulnerabilidad y retornar la paz y la seguridad a los venezolanos.

Es necesario enviar un mensaje continuo que refuerce los valores, el sentido de la norma y el respeto a la ley. Debe quedar muy claro en el mensaje que no es lo mismo ser un trabajador honesto que un ladrón, no es igual ser un joven estudioso que un malandro asesino. Que la sociedad debe apoyar y exaltar a los trabajadores, y criticar a los bandidos. Que la ley debe aplicarse a todos con independencia de su clase social o color político, y que los altos funcionarios son los primeros que deben dar el ejemplo de cumplirla.

En segundo lugar, es necesario proteger a las personas, no a las personalidades. Es necesario ocupar a la policía en proteger a la gente común y no dedicar gran cantidad de funcionarios a cuidar a los altos personeros del gobierno, porque la vida de todos vale lo mismo. Para lograrlo se requiere mejorar las policías, depurarlas, ofrecerles mejores salarios y seguridad social, y sobre todo, apoyo moral.

En tercer lugar, es necesario acabar con la impunidad, y para eso se requiere aumentar el castigo de los delincuentes. Aquellos que no quisieron escuchar el mensaje de los valores y que lograron burlar la protección de las personas y robaron, secuestraron o mataron, deben ser castigados. No decimos que hay que salir a matarlos, como pudiera ser lo planteado en luchas políticas de "mano dura", ni siquiera que sea obligatoria la cárcel, pero debe existir una sanción, y hay muchas formas de hacerlo. Lo que no puede suceder, por responsabilidad con las víctimas directas y el beneficio de la sociedad completa, es que los delincuentes, los asesinos y secuestradores, queden impunes y continúen en la calle, conviviendo a veces con las familias de sus víctimas, como si no les hubiesen hecho un daño, a veces irreparable.

La función social del castigo muestra una paradoja importante, pues el incremento del castigo no se traduce necesariamente en una disminución de la inseguridad y la violencia, ni en un incremento de la fuerza de las normas y la ley como reguladores de la vida social. Pero, al contrario, la reducción de la aplicación de castigo a los delincuentes y el consecuente incremento de la impunidad sí produce necesariamente un quiebre en el pacto social y en el incremento en el delito y la violencia.

Por eso, para reducir la vulnerabilidad no se requiere tanto de la policía y de un sistema de justicia penal, como de un conjunto estable de normas autoimpuestas y válidas para todos los miembros de esa sociedad (Habermas, 1996). La labor notable de resistencia y resiliencia de las comunidades, las madres, maestras y religiosas en Venezuela, es una muestra de que la dimensión normativa de la sociedad es mucho más importante de lo que, al menos en América Latina, se había pensado.

8. REFERENCIAS

Antillano, A. (2009), "Abriendo la caja negra. Características y funciones latentes de la policía venezolana", *Capítulo Criminológico*, 37(1): 103-32.

Ávila, O. (2014), *La subcultura de la violencia en los grupos juveniles urbanos, como expresión de la exclusión social y el rol de las organizaciones populares en el control social informal*, Caracas, FONACIT.

Bourdieu, P. (1977), "Sur le pouvoir symbolique", *Annales*, Histoire, Sciences Sociales, núm. 3: 405-411.

Blau, J. y P. Blau (1982), "The Cost of Inequality: Metropolitan Structure and Violent Crime", *American Sociological Review*, 47(1): 114-129.

Boudon, R. (1997), "The Moral Sense", *International Sociology*, XII (1): 5-24.
Briceño-León, R. (1986), *El futuro de las ciudades venezolanas*, Caracas, Lagoven.
—— (2006), "Violence in Venezuela: Oil rent and political crisis", *Ciencia y Saúde Colectiva*, 11(2): 315-325.
—— (29 de octubre de 2011), "Menos católicos, no más ateos", *El Nacional*, A7.
Briceño-León, R. y M. Acosta (1987), *Ciudad y capitalismo*, Caracas, Ediciones de la Biblioteca UCV.
Briceño-León, R., A. Villaveces y A. Concha-Eastman (2008), "Understanding the uneven distribution of the incidence of homicide in Latin America", *International Journal of Epidemiology*, núm. 37: 751-757.
Briceño-León, R., O. Ávila y A. Camardiel (2012), *Violencia e Institucionalidad*, Caracas, Editorial Alfa.
Buvinic, M., A. Morrison y M. Shifter (2000), *La violencia en América Latina y el Caribe. Un marco de referencia para la acción*, Washington, D.C., Banco Interamericano de Desarrollo.
Cala Buendía, F. (2010), "More carrots than sticks: Antanas Mockus's civic culture policy in Bogotá", *Wiley Interscience*, núm. 125: 19-32.
Cano, I. y N. Santos (2001), *Violência letal, renda e desigualdad social no Brasil*, Río de Janeiro, 7 Letras.
Coleman, J. (1990), "Commentary: Social institutions and social theory", *American Sociological Review*, 55(3): 333-339.
Concha-Eastman, A. (2000), "Violencia urbana en América Latina y el Caribe: Dimensiones, explicaciones, acciones", en S. Rotker (ed.), *Ciudadanías del miedo*, Caracas, Nueva Sociedad, pp. 39-54.
Del Olmo, R. (2000), "Ciudades duras y violencia urbana", *Nueva Sociedad*, núm. 167: 74-86.
Durkheim, É. (1978), *De la division du travail social*, París, Presses Universitaires de France.
—— (2007), *Las reglas del método sociológico*, Oviedo, España, Ed. Losada.
Fajnzylber Lederman, D. y L. Norman (2002), "Inequality and violent crime", *Journal of Law and Economics*, 45(1): 1-40.
Habermas, J. (1996), *Between Fact and Norms. Contribution to a Discourse Theory of Law and Democracy*, Cambridge, The MIT Press.
Hart, H. (2008), "Prolegomenon to the Principles of Punishment", en H. Hart, *Punishment and Responsability*, Oxford, Oxford University Press, pp. 1-28.
Hernández, M. y A. Chacón (2014), *Formas de institucionalidad y violencia en sectores populares del Municipio Chacao: estudio de casos*, Caracas, LACSO.
Hurtado, S. (1998), *Matrisocialidad. Exploración en la estructura psicodinámica básica de la familia venezolana*, Caracas, FACES-EBUC.
Instituto Nacional de Estadística (2010), *Encuesta Nacional de Victimización y Percepción de la Seguridad Ciudadana (ENVPSC)*, Caracas, INE/Vicepresidencia de la República de Venezuela.
Kruijt, D. (2008), *Violencia y pobreza en América Latina: los actores armados. Pensamiento Iberoamericano*, núm. 2: 56-70.
LACSO (2013), *Instituciones para ciudades seguras e incluyentes en Venezuela*, Caracas, LACSO.
La Free, G. (1998), *Losing Legitimacy: Street Crime and the decline of social institutions in America*, Boulder, C.O. Westview.
Llorens, M., J. Souto y V. Zubillaga (2014), *La experiencia de un pacto de cese al fuego entre las Comisiones de Convivencia de mujeres y los jóvenes armados en un barrio caraqueño*, Caracas, LACSO.
Londoño, J. y R. Guerrero (1999), *Violencia en América Latina. Epidemiología y costos*, Washington, D.C., Banco Interamericano de Desarrollo.
Luhmann, N. (2005), *El derecho de la sociedad*, Barcelona, Herder.
Márquez, G. (1995), "Venezuela: Poverty and Social Policies in the 1980s", en N. Lustig (ed.),

Copying with austerity. Poverty and Inequality in Latin America, Washington, D.C., The Brooking Institution.

Márquez, P. (2003), "Vacas flacas y odios gordos: la polarización en Venezuela", en P. Márquez, y R. Piñango, *En esta Venezuela, realidades y nuevos caminos*, Caracas, Ediciones IESA, pp. 29-46.

Meares, T., N, Katyal y D. Kahan (2004), "Updating the Study of Punishment", *Standford Law Review*, 56(5): 1171-1210.

Merton, R. (1965), *Teoría y estructura social*, México, Fondo de Cultura Económica.

Mockus, A., H. Murraín y M. Villa (2012), *Antípodas de la Violencia. Desafíos de cultura ciudadana para la crisis de (in)seguridad en América Latina*, Nueva York, Banco Interamericano de Desarrollo/Corpovisionarios.

Moreno, A. (1996), "La Familia Popular Venezolana", *Revista SIC*, núm. 590: 441-443.

Neumayer, E. (2005), "Inequality and Violent Crime: Evidence from Data on Robbery and Violent Theft", *Journal of Peace Research*, 42(1): 101-112.

Nivette, A. (2014), "Legitimacy and crime: Theorizing the role of the state in cross-national criminological theory", *Theoretical Criminology*, núm. 18: 93-111.

North, D. (1991), "Institutions", *The Journal Economic Perspectives*, 5(1): 97-102.

North, D., J. Wallis y B. Weingast (2009), *Violence and Social Order. A conceptual Framework for interpreting Recorded Human History*, Cambridge, Cambridge University Press.

Observatorio Venezolano de la Violencia (OVV) (2014), *Informe de la Situación de Violencia en Venezuela*, Caracas, Observatorio Venezolano de la Violencia.

Pedrazzini, Y. y M. Sánchez (2001), *Malandros-Bandas y Niños de la Calle. Cultura de urgencia en la metrópoli latinoamericana*, Caracas, Vadell Hermanos Editores.

Perdomo, G., H. Ruiz y L. Farías (2014), *¿Una ley alcahueta? Estudio de la significación popular de la LOPNA en relación a la Violencia*, Caracas, LACSO.

Pérez Perdomo, R. y J. Navarro (1991), *Seguridad Personal: un asalto al tema*, Caracas, Ediciones IESA.

Pérez Perdomo, R. (2002), "Contar los cuerpos, lamer las heridas: la tarea de cuantificar la violencia delictiva", en R. Briceño-León y R. Pérez Perdomo (eds.), *Morir en Caracas*, Caracas, Facultad de Ciencias Jurídicas y Políticas/UCV, pp. 1-29.

Pinheiro, P. (1998), "El crimen, la violencia y la pobreza urbana", en Asociación Latinoamericana de Organizaciones de Promoción y World Bank, Seminar on Urban Poverty, Río de Janeiro.

Rawls, J. (2006), *La teoría de la justicia*, México, Fondo de Cultura Económica.

República Bolivariana de Venezuela (2010), *Cumpliendo las Metas del Milenio*, Caracas, Imprenta Nacional.

Rosales, E. (2002), "Sistema penal y relegitimación procesal", en R. Briceño-León, *Violencia, justicia y sociedad en América Latina*, Buenos Aires, CLACSO, pp. 289-311.

Rosas, I., C. Machado, J. Valencia, y T. Bolívar (2014), "Estudio de un Barrio del Área Metropolitana de Caracas", Caracas, FAU/UCV.

Rosenfeld, R., S. Messner y E. Baumer (2001), "Social Capital and Homicide", *Social Forces*, 80(1): 283-310.

Sen, A. (2009), *The Idea of Justice*, Cambridge, The Belknap Press of Harvard University Press.

Tournier, V. (2003), "Le rôle de la famille dans la délinquance", en S. Roché (ed.), *Enquête de sécurité*, París, Armand Colin, pp. 101-114.

Ugalde, L. (1990), *La violencia en Venezuela*, Caracas, Monteávila/Universidad Católica Andrés Bello.

Ungar, M. (2003), "La policía venezolana: el camino peligroso de la politización", *Revista Venezolana de Economía y Ciencias Sociales*, 9(3): 205-229.

UNODC (2013), *Global Study on Homicide. Trends, Context, Data*, Nueva York, United Nations Office on Drugs and Crime.
Vethencourt, J. (2009), "Cambios en la familia venezolana en los últimos 30 años", *Heterotopía*, XIV(41-43): 15-22.
Weber, M. (1977), *Economía y sociedad*, México, Fondo de Cultura Económica.
World Bank (2011), World Development Report 2011. Conflict, Security and Development. Washington, D.C., World Bank.

VIOLENCIAS URBANAS MARCADAS POR GÉNERO Y TRAYECTORIAS NO VIOLENTAS EN RÍO DE JANEIRO

ALICE TAYLOR y TATIANA MOURA

RESUMEN: Este capítulo presenta los resultados preliminares de una investigación que examina el género y la masculinidad como dimensiones fundamentales para el análisis de la violencia urbana. El diseño de la investigación implicó una adaptación de la Encuesta Internacional sobre Hombres e Igualdad de Género (IMAGES, por sus siglas en inglés), para entornos de bajos ingresos con violencia urbana en Río de Janeiro, Brasil. La parte cualitativa complementaria incluye 45 entrevistas detalladas sobre historias de vida. La investigación se centra en los factores que influyen en hombres (quienes, por ejemplo, son miembros de bandas de drogas o policías), que se encuentran rodeados por ambientes de desigualdad, alta exposición a la violencia e incentivos para utilizarla —con el fin de evitar, abandonar o reducir su uso de violencia en entornos urbanos complejos—. Como parte central de este análisis se encuentran las transferencias entre las formas "públicas" de violencia y la violencia que sufren principalmente las mujeres y los familiares de estos hombres. Comprender estas formas de violencia urbana marcadas por género y trayectorias no violentas tiene múltiples consecuencias para las políticas y programas destinados a reducir la violencia urbana en Brasil y otras ciudades de Latinoamérica.

Palabras clave: Violencia urbana, género, masculinidad, trayectorias no violentas, Río de Janeiro, Brasil.

1. INTRODUCCIÓN

En ciudades como Río de Janeiro y otras de América Latina, con altos niveles de violencia urbana crónica, los hombres son, alarmantemente, la mayoría de los perpetradores de violencia letal armada (y son más propensos a realizar amenazas haciendo uso de la violencia armada). De igual manera, estos hombres constituyen la mayoría de los actores de homicidios y víctimas directas. Las conductas hipermasculinas[1] do-

---

[1] "Hipermasculinidad" se refiere al comportamiento estereotipado exageradamente masculino, que hace hincapié en la fuerza física, la agresión o la violencia, así como en la sexualidad. Mosher y Sirkin (1984) fueron algunos de los primeros investigadores en utilizar el término, definir hipermasculinidad o "personalidad machista" que incluye "actitudes sexistas insensibles hacia las mujeres", "la creencia de que la violencia es masculina" y que "las experiencias peligrosas son emocionantes".

minantes que fomentan la violencia se presentan como una característica compartida de los grupos armados en Brasil, entre las bandas de narcotraficantes,[2] milicias y fuerzas policiales. Entender que estas actitudes hipermasculinas se desarrollan desde muy temprana edad, como durante la socialización entre niños y continúan siendo reforzadas al exponer a los jóvenes a grupos que utilizan la violencia armada —así como el vivir en un entorno donde la violencia y las vulnerabilidades son parte del mismo—, puede ofrecer estrategias detalladas para enfrentar la violencia urbana.

La muerte y lesiones como resultado del uso de armas de fuego representan la vulnerabilidad en su forma más extrema. Estas muertes también son acompañadas de pequeñas vulnerabilidades diarias y múltiples formas de violencia sufridas por hombres y mujeres en situaciones de violencia urbana. De la misma forma, las políticas y programas estatales y no estatales —que abarcan desde la policía militar y de protección civil hasta los programas sociales— ofrecen protección parcial, no obstante que son también parte del problema.

Las conductas sociales dominantes dan forma a la manera en que la sociedad prepara a los niños para *ser hombres* y les inculca ideas de lo que significa ser un hombre *de verdad*, a nivel mundial. Estas ideas a menudo refuerzan y fomentan actitudes y comportamientos violentos. Como resultado, las vulnerabilidades, asociadas con la socialización de género de niños y hombres, producen múltiples consecuencias para las mujeres, los menores, ellos mismos y otros hombres, con quienes hacen uso de violencia. Estos procesos de género nos dicen mucho sobre las vulnerabilidades y la fortaleza, y sobre cómo se manifiestan en forma específica entre hombres y mujeres, dentro de las condiciones de la violencia urbana. Las mujeres, por ejemplo, se enfrentan a un conjunto específico de vulnerabilidades, que van desde la carga por la pérdida de sus familiares, hasta la violencia por parte de su pareja o violencia sexual, a menudo, armada. Las vulnerabilidades salen a la superficie cuando la violencia se transfiere entre las calles y relaciones personales y viceversa.

Sin embargo, ¿Qué hace que algunos miembros de bandas de narcotraficantes o policías disminuyan o pongan fin al uso de la violencia y desafíen estas normas hipermasculinas? ¿Qué factores promueven la adopción de las trayectorias no violentas en los hombres y qué papel desempeñan sus familiares? ¿Cómo superar las vulnerabilidades que perpetúan los ciclos intergeneracionales y público/privados de la violencia urbana?

Este capítulo presenta los resultados preliminares de la investigación cualitativa de campo, mediante la que se examinó el género y la masculinidad como dimensiones críticas de análisis. El diseño de la investigación implicó una adaptación de la Encuesta Internacional sobre Hombres e Igualdad de Género (IMAGES, por sus siglas en inglés), para la investigación cualitativa en contextos de violencia urbana en Río de Janeiro, Brasil. A través de entrevistas a profundidad sobre historias de

---

[2] El tráfico de drogas en Río de Janeiro está dominado por tres históricos cárteles principales: Comando Vermelho (CV), Terceiro Comando (TC) y Amigos dos Amigos (AA) que comercian principalmente marihuana, cocaína y *crack* (variando de acuerdo al territorio), y compiten por el control territorial.

vida, el estudio trata de comprender cómo la edificación de la masculinidad afecta al uso de la violencia en espacios públicos y entre las relaciones personales y familiares, así como las implicaciones de estas transferencias. La investigación se centró en los factores que anteceden a los hombres —rodeados por una alta exposición a la violencia y desigualdad— al abandonar o reducir su uso de la violencia en entornos urbanos complejos, y cómo las mujeres y familiares en su vida también experimentan estas transiciones.

2. ANTECEDENTES

2.1. *La cara masculina de la (in)seguridad en Río de Janeiro*

En 2012, se registraron 56 000 homicidios en Brasil, el número más alto desde 1980. De acuerdo con la Carga Global de Violencia Armada 2008 (*Global Burden of Armed Violence 2008*), la cual analizó a 62 países, hubo más homicidios en Brasil, que en los 12 principales conflictos armados del mundo (Declaración de la Secretaría de Ginebra, 2008, en Weiselfisz, 2013), situándose dentro de los 18 primeros países con más muertes violentas por cada 100 000 habitantes (2004-2009) (Declaración de la Secretaría de Ginebra, 2011).

Los homicidios en Brasil están desproporcionadamente marcados por la raza, edad y género. Mientras que las tasas de homicidios en general han disminuido, en los jóvenes negros han aumentado (alcanzando el 77% de todas las víctimas, de acuerdo con los datos del IBGE). Los hombres negros son hasta tres veces más propensos a morir que sus contrapartes blancas en algunas partes del país, y los hombres de entre 20 a 21 años de edad tienen un riesgo aún mayor.

Abrumadoramente, los hombres son los principales perpetradores de la violencia armada letal, y simultáneamente, conforman el 94% de las víctimas (Waiselfisz, 2013). En Brasil y otros países en América Latina,[3] los hombres tienen diez veces más probabilidades de morir que las mujeres (Declaración de la Secretaría de Ginebra, 2011); este número es mayor que el promedio a nivel mundial, con hombres de tres a seis veces más propensos que las mujeres de llevar a cabo homicidios (Krause *et al.*, 2011). Los hombres representan también la gran mayoría de la población en prisión. La conexión entre poseer un arma de fuego o un arma blanca y tener el poder o control de un entorno en particular, ejerciendo violencia en contra de los demás, o sentirse impotente —a menudo como consecuencia de la pobreza o la desigualdad (ej. falta de empleo y pocos vínculos con instituciones sociales, entre otras)— plantea implicaciones importantes con el riesgo de cometer actos de violencia (Barker, 2010).

---

[3] Los países con una alta tasa de homicidios masculinos (en comparación con una distribución más equitativa de hombres y mujeres) son Brasil, Colombia, Puerto Rico y Venezuela, de acuerdo con el Global Burden of Armed Violence, 2011.

Estos altos niveles de violencia armada cometidos principalmente contra jóvenes pobres, de raza negra en Río de Janeiro, constituyen un escenario de una *novíssima guerra*. Las *novíssimas guerras* ocurren en gran medida en paisajes urbanos y sus periferias, marcados por factores económicos, culturales y sociales, concretamente por desigualdad socioeconómica, ideologías de género y la posesión, uso o mal uso de armas pequeñas (Moura, 2007, 2010). También tienden a ser crónicas, en lugar de ser caracterizadas por episodios particulares de conflicto, con un inicio y un final declarados. Estos fenómenos bélicos en "tiempos y escenarios de paz formal", en Brasil y en otras partes de América Latina, son algunos de los más devastadores en el ámbito internacional. A nivel mundial, nueve de cada diez muertes tienen lugar fuera de conflictos (Declaración de la Secretaría de Ginebra, 2011). La naturaleza de género y su impacto en los conflictos urbanos continuos apenas comienza a ser interpretada, en comparación con el mayor número de investigaciones sobre los escenarios de guerra declarada. De la misma forma, la violencia urbana crónica de este tipo representa un problema cada vez más grave en ciudades de América Latina (Latinoamérica es la región con el mayor número de homicidios en el mundo).

En Brasil, el estado de Río de Janeiro se encuentra en el octavo puesto en muerte por armas de fuego, con 26.4 muertes por cada 100 000 habitantes (Waiselfisz, 2013). El intento más reciente del gobierno para frenar la violencia urbana en la capital han sido las Unidades de Policía Pacificadora (UPP) instaladas en 38 favelas, desde su creación en 2008. Esta política proponía sustituir acciones policiacas intermitentes y violentas con un acercamiento y modelo de policía diaria basada en favelas, e incluyendo oficiales de policía femeninos. Con la implementación de las UPP, las tasas de homicidios registrados cayeron en los primeros años (Cano, 2012), pero en 2014 los informes de homicidios alcanzaron tasas previas a las UPP en varias áreas, y la inseguridad aumentó en las periferias y dentro del área metropolitana (ISP, 2014). La violencia policial, incluyendo la participación de la policía UPP, se volvió entonces más una reminiscencia del estilo policial anterior: altamente militarizada, marcada por el uso excesivo de la fuerza, impunidad y características violentas e hipermasculinas. La policía sigue matando y ejecutando sin una investigación de rutina (Misse *et al.*, 2013), en lugar de contribuir a la resolución del problema.

El escenario de violencia urbana en Río abarca diversos fenómenos, que tienen implicaciones a gran nivel. Las transformaciones que se producen en Río han generado nuevos conflictos de dominación territorial, que involucran cambios y reconfiguraciones en el tráfico de drogas, grupos militares y características de violencia policial (Rodríguez, 2013; Justiça Global, 2013; Viera da Cunha y Santis Veltran, 2013), incluyendo el movimiento de muchos líderes narcotraficantes, que alguna vez fueron fuertes en la Zona Sur, a las periferias y favelas que se encuentran más lejos del centro urbano. Estos patrones cambiantes exacerban una largamente documentada desigualdad y segregación a lo largo de Brasil (Wacquant, 2008, 2009). Factores recientes que afectan el estado y la distribución geográfica de la (in)seguridad en Río de Janeiro, también incluyen la preparación para megaeventos y proyectos de urbanización en las favelas.[4] En 2013, una oleada de protestas sin precedentes se presentó en Río y Brasil, e incluyó la detención de presos políticos, muchos de los cuales protestaron contra la violencia por parte del Estado (Amnistía Internacional, 2014).

Los estudios sobre urbanización, pobreza y violencia han contemplado múltiples factores de riesgo, tales como la urbanización misma, la densidad de la ciudad, la pobreza, la desigualdad, las teorías alrededor de grupos de jóvenes y el desempleo entre hombres jóvenes, legados en el conflicto, y fallas del gobierno (Muggah, 2012). Sin embargo, omiten considerar cómo la dinámica de género afecta fundamentalmente y mejora nuestra comprensión de cada uno de estos factores. Las divisiones sociales y espaciales dentro de las ciudades producen consecuencias relacionadas con el género, experiencias en entornos urbanos (véanse Hume, 2008; Wilding, 2012, otros), y vulnerabilidades que a la larga permanecen invisibles (Moura, 2007; Moura y Roque, 2009) y en silencio (Hume, 2009).

2.2. *Trayectorias no violentas*

En Brasil, los investigadores y profesionales han dado importantes pasos en la comprensión de lo que nos referimos en este capítulo como trayectorias no violentas. En el título de su primer libro, Jailson da Silva pregunta, ¿por qué a algunos y no a otros? Las ONG que él fundó en el complejo de la favela Maré, y una serie de otras ONG, también han desarrollado programas para apoyar las transiciones de tráfico de drogas. Algunos investigadores que han trabajado en proyectos de intervención, han desarrollado abordajes y estrategias dirigidos a jóvenes marginados y sus caminos fuera del tráfico en Río (Dowdney, 2005; Rodríguez, 2013). Investigaciones previas sobre la desviación positiva entre los jóvenes de sexo masculino en Chicago y Río de Janeiro, Brasil (Barker, 1998, 2005) y sobre los roles de cuidado no tradicionales, como el primer componente cualitativo de los datos de encuestas de IMAGES (Barker *et al.*, 2012), también han proporcionado una base fundamental para esta investigación.

A nivel mundial, la programación y la investigación también han comenzado a abordar la resistencia y los caminos no violentos de los hombres. En los últimos años, el trabajo que involucre a los hombres en la prevención de violencia también ha empezado a complementar las agendas dedicadas a mujeres, paz y seguridad (Vess *et al.*, 2013). Un ejemplo de este trabajo son los Grupos *Living Peace* ("Viviendo la Paz"), creados por Promundo en la República Democrática del Congo.

El propósito de estos grupos es incentivar a los hombres a superar el trauma psicosocial y apoyar sus capacidades a mantener la paz por encima de la violencia en entornos afectados por conflictos, a través de grupos educativos y campañas. La in-

---

[4] Decisiones sobre la construcción, relacionadas con los eventos más importantes, así como con las instalaciones de la UPP, han demostrado intereses de clases desiguales y en algunos casos incluso una mayor vulnerabilidad para los pobres, en lugar de responder con precisión a las necesidades de seguridad o de planificación urbanas más urgentes.

vestigación hecha por Promundo sobre la desviación positiva, también ha estudiado la forma en que los jóvenes pueden y han cuestionado y contrarrestado normas predominantemente nocivas que puedan contribuir a un comportamiento violento. Mientras que la delincuencia y la posesión de armas proporcionan una sensación de poder, también hay muchos otros factores que sirven para compensar la participación de los hombres en pandillas u otra actividad delictiva (Barker, 1998, 2005; Barker y Ricardo, 2006).

3. DISEÑO Y METODOLOGÍA

3.1. *Un acercamiento hacia el entendimiento de las trayectorias no violentas*

Reconociendo los retos para lograr la seguridad urbana y un ambiente de inclusión, ¿cómo logran los hombres en contextos de violencia urbana resistir o superar sus vulnerabilidades y desarrollar alternativas? ¿Qué impulsa a algunos hombres a perseguir vías no violentas? Con el objetivo de dar respuesta a estas preguntas, el Instituto Promundo, con el apoyo del Programa para Ciudades Seguras e Incluyentes del Centro Internacional de Investigación para el Desarrollo (IDRC, por sus siglas en inglés), diseñó un estudio cualitativo en Río de Janeiro, Brasil, en un entorno de alta violencia urbana.[5]

La investigación incluyó entrevistas informativas con informantes clave en violencia urbana, seguridad pública, género y violencia, así como programas diseñados para salir de la trata o terminar con la violencia de pareja (VDP). Las entrevistas a profundidad sobre historias de vida fueron enfocadas en aquellas que abordan el abandono o disminución del uso de la violencia, o en la participación en un grupo armado. Reconociendo estos fenómenos como complejos, varios grupos se crearon para la muestra de trabajo de campo, como se describe en el siguiente cuadro.[6]

---

[5] Este proyecto de investigación fue una colaboración entre el Instituto Promundo de Río de Janeiro y el Centro de Estudios Sociais (CES, por sus siglas en portugués) de la Universidad de Coimbra, Portugal, con investigadores principales como: Tatiana Moura y Gary Barker. El Instituto Promundo coordinó el estudio en el contexto de la violencia urbana (Río de Janeiro), mientras que el CES coordinó un estudio paralelo en un entorno posconflicto (Maputo, Mozambique). En Promundo en Río de Janeiro, Alice Taylor, Jeferson Scabio, Danielle Araújo y Marina Motta, participaron en el diseño de la investigación cualitativa y trabajo de campo. John de Boer, Markus Gottsbacher, Esther Spindler, Tarik Weekes y Alfredo Zavaleta, proporcionaron valiosos comentarios para este capítulo. El cuestionario IMAGES original fue desarrollado por Promundo e ICRW y se ha llevado a cabo en once países, con más de 20 000 encuestas domésticas realizadas. Se ha convertido en una referencia internacional para las encuestas domésticas de este tipo, para la comprensión de actitudes y experiencias relacionadas con una serie de artículos sobre la igualdad de género, incluyendo experiencias y actitudes hacia la violencia, división de tareas domésticas, cuidados, prácticas sexuales, sexo transaccional entre los dominios de (des) igualdad de género. Esta investigación, adaptó por primera vez a IMAGES para entender la dinámica de género, masculinidad, violencia y no violencia en ciudades posconflicto afectadas por la violencia urbana.

[6] Esta investigación cualitativa también se complementa con una encuesta doméstica cuantitativa, que examinó cómo la exposición a la violencia influye en las actitudes de los hombres y las mujeres,

Entrevistas cualitativas-Río de Janeiro*	Completadas
Entrevistas con informantes clave	14
Entrevistas a profundidad sobre historias de vida	45
*Hombres***	
Hombres anteriormente involucrados en cárteles de tráfico de drogas	13
Activistas y líderes de la comunidad que trabajan en la promoción de la paz/ alternativas no violentas en las comunidades con alta violencia urbana (al menos dos caen en la categoría anterior sobre traficantes también)	7
Hombres que participaron en alguna intervención del grupo educativo para hombres que han utilizado la violencia en contra de su pareja	4
Oficiales de policía hombres (la mitad de ellos de rangos altos y bajos), que promueven técnicas no violentas, como la mediación y resolución de conflictos (por encima del uso excesivo de la fuerza)	6
Mujeres	
Mujeres que están o han estado en una relación personal con un hombre previamente involucrado en el tráfico de drogas	4
Mujeres que anteriormente participaron en el tráfico de drogas	4
Oficiales de policía mujeres (un comandante de alto nivel UPP y un oficial de menor rango, que promuevan técnicas no violentas como la mediación y la resolución de conflictos sobre el uso excesivo de la fuerza, por las que son conocidas en la ciudad y estén casadas con oficiales de policía del sexo masculino)	2
Mujeres casadas con policías (una de ellas psicóloga practicante también en el PMERJ)	2
Miembros de la familia	
Hijo (de un policía)	1
Hija (de un policía)	1
Madre (de un extraficante)	1

* Las comunidades y barrios representados en el área metropolitana de Río de Janeiro incluyen: el Complexo Alemão, Andarai, Caju, Catumbi, Cerro Cora, Formiga, Madureira, el Complexo Maré (de diferentes facciones y barrios), Mesquita, Nova América, Rocinha, Santa Marta y Vidigal. Los cuales incluyen diferentes tamaños, comunidades con y sin UPP, y ubicaciones geográficas, así como distancias desde el centro de la ciudad.

** También entrevistamos a un exmiembro de un grupo de *milicia*. Debido a cuestiones de seguridad y la dificultad para localizar exmiembros de la milicia, no fue posible realizar más entrevistas.

En este capítulo se presentan los resultados de las entrevistas que se sostuvieron con hombres y sus familiares, que anteriormente participaron en cárteles de tráfico de drogas, también abarca parte de las entrevistas con policías y sus cónyuges y familiares.

Estas entrevistas a profundidad sobre historias de vida se han hecho para tratar de comprender las experiencias durante la infancia y la adolescencia y otras formas de socialización, así como cómo influyen en las normas de género y generación experiencias y conductas de autorreporte con respecto a la masculinidad, a la violencia y a medidas de igualdad de género.

de personalidades violentas y no violentas. Hay un enfoque en el que los factores permiten a los hombres —rodeados de una alta exposición a la violencia y desigualdad— a abandonar o reducir su uso de violencia, o adoptar actitudes no violentas en entornos urbanos complejos.

3.2. *Marco conceptual: vulnerabilidades y violencia, género y masculinidad*

En este análisis entendemos a las vulnerabilidades en contextos urbanos *como un conjunto de múltiples riesgos y amenazas que interactúan y que estén relacionadas con la violencia cometida con armas de fuego en ámbitos urbanos/públicos, y que afectan las relaciones personales y familiares*. En el contexto de Río de Janeiro, las "poblaciones vulnerables" pueden ser consideradas como aquellas que viven en zonas de ingresos más bajos y con mayor nivel de desigualdad de la ciudad, con una alta exposición a la violencia armada. Esta exposición a la violencia armada incluye al riesgo elevado de exposición a la violencia por parte de la policía, así como la exposición al control por parte del narcotráfico (y en algunas zonas, las milicias) que también domina de manera desproporcionada estas partes ya desfavorecidas de la ciudad. Es crucial para esta investigación el concepto de trayectorias no violentas ante las múltiples vulnerabilidades y la violencia.

Las vulnerabilidades que involucran a la violencia urbana se encuentran altamente relacionadas con el género. Como tal, un marco analítico de género —que integra el concepto de las masculinidades—, se aplica para examinar formas más amplias de violencia pública urbana, y que permite mirar en ambas formas "públicas" de inseguridad, como las que se dan y se manifiestan en la calle, y formas privadas de (in)seguridad, que son menos visibles. Esta noción guía el marco conceptual del capítulo de dos maneras.

Primera, *la violencia entre hombres que se produce normalmente en espacios públicos, también se da a causa del género; más bien, a causa de las nociones de masculinidad (entre hombres y entre hombres y mujeres), da forma a cómo se viven y producen las vulnerabilidades*. Los hombres son seres con conjuntos específicos de vulnerabilidades que deben ser examinadas a fin de comprender la (no) violencia desde una perspectiva de género, ya que son ellos los que constituyen la mayoría de las víctimas y de los perpetradores. Como lo describe Greig (2009, 2011) y otros, gran parte del discurso político que rodea los problemas de los jóvenes y de género, caracteriza a los jóvenes como "problemáticos". Las masculinidades son fundamentalmente complejas y heterogéneas en términos de la edad, clase social, nivel de educación, empleo, estado civil, y geografía urbana. Ellos se construyen socialmente, fluyen a través del tiempo, en diferentes contextos y dinámicas y pueden cambiar con el tiempo, e incluyen una gama de equidad, equidad parcial y comportamientos y actitudes violentas y no violentas.

Estos procesos de socialización, reproducción y resistencia a la vulnerabilidad, masculinidades y no violencia ocurren mediante un número de fases indiscretas:

1] *Socialización en los niños:* A partir de la infancia, la socialización en los niños comienza a generar vulnerabilidades relacionadas con las expectativas de la masculinidad que se refuerzan a lo largo de las vidas de los hombres jóvenes y adultos. Como lo ha demostrado nuestra investigación y la investigación de otros, los niños reciben juguetes, como pistolas de plástico, que normalizan el uso de armas, y se les dice que sean duros y que no lloren. En comparación con sus hermanas del sexo femenino, son más propensos a ser animados a salir a jugar en la calle y los desaniman a participar en las tareas domésticas y que requieren cuidado.

2] *Socialización continua y refuerzo de las normas sociales nocivas en la adolescencia:* A partir de la adolescencia temprana, los niños son aplaudidos por ser más duros o por luchar para resolver una disputa. La adolescencia es un periodo de formación en el que los jóvenes tienen sus primeras (o mayores) exposiciones e invitaciones para unirse a grupos armados, que es probable hayan visto desde su niñez. Su exposición y la participación en grupos sociales con las ideas de 'hombría' que favorecen la violencia, se hace más prominente, y se convierten en elegibles para empezar a hacer pequeñas tareas que inician su incorporación dentro del tráfico.

3] *Refuerzos de las relaciones de género durante la edad adulta en la que los hombres adultos tienen la posición social dominante (masculinidad hegemónica)*; con el fin de hacer valer este poder, y cuando es amenazado (es decir, ser un proveedor), los hombres pueden utilizar la violencia para resolver conflictos. Al mismo tiempo, los hombres también son más susceptibles a experimentar la violencia y vulnerabilidades de parte de otros hombres. Estas vulnerabilidades son reforzadas también por las nociones de masculinidad que son evidentes en los comportamientos de búsqueda de salud, es decir, teniendo en cuenta que los hombres son mucho menos propensos a buscar servicios de salud que las mujeres (ya que también aprendieron desde la infancia a soportar el dolor, y no se les alentó a cuidar de sí mismos al igual que no se alentó a cuidar de otros).

4] *Resistencia a la violencia (desde la infancia hasta la edad adulta)*: La resistencia de los hombres a las influencias y experiencias violentas, puede ser entendido como derivada en parte del cambio en las discusiones teóricas acerca de la masculinidad desde una visión más singular de la 'función del sexo masculino', a un concepto de múltiples masculinidades y énfasis en el cambio (Connell, 2005). Este reconocimiento del *cambio*, deja paso a una mayor atención a las alternativas a las formas hegemónicas de las masculinidades y normas hípermasculinas y un enfoque explícito sobre las trayectorias no violentas. La comprensión de estas trayectorias no violentas también debe tener en cuenta la violencia estructural relacionada con la pobreza y la desigualdad en la que viven los hombres que participaron en la investigación.

Así, este estudio examina las experiencias violentas durante la infancia y la adolescencia, y cómo esas experiencias afectan la vida adulta. Estos datos nos ayudarán a entender qué factores influyen en la transmisión intergeneracional de la violencia, basándose en los resultados de la primera investigación IMAGES realizada (Barker *et al.*, 2011). Del mismo modo que puede provocar vulnerabilidades, las versiones de las masculinidades —que pueden ser creadas y reforzadas tanto por hombres como por mujeres— pueden producir inseguridades y vulnerabilidades en las vidas de otros.

El segundo elemento guía al marco conceptual de este capítulo —y consistente con estas fases— es *la violencia basada en el género (VG) contra la mujer, y la violencia intrafamiliar que influye y está influida por las vulnerabilidades asociadas a la violencia urbana, que se comete en las calles*. Mientras que a los conceptos tradicionales de "violencia urbana" se les presta poca atención más allá de la calle (la violencia de género a menudo se trata como un campo separado de la violencia urbana), esta investigación busca explorar los vínculos entre estas múltiples formas de violencia. La violencia de pareja (VDP), predominantemente implica la afirmación de control por parte de los hombres sobre las mujeres, a través de la violencia. Las relaciones de poder de género desiguales que existen entre hombres y mujeres (que comienza con la socialización en la infancia), permiten que la VDP tenga lugar.

Las masculinidades forman parte de una idea relacional de género en la que no está aislado, sino que interactúa con feminidades y diversas influencias (Connell, 2005; Greene y Levack, 2010). Las vulnerabilidades de las mujeres y niños y niñas son inseparables de las de los hombres, que van desde la carga por la pérdida de los miembros masculinos de la familia, hasta presenciar o sufrir violencia por parte de la pareja.

Teniendo en cuenta estas dinámicas, el género, y específicamente las masculinidades, la investigación trata al género como una categoría central de análisis, en lugar de una categoría secundaria, con el fin de comprender y, por lo tanto, ser capaz de desarrollar respuestas para enfrentar las vulnerabilidades y la violencia urbana. La muerte como resultado de la utilización de armas de fuego representa la vulnerabilidad en su forma más extrema; sin embargo, más allá de estos impactos más visibles, existen vulnerabilidades más pequeñas y comunes en la vida de hombres y mujeres que viven en situaciones de violencia urbana.

Un enfoque de género trae la atención sobre el diálogo entre las (in)seguridades, las vulnerabilidades y protección entre las diversas esferas y la forma en que vienen a ser producidas, distribuidas y sostenidas entre los hombres y las mujeres. Investigadores(as) también se han referido a estos "diálogos" y dinámicas, intersectando las formas de violencia como continuas (Moser, 2001), o espirales. Cuando no hay atención o respuestas dadas a estas formas invisibles de violencia, los ciclos de violencia son capaces de continuar y florecer. Por otra parte, la atención a la transmisión intergeneracional de violencia, provee importantes contribuciones a la promoción de nuestra comprensión de las vías no violentas de los hombres.

Es importante tener en cuenta dos conjuntos finales de consideraciones con este análisis. En primer lugar, cuando hablamos de vulnerabilidades y hombres, no intentamos victimizarlos, ni estamos quitando responsabilidad a los hombres por la violencia que cometen y las vulnerabilidades que reproducen. Buscamos deconstruir algunas de las vulnerabilidades asociadas con los hombres, las masculinidades y la socialización; y mediante la comprensión de las masculinidades no como estática, sino dinámica, diversa y relacionada con la feminidad. Por último, y fundamentalmente, "violento" o "no violento" no comprenden categorías fijas; sino que son vías marcadas por la adopción de actitudes y comportamientos predominantes, pero que pueden variar en diferentes esferas. Son estas vías matizadas y complejas las que hacen el enfoque analítico de la investigación.

4. DESCUBRIMIENTOS

Las trayectorias no violentas, y la forma en que se llevan a cabo y se relacionan con las nociones de masculinidades en sus formas dinámicas en medio de múltiples escenarios de violencia urbana crónica, constituyen el eje central de esta investigación. Entendiendo que estas trayectorias son complejas, es decir, los hombres pueden disminuir o abandonar el uso de la violencia, de una forma o en alguna esfera, pero no en otra, hemos tratado de obtener las perspectivas de los diversos grupos de entrevistados.

Se presentan hallazgos emergentes a partir de entrevistas principalmente con extraficantes de drogas (en su mayoría hombres, pero también mujeres); la policía (en su mayoría hombres, pero también mujeres); compañeras y familiares de los hombres en estos grupos; y activistas. Estos hallazgos se dividen en dos secciones principales. Se presentan varios temas principales de la investigación cualitativa: la socialización de los niños; transiciones entre la vulnerabilidad y el mando de respeto dentro del tráfico de drogas; y "*Cerca de Casa*", que analiza las interconexiones entre los tipos de violencia entre parejas personales femeninas y familiares en la vida de los hombres que tenían una participación en un grupo armado, y su violencia en espacios "públicos". En el segundo conjunto de resultados se analizan las implicaciones de las trayectorias fluidas dentro y fuera de grupos armados, incluidos los factores que promueven la resistencia y trayectorias no violentas y el abandono del tráfico de drogas. Por último, se ofrecen conclusiones y recomendaciones políticas.

4.1. *Temas*

4.1.1. Socialización: la creación de niños y hombres

Varios investigadores han abordado el papel de la formación de la identidad en el contexto de la violencia urbana (Astorga, 2002; Reicher, 2004), incluyendo lo que Machado da Silva (2004) ha denominado "sociabilidad violenta", en el mundo criminal contemporáneo en Río de Janeiro. Lo hacen, sin embargo, en gran parte sin el reconocimiento de los aspectos de género de las (re)construcciones violentas y no violentas de las masculinidades.

Las formas en que a los niños se les enseña a ser hombres son fundamentales para comprender los ambientes de violencia urbana en Brasil, dado que la socialización a menudo favorece a las versiones violentas de la masculinidad. A su vez, esta socialización de los niños, en casa, en la escuela, en las calles y en el campo de fútbol y otros espacios; por lo tanto, presenta vulnerabilidades a los hombres, a las mujeres, los niños y las niñas. Los cuidadores que crían a los hombres como las madres, padres, abuelas, a menudo comienzan por usar la violencia para disciplinar a los niños, una forma normalizada y aceptada de castigo. Estas formas de violencia fueron comunes entre los entrevistados (en diversos grados de intensidad), pero sobre todo en las de los extraficantes.

La violencia se normaliza en la manera en que la mayoría de los entrevistados fueron criados, desde crecer con fuego cruzado en el barrio, al caminar por la *boca*, con el tráfico de drogas directo en su puerta (es decir, viendo las atractivas motocicletas de los traficantes, mujeres y dinero), escaramuzas con niños y violencia en el hogar. Tanto la violencia contra las mujeres, y las peleas entre los niños, fueron descritas como parte del proceso de crecimiento. Aunque las peleas entre los niños parecían una práctica común entre los activistas, extraficantes y policías por igual, parecía que había más entre los extraficantes que entre los activistas. Un extraficante entrevistado describió cómo de niños comenzaron rumores sobre los niños de otra pandilla, alimentando el resentimiento entre los dos grupos. Los miembros de la comunidad que viven entre y están sujetos a las normas y los riesgos planteados por dos fuerzas armadas violentas (la policía y bandas de narcotraficantes), viven con reglas diarias, miedos y amenazas de aquellos en el poder. La interacción entre los residentes de las favelas, los delincuentes y la policía, se produce de acuerdo con un orden que se mantiene y se disputa según las relaciones de poder. Estas relaciones también producen vulnerabilidades y pueden conducir al desarrollo de otras formas de protección.

A los niños y a los hombres se les enseña a utilizar la violencia y específicamente las armas como herramientas para alcanzar poder y control sobre otros hombres y mujeres. Esto, combinado con la violencia estructural que rodea a los niños, facilita la posibilidad de que exista violencia.

4.1.2. ¿Quién determina quién es vulnerable? Entre la vulnerabilidad y el respeto

Así como los niños y los hombres son socializados para favorecer formas dominantes, formas más violentas de masculinidad por diversos actores sociales (por ejemplo: familia, compañeros, etc.), los hombres que participaron en el tráfico de drogas también transmitieron formas en que los códigos continuaban dictando quién era más vulnerable, y a quién se le permitiría ejercer autoridad para protegerse a sí mismo o a otros. Aquí, ganar el respeto y poder era esencial. El poder, por lo general basado sobre el rango más alto en una pandilla, determinó quién tenía la última palabra en una ejecución o castigo. Resultó imposible decir algo en contra de los castigos; sólo aquellos que podían hablar lo hacían, o aquellos con un mayor estatus o rol, o quienes se ganaron el respeto, podían negociar la protección de otro.

El respeto fue fundamental para un hombre de 37 años de edad, extraficante, quien describió haber abandonado el tráfico debido a que otro traficante de la misma sección "le faltó el respeto". El entrevistado describió a este hombre como codicioso, como más sediento de poder que el mismo capo de la droga (don o jefe); como resultado, esta "falta de respeto" lo dejó sintiéndose humillado y sin hombría. Dejar el tráfico de drogas fue mejor que enfrentar tal humillación.

Los *crías*, o residentes nacidos y criados en una favela dominada por una pandilla de tráfico de drogas, llegan a ser menos vulnerables; ya que tienen cierta protección. Como se descubrió en la investigación de Lyra (2013) con hombres jóvenes en el tráfico de drogas, los *crías* podían verse librados de castigos (e incluso ellos pueden ser más significativos para los traficantes que la afiliación a una determinada pandilla). Por ejemplo, un hombre cuestionado por un cobro, por haber robado a un residente podría librarse del castigo si explica que es un *cría*; los traficantes lo han visto crecer, pudiendo incluso haber llegado a ser criado en parte por miembros de su familia; el *cría* no proviene de ninguna otra parte.

Para los hombres, participar en un grupo armado representa un medio de uso de violencia como una forma de ejercer poder, lo que hace a otros vulnerables. La violencia se utiliza para imponer la ley en el tráfico de drogas o infligir penas a otros, a menudo con la muerte a violadores y a los que robaron a los residentes, y castigos menores para otros. Estos usos de la violencia se utilizan para imponer, y para recuperarse de los errores cometidos en el tráfico, como Lyra (2013) también describió en el caso de traficantes jóvenes, entre bandos. Los traficantes se disputan el control territorial a través de enfrentamientos con bandos rivales y la policía.

Sin embargo, al mismo tiempo, los extraficantes también relataron los tipos de vulnerabilidades que experimentaron mientras se encontraban involucrados en asociaciones delictivas. Varios hombres entrevistados sufrieron disparos y torturas (por parte de la policía). Hablaron principalmente sobre su miedo a ser tiroteados o asesinados por un rival y a ser encarcelados. Como resultado, los antiguos traficantes (especialmente los que tenían más experiencia en el tráfico, pero también los más jóvenes), hablaron acerca de la ansiedad constante que sufrían y falta de sueño, ya que pasaban largas noches de guardia, pero también de insomnio, una vez que llegaban a casa. Los hombres hablaron sobre el ver a otros hombres morir, y sobre la pérdida de sus amigos. Los hombres que habían pasado varios años en el tráfico comentaron sobre el número de amigos que habían visto morir.

Los hombres que habían participado en el tráfico de drogas, hablaron de sentir constantemente miedo a caminar en ciertas áreas, por temor a ser reconocido por la policía o un bando rival, y siempre se encontraban atentos para saber cuándo entraría la policía en una favela o en su área de dominio. Para un joven extraficante, uno de sus principales temores era que su abuela lo viera en el punto de venta de drogas y por otro, que su novia o su madre lo rechazaran. Sólo en un caso escuchamos que una mujer rechazó a su novio cuando él la golpeó durante su participación en el tráfico, mucho más común, es que las mujeres toleren la participación de sus novios en el tráfico y todo lo que conlleva, incluyendo una mayor probabilidad de que sean agredidas.

Los hombres describieron una perspectiva muy inmediata y a corto plazo sobre la vida: que hay que aprovechar la vida y vivir intensamente, ya que podría terminar en cualquier momento. Casi todas las mujeres y hombres que han participado en el tráfico describen la misma relación con el dinero: el dinero era una gran atracción para entrar en el tráfico, sin embargo, el dinero ganado siempre se gastaba rápidamente.

Varios extraficantes masculinos describieron otras vulnerabilidades relacionadas con la masculinidad, y cómo el tráfico ofrece una manera de superar esas vulnerabilidades. Es decir, ser un hombre flaco, los hombres hablaron de cómo robar a un hombre grande y fuerte, o el uso de un arma de fuego, les hacía sentir un flujo de adrenalina y también poderosos. Había placer y adrenalina, especialmente cuando se cometía un crimen en contra de un hombre más fuerte. El tráfico de drogas les enseñó a los hombres cómo "tratar a los demás", y a desarrollar a veces maneras de obtener protección, como para salir de una situación difícil, para ocultarse, o a confiar en alguien dentro de un bando. Ofrecía modelos a seguir para algunos hombres, y estos roles deben entenderse, con el fin de ofrecer alternativas.

4.1.3. Cerca de casa: cuando lo público se vuelve privado y viceversa

Indagando en las vidas de las mujeres cuyos esposos antes eran parte de un grupo armado, esta sección se centra en la interacción entre las (in)seguridades y las experiencias violentas y actitudes en "público" (en la calle) y "privadas" (en casa, con su cónyuge o en relaciones familiares). En esta sección se describen algunas de las conclusiones sobre las relaciones de los traficantes con las mujeres; micro violencia(s) y relaciones desiguales; imposición de poder y violencia(s) sobre las mujeres; los castigos sufridos por las mujeres por poner a prueba el poder de los hombres; y la implicación de las demostraciones públicas de lo que se considera como violencia "privada".

LOS TRAFICANTES Y SUS RELACIONES CON LAS MUJERES. Los entrevistados mostraron una clara distinción entre dos tipos de mujeres como parejas en la vida de los traficantes: la mujer principal, de fe (la esposa o novia que generalmente es la madre de los hijos de los traficantes) y "otras mujeres", con quienes mantienen relaciones sexuales una vez que entran al tráfico de drogas. Un extraficante agregó que estaban las mujeres a las que realmente les gustaban, y otras que sólo estaban con ellos por su poder. Frecuentemente, las esposas y novias de los traficantes han estado con ellos aun antes de que entraran al tráfico de drogas, ya que vieron luchar a su familia contra la pobreza, mientras crecían.

Los traficantes y hombres que no se encuentran involucrados en el tráfico, por igual, describen a los primeros como hombres que tienen "muchas mujeres". Las mujeres son una conquista de los traficantes, junto con el dinero y las armas: ser visto con estas mujeres llama la atención y muestra una señal de poder y estatus tanto a hombres, como a mujeres. De igual manera, es atractivo para las mujeres salir con un traficante; aquellas que se convierten en su mujer principal tienen una vida fácil con dinero y ocio.

Una mujer de 41 años se casó con un traficante, sin embargo, se le presentaron varias vulnerabilidades que una mujer principal debe enfrentar (que también hacen eco en otras mujeres): se ven amenazadas por la policía cuando van a revisar las casas; viven amenazadas por la posibilidad de que su marido muera; las "mantienen cautivas" en casa; y sufren de violencia doméstica.

Mujer: —Mira, yo creo que es una vida infeliz [para la mujer casada con traficantes] porque siempre vives amenazada. Siempre se encuentran amenazadas cuando llega la policía a registrar las casas, o corren el riesgo de recibir un disparo, o de que su marido fallezca, ¿me entiendes? Así que, no existe una estabilidad, y usualmente no han tenido un empleo. Sus esposos usualmente no les dejan nada, cuando ellos mueren. Creo que algunas niñas podrían estar estudiando o, no sé, trabajando, en busca de algo que hacer, y al involucrarse con estos vagabundos [en el sentido de delincuentes] significa que no pueden trabajar, que no pueden estudiar. Las mujeres permanecen cautivas. Ellas sufren de violencia.

Entrevistador: —¿No pueden estudiar o trabajar?

Mujer: —Ellos [los esposos traficantes] no las dejan. Porque piensan que si la mujer sale o hace alguna otra cosa, ella conocerá a alguien más, ella se involucrará con alguien más. Así que [las mujeres] están siempre en casa, ¿entiendes?

...[Los hombres envueltos en el tráfico] son muy celosos, pero, ¿qué pasa? En general, nunca tienen una sola mujer, siempre hay más de una. Entonces, ¿qué es lo que piensan? Si tienen estas otras mujeres, las mujeres van a querer hacer lo mismo [dormir con otros hombres], por venganza, debido a la ira, ¿me entiendes? Así permanecen cautivas a sus maridos. Pero se sienten atraídas por eso. Ellas piensan que es una cuestión de estatus.

Ella atribuye la movilidad reducida de las mujeres, a que los traficantes "quieren evitar" la posibilidad de que ellas busquen a otros hombres, probablemente por celos o venganza ya que se sabe que sus hombres duermen con muchas otras mujeres.

Los extraficantes describieron especialmente sus relaciones con las mujeres como dormir con muchas y tener relaciones esporádicas y conflictivas con ellas, embarazando a las mujeres casi sin consecuencias. Las mujeres y hombres por igual, describen tener muchas relaciones sexuales como una norma que se equipara con el poder de los hombres. Como tal, las mujeres sirven como un símbolo de poder para los hombres y, por lo tanto, también pueden servir para elevar el estatus de ellos, y al mismo tiempo, reducir la vulnerabilidad potencial de los hombres entre otros hombres.

4.1.4. Microviolencia(s) y relaciones desiguales

Las manifestaciones de violencia pública impregnan las relaciones íntimas y la esfera privada. Las discusiones sobre las relaciones entre los antiguos traficantes del sexo masculino, y las mujeres en sus vidas están llenas de ejemplos de celos, control, traición y la legitimidad de varias parejas, por parte de los hombres.

Independientemente de que las esposas/novias de los traficantes estén participando activamente en las tareas del tráfico de drogas, se espera que permanezcan al lado de sus hombres. Varias entrevistas con ellas demostraron el deseo de las mujeres principales, sus esposas o novias (y también se extienden a las madres), de permanecer fieles a lo largo de su participación en el narcotráfico, aun cuando ellos duerman con otras mujeres. El deseo o la expectativa de los traficantes de lealtad por parte de sus mujeres, generalmente se ejerce con control:

Él siempre me dijo que si quería quedarme a su lado, tenía que estar con él a dondequiera que iba (una mujer de 25 años, casada con un hombre que pertenecía al tráfico de drogas en el Complexo Alemão).

Yo siempre le dije a ella, que si me dejara, o si la encontrara con otro hombre, le afeitaría la cabeza [un castigo común dentro de los traficantes del sexo masculino a las mujeres que se "portan mal"] (un hombre de 18 años, el más joven entrevistado, que estuvo envuelto en el tráfico de drogas).

Hay una norma de relación desigual consistente en que el hombre se puede acostar con otras mujeres, y la mujer aun así se quede con él tanto dentro del tráfico, como también en los casos que involucran a la policía militar. Una psicóloga de la policía militar (50 de los más de 50 000 policías militares) recordó a muchos varones policías que fueron infieles. A lo largo de todos los años de trabajo, ninguna mujer dejó su matrimonio con un policía a causa de la infidelidad.

Estos desequilibrios respecto a la fidelidad, y otras formas de control, tales como amenazas y celos, constituyen microviolencias cotidianas en las relaciones. Son altamente normalizadas y comunes, incluso en la ausencia de violencia física. Además, la psicóloga de la policía describió discusiones en torno a las relaciones, la infidelidad, el uso de drogas y alcohol, el sexo remunerado y sobre la violencia que se produce en la calle.

La cuestión de la fidelidad es relevante para nuestros propósitos, debido a las reglas desiguales en las relaciones que esto representa. De hecho, un estudio anterior de IMAGES, ha mostrado múltiples conexiones entre las actitudes de género desiguales, incluyendo aquellas que favorecen múltiples parejas para los hombres, por ejemplo, y el aumento de las actitudes de apoyo y el uso de violencia (Barker *et al.*, 2011). La fidelidad desproporcionada de las mujeres a los hombres que participan en grupos de violencia armada es importante especialmente cuando se basa en el miedo y las amenazas.[7] En un ejemplo extremo, el marido de una mujer había estado en la cárcel desde hace doce años, y ella no se involucró en otra relación por

---

[7] La "fidelidad" también puede tener género e implicaciones de protección desiguales. En la investigación llevada a cabo sobre los hombres y mujeres encarcelados en Río de Janeiro, Duarte (2013) encontró que los hombres eran mucho más propensos a las visitas y durante un periodo más largo, por

miedo a que su marido se enterara y enviara a alguien a matarla o castigarla. Las relaciones íntimas vinculadas a la participación en grupos armados legales o ilegales están acompañadas por un mayor acceso y la amenaza con armas de fuego. Estas armas de fuego, por lo tanto, pueden producir vulnerabilidades en las mujeres, incluso cuando no se utilice violencia física, y tienen un enorme poder en el control de las mujeres y la inhibición de su libertad. Las mujeres con bajos niveles de educación y experiencia laboral tienen un mayor riesgo de estar en relaciones de riesgo debido a la dependencia económica de sus maridos.

Hay un número de mujeres —esposas, madres, abuelas, principalmente— por el contrario, que no aceptan la participación del hombre en el tráfico de drogas. Varias mujeres y hombres con los que hablamos, por igual, describen los roles protagónicos de madres y esposas para persuadir a los hombres a abandonar el tráfico.

En última instancia, las vulnerabilidades de los hombres se vuelven las vulnerabilidades de las mujeres y familiares. La participación en la violencia en la calle representa vulnerabilidades en las vidas de las mujeres, niños y otros familiares. Estudios en Río de Janeiro han demostrado la carga de violencia estatal en las madres y otros familiares (Soares *et al.*, 2009; Moura *et al.*, 2010; Rocha de Oliveira, 2012), y en ambos actos, estatales y no estatales, en la seguridad urbana de las mujeres (Taylor, 2012).

4.1.5. Imponiendo poder, imponiendo violencia contra las mujeres

Extraficantes masculinos describen varias maneras en las que un "orden" determina cuáles mujeres están al alcance de quién (como objetos sexuales): las mujeres principales pertenecen al traficante y están fuera del alcance de otros hombres, mientras que otras mujeres están al alcance de cualquiera.

La violencia es una "constante" en las mujeres, como un extraficante lo describió. El uso de la violencia se daba con mayor frecuencia en las mujeres con las que mantenían relaciones sexuales, más que en sus propias esposas, pero también recordaron muchas ocasiones en las que golpearon a sus mujeres. Un joven extraficante en los suburbios de Río, estaba en contra de golpear a una novia, pero se justificó cuando habló de golpear a otras:

Pero no golpearía a mi chica, solamente un "perdedor" golpea a su chica; no, golpeas a las putas (*piranhas*) que te encuentras en la calle y con las que duermes.

Para los antiguos traficantes, utilizar violencia contra las mujeres se justifica cuando ellas se quejan, son desobedientes, o cuando ellos están celosos. Los actos "diarios" de violencia demuestran que un hombre es el dominante; estos actos no cuentan como violencia, sino más bien para "reforzar", o satisfacer la relación.

---

parte de los miembros mujeres de la familia que tendían a permanecer leales. Las mujeres encarceladas por el contrario, eran mucho más propensas a ser abandonadas por sus parejas.

Las actitudes sexistas del extraficante en cuanto al género también fueron evidentes en el refuerzo del uso de la violencia. Uno de ellos dijo a un entrevistador varón:

La golpeo tan fuerte, porque somos los hombres de la casa.

Las mujeres también luchan entre sí por los traficantes, y a veces involucran a familiares, que desaprueban que las chicas salgan con traficantes.

CASTIGOS DE LAS MUJERES POR HUMILLAR, O "DESMASCULINIZAR" EL PODER DE UN HOMBRE ARMADO DELANTE DE OTROS HOMBRES: Un tema clave tanto en el caso de la policía, como de extraficantes era que las mujeres que muestran una falta de respeto, desobediencia (a veces descritos como "ser una tonta"), o de alguna manera faltas de respeto a los hombres frente a otros hombres, fueron víctimas de violencia. Esta violencia sirve para restablecer el orden de poder frente a otros hombres. Para ilustrar cómo se impone este orden, a menudo comienza con una denuncia de una mujer que causa "drama", o que se sobreactúa agregando confusión específicamente en público.

Ella está buscando problemas…

Una mujer que está "sobreactuando" demanda que los hombres afirmen su posición (de mayor poder sobre las mujeres):

…necesitas ponerla a raya.
Tienes que tener una postura firme con las mujeres.

Esa postura se impone a menudo con una amenaza, castigo (afeitar la cabeza de una mujer), o una respuesta violenta. Un hombre, en respuesta a lo que él hizo para poner una mujer a raya, explicó:

Le pegué por toda la casa.

Del mismo modo, el hijo y la hija de un policía escucharon a su padre describir su uso de la violencia física (el único acto del que tenían conocimiento), en contra de su esposa en ese momento. En lo más alto de la tensión de este policía, cuando él era capitán, le dijo a su esposa que nunca más lo cuestionara delante de sus subordinados. En ambos ejemplos, el punto de recurrir a la violencia física se produjo cuando el poder del hombre hacia sus subordinados fue amenazado. Entonces, la violencia se utiliza para restaurar el poder perdido temporalmente. Evitar hacerlo los hace "menos" delante de los demás y por lo tanto se vuelven vulnerables.

4.1.6. Violencia "privada", exhibiciones públicas

Las entrevistas mostraron cómo hacen demostraciones públicas con el fin de mostrar poder y demandar respeto, y estas exhibiciones también simbolizan y revelan experiencias en la esfera privada. Ser visto como quien tiene muchas mujeres y armas es una "exhibición" de poder, principalmente frente a otros hombres, pero también frente a otras mujeres. Es una forma de llamar la atención con el fin de imponer y mantener el respeto deseado y el poder de los hombres. Un ejemplo de un hombre que usa los símbolos de poder del tráfico para atraer a una mujer: un practicante de una ONG que trabajó durante años en un gran complejo de favelas recordó a un hombre (quien no era un traficante), que pagó a un amigo para que le prestara su motocicleta y su arma, sólo para aparecer frente a la casa de la mujer a la que "quería".

Las muestras del estatus hacia mujeres y hombres en el contexto del tráfico de drogas están marcadas por el consumismo de artículos de vestimenta con el nombre de la marca. El adquirir tenis marca Nike, cadenas y mujeres eran motivaciones comunes para ingresar y buscar permanecer en el tráfico. Un antiguo traficante masculino declaró que algunos hombres jóvenes incluso realizan trabajos de tráfico justo antes de Navidad con el fin de generar suficiente dinero para comprar unos tenis Nike, y luego volver a irse, de nuevo demostrando la esporádica participación en el tráfico, especialmente en hombres jóvenes que comienzan a construir y disputar un estatus. Su identidad como *favelado* (término despectivo para un residente de favela) demuestra todo menos respeto: ellos son el grupo demográfico que es constantemente asediado por la policía dentro y fuera de las favelas, sospechosos de ser criminales, deben competir con traficantes por mujeres, y sufren de estigmatización al solicitar empleos y otras oportunidades.

La esposa de un antiguo traficante explicaba que su esposo nunca empleó violencia física en contra de ella, pero utilizaba su arma —que poseía debido a su papel en la "violencia urbana" como antiguo traficante— para amenazarla todos los días. Al momento de la entrevista él se encontraba en prisión; no obstante hasta el día de hoy la mujer no ha salido con otros hombres por miedo a que él se entere y la asesine. Este ejemplo ilustra el enorme poder de la amenaza de un arma y de la violencia que afecta a la vida de las mujeres: en este caso, extendiéndose hasta el doceavo año de los 18 años de matrimonio, año en el que fue encarcelado.

Las demostraciones públicas de violencia contra las mujeres también son evidentes en los bailes, como una escena relatada por un extraficante de 23 años de edad, en que sacó a su novia del baile jalándola del cabello.

En general, es claro que cualquier tipo de relación de una mujer con un traficante plantea enormes riesgos en su seguridad, libertad de movimiento, salud (contraer una ETS, VIH o un embarazo no deseado), y en términos de cualquier relación de poder equitativa; trabajar en la deconstrucción de las formas violentas de masculinidad, por lo tanto, también implica trabajar con las mujeres junto a los hombres.

En el caso de familiares y parejas femeninas de los policías (así como las esposas de los traficantes), hubo una fuerte tendencia recurrente a no saber dónde pone el arma su marido en la casa. La investigación ha demostrado que la presencia de un arma puede aumentar el riesgo de violencia doméstica y terminar en feminicidio (Small Arms Survey, 2013). En un estudio en Río, una cuarta parte de las mujeres que habían registrado denuncias de violencia doméstica no sabía si había un arma de fuego en su hogar (Moura, 2007, 2010). En todos estos ejemplos, las armas para su uso "público", amenazan la seguridad privada.

4.1.7. El papel de las mujeres en el tráfico de drogas

No es inusual que las mujeres se involucren en el tráfico de drogas, junto con sus maridos, pero sus papeles varían en intensidad. Algunas se involucran de manera muy activa, como en el caso de una mujer que durante mucho tiempo no se reconoció a sí misma como involucrada en el tráfico hasta que ella misma fue arrestada. Sus conversaciones telefónicas estaban intervenidas, y la policía descubrió el papel que desempeñó en la entrega de mensajes (específicamente en ejecuciones), cuando fue encarcelado su marido. Otras mujeres apoyaron a sus maridos o novios alertando de los riesgos potenciales. Un extraficante enseñó a su esposa las "alertas" (*toques*) de la favela para que pudiera advertir de cualquier actividad de la policía o de otras facciones.

Una mujer que entrevistamos había estado casada con un traficante asesinado. Ella nunca estuvo interesada en el tráfico mientras él estaba involucrado. Él, de hecho, hizo todo lo posible para mantenerla distanciada de ello, y ella consideraba que él no había "nacido" para esto, describiendo cómo volvía a casa y vomitaba después de ver a una persona ejecutada. Después de su muerte, ella, por propia voluntad, se involucró en el tráfico por influencia de un amigo y para ahorrar dinero para su hijo. Entrevistas anteriores con mujeres han demostrado también que su participación después de la muerte de sus maridos no es infrecuente. Como tal, la exposición de las mujeres y el asumir papeles en el tráfico de drogas puede aumentar su vulnerabilidad a involucrarse en él. Este ejemplo apunta maneras críticas, no obstante ignoradas, en que la vulnerabilidad puede pasar de pública (participación en una pandilla traficante) a privada (a través del matrimonio); de lo masculino a lo femenino; y puede amplificarse (en este caso, una muerte estimula una mayor participación). Las deudas quedan atrás y el papel de las mujeres de apoyo, pero a menudo cada vez más participativo en pandillas de tráfico de drogas, no debe ser subestimado en virtud de cómo puede llegar a perpetuar la violencia armada.

Las mujeres entrevistadas para esta investigación fueron reclutadas como mulas para el transporte de armas y de drogas entre Río de Janeiro y el estado de Paraná en la frontera de Paraguay. Las funciones específicas de las mujeres en las bandas de narcotraficantes (es decir, como sujetos de quienes se espera sean registradas menos veces que los hombres y, por lo tanto, elegibles para transportar en sus cuerpos grandes cantidades de armas y drogas) son unas de las pocas reconocidas por la policía (Moura, 2007). En las últimas décadas, sin embargo, estas funciones no fueron tomadas en serio en los escenarios de la violencia urbana, por lo que es difícil generar respuestas.

4.2. *Trayectorias*

4.2.1. Trayectorias fluidas

Los hombres jóvenes entraron al tráfico de drogas de manera más común por razones financieras, y en muchos casos describen la proximidad del tráfico "frente a su puerta". Unirse generalmente implicaba una invitación de alguien involucrado, que comenzó el fomento de una relación con un hombre o mujer, y pequeños puestos de trabajo (es decir, distribuir drogas). En contraste con las pandillas en Centroamérica y otras partes del mundo, los hombres entran y salen del tráfico de drogas varias veces en Río de Janeiro. Dejarlo es alcanzable, y más fácil mientras más baja sea la posición. Los hombres más jóvenes que participaron en el tráfico y los que se quedaron como corredores y vendedores (y no como jefes o en un rango más alto), todos hablaban de entrar y salir un promedio de tres o cuatro veces. Los procesos de transformación de la no violencia, está, pues, lejos de ser lineal.

Los de la vieja guardia (traficantes mayores, que habían pasado más años en el tráfico y en la cárcel) discutieron cómo la naturaleza del tráfico ha cambiado en los últimos años; a saber, que hay menos solidaridad, es decir, la protección interna de uno al otro es menor y hay más violencia. Durante el trabajo de campo, un fotógrafo dijo escuchar a los residentes quejarse de las consecuencias del encarcelamiento de muchos capos de la droga en Maré (una comunidad en la que se entrevistó a varios traficantes antiguos, que experimentó una importante ocupación del ejército antes de la hora del trabajo de campo). Considerando que los jefes buscaban mantener el orden para evitar llamar la atención, los hombres más jóvenes que quedan son más violentos y temerarios y, por lo tanto, interrumpen el orden establecido por los de la vieja guardia. La llegada de las UPP (o antes, el ejército para "preparar el terreno" en el caso de Maré) ha tenido diferentes efectos en cada comunidad en la que se ha puesto en práctica. El tráfico continúa pero en un grado más débil y menos visible.

El fenómeno de entrada y salida en sí genera un flujo constante entre la protección y la vulnerabilidad. Al salir, uno tenía que pagar las "deudas pendientes" (al jefe), "con el fin de evitar ser vulnerables", como un extraficante describió. Para todos, conseguir un trabajo era más difícil con cada nueva entrada en el mercado de trabajo formal (en la que otras habilidades o la educación estaban ausentes), especialmente después de largas ausencias o con antecedentes penales. Como testimonio del reto de salir, el programa de la ONG en el que se entrevistó a varios traficantes antiguos, mencionó que algunos ya regresaron, aunque en menor medida, desde el principio hasta la mitad de la investigación de campo.

Una mujer de 20 años de edad, exinvolucrada en el tráfico, describió la vulnerabilidad de los "sistemas de seguridad" de las favelas: con un criminal sabes lo que estás pidiendo, y lo que podría pasar si haces algo mal; con la policía, nunca se sabe. De hecho, la desconfianza histórica de la policía penetró entrevistas, y hubo una gran ambigüedad e incertidumbre en relación con el tiempo que una dominación no-tráfico (UPP, o el ejército en el caso de Maré) duraría.

Una gran sensación de incertidumbre, por lo tanto, constituye el conjunto de vulnerabilidades planteadas a lo largo de las entrevistas. Por otro lado, si las vulnerabilidades pudiesen ser mejoradas, podrían también ser transformadas o superadas. En este sentido, una "trayectoria" lineal o sola como algo planeado con el tiempo es errónea, dado el corto plazo e incluso el día a día en las narraciones de vida. Del mismo modo, la noción de un "extraficante" es a menudo inexacta, teniendo en cuenta las múltiples entradas y salidas.

Las tentaciones de volver al tráfico son muchas, y están muy latentes dados los ajustes de la inseguridad y la desigualdad: los traficantes mismos no hablaban mucho de querer volver, pero varias mujeres mencionaron que sus maridos todavía lo consideraban. Una ONG con un programa de reintegración en el que se entrevistó a varios hombres ya había perdido un par de hombres de vuelta al tráfico en los meses siguientes a las entrevistas. El dinero es mucho mayor que cualquier trabajo de salario mínimo podría ofrecer, y los beneficios relacionados con la alimentación y el estado no son fáciles de sustituir. En cuanto a los activistas, hacen poco dinero y el trabajo puede ponerlos en riesgo. Para la policía, dejando el trabajo en conjunto, o la creación de cambio más pacífico hacia formas no violentas de mediación se encuentran con la resistencia dentro de las fuerzas policiales.

4.2.2. Factores que promueven la resistencia y las trayectorias no violentas

La inversión de la cuestión de vulnerabilidad, el examen de formas individuales y colectivas de la agencia, la fortaleza y la resistencia en contextos de violencia, y trayectorias no violentas, mejora nuestra comprensión de cómo viene la violencia para disminuir su importancia y no dejar que se convierta en la "única alternativa". La vulnerabilidad, más que la fortaleza, es a menudo un punto de partida; sin embargo, para comprender cómo promover la fortaleza y trayectorias no violentas, también se debe prestar atención a esta última.

LA MOVILIDAD DE LOS ACTIVISTAS Y LA ALTERNATIVA A LA EXPOSICIÓN DE LAS MASCULINIDADES NO VIOLENTAS. Un factor crucial que parecía facilitar trayectorias no violentas, como se ve con los hombres que se convirtieron en activistas para promover la paz, es que tenían una mayor movilidad en el resto de la ciudad. Mientras vivían y operaban en las favelas donde crecieron, tuvieron redes sociales y referencias más allá de la favela y eran, por lo tanto, menos restringidos a las vulnerabilidades que enfrentan aquellos que permanecen sólo dentro de la comunidad (incluidos los traficantes y sus familias). Activistas de Rocinha y Rocha Miranda, por ejemplo, describen cómo el aprendizaje de su camino alrededor del centro les trajo el acceso a redes incluyendo las oportunidades de trabajo más allá de las disponibles para los residentes de las favelas. Aun así, el impacto potencial que los líderes pueden tener en la reducción de la violencia en muchas comunidades, también es sofocado por los mismos riesgos asociados con su trabajo en los contextos de la violencia que viven (incluyendo la inseguridad que muchos sienten frente a la policía).

Los traficantes, por otra parte, tenían el poder y la movilidad en el territorio dominado, pero no podían ir a las zonas de otros bandos, y rara vez dejando su propia favela. Se crea masculinidad y disputa dentro de la favela, y en la misma comunidad, el estatus podría conseguirse, perderse o volver a ganar, ordenando el respeto a los ojos de otros traficantes y las mujeres. Debido a que rara vez se habían salido de la favela donde se criaron, extraficantes que han participado en algún proyecto de reintegración de una ONG disfrutaron de la oportunidad de visitar lugares de interés turístico de la ciudad que nunca habían visto. Vivir en una favela, por lo tanto, presenta una protección para los traficantes dado su estado, pero también presenta importantes vulnerabilidades y limitaciones en términos de mayores oportunidades y aspiraciones. Fundamentalmente, esta mayor movilidad por parte de los activistas, y el territorio restringido por parte de los traficantes también significaba que los activistas tuvieran una mayor exposición a las formas alternativas de masculinidades, incluidas aquellas que no favorecen la violencia, tanto como se valora en el mundo de la trata.

REMPLAZANDO LAS TRANSFERENCIAS INTERGENERACIONALES DE VIOLENCIA CON CUIDADOS. Datos de estudios IMAGES anteriores han demostrado que el factor más influyente de uso de la violencia por parte de hombres adultos fue haber sido testigos de las golpizas a sus madres cuando eran niños. Por otra parte, la prestación de cuidados, de la mano de un gran número de indicadores de equidad de género, también se demostró asociado con actitudes de menor apoyo hacia la violencia y conducta violenta reportada (Barker *et al.*, 2011). Los hallazgos de esta investigación ofrecen varias ideas sobre cómo el cuidado resultó un factor en el apoyo de trayectorias no violentas (y se ve amenazada de múltiples maneras por la existencia de la violencia).

PATERNIDAD DENTRO Y FUERA DEL TRÁFICO DE DROGAS. Varios hombres citaron el hecho de convertirse en padres como una razón para dejar el tráfico de drogas. Un hombre tenía miedo de morir y dejar huérfana a su hija. Otro, de 26 años de edad, se fue cuando nació su hijo, declarando, "el hombre tiene que ser un ejemplo". Para una mujer de 24 años de edad, quien era una extraficante, su hijo fue también la razón principal por la que dejó el tráfico. Ella, de hecho, comenzó a llorar cuando contó la historia de querer ahorrar suficiente dinero para hacer una fiesta para su primer cumpleaños, pero fue arrestada y en su lugar pasó su cumpleaños en la cárcel. Otra extraficante también describió la angustia de estar en la cárcel sin tener noticias de su hija. Así eran los momentos más tristes y conmovedores de las entrevistas, las que provocaron las mayores reacciones emocionales, y casi siempre se trata de una madre, hijo o hija.

En cuanto a la paternidad en el tráfico de drogas, las esposas de los extraficantes hablaron de la ausencia de sus maridos en la atención de los niños y del hogar. Algunos hombres también comentaron cómo tenían poco tiempo para atender a sus hijos cuando pasaban largas horas en la calle, a veces toda la noche. Un extraficante describió sus relaciones esporádicas en las que varias mujeres con las que se acostó quedaron embarazadas. Su papel como proveedor y padre sólo se hacía evidente cuando las madres de los niños llegaban directamente a pedirle y sólo así les daba dinero. Las esposas describen el riesgo de registros policiales en los domicilios de los traficantes, lo que producía una sensación de inseguridad para ellas y para los niños en todo momento.

Las esposas, principalmente aquellas casadas antes de que sus maridos se involucraran en el tráfico de drogas, comentaron los mismos tipos de experiencias: asumir aún más las tareas de cuidado y de los hogares, ya que sus maridos pasaban demasiado tiempo en las calles. La presencia de los hombres en el hogar fue descrito por varias mujeres y hombres por igual, sólo "paraban para tomar una ducha", a menudo estaban fuera toda la noche, dejando a veces a los niños llorando. Las mujeres describen la soledad derivada de este horario, meditando sobre la falta de amistades; los hombres traficantes parecían tener redes más extensas de amigos, de quienes hablaban mucho más a menudo que las mujeres, un fenómeno que debería ser explorado más a fondo.

Una mujer describió la falta de tiempo de su esposo para estar con sus hijos como consecuencia del horario riguroso que el tráfico de drogas le requiere. Hoy, no involucrado en el tráfico, es un padre activo, que cuida con frecuencia a un niño con discapacidad, el hijo de los vecinos al que antes miraban con desdén. Algunas otras mujeres concordaron con los hombres en participar más en la crianza al dejar el tráfico de drogas.

Los familiares, tanto de los traficantes como de la policía, informaron de la frialdad, el distanciamiento, el "mantenerse ensimismados" y la irritabilidad de ellos, mucho más que reportes físicos de violencia. Tanto el hijo como la hija de un oficial de la policía relataron que su padre tenía a veces días peores que otros. Llegaba a casa impaciente y frío algunos días. Aunque por lo general era hablador y cariñoso con todos, se guardaba todo para sí mismo, o era más irritable e irracional, y se iba a la cama temprano. Cuando su puesto mejoró dentro de la policía militar, esta tendencia se hizo más común. Los niños notaron que necesitaba más familia y apoyo. La madre de un extraficante de la favela Cerro Corá notó un cambio radical en la postura de su hijo mientras traficaba drogas, de ser considerado con la familia pasó a ser distanciado y rebelde. Su estrategia cuando se enteró de que su hijo estaba involucrado en el tráfico de drogas fue enviarlo lejos de la familia al noreste (ella también mantuvo el secreto de su hijo, sin comentarle al padre, un trabajador que había jurado convertir a su hijo en sí mismo si se enteraba de que estaba involucrado en el tráfico de drogas).

El hecho de convertirse en padre fue también descrito en numerosas ocasiones como una experiencia significativa en la vida de los hombres y las mujeres entrevistadas. Una mujer comandante de policía de una favela con UPP, defensora de la mediación, se sentía abrumada el día que recogieron a sus hijos en adopción: su marido (otro policía) un hombre de color imponente, fuerte y rudo, se mostraba con lágrimas recorriendo su rostro la primera vez que su hijo lo llamó "padre". Fue él, y no ella, quien quería tener hijos. Cabe señalar en este tema las aspiraciones de los hombres: varios traficantes (y policías hombres) comentaron que "siempre habían querido convertirse en padres", mientras que con los traficantes de drogas y sus esposas, los discursos sobre su entrada al tráfico de drogas se encontraba mucho más centrado en "no querer haber entrado" (pero lo hicieron por varias razones).

PADRES Y FAMILIARES DE LOS HOMBRES. A lo largo de las entrevistas, los hombres se refirieron constantemente a sus padres como ausentes, o tendían a señalar recuerdos negativos de ellos como violentos o disciplinarios. Algunas excepciones fueron con activistas de la paz que mantuvieron una estrecha relación con sus padres u otra figura masculina, como un tío.

Las reflexiones de los hombres sobre sus padres en el pasado, y convertirse ellos mismos en padres en el futuro o el presente, demuestran una negociación de masculinidades y que las mismas son a menudo complejas y desiguales en términos de equidad de género. Por ejemplo, el hijo de un policía admiraba y quería adoptar la naturaleza presente y protectora de su padre como padre y amigo, pero rechazó sus tendencias mujeriegas. Su padre mantuvo aventuras amorosas durante toda la infancia de su hijo, y un día le confesó que tenía un hermano de otra mujer. Después de haber visto el sufrimiento de su madre, él se convirtió en protector de ella, lo que significó tener dificultades para pasar una noche en casa de su padre, ya que esto la hacía sentir celosa y la alteraba. Otra esposa de un extraficante también rechazó el alcoholismo y el comportamiento agresivo de su padre, pero adoptó su naturaleza amigable con los demás.

MATERNIDAD, ABUELAS. En el caso de los extraficantes, las descripciones espontáneas de los hombres de relaciones estrechas con sus madres eran frecuentes y significativas. Los hombres se volvieron protectores de sus madres después de haberlas visto luchar —tanto con la pobreza como con la violencia del padre—. Como ya ha sido captado por previas investigaciones en las favelas, las madres que viven en la pobreza han criado una generación de hombres jóvenes. Las abuelas también juegan un papel importante en la crianza de los niños, incluyendo a muchos de los hijos de los antiguos traficantes y las mujeres entrevistadas.

Curiosamente, los extraficantes a menudo se refirieron a las madres tanto como una razón para entrar en el tráfico de drogas (proveer, apoyarla después de ver su lucha), y como una razón para salir (dado su sufrimiento y preocupación). En general, los entrevistados masculinos y femeninos involucrados en el tráfico de drogas describen la crianza de hijos, tanto por las madres y padres, en dos extremos: la sobreprotección y no dejar que (especialmente las niñas) dejaran la casa solas, o dejando a sus hijos "sueltos"en la calle, y por lo tanto, más expuestos a la participación en el tráfico de drogas.

TRANSFERENCIAS INTERGENERACIONALES DE CUIDADO. Al igual que la(s) violencia(s), junto con otras formas de vulnerabilidades, pueden ser transferidas de generación en generación, las mismas pueden también ser transformadas. Algunos datos de estudios IMAGES anteriores han demostrado que los diferentes tipos de violencia de la que los niños han sido testigos o experimentaron durante la niñez han influido en su uso de la violencia como adultos, y que los hombres cuyos padres participaban más en la crianza y no eran violentos, eran más propensos a tener relaciones equitativas y no violentas (Barker *et al.*, 2011; Kato-Wallace *et al.*, 2014). Estos hallazgos sobre la paternidad y el cuidado son parte de una creciente investigación que examina las implicaciones del cuidado en la reducción de la violencia, entre otros efectos, en la vida de hombres, mujeres y niños (Barker *et al.*, 2012; Kato-Wallace, 2014).

ENFRIAMIENTO. Los participantes compartieron importantes estrategias cotidianas para hacer frente, resistir y evitar transferir la violencia de la calle al hogar. Mujeres y hombres policías discutieron formas en que se "enfrían" después de un día especialmente estresante. Para una comandante UPP, tanto ella como su marido, también un policía, tener niños les obliga a dejar atrás lo que sucedió en la "calle", antes de entrar al hogar. Varios rituales les ayudaron con esto: tenían un sofá en el vestíbulo de su edificio de departamentos, y el comandante a veces se sentaba allí por un buen tiempo antes de entrar a la casa. Ella siempre enviaba café al portero para que pudiera beber una taza con él antes de subir al departamento. La esposa de otro policía señaló que su marido montaba su bicicleta después de un turno laboral; sin embargo, cuando obtuvo un cargo superior y el trabajo se volvió más estresante, comenzó a beber todos los días al llegar a casa, y rara vez pasaba un tiempo con su pequeño hijo. Esta mujer, quien era también una psicóloga de la policía militar, sentía que estaba experimentando en casa todo lo que ella había visto en sus pacientes de terapia en la policía.

REDEFINIENDO LOS "VERDADEROS HOMBRES": FOMENTANDO IDENTIDADES ALTERNATIVAS NO VIOLENTAS FUERA DEL TRÁFICO DE DROGAS. Los hombres que dejaron el tráfico de drogas describen varias estrategias para "mantenerse fuera". Se mudaron muy lejos del lugar en el que estuvieron una vez activos, de los puntos de venta de drogas y de otras personas involucradas, lo que requirió una reconstrucción de sus redes sociales.

Algunos hombres jóvenes describieron también la búsqueda de una alternativa —y atractiva— identidad como un hombre. Un ejemplo de una nueva construcción de la identidad era la participación en un baile llamado *passinho*, una mezcla de *breakdance* y el *funk* popular de las favelas de Río. Aunque el *passinho* no podía siquiera acercarse a ofrecer el dinero que se ganaba mediante el tráfico de drogas, su encanto trajo muchos de los beneficios del tráfico: las chicas, la atención, el estatus. Bailar también proporcionó un foro en el que pudieran continuar luciendo ropa de marca —el "estilo" y el estatus del que alguna vez disfrutaron como traficantes— y mostrarse en la calle y en los videos más populares en línea. Como un extraficante que ahora baila (y pinta casas para ganarse la vida), comentó,

Cuando yo estaba involucrado en la otra vida [tráfico], a las chicas les gustaba. Pero yo dije: "¿es todo lo que ofrece [el tráfico de drogas]?, ¿o hay otra manera de llamar la atención?" (ex traficante que baila *passinho*).

El otro joven bailarín entrevistado, quien estuvo también involucrado en el tráfico, dijo,

Ahora en los bailes, no son sólo los criminales los que reciben atención, sino también los bailarines.

Otros extraficantes han construido nuevas formas de masculinidad mediante su participación en la Iglesia evangélica, y mediante la participación en un proyecto de reintegración de las ONG (Río sólo tiene un proyecto basado en una ONG con un programa dedicado a la reintegración específica de los extraficantes, y otros que apoyan indirectamente a los exdelincuentes de una manera más amplia). Estos proyectos de las ONG más comúnmente proporcionan oportunidades de educación y capacitación para el trabajo, y un estipendio por alrededor de un periodo de un año hasta que los extraficantes consiguen trabajo (esto a menudo fue un proceso complejo debido a sus antecedentes penales). En estos casos, las normas sociales que valoran a los hombres que proveen y a los trabajadores responsables —debían desestimar la antigua atracción de ser un proveedor y un hombre que utilizó la violencia—. Otras motivaciones para dejar el tráfico se relacionan con enfrentarse a un riesgo o un castigo, como ser encarcelado (que sirvió como un punto de quiebre), de ser herido, o una combinación de factores relacionados con la edad, el cansancio de los miedos, los riesgos y el estilo de vida asociados con el tráfico de drogas. La conversión a la Iglesia evangélica es también uno de los medios más aceptados para dejar el tráfico en Brasil (Teixeira, 2008, 2011) y en otros países latinoamericanos.

La investigación mostró que una trayectoria de no violencia puede también ofrecer la posibilidad de ajustar otras normas de género hacia una mayor equidad, como se observa en los ejemplos con los hombres que se convirtieron en padres y/o comenzaron a participar más en las tareas de cuidado y de los hogares al salir del tráfico. Además de asumir mayores papeles de cuidado después de dejar el tráfico de drogas, los hombres también manifiestan querer salir para aliviar la preocupación de un miembro de la familia y, por lo tanto, mejorar la relación con un miembro de la familia del que se habían distanciado o al que habían tratado mal durante su participación en el tráfico. La tendencia especialmente en traficantes de drogas más jóvenes y menos experimentados de entrar y salir de las pandillas varias veces, ofrece implicaciones de política con respecto a capitalizar los momentos en los que los traficantes dejan el negocio.

5. CONCLUSIONES Y ESTRATEGIAS DE PROGRAMAS Y POLÍTICAS

Una suposición subyacente en los enfoques de seguridad pública en Río de Janeiro —y una que no es desconocida en otras ciudades de América Latina— es que el fortalecimiento del número de miembros de la policía reducirá la violencia urbana. Como tal, una cantidad importante de recursos financieros y políticos se dedican a las emergencias, las respuestas temporales y el refuerzo de soluciones represivas, con un programa limitado orientado a la prevención. Aún se requieren esfuerzos para reformar la policía con el fin de desplazar su enfoque fuera de tácticas militarizadas que favorecen el uso excesivo de la fuerza, la corrupción, la tortura y la falta de investigaciones rutinarias. Se deberán otorgar incentivos —comenzando con salarios decentes— se debe dar a los hombres y mujeres de la policía, como muchos de los entrevistados, para valorar e integrar de una manera seria los métodos de resolución de conflictos y la no violencia. De esta manera, tendrán una mayor posibilidad de contrarrestar la persistente ética de guerra militarizada y, en su lugar, convertirse en aliados de comunidades más pacíficas.

No obstante, por encima de la fuerza policial, un modelo de seguridad pública más integrado tendría mucho que ganar al considerar las vulnerabilidades, condiciones sociales y trayectorias no violentas existentes que podrían aprovecharse en la prevención y otros tipos de programas sociales con efectos a largo plazo en la reducción de los índices de violencia urbana. El desarrollo de modelos de seguridad más incluyentes e integrales implica abordar las normas hipermilitarizadas y masculinas y poco reconocidas, y sin embargo, prevenibles, mismas que mantienen un ambiente de violencia. Por encima de todo, las vulnerabilidades se exacerban cuando favelas permanecen aisladas de modelos de seguridad inclusivos y de mejores oportunidades de educación, salud y empleo que faciliten la generación de trayectorias de vida no violentas desde la juventud.

Los extraficantes, la policía, y sus cónyuges y familiares que viven en situaciones de violencia urbana desarrollan estrategias sorprendentes para superar las vulnerabilidades, para evitar el uso de la violencia en primer lugar, y para desarrollar trayectorias no violentas. Las trayectorias de estas mujeres y hombres —analizadas a partir de sus propias experiencias— proporcionan un amplio conocimiento para promover la no violencia. Existen numerosas implicaciones en las políticas y la práctica, así como retos y cambios ya en marcha con el fin de transformar las vulnerabilidades en vías hacia la violencia; el resto de este capítulo analizará algunas de estas implicaciones.

5.1. *Adoptar estrategias integradas que apoyen trayectorias no violentas de múltiples actores*

Río de Janeiro experimentó iniciativas únicas y sin precedentes en materia de desarme. No obstante, posteriormente, no se creó ningún programa importante a nivel gubernamental para hacer frente a las transiciones de muchos (hombres, en su mayoría jóvenes) que habían entregado sus armas y(o) abandonado el tráfico de drogas. Las excepcionales iniciativas a corto plazo basadas en ONG resultaron insuficientes para apoyar trayectorias no violentas de una población que es vital para mejorar la seguridad pública. En estos casos, los jóvenes se enfrentan a mayores posibilidades de ser recibidos por una pandilla de tráfico o involucrarse en las trayectorias violentas con manifestaciones de violencia en sus relaciones íntimas o familiares. Como tal, existe una necesidad de prevenir la violencia entre los jóvenes que pudieran encontrarse en riesgo de unirse a un grupo armado, y una necesidad vital de apoyar a los jóvenes que ya han participado en un grupo armado y están haciendo esfuerzos para mantenerse fuera.

Es también esencial combatir la violencia policial, tomando en cuenta que los policías en sí a menudo pueden haberse criado en contextos de violencia urbana en las periferias y favelas de Río de Janeiro. De acuerdo con una entrevista con un psicólogo de la policía, el abordar las necesidades psicosociales de un policía (es decir, desde su infancia, el trabajo y las relaciones íntimas de la familia) parece ser un aspecto pasado muy por alto o desestimado en la cultura de la policía militar, al igual que la población civil que sufre las consecuencias de la violencia urbana. Trabajar con la policía también supondrá reducir las diferencias entre los altos mandos y policías en las calles que tienden a enfrentar la mayor parte de la violencia.

5.2. *Abordar la edad, raza, experiencias de la infancia, aspiraciones y transformación de las normas de género de los participantes*

Los programas de prevención de violencia también pueden verse mucho más matizados y eficaces cuando se basan en la evidencia de cómo funciona la dinámica de violencia urbana/violencia íntima. Los hombres y mujeres entrevistados también mostraron esta necesidad, señalando que la sociedad (superior y de clase media) asume que los residentes de las favelas son violentos, sin entender las políticas económicas y sociales implicadas.

Varios modelos evaluados de metodologías educativas grupales diseñadas para transformar las normas de género y prevenir la violencia constituyen una base para la adaptación. Los mismos incluyen el Programa H/M (H para "Hombres", M para "Mujeres"). Los resultados de esta investigación podrían utilizarse con el fin de adaptar este programa a los entornos de violencia urbana en Río de Janeiro y ajustes similares en la región, integrando componentes de programas más recientes como *Living Peace*, que ha sido adaptado a situaciones posconflictos, y podría expandirse a aquellos de violencia urbana crónica. El Programa P (de "paternidad") también podría resultar respuesta eficaz a los hallazgos que demuestran cómo las experiencias de violencia o experiencias negativas con los padres afectan el uso de la violencia por parte de sus hijos, o su resistencia a la misma en edad adulta.[8] Los programas de prevención también deberán considerar conceptos de respeto, dignidad y otros atributos que los jóvenes desean en el tráfico de drogas.

Estos programas podrían abordar los procesos fundamentales y de género que conlleva la socialización, al igual que los programas de prevención que ofrecen métodos para jóvenes para reflexionar y desarrollar alternativas a las presiones reales de generar y demostrar un estatus (por ejemplo, su muestra de sobrenombres adquiridos mediante su participación en un grupo armado), y las presiones de utilizar la violencia como herramienta para ejercer poder y respeto. Fomentar la iniciativa

---

[8] El curriculum de *Living Peace* se basó en un estudio de IMAGES llevado a cabo en la RDC (un escenario posconflicto), y podría adaptarse a aquellos de violencia urbana: <www.promundo.org.br/en/wp-content/uploads/2014/12/FinalConsolidLPGManual.pdf>. El Programa P podrá revisarse mediante la siguiente liga: <www.promundo.org.br/en/wp-content/uploads/2013/12/FInal-Program-P-Single-Page.pdf>.

de los jóvenes de desarrollar sus propias formas no violentas de masculinidad y estatus, resolver conflictos a través del diálogo y favorecer las relaciones sanas son tareas cruciales.

5.3. *Promover la resolución de conflictos, la mediación y el diálogo entre los grupos armados y residentes*

En los últimos años, se han desarrollado y probado prácticas de mediación y resolución no violenta de conflictos en favelas y otras comunidades. Existen ejemplos de estas prácticas en un pequeño número de UPP, mismos que enfrentan resistencia, un escaso apoyo en general, pero son enfoques prometedores. En el modelo actual, sin embargo, sólo algunos policías reciben una capacitación específica de mediación, como si la misma no fuera parte de sus labores diarias. Como tal, estos mecanismos deberán ser fortalecidos e integrarlos como parte de la capacitación policiaca si queremos resolver el modelo de confrontación actual de la policía. El diálogo entre la policía y los residentes deberá extenderse más allá del "Acercamiento de la Policía" con el fin de legitimar los intercambios y acciones basadas en hacer de la seguridad de los residentes una prioridad.[9] Más allá de los enfoques necesarios en el nivel general, un ejemplo a nivel local es promover los foros comunitarios iniciados, mas nunca mantenidos por el anterior programa social de la UPP.

5.4. *Fomentar el cuidado y modelos a seguir positivos y no violentos*

Se deberán promover las labores de cuidado como una estrategia revolucionaria y basada en evidencia, ya sea con figuras biológicas o no biológicas. Una mujer del Complexo Alemão describió cómo su marido, un extraficante, experimentó una educación dolorosa y violenta con su propio padre, sin embargo había recibido apoyo para permanecer fuera del tráfico de drogas por parte de sus propios padres. Las labores generales en paternidad y la prestación de cuidados muestra también un prometedor potencial en numerosos entornos afectados por conflictos.

5.5. *Reconocer las transferencias de violencia pública a privada como un asunto de violencia urbana*

El comprender el precio de la violencia urbana y cómo juega un papel a nivel hogar y en público en los hombres y mujeres involucrados generará estrategias

---

[9] Adaptado de la presentación en panel de Ignacio Cano y otros, "El futuro de las UPP", 27 de enero de 2015, Universidad Estadual do Rio de Janeiro.

capaces de hacer frente a las múltiples dimensiones de la violencia urbana (y viceversa). La dicotomía entre la violencia doméstica o "de género" y la violencia entre hombres, considerada un asunto de seguridad pública o violencia urbana (y, por lo tanto, no tomada en cuenta en términos de implicación en la violencia de género), es antigua. No obstante, la relevancia de analizar las interacciones entre estos tipos de violencia y las vulnerabilidades se ha hecho evidente al considerar un denominador común: el uso de la violencia por parte de los hombres para imponer el orden, o la búsqueda de establecer un aire de respeto o estatus. El superar estas múltiples formas de violencia, por lo tanto, requerirá abordar las masculinidades rígidas que refuerzan las normas y comportamientos violentos.

La vida de hombres y mujeres en contextos caracterizados por altos niveles de violencia crónica, cotidiana, y urbana mucho más compleja que la gran cantidad de posibles vulnerabilidades en su vida diaria. Se deberá tener cuidado de no colocar la responsabilidad del desarrollo de soluciones sólo en "poblaciones vulnerables" o en actores no gubernamentales. Por el contrario, las respuestas y responsabilidades deberán ser integradas y compartidas por responsables de seguridad pública y otras autoridades. De esta manera, los avances en investigación, políticas e intervenciones en programas podrán comenzar a cambiar el paradigma de la seguridad basado en confrontación, marginación y separación, a uno que enfatice las trayectorias de no violencia y tome en cuenta de manera integral la dinámica entre las masculinidades y el género y la violencia urbana en las calles y más allá.

6. REFERENCIAS

Almedom, A y J. Tumwine (2008), "Resilience to Disasters: A Paradigm Shift from Vulnerability to Strength", *African Health Sciences*, vol. 8, número especial.

Amnesty International (2013), *"Eles usaram a estratégia de medo"- proteção ao direito de protesto*, en <http://issuu.com/anistiabrasil/docs/ai_br_campaign_digest_19_005_2014_f>.

Astorga, L. (2002), "The social construction of the identity of the trafficker", en *Globalisation, drugs and criminalisation: final research report on Brazil, China, India and Mexico*, pp. 39-55.

Baird, A. (2012), "Negotiating Pathways to Manhood: Rejecting gangs and violence in Medellin's Periphery", *Journal of conflictology*, 3(1).

Barker, G. (1998), "Non-violent males in violent settings: an exploratory qualitative study of prosocial low-income adolescent males in two Chicago Neighbourhoods", *Childhood*, vol. 5, noviembre.

―――― (2005), *Dying to be Men*, Nueva York, Routledge.

―――― (2010), *Men with Guns: Masculinity, Arms, Conflict and Post-Conflict*, presentación en el JHB Meeting.

Barker, G., M. Greene, M. Nascimento, M. Segundo, C. Ricardo, A. Taylor, F. Aguayo, M. Sadler, A. Das, S. Singh, J. G. Figueroa, J. Franzoni, N. Flores, R. Jewkes, R. Morrell y J. Kato (2012), *Men Who Care: A Qualitative Multi-Country Study on Men and Non-Traditional Caregiving Roles*, Washington, D.C., International Center for Research on Women (ICRW) and Rio de Janeiro, Instituto Promundo.

Barker, G. y C. Ricardo (2006), "Young Men and the Construction of Masculinity in Sub-

Saharan Africa: Implications for HIV/AIDS, Conflict and Violence", en *The Other Half of Gender: Men's Issues in Development*, Washington, D.C., The World Bank, pp. 159-193.

Campbell, H. y T. Hansen (2012), "Getting out of the game: desistance from drug trafficking", *International Journal of Drug Policy*, 23(6).

Cano, I. (org.) (2012), *"Os donos do morro": uma avaliação exploratória do impacto das Unidades de Polícia Pacificadora (UPPs) no Rio de Janeiro*, Fórum Brasileiro de Segurança Pública.

Christensen, L. (2008), "From Trauma to Resilience", *African Health Sciences*. vol. 8. número especial.

Connell, R. (2005a), *Masculinities*, Cambridge, Polity Press, 2a. ed.

Dowdney, L. (2005), *Nem Guerra, Nem Paz. Comparações internacionais de crianças e jovens em violência armada organizada*, Río de Janeiro, Viva Rio, ISER/IANSA.

Dowsett, G.W. (2006), *Moving Masculinities and Social Change: Why Do Men Matter?*, documento de trabajo 20, Melbourne, La Trobe University.

Flood, M. (2010), *Where Men Stand: Men's roles in ending violence against women*, Sydney, White Ribbon Prevention Research Series.

——— (2013), *Engaging Men from Diverse Backgrounds in Preventing Men's Violence Against Women. Stand Up!*, National Conference on Eliminating All Forms of Violence Against CaLD Women, 29-30 de abril, Canberra.

Flood, M. (2005), Kimmel, Michael S., J. Hearn y R. W. Connell, *Men's collective struggles for gender justice: the case of antiviolence activism. In Handbook for studies on men and masculinities*, SAGE.

Geneva Declaration Secretariat (2011), *Global Burden of Armed Violence*, en <www.genevadeclaration.org>.

Greene, M. E. y A. Levack (2010), "Synchronizing Gender Strategies: A Cooperative Model for Improving Reproductive Health and Transforming Gender Relations", Washington, D.C., Population Reference Bureau for the Interagency Gender Working Group of USAID.

Greig, A. (2009), "Troublesome Masculinities", *IDS Bulletin*, número especial: Intergenerational transmissions: cultivating agency, 40(1).

Hume, M. (2008), "The Myths of Violence: Gender, Conflict, and Community in El Salvador", *Latin American Perspectives*, núm. 35: 59.

——— (2009), "Researching the Gendered Silences of Violence in El Salvador", *IDS Bulletin*, 30(3), mayo.

Instituto de Segurança Pública (ISP) (2014), *Dados oficiais*, disponible en <www.isp.rj.gov.br/Conteudo.asp?ident=150>.

Justiça Global (2008), *Segurança, tráfico e milícia no Rio de Janeiro*, Río de Janeiro, Fundação Heinrich Böll.

Kato-Wallace, J., G. Barker, M. Eads y R. Levtov (2014), "Global pathways to men's caregiving: Mixed methods findings from the International Men and Gender Equality Survey and the Men Who Care study", *Global Public Health: An International Journal for Research*, Policy and Practice.

Krause, K., R. Muggah y E. Gilgen (2011), *Global Burden of Armed Violence 2011*, Cambridge, Cambridge University Press.

Lam, C. B. y C. A. McBridge-Chang (2007), "Resilience in Young Adulthood: The Moderating Influences of Gender-related Personality Traits and Coping Flexibility. Sex Roles".

Lyra, D. (2013), "Conflitos de lealdade e princípios de coesão social entre jovens traficantes do Rio de Janeiro: algumas considerações", en Viera da Cunha y Santis Veltran (eds.), *Sobre periferias: Novos conflitos no Brasil contemporâneo*, Río de Janeiro, Lamparinha Editora.

Machado da Silva, L. A. (2004), "Sociabilidade violenta: por uma interpretação da criminalidade contemporânea no Brasil urbano Sociedade e Estado", *Brasília*, 19(1): 53-84.

Misse, M. *et al.* (2013), *Quando a polícia mata: homicídios por "autos de resistência" no Rio de Janeiro (2001-2011)*, Río de Janeiro, Booklink.
Moser, C. (2001), "The Gendered Continuum of Violence and Conflict: An operational Framework", en Caroline Moser y Fiona Clark (orgs.), *Victims, Perpetrators or Actors? Gender, Armed Conflict and Political Violence*, Londres/Nueva York, Zed Books, pp. 30-52.
Mosher, D. L. y M. Serkin (1984), "Measuring a macho personality constellation", *Journal of Research in Personality*, 18(2): 150-163.
Moura, T. (2010), *Novíssimas guerras. Espaços, identidades e espirais da violência armada*, Coimbra, Almedina.
────── (2007), *Rostos Invisíveis da violência armada. Um estudo de caso sobre o Rio de Janeiro*, Río de Janeiro, 7 Letras.
Moura, T., R. Santos y B. Soares (2010), "Auto de Resistência: the collective action of women relatives of victims of police violence in Rio de Janeiro", *Journal of the Motherhood Initiative for Research and Community Involvement*, núm. 1.2, otoño/invierno.
Muggah, R. (2012), *Researching the Urban Dilemma: Urbanization, Poverty and Violence*, International Development Research Center (IDRC), mayo.
Moura, T. y S. Roque (2009), "Invisible Vulnerabilities. The Cases of Rio de Janeiro (Brazil) and San Salvador (El Salvador)", en D. Day, A. Grindsted, B. Piquard y D. Zammit (orgs.), *Cities and Crises*, Bilbao, Bilbao University Press, pp. 73-87.
Reicher, S. (2004), The Context of Social Identity: Domination, Resistance, and Change Stephen, *Reicher Political Psychology*, 25(6), Symposium: Social Dominance and Intergroup Relation.
Rodriguez, A. (2013), *Labirintos do Tráfico: vidas, práticas e intervenções*, Río de Janeiro, 7 Letras.
Santos, R., S. Roque, S. Araujo y T. Moura (2011), *Women and gun violence: Key Findings from Rio de Janeiro (Brazil), San Salvador (El Salvador) and Maputo (Mozambique)*, Peace Studies Group (NEP/CES), Initiative for Peacebuilding-Early Warning Analysis to Action (IFP-EW), International Alert, European Commission.
Small Arms Survey (2013), *Too Close to Home: Guns and Intimate Partner Violence*.
Taylor, A. (2013), "Partial Transitions: (In)Securities among urban carioca women in four favelas with a Police Pacification Unit (UPP) in Rio de Janeiro, Brazil: A pilot of the Women's Safety Audit", UN Habitat.
Taylor, A. y G. Barker (2013), *Programs for men who have used violence against women: Recommendations for action and caution*, Río de Janeiro, Brazil, Instituto Promundo y Washington, D.C., Promundo-US.
Teixeira, C. (2008), O pentecostalismo em contextos de violência: uma etnografia das relações entre pentecostais e traficantes em Magé. Capa, 10(10).
────── (2011), "De 'Corações de pedra' a 'corações de carne': algumas considerações sobre a conversão de 'bandidos' a igrejas evangélicas pentecostais", *Dados*, 54 (3), Río de Janeiro.
Theidon, K. (2009), "Reconstructing Masculinities: The Disarmament, Demobilization and Reintegration of Former Combatants in Colombia", *Human Rights Quartely*, 31(1).
Vess, J., G. Barker, S. Naraghi-Anderlini y A. Hassink (2013), *The other side of gender: men as critical agents of change*, United States Insitute of Peace, reporte especial.
Viera da Cunha y Santis Veltran (eds.) (2013), *Sobre periferias: Novos conflitos no Brasil contemporâneo*, Río de Janeiro, Lamparinha Editora.
Visher, C.A. y J. Travis (2003), "Transitions from Prison to Community: Understanding Individual Pathways", Annual Review of Sociology, vol. 29.
Wacquant, L. (2008), *Urban Outcasts: A Comparative Sociology of Advanced Marginality*, Cambridge, Malden, M. A., Polity Press.
Wacquant, L. (2009), *Designing Urban Seclusion in the Twenty-First Century. The 2009 Roth-Symonds Lecture*, New Haven, Yale University.

Waiselfisz, J. J. (2013), *Mapa da Violência 2013: Mortes Matadas por Armas de Fogo*, en <http://mapadaviolencia.org.br/pdf2013/MapaViolencia2013_armas.pdf>.

Wilding (2012), *Negotiating Boundaries: Gender, Violence and Transformation in Brazil*, Nueva York, Palgrave Macmillan.

MUJERES INDÍGENAS Y SU BÚSQUEDA DE JUSTICIA.
SAN CRISTÓBAL Y SANTA CRUZ VERAPAZ
(ALTA VERAPAZ, GUATEMALA)

WALTER ALEJANDRO GONZÁLEZ GRAMAJO

RESUMEN: En este texto se trata de evidenciar algunas de las *vulnerabilidades* estructurales y racializadas que marcan las vidas de muchas mujeres indígenas; en especial, las relacionadas con *la violencia* y *el acceso a la justicia* en comunidades de los mencionados municipios. El artículo pretende analizar sus vidas cotidianas y el acceso a la justicia en el marco de esas *vulnerabilidades*; las que consideramos se sustentan en la *colonialidad, el racismo, las jerarquías de género, la exclusión*. Esos escenarios nos plantearon preguntas relacionadas con, por ejemplo, mediante cuáles mecanismos enfrentan las violencias que se desprenden de esas *vulnerabilidades* pero, sobre todo, qué posibilidades tienen para encontrar algún tipo de reparación en las instancias de justicia estatal y comunitaria. Es decir, si logran superar esos agravios más allá de situaciones puramente coyunturales.

Palabras clave: Vulnerabilidades estructurales, vulnerabilidades racializadas, mujeres indígenas, justicia estatal, justicia comunitaria, colonialidad.

1. INTRODUCCIÓN

El objetivo central de este capítulo es aproximarse a una reconstrucción analítica de los campos y sentidos que operan en la administración de violencia, legalidad y justicia en relaciones de género, a partir de un análisis comparativo entre los sistemas de justicia estatal y comunitario,[1] en los referidos espacios, marcados por *vulnerabilidades estructurales*. Interesa problematizar algunas formas de violencia en las que éstas se evidencian, cómo se ejercen, sus sentidos, estructuras, y la disputa y(o) negociación entre quienes las administran.

Esta reflexión se articula en torno a la historia de vida de una mujer mayor que, si bien es única en cuanto a las experiencias que la conforman, puede proporcionar elementos para leer otras historias de mujeres indígenas en esos territorios. Si bien la narración puede variar si se trata de Macaria, María, Antonia, Elisa u otras,[2]

---

[1] Proyecto financiado por el Centro de Investigaciones para el Desarrollo (IDRC), dentro de su programa sobre "Gobernabilidad, Seguridad y Justicia".

[2] Se trata de nombres ficticios, para guardar la privacidad de esas mujeres que compartieron sus historias.

los hilos profundos que las unen son, casi siempre, los mismos; en escala local su telón de fondo común es la historia reciente de Guatemala. Contiene unas breves reflexiones teóricas y metodológicas, una sucinta contextualización de los municipios de San Cristóbal y Santa Cruz (Alta Verapaz). Luego, se reflexiona sobre cómo funcionan las "justicias" en ese territorio. A partir del hilo narrativo de la historia de doña Carmelina, se introduce una polifonía de reflexiones que nos permiten conocer diversas aristas de las *vulnerabilidades* que allí viven las mujeres indígenas durante su niñez, adolescencia y vida adulta; así como las contrariedades, cuando las enfrentan, para tratar de resolverlas. Según ellas, esas situaciones son resultado de las *violencias* vividas en el pasado, las que continúan marcando sus presentes. El trabajo se cierra con unas reflexiones.

2. BREVES CONSIDERACIONES TEÓRICAS Y METODOLÓGICAS

La *vulnerabilidad* es, en la actualidad, una entrada analítica con diversas significaciones. Por un lado y de manera bastante común, alude a los ámbitos relacionados con situaciones de riesgo para los seres humanos que se derivan de peligros/amenazas vinculados al entorno natural (inundaciones, terremotos, sequías, hambrunas, etc.). También se refiere a las consecuencias que se derivan de las limitadas capacidades que personas o grupos sociales tienen para enfrentar su propia subsistencia. De igual manera, se ha venido aplicando esta categoría analítica a grupos de personas que, se considera, cuentan con posibilidades diferenciadas para participar plenamente en la vida social; o que son susceptibles de algún tipo de agresión física o emocional; tal es el caso de los discapacitados, niños y, en algunos contextos, mujeres, jóvenes y grupos poblacionales minoritarios, personas desplazadas y otros más.[3]

Desde esas perspectivas, que no son las únicas, la *vulnerabilidad* es equivalente a una situación de riesgo/peligro que puede ser, o no, prevenida, dependiendo de su naturaleza. En consecuencia, se plantea la necesidad de implementar acciones, medidas, políticas, para prevenir, disminuir y erradicar tales situaciones. Es decir, y desde esas visiones preventivas, se asume que se trata de circunstancias que —mediante determinadas acciones— pueden ser erradicadas. Por ejemplo, ante las amenazas que experimenta cotidianamente la sociedad por el crimen organizado o no, desde la institucionalidad estatal se despliegan "políticas de prevención" que,

---

[3] En las primeras páginas de un documento publicado por el Programa de las Naciones Unidas para el Desarrollo (PNUD, 2014: 1) se incluye una gráfica que identifica tres grandes grupos expuestos a vulnerabilidad: los pobres y trabajadores informales socialmente excluidos, expuestos a crisis económicas y sanitarias, dadas sus capacidades limitadas para enfrentarlas. Luego, las mujeres, las personas con discapacidad, migrantes, minorías, niños, personas de edad, jóvenes, quienes están expuestos a desastres naturales, cambio climático y peligros industriales; a partir de su ubicación y posición en la sociedad, o por encontrarse en periodos sensibles del ciclo de vida. En tercer lugar, comunidades y regiones enteras por razones de conflictos y(o) disturbios civiles, debido a la poca cohesión social allí existente, instituciones poco receptivas y una gobernanza deficiente.

supuestamente, irán socavándolas y generando condiciones para que el ambiente social se transforme positivamente.

Pero también es posible considerar que la *vulnerabilidad* es resultado de procesos históricos dentro de los cuales se han venido conformando y afianzando estructuras y relaciones sociales, económicas y políticas que han dado como resultado una serie de exclusiones y marginaciones que se evidencian de múltiples formas en el presente. La pobreza, el racismo, el analfabetismo, la desnutrición, las violencias que afectan a las mujeres, etc., son su manifestación; y su consecuencia más evidente es la imposibilidad —*vulnerabilidad*— que enfrentan esos sujetos para modificar sus horizontes de vida. Para efectos de estas reflexiones, consideramos que las diversas violencias y privaciones que marcan las vidas de las mujeres con quienes se tuvo la posibilidad de interactuar son evidencia de esas *vulnerabilidades estructurales* construidas históricamente.

Consideramos que esas *vulnerabilidades estructurales* están permanentemente presentes en la trama social dentro de la que estamos inmersos. Visto así, este escenario nos está indicando que son estructuras sólidamente establecidas que se manifiestan en relaciones sociales desiguales. Además, en una diversidad de efectos negativos vividos de distintas maneras según los "lugares" en los que cada quien se encuentra.

En tal sentido, entendemos que esas condiciones de vida, marcadas por esas desigualdades, son manifestaciones de *violencia*, dado que se traducen en dolor "de mi cuerpo" y de "mi corazón", como en privaciones de diversa naturaleza que les impiden desarrollarse, "vivir" sus vidas con plenitud. Se trata de un *continuum de violencias*[4] que se materializa en múltiples prácticas y expresiones cotidianas de agresión (física, verbal, emocional, económica, sexual, racial, de género, de clase, entre otras).

Consideramos que la construcción histórica de las *vulnerabilidades* no es homogénea. Es decir, no todos los sujetos sociales las viven de igual manera. Pero, al analizarlas a la luz de las experiencias y reflexiones de mujeres indígenas, permiten identificar las particularidades que remiten a procesos y discursos históricos específicos, producciones raciales y de género, articulando, entre otros, modelos excluyentes de justicia. Interesa resaltar cómo la variable *raza* es un componente central en las *vulnerabilidades* que han vivido —y viven— las mujeres en esos espacios. Sin embargo, es necesario comprender el sistema de opresión que ellas viven, no separándolo de las experiencias de hombres indígenas; aspecto que también aplica al caso del análisis del colonialismo (Davis, 2005).

Un concepto clave, con el que se dialoga en este texto, es el de *vulnerabilidad racializada*. La *raza*, a menudo, es visualizada como un elemento ajeno a las *vulnerabilidades* que viven mujeres indígenas en sus comunidades; aspecto central en esta reflexión para intentar comprender cómo ésta funciona en sus vidas cotidianas. Entendemos la *raza* como una categoría construida histórica, social e ideológica-

---

[4] Maero y De León (2013: 37) citando a Liz Kelly aluden al *continuum* de violencias como las múltiples y diversas expresiones de tales experiencias vividas por ellas a lo largo de sus vidas. De manera que éstas son una constante a partir de la puesta en marcha de una multiplicidad de estrategias para perpetuarse.

mente que —a partir de criterios fenotípicos y culturales— genera efectos reales de exclusión, fuertemente enraizados en las experiencias que, ellas por ejemplo, viven a nivel comunitario, nacional, económico, político y cuando buscan acceder a la justicia, o a recursos o algún tipo de bienestar.

Consideramos que este método de clasificación social es una herencia colonial, momento en que se gestaron las jerarquías de poder que ahora se manifiestan en la violencia y el acceso a la justicia que viven las mujeres indígenas en esos espacios. Ese concepto se cruza con variables de género y clase social; de la intersección de estas categorías se generan jerarquías dentro y fuera de sus comunidades, dando como resultado que ellas sean ubicadas en el último peldaño de la estructura social. Hale (2008) plantea que la variable *raza* es una categoría inventada por la sociedad, maniobrada u ocultada cuando le es conveniente a determinados grupos. Este presupuesto es relevante, dado que consideramos que en la vida cotidiana de esas mujeres, al igual que cuando buscan *acceder a la justicia* —estatal y comunitaria—, las categorías y jerarquías raciales y de género son utilizadas como parámetros elásticos, manipulando sus identidades para mantenerlas subordinadas. En este sentido, la *vulnerabilidad* también tiene que entenderse como un proceso de opresión social, económica, política, racial, de género, con raíces coloniales.

Otro concepto importante en este artículo es el de la *colonialidad del poder*. Según Quijano (2000), ésta remite a la manera en que los procesos impuestos durante el colonialismo, en este caso en Guatemala, están aún vigentes. Para el autor, uno de los ejes principales de ese modelo de poder es la clasificación social de la población a partir de la idea de *raza*, construcción ideológica que evidencia la experiencia básica de la dominación colonial y que está presente en las dimensiones más relevantes del poder global. Es un concepto importante ya que, como se intentará mostrar, posee vigencia y se manifiesta como forma de control sobre los pueblos indígenas y, más concretamente, sobre las mujeres en su diario vivir.

En ese sentido, el pasado colonial es constitutivo del presente dado que *las vulnerabilidades* que ellas viven en esos espacios se nutren de procesos, instituciones, imaginarios y sistemas de opresión construidos durante esa temporalidad. Los actuales sistemas de administración de la violencia, la legalidad y la justicia en esos espacios utilizan los presupuestos de dominación basados en la *raza* y el *género* como formas modernas de control sobre ellas. Muchas de las estructuras jerárquicas coloniales han sido reelaboradas durante, por ejemplo, el Conflicto Armada Interno (CAI), la religión y en el trabajo en las fincas, preservando su esencia de violencia colonial y manifestándose en el presente en las formas como se resuelven los conflictos en los que hay mujeres involucradas. El uso de esos conceptos permite profundizar en la multiplicidad de patrones y estructuras coercitivas basadas en *vulnerabilidades estructurales y racializadas* implementadas para controlarlas.

Nos preguntamos si las acciones, medidas y políticas que se vienen promoviendo desde la institucionalidad estatal, ONG que abordan esos temas y la cooperación internacional son suficientes —y pertinentes— para enfrentar tales situaciones. ¿Están generando paliativos o sentando las bases para transformar de raíz esos escenarios y relaciones?

Como ya se advirtió, nuestra línea argumentativa está enlazada con la historia de vida de doña Carmelina, en tanto recurso metodológico para acercarnos a experiencias similares. Esta vía, consideramos, puede aproximarnos al conocimiento de las complejidades que caracterizan las vidas de muchas mujeres en espacios rurales; como también a los discursos que ellas estructuran para posicionar sus demandas pero, sobre todo, para denunciar las condiciones de vida en que viven. En el transcurso de la interacción sostenida con hombres y mujeres en esos espacios se tuvo la posibilidad de acercarnos a muchas mujeres de diversas edades y localidades. Ese activo intercambio de ideas y experiencias permitió configurar un complejo entramado de reflexiones. La historia de doña Carmelina, en tal sentido, es un espejo en el que se ven reflejadas esas otras historias de vida que nos compartieron durante ese proceso. Ello no quiere decir que esa multiplicidad esté siendo reducida a una sola voz sino, más bien, que ésta está acompañada por una polifonía de reflexiones.

3. CONTEXTO

Mayo de 2013 marcó la historia reciente de Guatemala. Meses atrás, en el Tribunal de Sentencia Primero A de Mayor Riesgo en la ciudad de Guatemala y dentro del proceso penal contra el exjefe de Estado Efraín Ríos Montt (1982-1983), fueron escuchados testimonios de mujeres sobre masacres, violaciones, torturas y desplazamientos forzados que vivieron durante esos años por pertenecer al pueblo Ixil. En ese contexto también fueron presentados múltiples recursos con el propósito de entorpecer dicho proceso. La Corte Suprema de Justicia, por su parte, discutía sobre si era o no procedente el desarrollo del mismo. El mencionado Tribunal resolvió que el exjefe de Estado era culpable de los delitos de genocidio y contra los deberes de humanidad. Sin embargo, días después, la Corte de Constitucionalidad anuló esa sentencia. Cuando el proceso llegaba a su fin, grupos de poder económico, político y militar ejercieron fuertes presiones para bloquearlo. Por ejemplo, la llamada "Fundación Contra el Terrorismo", surgida en ese contexto e integrada por militares retirados, acusó a los defensores de derechos humanos de ser colaboradores de la guerrilla. Los gremios empresariales afirmaron que el juicio estimulaba la polarización y, casi de inmediato luego de haberse dictado la sentencia condenatoria, solicitaron a la Corte de Constitucionalidad que ésta fuera anulada. Petición resuelta positivamente.

De manera casi simultánea, en los municipios mencionados se iniciaron exhumaciones con el propósito de aportar evidencias sobre la magnitud de la represión allí vivida como resultado de la aplicación de los planes militares contrainsurgentes durante la década de los ochenta. Por ejemplo, en las realizadas en CREOMPAZ, antigua zona militar ubicada en la ciudad de Cobán —cabecera departamental de Alta Verapaz—, durante los años 2012-2013, se encontraron 534 osamentas. De manera que los testimonios dados por las mujeres ixiles en la ciudad de Guatemala en el contexto del mencionado proceso tuvieron un eco en estas comunidades, en las voces de mujeres q'eqchi' y poqomchi' que vivieron similares experiencias de violaciones y esclavitud sexual, abortos forzados, entre otras. Ese juicio fue un detonante que contribuyó a destapar silencios y externar múltiples memorias. Situación que se plasma en la siguiente frase:

Todas las que estamos acá, en cualquier momento que miramos a cualquier árbol, que miramos cualquier palo, cualquier niño, nos recordamos cómo mataron a nuestros padres, cómo quemaron nuestras casas; cuando me pasaron siete soldados encima a la par del río (F4: ER24).[5]

Alta Verapaz es un departamento situado al norte del país. Territorio rico en recursos naturales que lo hace atractivo dentro del proceso de expansión y reconfiguración del capitalismo extractivo que ahora sacude a Guatemala; escenario que ha generado múltiples reacciones de rechazo por parte de organizaciones y comunidades que lo habitan, las que están siendo excluidas de la toma de decisiones sobre los recursos allí localizados y que, históricamente, les pertenecen. Oposición que ha sido criminalizada por el Estado y los grupos económicos vinculados a esos intereses.

Este departamento registra altos índices de violencia. Se puede constatar la posición social subordinada de las mujeres ante la autoridad de los hombres. Condición que define las relaciones cotidianas y legitima diversas violencias en el hogar, la comunidad y en los espacios públicos. Relaciones que, además y en muchos casos, son estimuladas por los funcionarios públicos a quienes acuden en busca de justicia, como se verá adelante. Según la prensa local, Alta Verapaz "Encabeza la lista de luto ocasionada por las muertes de mujeres en el país, a nivel nacional. De enero a junio ascienden a 148. Y, de ajuste, desde hace más de cinco años es el que tiene los más altos índices de violencia intrafamiliar" (Alamilla, 2012).

Aquí, la población es mayoritariamente indígena (89.7%) y altamente rural (76.9%). La comunidad lingüística q'eqchi' es la predominante, y le sigue la poqomchi' (Gobierno de Guatemala-INE, 2013). Es un territorio en el que se han registrado procesos históricos que lo han transformado de manera particular e, incluso, lo han diferenciado del resto del país; especialmente relevantes desde finales del siglo XIX en el marco de la Reforma Liberal y como resultado del impulso a la agricultura de exportación. La gran propiedad rural, entonces consolidada, mantiene aún una fuerte presencia.

Los municipios de San Cristóbal y Santa Cruz Verapaz son también mayoritariamente indígenas (poqomchi') y monolingües. En el pasado reciente fueron incluidos en las operaciones estratégicas militares contrainsurgentes con el propósito de controlar su vida cotidiana. Un número significativo experimentó los efectos de la concentración y control militar total dentro de las llamadas Aldeas Modelo; como también a partir de su incorporación, obligatoria en muchos casos, en las Patrullas de Autodefensa Civil (PAC).[6]

---

[5] En adelante, las citas textuales se identificarán mediante códigos que remiten a la fase de trabajo (F), seguido del tipo de actividad: entrevistas (E), espacios de reflexión (ER) y conversación (C).

[6] Grupos de milicianos organizados por el ejército en el contexto del CAI con el propósito de con-

Según lo que sabemos la comunidad estaba bajo el mando militar. [...] Allí fue puro esclavismo. Puro esclavo porque ese camino que entra allí es hecho con su puro mecapal de la gente. Nos mandaban allí a trabajar. Todas las mujeres trabajaban. Allí pasaban lista a las seis o siete porque estábamos bajo el mando del puro militar (F4: ER1).

Los informes de la Comisión para el Esclarecimiento Histórico (CEH) y de la Oficina de Derechos Humanos del Arzobispado de Guatemala (ODHA) registran desapariciones, ejecuciones extrajudiciales, torturas, violaciones sexuales a mujeres y operaciones de tierra arrasada en este departamento, ocurridas a principios de los años ochenta. Indican que 32 comunidades fueron arrasadas y su población masacrada.

Este breve contexto plantea que la violencia que allí se vive hoy debe ser entendida como manifestación y secuela de las *vulnerabilidades estructurales* y *racializadas* antes mencionadas, evidenciadas en el CAI. Estudios realizados en otras regiones del país evidencian que las violencias allí vividas por mujeres son similares a las aquí documentadas.[7] En este sentido, éstas no ocurren de manera aislada sino, más bien, se cruzan, se trenzan, se amarran entre sí y con otras, siempre encontrando sus raíces en las referidas *vulnerabilidades*.

4. NIVELES Y ÁMBITO DE ACCIÓN DE LA(S) JUSTICIA(S)

Durante nuestra interacción en esos espacios pudimos identificar tres niveles de aplicación de la justicia que operan de manera estrecha y permanente: el departamental, el municipal y el comunitario. En la cabecera departamental, Cobán, dada su importancia política, económica y comercial, se encuentran las instancias superiores relacionadas con la administración de justicia: el Ministerio Público (MP),[8] Juzgados de Instancia (JI), Policía Nacional Civil (PNC), Instituto de la Defensa Pública Penal (IDPP), Procuraduría de los Derechos Humanos (PDH), Defensoría de la Mujer Indígena (DEMI), entre otras. Es un lugar desde el cual el poder judicial despliega su control sobre el resto de los municipios. A nivel municipal existe un

---

trolar de manera más directa a la población rural, dado que ése era el nivel desde donde éstas se articulaban.

[7] Véanse: AVANCSO (2008), Equipo de Estudios Comunitarios y Acción Psicosocial (ECAP) y Unión Nacional de Mujeres Guatemaltecas (UNAMG) (2009), Green (2013), Maero y De León (2013), Menjívar (2014), entre otros.

[8] Los juzgados de Paz de San Cristóbal y de Santa Cruz Verapaz están adscritos a la Fiscalía de la Mujer y Modelo de Atención Integral ubicada en Cobán, creada en octubre de 2012. Esta instancia se organizó para poner en funcionamiento mecanismos institucionales que fortalecieran la Fiscalía de la Mujer del Ministerio Público, que comenzó a funcionar en el año 2011. Tiene jurisdicción en los municipios de Cahabón, Lanquín, Chajul, Cobán, Santa Cruz, San Cristóbal. Como parte de la estrategia impulsada por el MP se creó un Modelo de Gestión que busca hacer más eficiente la calidad y cantidad de casos atendidos. Además, conoce todos los delitos contemplados en la Ley de Femicidio y otras formas de Violencia contra la Mujer, recibe las indagaciones previas que se iniciaron en el Juzgado de Paz y da seguimiento al procedimiento judicial que se realiza en los juzgados.

Juzgado de Paz, una subestación de la PNC, un Juzgado de Asuntos Municipales, una fuerza de policía municipal y, entre otras, la Oficina Municipal de la Mujer (OMM). A nivel comunitario funcionan los Consejos Comunitarios de Desarrollo (COCODE), creados en el año 2002, correspondiéndoles garantizar el orden, la seguridad y el desarrollo. Aunque la administración de justicia no forma parte de sus atribuciones, en la práctica es uno de los ámbitos más relevantes de su actividad.[9] Estas autoridades, en gran medida, han refuncionalizado anteriores instituciones y formas locales de ejercicio de poder, al amparo de la ley. Los COCODE ya están integrados a la vida comunitaria, recreando y acomodando el sistema oficial en ese nivel. Dado que cada comunidad tiene características específicas, los casos que se atienden y resuelven varían.

Muchos de los que ahora dirigen esta estructura han transitado por anteriores instancias locales ligadas a la institucionalidad estatal (comisionados militares,[10] patrulleros civiles, al igual que pastores evangélicos y catequistas católicos). Esas diversas experiencias —marcadas por el autoritarismo y el patriarcado— han impregnado sus vidas y son fundamentales en las maneras como entienden los problemas comunitarios y, sobre todo, cómo los resuelven. Durante nuestra presencia en esas comunidades fueron múltiples las referencias que nos compartieron mujeres y hombres sobre la existencia de la que ellos llaman "Ley de la Comunidad". Al analizar en profundidad su contenido y proyección pudimos constatar que se trata de una serie de normas y principios, formulados por estas autoridades, en las que se entremezclan dispositivos de diversa proveniencia y a los que atribuyen una observancia obligatoria.

5. EL HILO NARRATIVO COMÚN: DOÑA CARMELINA Y SU VIDA

La conocimos a finales del año 2013 cuando ella salía de la Oficina Municipal del Adulto Mayor, en la cabecera municipal de San Cristóbal. Ella había llegado desde una lejana comunidad para ver si "me había salido mi ayuda" del gobierno. Contó que tenía 68 años, que vivía con sus dos hijas y tres nietas en una casa de madera. Cuando se le preguntó cómo estaba, su respuesta inmediata fue "con penas, problemas, dolor". Dijo que no sabía cuál sería el destino de su vida, y de pronto empezó a llorar. Se conversó con ella durante un largo rato. Acordamos reunirnos en su comunidad. Dos días después, cuando se llegó a su casa, habló por largo tiempo sobre su vida. Contó que a los 9 años había sido violada por el caporal de la finca donde vivía y trabajaba. "Cuando me hizo el daño, me sentía confundida. Me iban a regañar por

---

[9] Ese ejercicio de funciones de justicia, que termina siendo tolerado por el Estado, puede entenderse como resultado de un cálculo político mediante el cual se asegura el control y el afianzamiento del orden en esos espacios. Pero también como la posibilidad que se le presenta a esos sujetos comunitarios para revitalizar formas de justicia local.

[10] Representante local del ejército que —dado el respaldo del que gozaba por parte de esa institución— llegó a ejercer un considerable control sobre la población de las comunidades donde se desempeñaba.

no portarme bien. Pero ese hombre me hizo eso a la fuerza" (F3: C17). Cuando le contó a su papá, éste le dijo "si hubieras estado a la par de tu mamá no te pasaría eso".

Ella comenzó a trabajar a los cinco años. Su madre le decía que las mujeres "nacimos para ir a traer agua, hacer tortillas, hacer fuego. Que el olor de la mujer es al humo de la leña. Mi mamá nos pegaba mucho. No nos dejaba salir". A los 12 años "un señor me fue a pedir para juntarme con él. Él tenía 25 años. Todos los días me pegaba, me regañaba; me decía que no valía nada. En la finca donde vivíamos, no le podía dar la queja a nadie. El caporal con el que se quejaban algunos, era quien me había dañado".

El año 1982 es identificado por ella, como por otras mujeres y hombres de San Cristóbal y Santa Cruz Verapaz, como el más doloroso de sus vidas. Para ella fue el más despiadado de una larga y tortuosa pesadilla. Fue cuando mataron a su esposo y violaron a su hija frente a ella, para obligarla a que diera nombres de guerrilleros. "El comisionado nos hizo mucho daño. Mató a los hombres del pueblo y violó a las mujeres. Él conocía los problemas, pero él hacía los problemas. Juzgados no había, el juzgado era el comisionado."

Dijo que tres meses antes de que la conociéramos había tenido "un mi problema. Mi sobrino me quiere sacar de mi casa. Dice que es tierra de su papá". Doña Carmelina acudió al COCODE, donde le dijeron que tenía que salirse de la casa. Que las mujeres no tienen propiedades, sólo los hombres. En su desesperación, fue al Juzgado de Paz pero allí "me dijeron que era una india, que me tenía que aguantar".

Esta historia muestra cómo la vida de esta mujer mayor ha estado marcada por vulnerabilidades estructurales y racializadas evidenciadas en diversas y sucesivas violencias e inequidades: la violación a temprana edad, el trabajo desde su niñez, el matrimonio forzado y la violencia doméstica, los dolores que le impuso el CAI y —hoy— verse expulsada de su casa por ser mujer e indígena. Su vida, atravesada por jerarquías a partir de su género y su pertenencia a un grupo racializado, prolonga los sistemas construidos durante la "colonia" y manifiesta que la "colonialidad del poder" organiza sus presentes. Se trata —como en muchos otros casos— de una vida cruzada por múltiples e ininterrumpidas violencias que han dado como resultado el control, sujeción y moldeamiento de esos cuerpos y "almas". Escenario que, como lo manifiesta ella, las encierra y las lleva a exclamar que "No nos queda más que aguantar, aguantar y aguantar". Sin embargo, es importante indicar que en esas historias de dolor y opresión también están presentes múltiples y creativas expresiones y acciones de rechazo, denuncia y resistencia ante ese horizonte de vida en que se les quiere encerrar. El simple hecho de haber contado sus historias, "deshacer esos nudos que tenemos en la garganta", ha significado para varias de ellas hacerse, de alguna manera, justicia.

A] *La niñez: primer momento de privaciones que dejan profundas huellas*

¿Qué nació? Una niña. Ahh, es niña. ¡A la gran! ¡Nació una niña! Va a ser nuestra vergüenza. Hay que cuidarla, porque las niñas necesitan mucho cuido. Desde que nace la niña ya dicen "hay que cuidarla, hay que mantenerle el ojo encima de esta niña. Otra vez dolor de cabeza". Así ha venido de generación en generación. Y se sigue (F3: C13).

La niñez de doña Carmelina es similar a la de otras mujeres que también estuvieron dispuestas a compartir sus historias. Vidas marcadas por limitaciones desde muy temprano, sobre todo en el seno familiar donde ellas deben mantenerse en un plano de subordinación. La casa se considera el lugar de los quehaceres domésticos, inherentes a su género. Esta asignación remite a un imaginario social fuertemente presente en la sociedad guatemalteca según el cual, desde pequeñas, a las mujeres indígenas les corresponde cumplir funciones de servidumbre. Al respecto, son importantes los planteamientos de Esquit (2010) sobre que la clasificación y jerarquización humana a partir de juicios raciales producidos durante la Colonia y que aún están presentes hoy, han definido las formas de vida de hombres y mujeres indígenas en Guatemala. Además de que los cambios políticos promovidos por los liberales a finales del siglo XIX convirtieron a unos pocos en ciudadanos, mientras que a la mayoritaria población indígena se les reafirmó en los papeles de mozos, jornaleros, empleadas domésticas y proveedoras de alimentos.

De manera que, desde temprana edad, la violencia que sobre ellas ejerce la madre, el padre, los hermanos, la comunidad y la sociedad en general tiene fines correctivos de cualquier posible desviación de ese papel. En ese marco de ideas, Chirix (2010: 112) plantea que las familias indígenas "son patriarcales porque quien asume la autoridad es el padre y tiene la función de conducir el hogar. La autoridad del marido constituye la piedra angular de la estructura familiar. La obligación de la mujer es obedecerlo". La valoración social que se da cuando se registra el nacimiento de una niña o un niño tiene un peso importante en las familias. También evidencia la carga de culpabilidad con que ellas son bienvenidas:

Mi esposo me dejó por tener una mujercita. Por la culpa de ella, mis otros hijos no tienen que comer (F4: C33).

Pero esa visión no sólo existe en ese ámbito, sino que también la reproducen las autoridades estatales que aplican la justicia. Espacio donde también se diferencia, desde niños, a hombres y mujeres, valorándolos de manera inequitativa y posicionándolos en estructuras jerárquicas. Desde ese momento, a ellas se les ubica como subordinadas ante niños y hombres indígenas, como ante mujeres y hombres no indígenas.

En el juzgado de familia, le cobran más a un hombre por un varoncito que por una hembrita, porque valen más. Doscientos quetzales están cobrando por un varoncito.[11] Por una hembrita entre cincuenta y cien quetzales (F2: C2).

---

[11] Este comentario alude a la manutención que deben proporcionarle mensualmente los hombres a las mujeres de quienes se han divorciado, separado o que han sido violadas. Un dólar equivale, aproximadamente, a 7.80 quetzales.

La condición sexual y de género con la que llegan al mundo se les revierte como una primera manifestación de vulnerabilidad. Su papel exclusivo es el trabajo y el servicio a los demás. Serán fuertemente vigiladas —y castigadas cuando es necesario— por los miembros de la familia, de la comunidad y de la sociedad, para asegurar un importante atributo que caracterizará a la futura mujer indígena: la subordinación. Es ilustrativa, al respecto, la siguiente experiencia vivida por una mujer cuando era niña:

Una vez mi mamá nos amarró en una mesa y no nos dio de comer por muchos días. Y sólo porque fuimos a divertirnos un día a un riíto. No nos dieron de comer varias veces. Un día le dije yo a mi mamá "por qué nos hacés tanto daño". Un día llegó una vecina y le dijo: "suelte ya a las niñas, pobres". "No. Que se castiguen ahí, que aguanten el hambre, de lo que tienen, porque son muy abusivas. Así no van a encontrar marido" (F2: C5).

Esta experiencia, al igual que la de doña Carmelina, muestra cómo ya desde niñas se les condiciona, de manera violenta, para que vayan preparándose para los papeles que más adelante deberán desempeñar. Además de que esas violencias no son ejercidas únicamente por los hombres, sino que también por sus madres con fines disciplinarios, aplicando el valor diferencial entre generaciones y garantizando la reproducción de esas estructuras de vulnerabilidad. Según Fanon (1973), son sujetas ubicadas en la zona del no-ser. Y al estar situadas allí, el peso de las jerarquías sobre ellas es mucho más contundente. Con base en esas experiencias, se puede plantear que la violencia es la vía para prepararlas para su vida futura; para que aprendan cómo deben comportarse; las reglas sobre lo socialmente correcto e incorrecto; los papeles de género, de raza, de clase, con sus implícitos valores de obediencia y servicio.

De manera que las vivencias de esas niñas no pueden analizarse como un hecho circunstancial, aislado y simple en estos espacios. Las formas en que se les ve, percibe e imagina son producto de una construcción histórico-estructural. Las condiciones que se les imponen se insertan dentro de relaciones más amplias que reflejan las *vulnerabilidades* antes mencionadas. Situación que, a su manera, expresa Lugones (2008: 79) en los siguientes términos: "todo control del sexo, la subjetividad, la autoridad, y el trabajo, están expresados en conexión con la colonialidad". En este sentido, y a partir de la vida de estas mujeres indígenas, se plantearía que la sociedad guatemalteca se viene configurando y cimentando sobre múltiples y diversas jerarquías profundamente tejidas.

B] *La adolescencia y juventud*

Soy sucia porque tengo mi menstruación. Me empezaron a cuidar y pegar más. Me decían: tu ropa, no la vayás a dejar allí. Tu ropa no es igual como la de tu hermano. Me decían que soy sucia por tener mi menstruación (F3: C13).

El tránsito de la niñez a la adolescencia está acompañado de una serie de complejos cambios emocionales, físicos y de conducta. Según la anterior reflexión, el cuerpo de la niña cambia pero también su forma de relacionarse con los demás al igual que sus obligaciones; las formas de vigilancia que sobre ella se ejercen dentro y fuera del hogar se incrementan. Allí, la madre actúa como inductora de sus actitudes. Si bien el *continuum* de violencias hacia las adolescentes ocurre cotidianamente en el hogar, también puede producirse fuera del mismo. Varias de nuestras interlocutoras nos compartieron que cuando una joven es agredida física y(o) sexualmente, lo más común es callar. El honor de la familia se encuentra en sus cuerpos; de los que los hombres se consideran propietarios.

Ellas son constantemente evaluadas en sus comunidades. Su desobediencia a los valores morales comunitarios genera vergüenza. Durante la adolescencia y la juventud son especialmente vulnerables ante el acoso sexual. Una mujer nos compartió que en los años ochenta —cuando tenía 12 años— fue obligada a trabajar sexualmente. Cuenta que fue llevada a Cobán, a casa de una señora de cierto rango social y con importantes vínculos con el ejército. Dice que le fue mal porque:

Nos ponía a bailar y tomar con los hombres. El traje típico que a mí me ponían era sólo corte y nada arriba, sin *brassier*. Entonces, todos querían bailar conmigo y me tocaban toda. Entonces, no más terminaba y me iba a esconder. Luego, me llamaban otra vez. Entonces, siempre todos querían bailar conmigo por eso. Entonces, yo por eso odio a los soldados. A veces, querían estar tocándome o lamiéndome. Eso fue horrible para mí (F2: C9).

Varias mujeres indicaron que, de manera reiterada durante el CAI —siendo adolescentes y jóvenes—, fueron violadas por miembros de las fuerzas armadas que, en muchos casos provenían de sus propias comunidades. Quienes nos compartieron sus reflexiones experimentaron otras formas de represión, al haber sido torturadas mediante acoso y abuso sexual y otras formas de humillaciones sobre su humanidad. En este sentido, y según Davis (2005: 32) "La violación era un arma de dominación y de represión cuyo objetivo encubierto era ahogar el deseo de resistir en las mujeres y, de paso, desmoralizar a sus hombres".

Experiencias que, por otro lado, las hizo, y sigue haciendo, sentirse culpables. A lo que se añade el rechazo de que son objeto por parte de algunos hombres de esas localidades, quienes creen haber perdido su honor al haber sido ellas violadas, sin considerar lo que les significó tan terrible momento. Al respecto, es ilustrativo lo que una mujer adulta comentó:

Cuando me hicieron el daño los soldados yo no era casada. Tenía miedo de no encontrar marido por lo que me hicieron. Sí encontré marido, pero él siempre me hace recordar que no fue el primero; que soy de los soldados (F3: C7).

La reflexión anterior permite pensar que ese tipo de actos tuvo y sigue teniendo secuelas catastróficas en sus vidas como mujeres. Algunos de los hombres de esas comunidades con quienes se conversó no consideran ese abuso como un delito surgido dentro del CAI, sino como un acto realizado fuera del matrimonio. Perspectiva que refleja una estructura de pensamiento patriarcal, pues al reconocer que, ya fuera su esposa o su hija quien había sido violada, estaban aceptando que habían perdido el control y vigilancia sobre su sexualidad. Entre los efectos duraderos que esta forma de violencia ha producido pueden mencionarse la vergüenza, el miedo y la humillación.[12] Similares hallazgos plantea el Equipo de Estudios Comunitarios y Acción Psicosocial (ECAP) y la Unión Nacional de Mujeres Guatemaltecas (UNAMG) a partir del trabajo realizado con un grupo de mujeres sobrevivientes de violencia sexual durante el CAI. Indican cómo tal abuso fue utilizado como un arma de guerra, dado que el ejército sabía cuáles eran las repercusiones degradantes de este hecho en mujeres y hombres. Pero, sobre todo, sus efectos en el rompimiento del tejido social comunitario.

La experiencia que narró doña Carmelina sobre la violación sexual de su hija hace eco con la que sufrió en 2013 una adolescente en una de las comunidades visitadas, evidenciando que ese tipo de abusos, si bien fue una constante durante el CAI, aún lo es en el presente:

Nosotras estábamos jugando. Mi hermanita se entró a la casa a buscar un canasto. Y yo estaba buscando flores amarillas. Me gustan las flores amarillas. Después se apareció un señor y me jaló el pie. Me echó abajo y se puso a sacarme mi corte[13] [...] Él tenía un cuchillo y me decía: "Si decís algo te voy a matar a tu papá cuando venga tomado." Yo no quería hacer nada. Yo no quería que me hiciera eso. [...] Después, llegó la esposa del "señor", por lo que él me soltó y yo me vine corriendo y llorando para mi casa (F4: C32).

El sistema y jerarquías de género predominantes en los municipios mencionados influyen en la naturalización de la violencia hacia las mujeres; como en la manera en que es concebido el maltrato al ser tipificado como falta de menor gravedad, tanto por autoridades estatales como comunitarias, "legitimando" ese *continuum* de violencias hacia ellas ya que permiten asegurar el equilibrio comunitario desde una visión patriarcal. De igual manera incide en cómo esos sujetos que conocen y resuelven, abordan las demandas sobre maltrato presentadas por ellas.

Una constante en las historias escuchadas durante este proceso es el abuso sexual que padecieron durante su adolescencia y juventud. Muchas veces, esta dura experiencia fue causada por un familiar, vecino o compañero de trabajo. Aunque, según doña Carmelina, quienes más causaron ese tipo de abuso fueron miembros del ejército. Segato (2004: 7) plantea que el sistema patriarcal ha creado la idea de una masculinidad fundamentada en la expropiación "del control sobre su espacio-cuerpo [...] control legislador sobre un territorio y sobre el cuerpo del otro como anexo [...] la violación obtiene ese significado [...] ella conjuga en un acto único la dominación física y moral del otro". Según esta autora, las derivaciones de este

---

[12] El informe de la ODHA señala que la violación sexual tiene un nivel de denuncia bajo por parte de las víctimas, sugiriendo que se debe a la vergüenza y el estigma que se le asocia.

[13] Prenda de vestir utilizada por mujeres indígenas para la parte inferior de su cuerpo.

tipo de violencia estimulan y fortalecen visiones y conductas mediante las cuales se busca garantizar un amplio control social.

Por otro lado, las opiniones externadas por miembros de los COCODE al igual que las experiencias narradas por mujeres indígenas al acudir a ellos buscando algún tipo de justicia, ofrecen elementos para acercarnos a ese ámbito —la justicia comunitaria y estatal— en el que también se reproducen las jerarquías de género que estuvieron en el origen de las múltiples violencias que viven, y que las vuelven a victimizar. La historia arriba iniciada sobre la adolescente que sufrió abuso sexual en 2013 ofrece más elementos que ilustran esas situaciones:

Después, los COCODE vinieron a llamar a mi mamá y a mi papá. Después me vinieron a llamar a mí. Después mi papá me regañó mucho y pegó mucho. Ellos me pegaban mucho porque decían que yo me ofrecía con ese viejo. La mujer le decía que "Si no le pegás duro, es porque es consejo de ustedes. Mi marido no tiene culpa porque él es hombre y es ciego." Los COCODE le decían que sí, que me pegara, que si no ellos lo hacían (F4:C32).

Según la anterior reflexión, fue la adolescente quien provocó la violación sexual creando, además, una doble deshonra para ella. La primera por haber sido violada y la segunda por haberse ventilado públicamente su supuesta culpabilidad. En este caso, dejó de ser la agraviada para constituirse en la causante del agravio. El relato evidencia que no importaba la violación vivida, sino si había o no provocado al señor. Fueron las voces adultas —sobre todo la del agresor y de su esposa— las que se escucharon para emitir juicios y solicitar castigos.

Ese testimonio también muestra cómo la administración de justicia refleja los modelos y jerarquías de género prevalecientes en esos espacios. Los COCODE son un lugar privilegiado para los hombres, lo que permite que —según relatan algunas mujeres— se violenten sus derechos dado que éstos operan a partir de las desigualdades existentes entre hombres y mujeres. Desde allí se recrea e impone una visión y vida comunitarias marcadas por una mirada masculina. También destacan los imaginarios que circulan sobre los cuerpos de las mujeres, envueltos en valoraciones negativas que resaltan la provocación hacia el hombre. Además, esas perspectivas deshumanizantes se inscriben en ese marco referencial y estructural más amplio de *vulnerabilidades* que legitiman esas manifestaciones de violencias hacia ellas.

Estas situaciones, cuando se plantean ante las instancias de justicia estatal y logran obtener algún tipo de solución, se reducen a un resarcimiento económico para cubrir algunas de las necesidades de la futura madre-adolescente, invisibilizando la violación sexual:

Entonces, cuando las mujeres vienen (a denunciar una violación sexual) y les decimos "bueno vamos a denunciarlo porque es un delito". ¿Pero qué pasa? El juez ofrece las medidas sustitutivas y eso pasa siempre. Entonces, lo que conviene ahí a la mujer en ese momento es tener la pensión económica. Entonces, mejor que la mujer reciba la remuneración a quedarse sin nada. [...] En todos los casos que hemos llevado todos han sido de pensión económica sin volverlo a denunciar por otro delito (violación sexual) porque igual no tenemos las condiciones, y como está aquí la justicia no prosperan rápido y al niño no lo podemos dejar tampoco desprotegido. Es bien complicado (F2: E1).

Los casos anteriormente comentados, al igual que las experiencias de doña Carmelina, evidencian la coexistencia e interacción de diferentes órdenes normativos relacionados con la administración de justicia. Pero, se trata de un relacionamiento marcado por luchas, resistencias y constantes negociaciones. Sieder (2012: 18) propone que "las identidades, el derecho indígena y las fronteras entre éste y el derecho estatal se producen y se negocian en la práctica a través de múltiples encuentros entre individuos, grupos, instituciones y regímenes legales nacionales y transnacionales".

En el sistema estatal están presentes las mismas jerarquías de género identificadas en los espacios comunitarios, pero se le agregan nuevas categorías que también subordinan a las mujeres indígenas. Cuando ellas deciden denunciar sus problemas en este nivel, enfrentan un sistema de justicia racista, patriarcal, clasista y —además— engorroso. Tal situación se ilustra a partir de las voces de dos adolescentes:

Me violaron a mí y a mi hermana. Somos de Santa Cruz. Se entraron por el techo de la casa, y fueron seis hombres los que nos pasaron encima. Cuando fuimos al Ministerio Público no nos quisieron atender. Dijeron que: "No. Ahorita no podemos. Vengan otro día". Entonces, nos enojamos porque no fuimos atendidas. Por gusto vamos a poner la denuncia. Lo único que vamos a encontrar es que nos maten, porque ni la policía ni el Ministerio Público no quiso apoyarnos. Nos desilusionamos, nos decepcionamos y ya no queremos ir a poner denuncia (F3: C16).

Tuvimos la oportunidad de enterarnos de otros casos similares; y un rasgo común en ellos es que los testimonios de las jóvenes y adolescentes son —muchas veces— desvalorizados o no escuchados. Además, se les señala que ellas habían consentido el acto sexual y que ahora, como el agresor no quiere responderles, inventan la violación. Se evidencia el escaso interés de la justicia estatal sobre lo que a ellas les sucede. Este tipo de violencia contra jóvenes indígenas puede entenderse dentro de lo que Hill (2005) señala como parte de un legado, en el que las representaciones históricas de los pueblos indígenas como inhumanos ha desencadenado un conjunto de imaginarios que se centran en los cuerpos de las mujeres como descartables. En este sentido, según doña Carmelina, mujer analfabeta, viuda y de edad avanzada, el derecho de las mujeres es inexistente.

c] *Las mujeres adultas y sus distintos escenarios*

Me asaltó en el patio de mi casa un miembro de la comunidad y me hizo el daño. Mi papá se enojó conmigo y consultó con los COCODE. Se convocó a una reunión. El castigo para el que me hizo el daño fue: "entonces ahora la vas a hacer tu esposa" (F4: C11).

Niñas, jóvenes y mujeres adultas han vivido esas experiencias colocándolas siempre ante la disyuntiva de hablar, contar su dolor y ensuciar el honor de la familia, o guardar silencio para no ser objeto de los señalamientos en la comunidad. La opción de hablar, como en el caso citado, significa estimular la violencia hacia ellas.

Me mandaron a vivir con él. Me dejaron afuera de la casa. Estuve muchos días así. De allí me entraron a la cocina, para que hiciera los oficios. Sacar el nixtamal, hacer las tortillas. Y así estuve por un buen tiempo, hasta que hui (F4: C11).

Las formas como se resuelven esas situaciones las llevan a no querer arriesgarse a hablar sobre lo vivido, dada la represión de que son objeto, como por la costumbre impuesta de tener que aceptar las decisiones de otros. Parafraseando a Fanon (1983: 29) la violencia se internaliza en los "pueblos indígenas" ante la imposibilidad de reaccionar frente a quien los violenta, redireccionándola hacia ellos mismos (en este caso, las mujeres). De manera que, para varias mujeres con las que se conversó, poner su queja en el COCODE —pero también en la justicia estatal— les ha significado soportar un doble castigo: la violación y tener que vivir con el violador. No debe asumirse que sólo en estas comunidades se construyen tales relaciones. Como se pudo constatar en el transcurso de varias conversaciones, las normatividades y prácticas comunitarias están influidas, articuladas y traslapadas con el derecho estatal. Según algunas personas con quienes se conversó (funcionarios judiciales, investigadores, capacitadores, "ladinos" e "indígenas" urbanos, entre otros) la "Ley de la Comunidad" es "arbitraria", "salvaje", "machista", "poco favorable a las mujeres", "alejada del Estado". Sin embargo, no debe dejarse de lado que en ésta operan varias nociones y figuras —readaptadas— provenientes del derecho sustantivo penal y civil.

Días después de haber conversado con la joven cuyo testimonio se citó arriba, se logró charlar con su padre y con el coordinador del COCODE de esa comunidad. Las explicaciones que ambos dieron sobre el hecho fueron totalmente distintas a las de ella. El coordinador dijo:

Aquí le pasa seguido eso a las mujeres. Pero, usted sabe que no sólo los hombres son los culpables. A las mujeres les gusta provocar. Cuando le preguntamos a aquél (el joven que abusó de ella) él dijo que ella fue la que lo buscó, que lo provocaba, y que por eso le hizo eso. Las mujeres siempre andan viendo si uno es hombre o no. Nosotros hicimos que se juntaran para encontrarle una solución al papá de ella (F5: C3).

Esas enunciaciones permiten identificar algunos aspectos de las *vulnerabilidades estructurales* que moldean las jerarquías de género en esos espacios. Posibilitan observar cómo los procesos históricos que articulan esas vulnerabilidades y discursos se materializan en juicios de valor que normalizan la hegemonía masculina y racial. Pero también, esas deficiencias estructurales generan marcos de interpretación entre quienes resuelven —a nivel comunitario— las disputas sobre estos asuntos. Espacios fuertemente articulados a experiencias vividas por ellas durante su trabajo en la finca y en el CAI. La anterior reflexión muestra cómo se ha construido el poder, el territorio, las relaciones de género, en tanto formas de dominación sobre el espacio-cuerpo.

La historia de doña Carmelina también ilustra cómo la violencia intrafamiliar es un común denominador en sus vidas. Entre los factores que ella identifica como causantes están el chisme y el alcohol, fuertemente vinculados a un entramado más amplio y complejo. El primero opera como un mecanismo de control social sobre el comportamiento de las mujeres. Pero, además, es una forma de ejercer poder por parte de los hombres sobre ellas. Varias de las mujeres con quienes se conversó mencionaron que sufrían violencia por parte de sus esposos, identificando los chismes como el factor desencadenante de la misma.

Mi esposo escuchó chismes. Nosotras pensamos que como somos de la aldea no podemos participar, ni podemos tener amigos, ni saludarnos de la mano, peor de un beso. Ya es relacionarlo con algo. No voy a ningún lado porque me da miedo mi esposo. Una vez me atreví a ir a una reunión al pueblo. Me regresé con un muchacho de la aldea porque tenía miedo de regresar sola. Y me vio el hermano de mi esposo. Le contó a mi esposo y se fue a quejar con el comité de COCODE. El COCODE me dijo en la reunión a mí y a las mujeres: "Ustedes son mujeres, ya saben que son casadas, no deben de andar en la calle, porque son casadas. Es malo lo que hacen (F2:C5).

Esta reflexión evidencia los profundos niveles de vigilancia y control sobre el cuerpo y conducta de las mujeres que ejercen los hombres. Son elementos sustentados en calificativos que se convierten en discursos que, a su vez, se traducen en un control social subjetivo y físico. Los chismes pueden ser considerados como una estrategia para mantenerlas sometidas a partir de una constante valoración pública de sus conductas. Estrategia que —paradójicamente— es desplegada muchas veces por ellas mismas, y aprovechada por ellos. Permite controlarlas y castigarlas severamente por sus supuestas faltas. Las que no se encuadran dentro del deber ser "normal" se transforman en víctimas de los chismes comunitarios y de la violencia masculina que busca devolverlas a su papel y espacios que, según algunas formas de pensamiento local, les corresponde. También remite a imaginarios que, según algunos hombres, marcan el cuerpo de las mujeres como cuerpos "vulnerables" que se desplazan frecuentemente entre el "peligro" y que, por lo tanto, se le debe negar su libre locomoción para garantizar su seguridad. En las distintas instancias estatales relacionadas con la justicia (fiscalías, tribunales, juzgados de paz y PNC) también se registran altos niveles de quejas puestas por mujeres contra sus cónyuges por violencias sufridas. Al respecto, una funcionaria indicaba que "la cultura de denuncia está, pero hasta arriba" (F1: E2). Situación que demuestra cómo, gradualmente, se han ido incorporando nuevos referentes jurídicos y legales en las prácticas e imaginarios de ellas. Sin embargo, la forma como estos funcionarios públicos perciben los problemas denunciados no es, sustancialmente, distinta de la que opera en los espacios de justicia comunitaria:

Una vez llegué al juzgado porque me pegó mi marido. Me preguntaron ¿Y por qué? No sé. Es que llegó ya tarde y quería que le sirviera algo rápido y yo no pude. Entonces me pegó. Y me dijo (el funcionario): "¡No hombre! Allí se arregla en la chamarra"[14] (F1: C1).

---

[14] Chamarra: cobertura que se pone sobre la cama.

Esta experiencia, como otras más, ejemplifica la existencia de una alta violencia en estos espacios y, en este caso, su relación con el incumplimiento de los papeles que el género asigna. Al respecto Hernández (2003: 37) dice, para casos ocurridos en México, que "las mujeres en sus denuncias ante el Ministerio Público como ante las autoridades comunitarias, tratan de presentarse como mujeres 'buenas', que cumplen con sus 'responsabilidades' domésticas, de frente a los discursos masculinos que por lo general justifican la violencia como una forma de disciplinar a sus mujeres porque no cumplen con su trabajo o porque hablan con otros hombres en ausencia del marido. Tanto la ley como la costumbre demandan a las mujeres indígenas que reafirmen sus roles de género si quieren contar con su apoyo." En los espacios visitados, como en los que Hernández menciona, las mujeres deben demostrar que no indujeron las agresiones de que fueron objeto. Y para tener derecho a ser defendidas tienen que demostrar que han respetado el ideal genérico instituido, y que su cónyuge no lo hizo.

Los sistemas estatal y comunitario no se excluyen sino, más bien, se alimentan mutuamente. Como evidencian las reflexiones arriba citadas, en ambos sistemas la mujer es ubicada en la casa. El cruce de lecturas sobre ellas funciona como clasificador racial y de género, ubicándolas en la base de la jerarquía. El "lugar" social asignado a ellas puede leerse como un reflejo de la "colonialidad del poder", ya que el discurso minusvalorador que se desplaza por sus cuerpos al vincularlos con lo "indígena" y "femenino", aún prevalece en sus comunidades. En pláticas sostenidas con funcionarios judiciales y con miembros de los COCODE, coincidieron en que, muchas veces, son ellas quienes provocan la violencia en el hogar y en los espacios públicos. Destacaron como causas no cumplir con la preparación puntual de los alimentos, no mantener limpio el hogar o el poco cuidado de los niños. O por salir "muy arregladas" o andar en la calle a altas horas de la noche. En estos casos, el castigo, cuando una mujer acude a cualquiera de estas instancias, no es para el hombre agresor, sino para ellas. Tal es la perspectiva de un coordinador de COCODE:

Cuando llega una mujer chillando a mi casa que el hombre le pegó, lo primero que hago es preguntarle a él por qué lo hizo. Muchas veces nosotros llegamos cansados de trabajar todo el día. Les preguntamos a los hombres si su mamá les enseñó a sus mujeres a cocinar, a lavar, para tener una convivencia en paz. Porque si la muchacha es muy rebelde, se le dice al muchacho: mirá, esa mujer es muy huevona, mejor dejala y buscá otra mujer. Esa forma de pensar de la mujer mata al hombre. ¿Y qué hace el muchacho? Se busca a otra, que tal vez ya le había echado el ojo (F2: C11).

Dos aspectos importantes destacan en esta reflexión. El primero es sobre el papel formativo-correctivo que se le atribuye a la suegra para que enseñe a su nuera a desempeñarse, casi de igual manera que ella, para satisfacer las demandas de su hijo. Y, luego, el diálogo entre hombres, invisibilizándose la queja de la mujer. De manera que si los esposos no están satisfechos con el desempeño doméstico de sus esposas se justifica el uso de la violencia para corregirlas e, incluso, el abandono. Este tipo de situaciones es posible en este país dado que la discusión sobre el racismo y su cruce con el género y las mujeres indígenas no está siendo abordado de forma abierta y directa; agravando las desventajas sociales y económicas hacia ellas.

El alcohol es otro factor que ellas identifican como generador de violencia. Una funcionaria judicial indicaba que "El principal problema es el alcoholismo. Siempre que hay involucrado alcohol, hay una mujer lastimada" (F1: E2). A este tipo de hechos se le ha dado muy poca atención en esos espacios, aunque son de largo aliento y han generado en las vidas de ellas un proceso de aceptación de esta forma de vivir y relacionarse dentro del matrimonio. Una anciana de 82 años recordó la violencia que vivió con su cónyuge:

Mi esposo tomaba mucho boj[15] y me maltrataba mucho por eso. Yo nunca me defendí. Cuando llegaba me maltrataba. Yo me escondía y ahí me quedaba. El boj hace mucho problema. Si mi esposo toma, a mí no me gusta. Mis hijos miraban y se ponían a llorar (F4: C12).

De manera que el alcoholismo contribuye a la normalización de la violencia en la vida de las mujeres. Y, podríamos decir, ha pasado a ser una asignación genérica masculina. De manera que denunciarlos por tal situación es discutir las justificaciones de género que normalizan el control masculino:

Mi hermano antes me llegaba a pegar, cuando yo estaba esperándolo para darle de comer. Yo sólo aguantaba porque él era mi hermano. Llegaba bolo.[16] Cuando yo estaba esperando él me llegaba a dar con un cuchillo. Yo lo dejaba porque me daba pena. No le podía decir nada, porque pobre mi hermano, digo yo (F1: C7).

La condescendencia hacia su hermano no se distancia mucho de las actitudes de las autoridades para justificar o disculpar las conductas agresivas generadas por el estado de ebriedad de los inculpados. Al abordarse este tema varios de los hombres con quienes conversamos, reconocieron haber vivido este tipo de experiencias, señalando que una buena excusa para ser exculpados era decir que estaban en estado de ebriedad y que no recordaban lo ocurrido. En consecuencia, las autoridades comunitarias generalmente les recomiendan no beber demasiado o que se comporten cuando lo hacen. Y a las mujeres, se les pide no contrariarlos.[17]

El hombre toma porque algo tiene. Por eso la mujer no le debe dar problemas a su marido, para que él se mantenga sano y salvo. […] Porque si uno se queda solo, quien lo va a atender (F2: ER12).

---

[15] Bebida alcohólica local.
[16] Borracho.
[17] Cuando estos casos son llevados ante la justicia oficial lo más común es otorgarles una medida sustitutiva, con la amenaza de que si hay reincidencia serán enviados a la cárcel.

Como lo plantea un funcionario judicial, el problema del alcoholismo puede ser leído como una manifestación de las *vulnerabilidades estructurales* que marca a esas comunidades:

La cuestión económica es increíble cómo ha atacado y socavado la familia. Porque el hombre que no puede dar comida da patadas. El hombre que no puede dar el sustento básico a su familia, lo ignora alcoholizándose. El hombre que no tiene a dónde ir a trabajar, desahoga su frustración con su mujer (F2: E2).

De manera que a los anteriores escenarios de violencia, se suman otros que se derivan de las *vulnerabilidades estructurales* que envuelven al núcleo familiar y a las comunidades.

Una mujer relató que, cuando era adolescente, un "señor de 32 años" había llegado a hablar con su madre para pedirla en matrimonio. Ella se manifestó anuente a aceptar esa situación, pero su madre le preguntó: "¿Por qué te querés ir con un hombre que tiene 32 años?" Su respuesta fue reveladora de la visión que ella tenía sobre sus condiciones de vida:

Tú ya no podés con nosotros, tú no tenés que darnos de comer. Por lo menos, él se va a hacer cargo de mí y ya no vas a tener que pensar en mí (F3: C16).

Varias mujeres comentaron que se unieron conyugalmente porque sus padres concertaron sus matrimonios a temprana edad. Este tipo de prácticas ejemplifica relaciones basadas en una doble jerarquización a partir de la edad y el género. Hoy en día, si bien aún subsisten estas prácticas en esos territorios, no es únicamente como parte de la "costumbre" sino también como una opción para enfrentar los problemas estructurales que cruzan las vidas de esas niñas y de sus familias. Algunos funcionarios judiciales opinaron sobre este tipo de matrimonios planteando que, desde la perspectiva legal, tal hecho es considerado un delito. Pero los argumentos que, en este caso, se plantean van en otra dirección: aliviar la carga económica de la familia paterna; o, en otros casos, porque ellas fueron objeto de una transacción económico-social entre familias. De manera que las voces y vidas de esas mujeres/adolescentes se encuentran atrapadas entre dos justicias: es una adolescente para el derecho estatal y una mujer para el derecho comunitario. Y, por lo tanto, las pautas culturales se convierten en hechos criminales según las normas occidentales.

6. REFLEXIONES FINALES

En este artículo se han compartido algunas reflexiones sobre experiencias que viven mujeres indígenas en su cotidianeidad en algunas comunidades de los municipios de San Cristóbal y Santa Cruz Verapaz. Se trató de hacer visibles los recorridos que deben seguir cuando buscan justicia y reparación ante las diversas violencias que marcan sus vidas. Y, desde una perspectiva más amplia, se intentó ubicar dichas reflexiones y experiencias dentro de las *vulnerabilidades estructurales* en las que están inmersas, evidenciadas en el entrecruzamiento de esas violencias en sus cuerpos y subjetividades, en tanto cimientos de dispositivos ideológicos y represivos contra ellas, manifestadas y legitimadas en conductas que naturalizan tales condiciones de vida.

Tanto la justicia comunitaria como la estatal son administradas predominantemente por hombres. Las mujeres plantean que sus necesidades y demandas sean atendidas por ambas justicias, que sean escuchadas y que crean en sus historias. Denuncian que la violación sexual, la violencia intrafamiliar, la experimentada en los espacios públicos y de trabajo, entre otras, siguen siendo constantes en sus vidas. Pero que, al igual que en el pasado y como resultado de esas diversas opresiones, muchas veces, las siguen callando. Varias indicaron que prefieren acudir a las instancias de justicia comunitaria para que allí se les busque solución a sus demandas, sobre todo por razones económicas y culturales. Sin embargo, como se planteó, el escenario de esa "justicia" está delineado por una mirada masculina. Otras, por el contrario, acuden a las instancias estatales. Pero también están las que optan por callar.

Las reflexiones críticas y cuestionadoras de las mujeres indígenas hacia los sistemas estatal y comunitario plantean la necesidad de una reconfiguración de las "justicias" para alcanzar un equilibrio de género en su administración. Las ideologías de las autoridades comunitarias, como de los funcionarios judiciales, están atravesadas por una serie de imaginarios que naturalizan su sujeción. De tal cuenta, las percepciones y las formas mediante las cuales se solucionan los casos en los que se ven involucradas no consideran sus opiniones, resolviendo de manera vertical para justificar su sometimiento y regresarlas, mediante esos acuerdos y resoluciones, a esos espacios de control.

En esos escenarios están presentes, por un lado, el derecho estatal encarnado en los funcionarios públicos responsables de la aplicación de sanciones y medidas coercitivas, como por quienes están encargados de desarrollar el proceso judicial. Al mismo tiempo, el COCODE se desempeña a nivel comunitario como instancia que conoce y resuelve problemas, algunos de los cuales no siempre son de su competencia. Situación ésta que ilustra cómo lo que el Estado impone se recrea a nivel comunitario. Proceso que, no necesariamente, deja fuera prácticas e imaginarios hegemónicos que también están allí presentes.

La narrativa de doña Carmelina y la de otras mujeres indígenas comparten sendas. Al darle continuidad a historias individuales se trató de ir esbozando un contexto colectivo. Se identificó un hilo conductor que, desde su singularidad, otorga sentido y unidad a lo común. Son tramas que hacen eco con las que ocurren en otros espacios territoriales e institucionales. Narraciones que también evidencian la necesidad de acudir al pasado y reconstruirlo para darle sentido y explicaciones a esos presentes. Dado que la historia de doña Carmelina se inscribe en una dimensión local, su trama personal puede contribuir a la construcción del pasado nacional. Esta historia personal ofrece la posibilidad de acercarse a distintas etapas y momentos de esas otras vidas que a las jerarquías dentro de las que están ubicadas no interesa conocer. También permite ir desenredando la complejidad de las diversas opresiones que cruzan sus vidas.

Retomando la pregunta planteada al inicio de esta reflexión y teniendo como telón de fondo lo hasta aquí expuesto, consideramos válido volver sobre su contenido en los siguientes términos. Si bien es cierto que se han registrado procesos de apropiación —por parte de ellas— de esa multiplicidad de nuevos dispositivos jurídicos (ley de violencia intrafamiliar, ley de feminicidio, nuevas instancias especializadas en violencia contra mujeres, entre otros) para resolver los problemas de violencia que las acechan ¿se está logrando —mediante las mismas— remover las raíces profundas que las han ocasionado? ¿Es suficiente apropiarse de las formas y procedimientos para lograrlo? ¿Es ésa la vía adecuada que puede conducir, en el mediano y largo plazo, sus vidas hacia nuevos y mejores horizontes?

7. REFERENCIAS

Alamilla, Ileana (2012), "Muchas se mueren o las matan", en *América Latina en Movimiento*, 1 de agosto, <http://alainet.org/active/56896&lang=>, consultado el 15 de noviembre de 2012.

AVANCSO (2008), *Memoria de mujeres, lucha e identidad*, Santiago Atitlán y Tucurú, Guatemala, AVANCSO.

Chirix, Emma (2010), *Ru rayb'äl ri qach'akul. Los deseos de nuestro cuerpo*, Guatemala, Ediciones del Pensativo.

CEH (2005), *Guatemala Memoria del Silencio*, t. II, *Las violaciones de los derechos humanos y los hechos de violencia*, Guatemala, UNOPS.

ECAP/UNAMG (2009), *Tejidos que lleva el alma. Memoria de las mujeres sobrevivientes de violación sexual durante el conflicto armado*, Guatemala, F&G editores, ECAP/UNAMG.

Davis, Angela (2005), *Mujeres, raza y clase*, Madrid, Akal Ediciones.

Esquit, Edgar (2010), *La superación del indígena: la política de la modernización entre las élites indígenas de Comalapa, siglo XX*, Guatemala, Instituto de Estudios Interétnicos Universidad de San Carlos de Guatemala, 2010.

Fanon, Franz (1973), *Piel negra, máscaras blancas*, Buenos Aires, Editorial Abraxas.

——— (1983), *Los condenados de la tierra*, México, Fondo de Cultura Económica.

Green, Linda (2013), *El miedo como forma de vida. Viudas mayas en la Guatemala rural*, Guatemala, Ediciones del Pensativo.

Gobierno de Guatemala-Instituto Nacional de Estadística (INE) (2013), *Caracterización Departamental. Alta Verapaz 2012*, Guatemala, noviembre de 2013.

Hale, Charles R. (2008), *"Más que un indio". Ambivalencia racial y multiculturalismo neoliberal en Guatemala*, Guatemala, AVANCSO.

Hernández Castillo, Rosalva Aída (2004), "El derecho positivo y la costumbre jurídica: las mujeres indígenas de Chiapas y sus luchas por el acceso a la justicia", en *Violencia contra las mujeres en contextos urbanos y rurales*, México, El Colegio de México.

Hill Collins, Patricia (2005), *Black Sexual Politics: African Americans, Gender and the New Racism*, Nueva York, Routledge.

Ley de Consejos de Desarrollo Urbano y Rural (2002), *Decreto del Congreso de la República de Guatemala 11-2002*, Guatemala, Diario de Centro América, 15 de abril.

Lugones, María (2008), "Colonialidad y Género", *Tabula Rasa*, julio-diciembre, núm. 9: 73-101, Colombia, Universidad Colegio Mayor de Cundinamarca.

Maero, Gulia y Carla Yadira de León Alvarado (2013), *Ser mujer en San Miguel Acatlán. Entre violencias y procesos de justicia*, Huehuetenango (Guatemala), CEDFOG.

Menjívar, Cecilia (2014), *Eterna violencia. Vidas de las mujeres ladinas en Guatemala*, Guatemala, Ediciones del Pensativo/Flacso.

ODHA (1998), *Guatemala nunca más*, Informe del Proyecto de la Recuperación de la Memoria Histórica, Guatemala, Oficina de Derechos Humanos del Arzobispado de Guatemala.

PNUD (2014), *Informe sobre Desarrollo Humano 2014, Sostener el Progreso Humano: reducir vulnerabilidades y construir resiliencia*, resumen, versión preliminar de la traducción, Nueva York, PNUD.

Quijano, Aníbal (2000), "Colonialidad del poder, eurocentrismo y América Latina", en Edgardo Lander (ed.), *La colonialidad del saber: eurocentrismo y ciencias sociales. Perspectivas latinoamericas*, Buenos Aires, CLACSO, pp. 201-246.

Segato, Rita Laura (2004), "Territorio, soberanía y crímenes de segundo estado: la escritura en el cuerpo de las mujeres asesinadas en Ciudad Juárez", en Territorio, soberanía y crímenes de segundo estado: la escritura en el cuerpo de las mujeres asesinadas en Ciudad Juárez (Nova Versao), Serie Antropología, *Brasilia*, en <www.forosalud.org.pe>, consultado el 5 de febrero de 2014.

——— (2012), "Promesas y peligros de la coordinación: Derecho indígena, inseguridad y la búsqueda de justicia en Guatemala", en Rachel Sieder y Carlos Flores, *Dos justicias. Coordinación interlegal e intercultural en Guatemala*, Guatemala, F&G editores, pp. 15-75.

VIOLENCIA SEXUAL, VULNERABILIDADES Y LUCHAS POR LA JUSTICIA

LUZ MÉNDEZ GUTIÉRREZ

RESUMEN: En la historia de Guatemala los periodos de grandes despojos de tierras han ido aparejados a violaciones sexuales masivas de mujeres indígenas. En este artículo se documentan dos capítulos de violencia sexual perpetrados durante el conflicto armado y la etapa actual de profundización del modelo extractivista, por agentes de seguridad del Estado y por guardias privados de una empresa minera transnacional. Se examinan las causas de tales crímenes, y las múltiples vulnerabilidades estructurales y contextuales que rodean las vidas de las mujeres. Con esta publicación se busca contribuir a visibilizar esas injusticias, los sistemas sociales que las sustentan, y las emblemáticas luchas por la justicia que impulsan las víctimas de tales crímenes, en alianzas con organizaciones feministas y de derechos humanos, cuyos avances están sentando importantes precedentes a nivel nacional e internacional, en la búsqueda de vías alternativas dirigidas a ilegitimar y erradicar la violencia sexual contra las mujeres.

Palabras clave: Mujeres indígenas, vulnerabilidad, violencia sexual, conflicto armado, despojo de tierras, derecho a la justicia.

1. INTRODUCCIÓN

Las protagonistas principales de este estudio son mujeres indígenas que forman parte del pueblo maya q'eqchi' de Guatemala, y viven en la región Valle del Polochic,[1] en las comunidades Sepur Zarco y Lote Ocho, ubicadas en los municipios Panzós y El Estor, de los departamentos de Alta Verapaz e Izabal, respectivamente. Ellas fueron víctimas de formas extremas y masivas de violencia sexual en momentos históricos diferentes, el conflicto armado y la etapa actual de profundización del modelo extractivista. Además, están impulsando emblemáticas luchas, en alianzas con organizaciones feministas y defensoras de derechos humanos, para poner fin a la impunidad por tales crímenes.

---

[1] El Valle del Polochic, que bordea el río del mismo nombre, es una porción territorial en el noreste de Guatemala, que tiene una gran riqueza natural: fértiles tierras, bosques, subsuelo con variedad de minerales, caudalosos ríos y el lago más grande del país. Abarca los municipios de Panzós, Tamahú, Tucurú y La Tinta, en el departamento de Alta Verapaz; y El Estor, en el departamento de Izabal.

Siendo Guatemala un país de profundas y múltiples desigualdades sociales, para acercarse a la realidad social es indispensable incorporar en el análisis los tres grandes sistemas de dominación que impactan a la sociedad, esto es la explotación capitalista, el sistema patriarcal y el racismo contra los pueblos indígenas; estas estructuras de poder deben ser comprendidas en su compleja interacción, ya que se influyen, se entrelazan, se apuntalan y se manifiestan en las condiciones de vida de la población (Méndez Gutiérrez y Carrera Guerra, 2014: 18).

El sistema patriarcal o patriarcado constituye una estructura de poder basada en la dominación de los hombres y la subordinación de las mujeres, el cual atraviesa todas las clases sociales y grupos étnicos. Los conceptos patriarcado y género están estrechamente relacionados. Mientras el género es la construcción social de la diferencia sexual entre mujeres y hombres, así como un principio organizativo fundamental de la vida social, el concepto patriarcado se refiere a "una situación de conflicto por la distinta posición de poder que ocupan mujeres y varones en este sistema de estratificación o dominación" (De Miguel, 2003: 136).

En el marco del sistema patriarcal, la violación sexual sintetiza la inferiorización de las mujeres y la supremacía masculina; no tiene como objetivo principal el placer, ni es resultado de una predisposición genética de los varones, sino es una demostración de poder. Además, la violación sexual ha sido una herramienta de dominación a lo largo de la historia, por el miedo que infunde a todas las mujeres (Brownmiller, 1975). En contextos de guerra o militarización la violación sexual de mujeres se agudiza aún más. Por medio de la violación sexual las mujeres son expropiadas del control sobre su espacio-cuerpo, con lo cual los perpetradores implantan una insignia de soberanía, que expresa control territorial (Segato, 2006).

En este artículo se entiende el racismo contra los pueblos indígenas de la siguiente forma:

El racismo, en sus diversas expresiones, prácticas, manifestaciones y lógicas, es un factor histórico estructural que funciona, y ha funcionado, como uno de los principales mecanismos de opresión, explotación y sobre todo como la mejor justificación de un sistema de dominación y mantenimiento del *statu quo* (Casaús, 2006: 44).

Parte de este trabajo se fundamenta en dos investigaciones. Una fue desarrollada por el Equipo de Estudios Comunitarios y Acción Psicosocial (ECAP), como parte de una iniciativa colaborativa con la Universidad Javeriana y el Instituto de Estudios Regionales de la Universidad de Antioquia, de Colombia.[2] La otra, fue realizada por ECAP y la Unión Nacional de Mujeres Guatemaltecas (UNAMG), en el marco del Consorcio Actoras de Cambio.[3] Ambas investigaciones contaron con el apoyo financiero del Centro Internacional de Investigaciones para el Desarrollo (IDRC, por sus siglas en inglés).

---

[2] El resultado de esta investigación se plasmó en el libro *Mujeres indígenas: clamor por la justicia. Violencia sexual, conflicto armado y despojo violento de tierras* (Méndez Gutiérrez y Carrera Guerra, 2014).

[3] Como producto de esta investigación fue publicado el libro *Tejidos que lleva el alma. Memoria de las mujeres mayas sobrevivientes de violación sexual durante el conflicto armado* (Fulchiron, Paz y López, 2009).

Estas investigaciones fueron concebidas como herramientas para la transformación social. Desarrolladas en el marco de la investigación-acción, aportaron al fortalecimiento de las capacidades de las mujeres víctimas de violencia sexual, así como a sus luchas por el acceso a la justicia. Así también han significado una contribución a la visibilización y construcción de conocimiento sobre las causas, el desarrollo y las consecuencias de la violencia sexual en dos etapas de la historia de Guatemala, lo cual se había mantenido en un largo silencio.

Esta concepción de investigación implica responsabilidades específicas para las organizaciones y las investigadoras que las desarrollan. Significa en primer lugar ubicarse en los contextos y espacios que habitan las mujeres protagonistas de la investigación, compartir su realidad y sus vivencias, así como contribuir con acciones concretas a sus luchas.

Para las investigadoras, acercarse a las mujeres desde organizaciones sociales que las han acompañado por varios años, significa un privilegio, dado que se parte de lazos de confianza y solidaridad ya establecidos. Sin embargo, implica a la vez varios desafíos epistemológicos y éticos. Requiere, en primera instancia, ser capaces de trascender los lazos afectivos que se han construido, a fin de analizar los hechos con la distancia necesaria para encontrar los vínculos entre los fenómenos. Al mismo tiempo, requiere de honestidad intelectual para presentar los resultados que la investigación arroja.

En la metodología de investigación se asignó un papel central a las experiencias de las mujeres participantes y a las interpretaciones que hacen de tales vivencias. Ellas son concebidas no sólo en su calidad de víctimas de graves violaciones a los derechos humanos, sino en su papel de sujeto histórico, que ha tomado conciencia de su condición social, se organiza y lucha por alcanzar justicia e impulsar transformaciones en sus condiciones de vida, de sus familias y de sus comunidades. Con el fin de proteger su seguridad, las mujeres aparecen en este artículo identificadas por medio de seudónimos y códigos.

2. MUJERES INDÍGENAS: MÚLTIPLES DIMENSIONES DE VULNERABILIDAD

En Guatemala las mujeres indígenas enfrentan múltiples dimensiones de vulnerabilidad, tanto de carácter estructural como contextual, frente a la inseguridad y la violencia. Se trata de una vulnerabilidad que no es inherente a su condición de mujeres indígenas, sino que ha sido construida socialmente. De acuerdo con Bueno Sánchez y Valle Rodríguez (2008), la vulnerabilidad está vinculada con las desventajas sociales, las cuales son entendidas como:

Aquellos factores y condiciones sociales, económicas y culturales que afectan negativamente a las personas y familias en tanto que experimentan una discriminación sistemática y un acceso desigual a recursos determinantes del bienestar humano [...], lo cual ejerce un marcado impacto sobre las oportunidades objetivas de la vida de las personas (p. 3).

2.1. *Vulnerabilidades de carácter estructural*

Las vulnerabilidades que enfrentan las mujeres indígenas son resultado, en primer lugar, de las desigualdades sociales producto de los grandes sistemas de dominación que perviven en la sociedad guatemalteca. Ellas enfrentan particulares condiciones de explotación económica, opresión de género y opresión étnica. Como resultado de ese entramado social en sus vidas, la gran mayoría de ellas vive en condiciones de pobreza y extrema pobreza; tiene menores oportunidades de acceso a la salud, educación, trabajo remunerado, así como otros bienes sociales; y es objeto de altos niveles de violencia.

El índice de pobreza a nivel nacional es de 53.71% (INE, 2011). Sin embargo, ésta golpea con mayor crudeza a la población rural e indígena. Analizando la situación en los municipios donde habitan los dos grupos de mujeres participantes en este estudio, observamos que en Panzós el 96.8% de la población rural vive en condiciones de pobreza, mientras que en El Estor, la pobreza abarca al 82.4% de la población rural (INE, 2013).

La aguda desigualdad en la propiedad y la tenencia de la tierra ha sido uno de los grandes problemas estructurales que han impactado el desarrollo económico, social y político en Guatemala. De acuerdo con el último censo agropecuario, el 2% de propietarios concentra el 57% de la tierra, mientras que, en el otro extremo, el 45% de propietarios posee el 3% de la tierra (Instituto Nacional de Estadística, 2004). La situación se agrava aún más para las mujeres, ya que el 84% de la tierra está bajo la propiedad de hombres, mientras que sólo el 16% pertenece a mujeres (INE y SEPREM, 2007).

La violencia contra las mujeres ha aumentado de manera consistente en los últimos años, siendo el delito más denunciado en las instituciones de seguridad y justicia, principalmente el feminicidio, la violación sexual, la trata de personas, los golpes físicos. Entre los años 2001 y 2012 hubo un crecimiento acumulado del 89% de muertes violentas de mujeres, a la vez que se agudizaron las formas de violencia extrema contra ellas (Méndez Gutiérrez, 2013: 27). La trata de personas con fines de explotación sexual afecta mayoritariamente a las mujeres y las niñas, quienes constituyen el 75% de las víctimas; las niñas indígenas que viven en condiciones de pobreza son las más vulnerables frente a este crimen (PDH, 2011). Además, las mujeres que viven en el área rural tienen menores oportunidades para recibir algún tipo de protección en casos de violencia, ya que a estos lugares generalmente no llegan la policía u otras instituciones estatales.

Los pueblos indígenas conforman el 40% de la población (INE, 2011). La mayor parte de los indígenas forma parte del pueblo maya —lo que incluye 22 grupos etnolingüísticos, entre los cuales se halla el q'eqchi'— así como los pueblos garífuna y xinka. Una de las mayores riquezas de Guatemala es su diversidad étnica, cultural y lingüística. No obstante, los pueblos indígenas han sido sometidos a un profundo racismo, instalado en la élite dominante desde la colonización española, el cual a lo largo de los siglos se ha introducido en todas las clases y grupos sociales, y constituye uno de los grandes problemas estructurales del país.

Como resultado del conjunto de sistemas opresivos que atraviesan sus vidas, las mujeres indígenas constituyen el segmento de la población que tiene los índices más bajos de desarrollo humano y enfrenta los mayores niveles de exclusión social. Por ejemplo, en el ámbito de la salud, el índice de muerte materna entre las mujeres indígenas es de 163 por 100 000 nacidos vivos, siendo el índice nacional de 139.7 (SEGEPLAN y MSPAS, 2011), uno de los más altos en América Latina. En la esfera de la educación, el analfabetismo afecta al 48.1% de las mujeres indígenas, mientras que el índice nacional es del 23.5 por ciento.[4]

Además, las mujeres indígenas, en su mayoría monolingües en sus idiomas maternos, tienen menores oportunidades de acceso a la justicia estatal, principalmente debido a la carencia de servicios de traducción al español. En general, el sistema de justicia estatal "adolece de un enfoque jurídico plural, tal como se requiere en un país diverso en culturas, comunidades, pueblos, lenguas, lo cual resulta en un trato discriminatorio y desventajoso para los indígenas y sobre todo para las mujeres indígenas" (Méndez Gutiérrez y Carrera Guerra, 2014: 98).

2.2. *Vulnerabilidades de carácter contextual*

Sobre la base de los problemas de carácter estructural, determinados contextos sociales, económicos y políticos generan particulares formas de violencia extrema, las cuales profundizan las vulnerabilidades de las mujeres. Tal es el caso del conflicto armado que tuvo lugar en Guatemala entre 1960 y 1996, o bien la profundización del modelo extractivista, que está siendo impuesto en la etapa actual, en gran medida por medio de la violencia y la militarización en diversas regiones del país.

Durante el conflicto armado, la violación sexual de mujeres fue utilizada por el ejército como arma de guerra contra la población civil. La Comisión para el Esclarecimiento Histórico[5] (1999) documentó que, en el marco de la política contrainsurgente del Estado, la violación sexual fue una práctica generalizada, masiva y sistemática, así como un elemento constitutivo del genocidio cometido por agentes del Estado contra pueblos de origen maya. Esto significó para las mujeres, indígenas en su inmensa mayoría, formas inimaginables de violencia sexual, especialmente enfocadas en sus órganos sexuales y reproductivos. Muchas de ellas fueron también asesinadas durante las masacres.[6] Con ello el ejército buscaba no sólo inhibir el respaldo de los pueblos indígenas a las organizaciones insurgentes, sino también

---

[4] Cálculos propios, con base en los datos de alfabetismo en INE, 2012.

[5] Comisión de la Verdad establecida en Guatemala como resultado de los acuerdos de paz, con el respaldo de la ONU.

[6] Los integrantes del ejército violaron incluso a mujeres embarazadas, y luego las asesinaron por medio de golpes en el vientre, arrancándoles los fetos, los cuales eran destrozados. Se dieron casos de empalamiento de mujeres, mutilación de pechos y órganos genitales y exhibición de cuerpos en condición de desnudez. Véase: *Guatemala: memoria del silencio* (CEH, 1999), así como *Guatemala: nunca más. Informe del Proyecto Interdiocesano de Recuperación de la Memoria Histórica* (Oficina de Derechos Humanos del Arzobispado de Guatemala, 1998).

destruir a las portadoras de la siguiente generación de un colectivo que había sido catalogado como enemigo del Estado. Las mujeres fueron atacadas por ser las progenitoras de los futuros indios rebeldes (Velásquez Nimatuj, 2010: 125).

Una vez que el territorio quedó libre de guerra después de los Acuerdos de Paz en 1996, el gobierno aceleró las políticas neoliberales, incluyendo la concesión de licencias de explotación minera, para lo cual modificó la legislación, disminuyendo drásticamente el pago de regalías de las empresas al Estado. Esto forma parte de la ofensiva extractivista que tiene lugar en América Latina, caracterizada por un "acelerado avance de la expropiación, mercantilización y depredación de los bienes comunes naturales de la región, en tanto estrategia del capital frente a la crisis global de acumulación" (Seoane, citado en Merchand, 2013: 114). En Guatemala, en el Valle del Polochic está teniendo lugar un acelerado proceso de profundización del modelo extractivista, que incluye la extracción de minerales a cielo abierto, particularmente el níquel; la producción extensiva de agrocombustibles, especialmente palma africana y caña de azúcar; todo ello con fines de exportación; así como innumerables inversiones privadas en hidroeléctricas. Este modelo se está imponiendo en gran medida por medio del despojo, la desposesión de tierras, la militarización y la violencia, y está generando altos niveles de contaminación al medio ambiente. Todo ello está teniendo grave impacto en la vida de las mujeres, incluyendo la agudización de la violencia basada en el género.

3. BINOMIO VIOLENCIA SEXUAL-DESPOJO DE TIERRAS

En la historia de Guatemala los periodos de grandes despojos de tierras han ido aparejados a violaciones sexuales masivas de mujeres indígenas. La violación sexual de mujeres, que se halla firmemente interiorizada en los códigos culturales dominantes y en la cotidianidad, se agudiza aún más en contextos de invasión, militarización o guerra, en los cuales los cuerpos femeninos son utilizados para marcar control y dominio sobre el territorio, y donde se pone de manifiesto el sentido de propiedad masculina sobre las mujeres, quienes son equiparadas a los bienes que acompañan a la tierra.

Uno de los grandes despojos de tierras a los pueblos indígenas, que tuvo lugar durante la invasión española a finales del siglo xv, estuvo acompañado de violaciones sexuales masivas de mujeres indígenas. El segundo gran despojo de tierras inició en 1871 durante la reforma liberal, cuando el gobierno declaró baldías las tierras comunales del pueblo q'eqchi' para otorgarlas a inmigrantes alemanes, quienes establecieron grandes fincas agroexportadoras de café. En las fincas las mujeres fueron víctimas de violaciones sexuales sistemáticas por los propietarios y sus capataces, además de haber sido sometidas a trabajo forzado (Méndez Gutiérrez y Carrera Guerra, 2014: 39).

Ese binomio histórico se puso de manifiesto en los hechos de violencia contra las mujeres de Sepur Zarco y Lote Ocho, durante el conflicto armado y en la etapa actual de profundización de la explotación extractivista. Las mujeres de los dos grupos identifican que las condiciones contextuales que originaron la violencia sexual y los otros crímenes contra ellas y sus familiares, son resultado de las luchas comunitarias por la defensa de sus tierras.

3.1. *Sepur Zarco: esclavitud sexual y doméstica durante el conflicto armado*

Mujeres campesinas q´eqchís residentes en varias comunidades de Panzós y El Estor, en los departamentos de Alta Verapaz e Izabal, respectivamente, entre 1982 y 1988 fueron víctimas de múltiples violaciones a los derechos humanos perpetradas por miembros del ejército en el marco de la política contrainsurgente del Estado durante el conflicto armado. Los hechos represivos iniciaron con el secuestro, tortura y desaparición forzada de los esposos de las mujeres, quienes eran dirigentes del Comité de Tierras. Luego ellas fueron violadas sexualmente en forma masiva en sus viviendas, frente a sus hijos. Después sus casas y todos sus bienes materiales fueron quemados y sus cosechas destruidas. Posteriormente, las mujeres fueron forzadas a desplazarse hacia la aldea Sepur Zarco, en donde fueron sometidas a esclavitud sexual y doméstica en el destacamento militar allí instalado, el cual funcionó principalmente como lugar para el "descanso de los soldados" en el Valle del Polochic. Organizadas por turnos, las mujeres fueron forzadas a presentarse cada tres días al destacamento militar, en donde fueron forzadas a preparar la comida y lavar los uniformes de los soldados, sin remuneración alguna. Además, cada vez que las mujeres llegaban a hacer los turnos fueron violadas sexualmente, en forma sistemática y múltiple, por soldados y oficiales. "Nos conformaron por grupos para ir a hacer turnos, para hacerles la comida, las tortillas. Luego de cumplir con todo eso que ellos nos imponían, empezaban a violarnos una a una" (Tribunal de Conciencia, 2010: 33).

La esclavitud doméstica y sexual, que duró periodos de entre 6 meses a 6 años, significó para las mujeres una exacción que las llevó al borde de la sobrevivencia. La explotación económica llegó al extremo de ser forzadas a proporcionar las materias primas, el maíz y el jabón, para realizar las tareas que les habían sido impuestas. Además, como resultado de la esclavización de la que fueron objeto, sus hijos e hijas fueron sometidos a niveles extremos de hambre y desnutrición. Como lo explica Andrea Cu:

En el destacamento de Sepur yo me mantenía trabajando y mis hijos solos, aguantando hambre en la casa. Nos sacaban tarde. Hasta cuando yo salgo del destacamento yo llego a mi casa y empiezo a preparar la comida para mis hijos (SZ04, entrevista, 15/05/12).

En Sepur Zarco existe un estrecho vínculo entre la tierra y la guerra. La militarización de la región y los operativos contrainsurgentes iniciaron cuando los campesinos se organizaron para obtener los títulos de propiedad sobre los terrenos donde trabajaban y vivían. En el Valle del Polochic, el conflicto armado fue utilizado por el Ejército como una herramienta para poner fin a las luchas campesinas por el acceso a la tierra. Aun cuando la presencia insurgente fue muy débil en la región, el ejército utilizó "todo el arsenal contrainsurgente, secuestrando, torturando y asesinando campesinos, arrasando comunidades, desplazando de manera forzada a la población y violando sexualmente a las mujeres" (Méndez Gutiérrez y Carrera Guerra, 2014: 60). Papel activo jugaron en estos operativos los grandes propietarios de fincas en la región, quienes se involucraron directamente en las acciones represivas. Es así como la violación sexual de mujeres indígenas formó parte de las estrategias utilizadas para el despojo de tierras a la población campesina.

Además, la violación sexual de mujeres en Sepur Zarco constituyó un arma de guerra en la política contrainsurgente del Estado. Para ello, fueron de especial utilidad la ideología, las jerarquías y las prácticas que conforman la dominación patriarcal. La violación sexual, herramienta utilizada históricamente para el sostenimiento de ese sistema de poder, se había ejercido desde la cotidianidad en la etapa previa al conflicto armado y se hallaba normalizada socialmente. Además, los contextos de guerra y militarización refuerzan los mecanismos que facilitan la violación sexual de mujeres, entre ellos el afianzamiento de la sexualidad masculina tradicional, basada en el poder y la fuerza.

3.2. *Lote Ocho: violencia sexual en el marco del desalojo de la comunidad*

Mujeres campesinas q'eqchís de la comunidad Lote Ocho, en El Estor, Izabal, fueron víctimas de violaciones sexuales masivas durante un desalojo violento de tierras, perpetrado el 17 de enero de 2007, por guardias privados de la Compañía Guatemalteca del Níquel (CGN), subsidiaria de la transnacional canadiense HudBay Minerals. La empresa minera buscaba expulsar a la comunidad de tierras que se hallaban en disputa, las cuales son consideradas por los q'eqchís como parte de sus territorios ancestrales. En los hechos represivos participaron también agentes del ejército de Guatemala y la Policía Nacional Civil.

Aun cuando los actos criminales de Lote Ocho tuvieron lugar más de diez años después de haber finalizado el conflicto armado, el desalojo violento tuvo las características de un operativo militarizado, siguiendo en gran medida el *modus operandi* utilizado por el ejército en la contrainsurgencia. Los agresores irrumpieron en la comunidad disparando armas de grueso calibre y lanzando gases lacrimógenos. Luego quemaron las viviendas, destruyeron las cosechas y bienes comunales, robaron alimentos. Finalmente violaron de forma brutal y masiva a las mujeres, incluyendo mujeres embarazadas, frente a sus hijos e hijas. Muchas de ellas fueron violadas hasta por diez hombres, a punta de pistola y en forma simultánea a la destrucción de la comunidad. Además, las mujeres, especialmente las esposas de los integrantes del Comité de Tierras, fueron sometidas a interrogatorios sobre el paradero de sus esposos. Cuando eso ocurrió sólo las mujeres y los niños se hallaban en la comunidad, dado que los hombres se encontraban realizando labores agrícolas en terrenos aledaños.

Cuando a mí me violaron tenía siete meses de embarazo. En lo que a mí me violaban, uno de mis hijos agarró a mi hija que tenía año y medio, mientras otros policías quemaban mi ropa. Traté de gritar, pero ellos me dijeron "no grités". Mis tortillas las tiraron al suelo, mis hijos se quedaron sin comida, habían bananos maduros, también se los comieron (Tribunal de Conciencia, 2010: 52).

La violación sexual contra mujeres indígenas fue utilizada como instrumento para el despojo de tierras en la comunidad Lote Ocho, en el marco de la profundización del modelo extractivista que tiene lugar en Guatemala. Además, por medio de las violaciones sexuales la empresa minera buscaba marcar control sobre el territorio de la región del Valle del Polochic. En situaciones de militarización o guerra la propiedad de los hombres enemigos se confisca, mientras que el territorio se ocupa a través de la colonización de los cuerpos femeninos (Zajovic, citada en Cockburn, 2007: 231). Al mismo tiempo, el racismo contra los pueblos indígenas facilitó la violación sexual de las mujeres de Lote Ocho. Al respecto, Chirix (2010) expresa: "En un país racializado como Guatemala, la violencia contra las mujeres indígenas aún se minimiza y se oculta en otras formas de violencia social. La violación ha sido parte de la estrategia de colonización y eso explica en parte por qué no se le considera como acto criminal" (p. 279).

Al ser destruida su comunidad, los pobladores de Lote Ocho se vieron forzados a desplazarse montaña adentro, siempre en terrenos que se hallan bajo disputa con la empresa minera. Esto implicó reconstruir parte de la infraestructura básica comunitaria, y significó el agravamiento de sus condiciones de vida, ya que el nuevo asentamiento se encuentra más aislado de centros educativos y de salud.

3.3. *Las consecuencias*

Las consecuencias de los graves actos de violencia perpetrados contra las mujeres q'eqchi's, sus familias y sus comunidades, profundizan sus condiciones de vulnerabilidad. La violación sexual, en particular, les dejó profundas secuelas físicas y psicosociales, incluyendo estigmatización, ostracismo y violencia en sus comunidades, las cuales han perdurado a lo largo de muchos años. Al respecto, Aresti (2003) expresa que la violación sexual constituye "una agresión que repercute, más allá de la materialidad del hecho, en la capacidad psíquica y en la integridad de la mujer" (p. 32). Además, la violación sexual constituye un crimen por el cual la culpabilización socialmente se hace recaer en las víctimas, no en los victimarios.

La desaparición forzada de los esposos de las mujeres de Sepur Zarco, así como la destrucción de todos sus bienes materiales durante el arrasamiento de sus comunidades, significó privarlas de recursos para la sobrevivencia, profundizando así sus condiciones de pobreza y marginación social. Por su parte, las mujeres de Lote Ocho, vieron agravadas sus condiciones materiales de vida producto del desalojo violento y la destrucción de sus viviendas. Todo ello agudizó la condición de opresión de las mujeres.

3.4. *Los vínculos pasado-presente*

Más de veinticinco años separan los hechos de violencia sexual perpetrados contra las mujeres de Sepur Zarco y Lote Ocho. No obstante, son evidentes los vínculos entre el pasado y el presente, los cuales descansan principalmente en la pervivencia de las causas estructurales que subyacen en tales crímenes. Los dos capítulos de violencia extrema contra mujeres q'eqchís aquí relatados son el resultado de la forma en que se entrelazaron en sus vidas la dominación patriarcal, que asigna a las mujeres una condición de inferioridad social; la conflictividad agraria, derivada de la aguda desigualdad en la estructura de tenencia de la tierra; y el racismo contra los pueblos indígenas, que profundiza la discriminación contra las mujeres indígenas; todo ello ubicado en contextos situacionales de guerra o militarización.

La ideología y las normas sociales patriarcales han sido instrumentales tanto a los objetivos contrainsurgentes del ejército durante la guerra, como a las empresas extractivistas depredadoras en la etapa actual. La dominación patriarcal proveyó un sistema de relaciones de poder que otorga a los hombres una posición de supremacía sobre las mujeres, así como imaginarios en los cuales la violencia contra las mujeres está normalizada. Como señala Cobo (2011):

> El arraigo del discurso de la inferioridad de las mujeres en el imaginario colectivo es lo que hace posible que se acepten formas extremas de violencia de género utilizando una gran variedad de excusas que acaban invariablemente estigmatizando a las propias mujeres víctimas de la violencia (p. 143).

Además, la política estatal actual de creciente militarización de la seguridad ciudadana, así como el predominio de la impunidad por los crímenes del conflicto armado, hacen posible que el abyecto capítulo de violencia sexual contra las mujeres de Zepur Sarco en el pasado, se halla recreado con patrones similares contra las mujeres de Lote Ocho en el presente.

4. CONSTRUYENDO FUERZA SOCIAL PARA EXIGIR JUSTICIA

Tanto las mujeres de Sepur Zarco como las de Lote Ocho, siguiendo caminos diferentes, están abriendo brecha en la búsqueda de justicia para poner fin a la impunidad por los graves crímenes de los cuales fueron objeto. Ellas, actuando en forma colectiva y formando parte de alianzas con organizaciones feministas y defensoras de los derechos humanos, son protagonistas de procesos legales que por su significado tienen carácter emblemático.

Las mujeres de Sepur Zarco presentaron en 2011 una querella penal ante el sistema de justicia estatal por violación sexual, esclavitud sexual y otros graves crímenes contra ellas y sus familiares. Han contado para ello con el acompañamiento de organizaciones de mujeres y de derechos humanos. El juez de un Tribunal de

Alto Riesgo declaró la apertura a juicio y envió a prisión preventiva a un excoronel del ejército y a un excomisionado militar. Se trata del primer proceso penal por violación y esclavitud sexual durante el conflicto armado que ha sido presentado en el sistema de justicia de Guatemala, con lo cual se busca romper la impunidad total que rodea estos crímenes. Además, esta experiencia pionera significa un aporte a las luchas que se llevan a cabo a nivel internacional dirigidas a prevenir, sancionar y erradicar la violación sexual en tiempos de guerra, una de las más masivas y silenciadas violaciones a los derechos humanos.

Por su parte, las mujeres de Lote Ocho interpusieron en el año 2011 una demanda legal exigiendo resarcimiento ante el sistema de justicia de Canadá por las violaciones sexuales masivas perpetradas contra ellas por guardias de seguridad de la Compañía Guatemalteca del Níquel, subsidiaria de la multinacional canadiense HudBay Minerals. Las mujeres han contado con el apoyo de organizaciones de derechos humanos canadienses. La demanda fue admitida por un tribunal de Ontario y se halla actualmente en proceso, siendo la primera vez que esto ocurre en ese país. La aceptación del caso de las mujeres de Lote Ocho en el sistema de justicia canadiense está sentando un precedente altamente significativo, pues implica que el país sede de una corporación multinacional tiene jurisdicción para juzgar crímenes cometidos por esa compañía en otro país, y que la multinacional es suceptible de rendición de cuentas por los actos de sus subsidiarias. Esto podría contribuir a impedir que empresas transnacionales continúen violando los derechos humanos y depredando los recursos naturales en Guatemala y otros países. También establece un significativo precedente en la búsqueda de caminos alternativos para obtener justicia por violencia sexual contra las mujeres.

Son muy grandes los retos y obstáculos que enfrentan los dos grupos de mujeres en el camino para obtener justicia y resarcimiento. La impunidad y la corrupción son agudos problemas, que se sustentan en poderosas redes de grupos mafiosos y del crimen organizado que han echado raíces en el sistema de seguridad y justicia. Para las mujeres de Sepur Zarco constituye una amenaza permanente el tener que convivir en las mismas comunidades con algunos de los perpetradores de la violencia sexual que les fue infligida durante el conflicto armado. Las mujeres de Lote Ocho enfrentan una campaña de hostigamiento desatada contra ellas por la Compañía Guatemalteca del Níquel con el fin de forzarlas a retirar la demanda legal que presentaron en Canadá. Al respecto, Virginia Bol expresa: "Cada día estamos luchando para enfrentar la situación en que estamos. Realmente hay controles sobre lo que hacemos ahora nosotras […]. Tenemos miedo ante los empresarios" (L815, entrevista, 26/06/12).

Otra de las dificultades que afrontan las mujeres de Sepur Zarco y Lote Ocho son las condiciones para desplazarse de sus comunidades rurales a las cabeceras municipales y a la ciudad de Guatemala, como parte de sus acciones organizativas y gestiones legales. Esto es resultado de la inseguridad que prevalece en los caminos producto de los altos niveles de violencia delincuencial en la región, así como la precariedad de infraestructura vial y de servicios de transporte público.

No obstante, los avances que hasta ahora han tenido las mujeres en las luchas por el acceso a la justicia fortalecen su compromiso de seguir adelante. Estela Maas, de Sepur Zarco, afirma: "Ahora que estamos llevando el caso yo me siento feliz. Que no digamos aquí nomás llegamos [...] la lucha sigue" (SZ09, entrevista, 18/05/12). Las mujeres de Lote Ocho consideran que la demanda legal presentada en Canadá ha tenido el efecto de impedir que la empresa minera lleve a cabo nuevos desalojos. Clemencia Xo afirma: "Por nosotras es que ya se paró el desalojo. Sí, por la fuerza y la lucha de nosotras paró el desalojo" (L819, entrevista, 26/06/12). Esta convicción es un fuerte aliciente para seguir con el proceso legal, dado que su demanda de justicia está íntimamente vinculada a la lucha por la tierra.

¿Cómo se explican los avances que han tenido las mujeres de Sepur Zarco y Lote Ocho en la búsqueda de justicia y resarcimiento ante crímenes tan atroces, que han permanecido en la completa impunidad? ¿Cómo han podido ir trascendiendo las múltiples vulnerabilidades que rodean sus vidas?

Componentes del contexto local y nacional han jugado un papel potenciador, tales como las luchas del movimiento de mujeres, en particular aquellas dirigidas a la erradicación de la violencia basada en el género; los procesos de organización y la movilización comunitaria en defensa de la tierra y el territorio, en los cuales las mujeres están teniendo una destacada participación; las luchas que libran organizaciones de derechos humanos y pueblos indígenas, en el marco de la justicia transicional, para poner fin a la impunidad por graves crímenes ocurridos durante el conflicto armado. Igual mención merecen algunos fiscales, jueces y juezas, quienes, enmedio de un sistema de justicia altamente penetrado por redes del crimen organizado, la corrupción y la impunidad, han dado evidencias de su integridad y compromiso con la independencia del sistema de justicia.

En este contexto, tanto para las mujeres de Sepur Zarco como para las de Lote Ocho, el factor fundamental ha sido el proceso dirigido a la construcción de fuerza social, por medio de dos estrategias: la construcción de grupos de mujeres y la participación en alianzas, a nivel local, nacional e internacional.

4.1. *Los grupos de mujeres*

Los grupos de mujeres han sido herramientas de gran valía para el empoderamiento individual y colectivo de las participantes. Éste ha sido el espacio donde ellas han podido romper el silencio sobre la violencia sexual; superar algunas de las consecuencias psicosociales, como los sentimientos de culpa y vergüenza; tomar conciencia sobre sus derechos como mujeres; fortalecer lazos de solidaridad y potenciar sus fortalezas.

Romper el silencio al interior de los grupos creó las condiciones para que las mujeres de Sepur Zarco pudieran denunciar públicamente en el Tribunal de Conciencia contra la Violencia Sexual hacia las Mujeres durante el Conflicto Armado Interno en Guatemala, realizado en 2010, así como también en los tribunales de justicia, a partir de 2012. Estela Maaz relata:

Antes, cuando no participábamos nosotras en talleres, no pensábamos en esta posibilidad de encontrar justicia. Estábamos pálidas, nos quedamos muy mal. [La guerra] nos dejó enfermas, tristes, apagadas. Por la gracia de Dios no morí. Después vimos que era posible que se responsabilizara a quienes cometieron eso contra nosotras (SZ09, entrevista, 21/06/12).

El trabajo en los grupos les ha permitido a las mujeres reflexionar sobre los múltiples sistemas de poder que sostienen la violencia sexual vivida, dándole nuevos significados, ubicándola ya no como un problema individual, sino como un problema social, como una violación a los derechos humanos y un delito. Este proceso de politización de la violencia sexual ha sido crucial para la exigencia de justicia.

La toma de conciencia de tener derechos constituyó un punto de inflexión en las vidas de las mujeres. Esto las ha empoderado en el ámbito familiar y comunitario para enfrentar la violencia contra las mujeres. Rosa Cantú afirma:

Si ahora nos pasa o pasa a una de nuestras hijas, así, no nos vamos a dejar, sino que vamos a ir a denunciar al culpable de la violación. Si a mi niña le pasa algo, si ella me dice quién es el culpable entonces yo tengo que ir a denunciar y ella también [...] ahora ya no tenemos miedo (GM-AV-28/02/07).

Dentro de los grupos, las mujeres han forjado sólidos lazos de solidaridad. En esto impacta la tradición de colectividad, una significativa característica, del pueblo q'eqchí. La cosmovisión q'eqchí y la fe han sido también pilares importantes para el fortalecimiento de las mujeres en su lucha por la justicia. Las ceremonias mayas, en particular, les dan serenidad. Aurelia Botzoc explica "Cuando empezamos fue con una ceremonia para abrir el camino de la justicia. Una vez al año hemos hecho ceremonia. Eso nos da fortaleza en el camino. Nos da tranquilidad y paz" (SZ-03, entrevista, 15/05/12).

Adicionalmente, los procesos de toma de conciencia de tener derechos y la reflexión sobre la violencia sexual han permitido a las mujeres examinar críticamente el abordaje de la violencia contra las mujeres en los sistemas de justicia tanto estatal como comunitaria. Con relación a la justicia comunitaria, mujeres de Sepur Zarco opinan:

Al menos ahora es escuchada la voz de las mujeres, existen comités, aunque con respecto a la violencia sexual muchos de ellos no lo miran como un delito. Lo miran como algo que les pasa a las mujeres [...]. Por ejemplo, yo recuerdo cuando pasó lo de mi hija, que mi esposo había intentado abusar de ella, acudí al alcalde del lugar. Él [me dijo]: "Mejor esconde el problema porque eso va ser vergüenza para vos y tu hija" (SZ, entrevista grupal, 20/06/12).

4.2. *La construcción de alianzas*

Otra de las estrategias principales para buscar justicia ha sido la construcción de alianzas a nivel local, nacional e internacional. La Alianza Rompiendo el Silencio y la Impunidad, como parte de su accionar en favor de la emancipación de las mujeres, ha acompañado por varios años al grupo de Sepur Zarco.[7] Se trata de una lucha colectiva, en la cual las mujeres q'eqchi's son el centro del proceso de búsqueda de justicia. Para las mujeres de Lote Ocho han tenido mucha importancia las alianzas a nivel local, así como el acompañamiento de organizaciones canadienses de derechos humanos, particularmente Rights Action, y la pequeña firma de abogados Klippenstein's, que las representa ante los tribunales de Canadá en forma *ad-honorem*.

Estas alianzas conforman la fuerza motriz dirigida a poner fin a la impunidad por los graves crímenes de violencia sexual contra las mujeres q'eqchi's. Ante los desniveles abismales de poder que existen entre las víctimas y los perpetradores, ningún grupo u organización por sí sola podría emprender tan enorme tarea (Méndez Gutiérrez y Carrera Guerra, 2014).

Además, los procesos de construcción de alianzas en favor de la justicia constituyen un respaldo importante en las luchas de resistencia de las mujeres q'eqchi's, en defensa de la tierra y el territorio. De acuerdo con Rauber (2004: 27), "Son las resistencias y las luchas sociales concretas las que generan las necesidades de articulación [...] de actores sociopolíticos".

De cara al avance de estas emblemáticas luchas por el acceso a la justicia, es indispensable el fortalecimiento de los procesos organizativos de los dos grupos de mujeres, así como la ampliación de la solidaridad y acompañamiento de diversas organizaciones sociales a nivel local, nacional e internacional.

5. CONCLUSIONES

En Guatemala las mujeres indígenas enfrentan múltiples dimensiones de vulnerabilidad frente a la violencia, las cuales son resultado, en primer lugar, del entrelazamiento en sus vidas de los grandes problemas de carácter estructural que impactan a la sociedad guatemalteca, esto es la explotación capitalista, la dominación patriarcal y el racismo contra los pueblos indígenas. Esa vulnerabilidad se profundiza en determinados contextos sociales que agudizan la violencia contra las mujeres. Tal es el caso del conflicto armado o la profundización del modelo extractivista, que está siendo impuesto en la etapa actual.

En la historia de Guatemala los periodos de grandes despojos de tierras han ido aparejados a violaciones sexuales masivas de mujeres, principalmente indígenas. La violación sexual de mujeres, que se halla firmemente interiorizada en los códigos culturales dominantes y en la cotidianidad, se agudiza aún más en contextos de invasión, militarización o guerra, en los cuales los cuerpos femeninos son utilizados para marcar control y dominio sobre el territorio, y donde se pone de manifiesto

---

[7] La Alianza Rompiendo el Silencio y la Impunidad está conformada por el Equipo de Estudios Comunitarios y Acción Psicosocial (ECAP), Mujeres Transformando el Mundo (MTM) y la Unión Nacional de Mujeres Guatemaltecas (UNAMG).

el sentido de propiedad masculina sobre las mujeres, quienes son equiparadas a los bienes que acompañan a la tierra.

Las mujeres de las comunidades Sepur Zarco y Lote Ocho, en diferentes momentos históricos, fueron víctimas de violaciones sexuales masivas, resultado de las estrategias utilizadas ya sea por miembros del ejército, la policía o agentes privados de una empresa minera transnacional, para despojar de sus tierras a las comunidades campesinas. Además, la violación sexual de mujeres en Sepur Zarco constituyó un arma de guerra en la política contrainsurgente del Estado.

La ideología y las normas sociales patriarcales han sido instrumentales tanto a los objetivos contrainsurgentes del ejército durante la guerra, como a las empresas extractivistas depredadoras en la etapa actual. La dominación patriarcal proveyó un sistema de relaciones de poder que otorga a los hombres una posición de supremacía sobre las mujeres, así como imaginarios en los cuales la violencia contra las mujeres está normalizada.

Tanto las mujeres de Sepur Zarco como las de Lote Ocho, siguiendo caminos diferentes, están abriendo brecha en la búsqueda de justicia para poner fin a la impunidad por los graves crímenes de los cuales fueron objeto. El proceso penal impulsado por las mujeres de Sepur Zarco ante los tribunales de justicia estatal, el primero en la historia del país, se encuentra ya en etapa de juicio y dos de los perpetradores se hallan en prisión preventiva, mientras el proceso sigue su curso.

La demanda legal por resarcimiento presentada por las mujeres de Lote Ocho en Canadá es también una acción legal pionera, ya que es la primera vez que una acción de este tipo es admitida en el sistema de justicia de ese país. Aun cuando no ha concluido, esta demanda está sentando un precedente significativo, pues implica que el país sede de una corporación multinacional tiene jurisdicción para juzgar crímenes cometidos por esa compañía en otro país, y que la multinacional es susceptible de rendición de cuentas por los actos de sus subsidiarias.

Para las mujeres de Sepur Zarco y Lote Ocho, en sus luchas por la justicia y el resarcimiento ha sido crucial la construcción de fuerza social, por medio de dos estrategias principales: la construcción de grupos de mujeres y la participación en alianzas, a nivel local, nacional e internacional. Sólo así es posible trascender las grandes desigualdes y vulnerabilidades que rodean sus vidas, así los abismales desniveles de poder entre ellas y los perpetradores.

Los avances alcanzados en estos procesos legales están sentando un importante precedente a nivel nacional e internacional, en la búsqueda de vías alternativas dirigidas a ilegitimar y erradicar la violencia sexual contra las mujeres.

Estos emblemáticos procesos legales no han concluido. Son grandes los obstáculos que aún enfrentan las mujeres demandantes para alcanzar justicia, por lo cual es indispensable el fortalecimiento de los procesos organizativos de los dos grupos de mujeres, así como la ampliación de la solidaridad y acompañamiento de diversas organizaciones sociales a nivel local, nacional e internacional.

6. REFERENCIAS

Bueno Sánchez, E. y G. Valle Rodríguez (2008), *Una aproximación a la vulnerabilidad por género*, México, Asociación Latinoamericana de Población.

Brownmiller, S. (1975), *Against our will: Men, women and rape*, Nueva York, Simon y Schuster.

Casaús Arzú, M. (2006), "Génesis del racismo y de la discriminación en Guatemala: siglos XIX y XX. Un abordaje multidisciplinario", en *Diagnóstico del Racismo en Guatemala*, Guatemala Vicepresidencia de la República de Guatemala, Investigación interdisciplinaria y participativa para una política integral por la convivencia y la eliminación del racismo.

Comisión para el Esclarecimiento Histórico (1999), *Guatemala: memoria del silencio*, recuperado de <www.derechoshumanos.net/lesahumanidad/informes/guatemala/informeCEH.htm>.

Chirix, E. (2010), *Ru rayb'al riqach'akul. Los deseos de nuestro cuerpo*, Guatemala, El Pensativo.

Cobo, R. (2011), *Hacia una nueva política sexual. Las mujeres ante la reacción patriarcal*, Madrid, Los libros de la catarata.

Cockburn, C. (2007), *From where we stand. War, Women's Activism y Feminist Analysis*, Londres/Nueva York, Zed Books.

De Miguel, A. (2003), "El movimiento feminista y la construcción de marcos de interpretación. El caso de la violencia contra las mujeres", *Revista Internacional de Sociología (RIS)*, Tercera Época, núm. 35: 127-150, mayo-agosto, España, Consejo Superior de Investigaciones Científicas, recuperado de <http://revintsociologia.revistas.csic.es>.

Fulchiron, A., O. Paz y A. López (2009), *Tejidos que lleva el alma. Memoria de las mujeres mayas sobrevivientes de violación sexual durante el conflicto armado*, Guatemala, Equipo de Estudios Comunitarios y Acción Psicosocial (ECAP)/Unión Nacional de Mujeres Guatemaltecas (UNAMG).

Instituto Nacional de Estadística (INE) (2004), *IV Censo Nacional Agropecuario. Características generales de las fincas censales y de productoras y de productores agropecuarios*, t. I, Guatemala.

——— (2011), *Encuesta Nacional de Condiciones de Vida (ENCOVI) 2011*, Guatemala.

——— (2012), *Caracterización república de Guatemala*, recuperado de <www.ine.gob.gt/sistema/uploads/2014/02/26/L5pNHMXzxy5FFWmk9NHCrK9x7E5Qqvvy.pdf>.

——— (2013), *Mapas de pobreza rural en Guatemala 2011*, resumen ejecutivo, Guatemala.

INE y SEPREM (2007), *Indicadores para el análisis de género 2007*, Guatemala.

Méndez Gutiérrez, L. (2013), *La erradicación de la violencia contra las mujeres y el papel de la Policía Nacional Civil*, Guatemala, F&G Editores/Fokus.

Méndez Gutiérrez, L. y A. Carrera Guerra (2014), *Mujeres indígenas: clamor por la justicia. Violencia sexual, conflicto armado y despojo violento de tierras*, Guatemala, ECAP/IDRC.

Merchand Rojas, Marco Antonio (2013), "El Estado en el proceso de acumulación por desposesión favorece la transnacionalización de la minería de oro y plata en México", *Revista Paradigma Económico*, núm. 1, México.

Oficina de Derechos Humanos del Arzobispado de Guatemala (1998), *Guatemala: nunca más. Informe del Proyecto Interdiocesano de Recuperación de la Memoria Histórica (Remhi)*, Guatemala, recuperado de <www.derechoshumanos.net/lesahumanidad/informes/ guatemala/informeREMHI.htm>.

Procuraduría de los Derechos Humanos (2011), *Informe de situación sobre trata de personas en Guatemala*, Guatemala.

Rauber, M. (2004), *Sujeto social, político, histórico, en Latinoamérica hoy. Razones para su rearticulación*, La Habana, Ministerio de Ciencia, Tecnología y Medio Ambiente.

Segato, R. (2006), *La escritura en el cuerpo de las mujeres asesinadas en Ciudad Juárez*, México, Universidad del Claustro de Sor Juana.

SEGEPLAN/MSPAS (2011), *Estudio Nacional de Mortalidad Materna*, informe final, Guatemala.

Tribunal de conciencia contra la violencia sexual hacia las mujeres durante el conflicto armado interno en Guatemala (2010), recuperdo de <http://publicaciones.hegoa.ehu.es/assets/pdfs/279/Ni_olvido,_ni_silencio.pdf?1342173748>.

Velásquez Nimatuj, I. (2010), Informe de peritaje al Tribunal de conciencia contra la violencia sexual hacia las mujeres en el conflicto armado interno, Guatemala, 5 de marzo.

VULNERABILIDAD Y JUSTICIA: CONSTRUCCIÓN DE CIUDADANÍA DE MUJERES CAMPESINAS E INDÍGENAS EN EL CONFLICTO COLOMBIANO*

JULY SAMIRA FAJARDO, DONNY MEERTENS
y ELIANA PINTO VELÁSQUEZ

RESUMEN: Este capítulo versa sobre la compleja interacción entre las vulnerabilidades de mujeres rurales —indígenas y campesinas—, y sus búsquedas de justicia en el marco de conflicto armado y las inciertas transiciones hacia la paz en Colombia. A partir de una investigación comparativa en el departamento Cesar (nororiente), entre mujeres campesinas (quienes viven en parcelas individuales de economía campesina), y mujeres indígenas (quienes viven en comunidades étnicas con territorio colectivo y sistema de justicia propio), se analiza cómo los dos grupos de mujeres han sido vulnerados por los actores armados de manera similar, mientras sus acciones de resistencia y sus búsquedas de justicia se diferencian de acuerdo con los contextos organizativos y comunitarios en los cuales ellas se encuentran inmersas. Uno de los objetivos del proyecto de investigación colaborativa ha sido documentar esas múltiples vulnerabilidades de las mujeres y sus diferentes caminos de acceso a la justicia, así como promover, mediante el uso de los TICS, el intercambio de experiencias entre ellas para potenciar sus caminos hacia la justicia.

Palabras clave: Vulnerabilidad, justicia, resistencia, mujeres campesinas, mujeres indígenas, violencia, Colombia.

1. INTRODUCCIÓN

1.1. *Sobre vulnerabilidad y género en contextos de conflicto y transición*

En América Latina, el concepto de vulnerabilidad ha sido introducido desde hace más de una década por la Comisión Económica para América Latina y el Caribe (CEPAL), muy ligado a los temas que dieron origen al concepto en otras partes, es

---

* Este texto se deriva del proyecto *Acceso a la justicia de mujeres indígenas y campesinas, víctimas de conflicto armado, en Colombia y Guatemala*, desarrollado por la Pontificia Universidad Javeriana, la Universidad de Antioquia en Colombia y el ECAP en Guatemala, y apoyado por el Centro Internacional de Investigaciones para el Desarrollo (IDRC, por sus siglas en inglés) de Canadá. Las autoras han formado parte, conjuntamente con Martha Lucía Gutiérrez, del equipo de la Universidad Javeriana.

decir, la prevención de desastres, la problemática del desarrollo, la erradicación de la pobreza y recientemente la globalización, la inseguridad y el deterioro de la cohesión social (CEPAL, 2002; Bankoff *et al.*, 2004; Kirby, 2005). En Colombia se ha ampliado el concepto a las poblaciones expuestas al conflicto armado y la violencia, particularmente en términos de las susceptibilidades de género, edad y raza/etnia a los riesgos de la violencia sexual, el reclutamiento forzado de menores o el desplazamiento forzado de comunidades étnicas. La vulnerabilidad también hace parte del lenguaje de prevención y la identificación de factores de riesgo. Un ejemplo de ello es el Sistema de Alertas Tempranas empleado por la Defensoría del Pueblo. Otro, el hito en la jurisprudencia y política pública relacionada con las vulnerabilidades de las mujeres en el conflicto armado, conocido como el Auto 092 de 2008 de la Corte Constitucional Colombiana. La Corte distinguió trece vulnerabilidades, o *factores de riesgo*, de las mujeres desplazadas a causa del impacto desproporcionado del conflicto armado y el desplazamiento forzado sobre ellas (Corte Constitucional de Colombia, 2008). En los últimos años, el concepto de vulnerabilidad se ha desarrollado en dos direcciones, por un lado, en estrecha relación con el concepto de *víctima*,[1] en el sentido de indicar los factores de riesgo que hacen que ciertas poblaciones sean más propensas a convertirse en víctimas de actos de violencia; mientras que por otro lado, se emplea el concepto "población vulnerable en general" para distinguir una condición histórica y estructural de riesgo, acercándose más al concepto de *vulnerabilidad social* —con énfasis en inequidades sociales y exclusiones estructurales (Filgueira, 2001; Hopenhayn, 2001)— , lo cual marca una diferencia con el análisis más coyuntural de las víctimas del conflicto. Un desarrollo interesante es la noción de la combinación de *riesgos emergentes* (el conflicto armado) con el deterioro de las *formas históricas de protección* (en nuestro caso: la ausencia del Estado, la cooptación de la fuerza pública por élites particulares o el deterioro de las condiciones de vida) (CEPAL, 2002: 17). Ambas acepciones de vulnerabilidad son sumamente útiles para el análisis que aquí se desarrolla sobre las desventajas de género que afligen a las mujeres campesinas e indígenas en Colombia, al sufrir ellas —como grupo social— la conjugación de discriminaciones históricas y el impacto del conflicto armado.

Ahora bien, según las definiciones clásicas, la vulnerabilidad social no sólo se refiere a la susceptibilidad a impactos negativos del entorno, sino también a la incapacidad de una comunidad de prevenir, prepararse o superar los daños causados. En los siguientes apartados mostramos cómo las capacidades de resistencia de los dos grupos de mujeres se entrelazan de manera compleja con sus vulnerabilidades, requiriendo un análisis por separado. A continuación, entonces, y después de una breve contextualización nacional y local, haremos un análisis de las vulnerabilidades de campesinas e indígenas en una de las regiones de Colombia, y comparamos sus diferentes estrategias de resistencia y búsqueda de justicia.

---

[1] La categoría "víctima" recobró importancia en el lenguaje político y en la acción del Estado, con la Ley 1448 de 2011, Ley de Víctimas y Restitución de Tierras, incluyendo por primera vez a la población desplazada en esa categoría y ampliando el enfoque de ayuda humanitaria al marco de Justicia Transicional con énfasis en Verdad, Justicia y Reparación.

1.2. Las zonas rurales de Colombia: población campesina e indígena bajo fuego

La población rural en Colombia, tanto la campesina como la indígena, ha sido la más afectada por los largos años de violencia y conflicto armado, que ha dejado más de 220 000 muertos[2] a lo largo de cinco décadas; más de cinco millones de desplazados y más de seis millones de hectáreas de tierras abandonadas o violentamente ocupadas por otros (Grupo Memoria Histórica, 2013: 32, 68, 71, 76). Aunque comparables en intensidad, las dinámicas y temporalidades de sufrimiento y resistencia de la población campesina y de los pueblos indígenas han sido diferentes. Valga aclarar que su distinción en Colombia remite a marcadores de identidad y organización social, derivados de la pertenencia étnico-racial, de la relación con el territorio y de la cosmovisión colectiva. Así, la población campesina (predominantemente mestiza o mulata) vive en parcelas individuales de economía campesina basada en parte en el trabajo familiar. La población indígena, en cambio, habita territorios colectivos ancestrales, con sistemas propios de autoridad y justicia —derechos reconocidos en la Constitución de 1991—.[3] Sus sistemas de producción, si bien desarrollados a partir de unidades familiares, se insertan en una organización social, espiritual y territorial étnica. La población indígena en Colombia, estimada en 1.2 millones de personas, no alcanza a constituir el 3% de la población nacional.

La historia del campesinado, sus luchas y sus formas de organización en Colombia ha pasado por varios episodios de intentos de reforma agraria fallidos o mínimamente ejecutados, que no lograron afectar la profunda desigualdad en la distribución de la tierra en el país. La cúspide de la lucha por la tierra se presentó en los años setenta, cuando la Asociación Nacional de Usuarios Campesinos (ANUC) y más tarde la Asociación Nacional de Mujeres Campesinas e Indígenas de Colombia (ANMUCIC), realizaron una gran cantidad de tomas ("recuperaciones") de tierras ociosas, generalmente latifundios de terratenientes ausentes, logrando en ocasiones presionar al Instituto de Reforma Agraria para su parcelación. Sin embargo, en las siguientes décadas —ochenta y noventa— la llegada de la guerrilla a sus zonas y posteriormente la sangrienta represión paramilitar contra la población civil rural acusada de colaboración, fragmentó el movimiento campesino, acabó con sus alianzas con movimientos populares, despojó violentamente a campesinos y campesinas de sus tierras y destruyó al campesinado como sujeto político (CNNR, Grupo Memoria Histórica, 2010: 201-337; PNUD, 2011: 127-138).

Por su lado, los pueblos indígenas, pese a la definición de Colombia como un Estado plural y multiétnico y al reconocimiento jurídico-político de los pueblos

---

[2] Cifra muy conservadora, dado el enorme subregistro de víctimas por diversas razones políticas y propias de las cambiantes dinámicas del conflicto y las múltiples formas de victimización. El reciente Registro Único de Víctimas constituye un intento de mejorar esta situación.

[3] También las comunidades negras o afrocolombianas, concentradas mayoritariamente en la Costa Pacífica, han logrado recuperar territorios colectivos a partir de la Constitución de 1991. En este estudio no nos referimos a ellas, pues no tienen presencia en la región del Cesar.

indígenas y sus autoridades y territorios en la Constitución Política de 1991, se encuentran en niveles de exclusión y olvido aún mayores que la población campesina. Se estima que el 63% de la población indígena[4] en Colombia se encuentra en situación de pobreza y el 47.6% por debajo de la línea de miseria. Asimismo los niveles de mortalidad infantil y de desnutrición son muy altos (PNUD, 2012: 52-55).

Tanto las tierras campesinas como los territorios indígenas han sido disputados por los diferentes actores armados y apropiados para el desarrollo de megaproyectos extractivos y energéticos. La ubicación geográfica y la riqueza natural de buena parte de estos territorios —particularmente los indígenas— han justificado por décadas la presencia de actores armados en ellos, con consecuencias devastadoras para las comunidades en términos de desplazamiento forzado, confinamiento, persecuciones, asesinatos, violencia sexual, afectación del medio ambiente, entre otras. Aproximadamente el 70% de la población desplazada es campesina y el 3.4% indígena (ACNUR, 2012: 1). La lucha librada por el control territorial por parte de los actores armados y la resistencia ejercida por las organizaciones indígenas también ha tenido grandes repercusiones sobre el derecho a la vida de sus integrantes; acorde a la Organización Nacional Indígena de Colombia (ONIC) entre 2003 y 2012 fueron asesinados 1 063 indígenas (INML, 2013), siendo particularmente preocupante el aumento sostenido de éstos desde el año 2009, cuando la Corte Constitucional emitiera el Auto 009[5] en donde, entre otros aspectos, se llama la atención sobre el alto riesgo en el que se encuentran 34 pueblos indígenas de desaparecer a causa de los impactos del conflicto armado.

1.3. *El departamento del Cesar: contexto emblemático de conflicto, exclusión y patriarcado*[6]

El departamento del Cesar se caracteriza por cuatro grandes dinámicas que marcan el desenvolvimiento del conflicto armado en la región: su geografía humana de poder y exclusión; sus enormes desigualdades socioeconómicas, la concentración del poder de sus familias políticas y su historia de movimientos sociales.

Como en muchas partes de la zona andina de Colombia, la geografía del departamento ha sido cómplice durante siglos del poder de las élites que se establecieron en el fértil valle del río Cesar, donde inicialmente fundaron extensos hatos ganaderos y después haciendas algodoneras. La representación cultural del departamento

---

[4] Acorde a datos de la Organización Nacional Indígena de Colombia (ONIC), en Colombia habitan 102 pueblos indígenas, con una población total estimada de 1 378 884 personas.

[5] Emitido por la Corte Constitucional en seguimiento a la sentencia T-025 de 2004 sobre desplazamiento forzado en Colombia. El auto está centrado en la situación de los pueblos indígenas del país en razón al desplazamiento.

[6] Este subcapítulo retoma apartados del capítulo de contexto del libro que recoge los resultados de este proyecto (véase Sub 1): Ramírez, Patricia (ed.), 2014, *El Camino por la Justicia. Victimizaciones y resistencias de mujeres indígenas y campesinas en Guatemala y Colombia*, Medellín, Universidad de Antioquia (de próxima aparición).

se ha basado en la idealización de ese hato ganadero y su música romántica y machista: el vallenato. Como veremos más adelante, este romanticismo fuertemente dominador ha penetrado profundamente la vida de las mujeres campesinas en el departamento y moldeado sus estrategias de resistencia. Las mujeres indígenas, en cambio, han estado más al margen de esas influencias culturales, pero insertadas en otras prácticas de dominación y resistencia.

Las serranías a cada lado del valle central, eran territorios marginales hasta los años setenta del siglo pasado. Su administración se había dejado en manos de misiones católicas, particularmente de la Orden de los Capuchinos para "civilizar" a los indios, pero en los años ochenta las relaciones con el entorno comenzaron a cambiar. Los campesinos del piedemonte se organizaron y extendieron sus reclamos de una distribución más justa de la tierra a los hatos del valle. Los indígenas se rebelaron contra las misiones e intensificaron su lucha por la recuperación de tierras ancestrales que les habían sido arrebatados a lo largo de los siglos. Aparecieron las guerrillas en el monte, seguidas por cultivos ilícitos y narcotráfico. Esos procesos ayudaron a crear una fuerte sensación de amenaza entre las élites: un valle central en manos del establecimiento, pero incrustado en medio de dos serranías, consideradas *territorios sin ley*, caracterizados por todo lo que escapaba de su control: *indígenas, guerrillas y cultivos ilícitos*.

Los movimientos de la guerra en el departamento del Cesar seguían esa lógica del poder: desde las franjas las guerrillas buscaban, en los años ochenta, ganancia económica y política a través del secuestro de las élites y la extorsión a las grandes empresas. A la vez aprovecharon la crítica situación económica por la caída del precio del algodón, para hacer un trabajo político contra la pobreza y por el derecho a la tierra entre el campesinado empobrecido. En la década siguiente (los noventa) irrumpió la contraguerra paramilitar con sus masacres, desplazamientos y despojos contra población campesina e indígena, siguiendo la lógica de someter y controlar a sangre y fuego esas franjas rebeldes al poder del establecimiento. Y aún más: buscaba restablecer su control y ampliar su poder económico donde lo habían perdido en décadas anteriores a causa de los fuertes movimientos reivindicativos indígenas y campesinos. En efecto, la clase política del Cesar —en manos de unas pocas *familias políticas*, con vínculos directos con el poder central, extensas propiedades de tierra y una larga tradición de nepotismo y clientelismo político— defendió sus intereses a través de alianzas con el paramilitarismo, conocidas como la *parapolítica*, causando una violencia sin cuartel en las zonas rurales.

Como consecuencia de esas dinámicas perversas, el departamento Cesar mantiene un nivel muy alto de pobreza (53%) y sus mujeres tienen menos educación y sufren más violencia psicológica y sexual que el promedio nacional (Gobernación del Cesar, 2012; PNUD, 2010: 10-15). El departamento tiene un índice de ruralidad más alto que el resto del país, pues el 32% de la población es rural —tanto campesina como indígena (Gamarra, 2005)—. La mayor parte de la población indígena del Cesar (45 000 personas, 5% del total de la población del departamento) se encuentra en la Sierra Nevada de Santa Marta, ubicada en el noroccidente, y está repartida en cuatro *pueblos* (grupos étnicos): los kogui, los arhuacos, los wiwa y los kankuamos.⁷ A partir de la Constitución, los pueblos indígenas que habían perdido sus territorios colectivos y sus organizaciones propias, como los kankuamos (participantes en nuestro proyecto), iniciaron un proceso de organización, de reclamo territorial, de instauración de derechos colectivos y de reconocimiento formal de sus autoridades tradicionales. Simultáneamente, la ubicación de sus territorios en términos geoestratégicos (inhóspitos, cercanos al mar y a Venezuela) facilitaba la expansión del negocio de las drogas ilícitas y el tráfico de armas, lo cual los convirtió en zonas de permanente disputa entre todos los actores armados.

Contrario a los procesos organizativos indígenas, las luchas campesinas han venido en declive, desde el auge de su organización en los años setenta hasta la fuerte ola de violencia paramilitar contra la población campesina, que dispersó su organización —la Asociación Nacional de Usuarios Campesinos— en el departamento y dejó a sus reivindicaciones en el olvido. La mayoría de las parcelaciones, consideradas por las élites "baluartes de subversión", fueron ocupadas por los paramilitares del Bloque Norte de los Autodefensas Unidas de Colombia (AUC), quienes masacraron a sus líderes y despojaron de sus tierras al resto de las familias campesinas. En esas circunstancias, el campesinado perdió su protagonismo en la arena política y también en la memoria de la gente.⁸ Asimismo, la participación organizativa de las mujeres y la construcción de redes en que se habían empeñado desaparecieron ante la oleada represiva. Para las mujeres campesinas del departamento significó buscar otros caminos de resistencia, diferentes a los de las indígenas, quienes contaban con procesos de organización propia. Hacia finales de la primera década del nuevo siglo, las mujeres urbanas y unas pocas rurales del departamento habían logrado tímidamente reconstruir algunos pequeños nodos de las redes nacionales, entre ellas las Iniciativas de Mujeres Colombianas por la Paz (IMP) y la Red de Mujeres del Caribe. Finalmente, buscar justicia en el contexto de vulnerabilidades exacerbadas, significó para unas y otras enfrentar nuevas dinámicas de inseguridad que obedecen a la transformación de los anteriores grupos armados, particularmente los paramilitares, hacia "bandas criminales" (BACRIM).

En estos contextos complejos, el proyecto de investigación ha trabajado colaborativamente con las mujeres campesinas y con las indígenas kankuamas en la identificación de los obstáculos y la socialización de sus estrategias para acceder a la justicia en el marco de la reconstrucción de sus proyectos vitales.

---

⁷ En honor a su estatus de pueblos reconocidos en la Constitución, sus nombres se escriben con minúscula, igual a los otros ciudadanos ("colombianos").

⁸ Sólo con la Ley de Víctimas y Restitución de Tierras de 2011, así como con las negociaciones de paz entre gobierno y FARC, iniciadas en 2012 en Cuba, los temas de "desarrollo rural" y "campesinado" volvieron a ocupar un lugar en la agenda política del país.

2. LAS MUJERES CAMPESINAS: ENTRE LA ROMANTIZACIÓN COSTUMBRISTA Y LA CONSTRUCCIÓN CIUDADANA

> *Aquí nunca hemos sido buenos para expresar los cariños con palabras secas, es decir, sin trago ni música. Necesitamos de uno de los dos, de lo contrario las cosas se marchitan en el alma sin que los demás se enteren.*
>
> JOSEFINA PALMERA, CITADA POR SÁNCHEZ BAUTE, 2008: 65

Como ya se planteó en la introducción, la tradición musical vallenata es considerada una de las expresiones culturales más arraigadas del departamento, a través de la cual sus gentes transmiten costumbres y tradiciones y se expresan diferentes miradas sobre las relaciones de género, donde predominan aquellas en las que los hombres ocupan un lugar central. Así, se cree que el acordeón —instrumento principal del vallenato— sólo puede ser interpretado por los hombres, mientras la mujer es vista "como una compañera, asociada a la poesía, al canto, a un romanticismo costumbrista [...] Y en el análisis [...] encuentras esa idealización de la mujer, de esa inspiración de las mujeres. Pero detrás de eso hay unas relaciones de dependencia y subordinación que también quedan claras en muchas de las músicas..." (Ei_Mujer_org_Valledupar_140312). De tal manera que la música expresa una permanente justificación y naturalización de las relaciones de dominación, exaltadas en la violencia hacia las mujeres y del ocultamiento de sus voces.

Sin embargo, como lo evidencian los relatos de las 49 mujeres campesinas que hicieron parte de esta investigación,[9] en la medida en que los procesos de poblamiento, los intereses económicos y políticos, y los escenarios impuestos por el conflicto armado fueron reconfigurando la región, se diversificó el lugar de las mujeres campesinas. Unas aportaban con su participación activa en el trabajo rural y el sostenimiento familiar; algunas participaban en política a través de sus lazos familiares; otras hacían parte de los movimientos campesinos y populares en los setenta (lo cual años más tarde las convirtió en víctimas de la contraguerra paramilitar); muchas, indiscriminadamente, fueron desplazadas por la violencia que llegó a sus comunidades; varias de ellas se han convertido ahora en "artífices del reencuentro" entre ellas mismas, comenzando de nuevo procesos organizativos para exigir justicia en un contexto de transición.

A medida que ellas iban narrando sus historias, encontraban espacios y experiencias compartidas más amplias que se referían a cómo las mujeres campesinas habitan sus territorios en contextos inseguros, amenazantes y complejos, cómo esos contextos conllevan la confluencia de diferentes afectaciones y vulnerabilidades en sus vidas, y cómo han desarrollado estrategias de resistencia. Con ello lograban construir y reconstruir sus lugares y espacios —entre los cuales también se encuen-

---

[9] Pertenecientes a los corregimientos de Santa Cecilia (municipio de Astrea), Aguas Blancas, María Angola y la Mesa (municipio de Valledupar).

tran sus propios cuerpos—, determinantes para sus identidades y su sobrevivencia emocional y vital. Este intercambio de experiencias confirma que "género y lugar se constituyen mutuamente. [...] Las relaciones y prácticas sociales, en el tiempo y en el espacio, y los significados asociados a las mismas constituyen el lugar" (Baylina Ferré, M. y Salamaña Serra, I. 2006: 100).

Los entrecruzamientos de vulnerabilidades y estrategias de resistencia

> *Yo digo que sí somos distintas (luego de todo lo que nos ha pasado), porque a las mujeres en las parcelas nos gustaba guerrear y trabajar, [...] y somos las que siempre hemos estado frente a todo [...] pero cuando ya le pasa un caso de estos, uno aprende a eso, a sacar algo de eso que uno tiene adentro que de pronto uno es tímido o algo, uno bota eso a un lado.*
>
> EI_MN_MARIANGOLA_140612

A lo largo de las entrevistas y talleres, las mujeres campesinas han señalado que las dinámicas de reconfiguración del departamento generaron un contexto de vulnerabilidad particular para ellas, destacándose tres elementos: el primero, relacionado con el uso y la posesión de la tierra, que ha sido caracterizada por un desarrollo inequitativo y una alta concentración de riqueza, como ya se describió en la introducción de este capítulo.

El segundo, como afirma una de las participantes en este trabajo, relacionado con los problemas sociales que "fueron envolviéndose con la parte política" (Ei_MS_org_Valledupar_150612), es decir, que las familias políticas recurrieron a acciones de nepotismo y clientelismo para reforzar su poder frente a las guerrillas, y su control sobre los movimientos sindicales, sociales y campesinos que tuvieron un auge importante en el departamento a finales de los años setenta. Esto llevó al tercer elemento que señalaban las mujeres: la dispersión de los movimientos populares, que en la siguiente década prácticamente fueron borrados del mapa departamental, lo cual —dicho sea de paso— representó para este proyecto un reto para superar los miedos y resistencias iniciales a contar la historia silenciada del departamento.

Adicionalmente, las mujeres campesinas señalaron dos experiencias personales que han marcado sus vidas y que les han traído, por un lado, la exacerbación de violencias, afectaciones y daños, pero por el otro, la posibilidad de romper el silencio y el miedo, de buscar justicia y de reencontrarse con otras mujeres.

La primera de estas experiencias está asociada a los hechos de violencia y desplazamiento forzado que sufrieron ellas y sus familias, que para la mayoría implicó el desarraigo y la ruptura de sus relatos autobiográficos. El hecho de perder sus referentes espaciales y materiales dejó a muchas mujeres en el sinsentido, y en el fondo de la mera existencia, como afirma una de ellas: "¡Ahí todo, todo, todo cambió para todo mundo! ¡Todo quedó en ceros!" (Ei_ARM_StaCecilia_110512). Perder la posibilidad de "usar el territorio" según sus labores domésticas y de crianza diarias, y también las de la producción agropecuaria en que participaban, implicó perder una parte sustancial de la vida cotidiana, quitándole el valor y el sentido del lugar al que se pertenecía. La violencia les arrebató uno de los referentes más importantes de su ser campesino: la tierra (y para las mujeres de Santa Cecilia, dada la vocación pesquera de su comunidad: el río). Si bien muchas de ellas no eran titulares de los derechos de propiedad de sus parcelas —lo que habla por demás de una de las más fuertes vulnerabilidades de las mujeres en lo rural—, su vida transcurría allí y a través de su trabajo, de la construcción de sus viviendas, de la cría de sus animales, de la crianza de sus hijos e hijas, esas parcelas eran parte importante de su existencia.

El desarraigo implicó entonces el recomenzar un proceso que se pensó resuelto: la capacidad de tener y sostener una familia, de tener un lugar donde vivir, de hacer parte de una comunidad. En ese forzado recomenzar, la sobrevivencia pasó a ser la prioridad, lo que hizo que la sanación de los impactos físicos y emocionales se postergara. Para muchas mujeres la sobrevivencia les implicó asumir las riendas ya no sólo emocionales sino económicas de sus familias, bien por la pérdida de sus compañeros, por la posibilidad de ellas de emplearse con más rapidez en las ciudades o por la dispersión familiar. Así se puede afirmar con Yusmidia Solano que, cuando era necesario, las mujeres de la costa Caribe traspasaban el umbral de lo doméstico, lo que se conoció en la década de los ochenta y dentro del movimiento campesino, como las mujeres de *"perrenque"* (Solano, 2007; CNNR Grupo de Memoria Histórica, 2010).

Y precisamente ese "traspasar" fomentó que fueran ellas quienes buscaran las maneras de *retornar* a sus parcelas no sólo por mejorar sus condiciones de vida, sino en busca de dignidad y de recuperación de sus referentes identitarios. Eso sí, sin que ello implicara necesariamente el retorno de sus hijos e hijas, muchas veces porque se cree que éstos tendrán un mejor futuro en la ciudad o porque no se habían criado en la parcela, dadas las edades tempranas en que debieron desplazarse —o aun estando en el vientre de sus madres—, razón por la cual las mujeres afirman que no le tienen el mismo amor a esa tierra y no quieren obligarles a retornar a un lugar que no es "propio".

Esos intentos de retorno —algunas veces acompañados por instituciones, otras veces no—, han llevado a muchas mujeres campesinas a reencontrarse desde ese exilio. Poco a poco han vencido el miedo y la desconfianza, y han empezado a echar mano unas de otras en el esfuerzo de *recomponer sus procesos organizativos*, los que fueron duramente golpeados por los actores armados en la década de los noventa. Otra de las luchas que las ha convocado es la de *limpiar los nombres* de sus esposos, hermanos o hijos, asesinados o desaparecidos, cuya muerte había sido "justificada" por los paramilitares e incluso por la fuerza pública, refiriéndose a ellos con calificativos como los de "guerrillero", "terrorista", "ayudante" o "miliciano".

Estas iniciativas se relacionan con una segunda experiencia: la *búsqueda de justicia* en medio de una nueva vida de retorno, de reasentamiento o de una vida que se reparte entre lo urbano y lo rural, lo cual significó para las mujeres un cambio en su relación con el territorio, con sus familias y con ellas mismas. Este punto en particular se constituyó en un reto dentro del trabajo con las mujeres, porque las concepciones, las ideas y las emociones ligadas a la justicia *expresadas por ellas* rebasan los conceptos puramente técnicos y legales, lo cual nos remite a la existencia de un espacio político contestatario donde se disputan diferentes discursos sobre los derechos, la legitimidad y la justicia desde diversas posiciones de género, etnia y edad (Mackenzie, 2010).

Las mujeres campesinas que han sido víctimas del conflicto armado han buscado "justicia" en los espacios que ofreció en su momento la Ley 975 de 2005 (Ley de Justicia y Paz) y posteriormente la Ley 1448 de 2011 (Ley de Víctimas y Restitución de tierras). Los caminos que estas mujeres han tenido que atravesar han agravado o han generado nuevos daños e impactos, enfrentándose primero a la burocracia de instituciones que cambiaron con el paso de una ley a la otra; teniendo que contar y repetir su historia a cada dependencia para poder pedir reparación; sometiéndose a la negligencia y la mirada de sospecha de funcionarios y funcionarias de dichas instituciones; a la pérdida de papeles; al "no saber lo que pasa", porque muchas no cuentan con los recursos para llamar al abogado o a la institución para hacer seguimiento a sus procesos, o para salir de la vereda hasta la cabecera municipal o la capital del departamento. Pero en esos mismos procesos de indudable *revictimización* ellas han encontrado elementos de resistencia y se han reafirmado como campesinas, madres, esposas, hermanas, exigiendo que se escuche su historia con atención y que se les responda un oficio entregado, o negándose a irse de las oficinas hasta tener una respuesta sobre sus tierras.

En este camino que ha sido largo, arduo y doloroso, algunas mujeres han contado con el acompañamiento de organizaciones como IMP, la Red de Mujeres del Caribe, la Comisión Nacional de Reparación y Reconciliación (CNRR), la Misión de Apoyo al Proceso de Paz de la Organización de Estados Americanos (MAPP-OEA), la Asociación Red de Juventudes Cesarences (RedJuvenzar), Programa de Naciones Unidas para el Desarrollo (PNUD), la Defensoría del Pueblo, el Centro de Memoria del Conflicto–Cesar y otras más, las cuales a través de capacitaciones, obras de teatro, campañas en contra de la violencia contra las mujeres y proyectos de acompañamiento psicojurídico, han buscado romper la dispersión de los procesos organizativos campesinos y de mujeres en la región. Sin embargo, siguen latentes los miedos y las desconfianzas, puesto que, como ellas afirman, "nosotros estamos en medio del conflicto, nosotros trabajamos en medio del conflicto, aquí nunca ha habido esa tranquilidad" (Ei_MS_Organización). Y en efecto, sufren señalamientos no sólo por parte de los actores armados, sino también por parte de sus familias, porque les da miedo que el grupo familiar vuelva a ser blanco de un hecho de violencia o porque a veces sus compañeros, hijos o hijas les critican que su involucramiento en esos procesos les lleva a "abandonar" sus labores domésticas y de crianza. Estos miedos y presiones han generado que muchas mujeres dejen los procesos organizativos, desistan en las búsquedas de justicia o prefieran hacerlo en solitario.

A pesar de la diversidad de las estrategias individuales y colectivas a las que las mujeres campesinas han echado mano para restablecer de nuevo sus vidas, el proceso les ha implicado a todas hacer un triple esfuerzo, que puede leerse desde los análisis sobre territorialización propuestos por Flor Edilma Osorio (2011). La primera dimensión de ese esfuerzo se da al nivel de la toponimia, es decir, de la búsqueda por recuperar y asegurar la pertenencia a los espacios físicos, que den la oportunidad de volver a reconstruir la historia personal y colectiva. En esa búsqueda, se han enfrentado a pleitos jurídicos con nuevos ocupantes en sus predios, a veces con otras mujeres que también fueron compañeras de sus esposos, con personas allí puestas por paramilitares, o con desplazados de otras zonas. Por otro lado, no han contado con la documentación para comprobar su derecho a la propiedad y también se han enfrentado a los reordenamientos territoriales impuestos por el gobierno nacional o departamental, por ejemplo, el cambio de una vocación de economía agrícola a una minera-extractiva.

La segunda dimensión ha sido desde la topofilia. En este sentido, las búsquedas de justicia han apuntado también a recomponer las relaciones familiares, sociales y comunitarias que le daban sentido al lugar, tarea que para las mujeres además implica enfrentar y sortear la particular forma regional (alrededor del vallenato, como ya se mencionó) en que se han construido las relaciones de género en las cuales se afirma la "tenencia" masculina de la mujer como objeto de propiedad. Por último, está la topofobia. En relación con las dos dimensiones anteriores, las mujeres campesinas en este camino han tenido que hacerle frente muchas veces *en solitario* a los miedos y el terror que algunos lugares representan en sus vidas. Algunas veces esos lugares son sus propios cuerpos, situación que se da en especial con las mujeres y jóvenes que fueron víctimas de violencia sexual tanto dentro del conflicto armado, como en lo cotidiano por parte de sus compañeros o familiares. En sus narraciones se entremezclan los dolores físicos, emocionales y aun comunitarios, porque muchas de sus compañeras saben lo que ha pasado pero no lo pueden compartir abiertamente con nadie. Hechos como la violación, el acoso sexual, las normas impuestas para vestir, las horas restringidas para salir, la esclavitud doméstica, las enfermedades de transmisión sexual y otras manifestaciones del control social y sexual de actores armados sobre una comunidad, han marcado sus cuerpos. Al igual que ha sucedido con lugares como la casa o la vereda, de sus cuerpos también les han quitado la noción de ser un espacio seguro.

2.1. *Trabajo conjunto y continuidades*

> *...porque eso es algo que uno no lo deja nunca, uno siempre quiere ayudar a la comunidad, donde se mejore tu entorno, bueno eso es lo que uno siempre hace. Bueno, nunca me alejé, entonces volví nuevamente.*
>
> EI_ MUJER_ANUC_150312

Comprender esos procesos junto con las mujeres campesinas durante casi dos años y medio fue determinante para el desarrollo y el alcance del proyecto. Comenzar a hacer acercamientos, a construir espacios de confianza, establecer puntos de encuentro y acuerdos para el trabajo conjunto, implicó continuamente diálogos sobre tiempos, formas de participación, necesidades de escucha y maneras en que querían que sus narraciones fueran transmitidas. Así, por una amplia solicitud de las mujeres y a la par del proceso investigativo y del trabajo en Tecnologías de la Información y Comunicación (TIC),[10] se integró un proceso de acompañamiento psicosocial que buscaba, en primer lugar, valorar junto con ellas los daños sufridos antes, durante y después del conflicto armado, integrando en la última parte los impactos sufridos con la desmovilización paramilitar y los obstáculos encontrados en la búsqueda de justicia; dar cuenta de las maneras en que las mujeres han venido afrontando esas situaciones e identificar las capacidades propias y comunitarias para continuar el camino.

Cada uno de los eslabones en esta cadena de acciones logró valiosas oportunidades de encuentro y de trabajo conjunto[11] entre las mujeres campesinas y las mujeres indígenas kankuamas, que comparten territorio en el mismo departamento; y con las mujeres indígenas del Cauca pertenecientes al Cabildo Kitek-Kiwe y las mujeres guatemaltecas Maya Q'eqchi. A través del intercambio de experiencias, las mujeres campesinas lograron sentir su voz acogida en historias amplias de la región, de su país y del mundo, logrando que, a medida que cada una se escuchara en las historias de otras mujeres, se saliera del aislamiento producido por el miedo y la sospecha constante que la violencia había impuesto entre ellas mismas. Ejemplo de ello son los materiales audiovisuales que ellas mismas realizaron y editaron[12] (video *Una sola golondrina no hace verano*[13] y dos radionovelas).

A partir de este trabajo conjunto, de los productos y de su divulgación, fue posible que fueran ellas mismas quienes hablaran del proceso, de sus alcances y de las posibilidades de continuar persistiendo, tocando puertas y alzando su voz. Para las mujeres campesinas del Cesar, el trabajo conjunto les ha ayudado a identificar sus ejes de movilización y convergencia en el proceso de reconstruir sus comunidades, en un anhelo de superar, como lo expresó una mujer profesional de Valledupar, la "fragmentación del proceso social; (la) tendencia a la proyectitis, (para) ganar la visión de necesidades prácticas e intereses estratégicos" (Ei_mujer_org_Valledupar_140312). Así, poco a poco se logra que sus experiencias, tristezas y procesos de resistencia se integren a las narraciones que sobre el departamento y su historia se cuentan y se cantan.

---

[10] Proceso para el que el apoyo del Centro Ático de la Universidad Javeriana fue ampliamente significativo para las capacitaciones, ediciones y producción final. <www.javeriana.edu.co/atico/web/>.

[11] Los días 15 y 16 de agosto de 2013 se llevó a cabo el Encuentro Internacional de intercambio de experiencias de mujeres indígenas y campesinas de Colombia y Guatemala, en la ciudad de Valledupar y en Atanquez, capital del Resguardo Kankuamo (municipio de Valledupar).

[12] En el caso colombiano, las mujeres campesinas del Cesar trabajaron conjuntamente con las mujeres indígenas kankuamas y las mujeres indígenas Nasa del Cauca.

[13] Disponible para ver en el link <http://vimeo.com/87005452>.

3. LA EXPERIENCIA CON LAS MUJERES INDÍGENAS KANKUAMAS: EL FORTALECIMIENTO DE LA RESISTENCIA EN EL MARCO DE MÚLTIPLES VULNERACIONES A SU EXISTENCIA

3.1. Las vulnerabilidades acentuadas de las mujeres kankuamas: complejos cruces de múltiples violencias y exclusiones

Las mujeres y niñas kankuamas se han visto afectadas de manera diferencial y crónica en el marco de las tres condiciones históricas que ya se describieron en la introducción para los pueblos indígenas: la exclusión de la sociedad mayoritaria y el Estado, el desarrollo del conflicto armado en sus territorios, y las relaciones inequitativas de género (Mesa de Trabajo Mujer y Conflicto Armado, 2009). Los impactos del conflicto armado no sólo han traído nuevas violencias a sus vidas sino que ha profundizado las discriminaciones de género que ya estaban presentes. Esta situación de manifiesta vulnerabilidad en tanto indígenas y mujeres se agrava aún más por los hechos de violencia sexual, debido tanto al impacto que tiene este delito en sus vidas, como por las implicaciones comunitarias, dada la alta estigmatización que genera. La violencia sexual constituye el tipo de violencia en el marco del conflicto armado que es más recurrente entre todos los actores armados, legales e ilegales, pero a la vez se sitúa como el menos visibilizado y sistematizado.

Esta multiplicidad de condiciones que incrementan la vulnerabilidad de los pueblos indígenas en el país, ha tenido una fuerte presencia en la Sierra Nevada de Santa Marta, afectando de forma profunda la vida y el bienestar de los cuatro pueblos indígenas que allí habitan. De ellos, los kankuamos han sido el pueblo más afectado por el conflicto armado,[14] por sufrir con mayor fuerza las acciones de los actores armados, particularmente del *Bloque Norte* de las AUC (Autodefensas Unidas de Colombia). En tan sólo seis años de la década pasada fueron asesinados 208 kankuamos, dejando 200 viudas y 700 huérfanos aproximadamente. La mayoría de los asesinatos y masacres tuvieron lugar entre 2002 y 2004, justamente cuando se encontraban en medio del proceso de constitución legal de su resguardo (Corte Constitucional 2009: 66; Observatorio del Programa Presidencial de Derechos Humanos y DIH 2010: 19). Sin embargo, acorde a datos del Centro de Cooperación al Indígena (CECOIN) ya en épocas anteriores, entre 1974 y 2002, la tasa de homicidios por cada 100 000 habitantes en el pueblo kankuamo fue 49 veces mayor que la tasa nacional (INML, 2013: 109). Además, el pueblo kankuamo ha sido considerado por el Relator Especial para los Pueblos Indígenas de las Naciones Unidas como uno de los grupos más afectados en Colombia por el desplazamiento forzado (Observatorio del Programa Presidencial de Derechos Humanos y DIH, 2010: 21-22).

---

[14] El Sistema Interamericano de Derechos Humanos ha emitido medidas especiales de protección del pueblo kankuamo: la Comisión Interamericana de Derechos Humanos otorgó en 2003 medidas cautelares de protección contra sus integrantes y la Corte Interamericana de Derechos Humanos en 2004 adoptó medidas provisionales de protección, reiteradas posteriormente en el año 2007.

La realidad del conflicto armado y el cruce de vulnerabilidades que los informes de diversas entidades permiten vislumbrar con relación a la realidad kankuama fue ampliada y profundizada por las 60 mujeres de este pueblo quienes participaron en la investigación, aterrizando a través de sus dolorosos relatos la vivencia y afectación cotidiana en cada una de sus vidas. En los relatos de las mujeres fue posible identificar violencias contra ellas y sus familias perpetradas por todos los actores armados: guerrillas del Ejército de Liberación Nacional (ELN) y las Fuerzas Armadas Revolucionarias de Colombia (FARC), grupos paramilitares y el Ejército Nacional, siendo en sus relatos más recurrente en hechos y gravedad de los mismos la presencia paramilitar que entró a finales de los años noventa en sus territorios, como retaliación según los paramilitares, a la "colaboración" del pueblo kankuamo con las guerrillas.

la mujer ha llevado la peor parte de esa época grave, horrible, que no quiere uno como recordar de la violencia: primero la violencia guerrillera, en donde las mujeres eran sometidas, violadas, abusadas, maltratadas [...] Y después no pasa eso sino como un rastrillo, como un, como un tsunami podemos decir así, como el que estuvo en Japón más o menos vino toda esa avalancha de la parte paramilitar, donde no se podía dormir en el pueblo, donde el kankuamo y la mujer kankuama no era dueña de nada, ni de su pensamiento siquiera porque fue éste devastado, desde lo más profundo, en su ser, con sus hijos, con sus esposos, con todo lo que tenía, con sus animales, con su vida propia, como te digo, fue arrancada como de raíz, y empezaron a querer desbastarnos así la parte de la mujer en el paramilitarismo, y fue tan tan cruel la violencia [...] (Ec_MujeresKankuamas_Valledupar_120812).

Son diversas las afectaciones que las mujeres kankuamas han enfrentado como consecuencia del conflicto armado en varios aspectos de su vida y la de sus familias, profundizando en muchos casos la difícil situación a la que ya como mujeres e indígenas se enfrentaban por razones expuestas anteriormente. Uno de los aspectos centrales en el dolor de las mujeres, y que resultó haber sido vivido por todas las participantes en la investigación, es el asesinato de algún familiar del núcleo cercano, en la mayoría de los casos más de un familiar y con mayor recurrencia hombres: esposos/compañeros, padres y hermanos.

La muerte de los familiares hombres de las mujeres, implica en la vida de las mujeres kankuamas varias cosas: de un lado el dolor mismo de la muerte y la ausencia, de otro lado —dadas las costumbres indígenas tradicionales en relación con la forma en que se organizan los papeles en las familias—, la pérdida del proveedor principal de la familia, lo que implica la transformación de los papeles de las mujeres ante la necesidad de sostenerse ellas y sus hijos e hijas. Las condiciones de algunas mujeres las han llevado a trasladarse a Valledupar, capital del Departamento, en búsqueda de trabajo, debiendo generalmente trabajar como empleadas domésticas en "casas de familia" sin ningún tipo de garantía laboral:

Y es más pesado, porque si no tiene acceso para ir a la finca, que era una forma de uno ayudarse, todo empieza a cambiar. Ya todo es diferente. Por ejemplo, ya es una parte, que de pronto yo me veo obligada a coger, a trabajar de [...] o sea, en Valledupar en casas de familia (Ec_D&JA_Ramalito_LaMina_180612).

También como consecuencia de la violencia vivida y la muerte de los seres amados, la salud mental de las mujeres se ha visto afectada de varias maneras, desde el miedo y la intranquilidad constante hasta afectaciones mayores del sistema nervioso, lo que limita el normal desarrollo de su vida cotidiana y de la búsqueda del sustento familiar:

después que a nosotros nos pasó el problema de mi papá, que lo vinieron buscando los paramilitares. [...] después mataron a mis hermanos. Mataron uno y después, desaparecieron tres. Aparecieron dos y todavía hay uno desaparecido. Entonces, yo me enfermé. Incluso que hasta pasé a ser paciente psiquiátrica, de edad de 24 años. Y de ahí, pa' acá, yo he quedado con el problema ese [...] y a mí me internaron en Santa Marta (Ei_EA_LaMina_180612).

De otro lado, debido al miedo, al desplazamiento forzado y a la pérdida de sus parejas las mujeres perdieron parte o todos sus bienes, lo que a largo plazo ha desmejorado notablemente su bienestar: pérdida del lugar de vivienda, pérdida de animales y cosechas tanto de pancoger para sus necesidades primarias como de intercambio y comercialización.

Entonces es duro pa' uno, eso sí, porque como uno todo lo tenía era allá. La casa, la finca, todo eso, los animales (Ei_EB_LaMina_180612).

Porque yo, yo quedé hasta sin finca, porque a causa de eso tenía una finquita por allá que dice Las Torres y vino y la abandoné [...] y eso fue alma dios bendita se perdió yo quedé en la nada (Ei_PV_ramalito_LaMina_180612).

Que tenía uno sus cosechitas acá, tenía que dejarlas perder, tenía que dejarlas... (Ei_MM_Atanquez_170612).

El anterior panorama general no agota la variedad de afectaciones vividas por las mujeres kankuamas, pero permite evidenciar de manera concreta las diversas discriminaciones y exclusiones que en su vida cotidiana las ubica en condiciones de gran vulnerabilidad.

3.2. *Fortaleciendo los procesos colectivos como estrategia para fortalecer la resistencia: cruzando iniciativas*

Tal como las exclusiones y las violencias parecen juntarse para recrear escenarios de profunda tristeza, desprotección, desesperanza y daños de muchos tipos en la vida de las mujeres kankuamas, las historias individuales y colectivas de fortaleza de ellas y sus comunidades y el acercamiento respetuoso a sus dolores y necesidades, posibilitan juntos el reconocimiento interno y externo de sus capacidades e iniciativas de resistencia y la construcción colectiva de nuevas estrategias.

Acercarse al trabajo con comunidades en condiciones tan difíciles impone retos interesantes para quienes deciden hacerlo: reconocer que pese a la presencia innegable de las vulnerabilidades y las tristezas en las comunidades existen dosis importantes de resistencia cotidiana, individual y colectiva, a veces conscientes pero muchas otras inconscientes. Implica entonces reconocer que quienes protagonizan esas historias constituyen mucho más que víctimas pasivas de los conflictos y nos invita a tener la apertura y la capacidad de articular sus intereses con los propios.

Desarrollar el proyecto de investigación con las mujeres kankuamas permitió desde el primer momento reconocer las fortalezas organizativas del pueblo kankuamo en su conjunto y comprender cómo la recuperación de sus procesos colectivos, de su memoria como pueblo indígena, de sus tradiciones y de la consolidación de la Organización Indígena Kankuama (OIK) y con ella la constitución formal de su resguardo, ha representado un respaldo y aliciente fundamental en la lucha por la existencia y por su territorio.

En ese sentido, lo primero que se dejó en claro, era que las bases de la resistencia estaban ancladas en los procesos organizativos que ya tenían como pueblo. Por ello el trabajo con las mujeres implicó la nutrida discusión sobre la articulación de sus procesos en tanto Organización de Mujeres Indígenas Kankuamas (OMIK) con los intereses que perseguía el proyecto: ¿Cómo hacer que los resultados del proyecto se articularan con su proceso de fortalecimiento y generarán conocimiento útil en su camino de visibilización de sus necesidades como mujeres dentro de la propia OIK?

Las mujeres kankuamas acorde a sus relatos siempre han caminado junto a los hombres en la reconstrucción del pueblo kankuamo, desde diferentes lugares, muchas veces sin que su presencia haya sido reconocida. No obstante, a partir de los últimos años y en el marco de los procesos de la organización kankuama en general, ellas decidieron consolidar un espacio propio en donde sus intereses y necesidades en tanto mujeres pudieran ser discutidos y posicionados colectivamente en los espacios "mixtos", en donde muchos de los temas centrales para ellas, suelen ser invisibles y desconocidos. De esa forma surgió la Organización de Mujeres Indígenas Kankuamas, que ha buscado fortalecer la participación de las mujeres en los asuntos de la OIK, visibilizando sus necesidades y haciendo escuchar sus voces, desde lo propio en tanto indígenas y desde lo político en el plano colectivo, a nivel local en las doce comunidades que componen el Resguardo Kankuamo, así como a nivel general de la organización.

Conscientes de la importancia de la formación política de las mujeres, la OMIK se encontraba adelantando en 2012, en articulación con el Consejo Noruego para Refugiados (CNR) un proceso de formación en derechos humanos y fortalecimiento de nuevos liderazgos de las mujeres. A la vez ese proceso se vinculó con la Escuela de Derecho Propio "Freddy Antonio Arias", lo que ha fortalecido entre las mujeres no sólo el conocimiento del sistema internacional y nacional de derechos humanos, sino también los conocimientos en derecho indígena. Lo anterior contribuía a uno de los más fuertes intereses de las mujeres: aportar cada vez más al proceso de recuperación de la identidad kankuama. El desarrollo de este proyecto con el CNR evidenció para las mujeres la necesidad de trabajar nuevos temas, como el reconocimiento de las afectaciones *en tanto mujeres* por el conflicto armado, pero también de las violencias cotidianas que ellas como mujeres vivían en sus espacios familiares, los cuales en el plano comunitario parecían menos importantes que las demás violencias.

En ese contexto particular, la presentación del proyecto de investigación se propició en el marco de una Asamblea general de mujeres de la OMIK,[15] en la cual 78 mujeres kankuamas discutieron, desde sus intereses colectivos, la manera en que la propuesta, centrada en la identificación de obstáculos a la justicia, pudiera fortalecer las iniciativas que ya se estaban ejecutando. De esta manera, se acordó dar especial fuerza a los aspectos de la justicia propia. ¿Cómo están las mujeres en los procesos de justicia propia? ¿Qué tanto se ven resueltas sus expectativas de justicia en sus instancias?

La investigación, que se desarrolló tanto en espacios individuales como colectivos con las mujeres, logró entrelazar, bajo un mismo relato, varios aspectos de las violencias silenciadas de la vida cotidiana; de los dolores ocultos por las marcas que ha dejado en sus vidas el conflicto armado; de las exclusiones vividas en la búsqueda de justicia emprendida a través de las instituciones del Estado y de las necesidades de fortalecer los procesos de justicia propia, a través de la incorporación de la realidad de las mujeres en los mismos.

De todo este proceso, dos aspectos resultaron los más provechosos para las mujeres kankuamas y su organización: el primero, su insistencia en examinar de fondo la justicia propia de su pueblo; y el segundo, evidenciar entre ellas mismas cómo el dolor causado por el conflicto armado permanece oculto en sus vidas y las continúa afectando día a día sin importar el tiempo transcurrido desde el momento en que fueron victimizadas.

En el primer caso, la investigación en torno al lugar de las mujeres en los procesos de justicia propia permitió la identificación concreta de una serie de obstáculos que impiden que las mujeres logren la justicia que buscan, particularmente en temas relacionados con violencias en su contra por parte de sus parejas y la inasistencia alimentaria, así como la identificación inicial de recomendaciones surgidas de las mujeres a cada uno de los obstáculos encontrados. Estos temas fueron recogidos en un documento que fue presentado por parte de las mismas mujeres de la OMIK ante sus autoridades tradicionales y de la OIK.[16] Estos resultados facilitaron a las mujeres abrir un espacio de diálogo con sus autoridades en relación con un tema que no había sido abordado de manera explícita en la organización kankuama y que constituyó el punto de partida para la posterior construcción de una ruta de acceso

---

[15] La asamblea fue realizada el 15 de abril de 2012 en Atanquez.

[16] En respeto a los acuerdos realizados con las autoridades kankuamas sobre el uso de los resultados del proyecto, aquellos relacionados con los procesos de justicia propia no fueron publicados en ninguno de los documentos derivados del proyecto, ya que fueron considerados por éstas como documentos internos para el fortalecimiento de sus propios procesos.

a la oferta institucional en tres componentes: mujer y territorio, gobierno propio e instituciones estatales, socializada a finales del año 2014 (Arias, 2014).

El segundo aspecto, derivado de una evidencia que reunión tras reunión era inocultable, se refiere a la *permanencia* de las consecuencias del conflicto armado en las vidas de las mujeres. Aunque la vida pareciera haber continuado su camino, la verdad era que los dolores y las tristezas se habían instalado silenciosamente en su cotidianidad. Esta desbordante realidad les ayudó a reflexionar sobre las muchas cosas que faltaban por contar; sobre cómo fortalecer el acompañamiento entre ellas mismas y sobre la necesidad de sanar el plano emocional. De esta manera, se decidió la incorporación dentro del proyecto de un componente de acompañamiento psicosocial que les ayudara a identificar caminos posibles para avanzar a nivel colectivo e individual. Y aquí, una vez más, el interés de las mujeres kankuamas por el fortalecimiento de sus tradiciones propias propició un encuentro: entre los conocimientos de una psicóloga experta en trabajo con mujeres y los de las *mayoras* kankuamas conocedoras de la espiritualidad propia del pueblo kankuamo.

Este proceso de acompañamiento psicosocial, construido desde dos lugares distintos, fue reconocido por las mujeres participantes en el proyecto como un aporte valioso a sus vidas individuales y brindó a la OMIK elementos para comprender que el fortalecimiento organizativo de las mujeres kankuamas también se basa en el reconocimiento de los dolores sufridos, de sus consecuencias presentes y, sobre todo, de la necesidad de trabajar este aspecto en futuros procesos de reparación colectiva.

De este segundo aspecto, al igual que del primero, el trabajo realizado de manera conjunta en el proyecto sienta las bases para que las mujeres kankuamas puedan concientizar a sus autoridades de la necesidad de abordar de manera general las afectaciones psicológicas y emocionales por ellas padecidas, en aras del fortalecimiento individual y colectivo de las mujeres y la potenciación de sus capacidades de resistencia. Gracias a ello logran profundizar y afianzar a través del proceso "Retejiendo la vida y el territorio", considerado la segunda fase de acompañamiento psicosocial: el acompañamiento individual y familiar, el impulso a grupos de apoyo psicosocial, conformados por las mismas mujeres kankuamas, a partir de un proceso de fortalecimiento de capacidades en el tema y la incorporación permanente de los trabajos tradicionales como aspecto central en el restablecimiento espiritual (Arias, 2014).

La experiencia adquirida a través de los dos aspectos desarrollados en el marco de la investigación, permite comprender la potencialidad de la articulación de *iniciativas distintas* que desde lugares e intereses aparentemente diferentes, apuntan a *horizontes comunes*: en este caso el fortalecimiento de las resistencias. Por ello los aprendizajes están centrados en la capacidad de reconocimiento de las mujeres no sólo como víctimas sino como sujetas activas en la reconstrucción de sus propias vidas, como parte de la memoria, la dignidad y la identidad colectiva del pueblo kankuamo; también en la posibilidad de juntar conocimientos y permitir la planeación conjunta de los resultados esperados en los procesos de investigación social y en la intervención comunitaria.

4. CONCLUSIONES

El proyecto de investigación colaborativo con los dos grupos de mujeres —campesinas e indígenas— en una zona rural de Colombia ha dejado una serie de lecciones y perspectivas, más allá de los productos obtenidos en el proceso y que trascienden los confines del lugar y aun los del país, al entrar como referentes en el intercambio de experiencias con mujeres indígenas del Cauca y de Guatemala.

Las vulnerabilidades estructurales y coyunturales que las mujeres campesinas e indígenas enfrentaron debido a las complejas intersecciones de violencias sociales, políticas, económicas y familiares en la región, desestructuraron las posibilidades de una construcción cotidiana de la vida digna, en la que cada día se cuente con las garantías y las condiciones de satisfacción de las necesidades para la realización de una vida autónoma y libre, capaz de proyectarse en lo personal, lo familiar, lo comunitario y lo territorial, así como en lo político, cultural y lo histórico (Malagón, 2000; Bello y Lancheros, 2005; Chaparro Pacheco, 2011).

Las metodologías y técnicas llevadas a cabo en el trabajo de investigación se centraron por ello en los procesos individuales y comunitarios que las mujeres empezaban a realizar en la búsqueda de justicia —en el caso de las mujeres campesinas— o continuaban realizando —como las mujeres indígenas— con el objetivo de restablecer sus cotidianidades y relaciones socioespaciales, logrando con ello constituirse para ellas mismas y sus comunidades, a la manera que lo sugieren Pilar Riaño-Alcalá y Erin Baines (2011: 417) en *archivos vivos (living archives)* que exigen ser escuchados; retomar el poder sobre sus historias y sus experiencias y de esa manera recuperar la dignidad perdida.

En el caso de las mujeres campesinas del Cesar vimos cómo sus vulnerabilidades estructurales se enmarcaron en el desigual acceso a la tierra; en la dominación política y cultural por las élites y en la dispersión y aniquilamiento del movimiento campesino del cual hacían parte. La violencia exacerbó esas vulnerabilidades al causar muertes cercanas, generar desplazamiento forzado y al arrebatarles la tierra que era su referente de identidad. Más allá de las terribles vivencias de la violencia, el desarraigo personal les hizo "tocar fondo" al tener que recomenzar el proceso de sobrevivencia que ya pensaban resuelto. Este recomenzar, sin embargo, les permitió crear los primeros nodos del reencuentro organizativo; traspasar juntas el umbral de lo doméstico y a través de acciones puntuales iniciar la búsqueda de justicia. Así, participar en las audiencias con los paramilitares, victimarios de una masacre; solicitar reconocimiento de su dignidad como víctimas al Estado; pedir protección para sus tierras o presentar sus casos de violencia sexual a la fiscalía, constituyen los primeros pasos de construcción de una nueva ciudadanía que les atañe y conecta a todas.

En el caso de las mujeres indígenas kankuamas, sus vulnerabilidades eran muy parecidas a las de las campesinas: asesinatos de sus compañeros e hijos; desplazamiento forzado, pérdida de tierras y violencia sexual y doméstica, cuya sombra oscurecía silenciosamente el panorama de las iniciativas propias de las mujeres. Sin embargo, ellas cuentan con un entorno organizativo que ha sobrevivido a las acciones violentas, en el cual la colectividad, la conexión espiritual con el territorio por un lado, y el reconocimiento legal, nacional e internacional, por el otro, les ha propiciado herramientas propias de resistencia. Pero a pesar de ello, el lugar de los sufrimientos y causas de las mujeres en la comunidad y aún dentro de su propia organización de mujeres kankuamas, carecía de visibilidad y escucha.

Aquí es donde el proyecto de investigación colaborativa aportó su grano de arena a través de *la articulación de iniciativas entre las mujeres*: con la búsqueda de sensibilización del sistema de justicia propia y el acompañamiento psicosocial e involucramiento de las mujeres *mayoras* como consejeras espirituales entre las kankuamas; con los reencuentros de mujeres campesinas como núcleos de nuevos procesos de tejido organizativo; y entre campesinas e indígenas del Cesar y del Cauca, en un proceso colectivo de apropiación de nuevas tecnologías de la comunicación, que les ha permitido, con su documental *Una sola golondrina no hace verano* y con varios programas de radio, no sólo intercambiar entre ellas las experiencias de justicia y sus luchas de construcción de ciudadanía, sino también compartirlas con los medios de comunicación radial e impresa, que dieron amplia difusión a sus entrevistas, sus historias y el proceso colaborativo de investigación en general. En ese proceso las mujeres campesinas e indígenas han podido apropiarse de su historia y proyectar sus búsquedas de justicia ante audiencias cada vez más amplias en el ámbito nacional e internacional.

5. REFERENCIAS

Alto Comisionado de Naciones Unidas para los Refugiados (ACNUR) (2012), *Situación Colombia Pueblos Indígenas*, recuperado de <www.acnur.org/t3/fileadmin/Documentos/RefugiadosAmericas/Colombia/2012/Situacion_Colombia_-_Pueblos_indigenas_2012.pdf?view=1>.

Arias, A. (2014), *Informe final segunda etapa. Acompañamiento psicosocial y psicojurídico a mujeres víctimas indígenas kankuamas*, documento interno de trabajo sin publicar, Valledupar.

Auto 092 de 2008, Corte Constitucional de Colombia (2008).

Auto 009 de 2009, Corte Constitucional de Colombia (2009).

Bankoff, G., G. Frerks y D. Hilhorst (eds.) (2004), *Mapping Vulnerability: Disasters, Development and People*, Londres, Earthscan.

Baylina Ferré, M. e I. Salamaña Serra (2006), "El lugar del género en geografía rural. Temáticas específicas y aportaciones en metodología", *Boletín de la A.G.E.*, núm. 41: 99-112, recuperado de <http://dialnet.unirioja.es/descarga/articulo/1958888.pdf>.

Bello, M. N. y D. Lancheros, D. (2005), *Acompañamiento psicosocial y atención humanitaria en el contexto colombiano*, Bogotá, Avre Corp.

Comisión Económica para América Latina (CEPAL) (2002), *Vulnerabilidad sociodemográfica: Viejos y nuevos riesgos para comunidades, hogares y personas*, Santiago de Chile, División de Población de la CEPAL/CELADE.

Chaparro Pacheco, R. (2011), "El daño desde el enfoque psicosocial crítico: apuntes para una propuesta en torno a las perspectivas de Acción Sin Daño y Construcción de Paz", en M. N. Bello Albarracín y O. Vásquez Cruz (comps.), *Acción Sin Daño: reflexiones para el contexto colombiano*, Bogotá, Universidad Nacional de Colombia, pp. 181-209.

Comisión Nacional de Reparación y Reconciliación (CNRR)/Grupo de Memoria Histórica

(2010), *La tierra en disputa. Memorias del despojo y resistencias campesinas en la costa Caribe 1960-2010*, Bogotá, Fundacion Semana y Taurus.

Filgueira, Ch. (2001), *Estructura de oportunidades y vulnerabilidad social. Aproximaciones conceptuales recientes*, trabajo presentado en el Seminario Internacional: Las diferentes expresiones de la vulnerabilidad social en América Latina y el Caribe, junio, Santiago de Chile, CEPAL-CELADE.

Gamarra, J. (2005), *La economía del Cesar después del algodón*, Bogotá, Banco de la República.

García Aragón, C. (relator) (2001), "Valledupar, ciudad entre ciudades", en A. Abello Vives y S. Giaimo Chávez (comps.), *Poblamiento y ciudades del Caribe colombiano*, pp. 455-520, recuperado de <http://ocaribe.org/cargar_imagen.php?id=112&tipo=14&thumbnail=FALSE>.

Gobernación del Cesar (2012), *Plan de Desarrollo 2012- 2015*, Prosperidad a Salvo, recuperado de <www.gobcesar.gov.co/cesar/filesmain/institucional/PLAN_DE_DESARROLLO_OR_47_2012.pdf>.

Grupo de Memoria Histórica (2013), *Basta ya. Memorias de guerra y dignidad*, Bogotá, Centro Nacional de Memoria Histórica.

Hopenhayn, M. (2001), "La vulnerabilidad reinterpretada: asimetrías, cruces y fantasmas", trabajo presentado en el seminario internacional: Las diferentes expresiones de la vulnerabilidad social en América Latina y el Caribe, junio, Santiago de Chile, CEPAL-CELADE.

Instituto Nacional de Medicina Legal (INML) (2013), "Datos para la vida 2012", *Forensis*, Bogotá.

Kirby (2005), *Vulnerability and Violence. The Impact of Globalisation*, Londres/Ann Arbor, Pluto Press.

Mackenzie, F. (2010), Gender, Land Tenure and Globalisation. Exploring the Conceptual Grounde, en T. Dzodzi y P. Golah (eds), *Land Tenure, Gender and Globalisation*, pp. 35-69, recuperado de <www.idrc.ca/EN/Resources/Publications/openebooks/463-5/index.html>.

Malagón, E. (2000), "Las relaciones de bienestar social y los campos de intervención del trabajo social", *Revista de Trabajo Social*, núm. 2: 14-23.

Mesa de Trabajo Mujer y Conflicto Armado (2009), IX Informe sobre violencia sociopolítica contra mujeres, jóvenes y niñas en Colombia, Bogotá.

Observatorio del Programa Presidencial de Derechos Humanos y Derecho Internacional Humanitario (2010), *Diagnóstico de la situación del pueblo indígena Kankuamo*, recuperado de <www.derechoshumanos.gov.co/Observatorio/documents/2010/DiagnosticoIndigenas/Diagnostico_KANKUAMO.pdf>.

Organización de las Naciones Unidas (ONU)/Consejo Económico y Social, Foro permanente de los Pueblos Indígenas (2011), Resumen del informe y recomendaciones de la misión a Colombia del Foro Permanente, Situación de los Pueblos Indígenas en Peligro de Extinción en Colombia, Nueva York.

Osorio Pérez, F. E. (2011), "Uno en el campo tiene esperanza. Mujeres y tierra en tiempos de guerra", en Varios Autores, *Mujer rural cambios y persistencias en América Latina*, pp. 145-189, recuperado de <http://americalatina.landcoalition.org/sites/default/files/libro%20Mujer%20Rural.pdf>.

Programa de Naciones Unidas para el Desarrollo (PNUD) (2012), Cuaderno del Informe de Desarrollo Humano Colombia 2011, Pueblos indígenas, diálogo entre culturas, Bogotá.

―――― (2011), *Colombia Rural. Razones para la esperanza*, Bogotá.

―――― (2010), *Cesar: Análisis de la Conflictividad*, recuperado de <www.undp.org/content/dam/undp/documents/projects/COL/00058220/Analisis%20Cesar%20Definitivo%20PDF.pdf>.

Ramírez (ed.) (2015), *El Camino por la Justicia. Victimizaciones y resistencias de mujeres indígenas y campesinas en Guatemala y Colombia*, Medellín, Universidad de Antioquia.

Riaño, P. y E. Baines (2011), "The Archive in the Witness: Documentation in Settings of Chronic Insecurity", *The International Journal of Transitional Justice*, 5(3): 412-433.

Sánchez Baute, A. (2008), *Líbranos del bien*, Bogotá, Alfaguara.

Solano Suárez, Y. (2007), "Participación de las mujeres en la construcción social del territorio y el proceso de regionalización del Caribe colombiano", *Territorios* 16(17): 71-90, recuperado de <www.redalyc.org/articulo.oa?id=35701705>.

Solano Suárez, Y. (2006), *Regionalización y Movimiento de Mujeres: Procesos en el Caribe Colombiano*, San Andrés, Universidad Nacional de Colombia/Sede Caribe, Instituto de Estudios Caribeños.

LA INSEGURIDAD Y EL MIEDO AL CRIMEN ENTRE LOS NO CAPACITADOS PARA TRABAJAR

CARLOS J. VILALTA PERDOMO[1]

RESUMEN: Este estudio introduce a la población no capacitada para trabajar como un segmento importante de la población vulnerable que no ha sido estudiada dentro de la literatura científica del miedo al crimen. Se busca probar si las teorías de inseguridad y miedo al crimen son aplicables y útiles a este segmento de la población. El estudio se fundamenta empíricamente en la Encuesta Nacional de Victimización y Percepción sobre Seguridad Pública de 2013 del INEGI en México.

Palabras clave: Inseguridad, crimen, población vulnerable, prevención, México.

1. INTRODUCCIÓN

Más personas son afectadas por el miedo al crimen que por el crimen *per se* (Warr, 2000). El crimen es un problema social que por su gravedad va a permanecer en la agenda pública de la región latinoamericana por muchos años. Muy en lo particular, desde que inició la confrontación directa entre el Estado mexicano con el crimen organizado a finales del año 2006, este país ha sufrido, y sigue sufriendo gravemente no sólo de un enorme número de muertes relacionadas con esta confrontación, sino de una también enorme y permanente sensación de inseguridad y miedo al crimen. Sólo basta revisar notas periodísticas o resultados de básicamente cualquier encuesta en el país para darse cuenta de los niveles de miedo con que vivimos en la región latinoamericana y en México en lo particular.

La sensación de inseguridad y el miedo al crimen afectan gravemente nuestra calidad de vida (Vilalta, 2011). La afectación se puede observar tanto en los gastos relacionados con medidas de seguridad en las viviendas como en los cambios en las rutinas diarias provocadas por el miedo a ser victimizado. Es por eso que el objetivo de este estudio es analizar los niveles correlativos de los niveles de inseguridad y miedo a la victimización, pero no entre la población general, sino entre la población no capacitada o incapacitada permanentemente para trabajar. Esto se hace

---

[1] Este estudio se lo quiero dedicar a todos mis estudiantes que con alguna limitación o capacidad diferente, siempre han venido a tomar su clase, nunca han pedido un trato especial, y también siempre han dado todo su empeño por avanzar académicamente. Mis respetos y mi mayor admiración a todos ellos.

porque dentro de la seguridad pública no siempre se piensa en los más vulnerables ni en todos los tipos de vulnerabilidades.[2]

Estadísticamente hablando, el Instituto Nacional de Estadística y Geografía (INEGI) define a la población permanentemente incapacitada o no capacitada para trabajar como aquellas personas de doce y más años que no realiza un trabajo o actividad económica a causa de un impedimento físico o mental. Ésta es la definición estadística general y puede referirse básicamente a cualquier tipo de impedimento. Se trata de individuos en situaciones de ceguera, impedimentos auditivos, impedimentos ortopédicos, problemas de aprendizaje, emocionales, retraso mental o discapacidades múltiples. Para efectos de la Encuesta Nacional de Victimización y Percepción sobre Seguridad Pública, también del INEGI, se entiende como tal a la persona adulta que posee tales impedimentos. No obstante, si estas personas son mentalmente aptas para responder la encuesta, estas personas son también encuestadas al igual que la población capacitada para trabajar.

Éste es un segmento poblacional importante de estudiar y atender en materia de seguridad y prevención del delito por varios motivos. Además de los motivos éticos y solidarios de los que podemos prescindir de explicar aquí, éste es además un grupo de interés importante: 1] porque es un grupo que viene incrementándose en términos absolutos y relativos en el país y 2] también porque comparten una característica demográfica relevante, que es la de una edad muy avanzada. Esto los hace doblemente vulnerables: son factualmente más física y socialmente vulnerables que otros. La vulnerabilidad física se presenta por la incapacidad para defenderse de un acto delictivo y la vulnerabilidad social se presenta por la incapacidad de recuperarse prontamente de los efectos de un delito o acto de agresión. Este segmento de la población es altamente vulnerable frente al crimen.

Datos recientes de los censos de población de 1990, 2000 y 2010, nos muestran un incremento sustancial en la población de doce años y más en el país que se halla incapacitada o limitada de forma permanente para trabajar. Alrededor del 10% de la población de doce o más años (o diez por cada mil en esos grupos de edades) se encontraba en esta situación en el año 2010 (véase el cuadro 1). Cabe decir que su tamaño absoluto se ha más que duplicado en los últimos veinte años sobre los cuales tenemos información censal. Y como ya se adelantó, se trata de una población de edad mayor. Podemos ver también que casi la mitad de tal población en el año 2010 tenía más de sesenta y cinco años de edad. La Encuesta Nacional de Victimización y Percepción sobre Seguridad Pública (ENVIPE) del año 2011 posee información al respecto de este segmento de población. Véanse los cuadros 1 y 2 de la siguiente página.

Por lo tanto este estudio es novedoso y sustancialmente diferente de otros. Es novedoso y diferente por dos motivos al menos. El primero es porque, hasta donde yo sé, es la primera ocasión que se estudia estadísticamente esta población en lo particular, además haciendo una distinción conceptual entre sensación de inse-

---

[2] A diferencia de los sectores de salud, educación o desarrollo social.

CUADRO 1. POBLACIÓN DE 12 Y MÁS AÑOS Y POBLACIÓN INCAPACITADA O LIMITADA PERMANENTEMENTE PARA TRABAJAR

	1990	2000	2010	Cambio 1990-2010
Población total de 12 o más años	54 965 569	68 899 810	84 567 538	53.9%
Población incapacitada permanentemente para trabajar	402 687	332 484	889 297	120.8%
Porcentaje del total	0.7%	0.5%	1.1%	–
Tasa por mil habitantes	7.3	4.8	10.5	–

FUENTE: Cálculos propios con base en los Censos de población de 1990, 2000 y 2010, INEGI.

CUADRO 2. ESTRUCTURA DE EDADES DE LA POBLACIÓN DE 10 Y MÁS AÑOS INCAPACITADA O LIMITADA PERMANENTEMENTE PARA TRABAJAR

	1990	2000	2010	Cambio 1990-2010
De 10 a 19 años	7.9%	5.4%	6.8%	–13.0%
De 20 a 39 años	21.6%	25.5%	19.1%	–11.6%
De 40 a 64 años	25.4%	31.0%	24.6%	– 3.1%
Más de 65 años	45.2%	38.1%	49.5%	9.5%
Porcentaje total	100.0%	100.0%	100.0%	–
Total	402 687	332 484	889 297	–

FUENTE: Cálculos propios con base en los Censos de población de 1990, 2000 y 2010, INEGI.

guridad y miedo a la victimización delictiva. Ambos tipos particulares de "miedo a la victimización e inseguridad" son ciertamente conceptos relacionados pero que no pueden o no deben ser cointegrados analíticamente. Es decir, ambos conceptos efectivamente se relacionan (y correlacionan estadísticamente en grados variables) pero, como mostrarán los resultados de este estudio, son conceptos y sensaciones diferentes e independientes. Lo que también implica, al menos especulativamente, que sus particularidades conllevan soluciones de política pública también diferentes.

En segunda instancia, este estudio es también sustancialmente diferente de otros anteriores porque aborda el estudio de la inseguridad y el miedo a la victimización desde una perspectiva mutua de vulnerabilidad física y social. Lo que significa que se incorpora esta circunstancia de la vulnerabilidad desde una posición doble, objetiva, y se somete a prueba como una variable predictiva de la inseguridad y el miedo a la victimización.

2. MIEDO E INSEGURIDAD EN RELACIÓN CON EL CRIMEN: UN RESUMEN DE TEORÍAS

En esta sección se presentan de forma resumida las teorías más comúnmente utilizadas para dirigir el estudio y explicar las variaciones en el miedo al crimen entre las personas. Se han desarrollado en este respecto cinco teorías principalmente. Estas teorías son (Vilalta, 2012; Bissler, 2003): incivilidad, victimización, vulnerabilidad física, vulnerabilidad social y redes sociales.

Por un lado, la teoría de la incivilidad fue originalmente propuesta por Hunter (1978) y tiene como base criminológica la teoría de la desorganización social (Shaw y McKay, 1942) y predice análogamente que la población residente o transeúnte en áreas de las ciudades con muestras de desorden social y(o) de deterioro físico, tenderán a reportar un mayor nivel de miedo al crimen a razón de que tales muestras proyectan la imagen de un descuido político y social, lo que incrementa consecuentemente la sensación personal de vulnerabilidad y fragilidad frente a la delincuencia (Vilalta, 2010; Moore y Shepherd, 2007; Williamson *et al.*, 2006).

A esta teoría le siguen, en términos cronológicos, las teorías de la victimización (Garofalo, 1979) y de la vulnerabilidad física (Riger, 1978). La teoría de la victimización[3] predice que son las víctimas del delito las que viven en un estado de mayor sensación de miedo al crimen a razón de la experiencia traumática y duradera en la memoria de la primera ocasión en que fueron victimizados (Vilalta, 2010; Bissler, 2003; Garofalo, 1979). Son, en este caso, los efectos dañinos físicos, psicológicos y(o) monetarios del delito los que permanecen en la memoria del individuo y lo llevan a expresar y reaccionar de forma más sensible y aguda al miedo al delito. Cabe mencionar que la experiencia de la victimización puede ser de dos tipos o suceder por dos vías (Lavrakas y Lewis, 1980): de forma directa o indirecta. La victimización directa es aquella sufrida por la persona en cuestión y la indirecta es aquella que se sufre por conducto de lo sucedido a familiares y(o) conocidos.

Junto con la teoría de la victimización, la teoría de la vulnerabilidad física[4] predice que el miedo a la delincuencia será más alto entre aquellos individuos con menor capacidad física para defenderse de un ataque (Bissler, 2003; Pantazis, 2000; Ferraro y LaGrange, 1992). Muchos estudios muestran evidencia de que los individuos de edad avanzada y las mujeres reportan mayores niveles de miedo al crimen que sus contrapartes (Rader *et al.*, 2007; Fetchenhauer y Buunk, 2005; Fisher y Sloan, 2003).

Desde otro ámbito de la vulnerabilidad se presenta la teoría de la vulnerabilidad social.[5] Esta teoría se fundamenta en la idea de que el miedo al crimen puede ser explicado según el grado de desventaja que sectores de la población tienen para protegerse del delito o bien por su menor capacidad para recuperarse del impacto económico de una victimización (Skogan y Maxfield, 1981). La lógica es que aque-

---

[3] O *victimization theory*.
[4] O *physical vulnerability theory*.
[5] O *social vulnerability theory*.

llos sectores de la población en situación de desventaja no pueden protegerse del delito ni recuperarse de sus daños económicos con la misma capacidad o prontitud que aquellos sectores más pudientes, por lo cual efectivamente son más vulnerables y más inseguros (Bissler, 2003).

Finalmente, está la teoría de las redes sociales (Ferguson y Mindel, 2007).[6] Esta teoría predice que un grado alto de involucramiento en redes sociales conduce a poseer mayores niveles de información, de comunicación, de cohesión comunitaria, y también, potencialmente, de recursos para prevenir el delito conjuntamente. Esta teoría tiene la posible contraparte de que un mayor involucramiento en asuntos públicos o de la comunidad conlleva también un mayor nivel de información respecto de la delincuencia, lo cual puede tener el efecto indeseado de generar una mayor sensación de inseguridad (Sacco, 1993).

3. ¿EN QUÉ SE CONCENTRA Y CÓMO SE HACE ESTE ESTUDIO?

Como ya se dijo, distinguimos entre inseguridad y miedo a la victimización delictiva. La sensación de inseguridad se mide en tres ámbitos geográficos diferentes (colonia/localidad, municipio, estado) mientras que el miedo al crimen se mide de forma genérica e independiente de lo anterior. La distinción entre colonia y localidad estriba en que la primera pregunta se realiza a los residentes en áreas urbanas, mientras que la segunda se realiza a los residentes en áreas rurales. Véase el cuadro 3.

CUADRO 3. VARIABLES DEPENDIENTES: TIPO DE MIEDO, CONCEPTOS Y MEDICIONES

Tipo de miedo	*Concepto*	*Medición*
Emocional	Sensación de inseguridad	4.3 ¿Considera que vivir en (ámbito geográfico) es… 1 ¿seguro? 2 ¿inseguro?
Cognitivo	Miedo a la victimización	4.6 En lo que resta de 2011, ¿cree que a usted le pueda ocurrir… 01 un robo total o parcial de un vehículo (automóvil, camioneta, camión)? 02 un robo o asalto en su casa habitación? 03 un robo o asalto en la calle o en el transporte público? 04 lesiones por una agresión física? 05 un fraude o clonación de tarjeta bancaria (crédito o débito)? 06 una extorsión o secuestro para exigirle dinero o bienes? 07 otro acto que afecte su seguridad personal?

FUENTE: Elaboración propia con base en ENVIPE, 2011.

[6] O *social network theory*.

CUADRO 4. VARIABLES DE CONTROL: TEORÍAS, CONCEPTOS Y MEDICIONES

Teoría	Concepto	Mediciones
Incivilidad	Desorden en la comunidad	4.5 ¿Sabe usted, o ha escuchado, si en los alrededores de su vivienda... 01 se consume alcohol en la calle? 02 existen pandillas o bandas? 03 hay riñas entre vecinos? 04 existe venta ilegal de alcohol? 05 se venden productos pirata? 06 ha habido violencia policiaca contra ciudadanos? 07 hay invasión de predios? 08 se consume droga? 09 existen robos o asaltos frecuentes? 10 se vende droga? 11 ha habido disparos frecuentes? 12 se venden armas de fuego? 13 hay prostitución? 14 ha habido secuestros? 15 ha habido homicidios? 16 ha habido extorsiones? 17 ha habido cobro de piso?
Victimización	Victimización en el hogar	6.1 Durante 2010 en (Estado) o en otro estado, ¿alguna persona que vive o vivía en este hogar sufrió alguna de las situaciones de la lista? 1 Sí 2 No
Vulnerabilidad física	Sexo Edad	
Vulnerabilidad social	Escolaridad	3.7 ¿Hasta qué año o grado aprobó (nombre) en la escuela? 00 Ninguno 01 Preescolar 02 Primaria 03 Secundaria 04 Carrera técnica o comercial con primaria terminada 05 Carrera técnica o comercial con secundaria terminada 06 Preparatoria o bachillerato 07 Carrera técnica o comercial con preparatoria terminada 08 Normal 09 Profesional 10 Posgrado
Redes sociales	Tiempo de residencia	4.1 ¿Aproximadamente cuánto tiempo tiene habitando en esta vivienda? 1 Menos de seis meses 2 Entre seis meses y un año 3 Más de un año

CUADRO 4. VARIABLES DE CONTROL (*continuación*)

Teoría	Concepto	Mediciones
Redes sociales	Frecuencia viendo noticias	4.14 ¿Con qué frecuencia ve o escucha noticias? 1 Diario 2 Tres veces por semana 3 Una vez a la semana 4 Una vez al mes 5 Nunca
	Arreglo de seguridad con vecinos	4.10 Durante 2010, para protegerse de la delincuencia, ¿en este hogar se realizó algún tipo de medida como… […] 5 contratar vigilancia privada en la calle o colonia? 6 realizar acciones conjuntas con sus vecinos?

FUENTE: Elaboración propia con base en ENVIPE, 2011.

Este estudio realiza una prueba de las anteriores cinco teorías distinguiendo entre aquéllos capacitados y aquéllos incapacitados permanentemente para trabajar. Ésta es la variable independiente del estudio, la cual también fue capturada en la ENVIPE, 2011. Asumimos que la situación de no estar capacitado permanentemente para trabajar es una forma de vulnerabilidad. Es decir, esta incapacidad podría ser un correlativo tanto de la teoría de la vulnerabilidad social como de la vulnerabilidad física propiamente. Aunque desconocemos el tipo o motivo de la incapacidad permanente para trabajar, suponemos que tiene que ver con alguna limitación física que conlleva una vulnerabilidad social. Lo que no sabemos al momento de redactar estas líneas, es si esta incapacidad afecta de forma diferenciada los niveles de inseguridad y(o) de miedo al crimen.

En términos de variables de control en las ecuaciones descriptivas, se utiliza un conjunto de variables que constituyen correlativos clásicos, bien estudiados, y representativos de cada teoría de inseguridad y miedo al crimen en general (Vilalta, 2013, 2014). El cuadro 4 muestra los correlativos en términos de conceptos, mediciones dentro de la encuesta y teoría de adscripción.

La estrategia analítica inició observando las frecuencias y proporciones en los reportes de sensación de inseguridad en cada ámbito geográfico y de miedo a la victimización buscando detectar diferencias estadísticamente significativas entre los dos grupos bajo estudio: los capacitados y los incapacitados permanentemente para trabajar. Las diferencias entre grupos se probaron para cada uno de los correlativos teóricos. Aquí se utilizó el estadístico *Chi*-cuadrado de Pearson (χ^2). Una vez hecho lo anterior, se procedió a estimar la correlación entre los diferentes tipos de inseguridad y de miedo a la victimización a través del coeficiente de correlación para variables nominales *Phi* (ϕ). Finalmente, se procedió con la prueba del modelo teórico múltiple. A este modelo lo considero un modelo teórico múltiple porque prueba las cinco teorías previamente mencionadas de forma simultánea sobre la base de sus correlativos. Siendo que todas las variables dependientes poseen un nivel de medición binaria, los datos se modelaron con base en la técnica de regresión logística binaria. Se siguió un procedimiento simultáneo de entrada de los correlativos previamente mencionados. Se realizaron cuatro regresiones utilizando como variables dependientes a las siguientes: Sensación de inseguridad en la colonia o localidad, sensación de inseguridad en el municipio, sensación de inseguridad en el estado y miedo al crimen. Debido al amplio tamaño de la muestra, se fijó un nivel mínimo de significancia estadística de $p < 0.05$ para todas las pruebas.

4. RESULTADOS

El primer hallazgo es que los incapacitados para trabajar reportan niveles de inseguridad en sus colonias similares a los capacitados para trabajar. No obstante, también reportan niveles significativamente menores de inseguridad en sus municipios y estados. En todo caso, para ambos grupos se confirma la tendencia incremental ya conocida (Vilalta, 2011) de una mayor sensación de inseguridad conforme aumenta la distancia del hogar o la referencia a espacios desconocidos por el individuo; cuanto más lejos se está del hogar, mayor es la sensación de inseguridad. Véase el cuadro 5.

Por otro lado, el miedo al crimen, es decir, la espera de que se vaya a ser victimizado por el delito es muy elevada en ambos grupos de la población, pero significativamente menor en el grupo de los discapacitados para trabajar. La victimización delictiva (directa o indirecta) también es significativamente menor en los hogares en donde viven los incapacitados para trabajar.

Como ya se adelantó en la introducción, cada tipo de inseguridad según el ámbito geográfico de referencia para el encuestado se correlaciona positivamente y también se correlaciona con los niveles de miedo a la victimización delictiva. La co-

CUADRO 5. PORCENTAJE DE LA POBLACIÓN QUE SE SIENTE INSEGURA, TIENE MIEDO AL CRIMEN Y HA SIDO VICTIMIZADA SEGÚN SU CAPACIDAD PARA TRABAJAR, 2011

	Capacitado para trabajar	*Incapacitado para trabajar*
Inseguros en la colonia/localidad	38.7%	37.8%
Inseguros en el municipio	62.7%*	57.8%
Inseguros en el estado	70.9%**	62.8%
Tienen miedo a una victimización	75.4%**	60.7%
Alguien en el hogar fue victimizado	36.7%**	21.7%

Se muestra la proporción significativamente mayor por categoría en cada variable: *$p < 0.05$; **$p < 0.1$.

FUENTE: Cálculos propios con base en la ENVIPE, 2011.

CUADRO 6. CORRELACIÓN ENTRE LAS DIFERENTES MEDICIONES
DE LAS VARIABLES DEPENDIENTES

	Inseguridad en la colonia o localidad	Inseguridad en el municipio	Inseguridad en el estado
Inseguridad en el municipio	0.455*	–	–
Inseguridad en el estado	0.308*	0.594*	–
Miedo a la victimización	0.203*	0.216*	0.174*

* $p < 0.01\%$; se muestran los coeficientes de correlación bivariada *Phi*.
FUENTE: Cálculos propios con base en la ENVIPE, 2011.

rrelación más fuerte, es decir, donde se encuentran las mayores coincidencias en las respuestas al respecto de los niveles de inseguridad es en los ámbitos del municipio y el estado, seguido por la correlación entre los niveles de inseguridad en la colonia o localidad y el municipio. La correlación más débil, pero en todo caso positiva y estadísticamente significativa, se encuentra entre la sensación de inseguridad en el estado y el miedo a ser victimizado. Véanse los cuadros 6 y 7.

CUADRO 7. CORRELACIÓN ENTRE LAS VARIABLES DE CONTROL
Y LA VARIABLE INDEPENDIENTE

	n	Capacitado para trabajar	Incapacitado para trabajar
Hombre	66 034	34.4%	65.2%
Mujer		65.6%*	34.8%
18 a 34 años de edad		33.0%	3.6%
35 a 49 años de edad	66 034	33.7%	8.8%
50 o más años de edad		33.3%	87.6%*
Preescolar		0.3%	0.0%
Primaria		34.6%	72.8%*
Secundaria		26.3%	12.6%
Carrera técnica	61 450	7.2%	4.6%
Bachillerato		13.6%	4.6%
Profesional		16.7%	5.4%
Posgrado		1.2%	0.0%
Menos de 6 meses habitando en esta vivienda		4.1%	1.1%
Entre 6 meses y 1 año habitando en esta vivienda	66 034	4.1%	1.8%
Más de 1 año habitando en esta vivienda		91.8%	97.1%*
No hay desorden en la comunidad	65 233	14.3%	20.8%
Sí hay desorden en la comunidad		85.7%*	79.2%
No arreglo vecinos	65 812	89.9%	94.2%*
Sí arreglo vecinos		10.1%	5.8%

CUADRO 7. CORRELACIÓN ENTRE LAS VARIABLES DE CONTROL (*continuación*)

	n	Capacitado para trabajar	Incapacitado para trabajar
Nunca ve noticias		5.3%	15.1%
1 vez por mes ve noticias		2.3%	3.4%
1 vez por semana ve noticias	66 034	8.2%	7.9%
3 veces por semana ve noticias		14.3%	13.0%
Diario ve noticias		69.8%*	60.5%
Nada de confianza en la policía		39.6%	40.5%*
Poca confianza en la policía	64 892	38.5%	33.9%
Alguna confianza en la policía		16.6%	16.7%
Mucha confianza en la policía		5.3%	8.9%
Hogar no victimizado	65 943	63.3%	78.3%*
Hogar victimizado		36.7%	21.7%

*$p < 0.1$; se muestra la proporción significativamente mayor por categoría en cada variable.
FUENTE: Cálculos propios con base en la ENVIPE, 2011.

A continuación, los resultados del análisis de regresión para cada medición de la variable dependiente muestran que el estatus de estar incapacitado para trabajar no hace una diferencia para el caso de predecir la sensación de inseguridad en el municipio, el estado o el miedo a la victimización. En cambio, al respecto de la inseguridad en la colonia/localidad, el estatus de estar incapacitado permanentemente para trabajar incrementa la proclividad a sentirse inseguro en un 35.2% respecto de aquellos que están capacitados para trabajar. Recuérdese que los estadísticos de diferencias no mostraban una diferencia estadísticamente significativa entre ambos grupos. Debido a lo anterior, se puede deducir que esta diferencia detectada en el modelo multivariado se debe a un efecto de mediación con otra variable. En este caso, pruebas posteriores más detalladas del modelo en este ámbito de la colonia/localidad sugieren que tal relación es producto de una mediación proveniente de una interacción entre vivir en una comunidad con señales de desorden o incivilidades y el nivel de educación del encuestado. Particularmente, en la circunstancia mutua de tener una educación formal menor al promedio y residir en una comunidad con señales de desorden e incivilidades, la circunstancia de estar incapacitado para trabajar se incorpora al efecto anterior y se convierte en una variable predictiva de la sensación de inseguridad en la colonia o localidad. Lo que esto significa es que el estatus de estar incapacitado no predice por sí mismo el nivel de inseguridad de ningún tipo; dicho de otra manera, no es una causa independiente de los demás correlativos o circunstancias contempladas en las teorías de incivilidad (desorden en la comunidad) y vulnerabilidad social (baja escolaridad). Véase el cuadro 8.

Las variables que se utilizaron como controles, y que fueron elegidas para representar a cada una de las diferentes teorías, mostraron en conjunto una elevada capacidad predictiva. Los correlativos o controles menos capaces comparativamen-

CUADRO 8. RESULTADOS DE LA REGRESIÓN LOGÍSTICA BINARIA: RAZONES DE MOMIOS

	Inseguridad en la colonia o localidad	Inseguridad en el municipio	Inseguridad en el estado	Miedo a la victimización
Incapacitado para trabajar	1.352**	1.211	0.903	0.811
Mujer	1.172**	1.185**	1.205**	1.02
Grupo de edad	1.014	1.017	1.039**	0.913**
Nivel de escolaridad	0.945**	0.997	1.001	1.093**
Tiempo habitando la vivienda	1.059**	1.056**	1.099**	0.895**
Señales de desorden en la comunidad	3.313**	1.811**	1.491**	2.709**
Arreglo de seguridad con vecinos	1.118**	1.030	0.943	1.586**
Frecuencia con que ve noticias	1.074**	1.097**	1.092**	1.218**
Nivel de confianza en la policía	0.697**	0.635**	0.647**	0.791**
Victimización en el hogar	1.595**	1.476**	1.309**	2.413**
Constante	0.024**	0.266**	0.795	0.096**
n:	59661	58997	58689	57191
Chi-cuadrado del modelo	4581.796	3863.823	2072.059	5636.119
Nagelkerke pseudo-R^2	0.100	0.087	0.065	0.142
Hosmer-Lemeshow	17.876*	23.563**	15.775**	4.810
Casos correctamente clasificados	63.2%	65.9%	72.0%	77.8%

* $p < 0.5$; ** $p < 0.01$.

FUENTE: Cálculos propios con base en la ENVIPE, 2011.

te fueron la edad (teoría de vulnerabilidad física), el nivel de escolaridad (teorías de vulnerabilidad social) y los arreglos de seguridad entre los vecinos (teoría de redes sociales). En todo caso, estas variables pudieron hacer predicciones en algunos casos según el ámbito geográfico de inseguridad que se tratara y el miedo a la victimización. A la inversa, el correlativo con mayor fuerza de predicción, dado por la magnitud de sus coeficientes, fue el nivel de confianza en la policía, el cual predijo que a mayores niveles de confianza, menores niveles de inseguridad. Éste es un hallazgo ya mencionado de manera amplia previamente en muchos estudios empíricos sobre inseguridad y miedo al crimen (Vilalta, 2012, 2014).

5. DISCUSIÓN Y CONCLUSIONES

Sobre la base de estadística descriptiva e inferencial bivariada se encontró evidencia inicial de proporciones poblacionales que reportaban sentirse inseguras y futuras víctimas del delito significativamente menores entre la población incapacitada para trabajar (vulnerable en este respecto) frente a la capacitada para trabajar (no vulnerable en este respecto). Estas diferencias entre los dos grupos no se sostuvieron una vez consideradas otras circunstancias individuales y contextuales.

Una vez analizadas estas diferencias de forma multivariada, se encontró evidencia de que el estatus de estar incapacitado permanentemente para trabajar no tiene un efecto independiente en el nivel de inseguridad o de miedo a la victimización, al menos en México y durante el año 2011. Lo que se encuentra es que una vez controlada la covariación prevista en el modelo de predicción derivada de otros motivos teóricos que explican las variaciones en la sensación de inseguridad y el miedo a la victimización delictiva, las diferencias porcentuales inicialmente detectadas al respecto de una mayor sensación de inseguridad y miedo a la victimización entre aquellos capacitados para trabajar frente aquellos que no lo están, en realidad pueden explicarse por tales motivos o circunstancias contempladas en teorías previamente desarrolladas. Dicho de otra manera:

- Consideradas de forma simultánea una variedad de razones y circunstancias, la población incapacitada permanentemente para trabajar no se siente ni más ni menos insegura ni más ni menos proclive a ser victimizada que el resto de la población sí capacitada para trabajar.
- Por ende, la evidencia disponible nos lleva a concluir que esta población incapacitada no constituye un grupo particularmente vulnerable en estos aspectos; los incapacitados para trabajar permanentemente no son significativamente diferentes de aquellos que sí están capacitados en términos de sensación de inseguridad y de miedo a la victimización.

Con base en estas evidencias, se puede concluir que este segmento creciente de la población del país, la población no capacitada permanentemente para trabajar, no parece requerir políticas específicas contra la sensación de inseguridad o el miedo al crimen, como sí sería el caso con otros grupos demográficos detectados en estudios previos en México como son las mujeres y los jóvenes, o en general la población residente en áreas con señales de desorden social (Vilalta, 2012).

Ahora bien, que no haya diferencias estadísticas entre estos dos grupos de la población, capacitados y no capacitados, no significa que el problema del crimen y el miedo al crimen no sean graves en el país para ambos grupos. Ya pudimos ver que alrededor de uno de cada tres se siente seguro en su colonia o localidad, que entre seis y siete de cada diez reportan sentirse inseguros en su municipio y tienen miedo de ser victimizados criminalmente, y además que entre dos y tres de cada diez viven en un hogar en donde ellos o alguien más fue *de facto* víctima del delito en el último año.[7] Éstas son cifras enormes. Estamos hablando de millones de personas en hogares cuya inseguridad les afecta en alguna medida.

Se confirma lo que dice Warr (2000) de que más personas sufren del miedo al crimen que del crimen *per se*. Se puede entonces concluir argumentalmente que la vulnerabilidad frente al crimen es igual para todos, o al menos para la mayoría de la población adulta en el país. Lo que descubrimos en este estudio es que si bien la vulnerabilidad física y social es variable entre grupos o segmentos de la población, la sensación de vulnerabilidad que provoca el crimen es generalizable a la mayoría de nosotros. En otras palabras, frente al crimen, la mayoría se siente vulnerable.

6. REFERENCIAS

Bissler, D. (2003), *Fear of crime and social networks: A community study of two local public housing complexes*, Ph.D dissertation, North Carolina State University.

Ferguson, K. y Ch. Mindel (2007), "Modeling Fear of Crime in Dallas Neighborhoods: A Test of Social Capital Theory", *Crime y Delinquency*, 53(2): 322-349.

Ferraro, K. y R. LaGrange (1992), "Are Older People Most Afraid of Crime? Reconsidering Age Differences in Fear of Victimization", *Journal of Gerontology*, 47(5): 233-244.

Fetchenhauer, D. y B. Buunk (2005), "How to explain gender differences in fear of crime: towards an evolutionary approach", *Sexualities, Evolution and Gender*, 7(2): 95-113.

Fisher, B. y J. Sloan (2003), "Unraveling the fear of victimization among college women: Is the shadow of sexual assault hypothesis supported?", *Justice Quarterly*, 20(3): 633-659.

Garofalo, J. (1979), "Victimization and the Fear of Crime", *Journal of Research in Crime and Delinquency*, núm. 16: 80-97.

Hunter, A. (1978), *Symbols of Incivility: Social Disorder and Fear of Crime in Urban Neighborhoods. Reactions to Crime Project*, Washington, D.C., U.S. Department of Justice, National Criminal Justice Reference Service.

Lavrakas, P. y D. Lewis (1980), "The Conceptualization and Measurement of Citizens, Crime Prevention Behavior", *Journal of Research in Crime and Delinquency*, 17(2): 254-272.

Moore, S. y J. Shepherd (2007), "The Elements and Prevalence of Fear", *British Journal of Criminology*, núm. 47: 154-162.

---

[7] Estas tasas diferenciadas de victimización es otra incógnita que resolveremos en estudios siguientes.

Pantazis, Ch. (2000), "Fear of crime, vulnerability and poverty", *British Journal of Criminology*, núm. 40: 414-436.
Rader, N., D. May y S. Goodrum (2007), "An Empirical Assessment of the Threat of Victimization: Considering Fear of Crime, Perceived Risk, Avoidance, and Defensive Behaviors", *Sociological Spectrum*, 27(5): 475-505.
Riger, G. (1978), "Women's Fear of Crime: From Blaming to Restricting the Victim", *Victimology*, núm. 3: 274-284.
Sacco, V. (1993), "Social Support and the fear of crime", *Canadian Journal of Criminology*, 35(2): 187-196.
Shaw, C., y H. McKay (1942), *Juvenile Delinquency and Urban Areas*, Chicago, Ill., University of Chicago Press.
Skogan, W. y M. Maxfield (1981), *Coping with Crime*, Sage, Beverly Hills.
Vilalta, C. (2010), "El miedo al crimen: estructura lógica, bases empíricas y recomendaciones iniciales de política local", *Gestión y Política Pública*, 19(1): 3-36.
——.(2011a), "Fear of crime in public transport: Research in Mexico City", *Crime Prevention y Community Safety*, 13(3): 171-186.
—— (2011b), "Fear of crime in gated communities and apartment buildings: A comparison of housing types and a test of theories", *Journal of Housing and the Built Environment*, 26(2): 107-121.
—— (2013), *Los determinantes de la percepción de inseguridad frente al delito en México*, Inter-American Development Bank, Institutional Capacity of State Division, documento de trabajo núm. 381.
—— (2014), "Does the Mexican war on organized crime mediate the impact of fear of crime on daily routines?", *Crime y Delinquency*, DOI: 10.1177/0011128714541208.
Warr, M. (2000), "Fear of Crime in the United States: Avenues for Research and Policy", en David Duffee (ed.), *Criminal justice 2000*, vol. 4: Measurement and analysis of crime and justice, Washington, National Institute of Justice, pp. 451-490.
Williamson, T., D. Ashby y R. Webber (2006), "Classifying Neighborhoods for Reassurance Policing", *Policing and Society*, 16(2):189-218.

VIOLENCIA JUVENIL, FACTORES DE RIESGO Y VULNERABILIDAD

ARTURO ALVARADO MENDOZA

RESUMEN: El presente trabajo es parte de un estudio sobre violencia juvenil en cinco países de América Latina (Argentina, Brasil, Colombia, México y Guatemala). Presenta un análisis de las principales tendencias de la muerte violenta de jóvenes. Asimismo, a partir de una revisión crítica con las nociones de vulnerabilidad, riesgo y peligro en la literatura sociológica, epidemiológica y en otras áreas de aplicación, expone un examen detallado sobre estas nociones. Explora dos preguntas. La primera ¿cuál es la magnitud de violencia que afecta a los jóvenes hoy en día? Para dar respuesta a la cuestión se muestran las tendencias de la mortalidad por agresiones (homicidios). La segunda ¿qué explica la alta tasa de mortalidad por homicidios y, en particular, la sobremortalidad de los jóvenes? Para lo cual se analizan los factores que los vulneran como: las diferencias por grupos de edad, el sexo de los individuos y las divergencias de temporalidad.

Palabras clave: Violencia juvenil, factores de riesgo, vulnerabilidad, homicidio juvenil.

1. INTRODUCCIÓN

La violencia es un fenómeno complejo, multicausal, generado por factores macroestructurales, coyunturales, sociales (culturales) e individuales, que ocurre entre individuos y grupos en contextos espacio-temporales específicos.[1]

En el análisis de la violencia juvenil es importante tomar en cuenta tanto los factores sociales como las diferencias entre grupos de edad y sexo de los individuos, la variación de las tendencias en el tiempo y sus nexos con componentes o variables determinantes del riesgo y la vulnerabilidad.

En el año 2010 la región de las Américas aportó 31% de las muertes violentas en el mundo, que equivale aproximadamente a 144 000 personas (UNODC, 2011: 21). La tasa de homicidios por cien mil habitantes en el continente ascendió a 15.6, lo

---

[1] Utilizamos la definición de violencia de la Organización Mundial de la Salud: "El uso intencional de la fuerza o el poder físico, de hecho o como amenaza, contra uno mismo, otra persona o un grupo o comunidad, que cause o tenga muchas probabilidades de causar lesiones, muerte, daños psicológicos, trastornos del desarrollo o privaciones" (OMS, 2002).

que representaba más del doble de la tasa mundial que llegaba a 6.9 (UNODC, 2011: 23).

En distintos periodos en las décadas pasadas, diversos países del continente han sufrido olas de violencia homicida. Los países con mayores tasas de homicidio en los años recientes han sido Honduras (tasa de 80 muertos por cada cien mil habitantes), El Salvador (tasa de 67) y Venezuela (tasa de 50). Sólo Colombia tuvo proporciones similares en la década pasada. Mas en otros años Guatemala, Colombia o algunos países del Caribe han tenido tasas sumamente altas. En México, Brasil y Colombia en la década reciente, ocurrieron cerca de 978 519 homicidios, de los cuales 245 355 acontecieron en Colombia; 540 652 en Brasil y 192 512 en México.

Las tasas de estos tres países habían mostrado una muy pequeña tendencia descendente hasta 2008 (cuadro 1) con caídas hasta 25.2 homicidios por cien mil habitantes en Brasil (en 2007), 38.3 en Colombia (en 2008) y 9.9 en México (hasta 2006, que era una tasa históricamente baja).

Ahora bien, al observar el comportamiento de los homicidios entre la población joven, los contrastes aumentan.

Entre los años 2000 y 2009 las tasas de homicidio para la población joven de 10 a 29 años, han sido sensiblemente mayores que las de la población general. En el caso de Brasil ascienden 56% en promedio, en Colombia 48.8% y en México 41%. Para

CUADRO 1. TASAS DE MORTALIDAD DE LA POBLACIÓN TOTAL Y DE LA POBLACIÓN JOVEN

Año	Brasil		Colombia		México	
	Tasa homicidios todas las edades	Tasa homicidios (10-29)	Tasa homicidios todas las edades	Tasa homicidios (10-29)	Tasa homicidios todas las edades	Tasa homicidios (10-29)
2000	26.71	39.25	70.50	97.32	11.33	11.33
2001	27.81	40.50	72.76	99.96	10.79	10.96
2002	28.46	42.05	75.70	105.05	10.60	10.18
2003	28.86	42.68	60.14	80.12	10.61	8.55
2004	27.01	39.92	52.04	67.39	9.82	8.77
2005	25.83	37.91	43.39	57.14	9.88	9.68
2006	26.31	38.04	41.01	53.20	10.29	9.60
2007	25.20	38.55	39.97	51.23	8.63	7.81
2008	26.43	40.97	37.49	48.03	13.48	12.92
2009	26.86	41.46	43.80	59.09	18.85	18.33
2010	27.40	41.79	40.51	55.62	24.13	24.13
Promedio	26.99	40.28	52.48	70.38	12.58	12.02

FUENTE: Elaboración de los autores con base en datos de las instituciones estadísticas de los tres países: Brasil MS/SVS/DASIS–Sistema de Informações sobre Mortalidade–SIM, IBGE; México, INEGI; Colombia, Instituto de Medicina Legal.

este grupo de edad la probabilidad de ser víctimas de homicidio ha aumentado casi 50% en tres de los países analizados.

Para comprender mejor este fenómeno, procedemos a describir cuatro factores: Uno es la diferencia entre jóvenes y toda la población; otro es la diferencia entre grupos de edad; tres, las diferencias entre los géneros y finalmente el medio utilizado para cometer el homicidio, que son fundamentalmente las armas de fuego[2] (véase la gráfica 1). Posteriormente exploraremos algunas asociaciones entre esta conducta con algunos factores de vulnerabilidad.

Esta gráfica muestra cuatro tendencias de países con tasas altas o bajas, que comparten varios países de la región. En primer lugar tenemos países que tuvieron un descenso en sus tasas en la década pasada. Tal es el caso de Colombia. En segundo lugar, países que mantuvieron una tendencia estable, como Argentina y Brasil (no obstante, claro, la gran distancia entre los rangos de tasas). En el caso de este país, ocurrió una migración regional de la mortalidad homicida, dado que los estados del sureste redujeron sus tasas, pero los estados del norte la aumentaron, por lo que el resultado general parece estable. No obstante, la tasa está cerca de 30 puntos, más de dos veces la regional. En tercer lugar están países con una tasa ascendente

GRAFICA 1. TASAS DE HOMICIDIO EN POBLACIÓN TOTAL, 2000-2010

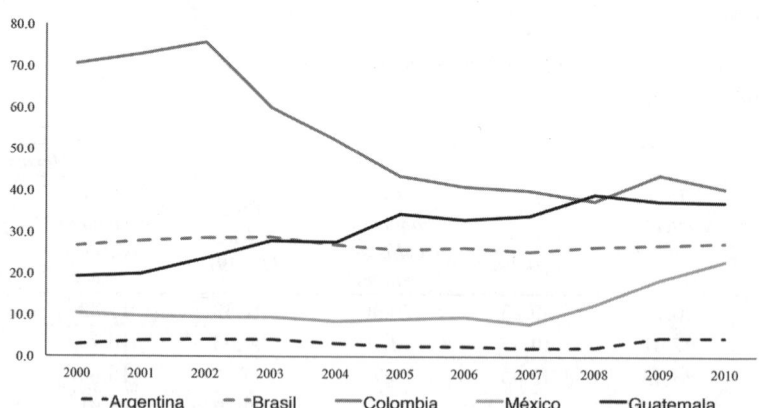

FUENTE: Elaboración del autor con base en datos de las instituciones estadísticas de los tres países: Brasil MS/SVS/IBGE; México, INEGI; Colombia, Instituto de Medicina Legal.

[2] Para el homicidio con arma de fuego utilizamos los códigos X93, X94 y X95 de la Clasificación Internacional de Enfermedades, CIE10 de la OMS. Los datos de este trabajo provienen de fuentes públicas oficiales de cada país (véanse las referencias). Las estimaciones de población para todos los países se hicieron con base en los censos más recientes de cada país. En el caso de México con las estimaciones de CONAPO y como es evidente deberán ser ajustadas a los resultados definitivos del censo de 2010. Para todos los homicidios utilizamos el conjunto de códigos desde X85 hasta Y00. Para Colombia incluimos intervenciones legales y de guerra y en todos los casos excluimos suicidio. Además, Los datos de la mortalidad por causas no determinadas son muy altos para México y los de muerte indeterminada están subiendo.

GRAFICA 2. TASAS DE HOMICIDIO EN POBLACIÓN JOVEN (10-29), 2000-2010

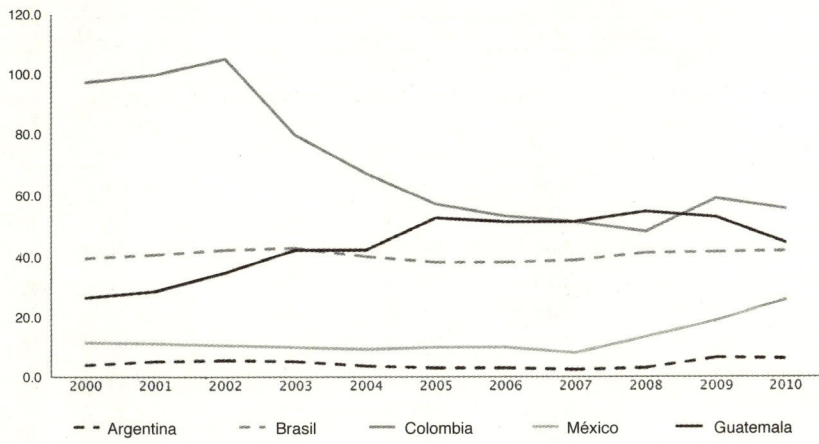

FUENTE: Elaboración del autor con base en datos de las instituciones estadísticas de los tres países: Brasil MS/SVS/IBGE; México, INEGI; Colombia, Instituto de Medicina Legal.

en todo el periodo, como es Guatemala y finalmente ocurre una cuarta tendencia que es la de México, que tenía una tendencia descendente pero desde 2007 tiene un pronunciado ascenso.

La gráfica 2 muestra el exceso de homicidios de la población joven.

Las tendencias son muy similares para los países, pero las tasas para este grupo de población ascienden o son mayores. Por ejemplo, para Colombia la tasa de homicidios empieza en 100 muertos por cada cien mil habitantes en el periodo de estudio, contra la tasa general que inicia en 70 puntos; una sobretasa de casi treinta puntos. Igual ocurre para Brasil (una sobretasa de 10 puntos).

1.1. *Diferencias entre hombres y mujeres*

Las tendencias del homicidio en los tres países tienen una marcada desproporción de hombres jóvenes. No obstante, la mortalidad de mujeres observa también diferencias drásticas entre los países. En el mundo en 2012 se estimaba que 82% de las víctimas de los homicidios eran hombres y 18% mujeres. En Brasil la tasa de homicidios de hombres jóvenes osciló entre 72.93 y 79.57 muertos por cada cien mil habitantes. La de mujeres osciló entre 5.09 y 5.74. En Colombia la tasa es mucho mayor entre los hombres jóvenes, con un promedio de 139.2. En este país la tasa de muerte de las mujeres jóvenes es del doble que Brasil. En México la mortalidad por homicidio de hombres jóvenes sube a 22.73 en promedio y la de mujeres es la más baja de los tres (véase el cuadro 2). El homicidio de mujeres, también denominado feminicidio, se asocia de manera más frecuente a la violencia familiar y de pareja que a la delincuencia común o del crimen organizado. La tendencia es muy pro-

CUADRO 2. TASA DE HOMICIDIO POR SEXO

Ocurrencia	Brasil		Colombia		México	
	Tasa homicidios hombres (10-29)	Tasa homicidios mujeres (10-29)	Tasa homicidios hombres (10-29)	Tasa homicidios mujeres (10-29)	Tasa homicidios hombres (10-29)	Tasa homicidios mujeres (10-29)
2000	72.94	5.52	182.33	12.81	20.69	2.42
2001	75.21	5.74	185.57	14.51	12.97	2.57
2002	78.42	5.64	193.96	15.97	18.66	2.48
2003	79.57	5.75	147.12	12.73	15.39	2.47
2004	74.40	5.41	123.90	10.38	16.11	2.40
2005	70.70	5.09	103.76	9.93	17.25	2.43
2006	70.84	5.22	97.61	8.10	17.23	2.48
2007	71.49	5.19	93.36	8.32	14.29	2.02
2008	75.92	5.52	115.66	7.74	24.52	2.76
2009	76.61	5.75	107.58	9.42	35.26	3.74
2010	77.18	6.14	101.09	8.91	43.87	5.08
Promedio	74.84	5.54	131.99	10.80	22.11	2.80

FUENTE: Elaboración de los autores con base en datos de las instituciones estadísticas de los tres países: Brasil MS/SVS/DASIS–Sistema de Informações sobre Mortalidade–SIM, IBGE; México, INEGI; Colombia, Instituto de Medicina Legal.

GRÁFICA 3. TASA DE HOMICIDIO DE LA POBLACIÓN Y DE LOS JÓVENES EN BRASIL, COLOMBIA Y MÉXICO POR GRUPOS QUINQUENALES DE EDAD

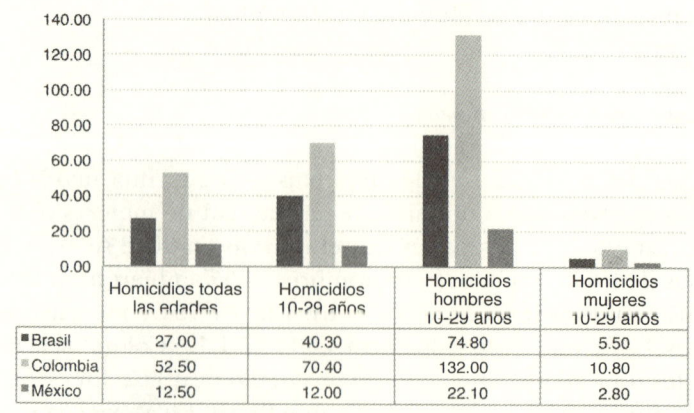

	Homicidios todas las edades	Homicidios 10-29 años	Homicidios hombres 10-29 años	Homicidios mujeres 10-29 años
Brasil	27.00	40.30	74.80	5.50
Colombia	52.50	70.40	132.00	10.80
México	12.50	12.00	22.10	2.80

FUENTE: Elaboración del autor con base en datos de las instituciones estadísticas de los tres países: Brasil MS/SVS/IBGE; México, INEGI; Colombia, Instituto de Medicina Legal.

nunciada en estos países en desarrollo. Cabe observar que la razón de tasas de Brasil es de 13.5, la de Colombia es de 12.22, la de México es de 7.85.

Las diferencias y el riesgo de ser víctima aumentan entre los principales grupos de edad de la población joven.

La gráfica 3 presenta las tasas de homicidio de los jóvenes dividida por grupos de edad. En todos los casos las tasas de jóvenes se multiplican comparadas con las de la población general. Cabe resaltar, de nuevo, que en barrios de estos países se ha observado una ligera tendencia descendente de las tasas en el decenio, la cual no se mantuvo sino que se revierte entre la población juvenil, siendo el aumento muy pronunciado entre los jóvenes de los grupos de 15 a 19 y 20 a 24 años. En Colombia, el incremento es el más pronunciado; le sigue México, el país con mayor aumento en los dos años recientes y en último lugar queda Brasil.

¿A qué se debe que estos países hayan tenido una década tan violenta tanto en el contexto mundial como en el regional? ¿A qué se debe la proporción tan alta de mortalidad violenta de jóvenes?[3]

Las armas de fuego han sido el instrumento más utilizado en homicidios en el mundo, las estadísticas de la UNODC sugieren que de los 468 000 homicidios registrados en un periodo similar, cerca de 199 000 fueron perpetrados por armas de fuego, es decir 42.5%. En el caso del continente americano, 74% de los homicidios se cometen con armas de fuego. Guatemala es la nación que tiene más alto porcentaje con 87.3% en el periodo 2000-2010. Le siguen Colombia (85.6), Brasil (70.9) Argentina y México (véase el cuadro 3).

CUADRO 3. PROPORCIÓN (%) DE HOMICIDIOS EN JÓVENES SEGÚN TIPO DE ARMA Y PAÍS. ARGENTINA, BRASIL, COLOMBIA, 1990-2010; MÉXICO Y GUATEMALA (2000-2010)

País	Arma de fuego	Cortante y contundente	Otras armas	Arma no especificada
Argentina	62.1	21.9	4.1	11.8
Brasil	70.9	15.9	2.3	10.9
Colombia	85.6	11.8	1.7	0.8
México	61.6	16.4	11.8	10.1
Guatemala	87.3	8.8	2.0	1.9

FUENTE: Elaboración de Arturo Alvarado y Alberto Concha a partir de la base de datos elaborada para el proyecto "Violencia Juvenil y acceso a la justicia en América Latina".

Varias organizaciones internacionales de las Naciones Unidas han propuesto analizar y explicar las tendencias de la mortalidad homicida considerando un conjunto de factores de riesgo. Otras también hablan de factores de vulnerabilidad que

---

[3] Existen varios estudios que están abordando el análisis de las tendencias. Véase Peres, Fernanda (2004) y el estudio de Fajnzylber *et al.* (2001).

afectan particularmente a la población juvenil. Discutimos a continuación algunas definiciones y conceptos.

2. RIESGO Y VULNERABILIDAD Y LOS HOMICIDIOS EN AMÉRICA LATINA

El reciente estudio de la Oficina de las Naciones Unidas contra la Droga y el Delito (UNODC, por sus siglas en inglés), *Global Study on Homicide* (2011), describe no sólo las tendencias sino que presenta los factores que considera como riesgos de mortalidad por homicidios. Cabe mencionar que el estudio no presenta una definición explícita de riesgo. Sin embargo, establece una fórmula en la que para un año determinado (y también para cierta edad y sexo) el riesgo de ser asesinado es $r = 2h/2+h$, donde h es la tasa de homicidios para el año correspondiente, sexo y edad (UNODC, 2011: 101).

Entre las definiciones más utilizadas para este tema, la UNISDR y UNESCO definen el riesgo como la probabilidad de pérdida tanto en vidas humanas como en bienes o en capacidad de producción. Involucran tres aspectos relacionados por la siguiente fórmula: riesgo = vulnerabilidad × valor × peligro.[4]

Ciertas conductas de grupos específicos de la población harían a las personas más propensas a ser víctimas del homicidio. Sin embargo, como lo observaremos más adelante, en el contexto de estas definiciones, debe considerarse que el riesgo no puede ser entendido sólo como una decisión personal, sino como consecuencia de una serie de situaciones ambientales, sociológicas, culturales, psicológicas y económicas que impulsan o seducen a ciertas personas a asumir riesgos a través de actos en los que saben que pueden acabar como víctimas o victimarios.

En el caso de UNODC, los factores de riesgo aparecen como atributos de los individuos; entre ellos encontramos la edad, el sexo, la pertenencia a grupos de edad específicos. A estos factores considero oportuno agregar la residencia en ciudades o en países con altas tasas de homicidios. Los factores de riesgo son, así, el número de homicidios en un año o aceche periodo determinado, el número de jóvenes, la edad (o grupo de edad), el sexo, portar arma, pertenecer a una banda, ser hombre joven, estar en narcoactividad, si es mujer convivir con un agresor, entre otros. Otro trabajo en Estados Unidos utiliza la misma noción y agrega otros factores (como la familia y el barrio). En algunos pasajes consideran factores de riesgo ingresar a las bandas criminales o del crimen organizado (UNODC, 2011: 63; también Juvenil Crime, Juvenile Justice, 2001). Pero en otros pasajes del estudio de UNODC llaman

---

[4] Peligro o peligrosidad sería la evaluación de la intensidad máxima esperada de un evento destructivo en una zona determinada y en el curso de un periodo dado, con base en el análisis de probabilidades (Mora Escamilla, 2011 y UNISDR, 2009). Peligro puede dividirse en peligrosidad externa: se presenta en el caso de que un accidente en el sistema no afecte de manera sensible su funcionamiento, sino el de otros. Peligrosidad interna: se presenta en el caso de que un accidente en el sistema, afecte sólo su funcionamiento sin ocasionar consecuencias en otros. Y peligrosidad total: en el caso de que un accidente en el sistema afecte su funcionamiento y provoque alteraciones en otros.

a estos mismos factores de vulnerabilidad. A estos elementos proponemos agregar temas centrales como el empleo, la escolaridad, la condición migratoria y las condiciones de salud, entre otros factores.

En los trabajos de salud pública y en algunas corrientes de la sociología criminal estos factores están relacionados con la violencia como niveles de riesgo que se construyen al establecer la relación entre varios determinantes (estructurales, coyunturales, culturales, individuales) que suponen están dinámicamente interrelacionados.

El concepto de riesgo es central en los estudios epidemiológicos y expresa la probabilidad de ocurrencia de enfermedad y problemas en la salud de la población en determinadas situaciones y contextos.

Aplicado al análisis epidemiológico, el riesgo permite establecer asociaciones probabilísticas de distribución poblacional de una enfermedad específica en determinadas condiciones objetivas, mensurables, como edad, sexo, ingreso, etc.; presentando una visión eminentemente cuantitativa. En este sentido, se trata de una categoría que presupone cierta relación de dependencia entre un factor de exposición (factor de riesgo) y un efecto (por ejemplo, en la salud, la escolaridad o la migración). La identificación de factores de riesgo a una enfermedad específica constituye un eje fundamental en el análisis que sustentan las prácticas preventivas de la salud pública.

En otros ámbitos, como en el estudio y prevención de los desastres, riesgo es la combinación de la probabilidad de que se produzca un evento y se presenten sus consecuencias negativas (UNISDR, 2009). Una persona (o comunidad o país) es vulnerable cuando existe un riesgo de que sus circunstancias y logros se vean deteriorados en el futuro. En este caso el riesgo de ser víctima de la violencia deprivaría a la persona de su condición de salud y de sus capacidades. El concepto describe la (probabilidad de) erosión de las capacidades y opciones de las personas.

La vulnerabilidad estructural tiene sus raíces en la posición de las personas en la sociedad, su género, etnia, raza, tipo de trabajo o estatus social (pobres, indígenas, mujeres, comunidades, personas con condiciones de salud diferente; y para jóvenes factores como el tipo de familia de origen, el barrio, la escuela, su entorno, la ciudad violenta) y evoluciona y persiste durante largos periodos. Una mejor comprensión de dicha vulnerabilidad implica que personas que en principio están dotadas de las mismas capacidades puedan enfrentar distintas barreras basándose en quiénes son, dónde viven o qué hacen.

La vulnerabilidad de las personas se ve influida por sus capacidades y contexto social. Las vulnerabilidades asociadas con el ciclo de vida se refieren a las amenazas a las que se enfrentan las personas a lo largo de las distintas etapas de la vida, desde la infancia, la adolescencia y la edad adulta hasta la vejez. La vulnerabilidad se entiende también como las características y circunstancias en las que una comunidad puede, o no puede, confrontar la susceptibilidad a los daños que les genera la proximidad a una amenaza (UNISDR, 2009). Este concepto considera aspectos orgánicos, conductuales, culturales, económicos y políticos, de esta forma su potencial analítico y práctico establece y favorece un conocimiento interdisciplinario en el campo de la salud pública y la sociología (entre otros) y estimula su aplicación en el análisis de diferentes objetos (PNUD, 2014).

El Programa de las Naciones Unidas para los Asentamientos Humanos define la vulnerabilidad como la "probabilidad de que un individuo, un hogar o una comunidad se sitúe por debajo del nivel mínimo de bienestar", esto como resultado de acontecimientos y procesos de riesgo. Los factores que promueven condiciones de vulnerabilidad social son múltiples y se pueden manifestar a diferentes escalas. Algunos de los factores asociados con la vulnerabilidad son: desequilibrio económico, bajos niveles de educación, desempleo migración, conflictos bélicos, así como el factor medioambiental.

Como se menciona en el párrafo anterior, uno de los factores nodales que producen vulnerabilidad, son los bajos niveles de educación.[5] Otra dimensión podría ser la salud, que es fundamental en el tratamiento de la vulnerabilidad. Dos de las cinco principales causas de muerte para el grupo de 12-19 años de edad están directamente relacionadas con el sector salud: los tumores malignos y las enfermedades del corazón (tercer y quinto lugar, respectivamente). Pero además los homicidios están entre las principales causas de la mortalidad por causas externas, después de los accidentes de tránsito (Alvarado, 2015 en imprenta).

En este sentido, la exposición a la violencia en diferentes momentos del curso de vida puede vulnerar a las personas. Procedemos ahora a un análisis de estos factores asociados con los homicidios.

---

[5] Atendiendo al sector educativo, en 2013 se publicó *Panorama de la educación*, producto que responde a un largo esfuerzo de colaboración entre los gobiernos de los países miembros de la OCDE, con la finalidad de mantener un paso firme en el esfuerzo para fortalecer la relación entre las políticas públicas y la disponibilidad de datos susceptibles de comparación internacional. Este estudio arrojó los siguientes datos

- De entre los 35 países que conforman la OCDE, México tiene el tercer porcentaje (27.4%) más alto de jóvenes entre 15 y 29 años que no estudian ni trabajan, sólo por debajo de Turquía e Israel. El mayor porcentaje lo representan las mujeres (37.8%) que es tres veces mayor al de los hombres (11%).
- En México menos del 20% de la población ha alcanzado como máximo la educación media superior.
- México tiene el último porcentaje entre los países de la OCDE de graduación para la educación media superior para menores de 25 años. La media para los 35 países es de 83%, México se ubica en el último lugar con 48 por ciento.
- Los hombres alcanzan porcentajes más altos de graduación profesional y preprofesional en comparación con los porcentajes de las mujeres. Sin embargo, en educación básica las mujeres tienen mayor porcentaje de aprobación con 49% contra un 42% de los varones.
- El promedio de años de escolaridad para los miembros de la OCDE es de 12, México tiene un promedio de 8 años, lo que indica el segundo año de secundaria completo.

Asimismo, el Instituto Nacional de Estadística y Geografía, a través del Censo Nacional de Población y Vivienda 2010, reveló que para la población de 15 a 29 años, el promedio de escolaridad es de 10.8 años, es decir, completaron la secundaria y entraron a nivel media superior, sin embargo, el rezago educativo se hace presente al no concluir ni el primer año del equivalente al bachillerato.

2.1. *Análisis de factores de riesgo (Probabilidad de ser víctima de homicidios)*

Procedemos a analizar los factores de riesgo de ser víctima de la violencia homicida; entre estos factores ya señalamos ser joven, estar en cierto grupo de edad, la disponibilidad y uso de armas de fuego y las diferencias de género. La probabilidad de muerte por homicidio en población de 10 a 29 años en Brasil en el periodo de 2005 a 2010 es 59% mayor, comparada con la de toda la población. Asimismo, la probabilidad de muerte por homicidio en población de 10 a 29 años en Colombia en el periodo de 2005 a 2010 es 18% mayor, comparada con todos los habitantes. Finalmente, la probabilidad de muerte por homicidio en población de 10 a 29 años en México en el periodo de 2005 a 2010 es 23% menor, comparada con la misma población de 10 a 29 años de Colombia.

CUADRO 4. TASAS DE HOMICIDIO PROMEDIO POR GRUPOS DE EDAD, 2005-2010

País	Grupo de edad 10-14	Grupo de edad 15-19	Grupo de edad 20-24	Grupo de edad 25-29
Brasil	3.4	42.3	60.4	53.6
Colombia	3.4	44.2	85.8	95.8
México	1.4	11.5	21.3	25.6

FUENTE: *Ibid.*

El cuadro 4 muestra el enorme incremento del riesgo entre los grupos de edad de 15 a 19 y de 20 a 24 años. Aun así, un joven de 15 a 29 años en un país como Colombia tiene un mayor riesgo de ser víctima de homicidio que un habitante de Brasil y aún menos de México. La residencia es un factor determinante del riesgo de morir asesinado.

La proporción de muerte por homicidio de la población masculina entre 10 y 29 años se incrementa en promedio 81% respecto de toda la población joven. En Brasil, en 2004, ocurrieron 48 374 homicidios, de estos 56% eran adolescentes entre 15 y 29 años; de estos, 94% eran de sexo masculino.

El mayor incremento se observa entre la población de 15 a 19 años en los tres países y concurre con un salto muy notorio en las tasas de homicidio. En Brasil es de más de 12 veces, en Colombia es de más de 14 y en México es mucho menos sensible, pero es de cerca de 5 veces.

El aumento sigue siendo importante entre los grupos de 20 a 24 años y tiene las tasas de homicidio más altas de los grupos. Por ejemplo, en Brasil el aumento entre la tasa del grupo anterior es de 1.42 y disminuye entre el grupo de 25 a 29. En Colombia es de 1.98 y en México de 1.85. Véase la gráfica 4.

La proporción de homicidios de jóvenes comparados con los no jóvenes es 48% mayor en Brasil, 27% en Colombia y 24% mayor en México. Véase el cuadro 5.

En el caso de las mujeres, se observa que una persona del sexo femenino de 10

GRAFICA 4. TASAS DE HOMICIDIO POR GRUPOS DE EDAD (PROMEDIOS 2000-2008)

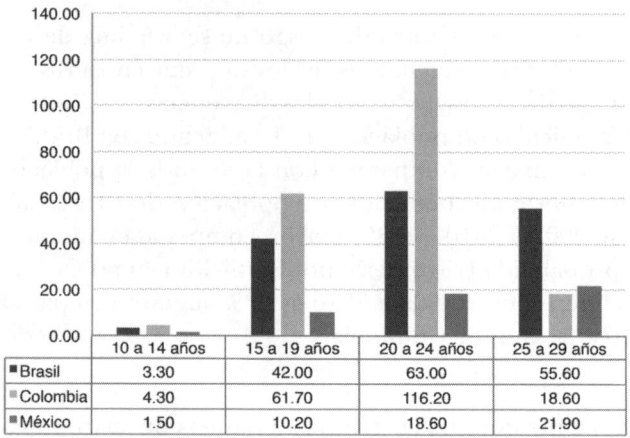

	10 a 14 años	15 a 19 años	20 a 24 años	25 a 29 años
Brasil	3.30	42.00	63.00	55.60
Colombia	4.30	61.70	116.20	18.60
México	1.50	10.20	18.60	21.90

NOTA: La gráfica difiere en cifras del cuadro 4 ya que los años son diferentes.

FUENTE: Elaboración del autor con base en datos de las instituciones estadísticas de los tres países: Brasil MS/SVS/IBGE; México, INEGI; Colombia, Instituto de Medicina Legal.

a 29 años en Colombia tiene un riesgo mucho mayor de ser víctima de la violencia homicida, que en Brasil o México. Sin embargo, este dato no nos dice nada de otros factores de que podrían estar asociados a una mayor tasa de feminicidio de este grupo.

El arma de fuego es el instrumento con el que se ejecutan los homicidios de manera más frecuente, en sus diferentes calibres y capacidad destructora, tanto entre la población general como entre los jóvenes. En el caso de los jóvenes, en Brasil 3 de cada cuatro homicidios, 75%, fueron cometidos con armas de fuego; en Colombia 83.7% y en México 55.8%. Véase el cuadro 6.

Un aspecto importante de la mortalidad en nuestros países es la disponibilidad de armas de fuego, que es uno de los factores de riesgo y que además ha estado asociada al incremento de la mortalidad juvenil. En el caso de México hay un número significativo de jóvenes que han muerto por armas de fuego largas y otras no especificadas, lo que podría sugerir un incremento de la mortalidad asociada a las acciones de organizaciones criminales y del narcotráfico (aun cuando también podría ocurrir que los registros tengan menor calidad y confiabilidad). Esto podría también indicar los enfrentamientos entre grupos armados ilegales y las fuerzas armadas del estado. Entre 2000 y 2008 fueron cerca de 4 mil casos.[6] El promedio sería de cerca de 4% pero hay variaciones importantes en los datos. No tenemos registros del uso de otras armas para el resto de los países. En el caso de Colombia existen

---

[6] En los tres países hay una proporción constante de muertes no determinadas (de las clasificaciones CIE10, Y10 a Y34) lo que manifiesta problemas en los registros de mortalidad. En el caso de México, durante el periodo de estudio de este trabajo, ascendieron a 8 166 casos.

CUADRO 5. TASA DE HOMICIDIO TOTAL Y POR SEXO

Ocurrencia	Tasa de homicidios, todas las edades	Tasa de homicidios (10-29)	Tasa de homicidios, hombres (10-29)	Tasa de homicidios, mujeres (10-29)
		Brasil		
2000	26.71	39.25	72.93	5.52
2001	27.81	40.50	75.20	5.74
2002	28.46	42.05	78.41	5.64
2003	28.86	42.68	79.57	5.75
2004	27.01	39.92	74.40	5.41
2005	25.83	37.91	70.69	5.09
2006	26.31	38.04	70.84	5.22
2007	25.20	38.55	71.48	5.19
2008	26.43	40.97	75.90	5.52
2009	29.90	41.50	76.60	5.70
2010	27.4	41.80	72.20	6.10
		Colombia		
2000	71.45	98.07	183.60	13.01
2001	73.76	100.86	187.12	14.73
2002	76.94	106.03	195.61	16.23
2003	61.19	109.40	148.61	12.94
2004	52.80	67.98	124.90	10.56
2005	44.00	57.65	104.56	10.15
2006	41.51	53.61	98.23	8.24
2007	40.49	51.67	93.99	8.50
2008	38.13	48.54	116.74	7.91
2009	43.80	59.10	102.60	9.40
2010	40.50	55.60	101.10	8.90
		México		
2000	10.64	13.45	24.31	3.11
2001	10.10	13.03	23.16	3.36
2002	9.79	12.45	22.05	3.31
2003	9.68	11.68	20.60	3.14
2004	8.86	11.05	19.44	3.06
2005	9.32	13.10	23.44	3.52
2006	9.72	12.72	22.76	3.48
2007	8.17	10.50	18.88	2.80
2008	12.78	16.15	29.91	3.51
2009	18.90	18.30	35.30	3.70
2010	23.20	24.10	43.90	5.10

FUENTE: Elaboración de los autores con base en datos de las instituciones estadísticas de los tres países: Brasil MS/SVS/DASIS–Sistema de Informações sobre Mortalidade–SIM, IBGE; México, INEGI; Colombia, Instituto de Medicina Legal.

CUADRO 6. HOMICIDIOS POR ARMAS DE FUEGO. PROMEDIOS 2000-2010

País	Proporción de homicidios jóvenes respecto de los no jóvenes	Tasa de homicidios por arma de fuego de la población joven	Porcentaje que representan los homicidios de jóvenes con arma de fuego respecto del total
Brasil	1.5	30.5	76.3
Colombia	1.3	62.3	83.7
México	1.2	6	55.8

NOTA: Población joven incluye las personas entre 10 y 29 años. Incluimos las codificaciones CIE-10 X93, X94 y X95.
FUENTE: elaboración de los autores.

registros para muerte en intervenciones legales y de guerra, por lo cual en la década reciente 3 026 personas jóvenes murieron en estas operaciones legales y de guerra.

En este sentido, más allá de los simples datos y en el contexto de gran desigualdad que existe en nuestros países, con áreas con gran concentración de pobreza, altos niveles de desempleo, niveles bajos relativos de escolaridad y de salud, donde están presentes el tráfico de drogas en gran escala, las bandas armadas ilegales y las fuerzas gubernamentales son incapaces de combatir los homicidios o son parte del problema ¿en qué medida la exposición a riesgo de muerte puede ser considerada como una decisión libre y fortuita de los sujetos? ¿Debemos considerar sólo los atributos propios del sujeto? O por el contrario, ¿debemos tomar en cuenta factores ajenos al individuo, que lo determinan y limitan sus libertades? Incluso en algunos casos le ofrecen o lo fuerzan a tomar alternativas de vida que incrementan las probabilidades de ser víctima de la violencia o agresor.

Hay otros factores presentes en la mortalidad juvenil en los tres países de nuestro trabajo, que podemos asociar o definir como *riesgos* propios de los jóvenes. Entre estos factores podrían estar en cierta medida vivir en lugares en donde operan o dominan grupos armados (los *combos* en Medellín, las *bandas* en las favelas, la *Mara* en Guatemala, las pandillas en Ciudad Juárez), las organizaciones de tráfico de drogas ilegales, como también tener algún vínculo con bandas armadas que dominan territorios enteros de sus ciudades y barrios de residencia (comandos en Brasil); vivir en una ciudad o un país con altas tasas de violencia o formar parte de un grupo mayoritario sin grandes oportunidades, o vivir en un país que experimenta un largo y continuado conflicto civil. Todos están presentes como factores de riesgo en la mayoría de los estudios, cuando en realidad deberíamos considerarlos contextos que limitan el libre ejercicio de las decisiones de los individuos. En este sentido no sólo limitan las elecciones individuales, sino que vulneran derechos (cancelan titularidades, aspiraciones y limitan las capacidades).

En las ciudades, la segregación residencial limita el desarrollo juvenil, confinando a la población de las zonas marginales o periféricas así como a oportunidades diferentes a las de grupos de población que habitan en las zonas "centrales" de las urbes. Así, reciben una oferta menor y deplorable de servicios básicos, de infraestructura, salud, educación, transporte, empleo disponibilidad de espacios públicos y seguridad; estas limitantes también los exponen a un mayor riesgo de violencia y menores redes de protección y de conexión física y social. Esta condición de vida urbana de la gran mayoría de los jóvenes deroga libertades. No se pueden ver bajo la óptica única de "factor de riesgo", puesto que "omite" realidades y vivencias muchas veces imperceptibles, que hacen que estos grupos de población sean vulnerables a situaciones no deseadas ni buscadas.

El sistema social legítima el riesgo de la adolescencia y juventud como proceso de transición a la vida adulta, a un mundo social caracterizado por la precariedad laboral y el desempleo, en donde una estrategia alternativa para "ganarse la vida o el dinero" es involucrarse en actividades informales o en conductas delictivas (ya sea ocasionalmente o al integrarse a una banda criminal), lo que para algunos pocos jóvenes termina siendo su única trayectoria social, que los encamina en diversas formas de violencia, en condiciones en las que no existe libertad de elección. Al analizar la violencia juvenil en nuestros países y en particular en los centros urbanos, los jóvenes, hombres y mujeres, se ven afectados por tener que vivir en estos territorios (porque no existe libertad de movimiento seguro, porque las opciones de una vida libre de violencia son menores frente a la oferta, a la "seducción" a la que se enfrentan) de alternativas de vida violentas tales como ingresar a las bandas armadas ilegales y trabajar en empleos igualmente precarios, pero que ofrecen la ilusión y los recursos rápidos para una satisfacción de deseos inmediatos de consumo y placer.

2.2. *Análisis de riesgo y vulnerabilidad de los jóvenes al homicidio*

Retomo la definición de vulnerabilidad y propongo considerar la posibilidad de exposición de personas a cierta enfermedad como resultado de una serie de factores o atributos, tanto del individuo como también contextuales, que implican mayor susceptibilidad a adquirir infecciones y enfermedades (Peres *et al.*, 2011).

En este sentido, podríamos considerar la sobremortalidad de jóvenes por homicidio como una forma de vulnerabilidad, en especial del sexo masculino, sin olvidar las tasas de las mujeres que son sumamente altas comparadas con las de países desarrollados.

De acuerdo con Ruotti Massa y Peres (2011: 539-540) los conceptos de *vulnerabilidad y vulnerable* son ampliamente utilizados en la investigación científica y social y en la prevención (tales son los casos del empleo, la salud, o en enfermedades de transmisión sexual [ETS] como el VIH/SIDA).

Los estudios de vulnerabilidad han presentado alternativas en investigaciones en salud en donde encontramos tres niveles de inteligibilidad. El primero es el nivel de la trayectoria social; luego, el nivel en donde dos o más trayectorias se interceptan y finalmente el contexto social (donde ocurre). Cada uno de los elementos (factores) de los tres niveles debe describirse objetivamente, para luego integrarlos.

Bajo esas condiciones se configuran los grupos de riesgo (como los grupos de jóvenes de 15-25 años, propensos a actividades "peligrosas")[7] y las conductas en el contexto urbano, donde se vive el peligro del contacto-contagio; por ejemplo, estar cercano al contacto con la banda o pandilla y formar parte de ella o estar en peligro de envolverse con las actividades criminales.

Hay una gran diferencia entre las tasas de muerte violenta entre los jóvenes y los no jóvenes, como también entre los jóvenes de distintas comunidades (o barrios dentro de una ciudad). En algunos países las tasas son bajas, como México, al compararlas con la mortalidad de jóvenes en Brasil o aún más en Colombia. Las expectativas de vida todavía son drásticamente diferentes entre México y Colombia. Además, cada grupo enfrenta contextos urbanos-comunitarios complejos y con distintos niveles de violencia. El solo hecho que las tasas de homicidio sean tan altas en Colombia manifiesta la limitación al ejercicio libre de los derechos de los y las jóvenes y la vulneración de estos derechos frente a los jóvenes mexicanos. Lo mismo ocurre con la mujer joven, que en Colombia está afectada por índices de mortalidad dos veces las de Brasil y casi el triple que las de México. Todos estos problemas estructurales de nuestras sociedades manifiestan la imposibilidad de sobrevivencia digna de los jóvenes y una vulneración de sus derechos básicos. Esto nos sugiere que para explicar las tendencias de la violencia contemporánea deberemos también tomar en cuenta otros elementos de análisis y no sólo los riesgos o las probabilidades de ser víctimas de un homicidio.

El concepto de vulnerabilidad permite dar cuenta de la imposibilidad de que una persona o una comunidad pueda aprovechar las oportunidades disponibles en distintos ámbitos socioeconómicos, para mejorar su situación de bienestar o impedir un deterioro.

Podemos asumir, además, que el concepto de vulnerabilidad podría ayudarnos a explorar el efecto que tiene en los homicidios la inestabilidad socioeconómica, el debilitamiento o incapacidad o no presencia del Estado en diversos espacios (ausencia de institucionalidad), o la falta de voluntad política de los gobernantes para proveer el servicio de seguridad a las personas, o incluso el involucramiento de autoridades en actos criminales, que incrementa el riesgo de desastres creados por el ser humano, que representan la precariedad de vivir en nuestras sociedades.

Las capacidades (y decisiones) de los individuos para hacer frente a situaciones de violencia están determinadas por la combinación de los factores de riesgo mencionados y por la vulnerabilidad, que determina cómo pueden combinarse los valores de las personas (*assets*) determinados por las instituciones, los mercados de trabajo, la familia, la comunidad (Bayón y Terán, 2012: 11) y las instituciones de control de la violencia.

---

[7] Por ejemplo, podríamos pensar, como en los estudios de VIH, que en la violencia se observa igualmente una estrecha asociación con las condiciones estructurales de vida, esto es con los valores y normas culturales, que envuelven prejuicios y limitantes en el "comportamiento de riesgo" de los jóvenes, tales como la construcción de identidades masculinas asociadas con el machismo y la violencia en la pareja, que llevaría a la adopción de ciertas conductas "de riesgo" (Peres *et al.*, 2011).

Ciertos grupos sociales de jóvenes son vulnerables a muy distintas situaciones en donde ocurre la violencia. Son estigmatizados como si fueran portadores de la violencia, pero son víctimas de la misma.

El joven enfrenta un ambiente social en el que tiene mayor peso el individuo que la comunidad, en una sociedad que espera más que las personas tomen decisiones individuales y que tenga conductas autorregulatorias. El joven tiene menos peso como persona en la comunidad y está obligado a actuar en circunstancias que no eligió ni puede controlar y tiene menor capacidad y recursos para enfrentarla.

Construye una identidad de sí mismo a través de valores que comparte con jóvenes en sus mismas situaciones, que involucran su visión de su familia de origen, la de su barrio, la de sus pares, la visión de futuro (o la ausencia de ésta), una visión pesimista de la vida, una falta de proyecto de desarrollo personal, y una búsqueda de la satisfacción inmediata (consumos, deseos e impulsos); los barrios donde habitan son agresivos, la educación es precaria, con conflictos y en riesgo de deserción o expulsión del sistema; el empleo inexistente o precario, el consumo individual presenta disparidad entre las aspiraciones y deseos de consumir productos de moda (es el periodo en que los jóvenes ingresan al mercado como consumidores "autónomos"). Existe además una alta desigualdad entre los que tienen todas las posibilidades de desarrollo personal y(o) social y los jóvenes de barrios sin esperanza en su expectativa de vida, con acceso limitado a la cultura y con una recreación precaria. La socialización con códigos culturales heterogéneos (entre otros, la legitimación de las conductas violentas) y otras configuraciones sociales determinan perspectivas juveniles en el empleo, la educación, la inserción territorial y la distribución por género, todo lo cual concurre en oportunidades y riesgos para el desarrollo de los jóvenes.

Otras modalidades por las que se expresa la vulnerabilidad se encuentra en la violencia de parejas, la violencia intrafamiliar, la transmisión intergeneracional de conflictos, la violencia sexual contra niñas, niños y adolescentes mujeres, la maternidad de adolescentes, el abuso de sustancias nocivas (como los solventes), entre otras. Aunado a estas expresiones no se dan ni se ofrecen verdaderas y auténticas formas de participación para la toma de decisiones sobre sus vidas, y cuando se hace ineludible, el acceso a la justicia está marcado por la discriminación por el barrio de procedencia o por el hecho de ser joven, o por conductas violentas de las fuerzas de seguridad (entre ellas las policías) que derogan o violan derechos humanos. La relación con la autoridad pública es escasa, vista como lejana, con desconfianza y rodeada por corrupción, de amenazas y de coerción física que vulnera sus derechos básicos.

Algunos jóvenes son más vulnerables al reclutamiento de las organizaciones del crimen y a la violencia por vivir en países o regiones con largos conflictos y violencia civil o en situaciones de guerra, como en Colombia, o por la impunidad y la incapacidad del Estado, como en México. Lo preocupante es el hecho mismo de estar expuestos a esta forma de vida que les está obligando a vincularse a las mismas bandas criminales, y por ende convertirse en agresores homicidas o en víctimas. Cuando hablamos de la guerra, los factores de riesgo no pesan en la misma forma. Los individuos no tienen el mismo conjunto de oportunidades ni la libertad de elegirlas. Esto no sólo vulnera las libertades dentro de un territorio, sino un espacio para tener otras actividades. Si bien no es exactamente equiparable, la alta tasa de muertes de jóvenes involucrados en bandas del narcotráfico u otras ilegales, manifiesta estas limitantes. Éstas son realidades que no pueden asociarse sólo como riesgos individuales porque son contextos estructurales determinantes. De hecho, las bandas armadas ilegales, con su poder económico y simbólico seducen y coaccionan a los jóvenes. Y la desprotección del Estado vulnera aún más las opciones de los jóvenes.

Los jóvenes construyen su identidad con el grupo que está en situaciones similares de riesgo y elaboran sus cálculos (actitudes, expectativas) con base en la visión personal y de grupo.

Los jóvenes incrementan su exposición al peligro, al riesgo de ser víctimas o agresores de la violencia (en particular la homicida), por estar expuestos por periodos más prolongados —en tiempo y espacio— y sin supervisión por adultos, y en este ambiente buscan la consolidación de su relación con grupos de pares (lo que les facilita y permite el ingreso a bandas y a pandillas). Además, porque vienen de enfrentar múltiples conflictos, con sus familiares y con sus padres, con la autoridad escolar y en algunos casos laboral y definen patrones de comportamiento que marcan diferencias con otros grupos etarios y entre ellos mismos. Es una situación compleja, no reducible al mero "factor de riesgo".

También enfrentan diversos procesos que permiten o limitan su integración social y su conocimiento y aceptación de normas de convivencia y de las propias leyes. Y en esos contextos urbanos precarios es donde aprenden las normas legales y experimentan día con día la manera como se ejercen o se violan. Esto produce muchas veces conductas cínicas frente a la ley y en otros casos conductas anómicas, pero también en muchos otros más ambigüedades, confusiones, ambivalencias frente a las normas sociales y a las legales. Por estos motivos resulta más complejo y difícil de aceptar y reproducir el conocimiento y la adhesión a un orden legal instituido. El caso del narcotráfico y otras actividades ilegales manifiesta esta ambivalencia de valores. En él están presentes los mismos valores de inclusión, riqueza, poder y bienestar que promueve la sociedad (incluida la masculinidad y el machismo que dominan), pero por canales distintos, ilícitos y violentos. Esto podría ser la base de la incongruencia de valores y de una socialización conflictiva de los jóvenes.

3. ALGUNAS ASOCIACIONES ENTRE HOMICIDIOS Y CONDICIONES DE VULNERABILIDAD

3.1. *Análisis de correlación (en colaboración con Susana Esquivel)*

En esta sección presentaremos dos estudios exploratorios y tomaremos los datos del caso de México para probar algunas hipótesis sobre la vulnerabilidad y los homicidios. Por una parte algunas asociaciones entre factores de riesgo y mortalidad

CUADRO 7. CORRELACIONES ESTADÍSTICAS DE PEARSON EN JÓVENES DE 20 A 29 AÑOS POR SEXO, SEGÚN TIPO DE ESCOLARIDAD

		Homicidios en mujeres de 20 a 25 años	Homicidios en hombres de 20 a 24 años	Homicidios en mujeres de 25 a 29 años	Homicidios en hombres de 25 a 29 años
Población sin escolaridad con más de 15 años	Correlación de Pearson	-.088*	-.090*	-.059*	-.070*
	Sig. (bilateral)	.000	.000	.003	.001
	N	2456	2456	2456	2456
Población con educación superior	Correlación de Pearson	.152*	.168*	.092*	.106*
	Sig. (bilateral)	.000	.000	.000	.000
	N	2456	2456	2456	2456

* La correlación es significativa al nivel 0.01 (bilateral).
FUENTE: Elaboración del autor con base en datos del INEGI.

CUADRO 8. CORRELACIONES ESTADÍSTICAS DE PEARSON EN JÓVENES DE 20 A 29 AÑOS POR SEXO, SEGÚN ALFABETIZACIÓN

		Homicidios en mujeres de 20 a 25 años	Homicidios en hombres de 20 a 24 años	Homicidios en mujeres de 25 a 29 años	Homicidios en hombres de 25 a 29 años
Población alfabeta con más de quince años	Correlación de Pearson	.092*	.095*	.062*	.077*
	Sig. (bilateral)	.000	.000	.002	.000
	N	2456	2456	2456	2456
Población analfabeta con más de quince años	Correlación de Pearson	-.095*	-.098*	-.065*	-.080*
	Sig. (bilateral)	.000	.000	.001	.000
	N	2456	2456	2456	2456

* La correlación es significativa al nivel 0.01 (bilateral).
FUENTE: Elaboración del autor con base en datos del INEGI.

por homicidio en población de 20 a 29 años en México, que es aquella en la que los resultados del estudio han mostrado asociaciones positivas.[8]

El coeficiente de correlación es una prueba para analizar la relación entre dos variables que pueden estar potencialmente relacionadas entre sí y que previamente fueron medidas en un nivel de intervalos. La relación entre dos variables estará determinada por el signo negativo o positivo de "r". Después de elaborar una serie de pruebas con los índices de homicidios y factores de vulnerabilidad, se hallaron cuatro variables que de manera estadística se encuentran asociadas. En el cuadro 7 se muestra el cruce de la escolaridad contra homicidios en jóvenes de 20 a 24 años según sexo. En él, la variable *sin escolaridad* arrojó resultados negativos, lo que indica que existe una relación lineal directa negativa con los homicidios para los quinquenios 20-24 y 25-29 para ambos sexos. En este análisis es pertinente mencionar que el porcentaje de población con 15 años y más sin escolaridad es muy bajo, lo cual conlleva a que el resultado sea negativo. Cabe hacer notar que en este modelo las mujeres del grupo 20-25 años presentan un alto valor de la correlación (0.52 y un poco menor que la de los hombres de ese grupo etario), factor que merecerá estudios futuros en profundidad. Asimismo, para la variable *población con educación superior*[9] se encontró un efecto contrario, ya que presentó una correlación positiva entre los homicidios (para los dos quinquenios y ambos sexos), siendo el quinquenio 20-24 el que presenta una mayor asociación entre ambas variables. Si bien, la relación línea positiva no es muy fuerte, el resultado da evidencia de que una variable puede afectar de manera positiva a la otra, lo cual puede brindar un parámetro para una mayor investigación entre ambas.

En el cuadro 8 mostramos igualmente las correlaciones de homicidios pero ahora por condición de alfabetismo. Las asociaciones resultaron positivas para la variable *población alfabeta con más de 15 años*. Sin embargo, la relación lineal positiva no es muy fuerte ya que el coeficiente no alcanza valor en las décimas. La interpretación en este cuadro debe ser cautelosa, debido a que el porcentaje de población analfabeta representa menos del 3% de la población en el país, factor suficiente para influir en el nivel de correlación.

El análisis anterior sirvió como pauta para relacionar los homicidios con las variables de vulnerabilidad y su distribución en el espacio geográfico. Asimismo, las pruebas estadísticas realizadas, arrojaron un prototipo de análisis que se muestra de manera más exhaustiva en el siguiente análisis espacial, donde específicamente las variables de educación se encuentran desglosadas por nivel de escolaridad.

---

[8] Para realizar el análisis de correlación se utilizaron las estadísticas de defunciones por homicidio y los indicadores de educación del INEGI para el año 2010. Se tomaron los datos absolutos de las variables censales registradas en 2 435 municipios de la República mexicana.

[9] Con base en el INEGI se consideró la población con 25 años y más con al menos un grado aprobado en educación superior.

3.2. *Análisis espacial (en colaboración con Raúl Lemus)*

Para esta sección tomamos en cuenta el resultado de las regresiones y correlaciones que nos permitieron seleccionar un número mínimo de variables que resultaron significativas al estudiar los homicidios (fundamentalmente la escolaridad). Se realizó un ejercicio de correlación entre las variables censales y la tasa de homicidios para elegir aquellas que pudiesen explicar el modelo. La pregunta a responder es: ¿el nivel educativo y el acceso a un empleo tienen vinculación positiva con los homicidios en el país?

En esta parte del trabajo encontramos que el año 2011 tuvo la mayor correlación espacial en homicidios, por lo que se trabajó a mayor profundidad dicho periodo.

Las variables consideradas fueron: *Tasas de homicidios; Población nacida en la entidad; Población no nacida en la entidad; Hogares indígenas; PEA, Población con servicios de salud; Población sin servicios de salud; Hogares con jefatura femenina; Hogares con jefatura masculina, y Grado promedio de escolaridad.*

Las preguntas a responder fueron: ¿Cuáles son las variables estructurales que influyen en el aumento de homicidios? ¿Qué grupo o grupos de edad son los más vulnerables? Para responderlas, realizamos un análisis de "Indicadores globales de correlación espacial" (I. de Morán). A partir del supuesto de Tobler (1970) "Los objetos más cercanos se parecen entre sí", nos preguntamos si ¿existe una asociación espacial en la tasa de homicidios por grupo de edad? Y, en tal caso ¿qué grupo de edad es el más vulnerable? y ¿cómo se agrupan en el espacio?

El resultado de I. de Morán para delitos totales fue el siguiente.

CUADRO 9. DELITOS TOTALES

	2010	2011	2012
10 a 14	0.01250	0.0371	0.0566
15 a 19	0.03710	0.0912	0.0994
20 a 24	0.03502	0.0854	0.1392
20 a 25	0.03558	0.0709	0.1314

Por lo que vemos, en el año 2011 los grupos de edad de 20 a 29 años fueron los que resultaron más asociados.

Y para delitos totales femeninos:

CUADRO 10. DELITOS TOTALES FEMENINOS

	2010	2011	2012
10 a 14	0.0138	0.0314	0.0133
15 a 19	0.0314	0.0570	0.0769
20 a 24	0.0221	0.0386	0.0923
20 a 25	0.0219	0.0578	0.0900

Los resultados tienen valores muy bajos.
Pero para delitos totales masculinos suben un poco:

CUADRO 11. DELITOS TOTALES MASCULINOS

	2010	2011	2012
10 a 14	0.0103	0.0376	0.0647
15 a 19	0.0376	0.0956	0.1005
20 a 24	0.0365	0.0894	0.1429
20 a 25	0.0378	0.0713	0.1333

El año 2011 tuvo la mayor correlación espacial en homicidios, por lo que se trabajó con mayor profundidad en dicho periodo (véanse los mapas).

A través de varias pruebas de análisis de correlaciones encontramos varios núcleos comunes en todas las tasas de edad: en el estado de Chihuahua (por ejemplo en Ciudad Juárez), en Baja California, Sinaloa y Nayarit; sin embargo, no es posible evaluarlos estadísticamente. Por ello, trabajamos con el I. de Morán con el grupo de 20 a 24 que obtuvo la correlación más elevada (0.8450).

Para detallar el modelo, en el mapa 1 de la siguiente página presentamos los resultados de dos grupos de edad: 20 a 24 y 25 a 29 años. El grupo de 20-24 años tiene mayor correlación (I. de Morán de .057). Véase el mapa 1.

A partir de esta exploración preliminar y del hallazgo reseñado, construimos un modelo de correlación espacial que presentamos para discusión. El mapa 2 muestra resultados generales.[10] Lo que podemos concluir de este ejercicio de análisis es que municipios de color naranja (33% de los casos) la población que terminó un grado de educación superior, tiene servicios de salud, trabaja y habita en viviendas con un cuarto, tienen algún tipo de relación con eventos criminales dentro de territorios específicos. Véase el mapa 2.

4. DISCUSIÓN

Los resultados preliminares de los análisis de asociación así como el de correlación espacial indican que existen un conjunto de poblaciones jóvenes (particularmente entre los 20 y los 29 años de edad) que presentan resultados positivos (con probabilidad aceptable) de asociación entre los homicidios y algunos factores de riesgo como la escolaridad, los servicios de salud, la jefatura femenina y la condición migratoria. No obstante, el modelo presenta contrastes entre la intuición original del proyecto de análisis, porque por ejemplo la baja escolaridad no resultó un factor de riesgo en los modelos (sino lo contrario). En cambio, otros factores como los

---

[10] Los resultados fueron obtenidos a partir de una regresión espacial que muestra en qué municipios existe menor error de los estimadores, es decir, existe un mejor ajuste del modelo.

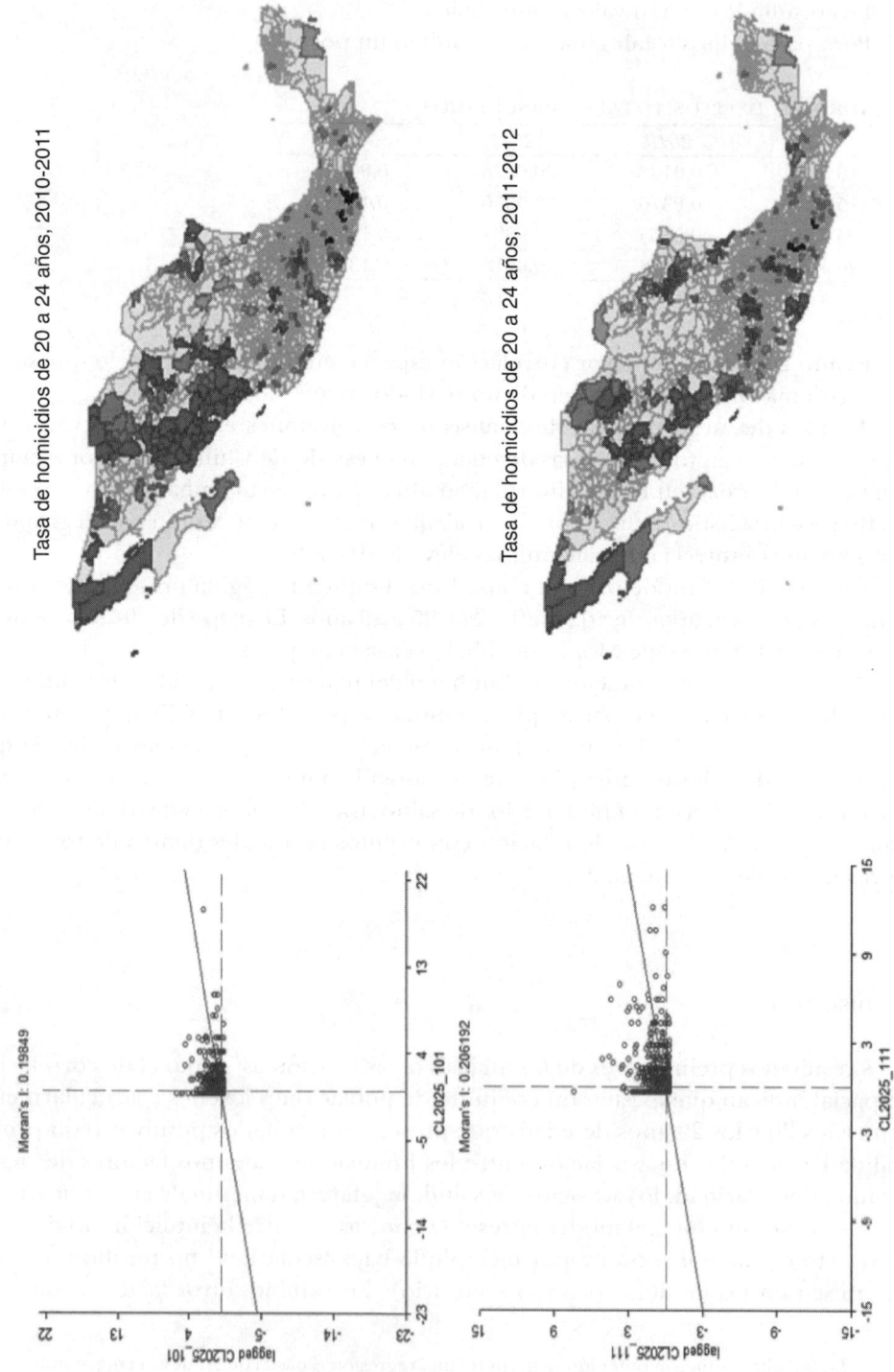

MAPA 1. DISTRIBUCIÓN ESPACIAL (I. DE MORÁN) DE LA TASA DE HOMICIDIOS SEGÚN AÑO Y GRUPO DE EDAD

VIOLENCIA JUVENIL

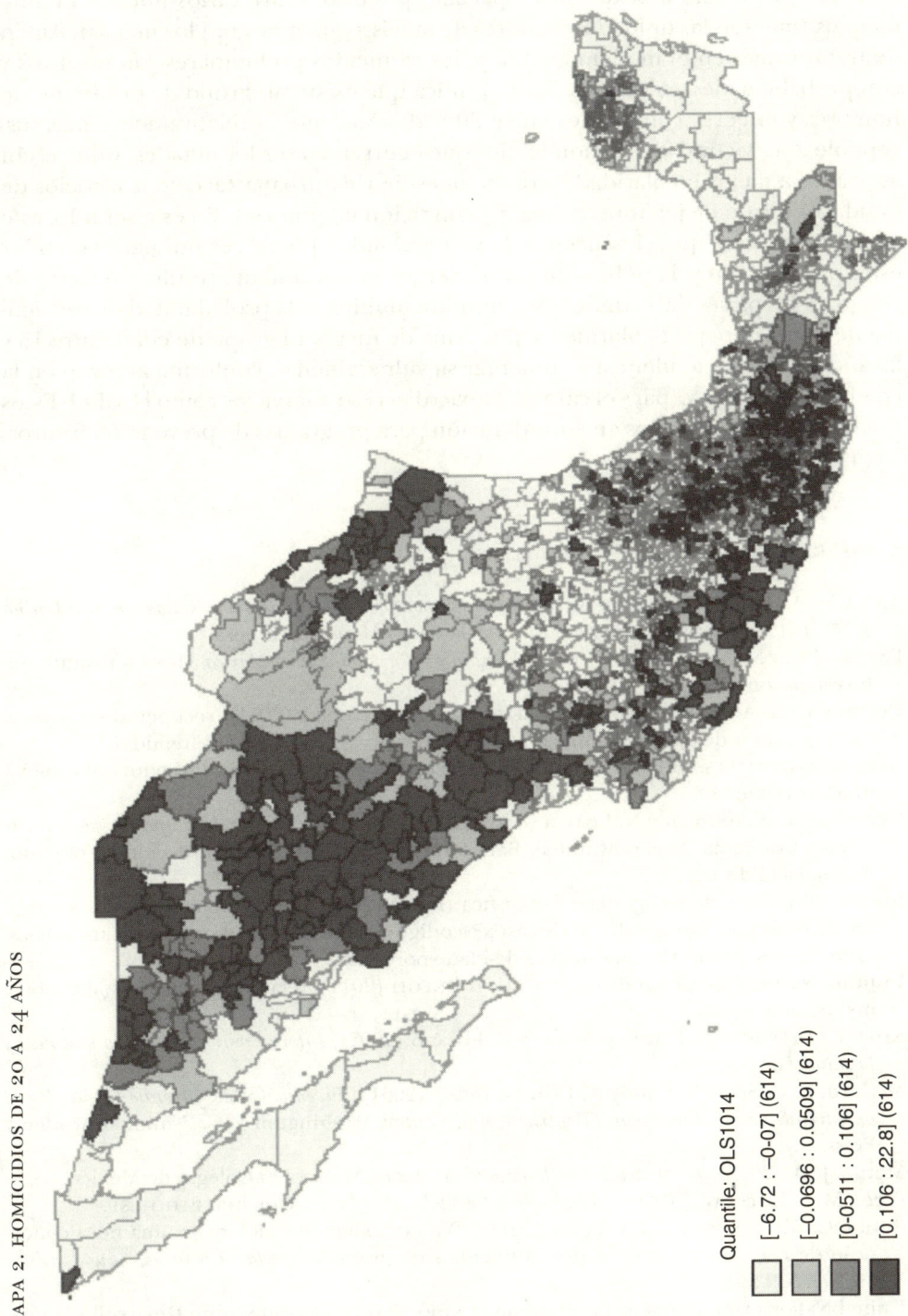

MAPA 2. HOMICIDIOS DE 20 A 24 AÑOS

señalados presentan asociaciones espaciales positivas, entre varios núcleos de municipios (que son las unidades menores de análisis que muestran los mapas). Amén de trabajar más en el modelo analítico, los resultados preliminares son positivos y con probabilidades aceptables. Esto significa que existe un grupo de población de hombres y mujeres con edades entre 20 y 29 años, que es relativamente más susceptible a ser víctima de los homicidios que ocurren en sus localidades, y que están asociados a mejor escolaridad y condiciones de vida urbana (acceso a servicios de salud, condición de jefatura de hogar y condición migratoria). En este sentido, este capítulo propone que el concepto de vulnerabilidad puede ser útil para entender estos procesos entre la población joven. Ser joven ciertamente resulta un factor de riesgo en los países del estudio, y ser hombre multiplica la probabilidad de ser víctima de homicidio, particularmente por arma de fuego. El grupo de edad entre 15 y 29 años tiene una tendencia a aumentar su vulnerabilidad conforme avanzan en la edad, la educación y (para el caso de México) acceso a servicios como la salud. Estos rasgos deben ser tomados en consideración para programas de prevención futuros.

5. REFERENCIAS

Alvarado, A., et al. (2015), *El exceso de mortalidad por homicidios en la juventud de América Latina 1990-2010. Los casos de Argentina, Brasil, Colombia y México*, en prensa.

Bayón, M.C. y M. Mier y Terán (2012), *Familia y vulnerabilidad en México*, México Instituto de Investigaciones Sociales, UNAM,

Departamento Administrativo Nacional de Estadística (DANE) (2011), recuperado en <www.dane.gov.co/index.php?option=com_content&view=article&id=121&Itemid=67>.

DANE/ECH-GEIH SESS-DDS-DNP, Colombia, recuperado <http://stanford.edu/~dkronick/mexico_crime/>.

Fajnzylber, D. Lederman y N. Loayza (eds.) (2001), *Crimen y victimización: una perspectiva económica*, Colombia, Banco Mundial, Banco Internacional de Reconstrucción y Fomento, Alfaomega Editores.

Instituto Brasileiro de Geografia e Estadística (IBGE) (2011), *Brasil*, recuperado en <http://seriesestatisticas.ibge.gov.br/series.aspx?vcodigo=ECE370&sv=8&t=media-de-anos-de-estudo-das-pessoas-de-10-anos-ou-mais-de-idade-por-sexo>.

Instituto Nacional de Geografía y Estadísticas (INEGI) (2011), recuperado en <www.inegi.org.mx/default.aspx>.

Krug, E., L. Dahlberg, J. Mercy, A. Zwi y R. Lozano (2002), *Informe mundial sobre la violencia y la salud*, Ginebra, OMS.

McCord, J., C. Spatz Widom y A. Crowell (eds.) (2001), *Juvenile Crime. Juvenile Justice. Panel on Juvenile Crime: Prevention, Treatment, and Control*, Washington D.C., National Academy Press,

Moran, J. D. (2013), *Inundaciones en la ciudad de México*, México, El Colegio de México.

Peres, M. F. T. (coord.) (2004), *Firearm-related Violence in Brazil*, Ginebra, PAHO-USP.

Ruotti, C., V.C. Massa y M.F.T. Peres (2011), "Vulnerabilidade e violência: uma nova concepção de risco para o estudo dos homicídios de jovens", *Interface-Comunic, Saude, Educ.*, 15(37): 539-551.

United Nations Development Programme (UNDP) (2014), Informe sobre Desarrollo Humano. Sostener el Progreso Humano: Reducir vulnerabilidades y construir resiliencia, recuperado en <hdr.undp.org/es/content/informe-sobre-desarrollo-humano-2014>.

United Nations International Strategy for Disaster Reduction Secretariat (UNISDR) (2009), *Terminology on Disaster Risk Reduction*, UNISDR, Ginebra.

United Nations Office on Drugs and Crime (UNODC) (2011), *Global Study on Homicide*, UNODC, recuperado en <www.unodc.org/unodc/en/data-and-analysis/statistics/crime/global-study-on-homicide-2011.html>.

PREVENCIÓN DE LA VIOLENCIA JUVENIL EN JAMAICA: LA RELACIÓN ENTRE POLÍTICA, DERECHOS Y JUSTICIA

TARIK WEEKES, ELIZABETH WARD
y PARRIS LYEW-AYEE JR.

RESUMEN: Jamaica es una isla de aproximadamente 2.7 millones de habitantes[1] y se encuentra entre un puñado de países que actualmente registra una tasa anual de homicidios por encima de 30 por cada 100 000 habitantes. En la política nacional de seguridad del país, se observa que la tasa de homicidios en Jamaica fue 52.1 por cada 100 000 habitantes en 2010, poniéndola en cuarto sitio, detrás de países como Honduras, El Salvador y Costa de Marfil, respectivamente.[2] En 2012, la tasa de homicidios fue de 39.3, mientras que en la región fue de 15.8 y en el resto del mundo 6.2 por cada 100 000 habitantes. Las estadísticas de la fuerza policiaca de la isla indican que los jóvenes varones entre 15 y 24 años de edad[3] representan más del 40% de los homicidios con armas de fuego en el país. Este grupo de jóvenes también muestra un porcentaje elevado en el número de víctimas anuales de homicidio.

El documento está escrito durante un periodo en que el gobierno de Jamaica implementó la Ley de Supresión de Organizaciones Delictivas, también conocida como legislación antipandillas. Entre la sociedad civil, se teme que esta ley afectará desmesuradamente a los jóvenes marginados localizados en muchas comunidades del centro urbano del país.

Investigación cualitativa de estudios anteriores, datos recogidos de los Sistemas de Información Geográfica (en inglés GIS) y datos secundarios que sirven como indicadores de la integración de los jóvenes en la sociedad de Jamaica, sugieren que mientras se está aplicando la legislación, aún queda mucho por hacer para mejorar la vida de las personas en las comunidades, en particular de los jóvenes. El documento termina con un llamado al gobierno y a los miembros de la sociedad a que apoyen un nivel mínimo de acceso a los servicios que fomentan el bienestar de la juventud, junto con mejoras en la aplicación del Estado de derecho.

Palabras clave: Juventud, violencia, política, derechos, justicia.

---

[1] GOJ (*Government of Jamaica*), Instituto de Estadística de Jamaica.
[2] GOJ (*Government of Jamaica*), Gobierno de Jamaica, Ministerio de Seguridad Nacional 2012, *Política de seguridad nacional para Jamaica 2012*, Kingston, p. 11.
[3] *Idem*.

1. INTRODUCCIÓN

La publicación del informe de 2012 *Violencia juvenil y la delincuencia organizada en Jamaica: Un análisis de los vínculos y desconexiones*, ofreció una visión crítica de las vulnerabilidades de las personas que viven en comunidades urbanas vinculadas a la experiencia de Kingston. Para el estudio, jóvenes de 16-25 años de edad fueron seleccionados de comunidades[4] que presentan altos niveles de violencia, localizadas dentro de los dos principales centros urbanos de Kingston y St. Catherine, para formar parte de los ocho grupos focales de discusión. Los resultados destacaron la situación de desventaja y la mala calidad de vida que estos jóvenes y sus familias experimentan diariamente, incluyendo la exposición crónica a la violencia y el fácil acceso a armas, aunado a problemas de desempleo, educación inadecuada y redes familiares destrozadas, excluyendo a los jóvenes de la sociedad en general y poniéndolos en conflicto constante con los servicios de seguridad. La situación de estos jóvenes se ha empeorado por la calidad del entorno construido, evidenciado por vivienda deficiente, malos caminos, centros comunitarios mal equipados y la falta general de espacios seguros para que los niños jueguen. La estética unida a estos ambientes estigmatiza a los jóvenes, lo que resulta en una juventud que se siente menos optimista sobre las posibilidades de empleo y de actuar bien, según las normas establecidas por la sociedad.

Los niveles de violencia y riesgo asociado que los jóvenes enfrentan en estas comunidades no son vistos en las comunidades más ricas. Junto con una extensa politización de la representación que ha ocurrido en Jamaica, la eficacia colectiva en la representación y participación de los jóvenes no ha superado la dirección negativa en aquellas comunidades que tienen el apoyo de líderes de la zona y pandillas.

Ha habido una gran cantidad de trabajos que documentan la forma singular en que la política de Jamaica se llevó a cabo desde la independencia del país. El fenómeno político de '*garrisonization*' de la política, hasta el punto de volverse casi tribal, ha sido descrito extensamente.

En esencia, consiste en el establecimiento de bastiones políticos donde los residentes, por la fuerza o por tradición, votan por un determinado partido político (véanse Charles, 2002; Rapley, 2003). La preocupación que se plantea aquí es la amenaza de ser excluidos de las agendas de desarrollo y las experiencias de victimización cuando un partido político que el "garrison" ("cuartel") apoya, no está en el poder. Este tipo de representación afecta a todos, en especial a los jóvenes que durante años pueden no verse beneficiados de oportunidades debido al lugar en el que viven. Hay otros factores, por supuesto, como el que la comunidad sea un asentamiento irregular. Una encuesta rápida realizada entre 2008 y 2010 mostró que hay por lo menos 700 asentamientos irregulares en Jamaica, y que hasta un 20% de los jamaiquinos vivían en asentamientos ilegales.

La investigación señalada en este documento forma parte de un análisis perma-

---

[4] Por asuntos de sensibilidad y para evitar la estigmatización, estas comunidades no fueron mencionadas.

nente sobre la prevención de la violencia juvenil en Jamaica. Los objetivos de este artículo son: *a*] Compartir las preocupaciones sobre la violencia juvenil en Jamaica; *b*] Discutir algunos esfuerzos de prevención dirigidos por actores estatales y no estatales, *c*] Discutir lo que se requiere para la reducción de la violencia juvenil.

2. SUPUESTOS TEÓRICOS

Una de las ideas teóricas que guía esta discusión es el pensamiento sistémico debido a algunos supuestos clave acerca de la teoría y su utilidad. Watson (1995) describe a la teoría como aquella en la que la sociedad se puede considerar orgánica y compuesta de diferentes partes. Cada parte tiene un papel especial que desempeñar. Lo que hace al pensamiento sistémico tan relevante para los debates sobre los problemas sociales es esta suposición acerca de los papeles desempeñados y los resultados particulares que se esperan de la realización de éstos. La teoría plantea la idea de que el todo es más importante que la suma de sus partes, sugiriendo el paso de valores mecanicistas, individualistas y particularistas, a afirmaciones universales donde la sociedad es lo que se considera importante y no una parte de ella. La aplicación del pensamiento sistémico a soluciones a problemas sociales presupone que hubo consenso de las diferentes partes en relación con las funciones que deben desempeñar y la interrelación entre ellos, cuya subordinación deriva de la creencia de que la sociedad es lo importante.

Un análisis más profundo del pensamiento sistémico y su aplicación en el presente trabajo también hace hincapié en la existencia de sistemas abiertos y cerrados. En estos últimos, por ejemplo, los sistemas permanecen alejados de las influencias externas, cuya penetración en el sistema es manejada por límites. Estas influencias pueden ser percibidas como negativas y positivas, y pueden ser administradas mediante el control de esos límites. Por ejemplo, si bien se puede considerar que la delincuencia y la violencia ocurren en comunidades del centro urbano, no todos los jóvenes que viven en estos ambientes terminan en una vida de violencia y crimen. Esto puede ser el resultado de los valores familiares y los sistemas de apoyo sólidos que impiden la proyección de lo que está pasando en la comunidad, en la mentalidad del niño.

El reconocimiento de la teoría de sistemas es sólo un aspecto para controlar el problema de violencia juvenil. Una dimensión importante y singular en el control del problema son las formas diversas en que las personas pueden atribuir significados a la violencia. Por ejemplo, un padre puede ver el castigo severo a un niño golpeándolo con un látigo como una disciplina necesaria pero no como violencia. Esta forma de castigo se convierte en aprendizaje para el niño, quien puede llegar a verlo como norma y repetir la acción cuando asuma el papel de padre.

Es difícil controlar la violencia si sólo se piensa como resultado de una disfunción de las instituciones responsables de integrar las personas a la sociedad. Las personas ejercen su voluntad día con día, y sus acciones se basan en procesos de comprensión de su entorno y en los resultados que consideran que deben dar. Por ello es importante tener una comprensión global sobre la parte normativa y lograr consenso al respecto.

Parte de establecer un consenso sobre la normativa concerniente a la prevención de la violencia supone la existencia de leyes o sanciones para disuadir, en este caso, a los jóvenes de cometer el acto. Parte de esta disuasión implica resaltar que los beneficios derivados de ejercer la violencia sean mucho menos atractivos que las consecuencias de ser enviado a un centro penitenciario para adultos o de ser puesto bajo libertad condicional en la escuela. Al mismo tiempo, también significa revisar la percepción que los jóvenes tienen de haber sido enviados a prisión. Las personas que consideran involucrarse en la violencia deben ser disuadidas por la certeza de que serán capturadas, la rapidez con que serán llevadas ante la Corte y la severidad del castigo que acompaña el crimen (Akers y Sellers, 2009). Estos tres elementos contribuyen a la naturaleza poco atractiva de involucrarse en la violencia o de cometer delitos. Esta triple amenaza existe en Jamaica hoy, pero no es muy fuerte debido a un conjunto amplio de situaciones que no se pueden discutir en este trabajo. Cabe señalar que las tasas de esclarecimiento de delitos y retraso de casos judiciales son factores que contribuyen a la percepción de cómo los crímenes son tratados por el sistema de justicia. El documento de Política de Seguridad Nacional (2012) (disponible en la página web del Ministerio) señala que el "sistema de justicia es el eslabón más débil del sistema nacional de aplicación de la ley y la justicia penal" (p. 27). El documento también destaca que en 2010, había un total de 460 000 casos ante la Corte, de los cuales la mitad había estado allí durante al menos ocho meses. Los casos de homicidio, violación, abuso carnal y lesiones con intención tardan casi dos años en aclararse, destaca la sección mencionada.

3. MÉTODOS

Datos secundarios se usaron principalmente para sustentar la argumentación y tono de defensa de este artículo. El argumento se basa en una revisión de los temas que surgieron del Reporte sobre la Violencia Juvenil y la Delincuencia Organizada. Estos temas fueron identificados después de una cuidadosa codificación manual abierta del Reporte y la identificación de información sobre la juventud y los subtemas adjuntos en la materia. La codificación abierta consistió en la colocación de palabras o frases junto a los párrafos y la posterior búsqueda de categorías principales de lo que se identificó (Creswell, 2013). Este ejercicio de codificación también facilitó el análisis del contexto para el uso particular de palabras y condiciones en las que existen categorías principales de información. Dado que este artículo está basado en los hallazgos y las cuestiones discutidas en el Reporte sobre la Violencia Juvenil y la Delincuencia Organizada, el ejercicio de codificación también facilitó identificar las características de la violencia juvenil. Esto se puede ver en la taxonomía de la violencia juvenil presentada a continuación (cuadro 1).

CUADRO 1. TAXONOMÍA DE LA VIOLENCIA JUVENIL DEL REPORTE

	Términos resultado de la asociación con juventud y violencia
Violencia juvenil	Comunidad, grupos de defensa, prevención, crimen.
	Armas, mujeres, dejar la pandilla, liderazgo, violencia.
	Policía, control policial.

Estos términos fueron explorados en las secciones posteriores sobre la prevención de la violencia juvenil discutida en el artículo.

Otros datos secundarios también fueron recogidos de informes, encuestas y libros académicos. En este proceso, los datos se obtuvieron de las categorías de fuentes de datos oficiales y no oficiales. Esto permitió comparaciones cruzadas para reforzar la fiabilidad de los datos. Se identificaron fuentes oficiales, como informes y encuestas de gobierno y organismos estatales. Trabajos académicos también se incluyeron en las fuentes oficiales, sobre todo cuando los autores fueron identificados entre los compañeros como expertos en el campo. Se identificaron fuentes no oficiales, cuando los datos provenían de informes de prensa, periódicos y estudios independientes realizados por no expertos.

La presentación de los datos primarios en este artículo se debe en gran parte a las entrevistas y los grupos de discusión con datos brutos recogidos en el Estudio sobre la Violencia Juvenil y Organizada y las entrevistas realizadas con personal de policía, miembros de pandillas e integrantes de la comunidad entre 2011 y 2013, explorando temas de pandillas, actividades de pandillas y su represión. La segunda presentación de resultados preliminares trató sobre la discusión de actores no estatales en la prevención de la violencia. Para los efectos de este artículo, los actores no estatales son específicamente no gubernamentales, y están basados en la comunidad o tienen un enfoque en la comunidad; han existido desde el periodo 2010- 2013 y tienen un historial de participaciones encaminadas a llegar a los jóvenes. Se hizo un listado de estas organizaciones y después se completó una nueva selección con base en los criterios antes mencionados. Posteriormente, se construyó una matriz de servicios de acuerdo con la organización. También se hizo una clasificación de servicios por organización, lo cual ayudó con la diferenciación de servicios y la identificación de los más orientados a la prevención de la violencia juvenil.

En este trabajo, el concepto de violencia juvenil se redujo a delitos violentos registrados por la policía de Jamaica en sus reportes trimestrales y anuales. Éstos incluyen homicidio, tiroteo, violación y asalto agravado. Hay otros actos como la intimidación que pueden ser incluidos en el listado de indicadores de violencia juvenil, pero los datos no siempre estaban disponibles.

La violencia juvenil se clasificó en tres áreas. Delitos violentos cometidos por jóvenes, delitos violentos cuyas víctimas son jóvenes y delitos violentos donde los jóvenes son testigos. Este enfoque es consistente con otras definiciones formuladas por organizaciones como el Centro para la Prevención y Control de Enfermedades.[5] En este trabajo, se abordó en especial el homicidio, con el acompañamiento de las variables involucradas en la comisión de un crimen tan violento. Algunas de estas otras variables, como estar relacionado con pandillas y uso de armas, forman parte de los debates nacionales, así como la reducción de la violencia y los homicidios en Jamaica. Homicidio en el contexto de violencia interpersonal[6] fue elegido debido a las altas tasas que Jamaica ha padecido desde hace más de una década, y las implicaciones que esto ha tenido sobre las personas, sus interacciones y su participación en la sociedad.

4. CONTEXTO

El Estudio sobre la violencia juvenil y organizada (2010) fue financiado por el Centro Internacional de Investigación para el Desarrollo. Los hallazgos fueron vistos por muchos como oportunos debido a las implicaciones para las propias discusiones del gobierno acerca de la represión de las organizaciones criminales en el país. Muchas personas estaban preocupadas de que sin el acompañamiento de iniciativas de prevención, legislativas o de políticas relacionadas, miles de jóvenes que viven en estas comunidades pobres serían negativamente afectados, provocando una serie de problemas adicionales, como el empeoramiento de la superpoblación en el sistema de prisiones y la continua desconfianza a la policía. Este aparente rumbo del gobierno en el combate a las organizaciones criminales, a través de lo que parecía ser un "enfoque de puño de hierro", fue similar a las prácticas de *mano dura*,[7] que no han demostrado la reducción esperada de homicidios en El Salvador y otras partes de América Latina.

En 2010, el entonces gobierno despejó el camino para la extradición del líder político, comunitario y presunto jefe de pandilla Christopher 'Dudus' Coke. El gobierno, bajo fuerte presión internacional, dio su aprobación para la extradición de Coke y afirmó la voluntad del Estado para buscar su captura a costa de un combate violento con sus seguidores durante casi dos días. Esto envió un mensaje de desconfianza a otros grupos en el mundo criminal, quienes reconocieron que esta maniobra política se había ejercido durante el gobierno del partido político al que manifestaban lealtad.[8]

---

[5] Véase Centro para la Prevención y el Control de Enfermedades: <www.cdc.gov/violenceprevention/pub/yv_factsheet.html>.

[6] La violencia interpersonal es tratada aquí como violencia entre individuos. Según la OMS, esto incluye a la familia, la violencia de pareja, la violencia entre individuos no relacionados que pueden no conocerse entre sí y también a la violencia comunitaria. Véase <www.who.int/violenceprevention/approach/definition/en/>.

[7] A. Castaldi (2009) dice que la legislación/política de *Mano dura* promueve la detención sobre la base de las asociaciones y la apariencia física (especialmente los tatuajes). La legislación en su forma original también trata a los jóvenes que pueden ser miembros de pandillas como adultos.

[8] Discusión de grupo focal para el Estudio sobre la violencia juvenil y organizada 2010.

CUADRO 2. DATOS SELECCIONADOS (%) RELACIONADOS
CON LA POBLACIÓN DE TIVOLI (2009)

Seleccione Indicador	%
Personas menores de 30 años dentro de la población de aprox. 16 000	65.8
Población menor a 15	39.8
Población entre 15-24 (aprox.)	20.0
Jefes de familia con educación secundaria	62.5
Jefes de familia con educación superior	3.0
Jefes de familia con educación postsecundaria	1.5
Personas de 14 años o más sin formación académica	74.0

FUENTE: Comisión para el Desarrollo Social (2009), Perfil Comunitario de Tivoli Gardens.

La ausencia de Coke dejó un vacío de liderazgo en términos de demografía y geografía en la zona que había dirigido. Curiosamente ambas están vinculadas. En su extradición de Coke, el gobierno no reconoció que un enfoque de aplicación de la ley no era suficiente para la recuperación de la estabilidad en la zona. Coke había llenado un vacío de apoyo social y económico para los habitantes que ahora los dejaba incapaces de hacer frente a las duras realidades económicas.

Jamaica no ha tenido la mejor de las fortunas económicas en más de una década. Gran parte de los ingresos del país provenientes de servicios del producto interno bruto son deuda, dejando pocos fondos para financiar el desarrollo social. El gobierno ha tenido que adoptar un enfoque más específico que llegue a los necesitados. El Programa de Promoción de la Salud y Educación es sólo un ejemplo de tal enfoque. Como el cuadro 1 destaca, había varias vulnerabilidades socioeconómicas que la población enfrentaba en Tivoli que hicieron que el apoyo a Coke fuera más atractivo que sufrir las consecuencias de la privación económica. Se empleó sólo el 40% del número total de hogares encuestados en 2009. Un importante revés para los que tratan de encontrar trabajo fue no tener las competencias y cualificaciones necesarias (SDC, 2009).[9] Tres años después, no sólo los militares y la policía permanecen en el área, sino que ha habido un recrudecimiento de la violencia, como grupos que luchan por el poder y el control dentro de los Tivoli Gardens y en otras áreas del oeste de Kingston.

5. JUVENTUD EN JAMAICA

La Política Nacional de la Juventud 2003 describe a la juventud en Jamaica como individuos entre 15 y 24 años que han salido de la etapa dependiente de la infan-

[9] La Comisión de Desarrollo Social es un organismo gubernamental que realiza perfiles de comunidad como parte de su objetivo de contribuir al desarrollo de las comunidades.

cia, y están en la semiindependencia de la adolescencia o pronto pasarán a la edad adulta. Investigación en que se basa la política identificó que los entornos en donde habitan, así como la educación y la capacitación, el empleo y el espíritu emprendedor, la salud, la participación y el empoderamiento, el cuidado y la protección son esferas de actividad clave en las que se debe concentrar el desarrollo de la juventud, el cual ha recorrido un largo camino desde la independencia de la isla. Durante años ha habido numerosos organismos y programas orientados a mejorar su bienestar. Los primeros movimientos organizados de jóvenes comenzaron dentro de las iglesias a principios de 1900, el movimiento de Marcus Garvey (década 1920), el Consejo Club de la Juventud en Jamaica (1955), que quedó bajo el Movimiento Bienestar Jamaica; la Agencia para el Desarrollo de la Juventud (1965) y la Comisión para el Desarrollo de la Juventud, que quedó bajo la actual Comisión de Desarrollo Social. Estas agrupaciones complementaron otras organizaciones en la promoción del desarrollo de la juventud.

Los jóvenes representan una porción significativa de la población en Jamaica. Los datos recogidos entre 2010 y 2013 muestran un porcentaje significativamente mayor de población concentrada en el grupo de edad 15-29. En 2010, hubo 748 700 personas entre 15 y 29 años de edad y para 2013 había 757 700.[10] Durante el periodo 2010-2013, el número de hombres aumentó ligeramente y eran más numerosos que la población femenina después de 2010. Esto se puede apreciar en las figuras presentadas a continuación, que también ilustran la población de 15 a 29 años en relación con la población total hacia finales de año en Jamaica. El grupo de 15 a 29 años de edad representó de manera consistente un poco más de 27% de la población de Jamaica durante todo el periodo.

FIGURA 1. POBLACIÓN 15-29 POR GÉNERO (2010-2013)

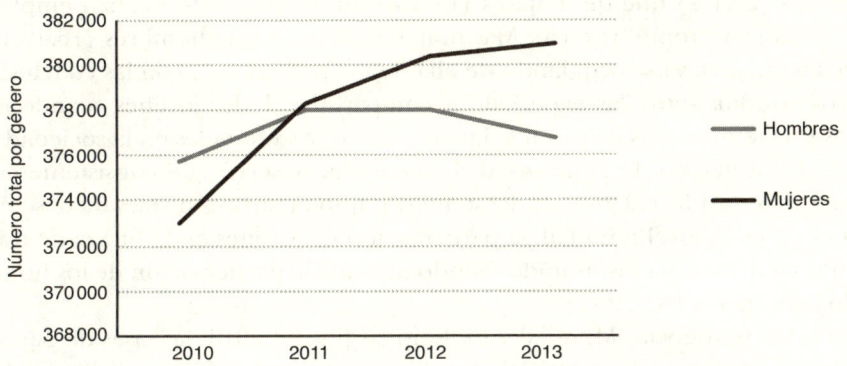

[10] Fuente de datos: Estudio Económico y Social de Jamaica, 2013.

FIGURA 2. TOTAL 15-29 POBLACIÓN JUVENIL Y POBLACIÓN TOTAL
DE JAMAICA AL FINAL DEL AÑO (2010-2013)

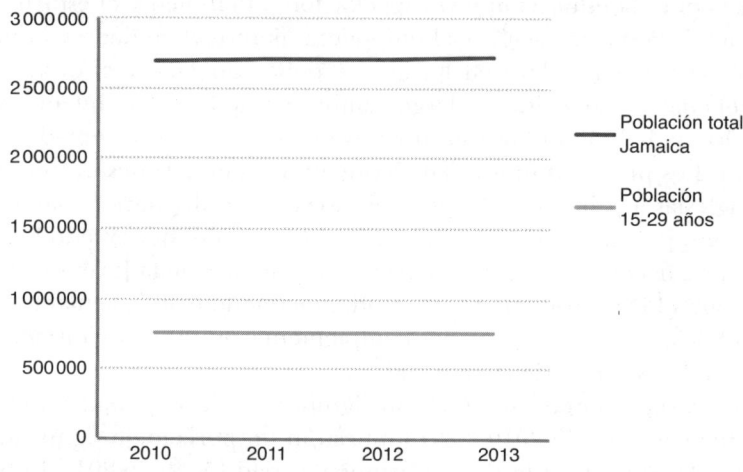

Una encuesta de 2010 realizada por el Instituto de Estadística de Jamaica (STATIN) sobre los jóvenes, relativa a los hogares o quienes viven en la calle, apoya la opinión de que se han logrado algunos avances en las condiciones de vida y oportunidades para ellos desde la independencia del país. No obstante, se identificaron muchos retos que aún enfrentan. Más de 5 426 jóvenes participaron en la encuesta, con la media de edad de 18.7 años. El ochenta por ciento de los encuestados indicó que el nivel más alto de educación que alcanzó fue la secundaria, que asistían a la escuela o estaban de vacaciones de la escuela (13.3%). Un mayor porcentaje de varones (29.1%) que de mujeres (17.5%) informaron que estaban empleados o que tenían su propio negocio. Más mujeres (29.5%) que hombres (16.4%) permanecían en casa, ya sea cuidando de ella o no. Esto resuena con las conclusiones de otros estudios sobre las experiencias compartidas de los jóvenes cuando el género es un factor a considerar en la igualdad de oportunidades en la sociedad. Fox (2003), en su mapeo de la juventud desatendida, observó que consistentemente, entre los más de 140 000 jóvenes desatendidos hubo mayores niveles de desempleo en las mujeres. A nivel mundial, la participación de jóvenes en la fuerza de trabajo en la última década ha disminuido, siendo más alta la participación de los hombres que de las mujeres (ILO, 2013).

Según las Tendencias Mundiales de Empleo Juvenil 2013, las tasas de participación de los jóvenes en la fuerza laboral disminuyeron de 58% en 2000 a 50.9 por ciento. Mientras que los expertos han señalado este descenso como un triunfo que radica en áreas como el acceso a la educación, esto puede no ser necesariamente el caso de Jamaica, una pequeña economía que sigue luchando con la incorporación de jóvenes calificados a su fuerza de trabajo, la ausencia de hombres en el sistema de enseñanza superior y la imposibilidad de crear una infraestructura de negocios amigable para los jóvenes. Otro componente del problema para los jóvenes de sexo masculino es que más del 50% abandonan la escuela, ya sea en el noveno grado o en el grado 11, sin calificación académica o habilidad alguna. Éstos son los hombres analfabetos o analfabetos funcionales, quienes se enfrentan a un mercado laboral cada vez más reducido (Fox, 2002). Normas masculinas y violencia han sido identificadas como otros temas prioritarios que afectan de manera desproporcionada a los jóvenes varones jamaiquinos (USAID, 2005).

Otros hallazgos notables del estudio STATIN fueron:

1] Un mayor porcentaje de varones (81%) en comparación con las mujeres (75%) fueron educados hasta el nivel secundario, pero más mujeres se encontraron en instituciones de nivel postsecundario.
2] Más del 55% de los jóvenes no tuvieron éxito en ningún examen y menos del 5% aprobó exámenes superiores. La mayor proporción de jóvenes que no aprobaron un examen vino de la Zona Metropolitana de Kingston (en inglés KMA).
3] 95% de los encuestados consideró que la creación de empleo ayudaría al gobierno a reducir el crimen.
4] 62% de los encuestados indicaron que nunca habían tenido un familiar o amigo cercano asesinado en Jamaica, pero el 28% ya había experimentado una tragedia de este tipo.
5] 74% de los encuestados citó el desempleo como uno de los principales problemas que afectan a los jóvenes en Jamaica.

Áreas de actividad clave como el rendimiento educativo y el empleo destacan las experiencias compartidas de inequidad y desigualdad entre los jóvenes en Jamaica. Los jóvenes experimentan vulnerabilidad grave durante su transición a diversas etapas de su vida. Más mujeres que varones continúan estudios educativos más allá de la escuela secundaria, pero más hombres son empleados, lo que indica posibles barreras culturales. Este tipo de efecto *techo de cristal* también menoscaba a las mujeres y las hace vulnerables a una peor situación económica y mayor dependencia a los varones.

6. ¿POR QUÉ LA PREVENCIÓN DE LA VIOLENCIA JUVENIL EN JAMAICA?

Homicidios, tiroteos y armas

La prevención de la violencia juvenil en Jamaica es importante por diversas amenazas que existen, que podrían acabar con la contribución positiva que los jóvenes pueden hacer al desarrollo del país. Este potencial de contribución se verá limitado si los jóvenes están en pandillas, asesinados o en prisión. Algunas de estas amenazas se han discutido en la Política Nacional de Seguridad de la isla. La prevención de la violencia juvenil es importante debido a la necesidad de detener la perpetuación universal de resolver conflictos a través de la violencia. Este problema ahora está afectando a diferentes generaciones debido a la tolerancia de una subcultura de la violencia. Harriot (2009) explica que una subcultura de la violencia se caracteriza por creencias, actitudes y patrones de conducta que fomentan el uso de la violencia para "resolver conflictos" (p. 104).

Los datos sobre el número total de homicidios en el país cada año apuntan a una situación que ha tenido efectos nocivos sobre la economía y la vida social de la isla. Sin embargo, las tasas de esclarecimiento de homicidios no son altas. Por ejemplo, durante los años 2009-2013 hubo un total de 6562 homicidios reportados. Un pequeño cálculo de los números totales para el periodo 2009-2013 indica que al menos el 70% de la cifra acumulada de homicidios no fue resuelto.

Entre 2009 y 2014, la isla registró un total de 7597 homicidios, siendo 2009 cuando se registró el mayor número total de homicidios. Posterior a 2010, los homicidios comenzaron a mostrar una tendencia a la baja y en 2014 Jamaica registró 1055 homicidios, la cifra más baja desde 2003, cuando se reportó un total anual de 975 homicidios. En 2014, la población de Jamaica estaba por encima de 2.7 millones. A finales de 2014, la tasa de homicidios fue de 38 por cada 100 000 habitantes. Se trata de una caída al nivel de 2009[11] de 62 por cada 100 000 habitantes. Jamaica ha sido clasificado entre los 13 primeros países a nivel mundial que experimentan muertes violentas anuales mayores a 30 por cada 100 000 habitantes.[12] La siguiente figura da una idea de la tasa de homicidios para el país desde 2009. También se presenta una figura del recuento de homicidios.[13]

FIGURA 3. TASA DE HOMICIDIOS 2009-2014 POR CADA 100 000 HABITANTES

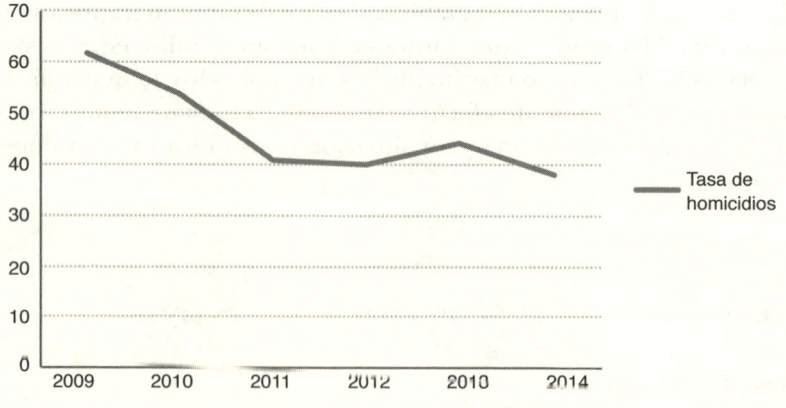

[11] 2012 Política de Seguridad Nacional, Ministerio de Seguridad Nacional.
[12] Reporte sobre la Magnitud Global de la Violencia Armada, 2011.
[13] La tasa de homicidios fue calculada con base en datos oficiales de policía y en datos de la población en el Estudio Económico y Social para Jamaica.

FIGURA 4. TOTAL ANUAL DE HOMICIDIOS 2009-2014

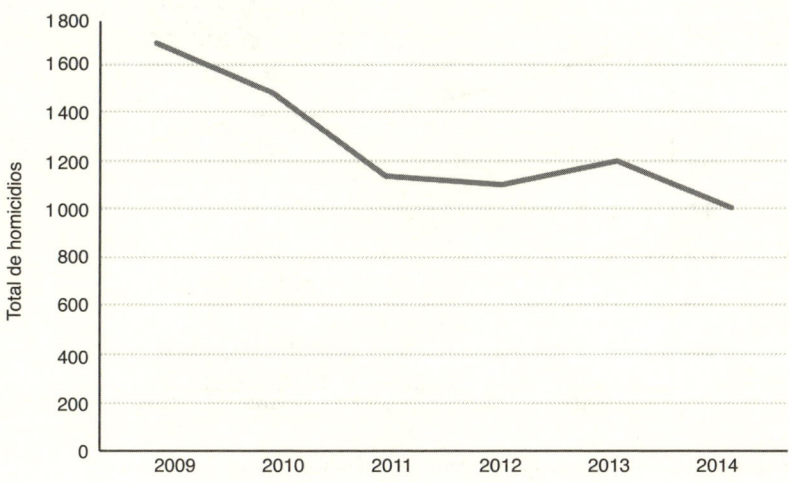

FUENTE: JCF, Unidad de Estadística y Manejo de Datos.

La disminución de los homicidios se puede atribuir a muchas prácticas diferentes, en particular, a la ampliación de la política de Estado de armas y municiones, y a prácticas de disuasión tales como la identificación de personas *de interés*, a quienes se les pide que se reporten a las estaciones de policía cercanas a su paradero o residencia. Entre 2010 y 2013, el personal de la Fuerza Policial de Jamaica (en inglés JCF) recuperó 2 507 tipos de armas, que van desde rifles, escopetas, armas de fabricación casera, hasta pistolas y revólveres. Durante este mismo periodo, 39 362 cartuchos de municiones fueron recuperados durante diversas operaciones.[14] En todo el periodo, la mayoría de armas recuperadas fueron pistolas, seguidas de revólveres y armas de fuego de fabricación casera. El flujo y accesibilidad de armas dentro del país es una compleja interacción entre armas robadas y un sistema de alquiler, donde un arma se puede utilizar para asesinar a nueve personas.[15]

El número de tiroteos para el periodo 2010 a 2014 también ha sido motivo de preocupación, sobre todo porque las armas de fuego fueron las armas preferidas para el setenta por ciento de los homicidios cometidos. De 2010 a 2014 hubo 6 461 tiroteos. Informes de la Rama de Estadística de la Fuerza Policial de Jamaica han identificado dolorosamente que 70% de los homicidios provienen de la utilización de un arma de fuego, mientras que más del 50% parecen estar relacionados con pandillas.

[14] Fuente: Unidad de Estadística y Manejo de Datos de la Fuerza Policial de Jamaica.
[15] Entrevista con personal de policía, 2010.

FIGURA 5. TOTAL DE TIROTEOS ANUALES 2010-2014

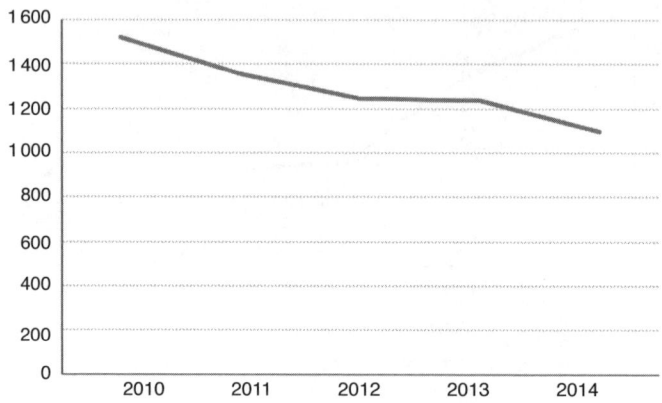

FUENTE: Unidad de Estadística y Manejo de Datos de la Fuerza Policial de Jamaica.

FIGURA 6. CONTEXTO DE HOMICIDIOS 2009-2013

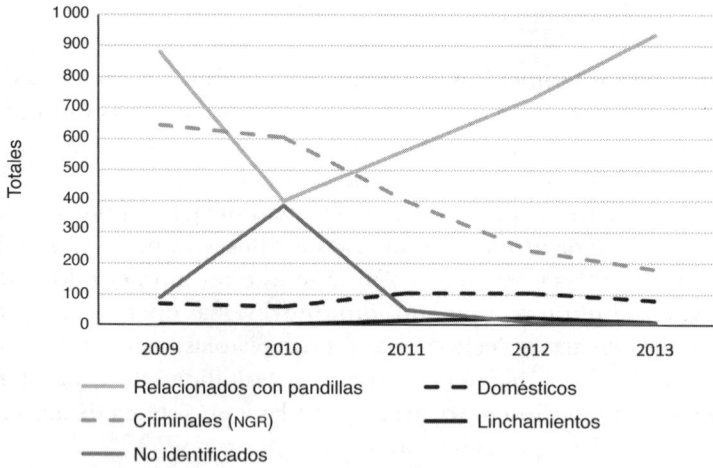

FUENTE: JCF, Unidad de Estadística y Manejo de Datos.

Se ha considerado que la violencia en Jamaica ha alcanzado niveles preocupantes. En 2013, el total de delitos graves y violentos (homicidio, tiroteo, violación, asalto agravado)[16] fue de 141 por cada 100 000 habitantes. Una de las estadísticas alarmantes a tener en cuenta es que al menos 40% de los homicidios se atribuyen a

[16] Asalto agravado se refiere a heridas por lesiones con agravante y con intento, que no involucran el uso de arma de fuego (Encuesta Económica y Social, 2013: 24.4).

personas de entre 16 y 30 años de edad. Como la siguiente figura ilustra, en 2013, una parte considerable de las personas detenidas por homicidio pertenecía a este grupo de edad. Si bien se analizan datos de los homicidios que se han cometido, existe la necesidad de preocuparse por la combinación de riesgos que han provocado que estos individuos cometan los actos. En todos los grupos de edad, más hombres que mujeres fueron detenidos por los delitos, pero es preocupante que las mujeres culpables de homicidio registraran el nivel más alto en el grupo de 16-20 años de edad (véase la figura 7).

La preocupación por los hombres como autores de homicidio es sólo una parte de un panorama más amplio en la prevención de la violencia juvenil. Como víctimas, los hombres también destacan estadísticamente. Para 2013, los varones víctimas de homicidio alcanzaron un ochenta y nueve por ciento del total (1 200), de los cuales los situados entre 15 y 29 años de edad representaron el 48% de todos los varones víctimas de homicidio en ese año (véase la figura 8).

Hay algunas otras características notables de los arrestos por homicidios y el número de víctimas. Las mujeres, por ejemplo, figuran más como víctimas que como autoras, y el grueso de esta victimización ocurre con las mujeres en el grupo de edad de 15 a 29 años. Otra característica obvia es la juventud de las personas que son víctimas y responsables de homicidio, y el efecto que esto tiene en la fuerza laboral del país. Como víctimas, la pérdida de recursos humanos es enorme para el país y también lo es el costo de la prevención y rehabilitación de los detenidos, que también implica la inyección de miles de millones al sector de seguridad y de salud.

Se ha calculado que con una tasa de criminalidad baja, Jamaica podría experimentar incrementos de seis a siete por ciento en el PIB. Un comunicado de prensa realizado por el Programa de las Naciones Unidas para el Desarrollo, para el Infor-

FIGURA 7. ARRESTOS POR HOMICIDIO, POR EDAD, GRUPO Y SEXO, 2013

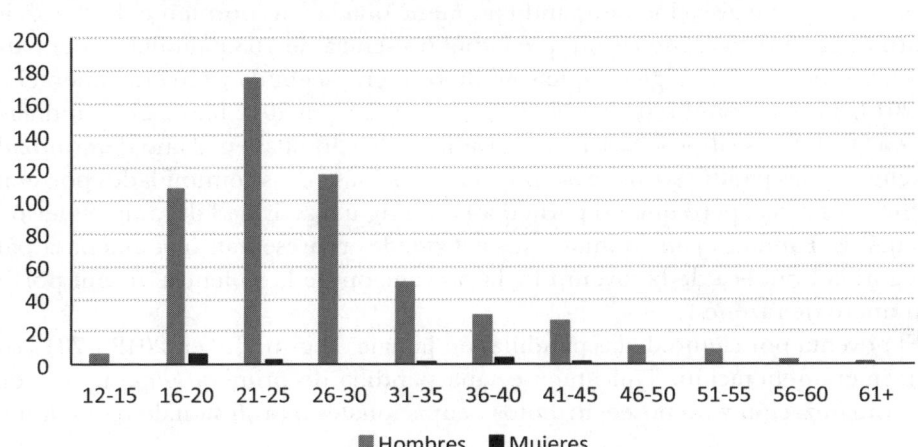

FUENTE: ESSJ, 2013.

FIGURA 8. VÍCTIMAS DE HOMICIDIO POR EDAD, GRUPO Y SEXO

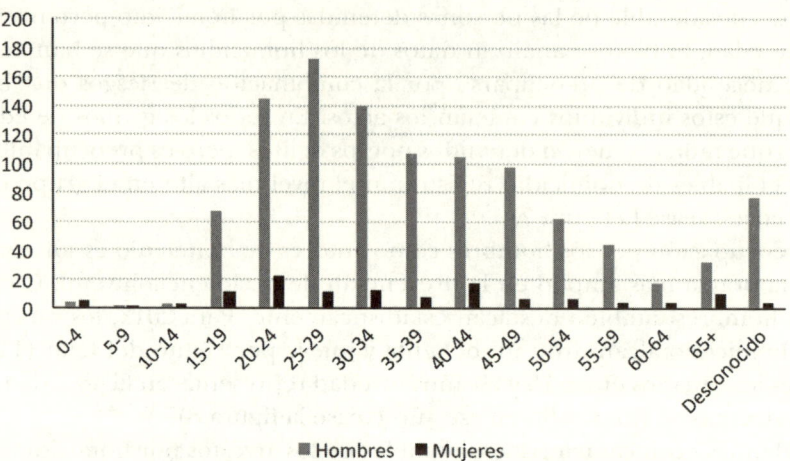

FUENTE: ESSJ, 2013.

me del Caribe sobre Desarrollo Humano 2012, señaló que los delitos relacionados con la juventud "conllevan costos económicos" que representan de 2 a 4 por ciento del producto interno bruto (PIB) de un país.

Las pandillas y sus actividades

Un aspecto importante en la aplicación de la ley ha sido el desmantelamiento de las organizaciones criminales, específicamente las pandillas. Esto se vio con la reciente aplicación de la legislación antipandillas, mencionada anteriormente. En 2010, los informes de la policía indicaron que había presencia de 268 pandillas en el país[17] de los tres perfiles tipológicos, que son: de primera, segunda y tercera generación. En 2014, datos obtenidos de la policía indicaron que en 2012 había 213 pandillas y 238 en 2014. Estas cifras se basan en actividades de pandillas en el año determinado y excluyen a las pandillas que existen y son conocidas en las comunidades por su relevancia histórica, pero que no participan en ninguna actividad durante el periodo de análisis. Pandillas jamaiquinas y sus actividades representan una amenaza para la seguridad pública de la juventud y la prevención de la violencia juvenil por un sinnúmero de razones.

El noventa por ciento de las pandillas en Jamaica registradas en 2012 y 2013 son de primera generación. Típicamente, una pandilla de primera generación tiene poca organización y no posee atributos ocupacionales o profesionales comparadas

---

[17] Fuerza Policial de Jamaica, Ministerio de Seguridad Nacional, 2010.

con las pandillas de segunda y tercera generación (Manwaring, 2007). Un examen más detallado de los informes de perfil de estas pandillas destaca a un gran número de jóvenes, mayoritariamente varones, como miembros. La inconformidad con la estadística de las pandillas de primera generación por parte de algunos grupos de la sociedad civil y miembros de la comunidad se debe a que consideran que en realidad la policía considera como pandillas de primera generación a grupos mayormente compuestos por hombres que comparten modos de vida semejantes a los comunitarios. Estos grupos pueden ser de futbol y danza, por ejemplo. El problema consiste, en gran medida, en ponerse de acuerdo sobre una definición de pandillas. Según Leslie (2010),[18] las pandillas fueron definidas por el Ministerio de Seguridad Nacional como:

Una pandilla es un grupo formal o informal, asociación u organización que consta de tres o más personas que:
1] Tienen un objetivo primario o actividad para cometer, individual o colectivamente, actos criminales o delincuenciales, que pueden provocar miedo e intimidación o asegurar beneficios financieros por medios delictivos.
2] Puede tener en común un líder identificado por nombre, reclamación de facto del territorio/división o color.
3] Puede o puede no identificarse o vincularse por marcas o gestos visibles.
4] Puede compartir o disfrutar del producto del delito, así como ocultar ese producto.

Las pandillas están insertas en la comunidad y algunas participan en asuntos de criminalidad. El análisis de perfiles de pandillas para 2012 y 2013 mostró que las pandillas de primera generación fueron identificadas como responsables de pequeños robos, allanamientos de morada y asaltos, así como robos de automóviles. El carácter integrado de las pandillas en la comunidad se debe a que existen códigos de silencio, y también porque estas pandillas proporcionan bienestar a algunos residentes. El carácter integrado de las pandillas en las comunidades reúne apoyo que se convierte en norma. Algunos miembros de estos grupos se involucran en guerras para proteger a su comunidad de otros grupos interesados en obtener territorio por motivos políticos. Históricamente, ése ha sido el caso, y se ha mencionado en el trabajo realizado por Levy (1997), quien analizó la situación de violencia en la comunidad y la participación de sus integrantes en las comunidades urbanas de Kingston. Charles (2002) también ha hablado sobre este fenómeno, cuando analizó las elecciones en una comunidad rural también en Kingston. La realidad de personas que defienden sus comunidades contra grupos que buscan objetivos políticos o económicos también está documentada en el Reporte sobre la Violencia Juvenil y la Delincuencia Organizada, en referencia al concepto de grupos de defensa.

Los jóvenes de comunidades donde se producen estos enfrentamientos crecen expuestos a violencia en la comunidad y están en peligro de enfrentarse a estas

---

[18] Glaister Leslie (2010), *Confrontando al 'Don': La economía política de la violencia de pandillas en Jamaica*, Ginebra, Suiza, Encuesta de Armas Pequeñas: 14.

formas de agresión.[19] Moncrieffe (2008: 25), en su sondeo sobre cómo hacer y deshacer a los 'shottas' (del inglés *shooters*: pistoleros), señaló cómo "las normas comunitarias pueden enseñar la importancia de la represalia, la defensa del territorio y la agresión perpetua".

La dimensión de las pandillas y sus actividades relacionadas, que incluyen homicidio, extorsión y otros delitos graves,[20] es un componente ineludible de esta discusión, debido a la interrelación entre el número de homicidios registrados anualmente y los informes de policía que indican que la mayoría de estos homicidios están relacionados con pandillas. Es difícil hablar de las pandillas y sus orígenes dada la ausencia de una definición estándar. Se puede decir, sin embargo, que los primeros signos de actividades criminales perpetradas por grupos de personas que compartían algo en común, como la ubicación o la lealtad a un partido político, se ubica antes de la independencia de Jamaica. Hasta 2010, cuando el Ministerio de Seguridad Nacional propuso una definición, las actividades delictivas organizadas y ejecutadas por grupos de personas han ido evolucionando.

Parte de la claridad que se busca acerca de las pandillas es el número de miembros; sin esta información es improbable determinar las edades de las personas que participan en todas las pandillas. Esta visión también contribuirá a los esfuerzos para prevenir la participación de los jóvenes en la violencia. Datos de la policía, junto con información de los grupos focales de discusión realizados en el Estudio sobre la Violencia Juvenil y la Delincuencia Organizada, sugiere que los jóvenes se involucran en pandillas a muy temprana edad. En un grupo de discusión, un participante señaló que los jóvenes se iniciaron en ellas por la infiltración en los clubes de miembros de pandillas, y más tarde, cuando estos clubes se volvieron muy sensibles políticamente, fue más fácil formar parte de la violencia política, que resultó en su posterior independencia. Grupos de personas que tomaron las armas para proteger a su comunidad terminaron experimentando segregación y mayor desorganización en pequeñas comunidades urbanas. La forma que la segregación tomó, estableció límites que las personas no podían cruzar. Estos límites serían caminos de carreteras y líneas imaginarias que crearon partes superiores e inferiores en las comunidades. Esta división no sólo se ha convertido en la cultura generalizada a través de generaciones, sino que también ha debilitado el tipo de gobierno comunitario necesario para mejorar las vidas de los residentes, sobre todo, jóvenes en áreas que carecen de instalaciones que contribuyan a su potencial de desarrollo.

El siguiente mapa muestra un número de grupos dentro de varias comunidades urbanas de una división policial en Kingston. Estos grupos reclaman varias calles como su territorio y algunos han participado en guerras comunitarias.

---

[19] Joy Moncrieffe (2008), *Cómo hacer y deshacer a los jóvenes "shotta" [shooter]: Límites y Contramedidas en los Cuarteles*, documento de trabajo núm. 297, Reino Unido, Instituto de Estudios para el Desarrollo, Universidad de Sussex. 25.

[20] Esta información fue obtenida de la revisión de perfiles de pandillas de comunidades seleccionadas en Kingston.

FIGURA 9. MAPA DE GRUPOS EN CONFLICTO

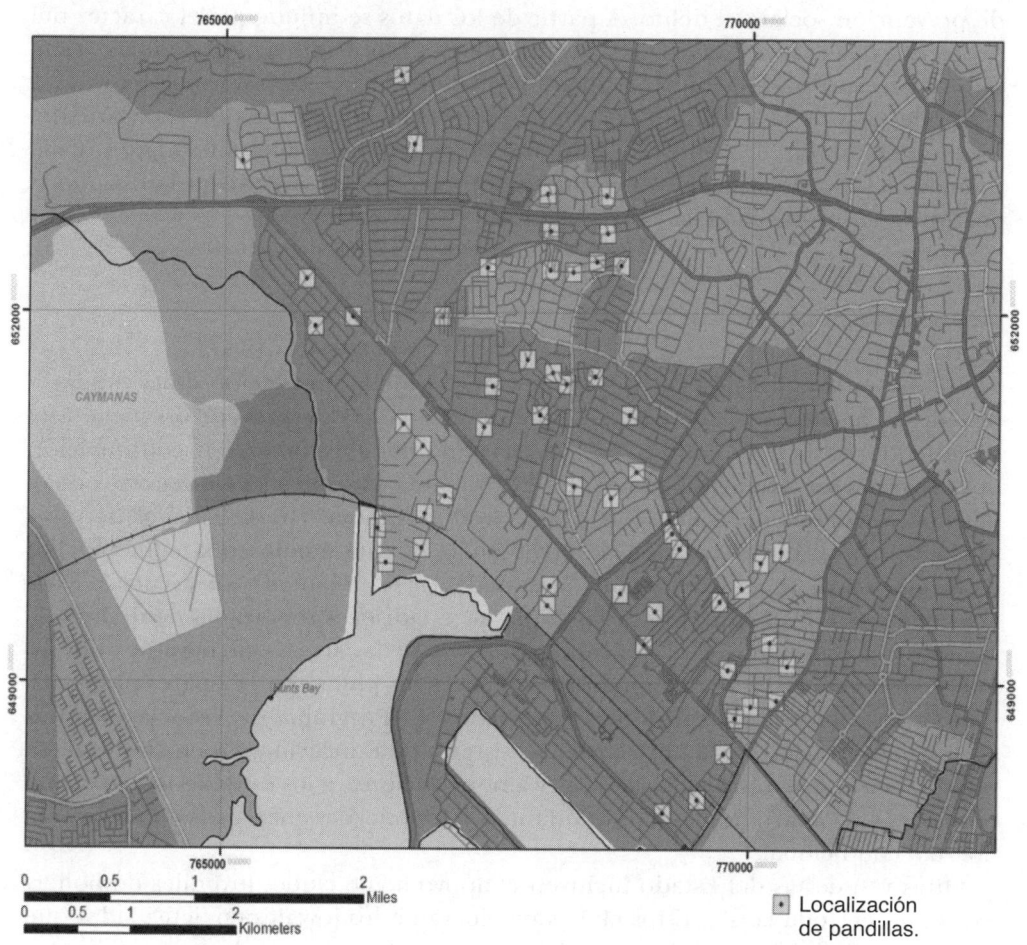

7. LA PREVENCIÓN DE LA VIOLENCIA JUVENIL REQUIERE UNA RESPUESTA MÍNIMA

Revisando la discusión mencionada y otros datos, se puede sugerir que hay grupos particulares de personas con mayor riesgo de ser víctimas de homicidio. La mayoría son jóvenes. Otra dimensión de riesgo es la distribución espacial de los crímenes de la categoría 1, como ocurre en las comunidades pobres urbanas y dentro de la Zona Metropolitana de Kingston. El debate sobre la distribución espacial de la criminalidad en Jamaica también ha sido sugerido por otros autores, como Harriott (2009), quien en su análisis minucioso de cómo el problema de la delincuencia en Jamaica se puede controlar, también sugiere que se requiere una respuesta mínima. Él identificó tres estrategias, una de las cuales es la más relevante para esta discusión, priorizando la aplicación de la ley sin hacer a un lado los programas coordinados de prevención social del delito. A partir de los datos se infiere que el carácter del problema, que es la presencia de la juventud en los homicidios como víctimas y victimarios, en este caso está interrelacionado con deficiencias en las normas, los valores y la aplicación de la ley. Sobre esta última, se ha buscado protección por parte del Estado debido a la desconfianza existente entre la policía y los ciudadanos. Es la opinión del investigador que la respuesta mínima de la que Harriott habla puede coadyuvar al problema de la violencia juvenil y su prevención.

Respuestas del Estado

El énfasis en la aplicación de la ley como núcleo de la prevención de la violencia juvenil sin hacer a un lado los programas coordinados de prevención social está sucediendo, hasta cierto punto, en la actuación estatal. Es notable la continuación del Programa de Escuelas Seguras. En 2013, había 274 oficiales de recursos escolares en las 154 escuelas que participan en el programa. Las actividades de estos oficiales incluyeron prevención de la violencia directa mediante la combinación de búsquedas de actividades, como "búsquedas de estudiantes" y de escuelas. Estas actividades se consideran necesarias dadas las estadísticas reportadas de delitos cometidos por estudiantes en las escuelas así como de las armas que llevan y utilizan. Por ejemplo, en 2013, se decomisaron 128 cuchillos junto con 122 pares de tijeras, y hubo un total de 298 incidentes reportados. El Programa de Escuelas Seguras es una colaboración de la policía y el Ministerio de Educación. Operaciones de la policía incluyen arrestos, advertencias y amonestaciones a los estudiantes, así como remisiones al Centro de Desarrollo Infantil y a los oficiales encargados de aplicar la libertad condicional.[21]

Otras respuestas del Estado incluyen el apoyo a 268 clubes juveniles de policía existentes en toda la isla. Estos clubes involucran a los jóvenes en actividades que buscan sensibilizarlos y educarlos en una serie de cuestiones, incluyendo la prevención de la violencia.

También existe el Programa de Seguridad Ciudadana y Justicia, que implementa, junto con la comunidad, comités de acción e iniciativas de colaboradores estatales de intervención social que se enfocan en habilidades para la vida y desarrollo emprendedor, que han ayudado a miles de jóvenes.

Los enfoques de prevención de la violencia juvenil en Jamaica han sido pluralistas por naturaleza. Cuando usamos el término "pluralidad" queremos decir que hay muchos proveedores de esfuerzos, iniciativas y proyectos de prevención de la violencia. Una categoría ya ha sido identificada: el Estado, y el otro es el actor no estatal. El pluralismo en los enfoques de prevención existe a nivel de actor y en la aplicación de las teorías del cambio al comportamiento de los jóvenes.

---

[21] Encuesta Económica y Social 2013, Instituto de Planeación de Jamaica.

Muchos programas de la juventud de actores no estatales no se enfocan directamente a la reducción de la violencia juvenil, pero pueden ser vistos como elementos para la reducción de los factores de riesgo y la mejora del comportamiento socialmente aceptable. Estos programas son aún más eficaces en la reducción de la violencia cuando incrementan los factores de protección en el hogar y en la escuela, evitando influencias negativas que conducen a los jóvenes a un comportamiento violento. Katz y Fox (2010) explican que los factores de riesgo

son esas características o síntomas que cuando están presentes aumentan las probabilidades de que un individuo tenga problemas de comportamiento. Por el contrario, los factores de protección son aquellas características o síntomas que cuando están presentes disminuyen las probabilidades de que un individuo presente problemas de comportamiento.

Participación del actor no estatal

El sector gubernamental, no gubernamental e informal, así como individuos de forma particular, han trabajado con adolescentes y jóvenes para promover el cambio en su comportamiento y estilo de vida. En cuanto a la participación de actores no estatales, varios enfoques teóricos y experimentales están en juego porque el problema es muy complejo. Un examen teórico de los programas existentes implementados por organizaciones no gubernamentales con base en las comunidades ubicadas en la Zona Metropolitana de Kingston destacaron que hay muy pocas organizaciones no gubernamentales dedicadas a la prevención de la violencia y orientadas a los jóvenes. Estos esfuerzos se concentran más en las zonas catalogadas como de conflicto. El siguiente cuadro muestra que hay un enorme esfuerzo en la integración de los jóvenes en temas sociales como la educación (véase el cuadro 3).

Las limitaciones de tiempo no permitieron a los investigadores saber a fondo cómo se define cada uno de estos servicios. Esto habría dado lugar a una cierta comprensión de las características en común y, posiblemente, a la estandarización en la definición de estos servicios. Se entiende, sin embargo, que los servicios ofrecidos intentan que la juventud se integre más a la sociedad.

Entre los desafíos que Jamaica enfrenta al intentar reducir la violencia juvenil es la insuficiencia de programas que satisfagan las necesidades de los jóvenes que se enfrentan a la exposición continua a altos niveles de violencia, así como la falta de armonización de la respuesta. La fragmentación se refleja en el número de organizaciones que trabajan con jóvenes y en la prevención de la violencia. La fragmentación ocurre con muchas organizaciones que compiten por los recursos para el mismo fin por medios particulares y que no se unen. La consecuencia es una división de los recursos como también programas de corta duración, ya que es costoso impulsar estos programas y el dinero no es fácilmente disponible. El programa también es oneroso por el tipo de operaciones que se necesitan para hacer un cambio significativo en las vidas de estos jóvenes. Por ejemplo, un programa basado en los deportes, encaminado a mejorar sus habilidades para la vida y a fomentar el logro educativo,

CUADRO 3. MATRIZ DE SERVICIOS OFRECIDOS POR ONG ELEGIDAS EN KMA PARA EL COMPORTAMIENTO SOCIALMENTE ACEPTADO DE JÓVENES

Servicios	10-14	15-19	20-24	25-29
Varones objetivo de alfabetización y matemáticas		X	X	X
Proveer documentación de vida, como cédula de identificación fiscal o acta de nacimiento		X	X	X
Orientación mediante el desarrollo de habilidades para la vida		X	X	
Orientación mediante la práctica de algún deporte, como futbol		X	X	
Orientación a través del evangelio y el ministerio	X	X	X	X
Habilidades de capacitación mediante la remisión a instituciones de formación profesional		X	X	X
Asesoramiento para el control de la ira		X	X	
Oportunidades para el cuidado de la salud (revisiones de la vista, etc.)		X	X	
Capacitación en diversos medios de subsistencia (jardinería, cría de ganado, etc.)		X	X	
Desarrollo de campamentos/retiros para asesoramiento e inculcar comportamientos socialmente aceptables				
Seminarios específicos		X	X	X

encabezado por una de las organizaciones analizadas para esta sección, cuesta aproximadamente 500 dólares por persona. Cincuenta jóvenes, de dos comunidades con historial de peleas en la comunidad y violencia, aplicaron para el proyecto, y durante dieciséis semanas asistieron a clases y trabajo de campo, donde les enseñaron sobre comunicación, trabajo en equipo, respeto a la autoridad y resolución de conflictos. El cincuenta por ciento de los jóvenes no había completado la preparatoria, y requerían tutoría y asesoramiento, casi diario, para ayudarles a enfrentar presiones en el hogar y en la comunidad, como el ser reclutados por pandillas e involucrarse en la violencia. Esta experiencia también dio una justificación para realizar el programa fuera de sus respectivas comunidades, pues se consideró terapéutico.

Mientras que los varones entre 18 y 23 años mostraron interés en continuar su educación, todos tenían presiones para ganar dinero para mantenerse y algunos por la responsabilidad de la paternidad. Tras las dieciséis semanas, los jóvenes tuvieron que participar en prácticas y asistir a clases en una institución profesional, donde podrían certificarse en un oficio o habilidad requeridos en el campo de trabajo, como mecánica de automóviles o reparación eléctrica. Los costos de 500 dólares por persona de los 50 jóvenes cubrieron el suministro de alimentos diarios, los costos de transporte hacia y desde el lugar de las clases, un estipendio individual para el transporte desde y hacia el lugar de las prácticas, una ayuda para comida a quienes asistieron a la escuela, cuotas de inscripción para ingresar a las instituciones de enseñanza y los honorarios de los facilitadores encargados de asesoramiento y tutoría. Quienes pusieron en práctica el programa señalaron que los costos por persona no fueron suficientes, dada la naturaleza de los problemas de estos jóvenes. Los costos de asesoramiento y tutoría, junto con los asociados a la continuación de la educación, eran altos, y debido a la exposición continua a la violencia y la ausencia de los padres, algunos jóvenes requerían periodos más largos de asesoramiento y tutoría. El costo por persona asignado fue demasiado bajo para que la operación pudiera alcanzar el cumplimiento de sus objetivos. Habría sido más eficaz y sostenible que se hubiera creado un sistema de orientación y seguimiento de funcionarios especializados asignados a la juventud, junto con la adecuación de los recursos, monetarios o de otro tipo, por otros organismos similares para el desarrollo de la juventud.

La Alianza para la Prevención de la Violencia-Capítulo Jamaica (VPA) es una organización no gubernamental que consistentemente ha abogado por la armonización de los esfuerzos de los organismos no gubernamentales y gubernamentales para reducir la violencia. El Comité Directivo VPA es un grupo de representantes de gobierno y no gubernamentales que se reúnen mensualmente para intercambiar iniciativas que cada uno realiza y discutir formas de trabajar juntos. Una de las historias de éxito de esta coalición es el Programa Redes de Aprendizaje (Learning Net-Works Programme). El programa tiene tres componentes: mejora en la alfabetización y matemáticas de varones jóvenes, grupo compuesto principalmente por los que abandonaron la escuela. Mediante el uso de una computadora en cualquiera de los centros de la comunidad designados, los jóvenes pueden mejorar tales habilidades desde una hasta tres horas diarias. El programa de autohabilidades tiene un sistema de recompensa para el usuario cuando éste completa un nivel de aprendizaje. Esto es importante para muchos varones, debido a la confianza y sentido de autoeficacia adquiridos. El segundo y tercer componentes incluyen el desarrollo de habilidades para la vida y posible ingreso a instituciones de formación profesional, donde los jóvenes pueden beneficiarse de la formación en programas certificados.

Otra característica que se observó, consecuencia de la falta de unión de las organizaciones, es la insuficiencia de cobertura. Esto ocurre en dos niveles. En el primer nivel, la propagación de programas prometedores no es igual en todas las regiones, y esto hace difícil que ciertos jóvenes se beneficien, por ejemplo, si no tienen dinero para transportarse hacia y desde el sitio que ofrece el programa. También ocurre una menor pero importante barrera cultural cuando se pide a los jóvenes abandonar sus comunidades para beneficiarse de un programa que se encuentra en otra comunidad. En la entrega de un programa por la Alianza para la Prevención de la Violencia–Capítulo Jamaica, los jóvenes estaban reacios a entrar a otra comunidad debido a la enemistad política e historia de pandillas que habían tenido entre ellos. El segundo nivel en la insuficiencia de cobertura es la brecha de servicios. Esta brecha es la diferencia entre la prestación de servicios y lo que realmente se necesita, lo que se convierte en el área de servicios insatisfechos que impiden disuadir a los jóvenes más vulnerables, de alto riesgo, de exponerse o participar en comportamientos violentos. La racionalización de estos programas podría ayudar a administrar los recursos y orientarlos hacia la satisfacción de las necesidades de los jóvenes que son más propensos a la violencia.

Utilización de datos significativos

El segundo reto de consolidar una respuesta mínima se refiere a la accesibilidad y la utilización de datos significativos de las organizaciones de base comunitaria y todo el sector no gubernamental, para impulsar los programas y establecer metodologías rigurosas que tengan parámetros de monitoreo y evaluación. La ausencia de datos de evaluación ha sido la causa de que muchas organizaciones responsables de programas buenos en Jamaica luchen por mantener sus puertas abiertas. El gobierno y los organismos de donantes, que enfrentan limitado margen fiscal, a menudo dudan en permitir la replicación y la transferencia de programas que carecen de datos. Ha habido varias iniciativas encaminadas a ofrecer programas comunitarios, pero algunos de ellos han sido locales y aislados en su aplicación.

Preparación de la comunidad

Una de las cuestiones que también requiere ser incluida en el desarrollo de una respuesta mínima para los jóvenes en la violencia es preparar a las comunidades para el desarrollo de la juventud. Ha habido muchos esfuerzos tales como la eliminación de las vallas de zinc, la mejora de la vivienda, el apoyo al desarrollo de las organizaciones comunitarias y los esfuerzos como las iniciativas de las comunidades seguras,

PREVENCIÓN DE LA VIOLENCIA JUVENIL EN JAMAICA

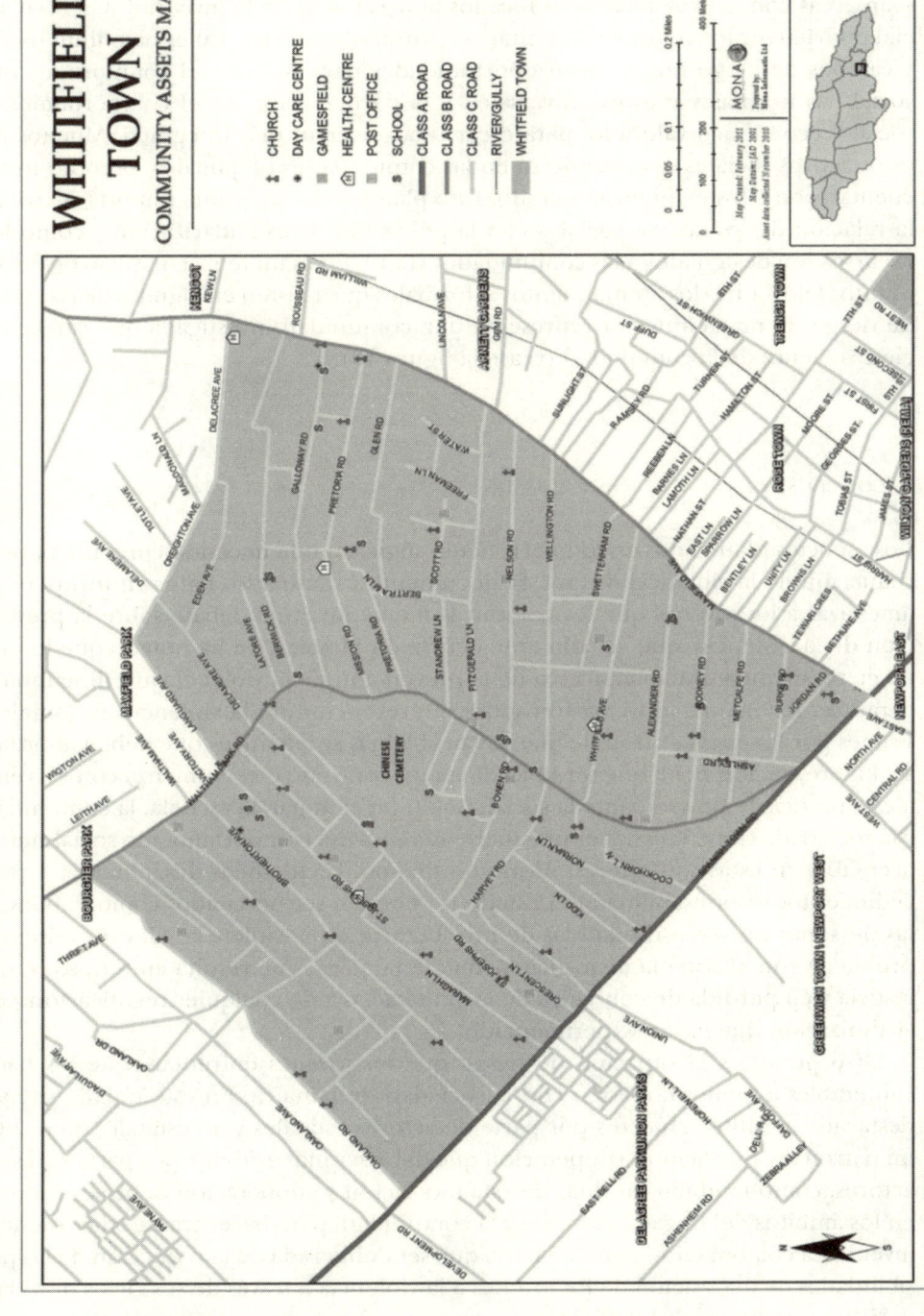

FIGURA 10. MAPA DE UNA COMUNIDAD INVESTIGADA MOSTRANDO BIENES DE LA COMUNIDAD

pero se necesita un examen más detenido de la combinación de los factores determinantes que harán que las comunidades, en función de su diseño y otros atributos, sean áreas con activos sociales enfocados al desarrollo de la juventud. Un bien social podrían ser los centros comunitarios, grupos de jóvenes, calles bien iluminadas y campos de juego que ofrecen oportunidades para reforzar el comportamiento social, las normas y valores universales, y la participación en el comportamiento social y económico valorado, para crear una sociedad más integrada. Muchos de estos activos sociales se encuentran en las comunidades de Jamaica, pero no todas cuentan con ellos en el mismo grado. Esto plantea una pregunta importante sobre la relación de los activos sociales con la población, la estandarización y cómo los recursos son designados a las comunidades. También es un tema complejo debido a asuntos tales como los asentamientos informales que existen en algunas de las zonas de riesgo. El mapa anterior representa una comunidad investigada que carece de ciertos bienes de la comunidad (véase la figura 10).

8. CONCLUSIÓN

Los aspectos planteados en todo el artículo sugieren una necesidad urgente para la reducción de la violencia juvenil. El documento examina los datos en torno a dos amenazas a los jóvenes que los colocan firmemente en el debate sobre la prevención de la violencia, que actualmente ocurre en Jamaica. Se ha notado que lo que en cierta medida es hablar acerca de la prevención de la violencia juvenil también garantiza tener una conversación sobre la prevención de la violencia en Jamaica. Esto es por la sencilla razón de que hay problemas sistemáticos que deben abordarse. La prevención tiene que ser ubicada en un continuo que comienza con el freno a esta participación mediante la socialización en el hogar, la escuela, la comunidad y la sociedad. Tiene que haber una fuerte defensa del comportamiento socialmente aceptable en estas tres esferas. Al mismo tiempo, las medidas disciplinarias y procedimientos responsabilidad del Estado no pueden ser percibidos como débiles, o las personas no serán disuadidas de involucrarse en la violencia. Hay un evidente problema con el sistema de justicia penal de Jamaica, que resulta en retrasos en la justicia y en pérdida de confianza de la gente acerca de cualquier rectificación por victimización que hayan experimentado.

Otro punto es la situación de riesgo que los jóvenes enfrentan, que los hace vulnerables a menos cohesión con la sociedad de Jamaica. En este trabajo se han destacado algunos esfuerzos por parte de actores estatales y no estatales, pero hay un patrón de asociación y cooperación que debe ser más evidente por parte de estos actores, como también un flujo de esta asociación y cooperación debe ser notoria en los ámbitos del hogar, la escuela y la comunidad, para hacer frente a la violencia juvenil. La colaboración también tiene que ser deliberada en la reducción de las posibilidades de exposición de los jóvenes a la violencia a través de sus ciclos de vida.

El homicidio es el delito violento grave en el que se centró este trabajo, pero a medida que los datos sobre la prevención de la violencia en el sistema escolar sugieren, otros delitos graves tienen lugar y sirven como recordatorio de las señales de advertencia del cambio de actitud y de comportamiento necesarios en los jóvenes involucrados en tales actos. Tanto la disuasión como la teoría de sistemas son útiles para resaltar la importancia de enfatizar soluciones de naturaleza interrelacionada, aunque también es útil, dada la temprana edad a la que la violencia se ejerce, que enfoques ecológicos y de ciclo sean considerados como aportaciones valiosas. Esto es un reflejo de la compleja naturaleza del problema y de las soluciones requeridas.

El último pensamiento es sobre la idea de una respuesta mínima. Todo lo dicho sugiere un equilibrio cuidadoso y mezcla de las diversas respuestas mencionadas, para luchar contra los jóvenes asesinando a los jóvenes, que sean víctimas de homicidio, presencien homicidios y pertenezcan a pandillas criminales. Esto requerirá una debida y efectiva apropiación de los recursos por parte del Estado que repercuta en los jóvenes, que son los más vulnerables a las amenazas de la violencia.

9. REFERENCIAS

Akers, R. y C. Sellers (2008), *Criminological Theories: Introduction, Evaluation, Application*, United Kingdom, Oxford University Press.
Brown, J. (2000), *Parental Resistance to Child Rights: The Case of Jamaica*, The Society for International Development, SAGE Publications, Londres, Thousand Oaks.
Castaldi, A. (2009), Mano Dura in El Salvador, Human Rights violations associated with government policies to combat gangs, a human rights analysis of a case study. The New School.
Charles, C.A.D. (2002), "Garrison communities as counter societies: The case of the 1998 Zeek's riot in Jamaica", *IDEAZ*, núm. 1, pp. 29-43, Kingston, Caribbean Research Institute.
─────── (2004), "Political identity and criminal violence in Jamaica: The garrison community of August Town and the 2002 election", *Social and Economic Studies*, vol. 53: 31-73, Kingston, Sir Arthur Lewis Institute of Social and Economic Studies
Caribbean Child Development Centre (2005), Documentation of Interpersonal Violence Prevention Programmes for Children in Jamaica, Kingston, School of Continuing Studies UWI Mona, UNICEF.
Eckman, A., L. Kazembe, K. Mcclure y K. Hardee (2005), *The Policy Environment for male youth in Jamaica: Findings from a pilot of the gender equitable male involvement Tool*, United States Agency for International Development
Fox, K. (2003), *Mapping Unattached Youth in Jamaica*, Kingston, Inter-American Development Bank.
Fox, K. y G. Strachan-Gordon (2007), *Jamaica Youth Risk y Resiliency Behaviour Survey 2005: School based survey on risk and resiliency behaviours of 10-15 year olds*, Kingston, Jamaica, United States Agency for International Development.
Gilgen, E. y L. Tracey (2011), Contributing Evidence to Programming: Armed Violence Monitoring Systems, Geneva Declaration Secretariat, Switzerland, marzo de 2015, recuperado de <www.genevadeclaration.org/fileadmin/docs/general/GD-WP-2011-Contributing-Evidence-to-Programming.pdf>.
Gobierno de Jamaica, Ministry of National Security (2012), *National Security Policy*, Kingston,

Jamaica.

———, Ministry of Youth (2003), National Youth Policy. Kingston Global Burden on Armed Violence Report (2011), 22 de mayo de 2014, recuperado de <www.genevadeclaration.org/measurability/global-burden-of-armed-violence/global-burden-of-armed-violence-2011.html >, Executive Summary.

Harriot A. (2002), *Crime Trends in the Caribbean and Responses*, United Nations Office on Drugs and Crime, Kingston, University of the West Indies, Mona.

——— (2009), Controlling Violent Crime: Strategy and Policy Options, West Indian Law Journal, 34(1): 99-118, Kingston, Council of Legal Education, Norman Manley Law School.

International Labour Organization (2013), Global Employment Trends for Youth: a generation at risk, 22 de mayo de 2014, recuperado de <www.ilo.org/global/research/global-reports/global-employment-trends/youth/2013/WCMS_212423/lang–en/index.htm>.

Jamaica Constabulary Force (2013), Statistics and Data Management Unit, Research and Legal Services Division, Kingston, Jamaica.

Levy, H., E. Ward, D. Hutchinson y T. Weekes (2012), *Youth Violence and Organized Crime in Jamaica: Causes and Countermeasures. An Examination of the Linkages and Disconnections*, Kingston, Institute of Criminal Justice and Securityy International Development Research Centre.

Levy, H. (2003), *They Cry Respect: Urban Violence and Poverty in Jamaica*, Kingston, Centre for Population, Community and Social Change, Department of Sociology and Social Work, The University of the West Indies, Kingston Jamaica.

Leslie, G. (2010), *Confronting the Don: The Political Economy of Gang Violence in Jamaica*, Ginebra, Suiza, Small Arms Survey, pp. 20-32.

Lyew-Ayee y L. Greene (2013), "Geo-Spatial Technologies and Crime: The Jamaican Experience", *Armed Violence Issue Brief*, núm. 3, Ginebra, Suiza, Small Arms Survey.

Manwaring, M. (2007), *A Contemporary Challenge to State Sovereignty: Gangs and other Illicit Transnational Criminal Organizations in Central America, El Salvador, Mexico, Jamaica and Brazil*, Strategic Studies Institute, USA.

Mogenson, M. (2006), *A Report: Corner and Area Gangs of Inner-City Jamaica. Children in Organized Armed Violence*, Kingston, International Action Network on Small Arms y Viva Rio.

Moncrieffe, J. (2008), *Making and Unmaking the Young "Shotta" [Shooter]: Boundaries And (Counter)-Actions in the Garrisons*, documento de trabajo núm. 297, University of Sussex, United Kingdom, Institute of Development Studies.

Moser, C., B. van Bronkhorst (1999), *Youth Violence in Latin America and the Caribbean: Costs, Causes and Interventions*, Washington, D.C., Urban Peace Program Series, Environmentally and Socially Sustainable Development Sector Management Unit, The World Bank, Latin America and Caribbean Regional Office.

Planning Institute of Jamaica, Economic and Social Survey Jamaica (2013), Kingston, Jamaica.

Rapley, J. (2003), "Jamaica: Negotiating Law and Order with the Dons, Crime", *Disorder and Policing*, XXXVII(2), NACLA, H. Wilson y Company, USA.

Sives, A. (2010), *Elections Violence and the Democratic Process in Jamaica 1944-2007*, Ian Randle Publishers, Kingston, pp. 52-77.

Smith D. y K. Green (2007), "Violence amongst youth in Jamaica: a growing public health risk and challenge", *Rev panam Salud Publica| Pan Am J Public Health* (22)(6), marzo de 2015, recuperado de <www.scielosp.org/pdf/rpsp/v22n6/a10v22n6>.

Social Development Commission (2009), *Community Profile Tivoli Gardens*, Kingston, Jamaica.

Statistical Institute of Jamaica (2012), *Jamaica National Youth Survey*, Kingston, Jamaica.

United States Agency for International Development (2005), The Policy Environment for Male Youth in Jamaica Fidnings from a Pilot of the Gender Equitable Male Involvement Assessment Tool, Kingston.

Vaughn- Samms. M, M. Jackson y D. Ashley (2004), *Urban Jamaica Children's Exposure to Community Violence*, West India Medical Journal, 54(1), Kingston.

PARTE DEL PROBLEMA, PARTE DE LA SOLUCIÓN: ACTORES ILEGALES Y REDUCCIÓN DE LA VIOLENCIA EN EL SALVADOR

ANA GLENDA TAGER ROSADO

RESUMEN: Después de más de veinte años de enfrentar el creciente problema de criminalidad en El Salvador a través de políticas enfocadas principalmente en los aspectos punitivos y legales del problema, las estadísticas reflejaron que se produjo un incremento constante en los índices de criminalidad. Estas políticas excluyeron los factores sociales asociados a algunos fenómenos de criminalidad y con ello la posibilidad de alternativas no represivas para abordarlos. Todo ello se produjo en un contexto de precariedad del sistema de justicia, del sistema penitenciario y de las condiciones socioeconómicas de vida. En estas condiciones de vulnerabilidad social, las pandillas se convirtieron en las principales generadoras de violencia homicida.

A partir de la experiencia de reducción de violencia generada por la tregua entre las principales pandillas de El Salvador, este artículo explora las implicaciones que tiene el diálogo con actores ilegales para lograr reducir la violencia en contextos de vulnerabilidad social.

Palabras clave: Reducción de la violencia, pandillas, actores ilegales, seguridad, vulnerabilidad, crimen, construcción de paz.

1. INTRODUCCIÓN

El Salvador cuenta con una población aproximada de 6 millones de habitantes en un territorio de 20 742 kilómetros cuadrados, distribuidos en 14 departamentos y 262 municipios que lo convierten en el país más densamente poblado del continente. Hasta el año 2011, tuvo una tasa de homicidios que lo colocaron durante muchos años como el país más violento de Centroamérica y al mismo tiempo en uno de los más violentos a nivel mundial.[1]

---

[1] En 2011 la tasa de homicidios en El Salvador fue de 70.1 por cada 100 000 habitantes (Fundaungo, 2012). La tasa de homicidios promedio a nivel mundial, se sitúa en el 6.2 por 100 000 habitantes, siendo el sur de África y Centroamérica las subregiones con tasas que se elevan más de cuatro veces por encima de dicho promedio, con más de 24 víctimas por cada 100 000 habitantes. Esto las convierte en las subregiones con el récord más alto en cuanto a las tasas de homicidio (UNODOC, 2013).

La violencia criminal afecta especialmente a los grupos más vulnerables de la sociedad y en especial a los jóvenes, ya que, según las estadísticas, en El Salvador la mayor parte de las víctimas mortales de la violencia son jóvenes provenientes de segmentos marginales de la población. Se hace referencia a la vulnerabilidad de una persona cuando tiene un alto grado de exposición e indefensión ante un contexto de riesgo. En ese sentido, la vulnerabilidad se mide con relación a los recursos, tanto personales como sociales, con los que una persona o comunidad cuenta para enfrentar las amenazas que afectan su bienestar. Estos recursos son, fundamentalmente, la garantía de los derechos humanos, junto con lo que se puede denominar factores de protección en el contexto de la familia, comunidad, cultura, escuela, trabajo etc., que mitigan el riesgo (Interpeace, 2009).

Según el enfoque epidemiológico, crecer en un contexto de violencia afecta la salud y el desarrollo integral de la niñez, la adolescencia y la juventud (IUDOP, 2009) y en ese marco de análisis, las condiciones de vulnerabilidad de la juventud en El Salvador hacen que este segmento de la población sea el más victimizado por la violencia y, al mismo tiempo, el generador de la misma convirtiéndoles en víctimas y victimarios a la vez. Según las estadísticas disponibles, en el año 2011 el 40% de los homicidios fueron cometidos contra personas entre los 15 y los 24 años de edad (Fundaungo, 2012).

La carencia de oportunidades educativas, laborales y productivas de grandes grupos de la población, combinado con la incapacidad del Estado de garantizar derechos básicos, genera las condiciones suficientes para que las actividades ilegales (violentas o no) se conviertan en oportunidades para proveer todo aquello que de otra manera es imposible o inexistente.

En ese contexto, la criminalidad se convierte en un medio para la generación de recursos y actividades ilegales y la violencia en el recurso que garantiza el control y acceso a dichos medios. El ejercicio de la violencia criminal está, en ese sentido, en función de la preservación de los recursos generados ilegalmente. Existe un círculo vicioso de vulnerabilidad ante el crimen como opción de vida en donde a mayor precariedad social y abandono del Estado, mayores son las oportunidades de encontrar en la ilegalidad los recursos para enfrentarla.

La reducción de la violencia, especialmente los homicidios, ha sido uno de los principales retos no sólo para El Salvador sino para muchos países de la región. Sin embargo, la mayoría de acciones implementadas para tal fin no han dado los resultados esperados. Al contrario, existe una creciente demanda de estrategias alternativas para la reducción de la violencia dado el fracaso de los paradigmas dominantes en la materia.

Este artículo presenta una reflexión en torno a la tregua entre las principales pandillas en El Salvador, la cual demostró que durante un periodo, el cese de hostilidades pactado tuvo un impacto directo en la reducción de los homicidios en ese país. A partir de marzo de 2012, los dos principales grupos MS-13 y Barrio 18, establecieron un pacto de no agresión entre sí, comprometiéndose a bajar la tasa de homicidios existente. El pacto incluyó detener la lucha por la expansión de territorios de operación, así como no agredir a agentes de las fuerzas de seguridad del Estado (policías y miembros de las fuerzas armadas), ni a guardias del sistema penitenciario. Las razones que los llevaron a realizar dicho pacto fueron expresadas en su primer comunicado.[2] Por un lado, manifestaron que los altos índices de homicidio en El Salvador les habían provocado mucho dolor a ellos y sus familias porque son "los que ponen los muertos". Adicionalmente, señalaron que tenían a 10 000 de sus miembros purgando largas condenas en los centros penitenciarios bajo condiciones difíciles, e incluso extremas, y, sumado a ello, la percepción de ser "sujetos de discriminación, acoso, persecución, represión, tortura y asesinato por el simple hecho de estar tatuados con los símbolos que nos dan identidad" (*El Faro*, 2012).

Esta experiencia motiva a profundizar la reflexión en torno a la necesidad de analizar los fenómenos criminales y la violencia que éstos generan a partir de los contextos específicos en los que se presentan. La premisa principal sobre la cual gira este artículo es que si la violencia es un fenómeno directamente determinado por el contexto social, político y económico, entonces, los procesos orientados a su reducción también deberán ser adecuados al contexto. Esto implica repensar el papel de los actores ilegales en función de la relación violencia-contexto.

2. EL SALVADOR, VULNERABILIDAD EN UNA REGIÓN VIOLENTA

En América Latina, la violencia homicida es alta en la mayoría de los países y tiene una tendencia al alza comparativamente mayor que la de otras regiones en el mundo (UNODC, 2011). De esos países, los del Triángulo Norte de Centroamérica —El Salvador, Honduras y Guatemala— son considerados dentro de los más violentos a nivel mundial debido, principalmente, a las altas tasas de homicidios, las cuales rebasan los niveles alcanzados durante los conflictos armados de los años setenta y ochenta en Guatemala y El Salvador. Junto con el fin de la violencia política asociada a esos conflictos, la suscripción de acuerdos de paz y el viraje hacia la democracia, tuvo lugar un alarmante aumento de la violencia criminal.

Según el informe de 2011 del Observatorio de Seguridad Ciudadana de la Organización de Estados Americanos (OEA), Guatemala pasó de reportar 2 904 homicidios en el año 2000, a casi 6 500 en 2009. El Salvador, un país más pequeño y con menos de la mitad de población que Guatemala, muestra una escalada similar: 2 341 homicidios en 2000 a 4 349 en 2009. En Honduras, pese a no haber tenido un conflicto armado interno, como fue el caso de sus vecinos Guatemala y El Salvador, se registra la misma tendencia: a inicios de la década, se reportaron en el país 3 176 y en 2010, fueron reportados 6 236 homicidios (Tager, 2012 y PNUD, 2013). Esto muestra los altos niveles de criminalidad en estos tres países.

El homicidio es una de las diversas expresiones de un fenómeno de violencia criminal mayor. Por lo regular, el homicidio es la expresión extrema de una cadena

---

[2] Desde el inicio de la tregua, el 8 de marzo de 2012 hasta el momento, las pandillas han hecho públicos 24 comunicados.

de actos criminales tales como el secuestro, la extorsión y el robo. Sin embargo, también existe una amplia práctica del homicidio sin un antecedente delincuencial definido. En ese sentido, la proliferación del sicariato ofrece una oferta que, bajo la cobertura de la impunidad estructural, permite que diferencias personales y conflictos de todo tipo deriven en el asesinato. Sobre esta situación las estadísticas criminales ofrecen datos limitados. Se sabe de la cantidad de homicidios reportados, la edad y sexo de las víctimas y el lugar y fecha en que el cadáver es encontrado por las autoridades. Sobre otras formas de delincuencia, los datos son aún más limitados, ya que en el caso del robo, los delitos sexuales y las extorsiones, la denuncia es baja debido al temor que generan las posibles repercusiones y, complementariamente, la falta de confianza en las autoridades de investigación (Argueta y Tager, 2014).

En El Salvador predominan el secuestro, la extorsión y el robo, y varían desde acciones organizadas y con una territorialidad definida, hasta la comisión de delitos aleatorios sin patrones definidos. Es difícil, con la información disponible, establecer patrones claros a partir de los cuales se pueda determinar con certeza absoluta las causas del fenómeno de criminalidad. En la mayoría de los casos, la naturaleza de los robos depende de las demandas cambiantes de los mercados ilegales. La misma situación se presenta con el sicariato: si bien existen agrupaciones especializadas que ofrecen sus servicios a organizaciones criminales, el sicariato también se ofrece de forma individual y se adapta a las diferentes demandas de la sociedad, convirtiéndose en una oferta de mercado que florece bajo el amparo de la impunidad.

Esta dinámica se aplica también al secuestro y la extorsión que, en la mayoría de los casos, se lleva a cabo a través de pequeñas bandas o individuos que delinquen aprovechando la incapacidad de las autoridades de seguridad e investigación de dar seguimiento a las acciones criminales y el miedo social que subyace a la falta de denuncia.

Dentro de los principales factores determinantes de la situación de criminalidad, los diferentes estudios mencionan la existencia de pandillas y el narcotráfico. La definición de estos dos factores como los determinantes causales de la situación de violencia obedece, entre otras razones, a la existencia de un potente discurso público que, nutrido desde la política y compartido por la sociedad en general, se difunde a través de los medios de comunicación. Con esto no quiere decirse que las pandillas y el narcotráfico no tengan una incidencia determinante en la situación de criminalidad. Pero sí que es necesario profundizar en la comprensión del fenómeno a través del análisis de los niveles, procedimientos y mecanismos de incidencia criminal.

Tanto El Salvador, como Guatemala y Honduras son países en donde el narcotráfico opera. Esto no quiere decir que lo haga de la misma forma y con los mismos efectos sobre la situación de criminalidad. El fenómeno del narcotráfico requiere establecer diferentes dimensiones de operación y efectos para comprender su naturaleza. Existe una dimensión transnacional en la cual, de manera diferenciada, los tres países se encuentran en la llamada "ruta de la droga". Debido a su situación geográfica, Guatemala y Honduras ofrecen mayores ventajas para el transporte de la droga tanto por vía terrestre como aérea. En términos comparativos, El Salvador no ofrece dichas ventajas geográficas y, por lo tanto, no se han conocido extensas redes de narcotráfico que penetren la política y la sociedad. Si bien existen redes locales de tráfico, la importancia de éstas es limitada en comparación con los países vecinos.

En cuanto al fenómeno de pandillas en El Salvador, éste empezó a manifestarse en los años posteriores a la firma de los Acuerdos de Paz en 1992, cuando el país empieza a enfrentar un incremento exponencial de manifestaciones violentas y delictivas de diversa índole. Bajo el argumento de que la evolución del fenómeno criminal genera una serie de delitos graves tales como homicidios, asesinatos de testigos, secuestros, extorsiones, tráfico de armas, tráfico de personas y otros que producen serios temores en la sociedad, las autoridades pasaron a considerarlo como problema de seguridad nacional y regional (Ministerio de Seguridad Pública y Justicia, 2007). Esto tuvo como antecedente la implementación de políticas represivas y de "cero tolerancia" tales como el Plan Mano Dura del año 2003, el Plan Súper Mano Dura en el año 2004, el Plan Mano Amiga y Plan Mano Extendida en 2005 acompañadas de leyes[3] y estrategias de acción que, durante aproximadamente veinte años —entre 1992 y 2012—, sólo variaron en intensidad represiva. En la práctica, los resultados de todas esas políticas, planes y leyes trazaron una línea de sucesivos fracasos ya que la violencia y la delincuencia continuaron en aumento.

Adicionalmente, "uno de los principales efectos de las políticas antipandillas fue la reiterada socialización de los jóvenes con el sistema penal, con la consecuente pérdida de su efecto disuasivo. Los planes Mano Dura y las políticas de Cero Tolerancia, incidieron profundamente en la reestructuración e institucionalización de tales agrupaciones, por lo que lejos de contener el fenómeno favoreció su tránsito a estructuras delincuenciales más cerradas y complejas" (Aguilar y Carranza, 2007; Aguilar, 2006 y Aguilera, 2008).

Ante la situación delictiva ascendente y la aplicación de medidas represivas, la persecución criminal llevó al colapso de un sistema penitenciario que en seis años había duplicado la población de personas privadas de libertad (entre 1996 y 2002) y en dieciséis años prácticamente la había quintuplicado (1996-2012) con una tasa de hacinamiento superior al 320% (Aguilar y Tager, 2013).

Estas circunstancias, que se fueron agudizando en la etapa de posconflicto en El Salvador, han hecho que el país fuera considerado como uno de los más violentos del mundo, y que su población más victimizada sea la juventud. En el año 2011 hubo un total de 4360 homicidios, de los cuales 2100 fueron cometidos contra personas entre los 15 y los 29 años de edad, lo cual corresponde al 54% del total de homicidios (Fundaungo, 2012). Paralelamente, El Salvador forma parte de los

---

[3] La Ley Antimaras promulgada por la Asamblea en 2003, La Ley para el Combate de las Actividades Delincuenciales de Grupos o Asociaciones Ilícitas Especiales (Segunda Ley antimaras) de 2003 que fue promulgada debido a que la anterior fue declarada anticonstitucional, Ley Penal Juvenil de 2004, Ley de Vigilancia y Control de Ejecución de Medidas al Menor Infractor de 2004, el Decreto 458, Ley Proscripción de Maras, Pandillas, Agrupaciones, Asociaciones y Organizaciones de Naturaleza Criminal de septiembre de 2011.

países que poseen los más altos índices de desigualdad, pobreza, fragilidad institucional y corrupción, entre otros flagelos. El 37% de hogares vive en pobreza: 12% en pobreza extrema y 25% en pobreza relativa, lo que representa una población de 2673627 personas, de las cuales, 1802722 son hombres y 870905 son mujeres (Dirección General de Estadística y Censos del Ministerio de Economía, 2010). Dos de cada tres jóvenes en edad de trabajar están desempleados o subempleados, lo que representa el doble de la tasa promedio de la población nacional y es reflejo de la marginación y exclusión a la que son sometidos (Interpeace, 2009). Estos factores de riesgo aumentan las posibilidades de que la juventud sea víctima de violencia o se involucre en hechos violentos.

Precisamente por eso, es notable que, a partir de marzo de 2012, se haya dado un rumbo diferente a la forma de abordar el problema, lográndose reducciones importantes en la tasa de homicidios durante dieciocho meses consecutivos al establecerse un pacto entre las principales pandillas juveniles.

3. EL FENÓMENO DE LAS MARAS Y PANDILLAS

La diferencia entre maras y pandillas en El Salvador tiene que ver con la identidad de las pandillas mayoritarias. Una de ellas se autodenomina como mara (Mara Salvatrucha) y la otra como pandilla (Barrio 18).[4] Como fenómeno social, las maras y pandillas pueden entenderse como agrupaciones que están mayoritariamente formadas por jóvenes que comparten una identidad social y se organizan en redes que se establecen como "clikas" de nivel local, unidas bajo un mismo nombre, las cuales con frecuencia se ven implicadas en actividades ilegales. Desde inicios de los años noventa, algunas maras y pandillas se convirtieron en grupos que trascendieron desde el nivel local hasta el internacional (OEA, 2007). Estos grupos poseen una estructura jerárquica y vertical con altos niveles de disciplina y generan elevados índices de violencia criminal.

Estos grupos rivalizan entre sí por la defensa y control de su territorio, lo que los lleva a protagonizar constantes episodios de violencia. Se sienten vinculados a la pandilla como si ésta fuera su grupo familiar y por esa razón les es difícil poder desvincularse de ella, dado que existen lazos psicológicos y afectivos muy fuertes. Ésta es la razón primordial por la que se les hace imposible incorporarse en procesos de rehabilitación de carácter individual, ya que éstos parten del supuesto de que es necesario abandonar la pandilla para reinsertarse a "la vida normal" (Argueta y Tager, 2013).

A pesar de que en el mundo académico se han hecho distintas aproximaciones a las maras y pandillas, el concepto hace referencia al origen e identidad de las dos agrupaciones juveniles más conocidas y numerosas de la región: la Mara Salvatru-

---

[4] Al referirse al fenómeno como tal, en este texto se utilizará pandillas como forma genérica de referirse a los grupos existentes en El Salvador.

cha y la Pandilla Barrio 18, para quienes la distinción es clara. También existen otras agrupaciones que se identifican como pandillas juveniles, pero que son minoritarias y menos conocidas por la población (Interpeace, 2009). En la literatura académica se hace referencia a este fenómeno denominándolo "pandillas juveniles" pero otros prefieren el término "pandilla callejera", por el hecho de que en los países del Triángulo Norte de Centroamérica sus miembros cada vez son de mayor edad, e incluso se habla de que ésta es una tercera generación de pandilleros.

Las pandillas juveniles surgieron en Los Ángeles en los años ochenta. Los dos grupos dominantes en esta comunidad eran el Barrio 18, integrado por mexicanoamericanos y que había surgido en la década de los sesenta. La Mara Salvatrucha o MS, formada por inmigrantes salvadoreños y de otros países centroamericanos, surge como respuesta a la necesidad de protección de los hostigamientos y discriminación de las otras pandillas juveniles (Del Banco, 2005). Cuando los jóvenes centroamericanos que habían emigrado a Estados Unidos empezaron a regresar a sus países de origen en los años noventa, como consecuencia de las políticas de deportación de Estados Unidos, las pandillas juveniles de la región empezaron a adoptar el estilo y los nombres de las pandillas de Los Ángeles (Falkenburger y Thale, 2009).

El fenómeno de las maras y pandillas en la región, especialmente en El Salvador, ha sido uno de los temas más investigados por los académicos a nivel regional e internacional. Asimismo, el fenómeno ha sido el principal centro de atención del discurso público sobre violencia. No obstante una importante producción de estudios, reportes y análisis sobre el tema, existen diversos vacíos de conocimiento y, por lo tanto, múltiples deficiencias en materia de estrategias de intervención. Esta situación se debe a varios motivos. En primer lugar, el difícil acceso a fuentes primarias ha hecho que una gran cantidad de supuestos relacionados con la estructura interna de estos grupos, sus actividades criminales, su relación con la comunidad y la dimensión del fenómeno sean difíciles de demostrar empíricamente. En segundo lugar, la mayoría de las estrategias de intervención, en especial aquellas relacionadas con la prevención de la violencia, han partido de un enfoque basado fundamentalmente en el paradigma del cumplimiento de la ley [*law enforcement*] dominante en las agencias de seguridad tanto nacionales como internacionales, de acuerdo con el cual la simple pertenencia a la mara o la pandilla implica la comisión de delitos y, en consecuencia, el abandono de dicha agrupación y la reinserción de sus miembros en la sociedad son un requisito fundamental para reducir la violencia. En tercer lugar, ha predominado la concepción transnacional del fenómeno más allá de las particularidades nacionales y locales del mismo. El riesgo ha sido considerar el fenómeno de las maras y pandillas como una expresión casi homogénea en toda la región cuando la evidencia permite observar que el mismo fenómeno adquiere características diferentes en cada país debido a su flexibilidad y adaptación a los contextos sociopolíticos.

Un rasgo común del fenómeno de las pandillas en los tres países, es que sus diferentes grupos están compuestos mayoritariamente por jóvenes vulnerables ante las carencias del Estado, que viven en entornos con el tejido social deteriorado y esto les permite poseer una fuente inagotable de recursos humanos en este tipo de sociedades. En El Salvador, según datos de la Organización Internacional del Trabajo (OIT), en 2013 la población joven era de 1.79 millones de jóvenes, quienes representan el 28.1% de la población total (OIT, 2013). De esos totales de población se calcula que aproximadamente 60 000 jóvenes son pandilleros en situación de libertad, más aproximadamente 10 000 que están en privación de libertad. Esta cantidad de miembros cuenta, además, con una red de apoyo que suma unos 400 mil ciudadanos del país (Aguilar y Tager, 2013).

El ingreso de los jóvenes a las pandillas responde a una serie de factores estructurales tales como la carencia de oportunidades educativas y laborales, deterioro del tejido social y desigualdad. Sin embargo, estos factores no influyen de manera estática en la evolución del fenómeno de las pandillas, al contrario, existen variaciones temporales y espaciales. En los tres países, la precariedad estructural se incrementó durante el proceso de democratización, cuando se atendieron aspectos relacionados con las reformas políticas, sin que los déficits socioeconómicos históricos fueran transformados, especialmente una estructura productiva asentada sobre la base de condiciones laborales de pobreza y precariedad. Los tres países arrastraban desde los años setenta un modelo productivo extractivo y orientado a la exportación, mientras que el fortalecimiento del mercado interno no logró imponerse como opción alternativa de crecimiento económico. Así, durante los años noventa, las crisis en el mercado internacional afectaron de forma diferente a los países de la región. El Salvador entró en una trayectoria de desaceleramiento económico que derivó en el estancamiento casi total de su crecimiento económico. Uno de los principales efectos de esta situación fue el rápido aumento de los flujos migratorios mayoritariamente hacia Estados Unidos que ha implicado a su vez la llegada de remesas familiares al país. Estas remesas constituyen entre el 15 y el 18% del producto interno bruto (PIB), y han sido un sustituto a la crisis económica generada por el desgaste del modelo productivo.

Más allá de los efectos económicos de la migración, ésta ha sido un factor que explica el contexto en el que las pandillas proliferaron en la región. La migración masiva contribuyó a la expansión de las pandillas en dos direcciones. En primer lugar, la migración profundizó la transformación del tejido social familiar y comunitario, el cual arrastraba los efectos negativos producidos por la guerra. Grandes cantidades de jóvenes quedaron bajo la tutela de familiares o amigos debido a que los padres migraron. Por otro lado, después del 2001, el cambio de las políticas migratorias en Estados Unidos condujo a masivas deportaciones de personas que se encontraron con un contexto socioeconómico deteriorado.

En ese contexto, las pandillas cumplieron la función de absorber grandes grupos de población desprovistos de mecanismos de integración social y económica. Más allá de las actividades criminales, la pandilla, como forma de organización social y mecanismo para la construcción de identidad colectiva, cumple una serie de funciones que contribuyen a la integración social de grupos en contextos de vulnerabilidad y marginalidad. La experiencia salvadoreña demuestra que las pandillas cumplen funciones sociales de protección tanto en materia de seguridad como de estabilización económica de sus miembros. Los miembros reciben protección contra los riesgos de agresión provenientes de otras pandillas, así como del acoso policial. Además, la distribución de los recursos obtenidos se hace de manera colectiva al grupo. La vulnerabilidad socioeconómica está acompañada de la vulnerabilidad producida por la fragilidad del Estado, que no provee la protección básica de los ciudadanos. En ese sentido, las funciones de protección social y de seguridad que provee la pandilla a sus miembros se nutren de otras expresiones de la vulnerabilidad socioeconómica, tales como los mercados ilegales.

Todos estos aspectos (pandillas, mercados ilegales, violencia) cobran una dimensión social diferente dentro del marco de la vulnerabilidad. La relación entre dicho contexto y la criminalidad no es mecánica y es en el conjunto de interacciones sociales que median entre uno y otro fenómeno en donde se puede superar la visión normativa legalista de la criminalidad. Esto se observa de manera concreta en la dinámica de las pandillas anteriormente mencionada.

Entre las pandillas que más se han destacado históricamente en El Salvador tanto por su tamaño, referencialidad simbólica, rápido crecimiento como por el uso de extremas formas de violencia se encuentran el Barrio 18 (18) y la Mara Salvatrucha 13 (MS). La pandilla predominante es la MS, mientras la pandilla Barrio 18, menos disciplinada y estructurada, está dividida en dos facciones: los sureños y los revolucionarios. Adicionalmente operan La Máquina, Mirada Locos y Mao-Mao que no tienen cobertura en todo el territorio nacional.

El contexto salvadoreño ofreció al fenómeno de las pandillas un terreno fértil que dio como resultado un proceso de evolución diferente que no se observa en Guatemala y Honduras. En términos generales, entre las principales diferencias que las pandillas en El Salvador ofrecen se pueden mencionar:

1] Mayores niveles de institucionalización. Por esto se entiende una mejor organización que cuenta con procesos de toma de decisiones más articulados, fluidos mecanismos de comunicación y toma de decisiones, así como mecanismos disciplinarios.

2] Base social. La guerra civil en El Salvador se caracterizó, entre otras cosas, por un alto nivel de participación social. Esto implicó, asimismo, altos niveles de organización comunitaria. En ese contexto, si bien las pandillas durante muchos años se distanciaron de las formas institucionales de participación comunitaria, de manera informal los lazos que vinculan a la pandilla con la comunidad se mantuvieron y, en ciertos contextos, se fortalecieron. El papel de la familia y el territorio ha sido fundamental para que la relación pandilla-comunidad no sea una dicotomía absoluta en El Salvador. Al contrario, existen numerosos niveles de relación en donde la comunidad, si bien rechaza la violencia, acepta y entiende el contexto que la genera.

3] El papel del territorio. Estrechamente relacionado con la naturaleza de la base social, el territorio que las pandillas han definido a través de una violenta confrontación es un elemento fundamental en la comprensión del fenómeno en el país. El territorio cumple diversas funciones. Es un elemento simbólico en tanto razón de ser de la existencia de las pandillas, ya que parte importante de la identidad de grupo de las pandillas es la defensa del territorio. Asociado con la defensa del barrio, la defensa del territorio construye un referente para la cohesión del grupo y, al mismo tiempo, contribuye a llevar las diferencias con el otro grupo al plano físico y espacial. Asimismo, el territorio es un mecanismo para la extracción y distribución de los recursos. Las pandillas ejercen su control sobre un territorio determinado con el fin de evitar que pandillas rivales, que también sobreviven de la extracción de recursos, compitan dentro de su mismo territorio. Esto también define la distribución de los recursos en el sentido de que las pandillas tienen un mejor conocimiento de las necesidades de los miembros cercanos, es decir, de aquellos con los que han crecido y convivido. Esto explica en gran medida que la organización de las pandillas siga diferentes niveles, entre ellos el familiar y de barrio, que está definido por dinámicas territoriales. Finalmente, el control territorial de las pandillas ha llegado a penetrar y modificar las dinámicas colectivas de las comunidades, las que definen su vida cotidiana en función del territorio de las pandillas.

4] La guerra entre pandillas. Si bien existen factores estructurales tales como la pobreza y la marginalidad, éstos, como se explicó anteriormente, constituyen el contexto de marginalidad en donde las pandillas evolucionaron en formas de organización social y donde el crimen es una de sus características. La comprensión de la violencia en El Salvador y su relación con la vulnerabilidad social y económica se entiende mejor al enfatizar en que tanto factores estructurales como políticos, llevaron a las pandillas a una situación de guerra entre pandillas. Entender la guerra entre pandillas supone aceptar que, si bien no son dos ejércitos formales los que se enfrentan, el nivel de agresividad, daños colaterales, capacidad de fuego, control territorial y efectos psicológicos llegó a ser, luego de dos décadas, un escenario de guerra. El nivel de homicidios que vivió el país era el resultado de esa guerra, dado que la mayoría de víctimas eran jóvenes miembros de las pandillas. Otras víctimas eran colaterales a la guerra entre pandillas: fuegos cruzados, negativa a pagar extorsiones, etc. En este escenario, el fracaso de las políticas antipandilla (mano dura) está directamente relacionado con el nivel de violencia y la naturaleza de la misma. La función represiva del Estado a través de la policía, es viable como única opción cuando la violencia no supera las capacidades de la institución. Sin embargo, luego de décadas, la guerra entre pandillas presentaba un escenario de violencia en donde la represión solamente estimulaba los ciclos de venganza y odio.

Por principio, la guerra fortalece a las partes en contienda a partir del desgaste del resto de la sociedad. Las pandillas se fortalecieron en la guerra, tanto en sus niveles de organización como en su capacidad de fuego. Ante esto, la policía, más que buscar su fortalecimiento dentro de los marcos del Estado de derecho, fortaleció sus aspectos más represivos y violentos, con lo que la violación a los derechos humanos se convirtió en la regla. Por otro lado, el ejército entró a apoyar las tareas de seguridad pública de la policía. Sin embargo, y afortunadamente para el país, el ejército no está autorizado a ejecutar acciones represivas en las calles que superen el nivel de las acciones policiales. El ejército repitió la actuación represiva de la policía aumentando así la confrontación entre fuerzas de seguridad y pandillas.

Estos elementos son centrales para comprender la naturaleza de la tregua de marzo de 2012 y el proceso de reducción de la violencia a que dio origen. Asimismo, esos elementos son clave para la compresión del papel de los actores ilegales en los procesos de reducción de la violencia.

5. REDUCCIÓN DE LA VIOLENCIA: LA TREGUA ENTRE LAS PRINCIPALES PANDILLAS

La tregua entre las principales pandillas de El Salvador se pactó desde los centros de privación de libertad. La prisión se convirtió en un espacio de negociación que hizo evidente que ambos grupos se encontraban en un balance similar de fuerzas tanto en lo relacionado con su capacidad de uso de la violencia, como en la extensión de territorios. Este balance también incluyó que en las prisiones y fuera de éstas ambas pandillas se encontraban frente a la misma situación respecto de la persecución del Estado, en particular de las fuerzas armadas. Esta situación también llevó a que el Estado limitara sus capacidades de hacer frente a la violencia ejercida por las pandillas. Éste fue el primer intento de pactar ya que desde hace al menos diez años, ambas pandillas venían realizando distintos acercamientos tanto por parte de los líderes de las pandillas, como por parte de las autoridades, organizaciones no gubernamentales y líderes de las iglesias, con el objetivo de buscar soluciones alternativas a la represión policial (Aguilar y Tager, 2013). Fue hasta marzo de 2012 cuando un representante de la Iglesia católica, monseñor Fabio Colindres, y un ex comandante guerrillero y ex diputado al Congreso de la República, señor Raúl Mijango, facilitaron la negociación entre los máximos líderes de las principales pandillas contando con la anuencia y apoyo del gobierno del presidente Mauricio Funes. A pesar de las distintas especulaciones sobre lo negociado entre el gobierno y las pandillas, el requerimiento explícito que éstas manifestaron fue la garantía de sus derechos y las mejoras en las condiciones generales en que se encontraban todos sus miembros en situación de privación de libertad. Las negociaciones que llevaron a la tregua y los correspondientes pactos tienen dos dimensiones. En primer lugar, una dimensión horizontal que implica lo negociado y pactado entre las pandillas; en segundo lugar, una dimensión vertical que implica lo pactado entre éstas y el gobierno.

Uno de los aspectos pactados fue la reducción de los homicidios a nivel nacional. A nivel horizontal, las pandillas pactaron la no agresión mutua siempre y cuando los territorios fueran respetados. A nivel vertical, la baja de homicidios fue ofrecida a cambio de mejoras en las condiciones materiales dentro del sistema penitenciario.

La tregua en El Salvador consiguió reducir los índices de homicidios de 15-16 diarios a 5-9, lo cual equivale a una reducción en el total anual de homicidios de

4 360 en 2011, lo que equivale a una tasa de 70.1 homicidios por cien mil habitantes, a 2 391 en 2013, equivalente a una tasa de 39.6 homicidios por cien mil habitantes. Algunas fuentes, incluidas fuentes policiales, afirman incluso que hubo días en los que no se reportó un solo asesinato (Tager, 2012). Esto es algo que no sucedió progresivamente sino que fue a partir del 10 de marzo de 2012, como resultado de la orden que dieron los líderes de las pandillas desde las cárceles a su gente en la calle (Sanz, 2012). Este compromiso por reducir los índices de homicidio se cumplió durante dieciocho meses consecutivos por parte de las pandillas, a pesar de la falta de claridad en el entorno político, situación que se acrecentó con la llegada de Ricardo Perdomo como ministro de Justicia y Seguridad Pública en junio de 2013, quien, desde el inicio de su gestión, se posicionó públicamente en total oposición al proceso. A raíz de las nuevas disposiciones del ministro Perdomo, se produjeron fallas y cierta distorsión en la comunicación entre los líderes de las pandillas recluidos en los centros penales y los miembros de estas agrupaciones que se encuentran en libertad. Esto provocó una crisis en el pacto de pacificación que derivó en el incremento de homicidios a nivel nacional (Aguilar y Tager, 2013). Es en ese sentido que se puede observar el incremento en las tasas a partir de mayo del 2013, llegándose en la etapa de transición del nuevo gobierno a niveles existentes antes de la tregua hasta el mes de mayo de 2014.

Este proceso tiene un alto contenido político debido a las implicaciones que tiene dialogar con actores ilegales en una sociedad en donde la persecución del crimen ha sido la única opción aceptada. La tregua entre pandillas se desarrolló dentro de un contexto político altamente inestable. Si bien desde el inicio del proceso la participación del gobierno no se hizo pública, la tregua fue informalmente facilitada por el ministro de Justicia y Seguridad Pública de dicho momento, Munguía Payés. Dada la trayectoria política de un país que se enfocó durante décadas en la represión y persecución de las pandillas, la participación de gobierno del Frente Farabundo Martí para la Liberación Nacional (FMLN) en la tregua de marzo del 2012 representó un cambio de enfoque en materia de seguridad (de lo reactivo a lo preventivo). Al mismo tiempo, los inmediatos resultados producidos por la tregua demostraron la viabilidad política de este tipo de procesos a pesar de que la falta de transparencia e información por parte del ejecutivo y los negociadores hacia el resto de la población, perjudicaron negativamente sus posibilidades.

La tregua entre pandillas abrió el debate público sobre el papel de este tipo de agrupaciones en la sociedad y en la violencia. Esto incluyó que sectores de la sociedad radicalizaran su posición respecto del papel que podía desempeñar el Estado en la tregua. Los detractores de la tregua orientaron sus críticas contra el gobierno argumentando que éste cedió ante las demandas de las pandillas, lo cual era una expresión de debilidad. Si bien el debate se radicalizó políticamente, la tregua entre pandillas demostró el nivel de desconfianza en las instituciones del Estado, el miedo que generó la desinformación, los intereses económicos que durante años crecieron junto con la "mano dura" y el peso de la estigmatización de las pandillas, fenómeno que no ha sido comprendido sino a través de la criminalización. El miedo y la desconfianza es una reacción natural, si se piensa que las pandillas son percibidas como "la encarnación del mal" y que la percepción de ceder ante ellas fue recibido como una aceptación de la pérdida de la batalla y como el hecho de que el gobierno no tenía otra opción.

Estos sentimientos y posiciones políticas se condensaron en el proceso electoral de febrero de 2014, en donde la inseguridad y la tregua entre pandillas fue uno de los temas principales de posicionamiento de los partidos políticos para quienes la violencia y la delincuencia son un problema causado por las pandillas. Los candidatos eludieron explicar abiertamente qué harían con la tregua entre pandillas. El mismo presidente Funes y el principal partido opositor, Arena, centraron sus posiciones políticas en un conjunto de señalamientos y descalificaciones alrededor del tema.

La politización electoral alcanzada por el proceso iniciado con la tregua entre pandillas da muestra del contenido político de dicho proceso, en primer lugar, porque la inmediata disminución de los índices de homicidios se presentó como un resultado de las políticas de seguridad implementadas por el gobierno, y en segundo lugar, por el papel adquirido por las pandillas como actores en procesos políticos de nivel nacional. Dos de los comunicados promulgados por las pandillas hicieron un claro llamado a sus miembros a asistir a las urnas a la vez que garantizaron no generar actos de violencia ni desorden. El objetivo de este llamado fue generar confianza en la ciudadanía así como involucrar a sus miembros en la actividad política electoral.

La tregua no convirtió a las pandillas en actores políticos. Si se toma en cuenta que las negociaciones y pactos electorales entre las pandillas y los partidos políticos y alcaldes han existido de manera informal y han formado parte de las dinámicas electorales del país, la tregua puede ser considerada como un hecho coyuntural que expuso esas dinámicas a un público que, por falta de información o por negación, no había reconocido la participación de las pandillas en la política. Como otras acciones informales e incluso ilegales que caracterizan los sistema políticos de la región, el apoyo que los políticos encuentran en actores no estatales y actores ilegales para acceder y preservar el poder político es parte de un conjunto amplio de relaciones políticas patrimoniales. Existe un amplio margen de negociación que se expresa en el financiamiento a los partidos políticos, adjudicación de contratos con el Estado para el manejo de fondos públicos, adjudicación de puestos clave dentro de la administración del Estado, veto a leyes, etc. Dentro de esas dinámicas se inserta la relación con las pandillas, las cuales han sido parte de la vida política local desde sus orígenes. Por estas razones, más que hacerlos actores políticos, la tregua expuso un conjunto de relaciones políticas que anteriormente habían funcionado en la informalidad política.

5.1. *El proceso desde la voz de las pandillas*

Más allá de los logros alcanzados en la reducción de los índices de homicidio a partir del inicio de la tregua, este proceso ha permitido tener un mejor conocimiento sobre el fenómeno de las pandillas. La tregua entre pandillas ha permitido contrastar concepciones previas sobre el fenómeno, específicamente al demostrar el nivel de incidencia criminal homicida producido por las pandillas, la existencia de una estructura jerárquica y vertical; el alto grado de disciplina entre sus miembros, que permite mantener el control de toda la estructura desde los liderazgos; la prevalencia de los vínculos familiares y territoriales generados por el grupo por encima de las actividad criminales, lo cual excluye la posibilidad de renunciar o abandonar a la pandilla; y las diferencias existentes en el grado de organización entre las distintas pandillas especialmente entre la MS y la 18.

Conocer mejor a las pandillas desde su propia voz ha sido fundamental para validar la importancia de un enfoque social para abordar el fenómeno. Esto ha dado lugar a demostrar que existen opciones para la pacificación social del país desde la dinámica interna de las pandillas. Durante décadas la atención de los gobiernos, de la opinión pública y de la mayoría de los organismos internacionales ha girado en torno a la dimensión criminal de las pandillas. La tregua permitió conocer aspectos de la dinámica interna de las pandillas que tienen potencial transformador para la reducción de la violencia siempre y cuando exista voluntad por parte de los líderes nacionales, autoridades de gobierno y sociedad civil de cambiar el enfoque dominante sobre el problema.

Conocer mejor a las pandillas demuestra que las dinámicas generacionales son un factor determinante en el rumbo de las mismas. Los líderes nacionales que han pasado su vida dentro de fuertes dinámicas de violencia y que estarán el resto de sus vidas en prisión, han demostrado su voluntad de transformar la pandilla para que las nuevas generaciones no sufran lo mismo. Esto está relacionado con los múltiples niveles que la organización tiene. Existe un nivel de organización determinado por lo territorial, otro nivel determinado por los vínculos familiares y de amistad dentro del barrio o comunidad. Este nivel hace que la responsabilidad de los líderes nacionales por mantener viva la voluntad de transformación sea una oportunidad para la reducción de la violencia. Al mismo tiempo, la apertura de las pandillas ha demostrado la importancia que tiene el apoyo productivo, laboral y educativo. Las pandillas han demostrado públicamente tener conciencia de los factores estructurales determinantes de su situación, entre éstos, marginalidad, pobreza, exclusión, represión. Por esta razón, las extorsiones son claramente consideradas como la única opción que estos grupos tienen de proveerse de recursos en un contexto de vulnerabilidad y exclusión. Adicionalmente, se tiene un mejor conocimiento de la importancia del tratamiento grupal en lugar del individual. Durante mucho tiempo, los programas de prevención y rehabilitación han estado orientados a promover la salida de la pandilla para la reinserción del individuo. Esto se ha hecho así debido a que prevalece la idea de que el ingreso a la pandilla era producto del acoso y obligatoriedad que las pandillas imponen. Si bien existen casos de esta naturaleza, la regla general es que el reclutamiento se produce por iniciativa de los jóvenes que ven en la pandilla una opción de vida. Esto hace que la dimensión de grupo, el sentimiento colectivo, esté por encima del beneficio individual. Las pandillas, en este sentido, han manifestado que cualquier programa de apoyo tiene que respetar la pertenencia a la pandilla ya que es una identidad que no están dispuestos a perder. En todo caso, la tregua demostró la voluntad de transformar la pandilla hacia una forma de agrupación no violenta, pero no la desintegración de la pandilla.

5.2. *Entorno político* vs. *voluntad de las pandillas*

No obstante desde finales de 2013 diferentes actores políticos han declarado que la tregua entre pandillas estaba terminada, es importante aclarar que existen distintos niveles de funcionamiento en un proceso de esta naturaleza. Por un lado está el papel de facilitación del gobierno como generador de condiciones para mantener el diálogo entre las pandillas y, por otro, la voluntad que éstas puedan tener para continuar con el proceso de diálogo entre ellas, que a su vez es cambiante dependiendo de los intereses de los liderazgos en las prisiones, de los liderazgos en la calle, así como del resto del grupo que no siempre han visto claros los efectos de participar en un proceso de esta naturaleza. En ese sentido, a pesar de que el gobierno no estaba generando condiciones para el proceso desde mayo de 2013, las pandillas trataron de continuar el esfuerzo con dificultades porque sus bases no veían ningún efecto positivo para ellos y sus familias en sus comunidades (por ejemplo, la generación de oportunidades laborales o el cese de hostilidades de parte de la policía) y en los centros de privación de libertad se empezaron nuevamente a endurecer las medidas.

En ese contexto, en agosto de 2014, unos meses después de la toma de posesión del nuevo gobierno, los líderes de las pandillas manifestaron públicamente su voluntad de continuar en el proceso de pacificación a pesar de las acciones realizadas por parte de los detractores del mismo, tanto dentro del nuevo gobierno como fuera de éste. En ese sentido, hicieron público un comunicado en el que expresaron su compromiso en bajar nuevamente los índices de homicidios y continuar con el proceso de reducción de la violencia, al mismo tiempo que hicieron un llamado a la sociedad y el gobierno a involucrarse en un proceso integral de transformación.[5]

Una serie de acciones por parte de la Fiscalía General en contra de cualquier posibilidad de diálogo con las pandillas, así como por parte de la policía han hecho insostenible dicho compromiso y ha radicalizado a las pandillas en contra de las fuerzas de seguridad del Estado. Las pandillas se quejan de que han sido puestos en prisión sin que existan cargos concretos utilizando la ley antipandillas donde se justifica su aprensión por el solo hecho de formar parte del grupo.

Es importante mencionar las diferencias entre la voluntad de los liderazgos de las pandillas y el resto del grupo que no siempre están dispuestos a seguir la línea jerárquica ni entienden la razón por la que deban involucrarse en un proceso de pacificación. En este punto el factor etario es fundamental ya que los liderazgos generalmente son adultos entre 30 y 50 años y las bases son jóvenes que quieren aún vivir la "vida loca".

Es necesario recordar que las bases de las pandillas están constituidas por miles

---

[5] Comunicado de las pandillas de El Salvador del 28 de agosto de 2014.

de jóvenes salvadoreños en condiciones de vulnerabilidad y precariedad que, como ya se ha mencionado, hacen de la pandilla una opción de identidad, protección social y económica que de otra manera no pueden tener. Hasta cierto nivel, la capacidad de dirección de los líderes nacionales se enfrenta con la situación social precaria de los jóvenes en las calles además de la excesiva persecución y hostigamiento policial que enfrentan diariamente. Aunado a esto, los líderes de las pandillas también son parte y enfrentan las consecuencias de la extrema politización del proceso.

5.3. *El papel de las víctimas*

Una de las falencias del proceso fue la falta de entendimiento del papel que debían jugar las víctimas de la violencia en un proceso de esta naturaleza. Las víctimas son un segmento de la población importantísimo en El Salvador, el cual ha estado totalmente invisibilizado y desatendido. Según el IUDOP "son más de 73 000 las muertes violentas registradas en los últimos 23 años y miles las víctimas de diversos vejámenes reportados anualmente en las entidades de seguridad y justicia. Las prácticas de desmembramientos y mutilación de los cuerpos, el control extorsivo de la población, la desaparición de personas y los nuevos flujos de desplazamiento forzado, son algunas de las expresiones que ha adoptado la vorágine de la violencia criminal" (IUDOP, 2014).

Esta situación de violencia y criminalidad que El Salvador ha vivido no sólo ha producido un gran número de víctimas directas de homicidio, sino también, ha dejado un número hasta ahora desconocido de víctimas indirectas, familias y comunidades. Además del homicidio, otros fenómenos criminales afectan de manera directa a una gran cantidad de personas en el país: extorsiones, amenazas, trata de personas, violación, entre otros. Debido a ello, la atención efectiva e integral de las víctimas del delito requiere de un tratamiento específico y diferenciado por parte del Estado.

La desatención de las víctimas no sólo vulnera los derechos fundamentales de los ciudadanos sino contribuye al deterioro del tejido social, ya dañado por la violencia, además de las implicaciones psicológicas, físicas y materiales que deben enfrentar. Su desatención e invisibilidad las ubica en situaciones de repetición de la violencia por parte de los perpetradores de los hechos criminales.

La falta de atención a las víctimas, por un lado, así como el hecho de que otros jóvenes marginados y vulnerables que no son pandilleros no sean tomados en cuenta ha impedido en gran medida que este proceso sea sostenible.

6. ACTORES ILEGALES Y REDUCCIÓN DE LA VIOLENCIA

La combinación entre altos niveles de conflictividad social e instituciones estatales débiles empuja a actores del Estado y de la sociedad a la utilización de prácticas violentas que amenazan los principios básicos de una vida pacífica y democrática. Estas situaciones no son menos dramáticas que las que se viven en contextos de conflictos políticos de carácter tradicional (Arévalo y Tager, 2014). En ese sentido, este artículo propone que, dado que la violencia entre pandillas es el principal factor de la situación de inseguridad del país y que la reducción de la violencia es fundamental para la construcción de la paz, las pandillas, entendidas desde una perspectiva social, deben ser consideradas como actores clave de los procesos de cambio social. La perspectiva de construcción de la paz ha tenido un mayor desarrollo en situaciones de conflictos tradicionales de carácter político pero no se cuenta con muchos avances cuando se trata de conflictos no tradicionales más ligados a situaciones de violencia criminal y vulnerabilidad social.

Por el contrario, en el caso de este tipo de intervenciones existe un gran vacío debido a que el factor generador de la violencia está relacionado con grupos ilegales criminales. En este caso, la violencia criminal se convierte en un problema social y público con expresiones violentas que transgreden el orden legal y por lo tanto dañan la integridad de las personas (Argueta y Tager, 2013). No hay actores formales confrontados (ejércitos, estados) y los conflictos no son abiertamente aceptados. La criminalidad es resultado de conflictos sociales y los actores ilegales son parte de la sociedad, entonces, el vacío en materia de intervenciones radica en la naturaleza de los conflictos y sus actores, que no tienen un referente dentro de la institucionalidad internacional.

La multiplicidad de grupos criminales y sus distintas características organizativas, tipo de operaciones, actividades ilegales, control de territorio, así como el nexo que puedan tener con las autoridades de gobierno, hace que su abordaje se vuelva muy complejo (Flores, 2009), y que en la formalidad se circunscriba su tratamiento a un enfoque de aplicación de la ley.

6.1. *Actores ilegales: los dilemas*

La tregua entre pandillas en El Salvador y el proceso de reducción de la violencia al que dio origen representan una oportunidad para reflexionar en torno al papel de los actores ilegales en los procesos de reducción de la violencia y construcción de paz. No obstante, la tregua también implica identificar los dilemas que supone incorporar a los actores ilegales como parte de las soluciones al problema de la violencia.

En primer lugar, desde la perspectiva de construcción de paz, la tregua entre pandillas en El Salvador lejos de ser una solución al problema, constituyó una oportunidad para poder implementar procesos que permitieran prevenir y reducir la violencia. A diferencia de un contexto de guerra en donde las partes confrontadas están relativamente bien definidas (ejércitos, guerrillas) y, por lo tanto, los procesos de negociación se conducen de manera abierta con representantes claramente definidos, en El Salvador el contexto de violencia es de tipo social, en donde el Estado es un actor más y los actores violentos están directamente enraizados en las dinámicas colectivas del país. Desde esta perspectiva es un error considerar la tregua entre pandillas como un proceso de paz en el estilo de un conflicto armado interno o una guerra.

La tregua es el resultado de un largo proceso de evolución del fenómeno de las pandillas y de la actitud del Estado hacia éstas. Luego de años de mutua confrontación y de políticas represivas, las pandillas identificaron que el problema tiene solución, pero que éste es de carácter político debido a que, a pesar de las consecuencias sociales y la pérdida de vidas humanas, diferentes gobiernos y grupos sociales han usado la violencia con fines políticos, ya sea electorales o clientelares. Es así como la tregua emerge de manera coyuntural debido a particularidades de algunos actores políticos pero es el resultado de procesos de largo plazo.

Visto así, la voluntad de las pandillas de establecer un pacto de no agresión ofreció una oportunidad histórica para sensibilizar a los actores políticos y sociales sobre la necesidad de aprovechar la coyuntura para impulsar procesos de cambio estructural y afrontar las causas, y no sólo los efectos, del fenómeno de las pandillas.

En segundo lugar, el proceso salvadoreño permite reflexionar sobre la naturaleza ilegal de los actores de la violencia. Lo legal y lo ilegal es el resultado de una ficción jurídica que se materializa en ley y se impone a través de las instituciones públicas tanto de justicia como de coerción. Esta perspectiva jurídica explica sólo de manera parcial la naturaleza social de los fenómenos de criminalidad y sus actores. En la sociedad y, específicamente, en las prácticas colectivas de los grupos sociales, las fronteras entre lo legal y lo ilegal son relativas, grises y determinadas por el contexto (O'Donnell, 2002). El Estado, por definición, crea la ley con el objetivo de reducir la complejidad que supone la sociedad, de tal manera que a través de la norma jurídica se impone una opción de comprensión por encima de la diversidad posible existente en la sociedad. Cuando un Estado no tiene la capacidad de imponer la ley vía legitimidad y coerción, se recurre a trasladar al ámbito de lo ilegal a los grupos sociales en lugar de las acciones de los individuos.

En El Salvador esta situación alcanzó su cúspide cuando fueron promulgadas leyes que penalizaron a las pandillas (ley de proscripción de pandillas) en lugar de los actos criminales cometidos por los individuos.[6] Es decir, el solo hecho de ser considerado un pandillero se convirtió en un delito, lo que no implicaba necesariamente la comisión de un acto criminal tipificado por la legislación penal.[7]

En ese contexto, ser un actor ilegal no necesariamente significa ser un actor criminal. Esta afirmación da lugar a un profundo debate que confronta la naturaleza sociológica y jurídica de las acciones humanas y el papel del Estado. Sin embargo, basta aquí con referirse a la necesidad de entender la naturaleza contextual de lo ilegal en función de procesos de construcción de paz. Esta distinción resulta ser vital para otros problemas sociales llevados a la categoría de ilegales por leyes que

---

[6] Ley de Proscripción de Maras, Pandillas, Agrupaciones, Asociaciones y Organizaciones de Naturaleza Criminal, emitida el 1 de septiembre de 2010 por la Asamblea Legislativa de El Salvador.

[7] Esta situación, también entendida como criminalización, es la incapacidad de juzgar los actos de los individuos a través del debido proceso, la necesidad de responder a la demanda pública y dar muestra del trabajo de un gobierno, que hace que perseguir a los grupos sociales tenga más impacto mediático en la opinión pública que investigar las acciones delictivas individuales. La criminalización explica el traslado de la acción criminal individual al grupo social al cual se asocia un fenómeno determinado.

criminalizan el fenómeno social y no así las acciones de los individuos, ejemplo de ello es el caso de la migración.

En El Salvador, las leyes consideran ilegales a las pandillas, lo cual no implica que todos los pandilleros —y las personas a su alrededor— sean criminales, hayan o no cometido un crimen (robo, asesinato, extorsión, violación, etc.). La figura legal utilizada es la de asociación ilícita, la cual involucra a toda persona alrededor de un supuesto pandillero. Esta situación ha cerrado los espacios para que las acciones de prevención aborden a los actores y las causas que generan los problemas de violencia. La sociedad civil y la comunidad internacional cometen, de acuerdo con esta ley, un delito al trabajar junto con pandilleros en procesos de reducción de la violencia. La ley surgió como una respuesta política al problema de las pandillas y su uso ha sido fundamentalmente político. La Fiscalía General de la República y la policía capturan masivamente a los pandilleros y amenazan de perseguir penalmente a colaboradores (sociedad civil). Luego de ser llevados a las prisiones, el sistema de justicia se satura y los deja en libertad después de meses de encarcelamiento preventivo. Esto, entre otras consecuencias, ha contribuido a la radicalización de los grupos sociales —pandillas— aumentando así los niveles de violencia.

En tercer lugar, la perspectiva de paz busca superar la visión formal jurídica del problema y optimizar las oportunidades que la misma naturaleza social del fenómeno ofrece. El conflicto entonces cambia de ubicación: de ser considerado como un conflicto horizontal entre pandillas, se pasa a una dimensión vertical en donde el Estado tiene un papel fundamental tanto para exacerbar la violencia o bien para reducirla. Esto implica necesariamente cambiar la perspectiva sobre los actores sociales considerados como ilegales.

El proceso salvadoreño demuestra que los actores considerados como ilegales, si bien son parte del problema, también pueden, bajo determinadas circunstancias, transformarse en parte de la solución. Esto implica potenciar la naturaleza social de los actores ilegales. Desde la perspectiva de la construcción de paz, las pandillas son ante todo grupos sociales que, debido a diversos factores estructurales y procesos sociales, han recurrido a la violencia y al crimen como forma de sobrevivencia. Tanto el Estado como diversos organismos internacionales abordaron el fenómeno de las pandillas únicamente desde la dimensión criminal, profundizando así los abismos sociales que, al contrario, aumentaron las tensiones y la violencia.

6.2. *Actores ilegales y el paradigma de la prevención*

Las tradicionales divisiones entre prevención primaria, secundaria y terciaria derivaron en modelos de intervención que, lejos de abordar a los actores directamente vinculados a la violencia, los excluyeron. Se reprodujo así la división formal entre lo legal y lo ilegal que limitó su efectividad. La tregua de marzo de 2012 abrió la oportunidad de superar este paradigma y reconocer que, después de más de veinte años de expansión, las pandillas llegaron a constituirse en grupos sociales determinantes para la estabilidad social del país. El acercamiento a las pandillas demostró la profunda necesidad de comprender y abordar el fenómeno como un problema de carácter social que involucra, además de los miles de jóvenes vinculados a las pandillas, a sus familias y comunidades y que pone en perspectiva el papel del Estado.

Por otro lado, la tregua demostró que no es posible prevenir en una sociedad que diariamente presenta más de 19 homicidios. En ese contexto, los intentos de prevención, especialmente primaria, enfrentan retos que superan sus posibilidades. Por otro lado, la prevención secundaria y terciaria es limitada, ya que los organismos internacionales que pueden apoyar estas iniciativas son limitados y los gobiernos no consideran este tipo de prevención como algo prioritario. Es por esas razones que la tregua también fue una oportunidad para repensar la prevención. Tal como uno de sus mediadores la define, "la tregua no es la solución, pero no hay solución sin tregua".

6.3. *Actores ilegales y legitimidad del Estado*

La historia de El Salvador demuestra que la represión no deriva en legitimidad cuando es el único recurso que el Estado usa para afrontar los problemas sociales. Al contrario, la represión excesiva ha llevado a la radicalización de los grupos. Luego de décadas de políticas represivas y las consecuencias sociales de su fracaso, la tregua, más que un signo de debilidad, pudo haber sido utilizada como una oportunidad para imprimir a las políticas de seguridad un carácter democrático. Esto habría requerido superar la visión centrada únicamente en la persecución del crimen y considerar abordar el problema desde una perspectiva incluyente y social. Considerar a los actores ilegales como parte de la solución no implica para el Estado la renuncia a la función de coerción y represión del delito. No es posible pensar en un Estado eficiente sin capacidad de ejercer la violencia legítima en los casos en que existe una violación a la ley demostrada a través del debido proceso. El punto en el caso salvadoreño es reconsiderar la efectividad y legitimidad de los marcos legales que definen las transgresiones a la ley, así como las razones que motivaron su creación. Las normas de proscripción de las pandillas en El Salvador surgieron como una medida desesperada de los gobiernos ante la inefectividad de las políticas de represión del crimen y fueron hechas para satisfacer demandas políticas nacionales e internacionales.

La construcción de paz, como paradigma para la reducción de la violencia, implica abordar de manera integral los fenómenos y sus contextos, incluidas aquí las consideraciones jurídicas sobre la ilegalidad de los actores violentos. La oportunidad abierta por la tregua entre pandillas en El Salvador implicó, entonces, la reflexión en torno a los efectos que produce la existencia de las leyes antipandillas.

La paz es siempre perfectible: individuos y grupos de la sociedad están siempre en constante búsqueda de mejores vías por medio de las cuales puedan encauzar sus necesidades y aspiraciones, en un contexto de diversidad de intereses y de discrepancias. La paz es un proceso, no un destino. Exige un compromiso: un contrato social entre los diferentes actores de la sociedad que establezca las condiciones por las cuales esa búsqueda por la satisfacción de necesidades y aspiraciones se logre, sin el uso del recurso a la violencia o la coacción ilegítima, y con pleno respeto de los derechos humanos (Tager, 2013). En ese sentido, la construcción de la paz exige acortar distancias, a través del diálogo y la interlocución constructiva, entre el Estado y la sociedad. El debate debe abrirse para que la sociedad pueda entender la necesidad de aplicar este tipo de enfoques y no centrarse únicamente en una perspectiva punitiva de cumplimiento de la Ley que a la larga no genera soluciones de largo plazo sino que en sociedades como la salvadoreña, criminaliza una problemática de carácter social, convirtiéndola en un problema de seguridad que no se logra solucionar y que implica un alto costo en términos de vidas humanas.

7. CONCLUSIONES

Hablar de actores ilegales y construcción de paz es aún un campo poco explorado y que requiere reevaluar el conjunto de paradigmas que tradicionalmente han definido la comprensión dominante sobre temas relacionados con la violencia, el conflicto, la legalidad y el crimen. La experiencia salvadoreña aporta importantes elementos para dicho debate. Si bien lo ocurrido en El Salvador a partir de la tregua entre pandillas de marzo de 2012, es aún un proceso cambiante y sumamente vulnerable, permite observar no sólo los resultados inmediatos de un cambio de paradigma, sino la resistencia política nacional e internacional que un proceso de esta naturaleza genera.

El punto central del debate es el papel de los actores ilegales. Tal como se mencionó, contrario al predominio de una visión normativa fundada en el *law enforcement*, la experiencia salvadoreña permite observar los límites de considerar como ilegales a los grupos sociales más que a las acciones de los individuos. La tregua entre pandillas es una muestra de la inefectividad de dicho paradigma: luego de décadas de persecución, estigmatización, encarcelamiento masivo y "limpieza social", las pandillas han fortalecido sus raíces sociales e identidad colectiva al punto que les permite superar sus diferencias de grupo en función de una posición unificada frente a la necesidad del cambio.

En este escenario, la sociedad y el Estado tienen el reto de reconsiderar y redefinir su posición frente al déficit social que ha dado lugar a que las pandillas alcancen el nivel de institucionalización y cohesión que presentan en El Salvador.

El llamado es también para la comunidad internacional. Como se mencionó, la violencia y el crimen son fenómenos determinados por el contexto. Es decir, no se manifiestan de manera homogénea en las distintas realidades de un mismo país ni dentro de una región. Las pandillas son un claro ejemplo de esta situación. Entenderlas como un fenómeno transnacional y abordar el problema como tal, es parcial si no se considera que la transnacionalidad de las pandillas radica en su dimensión simbólica e identitaria. Cada pandilla responde a su organización nacional y opera en función al contexto social, económico y político en el que se desarrolla.

Sus vínculos transnacionales no son necesariamente criminales, sino identitarios y familiares.

El proceso salvadoreño invita a reconsiderar las bases sobre las cuales las intervenciones para la reducción de la violencia han estado sustentadas. Las pandillas han demostrado que sus raíces sociales son profundas y que superan la supuesta dicotomía pandilla-comunidad. Por esta razón, una intervención en prevención que separe lo primario de lo secundario y terciario, será artificial e inútil si no se encuentran las interconexiones entre dichos niveles de prevención.

La oportunidad abierta por la tregua entre pandillas en El Salvador es única e histórica. Es única por el hecho de que los intentos previos no habían podido demostrar el potencial transformador de la participación de las pandillas en la reducción de la violencia. Solamente en una coyuntura crítica en la cual el Estado, aunque sea de manera indirecta e informal, generó las condiciones para que el proceso fuera posible, se pudo observar el efecto de las pandillas en la reducción de la violencia. Esto invita a valorar la necesidad de la participación del Estado, siempre y cuando se lleve a cabo un proceso de revisión de la formalidad legal e institucional que fue construida bajo el paradigma de la "mano dura". De igual manera, incorporar a los actores definidos como ilegales por el contexto nacional se presenta hoy en día como un requisito para la efectividad de las intervenciones en materia de reducción de la violencia.

El proceso es único también por el hecho de que la voluntad transformadora de los actores ilegales tiene límites determinados por la capacidad de la sociedad y del Estado de responder a las causas sociales que generan el contexto en donde las pandillas han evolucionado. Pocas veces se puede observar cómo patrones de largo plazo, como la violencia, pueden ser transformados. No había ocurrido antes en El Salvador un descenso tan significativo de los homicidios como el ocurrido después de la tregua entre pandillas. Esto permitió observar de manera incuestionable la dimensión del fenómeno de las pandillas como producto de largos procesos de abandono y represión por parte del Estado y de la sociedad. Los actores sociales, en este caso las pandillas, no emergen de la nada, son el resultado de largos procesos sociales que, en circunstancias específicas, demuestran su dimensión real.

En ese sentido, es importante trabajar con estos grupos debido a las raíces sociales del problema, las condiciones de exclusión en las que viven y el hecho de que son una población vulnerable y criminalizada que —entre sus miembros y su entorno familiar inmediato— conforman un importante porcentaje de la población (7%). Es necesario entender su visión e involucrarlos ya que si forman parte del problema, deben ser parte de la solución.

De no ser incluida esta población con el resto de la sociedad se corre el riesgo de su radicalización, de que se vuelva a la guerra por los territorios y se establezcan mayores vínculos con el crimen, que se extiendan los niveles de violencia a otros sectores, que el sistema penitenciario colapse por completo y se pueda continuar con prácticas de limpieza social y de ejecuciones extrajudiciales que generarían una deslegitimación de las instituciones y la reproducción de la exclusión social como sistema.

Es por ello importante incorporarlos al diálogo, lo cual implica escuchar su perspectiva e incluir sus demandas sociales, respetando la ley sustentada en la igualdad ante la misma, garantizar el respeto de los derechos humanos en el sistema penitenciario, generar alternativas no violentas de resolución del problema, reducir la brutalidad policial y militar, repensar el desarrollo del país y la incorporación de este grupo social para cortar de raíz el ciclo de la violencia.

8. REFERENCIAS

Aguilar, Isabel, Bernardo Arevalo y Ana Glenda Tager (2014), *El Salvador, negotiating with gangs. Legitimacy and peace processes: from coercion to consent. Accord, Conciliation Resources*, pp. 95-99, recuperado en <www.c-r.org/accord-article/el-salvador-negotiating-gangs#sthash.B7emHLYd.dpuf>.

Aguilar, Isabel y Ana Glenda Tager (2013), *La tregua entre pandillas salvadoreñas, hacia un proceso de construcción de paz social*, Interpeace, Oficina Regional para América Latina.

Aguilar, J. (2006), "Los efectos contraproducentes de los planes mano dura", *Quórum. Revista de pensamiento Iberoamericano*, núm. 16: 81-94.

Aguilar, Jeannette y Marlon Carranza (2008), *Las maras o pandillas como actores ilegales*, documento preparado para el informe el Estado de la región, en desarrollo humano sostenible 2008, Programa Estado de la Nación, disponible en <www.estadonacion.or.cr/estadoregion2008/regional2008/ponencias/Ponencia-AguilarCarranza-maras.pdf>.

Aguilera, G. (2008), "Enfrentar la violencia con 'mano dura': políticas de contención en Centroamérica", *Pensamiento Iberoamericano*, núm. 2: 125-140.

Arévalo, Bernardo y Ana Glenda Tager (2014), *Central America regional perspectives for the White Paper on Peacebuilding*, Geneva Peacebuilding Platform, en prensa.

Argueta, Otto y Ana Glenda Tager (2014), *Paz, seguridad y prevención de conflictos en Centroamérica*, Coordinadora Regional de Investigaciones Económicas y Sociales (CRIES), pendiente de publicación.

—— (2013), *Transformación de conflictos y prevención de la violencia en el Triángulo Norte de Centroamérica*, Universidad de Jalisco, México, en prensa.

Dirección General de Estadísticas y Censos (DIGESTYC) (2012), Ministerio de Economía.

Del Banco, M. (2005), Latino Street Gang Mara Salvatrucha. News y Notes with Ed Gordon, El Salvador.

Dirección General de Estadística y Censos del Ministerio de Economía (2010), Encuesta de Hogares de Propósitos Múltiples de 2009.

Flores, C. (2009), *El Estado en crisis: crimen organizado y política. Desafíos para la consolidación democrática*, México, CIESAS.

Falkenburger, Elsa y Geoff Thale (2009), "Maras y pandillas juveniles: dos mundos diferentes. Maras centroamericanas: Políticas públicas y mejores prácticas", *CIDOB d'Afers Internacionals*, núm. 81: 45-66.

Fundaungo (2012), *Atlas de la violencia en El Salvador (2005-2011)*, Fundación Dr. Guillermo Manuel Ungo, FundaUngo.

Interpeace (2009), El Salvador, Construyendo un futuro de paz. Propuesta de política pública integral para prevenir la violencia que afecta a la adolescencia y la juventud.

Instituto Universitario de Opinión Pública (IUDOP) (2009), *Encuesta Nacional de Juventud*, San Salvador, El Salvador, Universidad Centroamericana "José Simeón Cañas" (UCA).

Instituto Universitario de Opinión Pública (IUDOP) (2014), *La situación de la seguridad y la justicia 2009-2014*, El Salvador, Universidad Centroamericana "José Simeón Cañas" (UCA).

Ministerio de Seguridad Pública y Justicia (2007), *Reporte de las pandillas en El Salvador*, San Salvador, El Salvador, octubre.

O'Donnell, G. (2002), *La (in)efectividad de la ley y la exclusión en América Latina*, Buenos Aires, Paidós.

Organización Internacional del trabajo (OIT) (2013), *Trabajo decente y juventud en América Latina, políticas para la acción*, Perú, Oficina Regional para América Latina y el Caribe.

Periódico Digital *El Faro* (2012), Raúl Mijango hace público comunicado conjunto de la Mara Salvatrucha y el Barrio 18, publicado el 23 de marzo de 2012, véase <www.elfaro.net/es/201203/noti cias/8078/>.

PNUD (2013), *Seguridad ciudadana con rostro humano: diagnóstico y propuesta para América Latina*, Nueva York, Programa de Naciones Unidas para el Desarrollo.

Sanz, José Luis (2012), *Preguntas sobre la negociación con las pandillas en El Salvador*, Woodrow Willson Center, <www.wilsoncenter.org/event/improving-citizen-security-central-america-options-for-responding-to-youth-violence>.

Savenije Win (2007), *Definición y categorización de pandillas*, anexo IV Informe El Salvador, Washington, Organización de Estados Americanos OEA, Departamento de Seguridad Publica.

Tager Rosado, Ana Glenda (2013), "Las repuestas de la cooperación internacional y de Naciones Unidas en la prevención de la violencia", en José Luis Machinea, Manuela Mesa, Ludolfo Paramio y José Antonio Sanahuja, *América Latina: sociedad, economía y seguridad en un mundo global*, Instituto de Estudios Latinoamericanos (IELAT), Universidad de Alcalá, España.

Tager, Ana Glenda (2012), *La tregua salvadoreña: Impacto, interés y posibilidades de réplica en el resto de países de Centroamérica*, ponencia presentada en el Seminario Improving Citizen Security in Central America: Options for Responding to Youth Violence organizado por el Woodrow Wilson Center, Washington, D.C., 18 de octubre, <www.wilsoncenter.org/event/improving-citizen-security-central-america-options-for-responding-to-youth-violence>.

UNODOC (2013), *Global Study on Homicide. Trends, contexts, data*, Viena, Austria, Research and Trend Analysis Branch, Division for Policy Analysis and Public Affairs and United Nations Office on Drugs and Crime.

CONCLUSIONES

MARKUS GOTTSBACHER
y JOHN DE BOER[1]

Este libro ha sido impulsado por tres objetivos. El primero era replantear el debate sobre la violencia y la vulnerabilidad en América Latina y el Caribe, alejándose de un enfoque exclusivamente centrado en los homicidios y las formas de violencia delictiva vinculada al tráfico de drogas, y operar en una narrativa mucho más compleja que visibiliza las conexiones entre la violencia y los patrones profundamente arraigados de la marginación social, política, económica, cultural e histórica.

El segundo objetivo ha sido dar voz al conocimiento y la investigación *local*, ricas en realidades contextuadas y vividas a través de las cuales se han documentado las causas y el impacto de la violencia en la sociedad y la región, así como las demandas y estrategias de las poblaciones en situación de vulnerabilidad. El conocimiento local se convierte en un requisito previo para el desarrollo de una comprensión profunda de la naturaleza de —y las respuestas adecuadas a— la violencia y la vulnerabilidad.

El tercer objetivo ha sido visibilizar las innovadoras perspectivas de investigadoras e investigadores que han estudiado las vulnerabilidades a violencias desde cerca. Ello ha contribuido a una mayor comprensión de las problemáticas y, sobre todo, de las estrategias que los países y la gente desarrollan para mejorar su seguridad. Se han mostrado estudios de caso en varios contextos de la región hechos por expertas y expertos líderes en el tema. Son miradas diferentes en el sentido que se han construido desde el Sur global y en algunos casos con la gente, sobre todo de las poblaciones que se encuentran en situación de vulnerabilidad.

En las tres áreas, esta obra ha hecho importantes contribuciones al campo de estudio que nos ocupa. La realidad, como se demuestra en este material, es que las causas de violencia son muchas y profundamente arraigadas en los diversos ámbitos de la sociedad. Si bien hay condiciones y consecuencias comunes, éstas son a menudo localmente determinadas y específicas: la realidad hace inherentemente difícil entender, responder y evaluar a la violencia con efectividad. Las soluciones desarrolladas para las situaciones y realidades violentas que pueden funcionar en algunos contextos, no necesariamente pueden ser eficaces en otros, dado que las dinámicas son altamente localizadas y específicas.

Desafortunadamente, la inseguridad ciudadana, la violencia en sus múltiples expresiones, el crimen organizado y la impunidad, siguen siendo desafíos importantes en muchos contextos subregionales de América Latina y el Caribe. Las estrategias

---

[1] Los autores agradecen a Jahel Itamar Garfias Jaramillo, Verónica Martínez Solares y Donny Meertens por sus observaciones.

predominantes para contrarrestar estos fenómenos siguen centradas en el Estado y, a menudo, con una participación limitada de los actores de la sociedad civil y otros sectores y actores, incluso a nivel municipal y local.

Los diversos estudios presentados en el libro hacen referencia a la necesidad de conocimiento y miradas diferentes. Entre otros, hacen hincapié en lo siguiente:

1] La dimensión de ética y seguridad de investigación sobre la violencia y en contextos de violencia, no solamente para las y los investigadores, sino también para las personas que viven en estos contextos.
2] La importancia de conocimiento riguroso y profundo, construido de manera multidisciplinaria y, en algunas distancias, conjuntamente con la gente de los territorios de estudio e intervención, así como sus vinculaciones nacionales, regionales y hasta globales.
3] La importancia de enfoques societales para confrontar las violencias, en complementariedad con los esfuerzos estatales.
4] La agencia de la gente para el desarrollo y el empoderamiento de sus estrategias y su participación en las políticas públicas respectivas.
5] Las prácticas prometedoras para mitigar y prevenir las múltiples formas de violencia y superar las vulnerabilidades.
6] La importancia de enfoques sistémicos, basados en evidencia y con una visión política a largo plazo.

Estas investigaciones no han estado exentas de desafíos. En algunos casos las y los académicos de la región, en aras de lograr su trabajo de investigación, han estado expuestos a una situación de gran vulnerabilidad, lo mismo que las y los participantes que les han apoyado en su labor. Al relacionarse con actores violentos, ya se trate de miembros de las pandillas, organizaciones criminales o autoridades estatales violentas, las y los investigadores a menudo enfrentan riesgos para su seguridad. De igual forma, todas y todos ellos han tenido la responsabilidad del resguardo de su propia seguridad, así como del bienestar de las y los participantes, y evitar que los resultados de sus investigaciones tengan perjuicios o efectos nocivos no sólo a corto, sino a largo plazo. Habiendo manifestado lo anterior, es importante reconocer que parte esencial de las investigaciones se configuran de relatos de experiencias violentas por parte de sus participantes —sobrevivientes muchas veces de experiencias traumáticas— lo cual, en algunos casos, planteaba el desafío de cómo evitar la revictimización. Este libro ofrece una mirada desde adentro, de cómo las y los investigadores de la región han navegado entre estos importantes dilemas éticos y de seguridad. También mira cómo se puede evitar que las y los informantes sean meros agentes para la extracción de información y utilizar, en su lugar, el proceso de investigación y de generación de conocimiento como uno para promover el intercambio de experiencias, de comprensión y de sanación de las víctimas.

Un mensaje central del libro es la importancia de fomentar y aprovechar los factores de protección que fortalecen la capacidad de los individuos, las comunidades y los estados para hacer frente a las tensiones sin recurrir a la violencia. La realidad es que muchos de éstos ya existen en las sociedades de América Latina y el Caribe. Dichos factores incluyen la reducción de la exposición de las y los niños a la violencia y la promoción de su interacción con los modelos familiares positivos; el apoyo a las asociaciones comunitarias proactivas y escuelas; promover vínculos entre las comunidades vecinas; así como las oportunidades de empleo productivo.

Otro mensaje importante del libro es que las poblaciones que más sufren la delincuencia, la violencia y la impunidad —como serían las niñas y mujeres, jóvenes, indígenas y afrodescendientes, los pobres rurales y urbanos, personas con preferencias sexuales diferentes, los desplazados internos, los migrantes— siguen estando excluidas, en mayor medida, que otros segmentos de la sociedad, de la participación en la política y en las decisiones de gobernanza relacionadas a la seguridad y la justicia.

En vez de políticas homogenizantes, inflexibles, y a veces indignantes y contraproducentes, es importante construir y mantener una institucionalidad estatal de altos estándares para todas y todos, tomando en cuenta su etnicidad, género, edad, nivel socioeconómico, educación, salud, capacidades diferentes, religión, orientación sexual, entre otros. Por supuesto, las y los servidores públicos tienen un papel importante para lograr una institucionalidad estatal de excelencia y probados estándares éticos, con controles sociales, internos y externos, como también la tienen los diferentes poderes de los estados. Las instituciones deben construirse de forma integral para que sean capaces de gestionar fondos públicos para implementar políticas y programas innovadores, sujetos a procesos de planeación, monitoreo, evaluación y aprendizaje institucionales de forma continua y, de nuevo, participativa. Solamente así se logra construir un Estado legítimo, transparente, democrático y, en aras de la rendición de cuentas, cercano a la gente. Cualquier avance, para que pueda ser calificado como un cambio positivo atribuible a la actuación del Estado, requiere de indicadores verificables y con un sentido real.

El libro también ofrece sugerencias para construir un mejor marco para políticas públicas que:

- esté basado en investigación rigurosa y evidencia, teniendo líneas base y sistemas de monitoreo y evaluación con indicadores verificables, donde sea ello posible, y que sean sensibles a los contextos locales y específicos,
- conozca las vulnerabilidades y características específicas que están sujetas a ellas, a profundidad, no sólo tratándose de las necesidades sino también de las agendas, demandas políticas y estrategias de la gente para poder superar las vulnerabilidades que les condicionan,
- respete, integre y facilite la participación verdadera de la población en los procesos de diseño, implementación y auditoria de políticas públicas específicas, más allá de meras consultas,
- promueva enfoques sistémicos, con una institucionalidad eficaz y eficiente, asi como con recursos y capacidades profesionales adecuados,
- promueva la innovación y el aprendizaje de las intervenciones de forma regular y sistemática, con el apoyo del Estado en sus diferentes niveles, la co-

munidad internacional y también actores clave de la sociedad civil, como es la academia y el sector privado.

Así como hay sugerencias para mejorar las políticas públicas, el libro muestra que también se abren nuevas lagunas de conocimiento que invitan a investigaciones futuras sobre el tema.

A pesar de que todavía se trata de un área de estudio relativamente incipiente, hay un cuerpo creciente de evidencia que documenta el papel que los factores de protección pueden desempeñar para mejorar la capacidad de resiliencia de las poblaciones vulnerables en contextos de violencia. Programas de reducción de factores de riesgo para jóvenes que tienen como objetivo estimular las oportunidades de ingresos a través de la capacitación laboral, planes de transferencias económicas vinculadas a objetivos, el desarrollo de microempresas, y la provisión de cuidado de las y los niños, han producido resultados positivos. Aún es necesario mirar otras experiencias, como las desarrolladas en comunidades y ciudades en África, por ejemplo Nairobi y Johannesburgo, que han experimentado con los enfoques basados en el mercado para mejorar el valor de los terrenos de vecindarios marginados mediante la concesión de préstamos a bajo interés, las rebajas de impuestos y subvenciones para la rehabilitación de viviendas, y atraer empresas a revivir áreas urbanas excluidas.

Una ventana de oportunidad que también deriva del presente documento está en la necesidad de que las autoridades públicas reconozcan las funciones de gobierno que ciertas bandas criminales ejercen en lo local, sobre todo en contextos de marginación sociopolítica en los que el Estado está ausente, se ha diluido, es incapaz o no está dispuesto a proporcionar los servicios públicos que le corresponderían. De este modo, el libro nos mueve a dejar de pensar en los autores de la violencia sólo como actores sociales aberrantes que deben ser suprimidos y, en su lugar, verlos como producto de nuestra sociedad y a menudo como el resultado de políticas públicas fallidas.

Si hay un aprendizaje clave que resulta del libro, es el hecho de que la violencia en América Latina y el Caribe se ha experimentado de diferentes formas, a menudo agravadas por políticas públicas "securitizadas". Los enfoques basados meramente en la aplicación de la ley y la "mano dura" tienden a aislar aún más, victimizar e, incluso, aterrorizar a algunos de los miembros más vulnerables de nuestra sociedad, empujándolos en ciclos repetidos y viciosos de violencia y victimización.

Las y los investigadores tienen un papel importante que desempeñar en el cambio de esta realidad, al ayudar a las y los responsables políticos, y a las y los ciudadanos, a identificar y diseñar las mejores formas de intervención para mitigar y atender las múltiples causas de la violencia en la región, haciendo hincapié en la necesidad de un enfoque de abajo hacia arriba, mucho más integral y sistémico, para su reducción y prevención. Es evidente, y urgente, la necesidad de crear un espacio para la interacción entre las autoridades estatales y los diferentes estratos de la sociedad para encontrar solución a este problema: el papel de la academia es uno ineludible. Deben articularse los enfoques a nivel comunitario, las iniciativas del sector privado, las estrategias políticas, sociales y culturales estatales, así como iniciativas internacionales, de una forma más sistemática y dentro de un marco de largo plazo para hacer frente de una manera eficaz y decisiva a esta profundamente arraigada problemática.

El papel de la investigación es no solamente conocer, sino también concientizar, evidenciar, visibilizar, difundir, crear, prevenir, vincular. Es también construir teoría y metodología, integrar miradas, sobre todo desde lo local y desde la región. Los proyectos y los estudios a los cuales se hace referencia en este libro, han tenido justamente dicha característica como su objetivo principal. Todos y cada uno de los proyectos y estudios a los cuales se hace referencia en este libro, han contribuido a este gran propósito común.

SOBRE LOS AUTORES

MARKUS GOTTSBACHER

Es maestro de Ciencias Políticas de la Universidad de Viena. Trabaja actualmente como oficial principal del programa Gobernabilidad y Justicia del Centro Internacional de Investigaciones para el Desarrollo (IDRC), Canadá, a cargo de proyectos sobre seguridad ciudadana, gobernanza de la seguridad, seguridad juvenil, violencia urbana, acceso a la justicia para mujeres indígenas y campesinas, crimen organizado, jóvenes delincuentes y policía, entre otros. Cuenta con más de diez años de experiencia de trabajo en diversas agencias de la Organización de las Naciones Unidas, sobre todo en países de América Latina. Ha sido profesor del posgrado de Ciencias Políticas de la Universidad Nacional Autónoma de México (UNAM), del Instituto de Investigación doctor José María Luis Mora —donde también coordinó la maestría de Cooperación Internacional para el Desarrollo, así como de la Universidad Autónoma de Ciudad Juárez, enfocándose en temas como seguridad humana, desarrollo y cooperación internacional, manejo alternativo y prevención de conflictos.

JOHN DE BOER

Es asesor principal de políticas en el Centro para la Investigación Política de la Universidad de Naciones Unidas (UNU-CPR). El doctor de Boer, es experto en desarrollo, y los retos humanitarios de seguridad en situaciones de conflicto y violencia. Sus áreas de investigación identifican y responden a las múltiples dimensiones de la vulnerabilidad en contextos urbanos. Esto incluye la investigación que aborda los desafíos específicos relacionados con la violencia urbana, el desastre urbano y el crimen organizado. Antes de unirse a la UNU-CPR, el doctor de Boer fue el líder del Programa de Gobernabilidad, Seguridad y Justicia, en el Centro Internacional de Investigaciones para el Desarrollo de Canadá. También ha trabajado en la Agencia Canadiense de Desarrollo Internacional. Ha sido becario posdoctoral en la Universidad de Stanford y académico visitante en la Universidad de California, Berkeley. Tiene un doctorado de la Universidad de Tokio.

IGNACIO CANO

Es profesor asociado de metodología de la investigación en la Universidad Estatal de Río de Janeiro y coordinador del Laboratorio de Análisis de la Violencia (LAV), en la misma universidad. Doctor en sociología con especialidad en psicología social por la Universidad Complutense de Madrid, con una tesis que recibió el premio nacional del Centro de Investigaciones Sociológicas de España. Trabajó en los derechos humanos y la atención a las poblaciones en zonas de guerra en El Salvador, como investigador en la Universidad Centroamericana y como miembro de la Comisión de la Verdad de las Naciones Unidas para El Salvador. Hizo estudios posdoctorales en la Universidad de Surrey (Reino Unido), Michigan y Arizona (Estados Unidos). En 2008 realizó estudios posdoctorales en la Universidad de Lancaster (Reino Unido). Desde 1996, trabaja en Brasil en el área de Violencia, Seguridad Pública y Derechos Humanos y en la educación. Fue investigador en el Instituto de Estudios Religiosos de 1996 a 2001, y profesor visitante en la Universidad Federal Fluminense y la Universidad Federal de Juiz de Fora.

EMILIANO ROJIDO

Es licenciado en Sociología por la Universidad de la República (Uruguay), con un posgrado en Políticas Públicas de la Universidad de Chile y el grado de maestro en Ciencias Sociales por la Universidad del Estado de Río de Janeiro. Ha participado como coordinador de sistemas de información en el Área de Gestión y Evaluación de Estado de Planeamiento Taller y Presupuesto (Uruguay), y como consultor independiente para las instituciones nacionales e internacionales en temas relacionados con la violencia, la delincuencia y la seguridad pública. Actualmente es investigador del Departamento de Sociología de la Universidad del Laboratorio de la Violencia de la Universidad del Estado de Río de Janeiro República. Sus principales áreas de investigación son la metodología de la investigación, la delincuencia juvenil, el homicidio, el sistema penitenciario, la policía y la evaluación de las políticas de seguridad pública.

HEIDY CRISTINA GÓMEZ RAMÍREZ

Es socióloga y candidata a Magister en Ciencias Sociales y Humanas de la Universidad Nacional de la Plata, Argentina. Actualmente es investigadora del Grupo Conflictos y Violencias del Instituto de Estudios Regionales de la Universidad de Antioquia y docente del departamento de Sociología de la misma universidad. Especialista en Derechos Humanos y Derecho Internacional Humanitario. Sus áreas de investigación son la seguridad desde el enfoque de la seguridad humana, los derechos humanos y la seguridad de las mujeres, fue asesora regional en derechos humanos de la Organización indígena de Antioquia y ha realizado consultorías en temas como prevención comunitaria del delito y resiliencia urbana a nivel internacional.

Ha colaborado en distintos proyectos editoriales entre los que destacan la compilación del estudio *Control territorial y resistencias: una lectura desde la seguridad huma-*

na (2012) y *Nuestras voces sobre seguridad humana en Medellín. Diálogos sobre seguridad* (2014).

LINA MARÍA ZULUAGA GARCÍA

Es antropóloga, coordinadora e investigadora del Observatorio de Seguridad Humana de Medellín del Grupo Conflictos y Violencias adscrito al Instituto de Estudios Regionales de la Universidad de Antioquia, Medellín, Colombia. Sus áreas de investigación son la seguridad desde el enfoque de la seguridad humana y la seguridad para las mujeres y la población LGBTI, ha realizado consultorías en el tema de seguridad para las mujeres e implementación de la metodología de coproducción de conocimiento en Honduras y Medellín, de allí surge la publicación de un capítulo en el libro *Nuestras voces sobre seguridad humana en Medellín.*

Ha participado en investigaciones sobre despojo y abandono de tierras, de las cuales se derivan las publicaciones: *Realidades del despojo de tierras: Retos para la paz en Colombia.* Medellín, 2011 y *Restitución colectiva de tierras en Colombia: Una propuesta para cumplir con éxito la devolución de tierras en los 143 municipios de mayor despojo*, Medellín, 2012.

ISABEL AGUILAR UMAÑA

Guatemalteca, licenciada en Letras y maestra en Derechos Humanos por la Universidad de San Carlos (USAC); cuenta con un diplomado en Liderazgo de Mujeres. En la actualidad se desempeña como asesora técnica regional en Prevención de Violencia Asociada con Jóvenes para Catholic Relief Services (CRS), Oficina Regional para América Latina y el Caribe. Especialista en prevención de violencia, particularmente aquella asociada con jóvenes. Posee experiencia significativa en diseño y facilitación de procesos multisectoriales de diálogo y resolución alternativa de conflictos, en el marco de un enfoque de construcción de paz y fortalecimiento democrático. Ha participado como facilitadora en diversos espacios de acercamiento, diálogo y negociación, incluyendo espacios para el arribo a consensos sobre políticas públicas. En ese contexto, también ha promovido acciones de organización para la incidencia y la auditoría social. Es autora de diversas publicaciones relacionadas con los temas de su interés y competencia; entre ellos, destaca el ensayo *La utopía posible*, libro con ediciones en Guatemala y España.

JOSÉ ALFREDO ZAVALETA BETANCOURT

Doctor en Sociología; Estancias de Investigación en ICSA-UACJ en Ciudad Juárez y en GRESAL, en Grenoble, Francia. Investigador Nacional nivel I, México. Actualmente se desempeña como investigador de la Universidad Veracruzana. Los proyectos de investigación que ha dirigido en los años recientes son: *Las relaciones entre jóvenes y policías en la zona metropolitana de Xalapa*, IDCR-El Colegio de México (2012); *La violencia en las escuelas de educación básica en Veracruz*, Consejo Nacional de Ciencia y Tecnología (2012); *Diagnóstico de las causas de la violencia y el delito en Veracruz*, CESP-Universidad Veracruzana (2012). Entre sus publicaciones destacan, *El laberinto de la inseguridad. Bandas criminales, seguridad de fronteras y regímenes penitenciarios en América Latina* (coord.) (2015), *La inseguridad y la seguridad ciudadana en América Latina* (coord.) (2012) y *El campo del delito. El caso de Acayucan* (coord.) (2013).

VERÓNICA MARTÍNEZ SOLARES

Verónica Martínez Solares es responsable del programa para América Latina de la International Organization for Victim Assistance, organización con estatus especial consultivo en Naciones Unidas. Cuenta con estudios de licenciatura en Derecho por la UNAM, maestría en Victimología por el INACIPE y actualmente cursa el doctorado en Derecho en la UNAM. Ha sido especialista visitante en la Universidad de Ottawa, la Universidad de Cambridge y la National Policing Improvement Agency del Reino Unido. Como investigadora ha trabajado en varios países latinoamericanos y ha colaborado como consultora con diversos organismos internacionales y de cooperación internacional, como el Banco Mundial, el Banco Interamericano de Desarrollo, Eurosocial y USAID. Sus trabajos de investigación han sido arbitrados y publicados en español, inglés, francés y portugués en ocho países. Su más reciente artículo es en coautoría con Irvin Waller, a propósito del 30 aniversario de la Carta Magna de los Derechos de las Víctimas de la ONU.

ÓSCAR AGUILAR SÁNCHEZ

Socio director de Proyectos Estratégicos Consultoría, S.C. Master en Sistema de Justicia Penal, Universidad de Lleida, España. Licenciado en Derecho, UNAM. Diplomado en Fundamentos de la Seguridad Pública y la Justicia Penal, Instituto Universitario de Investigación Ortega y Gasset. Sus campos de especialización profesional son seguridad pública, prevención social de la violencia y el delito, reforma del sistema de justicia penal y política criminal. Fue coordinador de gestión de la oficina del Abogado General de la UNAM, coordinador regional en el secretariado ejecutivo del Sistema Nacional de Seguridad Pública y secretario particular del gobernador de Zacatecas. En publicaciones recientes fue coautor de las siguientes obras: *Juventud, drogas y prevención* (INACIPE, 2015), *Análisis general de los resultados cualitativos y cuantitativos del estudio de percepción del sistema de justicia penal en México* (USAID-SETEC/SEGOB, 2012), y *Análisis costo-beneficio del nuevo sistema de justicia penal* (SETEC/SEGOB, 2012).

CÉSAR ALARCÓN GIL

Licenciado en Relaciones Internacionales y maestro en Estudios México-Estados Unidos por la UNAM. Doctorante en Ciencias Políticas y Sociales por la misma universidad. Miembro de la cátedra UNESCO sobre transformaciones económicas y sociales relacionadas con el problema internacional de las drogas. Ha sido conferencista y consultor para diversas instancias nacionales e internacionales tanto en México como en Colombia, Guatemala, Brasil y Estados Unidos. Es coautor del libro *Ciudades en la encrucijada: violencia y poder criminal en Río de Janeiro, Medellín, Bogotá y Ciudad Juárez* (2014). Actualmente, además de adelantar sus estudios doctorales, es coordinador de investigación de la corporación Mandala por la Vida y el territorio (Medellín, Colombia).

FERNANDO CARRIÓN MENA

Arquitecto Universidad Central del Ecuador, maestro en Desarrollo Urbano Regional por El Colegio de México y doctorando en Ciencias Sociales en la UBA, Argentina. Director de FLACSO-Ecuador (1995-2004), concejal del Distrito Metropolitano de Quito (2005-2009), coordinador del Grupo de Trabajo El Derecho a la Ciudad de CLACSO. En la actualidad es académico del Departamento de Estudios Políticos de FLACSO-Ecuador, presidente de la Organización Latinoamericana y del Caribe de Centros Históricos (OLACCHI). Recientemente obtuvo el Premio Nacional de Ensayo Agustín Cueva. Ha publicado más de mil editoriales periodísticos, 220 artículos académicos y 35 libros. Una selección de sus trabajos puede consultarse en <http://works.bepress.com/fernando_carrion/>.

VÍCTOR LLUGSHA GUIJARRO

Maestro en gobierno de la ciudad con mención en centralidad urbana y áreas históricas por la Facultad Latinoamericana de Ciencias Sociales. Es docente en la Universidad de las Américas en Quito e investigador de la FLACSO, sede Ecuador. Sus áreas de investigación son: seguridad ciudadana, conflictos en ciudades de frontera, futbol e, impactos de las actividades turísticas. Ha participado como investigador en el proyecto: "Fronteras Seguras" (FLACSO-IDRC) y, en la propuesta del fortalecimiento del Eje de Seguridad, del Plan Binacional capítulo Ecuador.

ANA MARÍA JARAMILLO

Investigadora en Corporación Región, organización no gubernamental con sede en Medellín, Colombia. Es socióloga por la Universidad de Antioquia y maestra en Historia por la Universidad Nacional, sede Medellín, Colombia. Sus áreas de investigación son criminalidad, violencias urbanas migración forzada y políticas públicas en seguridad y convivencia. En la actualidad realiza investigaciones para el Centro de Memoria Histórica. Ha sido coautora de los libros *Ciudades en la encrucijada. Violencia y poder criminal en Río de Janeiro, Medellín, Bogotá y Ciudad Juárez* (2013), *San Carlos: Memorias del éxodo en la guerra* (2011), *La huella invisible de la guerra: Desplazamiento forzado en la comuna 13 de Medellín* (2011), *Poniendo tierra de por medio: Migración forzada de colombianos en Colombia, Ecuador y Canadá* (2008) así como autora de diversos artículos y documentos especializados.

MAX YURI GIL

Es investigador en Corporación Región. Sociólogo por la Universidad de Antioquia y maestro en Ciencias Políticas por el Instituto de Estudios Políticos de la misma universidad. Su tesis de posgrado es un estudio titulado "Paramilitarismo y conflicto urbano: relaciones entre el conflicto político armado nacional y las violencias preexistentes en la ciudad de Medellín: 1997-2005". Es coautor del libro *Ciudades en la encrucijada. Violencia y poder criminal en Rio de Janeiro, Medellín, Bogotá y Ciudad Juárez*. Ha publicado diferentes artículos en revistas especializadas, entre los que se encuentran: "La construcción de la memoria histórica de las víctimas de la violencia", "¿Reactivación de la violencia urbana?", "Los derechos de las víctimas en el marco del proceso de negociación entre el gobierno colombiano y los grupos paramilitares: 2002-2007" y diversas colaboraciones en otras publicaciones.

ROBERTO BRICEÑO-LEÓN

Sociólogo y doctor en Ciencias Sociales. Es profesor titular de la Universidad Central de Venezuela y director del Laboratorio de Ciencias Sociales, LACSO. Desde el año 2005 es coordinador del Observatorio Venezolano de Violencia, OVV. Ha sido profesor en la Universidad de la Sorbona Paris III, en Francia y de la UNAM de México, así como investigador en el Saint Antony's College en la Universidad de Oxford, Inglaterra, y fellow residente del Woodrow Wilson International Center for Schollars en Washington, DC. Tiene 24 libros publicados y más de 200 artículos en revistas científicas. Entre los libros publicados se encuentran: *Violencia, justicia y sociedad* (Buenos Aires, CLACSO, 2002), *Morir en Caracas* (Caracas, UCV, 2003), *Sociología de la violencia en América Latina* (Quito, FLACSO, 2008), *Inseguridad y violencia en Venezuela* (Caracas, Alfa, 2010), *Violencia e Institucionalidad* (Caracas, Alfa, 2012), *Los efectos perversos del petróleo* (Caracas, El Nacional, 2015), *Delito organizado, mercados ilegales y democracia* (Caracas, Alfa, 2015).

ALICE TAYLOR

Investigadora del Instituto Promundo, Brasil, desde 2010, donde ha llevado a cabo investigaciones para reducir la violencia y las desigualdades por razón de género, raza y etnia desde el año 2002. Ha coordinado proyectos de investigación en Promundo en la violencia urbana, el género y masculinidades en Río de Janeiro (con un estudio paralelo en Mozambique); el matrimonio en la infancia y la adolescencia; y violencia en el noviazgo adolescente en Brasil y Honduras. Anteriormente, fue consultora por GreeneWorks Mundial, ONU-Hábitat, y ActionAid (en materia de seguridad urbana de las mujeres de los dos anteriores); y fue investigadora de la División de Salud Comunitaria y RAND USC, en las áreas de salud y educación. Tiene una maestría en Relaciones Internacionales con especialización en Género y la Seguridad Humana de la Fletcher School of Law and Diplomacy, durante la cual llevó a cabo la investigación sobre los desplazados internos, mujeres líderes en Colombia.

TATIANA MOURA

Es directora ejecutiva del Instituto Promundo (Río de Janeiro, Brasil), una ONG con sede en Brasil y oficinas en Ruanda, Portugal y Estados Unidos. que trabaja a nivel nacional como a nivel mundial en la participación de hombres y niños para la igualdad de género a través de la investigación, la programación y la promoción. También ha sido investigadora en el Centro de Estudios Sociales de la Universidad de Coimbra desde 2000. Es doctora en Paz, Conflictos y Democracia, de la Universidad Jaume I (España), una maestría en Sociología, de la Facultad de Ciencias Económicas de la Universidad de Coimbra y una licenciatura en Relaciones Internacionales, por la misma facultad. Sus temas de investigación incluyen el feminismo y las relaciones internacionales, nuevas guerras y la violencia urbana y las masculinidades y las trayectorias de la no violencia. En los últimos años, ha coordinado varios proyectos sobre la participación de las mujeres y las niñas en contextos de violencia armada, particularmente en América Latina.

WALTER ALEJANDRO GONZÁLEZ GRAMAJO

Es investigador en el área de Historia Local de la Asociación para el Avance de las Ciencias Sociales en Guatemala (AVANCSO). Es licenciado en Ciencias Políticas por la Universidad de San Carlos de Guatemala y tiene estudios en Ciencias Jurídicas y Sociales en la Universidad Mariano Gálvez de Guatemala. Su tesis de licenciatura titulada "La participación política de la juventud: un análisis en dos espacios diferenciados, urbano-rural", versó sobre la participación y la cultura política de las y los jóvenes en dos territorios guatemaltecos. Su formación profesional y experiencia le han permitido desarrollar investigaciones y trabajos académicos como el texto *Ordenar, vigilar, perseguir y castigar. Un acercamiento a la institución policial en Guatemala.*

Otras líneas de investigación versan sobre partidos políticos y temas relacionados con la juventud. Se encuentra en proceso de publicación un libro sobre poder local y el sistema finca el cual llevará por título: "*La violencia de antes no está atrás, la violencia de antes está adelante...*" *Violencias vividas por mujeres indígenas y en su relación con "las justicias"*.

LUZ MÉNDEZ GUTIÉRREZ

Maestra en administración pública por la Universidad de Harvard. Cuenta con una especialización en estudios de género de la Universidad Rafael Landívar, Guatemala. Es investigadora e integrante de la Junta directiva en la Unión Nacional de Mujeres Guatemaltecas (UNAMG). Su trabajo de investigación se centra en la justicia para las mujeres víctimas de violencia sexual en tiempos de guerra, la construcción de la paz, la erradicación de la violencia contra las mujeres, la igualdad de género. Algunas de sus publicaciones son: *Que se sepa lo que nos pasó a las mujeres en la lucha por la tierra*, coautora en *El camino por la justicia. Victimización y resistencia de mujeres indígenas y campesinas en Guatemala y Colombia*, Colombia. *La erradicación de la violencia contra las mujeres y el papel de la policía nacional civil*, Guatemala. "El papel de las mujeres en la construcción de la paz: una experiencia personal", en *Escuchando los silencios: las mujeres y la guerra*, Países Bajos.

JULY SAMIRA FAJARDO FARFÁN

Socióloga, magistra en Política Social, con estudios en género y políticas públicas. Actualmente es coordinadora del área de investigación de la Corporación Humanas Colombia. Ha sido docente investigadora de la Facultad de Sociología de la Universidad Santo Tomás; investigadora de la Escuela de Estudios de Género de la Universidad Nacional de Colombia y del grupo "Género, política y democracia" de la Facultad de Ciencias Políticas de la Pontificia Universidad Javeriana en Bogotá; ha estado vinculada en varias oportunidades a la política pública de mujeres de Bogotá. Es coautora de publicaciones en temas de acceso a la justicia y seguridad para las mujeres, entre las que se destacan *El camino por la justicia. Victimización y resistencia de mujeres indígenas y campesinas en Guatemala y Colombia*, así como, las relacionadas con la Resolución 1325 de 2000 sobre mujeres, paz y seguridad; autora de artículos como "La seguridad democrática y su impacto en la vida de las mujeres del Cauca", entre otros.

DONNY MEERTENS

Antropóloga social, maestra por la Universidad de Ámsterdam y doctora por la Universidad de Nijmegen, Países Bajos. Actualmente es profesora asociada de la

Universidad Javeriana, Colombia. Ha sido fellow del Woodrow Wilson International Center for Scholars 2013/14, Washington DC. Fue coordinadora del proyecto "Acceso a la justicia para mujeres campesinas e indígenas en Colombia y Guatemala" apoyado por el IDRC; relatora del Informe de Memoria Histórica sobre despojo violento de tierras en Colombia (publicado como *La tierra en disputa*, 2010); profesora e investigadora de la Escuela de Estudios de Género de la Universidad Nacional de Colombia; asesora regional del Programa de Paz y Seguridad de UNIFEM (ahora ONU Mujeres) y consultora de género en la oficina del ACNUR en Colombia. Ha publicado en inglés y español sobre género y violencia, desplazamiento forzado, justicia transicional y derechos de las mujeres a la tierra.

ELIANA PINTO VELÁSQUEZ

Trabajadora social, maestra en Estudios de Género de la Universidad Nacional de Colombia; actualmente es asistente de investigación para el proyecto El funcionamiento de la memoria en contextos de crisis de la Escuela de Trabajo Social de la Universidad de la Columbia Británica. Ha sido investigadora senior del Programa de Iniciativas Universitarias para la Paz y la Convivencia de la Facultad de Ciencias Humanas de la Universidad Nacional de Colombia. Ha trabajado en el Grupo de Memoria Histórica en las líneas de investigación de tierra y los conflictos armados, y las masacres y el desplazamiento forzado interno. Entre 2011 y 2012 formó parte del equipo de investigación para el proyecto de Acceso a la Justicia para Mujeres Campesinas e Indígenas en Colombia y Guatemala.

CARLOS J. VILALTA PERDOMO

Es profesor de métodos de investigación en el Centro de Investigación y Docencia Económicas (CIDE). Cuenta con un doctorado en Estudios Urbanos, realizados en Portland State University y es maestro en Estudios Urbanos por El Colegio de México. Sus áreas de investigación son la geografía del crimen y el miedo al crimen, la prevención del delito, y las poblaciones penitenciarias en Latinoamérica. Ha sido profesor visitante adjunto en el Departamento de Criminología y Justicia Criminal de la Universidad de Missouri en St. Louis (UMSL) e investigador visitante en las universidades de California en San Diego, Cambridge, McGill, Washington University en St. Louis, Houston y UNC-Chapel Hill. Es miembro del Sistema Nacional de Investigadores (SNI-Nivel 2 en Geografía), la American Society of Criminology (ASC) y la Asociación Mexicana de Estadística (AME). Entre sus publicaciones recientes se encuentran: *Perfiles criminales* I y II (2014), en coautoría con G. Fondevila y *La desigualdad de trato: en el diseño del gasto público federal mexicano* (2014), en coautoría con Merino M.

ARTURO ALVARADO MENDOZA

Doctor en Ciencias Sociales por El Colegio de México, donde actualmente se desempeña como profesor e investigador. Obtuvo la licenciatura en Sociología en la Universidad Autónoma Metropolitana, Unidad Azcapotzalco. Ha sido profesor en distintas universidades y programas académicos. Fue director fundador de Democracia Derechos Humanos y Seguridad A.C. México, es Miembro de The Latin American Studies Association, LASA en 2008 y fue miembro del International Advisory Board, Center for U. S. Mexican Studies, University of California, San Diego, San Diego, Cal. Estados Unidos. Entre sus líneas de investigación se encuentran seguridad pública, justicia y derechos humanos, participación ciudadana, gobernabilidad y democracia en México y América Latina.

TARIK WEEKES

[BSc. MSc.] Actualmente es oficial de Proyectos en el Instituto de Justicia Penal y Seguridad de la Universidad de las Indias Occidentales, sirvió como coordinador e investigador del Observatorio de West Kingston Crimen encabezada por la Prevención de la Violencia Aliance-Jamaica Capítulo Alianza entre 2008 y 2011. Está graduado en la University of the West Indies Mona, ahora está llevando a cabo estudios de doctorado en la misma universidad, con un enfoque en "Special Projects in Policing Targeting the Reduction of Murders by Criminal Groups". En 2012 inició el "Gang Mapping Project" con el objetivo de fortalecer la disponibilidad de datos sobre las pandillas en Jamaica y mejorar el desarrollo social en Inner City Communities. Tiene publicaciones en los ámbitos de la delincuencia y la violencia, "La eficacia de la consolidación de la paz en la reducción de la violencia liderada por el Grupo en Jamaica" en *Pandillas en el Caribe*. Recientemente, se desempeñó como miembro de la Red Virtual de Actores para el Desarrollo de Indicadores de sociedades pacíficas, Justicia e Instituciones eficaces para SDG 16.

ELIZABETH WARD

Es MBBS por la Universidad de las Indias Occidentales y MSc. en epidemiología de la London School of Hygiene and Tropical Medicine. Durante su mandato como directora de Prevención y Control de Enfermedades, Promoción de la Salud y Protección del Ministerio de Salud encabezó el desarrollo del Sistema de Vigilancia de Lesiones de Jamaica (JIS) para rastrear las lesiones tratadas en los hospitales de toda la isla. Los datos sobre lesiones recogidos son ahora vinculados con el delito con datos del Observatorio del Crimen y el Delito y el Sistema Integrado de Información de Violencia (CVIS) en el Ministerio de Seguridad Nacional. Actualmente es comisionada en la Comisión de la Primera Infancia de Jamaica y está estudiando el costo de lesiones de los Servicios de Salud en Jamaica y programas para el fortalecimiento de Gestión de Comportamiento en escuelas con el Ministerio de Educación y en las comunidades con el Ministerio de Seguridad Nacional.

PARRIS LYEW-AYEE JR.

Director del Instituto de Geoinformática de la Universidad de las Indias Occidentales Campus Mona. Es miembro de numerosas organizaciones del sector público y privado, presidente de la Autoridad de Recursos del Agua y la Agencia Nacional de Obras. Anteriormente se desempeñó en el Consejo de la National Housing Trust, como presidente de los Recursos Humanos y el Comité de Política. Tiene un doctorado en Filosofía, licenciado en Geografía por la Universidad de Oxford y una licenciatura en Ciencias de la Tierra con honores de primera clase de la UWI. Es autor y coautor de más de 50 libros revisados, capítulos de libros, artículos de revistas e informes técnicos de consultoría en campos tan variados como los negocios, la delincuencia, la geología, la arqueología, la tecnología GPS, y la educación. Su primer libro, el *Atlas de peligros naturales de Jamaica*, ha ganado múltiples premios. Ha recibido numerosos premios locales e internacionales, el más reciente galardonado con el 2014 de Estados Unidos Eisenhower Fellowship, pertenece a un grupo altamente selecto de líderes internacionales.

ANA GLENDA TAGER ROSADO

Socióloga guatemalteca. Cuenta con amplia experiencia de trabajo en materia de seguridad, reducción de violencia, juventud en riesgo (maras y pandillas, barras deportivas), transformación de conflictos, resiliencia y construcción de paz. Con el Estado y la sociedad civil, ha coordinado procesos de investigación-acción participativa, construcción de capacidades, fortalecimiento institucional, cabildeo y auditoria social. Desde hace diez años, dirige la Oficina Regional para América Latina de Interpeace y previamente formó parte del servicio exterior de su país. Ha publicado diversos artículos sobre construcción de paz, seguridad, privatización de la seguridad, seguridad ciudadana, inteligencia, terrorismo, prevención de violencia, pandillas juveniles, actores ilegales, conflictividad en Centroamérica, entre otros.

ÍNDICE

AGRADECIMIENTOS	5
PREFACIO *Rebeca Grynspan*	7
PREFACIO *Caroline Moser*	9
PRESENTACIÓN *Irvin Waller*	11
INTRODUCCIÓN. LAS MÚLTIPLES CARAS DE *VULNERABILIDAD Y VIOLENCIA EN AMÉRICA LATINA Y EL CARIBE* *Markus Gottsbacher y John de Boer*	15
EN EL PUNTO DE MIRA: DESAFÍOS ÉTICOS Y METODOLÓGICOS DE LA INVESTIGACIÓN DE CAMPO EN CONTEXTOS DE VIOLENCIA *Emiliano Rojido e Ignacio Cano*	31
LAS INICIATIVAS COMUNITARIAS COMO MARCOS DE REFERENCIA PARA LA COPRODUCCIÓN DE CONOCIMIENTO SOBRE LA VIOLENCIA Y LA INSEGURIDAD *Heidy Cristina Gómez Ramírez y Lina María Zuluaga García*	59
VICTIMARIOS Y VÍCTIMAS DE LA VIOLENCIA: DE NEXOS INVISIBILIZADOS Y FALSAS DICOTOMÍAS EN EL TRIÁNGULO NORTE DE CENTROAMÉRICA *Isabel Aguilar Umaña*	73
LA VULNERABILIDAD ANTE LA VIOLENCIA, EXCEPCIÓN Y VÍCTIMAS EN VERACRUZ *José Alfredo Zavaleta Betancourt*	90
VIOLENCIA Y VICTIMIZACIÓN EN MÉXICO: INVESTIGAR EN TERRITORIO DE LA DELINCUENCIA ORGANIZADA *Verónica Martínez Solares y Óscar Aguilar Sánchez*	108
LOS MÚLTIPLES ROSTROS DE LA VIOLENCIA Y LA VICTIMIZACIÓN EN CIUDAD JUÁREZ: NUEVOS PERFILES, VIEJAS TENDENCIAS *César Alarcón Gil*	132
SISTEMA FRONTERIZO, ECONOMÍA POLÍTICA DE LA VIOLENCIA *Fernando Carrión Mena y Víctor Llugsha Guijarro*	155

VULNERABILIDADES EN CONTEXTOS DE VIOLENCIA Y CONFLICTO ARMADO: LA EXPERIENCIA DE MEDELLÍN (1990-2014) 175
Ana María Jaramillo y Max Yuri Gil

QUIEBRE DEL PACTO SOCIAL Y VULNERABILIDAD EN VENEZUELA 196
Roberto Briceño-León

VIOLENCIAS URBANAS MARCADAS POR GÉNERO Y TRAYECTORIAS NO VIOLENTAS EN RÍO DE JANEIRO 224
Alice Taylor y Tatiana Moura

MUJERES INDÍGENAS Y SU BÚSQUEDA DE JUSTICIA. SAN CRISTÓBAL Y SANTA CRUZ VERAPAZ (ALTA VERAPAZ, GUATEMALA) 258
Walter Alejandro González Gramajo

VIOLENCIA SEXUAL, VULNERABILIDADES Y LUCHAS POR LA JUSTICIA 281
Luz Méndez Gutiérrez

VULNERABILIDAD Y JUSTICIA: CONSTRUCCIÓN DE CIUDADANÍA DE MUJERES CAMPESINAS E INDÍGENAS EN EL CONFLICTO COLOMBIANO 298
July Samira Fajardo, Donny Meertens y Eliana Pinto Velásquez

LA INSEGURIDAD Y EL MIEDO AL CRIMEN ENTRE LOS NO CAPACITADOS PARA TRABAJAR 320
Carlos J. Vilalta Perdomo

VIOLENCIA JUVENIL, FACTORES DE RIESGO Y VULNERABILIDAD 334
Arturo Alvarado Mendoza

PREVENCIÓN DE LA VIOLENCIA JUVENIL EN JAMAICA: LA RELACIÓN ENTRE POLÍTICA, DERECHOS Y JUSTICIA 360
Tarik Weekes, Elizabeth Ward y Parris Lyew-Ayee Jr.

PARTE DEL PROBLEMA, PARTE DE LA SOLUCIÓN: ACTORES ILEGALES Y REDUCCIÓN DE LA VIOLENCIA EN EL SALVADOR 388
Ana Glenda Tager Rosado

CONCLUSIONES 413
Markus Gottsbacher y John de Boer

SOBRE LOS AUTORES 419